westermann

Markus Bauder, Volker Holzer, Thomas Paaß, Christian Seifritz

Holzer Stofftelegramme Wirtschaftsgymnasium

Volks- und Betriebswirtschaftslehre mit wirtschaftlichem Rechnungswesen

Baden-Württemberg

9. Auflage

Bestellnummer 14912

Die in diesem Produkt gemachten Angaben zu Unternehmen (Namen, Internet- und E-Mail-Adressen, Handelsregistereintragungen, Bankverbindungen, Steuer-, Telefon- und Faxnummern und alle weiteren Angaben) sind i. d. R. fiktiv, d. h., sie stehen in keinem Zusammenhang mit einem real existierenden Unternehmen in der dargestellten oder einer ähnlichen Form. Dies gilt auch für alle Kunden, Lieferanten und sonstigen Geschäftspartner der Unternehmen wie z. B. Kreditinstitute, Versicherungsunternehmen und andere Dienstleistungsunternehmen. Ausschließlich zum Zwecke der Authentizität werden die Namen real existierender Unternehmen und z. B. im Fall von Kreditinstituten auch deren IBANs und BICs verwendet.

Zusatzmaterial zu Holzer Stofftelegramme Baden-Württemberg – Wirtschaftsgymnasium

Für Lehrerinnen und Lehrer:

Lösungen: 978-3-427-14917-0

BiBox westermann **inkl. E-Book**

BiBox Einzellizenz für Lehrer/-innen (Dauerlizenz): 978-3-427-14985-9
BiBox Kollegiumslizenz für Lehrer/-innen (Dauerlizenz): 978-3-427-14986-6
BiBox Kollegiumslizenz für Lehrer/-innen (1 Schuljahr): 978-3-427-83495-3

Für Schülerinnen und Schüler:

BiBox westermann **inkl. E-Book**

BiBox Einzellizenz für Schüler/-innen (1 Schuljahr): 978-3-427-14987-3

westermann *GRUPPE*

Druck und Bindung: Westermann Druck GmbH, Georg-Westermann-Allee 66, 38104 Braunschweig

ISBN 978-3-427-**14912**-5

Vorwort

Liebe Schüler/-innen und Lehrer/-innen,

das vorliegende Buch gewährleistet ein **systematisches Fitnesstraining** für Unterricht + Klassenarbeit + **Abitur**.

Ein großer Vorteil: Nach Behandlung eines Themenkomplexes entfällt das aufwendige Heraussuchen der zugehörigen Abituraufgaben. Die Stoffinhalte und i. d. R. deren Reihenfolge entsprechen dem **neuen Lehrplan für Baden-Württemberg.** Alle Kapitel sind einheitlich aufgebaut und bestehen überwiegend aus den folgenden Modulen:

Stofftelegramm	Abiturwissen in Kurzform
Aufgaben	typische Fragen zum Abiturstoff (Grundwissen)
Abituraufgaben	Kapitelzugehörige Abituraufgaben (themensortiert), i. d. R. der letzten zehn Jahre, sofern noch lehrplankonform. Die letzten vier Abiturprüfungen befinden sich komplett am Ende des Buches.

Verfasser und Verlag wünschen Ihnen viel Erfolg beim Lernen, in der Klassenarbeit und vor allem beim Abitur. Wir freuen uns, wenn das vorliegende Buch für Sie eine entscheidende Hilfe darstellt.

Viel Spaß und Glück beim Abi!

Hinweise für den Ernstfall:

BWL:	**Aufgaben:**	Sie wählen aus drei vorgelegten Aufgaben zwei aus.	
	Punkte:	Je Aufgabe 30 Punkte = insgesamt **60 Punkte**	**Gesamtpunktzahl: 90 Punkte**
VWL:	**Aufgaben:**	Sie wählen aus zwei vorgelegten Aufgaben eine aus.	**Gesamtarbeitszeit: 270 Minuten**
	Punkte:	**30 Punkte**	

Inhaltsverzeichnis

Betriebswirtschaftslehre

Volkswirtschaftslehre

„Formelsammlung"

Abituraufgaben

1 Kosten- und Leistungsrechnung I: Grundlagen – Abgrenzungsrechnung

1.1 Grundbegriffe und Aufgaben

Stofftelegramm

Rechnungskreis I	Rechnungskreis II
Erfolgskonten der **Finanzbuchführung**	**Kosten- und Leistungsrechnung (KLR)** + Abgrenzungsrechnung
Abschlusskonto: **GuV**	Abschlusskonten: • **Betriebsergebnis** • neutrales Ergebnis
Ermittlung **Gesamtergebnis** = Unternehmensergebnis	
↓	↓
Externes Rechnungswesen	**Internes Rechnungswesen**
↓	↓
Ziele (Aufgaben) der Buchführung	**Ziele (Aufgaben) der KLR**
• fortlaufende, lückenlose Aufzeichnung aller Geschäftsfälle (Dokumentation)	• Ermittlung Betriebsergebnis
• Überblick über Vermögen, Schulden und Erfolgslage	• Selbstkostenermittlung und **Preiskalkulation**
• Erfolgsermittlung (Gesamtergebnis)	• Kontrolle der Wirtschaftlichkeit
• Grundlage für Steuerermittlung	• Bewertung unfert. + fertiger Erzeugnisse
• Grundlage für Preisermittlung (Kalkulation)	• Grundlage für Planungen, Entscheidungen
• Grundlage für Entscheidungen	• unterliegt nicht gesetzl. Vorschriften
• Information: Eigentümer, Banken, Arbeitnehmer, evtl. Öffentlichkeit ...	• Erfolgsgrößen: Kosten und Leistungen
• unterliegt gesetzlichen Vorschriften	
• Erfolgsgrößen: Aufwand und Ertrag	

(Rechnungskreis I ↔ Rechnungskreis II)

Ausgabe:	Geldabfluss **Einnahme:** Geldzufluss
Aufwand:	Begriff der GuV-Rechnung. Gesamter Werteverzehr in einer Periode.
Ertrag:	Begriff der GuV-Rechnung. Gesamter erfolgswirksamer Wertezufluss einer Periode.
Kosten:	Begriff der KLR. Betrieblich bedingter Werteverzehr in einer Periode. Kurz: betriebliche Aufwendungen.
Leistungen:	Begriff der KLR. Betrieblich bedingter Wertezufluss in einer Periode. Kurz: betriebliche Erträge.

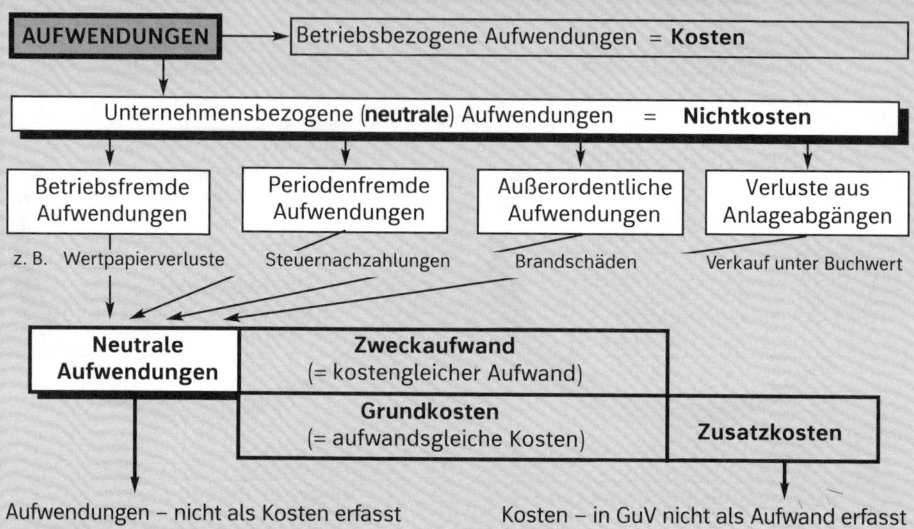

*Hinweis: Auf eine analoge Darstellung der betriebsbezogenen und neutralen **Erträge** wird hier verzichtet.*

Aufgaben (Grundwissen)

1. Definieren Sie kurz: Ausgabe, Aufwand, Kosten.
2. Entscheiden Sie, ob Ausgaben oder Aufwendungen vorliegen:
   a) Abschreibungen b) Zinszahlung bar c) Kredittilgung
   d) Kauf Maschine auf Ziel e) Verbrauch Rohstoffe
3. Nennen Sie die vier Gruppen neutraler Aufwendungen.
4. Definieren Sie kurz: a) neutrale Aufwendungen b) Zweckaufwand c) Grundkosten d) Zusatzkosten e) Anderskosten
5. Zeigen Sie mithilfe einer Skizze den Zusammenhang zwischen neutralen Aufwendungen, Zweckaufwand, Grundkosten und Zusatzkosten.
6. Ordnen Sie die Begriffe „neutrale Aufwendungen" (betriebsfremd, außerordentlich, periodenfremd, Verluste aus Anlageabgängen) bzw. „Kosten" zu.
   a) Gehälter
   b) Nachzahlung betriebl. Steuern für Vorjahr
   c) Verlust aus Lkw-Verkauf
   d) Fertigungslöhne
   e) Abschreibung auf nicht betriebsnotw. Gebäude
   f) Sozialaufwendungen
   g) Verlust aus Wertpapierverkauf
   h) Rohstoffaufwand
7. Welche Aufgabe hat die Abgrenzungsrechnung?
8. Nennen Sie fünf Aufgaben der Kostenrechnung.

1.2 Kalkulatorische Kosten

Stofftelegramm

Merke:

Kalkulatorische Kosten = Kosten, die in der GuV überhaupt nicht (z. B. kalkulatorischer Unternehmerlohn = Zusatzkosten) oder in anderer Höhe als Aufwendungen berücksichtigt werden (= Anderskosten)

Kalkulatorische Abschreibungen

Gründe für das Auseinanderfallen von bilanziellen und kalkulatorischen Abschreibungen:

Bilanzielle Abschreibungen (GuV)	Kalkulatorische Abschreibungen (KLR)
• Erfassung des gesamten Vermögens	• Erfassung nur des betriebsnotwendigen Vermögens
• lineare Abschreibung (degressiv nur möglich, wenn belegbar, dass der tatsächliche Werteverzehr entsprechend erfolgt)	• lineare Abschreibung (Grund: konstante Verkaufspreise)
• Nutzungsdauer laut AfA-Tabelle	• betriebsindividuelle Nutzungsdauer
• Grundl.: Anschaff.- oder Herstellungskosten	• Grundlage: Wiederbeschaffungskosten

Kalkulatorischer Unternehmerlohn

Ansatz nur bei **Einzelunternehmen und Personengesellschaften**, weil bei Kapitalgesellschaften der Unternehmerlohn bereits aufwands- und kostenmäßig erfasst ist (Geschäftsführergehalt bzw. Vorstandsgehalt); Folge: kostenmäßige Gleichstellung von Personen- und Kapitalgesellschaften

Höhe: vergleichbares Gehalt eines vergleichbaren Geschäftsführers bzw. Vorstands in einer vergleichbaren Unternehmung derselben Branche und Größe

Aufgaben (Grundwissen)

1. a) Was versteht man unter kalkulatorischen Kosten?

   b) Nennen Sie zwei typische kalkulatorische Kostenarten.

2. Nennen und begründen Sie die Unterscheidungsmerkmale zwischen kalkulatorischen und bilanziellen Abschreibungen.

3. a) Begründen Sie die Notwendigkeit des Ansatzes eines kalkulatorischen Unternehmerlohnes in der Kostenrechnung.

   b) Wie wird der kalkulatorische Unternehmerlohn ermittelt?

4. Ermitteln Sie in folgenden Fällen jeweils den Zweckaufwand, neutralen Aufwand, die Grundkosten und Zusatzkosten.

a) Kalkulatorische Abschreibungen:	100.000,00 EUR
Bilanzielle Abschreibungen:	120.000,00 EUR
b) Kalkulatorische Abschreibungen:	90.000,00 EUR
Bilanzielle Abschreibungen:	70.000,00 EUR

5.

Kalkulatorische Abschreibung (Maschine A):	15.000,00 EUR
Bilanzielle Abschreibung (Maschine A):	20.000,00 EUR

   Worauf könnte der Unterschied beruhen, wenn

   - keine Sonderabschreibungsmöglichkeiten vorliegen,
   - die Bewertungsfreiheit für geringwertige Wirtschaftsgüter nicht in Anspruch genommen wurde und
   - das betriebsnotwendige Vermögen dem bilanziellen Vermögen entspricht?

   (zwei Beispiele mit Begründung)

6. Gegeben sind folgende Größen:

• Aufwendungen laut GuV:	110.000,00 EUR
• Erträge laut GuV:	70.000,00 EUR
• neutrale Aufwendungen:	60.000,00 EUR
• Leistungen:	60.000,00 EUR

   Ermitteln Sie folgende Größen:

   a) Gesamtergebnis

   b) Betriebsergebnis

   c) neutrales Ergebnis

   d) Kosten

1.3 Ergebnistabelle

Stofftelegramm

Abkürzungen:
UA = unternehmensbezogene Abgrenzungen
nA = neutrale Aufwendungen
nE = neutrale Erträge
KK = kostenrechnerische Korrekturen
KLR = Kosten- und Leistungsrechnung

Ergebnistabelle (Kopfzeilen)

GuV		UA		KK		KLR	
Aufwend.	Erträge	nA	nE	A (GuV)	K (KLR)	Kosten	Leistungen

Gesamtergebnis (Gewinn/Verlust) | **neutrales Ergebnis** (neutraler Gewinn/Verlust) | **Betriebsergebnis** (Betriebsgewinn/-verlust)

*Hinweis zur Spalte „**Kostenrechnerische Korrekturen**":*

Linke Seite = *Aufwendungen laut GuV, die in der Kostenrechnung in anderer Höhe als Kosten angesetzt werden*

Rechte Seite = *Kosten laut KLR, die in der GuV in anderer Höhe als Aufwendungen angesetzt werden*

Aufgaben (Grundwissen)

1. Unternehmensergebnis: Gewinn 750.000,00 EUR, Betriebsergebnis nur 300.000,00 EUR. Nennen Sie mögliche Ursachen.

2. Unternehmensergebnis: Verlust 20.000,00 EUR, Betriebsergebnis: Gewinn 40.000,00 EUR. Nennen Sie mögliche Ursachen.

1.4 Abituraufgaben

Abituraufgaben 2016 (Aufgabe 1, teilweise)

5. Die Gesellschafter Frank Bauser und Hans König wollen sich mithilfe der Ergebnistabelle ihrer OHG (**Anlage**) einen Überblick über den wirtschaftlichen Erfolg des Unternehmens im Geschäftsjahr 2015 verschaffen.

   Hierbei sind zu verschiedenen Positionen noch einige Fragen aufgetreten.

5.1 Im August 2015 verursachte ein Unwetter schwere Hagelschäden an der Produktionshalle der B&K Präzisionswerkzeuge OHG. Der nicht durch eine Versicherung abgedeckte Sachschaden belief sich auf 350.000,00 EUR.

Ermitteln und begründen Sie, wie das Unternehmens- und das Betriebsergebnis ausgefallen wären, wenn es im Jahr 2015 keinen Hagelschaden gegeben hätte.

5.2 Erläutern Sie, worauf die unterschiedlichen Beträge in der Position „Abschreibungen auf Sachanlagen“ im Rechnungskreis I und II der Ergebnistabelle zurückzuführen sind (zwei Aspekte).

5.3 Erläutern Sie, weshalb die Position „Kalkulatorischer Unternehmerlohn“ im Rechnungskreis I keinen Betrag aufweist, während im Rechnungskreis II 150.000,00 EUR verrechnet werden.

Anlage

Ergebnistabelle 2015 (Zahlen in Euro)								
	Rechnungskreis I		Rechnungskreis II					
			Abgrenzungsbereich					
	Finanzbuchhaltung		Unternehmensbezogene Abgrenzung		Kostenrechnerische Korrekturen		Kosten- und Leistungsrechnung	
Konten	Aufwendungen	Erträge	Neutrale Aufwendungen	Neutrale Erträge	Verrechnete Aufwendungen	Verrechnete Kosten	Kosten	Leistungen
Umsatzerlöse		4.100.000,00						4.100.000,00
außerordentliche Erträge		10.000,00		10.000,00				
Aufwendungen für Fertigungsmaterial	1.560.000,00						1.560.000,00	
Aufwendungen für Hilfs- u. Betr.stoffe	1.040.000,00						1.040.000,00	
Aufwendungen für Fertigungslöhne	500.000,00						500.000,00	
Aufwendungen für Gehälter	500.000,00						500.000,00	
außerordentliche Aufwendungen	350.000,00		350.000,00					
Abschreibungen auf Sachanlagen	200.000,00				200.000,00	250.000,00	250.000,00	
kalkulatorischer Unternehmerlohn						150.000,00	150.000,00	
Summe	4.150.000,00	4.110.000,00	350.000,00	10.000,00	200.000,00	400.000,00	4.000.000,00	4.100.000,00
Ergebnis		40.000,00		340.000,00	200.000,00		100.000,00	
Summe	4.150.000,00	4.150.000,00	350.000,00	350.000,00	400.000,00	400.000,00	4.100.000,00	4.100.000,00

2 Kosten- und Leistungsrechnung II: Kostenstellenrechnung – Kostenträgerstückrechnung

2.1 Die Kostenstellenrechnung (BAB)[1]

Stofftelegramm

Einzelkosten

Kosten, die einem Produkt (Kostenträger) unmittelbar (direkt) zugerechnet werden können

Beispiele: Fertigungslöhne (= Fertigungseinzelkosten = FEK) und Fertigungsmaterial (= Materialeinzelkosten = MEK = Rohstoffaufw.). Beispiele für Sondereinzelkosten: Spezialwerkzeuge, Modellkosten (= SEKF) und Spezialverpackung (= SEKV)

Gemeinkosten

Kosten, die für mehrere Kostenträger gemeinsam anfallen und nicht unmittelbar dem Produkt zugerechnet werden können. Sie werden mithilfe von im Betriebsabrechnungsbogen (BAB) ermittelten Zuschlagsätzen auf die Kostenträger verrechnet.

Hauptkostenstellen

Die Gemeinkosten werden auf die vier Hauptkostenstellen (z. B. nach Schlüsseln) verteilt und dann mithilfe von Kalkulationszuschlägen auf die Kostenträger verrechnet. Beispiel: Material, Fertigung, Verwaltung, Vertrieb.

Einstufiger BAB (Aufbau)

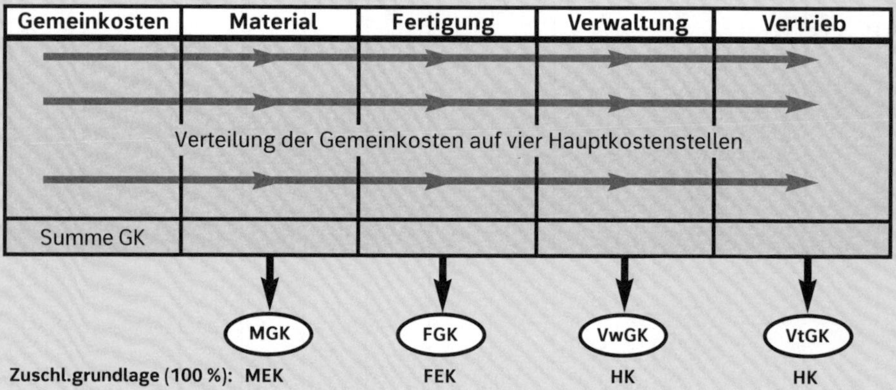

Formeln zur Berechnung der Gemeinkostenzuschlagsätze

MGK = Materialgemeinkosten : MEK · 100

FGK = Fertigungsgemeinkosten : FEK · 100

VwGK = Verwaltungsgemeinkosten : HK · 100

VtGK = Vertriebsgemeinkosten : HK · 100

[1] *Aufgaben: Siehe Kapitel 2.4.*

Gesamtkalkulation und Stückkalkulation

	MEK
+	MGK
+	FEK
+	FGK
+	SEKF
=	Herstellkosten
+	VwGK
+	VtGK
+	SEKV
=	Selbstkosten

Abkürzungen:

MEK = Materialeinzelkosten
MGK = Materialgemeinkosten
FEK = Fertigungseinzelkosten
FGK = Fertigungsgemeinkosten
VwGK = Verwaltungsgemeinkosten
VtGK = Vertriebsgemeinkosten
SEKF = Sondereinzelkosten der Fertigung
SEKV = Sondereinzelkosten des Vertriebs

2.2 Normalkosten und Ist-Kosten[1]

Stofftelegramm

Ist-Gemeinkosten: tatsächlich entstandene Kosten laut BAB
Normalgemeinkosten: Im Laufe der Periode verrechnete Gemeinkosten. Normalzuschlagsätze sind Durchschnittssätze (der Vergangenheit).

Überdeckung: Normalkosten > Ist-Kosten (zu viel kalkuliert)
Unterdeckung: Normalkosten < Ist-Kosten (zu wenig kalkuliert)

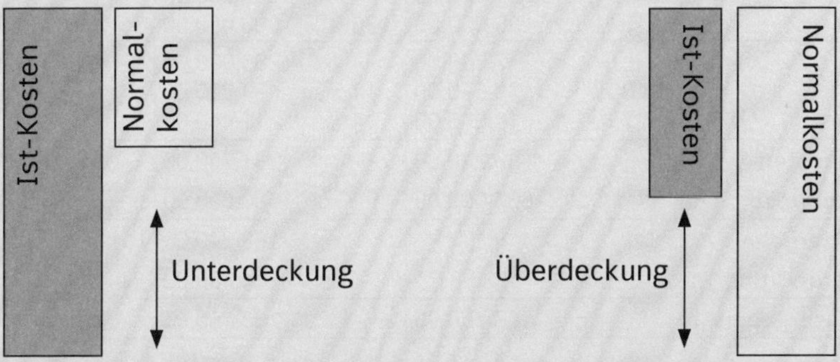

Mögliche Abweichungsursachen:

- Unterdeckung, falls trotz gesunkener Einzelkosten (niedrigere Materialeinkaufspreise) Normalzuschlagsatz unverändert angewendet wird
- Preise gestiegen für über Gemeinkosten verrechnete Kosten (z. B. Gehälter, Strom, Hilfsstoffe)
- Mehrverbrauch (Beispiel s. o.) bei gleicher Produktionsmenge und Einzelkosten
- Anschaffung neuer Maschine (Abschreibung steigt)
- Beschäftigungsabweichung: Bei Produktionsmengenrückgang reduzieren sich die Gemeinkosten nicht in gleichem Verhältnis wie die Einzelkosten.

[1] *Aufgaben: Siehe Kapitel 2.4.*

Ermittlung der Über- und Unterdeckungen

Alternative 1: Unterhalb des BAB

Normalzuschlagsätze:	MGK = 10 %	VwGK = 12 %	MEK = 100.000,00 EUR
	FGK = 120 %	VtGK = 4 %	FEK = 80.000,00 EUR

BAB mit Normalgemeinkosten:

Gemeinkosten		Material	Fertigung	Verwaltung	Vertrieb
...		...	...	...	...
Ist-Gemeinkosten (Summen)		9.500,00	88.000,00	39.690,00	19.050,00
verrechnete Normalgemeinkosten		10.000,00	96.000,00	34.320,00	11.440,00
Überdeckung	(+)	+ 500,00	+ 8.000,00		
Unterdeckung	(–)			– 5.370,00	– 7.610,00

Alternative 2: Kostenträgerzeitblatt

Kostenträgerzeitblatt

	Ist-Kosten		Normalkosten		Unterdeckung (–)/ Überdeckung (+)
MEK		100.000,00		100.000,00	
MGK	9,5 %	9.500,00	10 %	10.000,00	+ 500,00
FEK		80.000,00		80.000,00	
FGK	110 %	88.000,00	120 %	96.000,00	+ 8.000,00
HK		277.500,00		286.000,00	
VwGK	14,3 %	39.690,00	12 %	34.320,00	– 5.370,00
VtGK	6,7 %	19.050,00	4 %	11.440,00	– 7.610,00
Selbstkosten		336.240,00		331.760,00	– 4.480,00
Umsatzerlöse		500.000,00		500.000,00	
Umsatzergebnis		*************		168.240,00	
– Unterdeckung		*************		4.480,00	
Betriebsergebnis		163.760,00		163.760,00	

tatsächliches Ergebnis (→ 163.760,00 Ist-Kosten)

im Voraus angenommenes (geplantes) Ergebnis (→ 168.240,00 Normalkosten)

2.3 Kostenträgerstückrechnung[1]

Stofftelegramm

Zuschlagskalkulation → Anwendung: Serien- und Einzelfertigung

MEK		1.400,00 EUR
MGK	10 %	140,00 EUR
FEK		1.000,00 EUR
FGK	120 %	1.200,00 EUR
HK		3.740,00 EUR
VwGK	12 %	448,80 EUR
VtGK	4 %	149,60 EUR
SK		4.338,40 EUR
Gewinn	15 %	650,76 EUR
Barverkaufspreis		4.989,16 EUR
Kundenskonti	2 %	101,82 EUR
Zielverkaufspreis		5.090,98 EUR
+ Kundenrabatt	5 %	267,95 EUR
Nettoverkaufspreis (NVP)		5.358,93 EUR

Einzelkosten und Zuschlagsätze sind hier vorgegeben.

MEK → NVP:	**Vorwärtskalkulation**
NVP → MEK:	**Rückwärtskalkulation**
Gewinnermittlung:	**Differenzkalkulation**

98 % = 4.989,16 EUR
2 % = x = 101,82 EUR

95 % = 5.090,98 EUR
5 % = x = 267,95 EUR

2.4 Aufgaben zu den Kapiteln 2.1–2.3

Aufgaben (Grundwissen)

1. Welche Aufgaben hat die Kostenstellenrechnung?

2. Definieren Sie die Begriffe „Einzelkosten" und „Gemeinkosten".

3. Definieren Sie kurz den Begriff „Kostenstelle".

4. Nach welchem Kriterium werden die Gemeinkosten im BAB auf die Kostenstellen verteilt?

5. Verteilen Sie die Gemeinkosten gemäß der Verteilungsschlüssel auf die Kostenstellen.
Verteilungsschlüssel:

- Sozialkosten: 1 : 3 : 7 : 2
- Instandhaltung lt. Arbeitsstunden: 25 : 79 : 2 : 9
- kalkulatorische Abschreibung lt. gebundenem Kapital: 1 : 5 : 2 : 2
- Energiekosten lt. kW/h: 1.000 : 36.000 : 9.000 : 4.000
- sonstige Kosten lt. Belegen: 1 : 5 : 3 : 1

Gemeinkosten (in Euro)	Gesamt	Material	Fertigung	Verwaltung	Vertrieb
Hilfs- und Betriebsstoffe	12.000,00	2.700,00	7.300,00	300,00	1.700,00
Gehälter	19.000,00	2.400,00	5.000,00	9.400,00	2.200,00

[1] *Aufgaben: Siehe Kapitel 2.4.*

Gemeinkosten (in Euro)	Gesamt	Material	Fertigung	Verwaltung	Vertrieb
Sozialkosten	2.600,00				
Instandhaltung	23.000,00				
kalkulatorische Abschr.	24.000,00				
Energiekosten	6.000,00				
sonstige Kosten	9.600,00				
Summe Gemeinkosten					

6. a) Ermitteln Sie die üblichen Zuschlagsätze:

Fertigungsmaterial	100.000,00 EUR		
Materialgemeinkosten	65.000,00 EUR		
Fertigungslöhne	70.000,00 EUR	Verwalt.gemeinkosten	49.500,00 EUR
Fertigungsgemeinkosten	105.000,00 EUR	Vertriebsgemeinkosten	16.500,00 EUR

b) Zur Herstellung des Produkts A werden für 200,00 EUR Fertigungsmaterial benötigt. Außerdem sind zwei Arbeiter mit je 1,5 Std. am Produkt tätig. Verrechnete Lohnkosten je Arbeitsstunde: 14,00 EUR.

Ermitteln Sie die Selbstkosten unter Verwendung obiger Zuschlagsätze.

7. **Sachverhalt**

Von einer Metallfabrik liegt Ihnen der Quartals-BAB (s. u.) als Auszug vor. Außerdem stehen folgende Angaben zur Verfügung:

Fertigungsmaterial: 160.000,00 EUR; Fertigungslöhne: 50.000,00 EUR

a) Nach welchen Gesichtspunkten würden Sie im BAB die Gemeinkosten „Aufwendungen für Hilfs- und Betriebsstoffe", „freiwilliger sozialer Aufwand" und „Fuhrpark" auf die Kostenstellen verteilen?

b) Ermitteln Sie die fehlenden Werte:

Gemeinkosten	Zahlen Buchh.	Material	Fertigung	Verwaltung	Vertrieb
....	....	....	....	....	....
Summen (Ist)	244.000,00	8.000,00	70.000,00	63.000,00	23.000,00
Zuschlagsgrundlage		MEK 160.000,00	FEK 50.000,00	?	?
Ist-Zuschläge		5 %	140 %	21,88 %	?
Normalzuschläge		6 %	136 %	13 %	8 %
Normalgemeinkosten		?	68.000,00	?	23.008,00
Überdeckung/ Unterdeckung		+ 1.600,00	?	?	+ 8,00

8. Ermitteln Sie den Nettoverkaufspreis anhand folgender Daten:

- Fertigungsmaterial 2.650,00 EUR, Fertigungslöhne 3.400,00 EUR, besonderer Konstruktionsaufwand 352,00 EUR
- Normalzuschläge: MGKZ 12 %, FGKZ 120 %, VwtGKZ 15 %, Gewinnzuschlag 10 %, Kundenskonto 2 %

9. Eine Unternehmung muss den Nettoverkaufspreis für ein Produkt mit 556,70 EUR festsetzen.

Folgende Daten liegen vor:

- Fertigungszeit Fertigungsstelle: 2 Std. zu je 20,00 EUR
- Modellkosten: 4,00 EUR je Stück
- Zuschlagsätze: MGK 10 %, FGK 120 %, Verwaltungsgemeinkosten 10 %, Vertriebsgemeinkosten 15 %, Gewinnzuschlag 8 %, Kundenskonto 3 %, Kundenrabatt 20 %

Wie viel Euro können für das Fertigungsmaterial des Produkts maximal ausgegeben werden?

10. Ermitteln Sie die Selbstkosten durch eine Ist-Kosten- und Normalkostenkalkulation und vervollständigen Sie den BAB.

Angaben:
- Materialeinzelkosten: 100.000,00 EUR
- Fertigungseinzelkosten: 200.000,00 EUR

	Material	Fertigung	Verwaltung	Vertrieb
Ist-Gemeinkosten	50.000,00	300.000,00	66.000,00	33.000,00
Zuschlagsgrundlage (Ist)	100.000,00	200.000,00		
Sondereinzelkosten		10.000,00		
Ist-Zuschlagsatz				
Normalzuschlagsatz	60 %	140 %	8 %	2 %
Normalgemeinkosten				
Kostenüberdeckung				
Kostenunterdeckung				

	Ist-Kostenkalkulation		Normalkostenkalkulation	

11. Die Apparatebau German GmbH stellt elektronische Messgeräte her. Im unteren Preissegment ist der Wettbewerbsdruck durch die fernöstliche Konkurrenz sehr hoch. Die Kostenrechnungsabteilung arbeitet an einem Konzept, das gewährleisten soll, dass trotz reduzierter Angebotspreise die gewünschte Kapitalrendite erzielt werden kann.
Aus Konkurrenzgründen soll im zweiten Quartal das Produkt D 101 zum Listenverkaufspreis von 1.350,00 EUR angeboten werden. Aus diesem Grund sollen die gesamten Fertigungskosten höchstens 587,00 EUR betragen. Die Kosten für das Fertigungsmaterial belaufen sich derzeit auf 220,00 EUR.

Aus der Kostenrechnung sind des Weiteren folgende Angaben bekannt:

• Verwaltungsgemeinkostenzuschlagsatz	5 %
• Vertriebsgemeinkostenzuschlagsatz	2 %
• Materialgemeinkostenzuschlagsatz	15 %
• Sondereinzelkosten des Vertriebs	16,81 EUR
• Gewinnzuschlagsatz	20 %
• Kundenskonto	3 %
• Kundenrabatt	247,73 EUR

Die angegebenen Gemeinkostenzuschlagsätze sind Durchschnittswerte aus den vergangenen Abrechnungsperioden.

a) Berechnen Sie, um wie viel Prozent das Fertigungsmaterial günstiger bezogen werden muss, um unter den angegebenen Bedingungen den angestrebten Gewinn zu erreichen (Rundung auf eine Nachkommastelle).

b) Die Auswertung der vergangenen Quartalszahlen ergibt, dass abgesehen von den Vertriebsgemeinkosten die Ist-Gemeinkosten in allen anderen Kostenstellen höher sind als die Normalgemeinkosten.
Begründen Sie, ob diese höheren Ist-Gemeinkosten zu einer Kostenüber- oder Kostenunterdeckung in den betreffenden Kostenstellen führen.

c) Nennen Sie zwei Ursachen, die diese Entwicklung ausgelöst haben könnten.

d) Beschreiben Sie die Auswirkung der festgestellten Kostenabweichung auf das Betriebsergebnis des ersten Quartals.

e) Beurteilen Sie das Ergebnis aus Teilaufgabe a) (Preisreduktion bezüglich des Fertigungsmaterials zur Erzielung des gewünschten Gewinns) unter Beachtung der beschriebenen Kostenentwicklung aus Teilaufgabe b).

2.5 Abituraufgaben

Abituraufgaben 2012 (Aufgabe 2, teilweise)

6. Im Jahr 2012 soll der neue Bootslack SHELTER in Zehn-Liter-Kanistern auf den Markt kommen. Aus der Kostenrechnung liegen für einen Kanister folgende Angaben vor:

• Fertigungsmaterial	140,00 EUR
• Fertigungslöhne	80,00 EUR
• Materialgemeinkostenzuschlagsatz	10 %
• Fertigungsgemeinkostenzuschlagsatz	110 %
• Verwaltungsgemeinkostenzuschlagsatz	12 %
• Vertriebsgemeinkostenzuschlagsatz	5 %
• Kundenskonto	3 %
• Kundenrabatt	15 %
• Sondereinzelkosten des Vertriebs	1,26 EUR

6.1 Bestimmen Sie den Listenverkaufspreis für einen Kanister, wenn ALCON mit einem Gewinnzuschlag von 8 % kalkuliert (Rundung auf zwei Nachkommastellen).

6.2 Berechnen Sie für die ALCON GmbH den Gewinn je Stück in Euro und in Prozent, wenn die Bootswerft SEASIDE bei einem Großauftrag lediglich einen Listenverkaufspreis von 460,00 EUR pro Kanister unter sonst gleichen Bedingungen akzeptiert (Rundung auf zwei Nachkommastellen).

6.3 Koch hat in der letzten Zeit gelegentlich Aufträge zu nicht kostendeckenden Preisen angenommen. Arnold hätte dagegen solche Aufträge abgelehnt. Beurteilen Sie die unterschiedlichen Auffassungen aus kostenrechnerischer Sicht.

Abituraufgaben 2014 (Aufgabe 1, teilweise)

Die mittelständische Schnoor KG stellt in ihrem Hauptwerk in Elsbach exklusive Wohnzimmermöbel her. Folgende Zahlen ergeben sich aus der Kosten- und Leistungsrechnung der Schnoor KG für den Monat März:

- Fertigungsmaterial: 310.000,00 EUR
- Fertigungslöhne: 280.000,00 EUR

Die folgenden Gemeinkosten sollen im Betriebsabrechnungsbogen (vgl. **Anlage 1**) verteilt werden:

- Gehälter im Verhältnis: 1 : 3 : 3 : 1
- Raumkosten nach m^2: 500 : 650 : 250 : 100

Als Mitarbeiter im Rechnungswesen sollen Sie die Kostenstellenrechnung für den Monat März durchführen.

1. Vervollständigen Sie den Betriebsabrechnungsbogen (vgl. **Anlage 1**) und ermitteln Sie die Summe der Ist-Gemeinkosten der einzelnen Kostenstellen.

2. Bei der Schnoor KG wird mit folgenden Normalgemeinkostenzuschlagsätzen kalkuliert: MGKZ 25 %, FGKZ 140 %, VwGKZ 10 %, VtGKZ 7 %

   Berechnen Sie im Rahmen einer Gesamtkalkulation

   - die Ist-Gemeinkostenzuschlagsätze,
   - die Selbstkosten,

- die Kostenabweichungen in den Kostenstellen.

Hinweis: Erstellen Sie Ihre Lösung nach folgendem Muster:

Kalkulationsschema	%	Ist-Kosten in Euro	%	Normalkosten in Euro	Kostenüber-/ -unterdeckung in Euro

3. Da in der Vergangenheit öfter Kostenabweichungen aufgetreten sind, finden zwischen der Geschäftsleitung und den Kostenstellenleitern Informationsgespräche statt.

3.1 Der Leiter der Kostenstelle Verwaltung argumentiert, dass der Normalgemeinkostenzuschlagsatz gleich groß sei wie der Ist-Gemeinkostenzuschlagsatz. Deswegen habe er die vorliegende Kostenabweichung in der Kostenstelle Verwaltung nicht zu vertreten.

Nehmen Sie zu dieser Aussage Stellung.

3.2 Der Leiter der Kostenstelle Material wird von der Geschäftsleitung aufgefordert, die Kostenabweichung in seiner Abteilung zu begründen.

Erläutern Sie zwei Ursachen von Kostenabweichungen, welche der Kostenstellenleiter anführen könnte, ohne die Verantwortung für die Abweichung übernehmen zu müssen.

4. Im Zweigwerk Ahrheim der Schnoor KG werden Büromöbel hergestellt. Im März trifft eine Anfrage über 100 Schreibtische der Modellreihe „Nova“ ein. Folgende Zahlen sind aus der Kosten- und Leistungsrechnung bekannt:

- Fertigungsmaterial pro Schreibtisch: 135,00 EUR
- Fertigungslöhne pro Schreibtisch: 2,5 Stunden zu je 36,00 EUR/Std.

Im Zweigwerk der Schnoor KG wird mit folgenden Normalgemeinkostenzuschlagsätzen kalkuliert:

MGKZ 20 %, FGKZ 105 %, VwGKZ 8 %, VtGKZ 5 %

Die Schnoor KG gewährt ihren Kunden 20 % Rabatt und 3 % Skonto.
Der Gewinnzuschlagsatz beträgt 20 %.

4.1 Berechnen Sie den Listenverkaufspreis für einen Schreibtisch (Rundung auf zwei Nachkommastellen).

4.2 Aus Konkurrenzgründen muss die Schnoor KG den Listenverkaufspreis für einen Schreibtisch „Nova“ auf 580,00 EUR senken.

Berechnen Sie den Gewinn in Euro und in Prozent, den die Schnoor KG je Schreibtisch erzielt (Rundung auf zwei Nachkommastellen).

Anlage 1 zu Teilaufgabe 1: Betriebsabrechnungsbogen

		Kostenstellen			
Gemeinkostenarten	**Betrag**	**Material**	**Fertigung**	**Verwaltung**	**Vertrieb**
Gehälter	120.000,00 EUR				
Raumkosten	45.000,00 EUR				
sonstige Gemeinkosten	416.850,00 EUR	63.000,00 EUR	271.500,00 EUR	49.400,00 EUR	32.950,00 EUR
Summe	581.850,00 EUR				

Abituraufgaben 2015 (Aufgabe 3, teilweise)

1. Die Milu AG mit Sitz in Heilbronn stellt hochwertige Tische und Stühle für den pharmazeutischen und medizinischen Bereich her. Neben der Serienfertigung werden auch Schreibtische nach individuellen Kundenwünschen produziert.

   Für das abgelaufene Geschäftsjahr 2014 sind bei der Milu AG folgende Kosten angefallen:

   - Materialgemeinkosten 216.000,00 EUR
   - Fertigungsgemeinkosten 1.750.000,00 EUR
   - Verwaltungsgemeinkosten 337.820,00 EUR
   - Vertriebsgemeinkosten 627.380,00 EUR
   - Fertigungsmaterial 2.160.000,00 EUR
   - Fertigungslöhne 700.000,00 EUR

1.1 Berechnen Sie im Rahmen einer Gesamtkalkulation die Selbstkosten und die Gemeinkostenzuschlagsätze für das abgelaufene Geschäftsjahr 2014.

1.2 Ein Kunde wünscht im Januar 2015 eine Sonderfertigung eines Schreibtisches passend zur sonstigen Ausstattung seines Arbeitszimmers.

Für die Kalkulation dieses Schreibtisches sind zu berücksichtigen:

- Fertigungsmaterial 90,00 EUR
- Fertigungslöhne 86,00 EUR
- Gewinnzuschlagsatz 20 %
- Kundenrabatt 25 %
- Kundenskonto 4 %

Die Milu AG kalkuliert mit den Gemeinkostenzuschlagsätzen aus dem abgelaufenen Geschäftsjahr 2014.

Ermitteln Sie den Angebotspreis für den Schreibtisch.

1.3 Anfang 2015 ist die Auftragslage im Bereich der Stuhlproduktion rückläufig.
Erläutern Sie die Problematik der Zuschlagskalkulation bei sinkendem Beschäftigungsgrad.

Abituraufgaben 2016 (Aufgabe 1, teilweise, verändert)

6. Für die Kalkulation der Verkaufspreise ab dem Geschäftsjahr 2016 benötigt die Geschäftsführung Gemeinkostenzuschlagsätze, die auf der Basis der Zahlen aus dem Geschäftsjahr 2015 ermittelt werden sollen.

   Laut Ergebnistabelle betrugen die Aufwendungen für das Fertigungsmaterial 1.560.000,00 EUR und für die Fertigungslöhne 500.000,00 EUR.

   Die Aufteilung der Gemeinkosten auf die Kostenstellen wurde für den gleichen Zeitraum mithilfe eines Betriebsabrechnungsbogens vorgenommen und ergab folgende Gemeinkostensummen:

Kostenstellen	Material	Fertigung	Verwaltung	Vertrieb
Summe in Euro	390.000,00	1.140.000,00	143.600,00	251.300,00

Zusätzlich sind noch Sondereinzelkosten des Vertriebs in Höhe von 15.100,00 EUR zu berücksichtigen.

Ermitteln Sie im Rahmen einer Gesamtkalkulation die Ist-Gemeinkostenzuschlagsätze des Geschäftsjahres 2015.

7. Die Verkaufsabteilung der B&K Präzisionswerkzeuge OHG erhält im Januar 2016 eine Anfrage der Rheinischen Metallwerke AG über die Lieferung von 400 Stück des Fräskopfes CFK300 für den Einsatz in CNC-Maschinen.

   Folgende Kalkulationsdaten liegen für ein Stück vor:

   Fertigungsmaterial 120,00 EUR, Fertigungslöhne 50,00 EUR, Sondereinzelkosten der Spezialverpackung 4,26 EUR, Gewinnzuschlagsatz 10 %, Kundenrabatt 12 %, Kundenskonto 2 %.

   Für die Berücksichtigung der Gemeinkosten werden die Ist-Gemeinkostenzuschlagsätze des Jahres 2015 (siehe Aufgabenteil 6) verwendet.

   Ermitteln Sie den Angebotspreis für die Anfrage der Rheinischen Metallwerke AG Düsseldorf.

   Hinweis: Falls Sie im Aufgabenteil 6 keine Zuschlagsätze ermitteln konnten, gehen Sie von folgenden Sätzen aus: MGKZ 20 %, FGKZ 240 %, VwGKZ 5 %, VtGKZ 6 %.

8. Frank Bauser ist mit der Kalkulation auf der Grundlage von Zuschlagsätzen bei dem hohen Volumen der Anfrage unzufrieden. Er schlägt deshalb vor, die Materialbeschaffung prozessorientiert zu verrechnen. Das Angebot an die Rheinischen Metallwerke AG würde dadurch um 4 % günstiger ausfallen. Hans König ist gegen die prozessorientierte Kalkulation. Er besteht wegen der unbefriedigenden Ertragssituation des Geschäftsjahres 2015 auf dem höheren Angebotspreis.

   Erläutern Sie, warum die prozessorientierte Kalkulation im vorliegenden Fall zu einem niedrigeren Angebotspreis führt.

3 Kosten- und Leistungsrechnung III: Kostenanalyse

3.1 Grundlagen

Stofftelegramm

Abhängigkeit der Kosten von der Ausbringungsmenge (vom Beschäftigungsgrad)

Beschäftigungsgrad:
Kapazität = 100 %
tatsächl. Produktion = x %

$$\text{Beschäftigungsgrad (x \%)} = \frac{\text{tatsächl. Produktion} \cdot 100}{\text{Kapazität}}$$

Fixe Kosten

- beschäftigungsunabhängige Kosten
- Beispiele: Mieten, Gehälter, Zinsen
- fixe Stückkosten: sinken bei steigender Beschäftigung (verteilen sich auf immer mehr Stück) = Fixkostendegression = Gesetz der Massenproduktion

Variable Kosten

- beschäftigungsabhängige Kosten
- Bsp.: Fertigungsmaterial, Fertig.löhne
- variable Stückkosten: konstant bei linearem Gesamtkostenverlauf (proportionale Kosten)

Sprungfixe Kosten

Bei fortschreitender Erhöhung des Beschäftigungsgrades steigen Fixkosten von einer bestimmten Menge an sprunghaft an und bleiben dann in dieser Höhe wieder fix.

Mischkosten

Kosten, die sowohl fixe als auch variable Kostenbestandteile enthalten.
Beispiele: Stromkosten, Fuhrparkkosten, Heizungskosten, Reisekosten

Umsatzformel (Erlösformel)

Umsatz = Preis · Produktionsmenge

$U = p \cdot x$

Gesamtkostenformel

Kosten = variable Kosten + Fixkosten

$K = K_v + K_f$

$K = k_v \cdot x + K_f$

Gewinnformel

Gewinn = Umsatz − Kosten

$\text{Gewinn} = p \cdot x - (k_v \cdot x + K_f)$

Nutzenschwelle (Gewinnschwelle)

Umsatz = Kosten

$p \cdot x = k_v \cdot x + K_f$

Gewinnmaximum ⟶ an der **Kapazitätsgrenze**

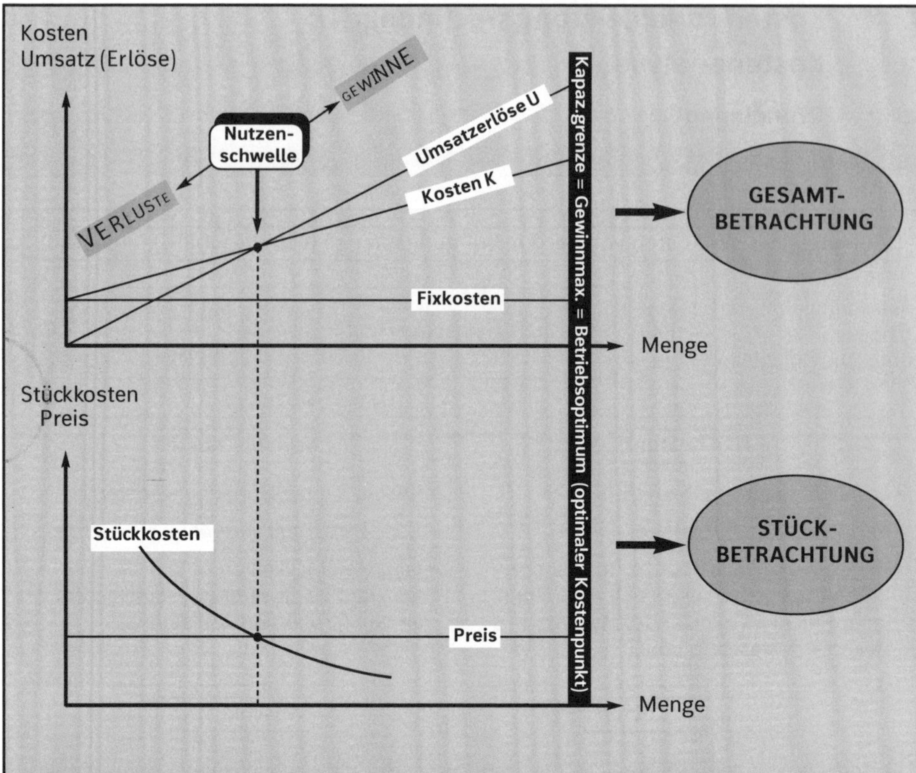

Kritische Menge

Produktionsmenge, ab der ein Produktionsverfahren (z. B. lohnintensiv) kostengünstiger wird als ein anderes Produktionsverfahren (z. B. kapitalintensiv).

Hier gilt: Kosten (Verfahren I) = Kosten (Verfahren II)

$k_v \cdot x + K_f = k_v \cdot x + K_f \qquad x = \ldots$

Rationalisierung und Kostenstruktur

mehr Maschinen – weniger menschliche Arbeit (= Substitution arbeitsintensiver Verfahren durch anlageintensive Verfahren)

Folge: Fixkosten steigen – variable Stückkosten sinken. Ab bestimmter Produktionsmenge (**kritische Menge**) wird das anlageintensive Verfahren kostengünstiger.

Wichtig somit bei anlageintensiven Verfahren: **hohe Stückzahlen!!!**

Beschäftigungsgrad und BAB – Zuschläge bei Vollkostenrechnung

Steigende Beschäftigung → sinkende Zuschlagsätze (niedrigere Preiskalkulation!)

Sinkende Beschäftigung → steigende Zuschlagsätze (höhere Preiskalkulation!)

Begründung: Fixkostenbestandteile bei Gemeinkosten

Problem: Die Preisgestaltung widerspricht der Absatzsituation! **(Vgl. auch DB-Rechnung.)**

Rechnerische Kostenauflösung (fixe – variable Kosten)

Ausbringung bei 100-prozentiger Kapazitätsausnutzung: 2.000 Stück

Gesamtkosten bei 70 % Kapazitätsauslastung	300.000,00 EUR
Gesamtkosten bei 90 % Kapazitätsauslastung	380.000,00 EUR

Ermittlung der variablen Stückkosten und Fixkosten:

Gesamtkosten bei 1.400 Stück (= 70 %)		300.000,00 EUR
Gesamtkosten bei 1.800 Stück (= 90 %)		380.000,00 EUR
variable Kosten	400 Stück	80.000,00 EUR
variable Kosten	**1 Stück**	**200,00 EUR**
Gesamtkosten bei 1.400 Stück:		300.000,00 EUR
variable Kosten bei 1.400 Stück: 1.400 · 200,00 =		280.000,00 EUR
Fixkosten		**20.000,00 EUR**

Aufgaben (Grundwissen)

1. Die Kapazität eines Betriebes beträgt 60.000 Stück, die tatsächliche Produktion 50.000 Stück. Ermitteln Sie den Beschäftigungsgrad.

2. Erklären Sie die Begriffe „fixe und variable Kosten" und nennen Sie je zwei Beispiele.

3. Erklären und begründen Sie das Gesetz der Massenproduktion.

4. Die Firma AUMO-GmbH in Stuttgart produziert Motorroller. Kosten- und Erlössituation:

   - Fixkosten 20.000,00 EUR
   - variable Kosten je Stück 1.000,00 EUR
   - Preis 2.000,00 EUR

a) Ergänzen Sie die Tabelle.

Produktionsmenge in Stück	Fixkosten in Euro	Variable Kosten in Euro	Gesamtkosten in Euro	Stückkosten in Euro	Umsatzerlöse in Euro	Gewinn (Verlust) in Euro
5	20.000,00					
10						
15						
20						
25						
30						
35						
40						
45						
50						

b) Berechnen Sie die Nutzenschwelle (Gewinnschwelle) mit Formeln und überprüfen Sie Ihr Ergebnis anhand der Tabelle.

c) Bei welcher Menge liegt das Gewinnmaximum?

d) Welche Spalte zeigt das Gesetz der Massenproduktion?

e) Zeichnen Sie in ein Koordinatensystem (analog zum Stofftelegramm) die Kosten- und Umsatzfunktion, ins untere Koordinatensystem den Preis und die Stückkosten. Bezeichnen Sie die Nutzenschwelle und das Gewinnmaximum (Gesamtbetrachtung: 5 Stück = 1 cm, 10.000,00 EUR = 1 cm; Stückbetrachtung: 5 Stück = 1 cm, 1.000,00 EUR = 1 cm).

5. Ein Betrieb erzeugt bei voller Kapazitätsausnutzung monatlich 12.000 Stück bei 60.000,00 EUR Gesamtkosten, wovon ein Fünftel fixe Kosten sind. Verkaufspreis: 6,20 EUR.

a) Welcher Beschäftigungsgrad entspricht einer monatlichen Ausbringung von 7.200 Stück?

b) Wie viel Euro betragen Gewinn, fixe und variable Kosten insgesamt und je Stück bei Vollbeschäftigung?

c) Wie viel Euro betragen Gesamtgewinn und Stückgewinn bei einer Fertigung von 9.000 Stück?

d) Bei welcher Fertigungsmenge liegt die Nutzenschwelle?

e) Wie verschiebt sich die Nutzenschwelle, wenn Gesamtkosten und Verkaufspreis gleichbleiben, aber die fixen Kosten zwei Fünftel der Gesamtkosten bei normaler Kapazitätsausnutzung betragen?

6. Ausbringung eines Betriebes bei 100-prozentiger Kapazitätsauslastung: 800 Stück

Gesamtkosten bei 80 % Kapazitätsauslastung: 88.000,00 EUR
Gesamtkosten bei 90 % Kapazitätsauslastung: 96.000,00 EUR

Ermitteln Sie die variablen Stückkosten und die Fixkosten.

7. Ein Industriebetrieb produziert Zubehörteile für die Automobilindustrie. Je nach Bedarf werden unterschiedliche Mengen hergestellt und verkauft. Der Verkaufspreis für ein Zubehörteil beträgt 30,00 EUR. Bei voller Kapazitätsausnutzung können pro Tag insgesamt 800 Zubehörteile hergestellt werden. Aufgrund der Nachkalkulation ergaben sich die folgenden Gesamtkosten (fixe und proportionale Kosten):

Menge	Gesamtkosten in Euro
100	6.000,00
200	8.000,00
300	10.000,00
400	12.000,00
500	14.000,00
600	16.000,00
700	18.000,00
800	20.000,00

a) Bei welcher Ausbringungsmenge liegt die Nutzenschwelle?

b) Ermitteln Sie die Ausbringungsmenge, bei der ein Gesamtgewinn von 2.500,00 EUR erzielt wird.

c) Wie hoch ist der Stückgewinn beim Beschäftigungsgrad 60 %?

d) Bei welcher Produktionsmenge erreicht der Betrieb das Gewinnmaximum? Begründung.

e) Begründen Sie, ob es sinnvoll ist, durch eine Preissenkung (für den Zusatzauftrag) von $33\frac{1}{3}$ % einen Zusatzauftrag hereinzunehmen, wodurch der Beschäftigungsgrad von zur Zeit 60 % um $12\frac{1}{2}$ % erhöht wird?

f) Auf welche möglichen Ursachen könnte ein überdurchschnittlicher Kostenanstieg kurz vor der Kapazitätsgrenze zurückzuführen sein?

8. Eine Maschinenfabrik hat zwei Werke. Im Werk I wurde ein neues Verwaltungsgebäude errichtet. Von den hierdurch entstandenen Fixkosten von 4.000.000,00 EUR/Jahr werden 25 % anteilmäßig dem Werk I belastet.

Von Werk I sind außerdem folgende Zahlen bekannt:

• bisherige Gesamtkosten bei maximaler Kapazitätsausnutzung von 1.000 Stück pro Jahr	15.000.000,00 EUR
• konstante Grenzkosten	10.000,00 EUR
• Stückerlös	25.000,00 EUR

a) Berechnen Sie die der Nutzenschwelle zugeordnete Produktionsmenge für Werk I **vor** der Belastung mit zusätzlichen Fixkosten (NS_{vor}) und **nach** der entsprechenden Belastung (NS_{nach}).

b) Berechnen Sie die Produktions- und Absatzmenge, bei der **nach** Belastung mit zusätzlichen Fixkosten ein Gewinn von 2.000.000,00 EUR erwirtschaftet wird.

c) Nennen und begründen Sie, bei welchem Beschäftigungsgrad bei linearem Kostenverlauf allgemein das Gewinnmaximum praktisch und theoretisch erreicht wird.

9. Eine Nähmaschinenfabrik stellt elektrische Nähmaschinen verschiedener Typen her:

- Typ A: einfache Ausführung mit Nutzstichen
- Typ B: gehobene Ausführung mit Nutz- und Zierstichen
- Typ C: Luxusausführung

Für Maschine Typ A, von der maximal 5.000 Stück pro Periode produziert werden können, fallen für 1.000 Stück folgende Kosten (linearer Kostenverlauf) in den einzelnen Kostenstellen an:

Kosten / Kostenstellen	Einzelkosten in Euro	Gemeinkosten in Euro	
		Fix	Proportional variabel
Material	180.000,00	55.800,00 (Material, Fertigung, Verwaltung und Vertrieb)	22.000,00
Fertigung	70.000,00		20.000,00
Verwaltung und Vertrieb			

Die Nähmaschinenfabrik, die keine marktbeherrschende Stellung genießt, verkauft die Maschine Typ A für 340,00 EUR je Stück.

a) Wie hoch ist für Maschine A die gewinnmaximale Angebotsmenge und der dazugehörige Gewinn?

b) Bei welcher Angebotsmenge liegt die Nutzenschwelle?

c) Wegen Importen aus Ostasien ist mit einem Preisrückgang für Typ A zu rechnen.

   ca) Wo liegt die kurzfristige Preisuntergrenze je Stück?

   cb) Zu welchem Preis kann bei voller Kapazitätsausnutzung langfristig gerade noch angeboten werden?

d) Eine geplante Ersatzinvestition zur Herstellung von Typ A erhöht die Kapazität um 20 %, verdoppelt aber die fixen Kosten und vermindert die variablen Kosten um 25 %.

   da) Wie verändern sich dadurch bei Ausnutzung der neuen Kapazität die Stückkosten?

   db) Wie viel Gewinn je Stück ergibt sich dann?

   dc) Warum kann eine Ersatzinvestition zu einer Erhöhung der Kapazität führen? Geben Sie ein Beispiel an.

   dd) Bei welcher Ausbringungsmenge erzielt das Unternehmen keinen Gewinn, wenn es die neue Maschine voll ausnutzt und der Preis auf dem Maschinenmarkt aufgrund der Ostasienimporte um 30 % sinkt?

3.2 Abituraufgaben

Abituraufgaben 2006 (Aufgabe 1, Teil 2)

2. Aufgrund des Konkurrenzdrucks plant die Unternehmensleitung eine Erhöhung der Arbeitszeit von 35 auf 40 Stunden pro Woche ohne Lohnausgleich. Für die zurückliegenden Monate stehen folgende Daten zur Verfügung:

Monat	Stückzahl	Gesamtkosten	Umsatz
Mai 2005	52.000	804.000,00 EUR	790.400,00 EUR
Juni 2005	66.000	972.000,00 EUR	1.003.200,00 EUR

2.1 Bei der bisherigen Arbeitszeit von 35 Stunden pro Woche hätten monatlich maximal 70.000 Drehteile produziert werden können.

2.1.1 Berechnen Sie die bisherigen Fixkosten und die variablen Stückkosten.

2.1.2 Wie hoch wäre die maximal produzierbare Menge nach der geplanten Erhöhung der wöchentlichen Arbeitszeit, wenn keine sonstigen Engpässe zu erwarten sind?

2.1.3 Ermitteln Sie die variablen Stückkosten nach der geplanten Arbeitszeitverlängerung, wenn davon auszugehen ist, dass bisher 30 % der variablen Kosten Fertigungslöhne waren.

2.1.4 Um welche Stückzahl würde sich nach Einführung der Arbeitszeitverlängerung die Gewinnschwelle bei unverändertem Verkaufspreis ändern?

2.2 Das Auftragsvolumen von 66.000 Stück (Juni 2005) könnte auch für die folgenden Monate bei unverändertem Absatzpreis beibehalten werden. Es besteht die Aussicht, zusätzlich 14.000 Stück zu verkaufen.

2.2.1 Wie hoch wären die Gesamtkosten für die zusätzliche Produktionsmenge, wenn die Arbeitszeitverlängerung nicht eingeführt würde und bei einer Überschreitung der Normalarbeitszeit ein Überstundenzuschlag von 25 % auf den Lohnanteil zu verrechnen wäre?

2.2.2 Angenommen, die Arbeitszeitverlängerung würde durchgeführt. Die Unternehmensleitung möchte zur Gewinnung eines neuen Kunden die Konkurrenz mit einem niedrigen Verkaufspreis unterbieten und sich in den Folgemonaten mit demselben Ergebnis wie im Juni 2005 begnügen.

Zu welchem Stückpreis könnten unter diesen Bedingungen die 14.000 Teile verkauft werden? (Falls Sie die Teilaufgabe 2.1.3 nicht rechnen konnten, gehen Sie davon aus, dass die Lohnstückkosten nach der Arbeitszeitverlängerung 3,15 EUR betragen.)

Abituraufgaben 2013 (Aufgabe 1, teilweise)

5. Die High Energy GmbH hat ein Bauteil für Elektrofahrzeuge entwickelt. Die Nachfrage nach diesem Bauteil steigt.
Für dieses Bauteil liegen aus dem Werk Isny folgende Daten vor:

	Januar	Februar
Kapazitätsauslastung	60 %	80 %
Gesamtkosten	124.000,00 EUR	132.000,00 EUR

Die Kapazitätsgrenze für das Bauteil liegt bei 2.000 Stück pro Monat.
Der Verkaufspreis beträgt 120,00 EUR je Stück.
Es liegt ein linearer Kosten- und Erlösverlauf vor.

5.1 Ermitteln Sie den Beschäftigungsgrad, bei welchem die Kosten gerade gedeckt sind.

5.2 Bestimmen Sie den maximal möglichen Stückgewinn.

5.3 Stellen Sie das Ergebnis aus 5.2 grafisch dar (Skalierung: x-Achse → 250 Stück = 1 cm; y-Achse → 20,00 EUR = 1 cm).

Hinweis: Weitere Aufgaben zu Kostenanalyse und Kostenauflösung finden sich in den Abituraufgaben zu Kapitel 4 „Kosten- und Leistungsrechnung IV: Deckungsbeitragsrechnung (Teilkostenrechnung)".

4 Kosten- und Leistungsrechnung IV: Deckungsbeitragsrechnung (Teilkostenrechnung)

4.1 Grundlagen

Stofftelegramm

Abkürzungen: VK = variable Kosten; FK = Fixkosten; P = Preis; vk = variable Stückkosten

Vollkostenrechnung

- Rechnung mit Vollkosten (VK und FK)
- Preisermittlung auf Basis der Vollkosten (Abwälzung aller Kosten auf die Preise)
- Annahme: **P < Vollkosten**

  Entscheidung evtl.: Ausscheiden des Produkts! Dies ist evtl. eine Fehlentscheidung!
- **Preisuntergrenze** = Vollkosten

Teilkostenrechnung

- Rechnung mit Teilkosten (VK)

P < vk	Entscheidung: Ausscheiden des Produkts
P = vk	**Preisuntergrenze**
P > vk	Verbesserung des Betriebserfolgs. Produkt leistet Beitrag zur Fixkostendeckung.

P – vk = Deckungsbeitrag

Problembereiche der Vollkostenrechnung (Fehlentscheidungen!)

Problembereich 1 → **Hereinnahme, Streichung, Rangfolge der Produkte:**

Nur die **Deckungsbeitragsrechnung** kann diese Probleme lösen:

- **Hereinnahme** eines Produkts, wenn es einen positiven Deckungsbeitrag (Beitrag zur Fixkostendeckung) leistet
- **Streichung** eines Produkts nur, wenn sein Deckungsbeitrag negativ ist
- **Rangfolge** der Produkte („Hitparade“) nach Deckungsbeiträgen

Problembereich 2 → **Entscheidungsfrage: Eigenfertigung oder Fremdbezug?**

Der Bezugspreis ist mit den eigenen variablen Kosten zu vergleichen. Auch dies ist nur mithilfe der Deckungsbeitragsrechnung möglich:

Ist keine Kapazitätserweiterung für die Eigenfertigung notwendig, gilt grundsätzlich: Eigenfertigung, sofern VK < Bezugspreis.

Problembereich 3 → **Beschäftigungsschwankungen:**

Sinkende Beschäftigung (sinkende Nachfrage) führt zu steigenden Stückkosten (Fixkosten verteilen sich auf weniger Stück).

Nach der Vollkostenrechnung würde dies zu Preiserhöhungen führen, obwohl eigentlich zur Nachfrageankurbelung eine Preissenkung nötig wäre. Der Betrieb sollte somit vorübergehend auf Vollkostendeckung verzichten: Deckungsbeitragsrechnung notwendig.

Einfluss des Beschäftigungsgrades auf BAB – Zuschlagsätze bei Vollkostenrechnung:

- Sinkende Beschäftigung: Gemeinkosten sinken nicht im gleichen Umfang wie Einzelkosten (Begründung: Gemeinkosten enthalten im Gegensatz zu den Einzelkosten Fixkosten). Folge: steigende Zuschlagsätze, steigende Preise (Probleme: s. o.).
- Steigende Beschäftigung: sinkende Zuschlagsätze

Vermeidung dieser Zuschlagsatzschwankungen durch die Deckungsbeitragsrechnung

Vorteile der Deckungsbeitragsrechnung (Zusammenfassung)

- Ermittlung der absoluten Preisuntergrenze (= variable Kosten) möglich
- Verbesserte Entscheidungen bezüglich:
  - Hereinnahme
  - Streichung
  - Rangfolge der Produkte
- Verbesserte Wahlentscheidungen:
  - Produkt A oder B produzieren?
  - Eigenfertigung oder Fremdbezug?
- Entscheidung über Zusatzauftrag nur mit Deckungsbeitragsrechnung lösbar
- verbesserte Kostenkontrolle (i. d. R. nur variable Kosten vom Kostenstellenleiter beeinflussbar)
- verbesserte Gewinnplanung
- marktorientierte Preispolitik
- Kostenverursachungsprinzip verbessert

Stückbetrachtung		Gesamtbetrachtung
Preis	→ · Stück =	Umsatzerlöse
– variable Stückkosten	→ · Stück =	– variable Kosten
= Deckungsbeitrag je Stück	→ · Stück =	= Deckungsbeitrag insgesamt

Schema der Deckungsbeitragsrechnung:

		Produkt A	Produkt B	Produkt C	Insgesamt
	Umsatzerlöse	**72.000,00**	**20.000,00**	**5.000,00**	**97.000,00**
–	**variable Kosten**	**56.000,00**	**21.000,00**	**4.000,00**	**81.000,00**
=	**Deckungsbeitrag**	**16.000,00**	**– 1.000,00**	**1.000,00**	**16.000,00**
–	**Fixkosten**	– – – – –	– – – – –	– – – – –	**5.000,00**
=	**Betriebsergebnis**	– – – – –	– – – – –	– – – – –	**11.000,00**

Produkt B hat **negativen Deckungsbeitrag:** Aus Produktionsprogramm herausnehmen!

Aus folgenden Gründen wird B **trotz negativen Deckungsbeitrags evtl. weiterproduziert:**

- Arbeitsplatzsicherung
- Sortimentsvielfalt
- „Vorzeigeartikel“
- Ergänzung anderer Produkte
- Deckungsbeitrag evtl. nur vorübergehend negativ
- Produkteinführung

Grafische Darstellung der Deckungsbeitragsrechnung

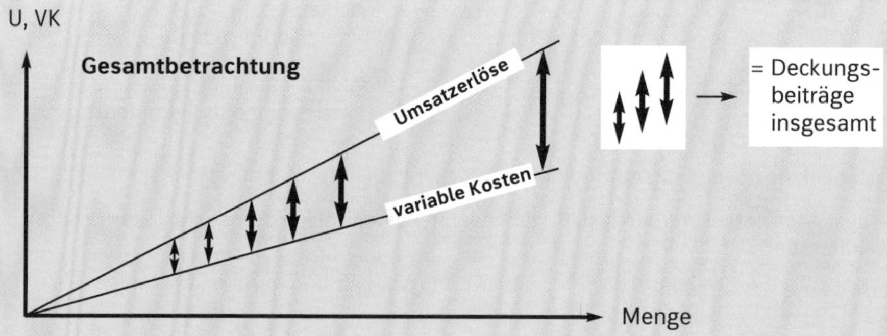

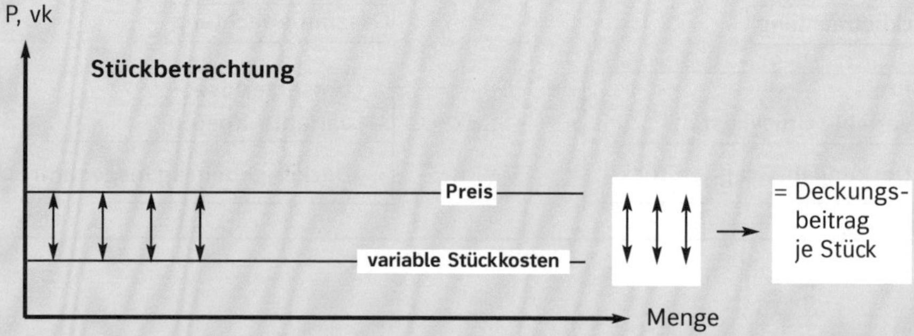

Relativer Deckungsbeitrag

= Deckungsbeitrag je Minute

$$= \frac{\text{absoluter Deckungsbeitrag pro Stück}}{\text{Fertigungszeit je Stück in Min.}}$$

Anwendung: In Engpasssituationen!

(Nicht alle Produkte können hergestellt werden, weil z. B. in einer „Engpass"-Abteilung die verfügbare Fertigungszeit begrenzt ist.)

Folge: Produktion der Erzeugnisse nach der Höhe ihrer relativen Deckungsbeiträge!

Beispiel: drei Produkte; zur Verfügung stehende Zeit im Engpass: 4.682 Min.

	Produkt A	**Produkt B**	**Produkt C**
maximal absetzbare Stückzahl	100	150	200
davon Lieferverpflichtung in Stück	–	30	–
DB absolut pro Stück	10,00 EUR	12,00 EUR	6,00 EUR
Fertigungszeit in Min. im Engpass	10	24	10
DB relativ pro Min.	**1,00**	**0,50**	**0,60**
Rang	1	**3**	**2**

Sortierung nach der Reihenfolge der relativen Deckungsbeiträge. Eventuell bestehende Lieferverpflichtungen sind vorrangig zu produzieren (muss!).

Produkt	Maximale Stückzahl	Zeit pro Stück	**OPP = optimales Produktionsprogramm**	Zeitbedarf	Restzeit
LV B	30	24	**30**	720	3.962
A	100	10	**100**	1.000	2.962
C	200	10	**200**	2.000	962
B	120	24	**40**	960	2

Aufgaben

1. a) Eine Unternehmung hat im abgelaufenen Geschäftsjahr drei neue Artikel in ihr Sortiment aufgenommen. Nach der ersten Periode liegen dazu aus der Buchhaltung laut Vollkostenrechnung folgende Zahlen vor:

	A	B	C
Erlöse (in Euro)	900.000,00	1.700.000,00	1.250.000,00
Gesamtkosten (in Euro)	850.000,00	1.350.000,00	1.360.000,00
Absatzmenge (in Stück)	30.000,00	30.000,00	35.000,00

Wie hoch ist das Betriebsergebnis je Produkt und insgesamt?

b) Das „verlustbringende“ Produkt soll evtl. aus dem Sortiment genommen werden. Die Kostenanalyse liefert folgendes Bild:

- fixe Kosten (für A, B und C insgesamt) 850.000,00

	A	B	C
• variable Kosten (in Euro)	650.000,00	1.200.000,00	860.000,00

ba) Wie hoch ist der Deckungsbeitrag je Artikel sowie das Gesamtergebnis?

bb) Wie würde sich eine Streichung des verlustbringenden Produkts (a) auf das Betriebsergebnis auswirken? Begründung.

bc) Welche Gründe könnten dafür sprechen, Produkte mit negativen Deckungsbeiträgen weiterzuproduzieren?

bd) Wie viel Euro betragen die Preisuntergrenzen der Artikel?

2. Nennen Sie fünf Argumente, die gegen die Vollkostenrechnung und für die Deckungsbeitragsrechnung sprechen.

3. Stellen Sie die Deckungsbeitragsrechnung grafisch dar (Gesamt- und Stückbetrachtung).

4. Die Mineralbrunnen AG kalkulierte bisher nur nach dem System der Vollkostenrechnung. Konkurrenzdruck und Konjunkturschwankungen zwingen die Geschäftsleitung zur Einführung der Deckungsbeitragsrechnung.

a) Eine Kundenbefragung ergab, dass neben dem Eigenprodukt Mineralwasser auch 15.000 Kästen Bier pro Jahr abgesetzt werden könnten.

Ermitteln Sie das voraussichtliche Betriebsergebnis mittels Deckungsbeitragsrechnung, wenn folgende Daten erwartet werden:

	Mineralwasser	**Bier**
Absatzmengen in Kästen	120.000	15.000
Verkaufspreis je Kasten in Euro	3,50	12,00
variable Kosten je Kasten in Euro	1,81	
Einstandspreis je Kasten in Euro		6,00
Fixkosten des Betriebes in Euro	185.000,00	

b) Preiserhöhungen verteuern den Einstandspreis bei Bier je Kasten um 1,50 EUR. Gleichzeitig wäre ein Großabnehmer bereit, pro Jahr 30.000 Kästen Bier zu einem Preis von 8,00 EUR je Kasten abzunehmen.

ba) Soll die Mineralbrunnen AG diese Lieferverpflichtung eingehen? Begründen Sie rechnerisch Ihre Entscheidung.

bb) Erläutern Sie, wie sich das Betriebsergebnis verändert.

bc) Warum wird in der Praxis dieses theoretische Ergebnis nicht zutreffen?

5. Eine Getränke-AG vertreibt die Fremdprodukte A, B, C und D. Folgende Zahlen liegen vor:

Produkte	**A**	**B**	**C**	**D**
Variable Kosten in Euro/100 Liter	100,00	100,00	100,00	100,00
Erlöse in Euro/100 Liter	200,00	170,00	270,00	285,00

a) Nennen Sie die Rangfolge der Produktförderung

- unter Vernachlässigung der Absatzmengen,
- wenn folgende Absatzmengen zugrunde gelegt werden:

Produkte	A	B	C	D
Verk.menge (in 100 Liter/Periode)	2.000	500	2.200	1.000

b) Der Kostenrechner schlägt vor, Produkte, die nur mit Verlust zu verkaufen sind, aus dem Sortiment zu nehmen. Nennen Sie drei Gründe, die dagegen angeführt werden könnten.

c) Erläutern Sie den Zusammenhang zwischen Teilkostenrechnung und Gewinnmaximierung.

6. Eine Nähmaschinenfabrik fertigt Maschinen der Typen A, B und C. Die Verkaufspreise ab Werk liegen im Augenblick bei 340,00 EUR, 395,00 EUR und 445,00 EUR je Stück.

In der abgelaufenen Periode wurden hergestellt und verkauft:

- Typ A: 5.000 Stück zu 1.515.800,00 EUR Selbstkosten
- Typ B: 7.000 Stück zu 2.658.000,00 EUR Selbstkosten
- Typ C: 4.000 Stück zu 1.773.000,00 EUR Selbstkosten

Die Selbstkosten wurden aufgrund der Vollkostenrechnung ermittelt. Bei jedem Typ ist der Gesamtkostenverlauf linear.

a) Wie hoch waren für die abgelaufene Periode das Ergebnis je Typ und das Betriebsergebnis?

b) Für die kommende Periode rechnet man – bei noch unveränderten Absatzpreisen – wegen der rückläufigen Konjunktur im Inland mit einem Absatzrückgang von 10 % bei jedem Typ. Die Gesamtkosten je Typ werden sich dann auf 1.369.800,00 EUR, 2.399.000,00 EUR und 1.621.000,00 EUR belaufen.

ba) Wie verändern sich dadurch die Ergebnisse von Aufgabe 6 a)?

bb) Worauf führen Sie den überproportionalen Rückgang des Betriebsgewinnes zurück?

c) Die Geschäftsleitung überlegt, ob sie das Produkt C aus dem Produktionsprogramm nehmen soll, um dadurch ein besseres Betriebsergebnis zu erreichen. Die für Produkt C anfallenden Fixkosten sind kurzfristig nicht abzubauen.

ca) Wie würden Sie entscheiden, wenn die Fixkostenverteilung je Produktart aufgrund der Werte der Vollkostenrechnung vorgenommen würde? Rechnerischer Nachweis.

cb) Ermitteln Sie für die Produkte A, B und C die Deckungsbeiträge je Stück und insgesamt für die unter 6 b) angegebenen Produktionsmengen.

cc) Welche Empfehlung geben Sie der Geschäftsleitung für Produkt C, wenn Sie die Deckungsbeitragsrechnung verwenden?

d) Die Geschäftsleitung zieht auch in Erwägung, das Produkt C weiterhin im Verkaufsprogramm zu lassen, aber von außen zu beziehen. Die Fixkosten für C können kurzfristig nicht abgebaut werden. Der Bezugspreis von C beträgt 443,00 EUR/Stück (bei 3.600 Stück je Periode).

Wie verändert sich das Gesamtergebnis und wozu raten Sie der Geschäftsführung?

4.2 Abituraufgaben

Abituraufgaben 2012 (Aufgabe 2, teilweise)

7. ALCON bietet u. a. drei Unterwasserlacke an. Diese werden in Zehn-Liter-Kanistern abgefüllt. Für das laufende Quartal liegen folgende Zahlen vor:

	AXXON	DELTA	XYLON
Erlös/Kanister	236,00 EUR	148,00 EUR	132,00 EUR
Fertigungszeit/Kanister	4 Stunden	4 Stunden	2 Stunden
sonstige variable Kosten pro Kanister	72,00 EUR	16,00 EUR	34,00 EUR
geplante Menge	240 Kanister	300 Kanister	400 Kanister

Fertigungslohn pro Stunde: 20,00 EUR

7.1 Berechnen Sie den Gesamtdeckungsbeitrag für diese Produkte, wenn die geplanten Mengen auch tatsächlich abgesetzt werden können.

7.2 Ein Großauftrag für das Produkt SHELTER führt dazu, dass für die Produkte AXXON, DELTA und XYLON insgesamt im laufenden Quartal nur noch 2.560 Stunden Fertigungszeit zur Verfügung stehen.

Bestimmen Sie das optimale Produktionsprogramm.

Abituraufgaben 2013 (Aufgabe 1, teilweise)

6. Die High Energy GmbH stellt am Standort Ulm drei Typen von elektronischen Steckverbindungen für Küchengeräte her.

Folgende Daten liegen hierfür vor:

Typ	A	B	C
Verkaufspreis in Euro	15,00	21,00	12,50
Fertigungszeit in Minuten	5	10	8
Sonstige variable Stückkosten in Euro	7,00	12,00	5,00

Die Lohnkosten pro Fertigungsstunde betragen 36,00 EUR.

6.1 Ein Großhändler bestellt insgesamt 1.000 Stück dieser Steckverbindungen. Von jedem Typ verlangt er eine Mindestliefermenge von 200 Stück. Die Produktionskapazitäten der High Energy GmbH sind zur Ausführung dieses Auftrags ausreichend.

Bestimmen Sie aus Sicht der GmbH die optimale Zusammensetzung dieses Auftrags.

6.2 Die Nachfrage nach den Steckverbindungen steigt, sodass von jedem Typ pro Monat 10.000 Stück absetzbar wären.
Es stehen in der Produktion insgesamt 3.000 Fertigungsstunden zur Verfügung.

Bestimmen Sie das optimale Produktionsprogramm.

7. Bei der Steckverbindung vom Typ A gibt es einen neuen Anbieter, welcher den bisherigen Verkaufspreis der High Energy GmbH unterbietet.
Zur Vorbereitung einer Besprechung der Verkaufsmitarbeiter soll die Preisuntergrenze der High Energy GmbH für dieses Produkt ermittelt werden.

- Ermitteln Sie die kurzfristige Preisuntergrenze für den Typ A.
- Erläutern Sie, warum die langfristige Preisuntergrenze im vorliegenden Fall nicht berechnet werden kann.

Abituraufgaben 2015 (Aufgabe 3, teilweise)

2. Im Zweigwerk I der Milu AG in Michelbach werden ausschließlich Gartentische hergestellt. Die Kapazitätsgrenze liegt bei 1.250 Stück pro Monat. Der Verkaufspreis beträgt 120,00 EUR je Stück.

Für das erste Quartal 2015 liegt folgende Kostenstruktur vor:

Monat	Produzierte Menge	Gesamtkosten
Januar	600 Stück	77.000,00 EUR
Februar	900 Stück	98.000,00 EUR
März	1.050 Stück	?

Es liegt ein linearer Kosten- und Erlösverlauf vor.

2.1 Weisen Sie rechnerisch nach, bei welcher Stückzahl das Zweigwerk I die Gewinnschwelle erreicht.

2.2 Ermitteln Sie die langfristige Preisuntergrenze eines Gartentisches bei Vollauslastung der Produktion.

2.3 Berechnen Sie das Betriebsergebnis des Zweigwerks I im ersten Quartal 2015.

2.4 Für den Monat April besteht die Möglichkeit, einen Auftrag über 200 Gartentische aus Frankreich anzunehmen. Der Kunde verlangt jedoch einen Preisnachlass in Höhe von 30 % gegenüber dem üblichen Verkaufspreis.
Der Produktionsleiter gibt zu bedenken, dass die Kapazität im Monat April voll ausgelastet ist. Die Kapazitätsgrenze kann kurzfristig um 200 Gartentische überschritten werden, wenn auch am Samstag gearbeitet wird. Gemäß einer Betriebsvereinbarung erhalten dann die Arbeitnehmer für diese Mehrarbeit einen Lohnzuschlag in Höhe von 25 %. Ohne diesen Zuschlag beträgt der Lohnanteil an den variablen Stückkosten 28,00 EUR.

Weisen Sie rechnerisch nach, wie sich eine Annahme des Auftrags aus Frankreich auf das Betriebsergebnis auswirkt.

2.5 Erläutern Sie je ein weiteres Argument, welches für bzw. gegen die Annahme des Auftrags aus Frankreich spricht.

3. Im Zweigwerk II in Öhringen werden drei hochwertige ergonomische Drehstuhlmodelle hergestellt. Aufgrund einer technischen Störung steht im Monat Februar 2015 nur ein Gerät zur Qualitätskontrolle zur Verfügung.
Die im Februar 2015 zur Verfügung stehende Prüfzeit beträgt daher nur 236 Stunden.

Der Produktionsplan für den Monat Februar 2015 sieht vor:

Modell	Modell 1	Modell 2	Modell 3
Nettoverkaufserlös/Stuhl	2.780,00 EUR	2.145,00 EUR	1.660,00 EUR
Prüfzeit/Stuhl	80 Minuten	70 Minuten	30 Minuten
Variable Kosten pro Stuhl	2.060,00 EUR	1.200,00 EUR	1.300,00 EUR
Geplante Stückzahl	100	120	160

3.1 Erstellen Sie das optimale Produktionsprogramm für Februar 2015.

3.2 Ermitteln Sie das Betriebsergebnis für Februar 2015, wenn die Fixkosten im Zweigwerk II 120.000,00 EUR pro Monat betragen.

Abituraufgaben 2017 (Aufgabe 1, teilweise, verändert)

5. Im Hauptwerk Tuttlingen fertigt die GmbH (Gesellschafter sind Berg, Müller und Schütz) Mikro-Operationsbestecke für die Gefäßchirurgie. Um die Kostensituation bei diesem Produkt genauer beurteilen zu können, werden die ersten beiden Monate des Geschäftsjahres 2017 analysiert.

Im Januar 2017 wurden 875 Bestecke gefertigt und abgesetzt. Dies entspricht einem Beschäftigungsgrad von 70 %. Dabei entstanden Gesamtkosten in Höhe von 673.750,00 EUR. Im Februar 2017 war die Kapazität zu 80 % ausgelastet und die Gesamtkosten beliefen sich auf 750.000,00 EUR. Der Kosten- und Erlösverlauf ist linear. Die Operationsbestecke werden für 810,00 EUR je Stück verkauft.

5.1 Bestimmen Sie, welcher monatliche Umsatz mindestens erreicht werden muss, um im Hauptwerk Tuttlingen Kostendeckung zu erreichen.

5.2 Ermitteln Sie den Stückgewinn für Januar und Februar und erklären Sie die Abweichung.

Hinweis: Sollten Sie unter 5.1 kein Ergebnis erzielt haben, gehen Sie von folgenden Werten aus: monatliche Fixkosten 147.000,00 EUR, variable Stückkosten 600,00 EUR.

5.3 Um den Absatz der Bestecke zu erhöhen, schlägt Michael Berg eine Werbemaßnahme vor, deren monatliche Kosten 8.000,00 EUR betragen. Damit soll ein zusätzlicher Beitrag zum Betriebsergebnis in Höhe von 13.000,00 EUR monatlich erzielt werden.

Weisen Sie rechnerisch nach, wie viele Bestecke monatlich zusätzlich verkauft werden müssen, um das mit der Werbemaßnahme angestrebte Ziel zu erreichen.

5.4 Die von Berg vorgeschlagene Werbemaßnahme zeigt Wirkung und wird deshalb zu unveränderten Kosten fortgesetzt. Ein französischer Medizingroßhändler würde monatlich 100 Bestecke zu einem Preis von 680,00 EUR je Stück kaufen.

- Berechnen Sie die langfristige Preisuntergrenze für die Bestecke, wenn durch den zusätzlichen Auftrag des Kunden eine Kapazitätsauslastung von 100 % erreicht wird.
- Entscheiden Sie begründet, ob der Auftrag der Klinik angenommen werden soll.

6. Im Zweigwerk Neuhausen werden Titan-Arterienklemmen für die Herzchirurgie in drei verschiedenen Varianten (A, B, C) gefertigt. Im Monat März 2017 kann der Rohstofflieferant nur 63 kg Titan liefern.

Zu den drei Modellen liegen folgende Daten vor:

Variante	Maximale Absatzmenge pro Monat (in Stück)	Verkaufspreis je Stück (in Euro)	Variable Stückkosten (in Euro)	Titaneinsatz je Stück (in Gramm)
A	600	160,00	80,00	40
B	300	230,00	95,00	90
C	250	366,00	150,00	120

Die monatlichen Fixkosten belaufen sich auf 110.000,00 EUR.

Ermitteln Sie für das Zweigwerk Neuhausen das gewinnmaximale Produktionsprogramm und das zu erwartende Betriebsergebnis für den Monat März 2017.

7. Die Geschäftsführung möchte das Sortiment um einen Mikro-Nadelhalter erweitern. Michael Berg geht davon aus, dass sich monatlich 500 Stück zu einem Verkaufspreis von 260,00 EUR je Stück verkaufen lassen.

Die GmbH steht vor der Entscheidung, ob die Mikro-Nadelhalter im eigenen Zweigwerk Neuhausen hergestellt oder bei der MediTech AG, Freiburg eingekauft werden sollen.

Für die Entscheidung liegen folgende Daten vor:

Kosten der Eigenfertigung:

Die Fixkosten im Zweigwerk Neuhausen erhöhen sich von 110.000,00 EUR auf 143.000,00 EUR. Die Kosten des Fertigungsmaterials betragen 24,00 EUR je Stück. Die Fertigungslöhne betragen 55,00 EUR je Stunde.

Kosten des Fremdbezugs:

Ein Mikro-Nadelhalter kann zum Preis von 200,00 EUR bezogen werden.

7.1 Lukas Müller bevorzugt die Eigenfertigung. Ermitteln Sie die maximale Fertigungszeit für einen Mikro-Nadelhalter, um keine Kostennachteile gegenüber dem Fremdbezug in Kauf nehmen zu müssen.

7.2 Fabian Schütz bemängelt die einseitige Fokussierung der Entscheidung auf den Kostenaspekt. Er hält die Berücksichtigung künftiger Risiken für ebenso wichtig.

Erläutern Sie für jede der beiden Alternativen ein damit verbundenes Risiko.

5 Kosten- und Leistungsrechnung V: Prozesskostenrechnung

5.1 Probleme der traditionellen Kostenrechnung

Stofftelegramm

Die Gemeinkostenproblematik I

Herkömmliche Unterstellung: Die Gemeinkosten stehen in einem proportionalen Verhältnis zu den Einzelkosten. Sie werden daher mit einem **Zuschlagsatz** auf die Einzelkosten kalkulatorisch umgelegt.

Kritik hieran: Diese Art der Verrechnung entspricht nicht der tatsächlichen Kostenverursachung und führt zu falschen Kalkulationsergebnissen → = **Verletzung des Kostenverursachungsprinzips.**

Einzelkosten = 100 %
Gemeinkosten = x %

→ $\text{Zuschlagsatz } x = \frac{\text{Gemeinkosten}}{\text{Einzelkosten}} \cdot 100$

↓

Proportionalisierung der Gemeinkosten

Beispiel A:
- 1 Stück Fertigungsmaterial (MEK) kostet 1.000,00 EUR.
- Materialgemeinkostenzuschlagsatz = 20 %

Annahme 1: Beschaffung von **1 Stück** Fertigungsmaterial; Kalkulation:

MEK	1.000,00 EUR
+ 20 % MGK	**200,00 EUR**
kalkulierte Materialkosten	1.200,00 EUR

Annahme 2: Beschaffung von **100 Stück** Fertigungsmaterial; Kalkulation:

MEK (100 · 1.000 =)	100.000,00 EUR
+ 20 % MGK	**20.000,00 EUR**
kalkulierte Materialkosten	120.000,00 EUR

Unrealistisch! Die einmalige Beschaffung von 100 Stück kann nicht das 100-Fache an Beschaffungskosten verursachen als die einmalige Bestellung von einem Stück.

↓

neue Bezugsgrößen notwendig, z. B. **auftragsbezogene Tätigkeiten**

Beispiel B:
- 1 Stück Fertigungsmaterial X kostet 100,00 EUR.
- 1 Stück Fertigungsmaterial Y kostet 10.000,00 EUR.
- Materialgemeinkostenzuschlagsatz = 20 %

Annahme 1: Beschaffung von **1 Stück** Fertigungsmaterial X; Kalkulation:

MEK	100,00 EUR
+ 20 % MGK	**20,00 EUR**
kalkulierte Materialkosten	120,00 EUR

Annahme 2: Beschaffung von **1 Stück** Fertigungsmaterial Y; Kalkulation:

MEK	10.000,00 EUR
+ 20 % MGK	**2.000,00 EUR**
kalkulierte Materialkosten	12.000,00 EUR

Unrealistisch!
Die Beschaffung des wertvolleren Produkts kann nicht das 100-Fache an Beschaffungskosten verursachen als die Bestellung des weniger wertvollen Produkts.
↓
neue Bezugsgrößen notwendig, z. B. **auftragsbezogene Tätigkeiten**

Die Gemeinkostenproblematik II

Die Gemeinkosten werden im Verhältnis zu den Einzelkosten immer höher (veränderte Kostenstrukturen).

Entwicklung der Struktur der Fertigungskosten:

Mechanisierung und Automatisierung führen zu sinkenden Anteilen der Lohneinzelkosten (FEK) und steigenden Fertigungsgemeinkosten (FGK), z. B. Abschreibungen, Energiekosten, kalkulatorische Zinsen.

→ FEK sinken; FGK steigen → stark steigende FGK-Zuschläge → ungenaue Kalkulation!

Entwicklung der Struktur der Materialkosten:

Rohstoffkosten (MEK) wurden im Laufe der Zeit eher geringer, die Materialgemeinkosten (MGK) für die Beschaffung und Lagerung sind durch höhere Personalkosten gestiegen.

→ MEK sinken; MGK steigen → steigende MGK-Zuschläge → ungenaue Kalkulation!

↓ ↓ ↓

Konsequenz:

- Aufgabe der Dominanz der Einzelkosten als oft ungeeignete Zuschlagsbasis
- Feststellung und Berücksichtigung der „wirklichen" Kostenverursachung

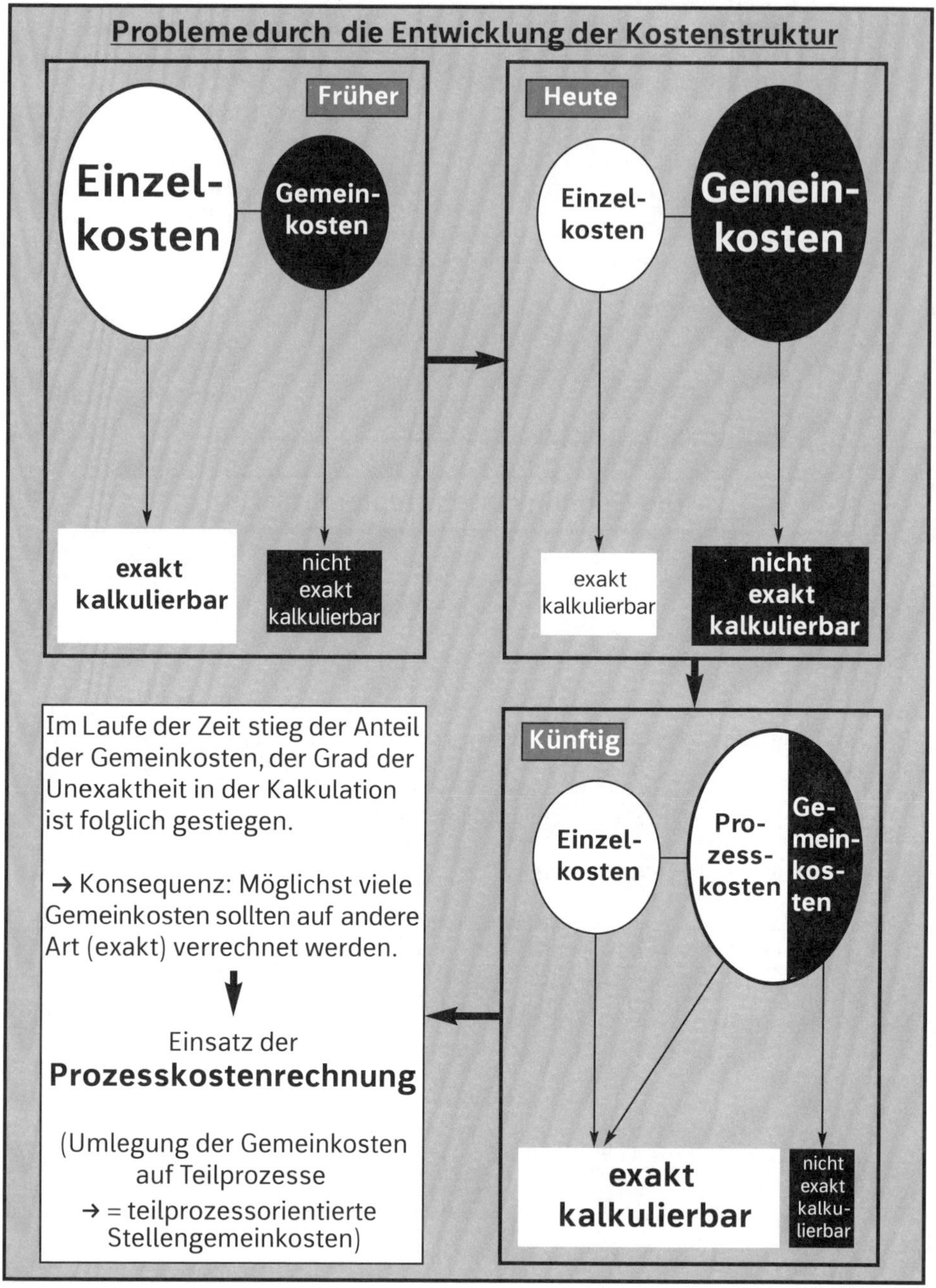

Aufgabe (Grundwissen)

Erklären Sie kurz die Gemeinkostenproblematik bei der traditionellen Kostenrechnung.

5.2 Allgemeines zur Prozesskostenrechnung (PKR)

Stofftelegramm

- Die PKR soll die Problematik der relativ ungenauen (nicht verursachungsgerechten) Verrechnung **wachsender Gemeinkostenanteile** über Zuschlagsätze beseitigen.
- In der PKR werden – sofern möglich – die Gemeinkosten mithilfe mengenbezogener Prozesskostensätze verrechnet. Die in der traditionellen Vollkostenrechnung übliche Gemeinkostenumlage mithilfe von Schlüsseln und die Verrechnung auf die Kostenträger mithilfe von prozentualen Zuschlagsätzen sollen so weit wie möglich vermieden werden.

Traditionelle Kostenrechnung:

MGK = MEK · Zuschlagsatz
FGK = FEK · Zuschlagsatz
VwGK = HKP · Zuschlagsatz
VtGK = HKU · Zuschlagsatz

Umstellung →

Prozesskostenrechnung:

prozessbezogene Gemeinkosten
=
Leistungsmenge · Prozesskostensatz

- **Hauptziel** der PKR: **verursachungsgerechte, genauere** Kostenverrechnung
- In der PKR werden die in einem Unternehmen erbrachten **Leistungen** als Prozesse definiert.
- Die PKR ist grundsätzlich als **Vollkostenrechnung** konzipiert.
- **Problem der Einführung** und Nutzung der PLK: aufwendig! → Kosten und Nutzen abwägen
- **Aktuelle Situation in Deutschland:** Meist erfolgt die Anwendung der PKR als Ergänzung, nicht als Ersatz der traditionellen Vollkostenrechnung.
- Bei der PKR wird erfasst, welche Tätigkeiten/Vorgänge wie viele Gemeinkosten verursachen.
- Bezugsgrößen in den Kostenstellen sind nicht die Einzelkosten, sondern die **Anzahl der bearbeiteten Vorgänge.**
- Die PKR gibt Antwort auf folgende Fragen:
  - Wo sind die Kosten angefallen?
  - Für welche Tätigkeiten sind Kosten angefallen?
- PKR: Gemeinkostenverrechnung v. a. in den Bereichen **Beschaffung, Verwaltung + Vertrieb**

Aufgaben (Grundwissen)

1. Welches Hauptziel verfolgt die Prozesskostenrechnung?
2. Welche Problematik der traditionellen Kostenrechnung soll die Prozesskostenrechnung beseitigen?
3. Erklären Sie kurz die aktuelle Situation hinsichtlich Anwendung der Prozesskostenrechnung in Deutschland.

5.3 Aufbau einer Prozesskostenrechnung (PKR) im Materialbereich

5.3.1 Vorgehensweise

Stofftelegramm

Annahme: Lediglich der **Materialbereich** soll auf die PKR umgestellt werden. Die restliche Kostenstruktur wird beibehalten.

Vereinfachter BAB				
Gemeinkosten	**Material**	**Fertigung**	**Verwaltung**	**Vertrieb**
Gehälter	120.000,00	.....	.....	.....
Abschreibungen	40.000,00	.....	.....	.....
Bürokosten	10.000,00	.....	.....	.....
Zinsen	80.000,00	.....	.....	.....
Summen	**250.000,00**	.....	.....	.....

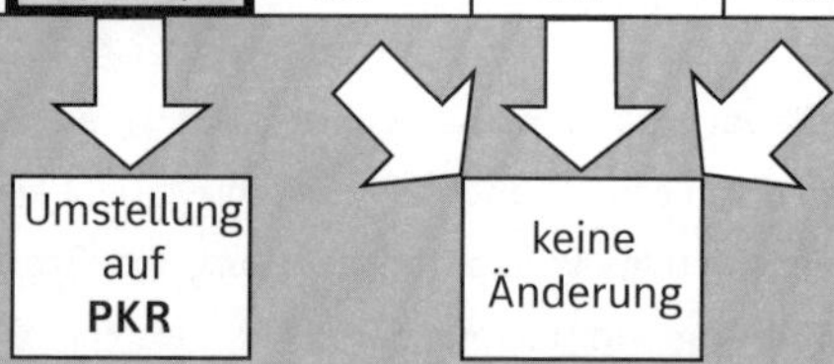

Vorgehensweise:

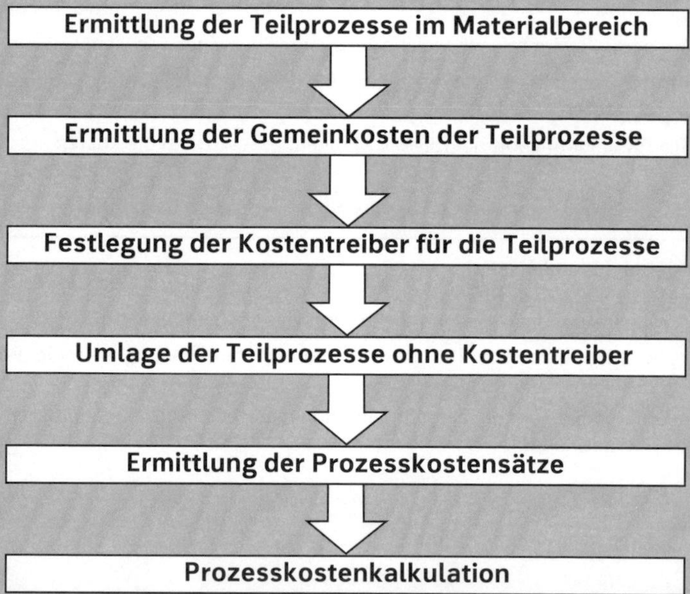

5.3.2 Ermittlung der Teilprozesse im Materialbereich

Stofftelegramm

Vereinfachter BAB				
Gemeinkosten	**Material**	**Fertigung**	**Verwaltung**	**Vertrieb**
Gehälter	120.000,00	.....	.....	.....
Abschreibungen	40.000,00	.....	.....	.....
Bürokosten	10.000,00	.....	.....	.....
Zinsen	80.000,00	.....	.....	.....
Summen	**250.000,00**	.....	.....	.....

→ Die in der Kostenstelle ausgeübten **Tätigkeiten** (= **Aktivitäten**) = Ursache für die Entstehung der Gemeinkosten.

Tätigkeit (Aktivität) → jede ausgeführte Arbeit, die Gemeinkosten verursacht

Tätigkeitsanalyse für die Kostenstelle „Material“:
Bestimmung der anfallenden Einzelaktivitäten (Tätigkeiten)

Tätigkeit 1 | Tätigkeit 2 | Tätigkeit 3 | Tätigkeit 4 | Tätigkeit 5 | Tätigkeit 6

Tätigkeit 7 | Tätigkeit 8 | Tätigkeit 9 | Tätigkeit 10 | Tätigkeit 11 | Tätigkeit 12

▼

Zusammenfassung der Tätigkeiten zu sinnvollen

Tätigkeitsbündeln (**Teilprozessen**),

die jeweils zu einem **gemeinsamen Arbeitsergebnis** führen und für die eine **gemeinsame Maßgröße** gefunden werden kann.
Die Teilprozesse enthalten alle Tätigkeiten dieser Kostenstelle.

- Tätigkeit 1 | Tätigkeit 5 | Tätigkeit 11 → **Teilprozess A**
- Tätigkeit 2 | Tätigkeit 7 → **Teilprozess B**
- Tätigkeit 4 | Tätigkeit 6 | Tätigkeit 8 | Tätigkeit 10 → **Teilprozess C**
- Tätigkeit 3 | Tätigkeit 9 | Tätigkeit 12 → **Teilprozess D**

Kostenstelle Material	
Tätigkeiten	**Teilprozesse**
• Material in Empfang nehmen • Material prüfen • Materialbeschädigungen reklamieren • Einkaufsmeldungen an Einkaufsabteilung weiterleiten • Belege und Unterlagen verwalten	**Material annehmen**
• Materialeingang erfassen • Material einsortieren • Material pflegen • Bestände kontrollieren	**Material einlagern**
• Materialentnahmescheine erstellen bei Materialausgabe • Materialentnahmen bestätigen lassen • Materialentnahmescheine ablegen • Meldebestände beachten und Einkaufsabteilung benachrichtigen	**Material ausgeben**
• organisieren • Problembereiche suchen und beheben • Wirtschaftlichkeit der Lagerhaltung beachten • Zusammenarbeit mit anderen, beteiligten Abteilungen	**Materialstelle leiten**

5.3.3 Ermittlung der Gemeinkosten der Teilprozesse

Stofftelegramm

Vereinfachter BAB				
Gemeinkosten	**Material**	**Fertigung**	**Verwaltung**	**Vertrieb**
Gehälter	120.000,00	.....	.....	.....
Abschreibungen	40 000,00	.....	.....	.....
Bürokosten	10.000,00	.....	.....	.....
Zinsen	80.000,00	.....	.....	.....
Summen	**250.000,00**	.....	.....	.....

Umgliederung der Gemeinkosten auf Teilprozesse

Kostenstelle Material	
Teilprozesse	**Teilprozesskosten**
Material annehmen	60.000,00
Material einlagern	40.000,00
Material ausgeben	100.000,00
Material stelleleiten	50.000,00
Summe Materialgemeinkosten	**250.000,00**

5.3.4 Festlegung der Kostentreiber für Teilprozesse

Stofftelegramm

Frage: Wodurch werden die Kosten eines Teilprozesses verursacht?
Antwort: durch **Kostentreiber** (= Maßgrößen = Kosteneinflussfaktoren), z. B. Anzahl der Anlieferungen

Die 60.000,00 EUR Kosten für den Teilprozess „Material annehmen" hängen von der Anzahl der Anlieferungen (= Anzahl der **Aktivitäten** = Teilprozessmenge = **Kostentreiber**) ab. Es handelt sich um Kosten, die **proportional** zu der Anzahl der Kostentreiber verlaufen, vergleichbar mit den variablen Kosten. Fachausdruck für diese Kosten:

leistungsmengeninduzierte Prozesskosten → Abkürzung: **lmi-Kosten**

Für alle Teilprozesse müssen Kostentreiber bestimmt werden.

Kostenstelle Material			
Teilprozesse	**Teilprozess-kosten**	**Kostentreiber (Maßgrößen)**	**lmi/lmn**
Material annehmen	60.000,00	Anzahl der Anlieferungen	lmi
Material einlagern	40.000,00	Anzahl der Einlagerungen	lmi
Material ausgeben	100.000,00	Anzahl der Ausgaben	lmi
Materialstelle leiten	50.000,00		lmn
Summe MGK	**250.000,00**		

} Maßgröße zuordenbar → **lmi-Prozesse**

Für alle Teilprozesse müssen Kostentreiber bestimmt werden.
falls keine Maßgröße fixierbar = **leistungsmengenneutrale Prozesskosten**
→ Abkürzung: **lmn-Kosten bzw. lmn-Prozesse**
→ lmn-Kosten (hier: 50.000,00 EUR) müssen auf die lmi-Teilprozesse **umgelegt** werden.
– Umlage: vgl. Kapitel 5.3.5 –

Merke

leistungsmengeninduzierte Teilprozesse (lmi-Teilprozesse)	**leistungsmengenneutrale Teilprozesse (lmn-Teilprozesse)**
Die Kosten verlaufen proportional zu der Anzahl der Kostentreiber. Analog: **variable Kosten**	Die Kosten fallen unabhängig von der Leistungsmenge an. Analog: **fixe Kosten**

5.3.5 Umlage der lmn-Prozesse

Stofftelegramm

Kostenstelle Material				
Teilprozesse	**Teilprozess-kosten**	**Kostentreiber (Maßgrößen)**	**lmi/ lmn**	**Teilprozesskosten nach Umlage**
Material annehmen	60.000,00	Anzahl der Anlieferungen	lmi	75.000,00
Material einlagern	40.000,00	Anzahl der Einlagerungen	lmi	50.000,00
Material ausgeben	100.000,00	Anzahl der Ausgaben	lmi	125.000,00
Materialstelle leiten	50.000,00	[redacted]	lmn	
Summe MGK	**250.000,00**			**250.000,00**

Umlage des lmn-Prozesses auf lmi-Teilprozesse
im Verhältnis der lmi-Teilprozesskosten
(siehe Nebenrechnung)

Kostenstelle Material: Nebenrechnung (Umlage)			
Teilprozesse	**Teilprozess-kosten**	**Umlage**	**Teilprozesskosten nach Umlage**
Material annehmen	60.000,00	15.000,00	75.000,00
Material einlagern	40.000,00	10.000,00	50.000,00
Material ausgeben	100.000,00	25.000,00	125.000,00
Summe MGK	**200.000,00**	**50.000,00**	**250.000,00**

200.000,00 = 50.000,00
60.000,00 = x

$$x = \frac{50.000,00}{200.000,00} \cdot 60.000,00 = 15.000,00$$

$$\frac{\text{lmn-Prozesskosten}}{\text{Summe lmi-Prozesskosten}} \cdot 60.000,00$$

→ Siehe Kapitel 5.3.6.

Alternativrechnung:

200.000,00 = 100 %
50.000,00 = x %

x = 25 %

→ 25 % von 60.000,00 = **15.000,00**

→ 25 % von 40.000,00 = **10.000,00**

→ 25 % von 100.000,00 = **25.000,00**

Die Umlage der lmn-Prozesskosten entspricht dem Wesen nach einer **Zuschlagskalkulation.** Diese **Schlüsselung** täuscht eine in Wirklichkeit nicht existierende Leistungsmengenabhängigkeit vor = **verbleibender (kleiner) Kritikpunkt an der Prozesskostenrechnung.**

5.3.6 Ermittlung der Prozesskostensätze

Stofftelegramm

Kostenstelle Material									
Teilprozesse	**Teil-prozess-kosten**	**Kostentreiber (Maßgrößen)**	**lmi/ lmn**	**Umlage**	**Teilprozess-kosten nach Umlage**	**Teilprozess-mengen**	**Teilprozess-kostensatz vor Umlage**	**Um-lage-satz**	**Gesamt-prozess-kostensatz**
Material annehmen	60.000,00	Anzahl Anlieferungen	lmi	15.000,00	75.000,00	5.000 Anlieferungen	12,0	3,0	15,0
Material einlagern	40.000,00	Anzahl Einlagerungen	lmi	10.000,00	50.000,00	4.000 Einlagerungen	10,0	2,5	12,5
Material ausgeben	100.000,00	Anzahl Ausgaben	lmi	25.000,00	125.000,00	8.000 Ausgaben	12,5	3,125	15,625
Materialstelle leiten	50.000,00	–	lmn	–	–	–	–	–	–
Summe MGK	**250.000,00**			50.000,00	**250.000,00**				

Spalten: ❶ Teilprozesskosten, ❷ Umlage, ❸ Teilprozesskosten nach Umlage, ❹ Teilprozessmengen, ❺ Teilprozesskostensatz vor Umlage, ❻ Umlagesatz, ❼ Gesamtprozesskostensatz

❸ = ❶ + ❷

❺ = ❶ : ❹

❻ = ❷ : ❹

❼ = ❺ + ❻

$$\textbf{Teilprozesskostensatz} = \frac{\textbf{Teilprozesskosten}}{\textbf{Teilprozessmenge}}$$

❷ Umlage (Material annehmen) = $\frac{\text{lmn-Prozesskosten}}{\text{Summe lmi-Prozesskosten}} \cdot 60.000$

❻ Umlagesatz = 2 : 4 = $\frac{\text{lmn-Prozesskosten}}{\text{Summe lmi-Prozesskosten}} \cdot \frac{60.000}{5.000}$

❼

Gesamtprozesskostensatz

=

Teilprozesskostensatz

+

Umlagesatz

$$\textbf{Umlagesatz} = \frac{\textbf{lmn-Prozesskosten}}{\textbf{lmi-Prozesskosten}} \cdot \textbf{Teilprozesskostensatz}$$

Ermittlung der Prozesskostensätze: gekürztes Schema (Übersicht)

Kostenstelle Material							
Teilprozesse	Teilprozesskosten	Kostentreiber (Maßgrößen)	lmi/lmn	Teilprozessmengen	Teilprozesskostensatz vor Umlage	Umlagesatz	Gesamtprozesskostensatz
Material annehmen	60.000,00	Anzahl Anlieferungen	lmi	5.000	12,0	3,0	**15,0**
Material einlagern	40.000,00	Anzahl Einlagerungen	lmi	4.000	10,0	2,5	**12,5**
Material ausgeben	100.000,00	Anzahl Ausgaben	lmi	8.000	12,5	3,125	**15,625**
Materialstelle leiten	50.000,00	–	lmn	–	–	–	–
Summe MGK	**250.000,00**						

$$\text{Teilprozesskostensatz} = \frac{\text{Teilprozesskosten}}{\text{Teilprozessmenge}}$$

$$\text{Umlagesatz} = \frac{\text{lmn-Prozesskosten}}{\text{Summe lmi-Prozesskosten}} \cdot \text{Teilprozesskostensatz}$$

Gesamtprozesskostensatz = Teilprozesskostensatz + Umlagesatz

5.3.7 Ermittlung des Hauptprozesskostensatzes

Stofftelegramm

Vorbemerkungen:

- Die Prozesskostensätze werden lediglich für die Leistungen eingerechnet (kalkuliert), die ein Kunde tatsächlich in Anspruch nimmt.
- Im obigen Beispiel wurde die Kostenstelle **Material** in eine Prozesskostenrechnung „umgewandelt“ und entsprechende Prozesskostensätze ermittelt.
- Zwecks Kalkulation eines Kundenauftrags müssen auch die Prozesskosten der anderen, am Hauptprozess beteiligten (indirekten) Kostenstellen berücksichtigt werden.
- Im folgenden Beispiel sind Prozesskostensätze auch für Prozesse vorgegeben, die ein Kundenauftrag in anderen Kostenstellen, neben Material, auslöst.
- Es gibt Teilprozesse, die **je Kundenauftrag nur einmal** anfallen – unabhängig von der bestellten Menge (z. B. „Fertigstellung melden“) → **Prozesskostensatz je Kundenauftrag**
- Es gibt andere Teilprozesse, die in Abhängigkeit von der bestellten Menge anfallen (z. B. „Material annehmen“) → **Prozesskostensatz je Stück**

Beispiel: Hauptprozess „Kundenauftrag bearbeiten“

Teilprozesse	Beteiligte prozessorientierte Kostenstelle	Prozesskostensatz je Kundenauftrag	Prozesskostensatz je Stück
Bestellung bearbeiten	Verwaltung	12,00 EUR	
Material annehmen	Material		15,00 EUR
Material einlagern	Material		12,56 EUR
Material ausgeben	Material		15,63 EUR
Fertigstellung melden	Vertrieb	8,00 EUR	
Fertigerzeugnis lagern	Vertrieb		3,00 EUR
Lieferschein erstellen	Verwaltung	1,50 EUR	
Fertigerzeugnis versandfertig machen	Vertrieb		7,81 EUR
Spediteur regeln	Vertrieb	2,50 EUR	
Fertigerzeugnis verladen	Vertrieb		9,00 EUR
		24,00 EUR	**63,00 EUR**

5.3.8 Prozesskostenkalkulation

Stofftelegramm

Kalkulationssituation 1

Der Kundenauftrag soll für 1 Stück und 100 Stück kalkuliert werden. Es wird unterstellt, dass alle o. g. Teilprozesse des Hauptprozesses in Anspruch genommen werden.

Weitere gegebene Größen:		
	Materialeinzelkosten (MEK) je Stück	7,00 EUR
	Fertigungseinzelkosten (FEK) je Stück	4,00 EUR
	Fertigungsgemeinkosten (FGK)	150 %

Kalkulationsschema	1 Stück		100 Stück	
Materialeinzelkosten MEK (kein MGK-Zuschlag)		7,00 EUR		700,00 EUR
Fertigungseinzelkosten FEK	4,00 EUR		400,00 EUR	
Fertigungsgemeinkosten FGK 150 %	6,00 EUR		600,00 EUR	
Fertigungskosten (FEK + FGK)		10,00 EUR		1.000,00 EUR
Hauptprozesskostensatz je Kundenauftrag		24,00 EUR		24,00 EUR
Hauptprozesskostensatz je Stück		63,00 EUR		6.300,00 EUR
Selbstkosten		**104,00 EUR**		**8.024,00 EUR**
Selbstkosten je Stück bei 100-Stück-Auftrag	→	→	→	**80,24 EUR**

Vorteil der Kalkulation mit Prozesskostensätzen:

Lediglich die Fertigungsgemeinkosten werden proportionalisiert (Zuschlagssystem). Die restlichen Gemeinkosten werden mithilfe von Prozesskostensätzen auftragsgemäß – und damit **verursachungsgerechter** – kalkuliert.

Beim 100-Stück-Auftrag sinken die Stückkosten auf 80,24 EUR. Dies ist darauf zurückzuführen, dass die pro Auftrag nur **einmalig** anfallenden Gemeinkosten korrekterweise auch nur einmalig (also unabhängig von der Bestellmenge) verrechnet werden.

Letzteres wird aufgrund der Proportionalisierung der Gemeinkosten bei der traditionellen Kalkulation i. d. R. nicht berücksichtigt (abgesehen von eventuellen Mengenrabatten), die traditionelle Kostenrechnung ist somit häufig **falsch (nicht auftragsbezogen)**.

Kalkulationssituation 2

Vorgehensweise bei nur teilweiser prozessorientierter Verrechnung der Gemeinkosten einer Kostenstelle:

Von den vorhergehenden Angaben unabhängige Aufgabe. Der BAB liefert folgende Daten:

	Material	Fertigung	Verwaltung	Vertrieb
Gemeinkosten	100.000,00 EUR	300.000,00 EUR	175.000,00 EUR	87.500,00 EUR
Zuschlagsgrundlage	100.000,00 EUR	200.000,00 EUR	700.000,00 EUR	700.000,00 EUR
Zuschlagsatz (alt)	100 %	150 %	25 %	12,5 %

In der Kostenstelle Material wurde ein Prozess 100.000-mal durchgeführt. Je Ausführung werden 0,70 EUR verrechnet. Stückzahl: 50.000, je Stück zwei Prozessausführungen.

1. Schritt 1: Berechnung der über die Prozesskosten verrechneten Gemeinkosten: 70.000,00 EUR
2. Schritt 2: Berechnung der Restgemeinkosten (werden wie vorher über Zuschlagsatz verrechnet): 100.000,00 – 70.000,00 = 30.000,00 EUR Restgemeinkosten
3. Schritt 3: Ermittlung neuer Gemeinkostenzuschlagsätze: RGK Material 30.000,00 EUR → 30 % RMGKZ
4. Neue Stückkalkulation mit Prozesskosten und Restgemeinkosten:

	Gesamtkalk. vorher (in Euro)	Stückkalk. vorher (in Euro)		Gesamtkalk. neu (in Euro)	Stückkalk. neu (in Euro)
MEK	100.000,00	2,00	MEK	100.000,00	2,00
MGK 100 %	100.000,00	2,00	**RMGK 30 %**	30.000,00	0,60
FEK	200.000,00	4,00	**Prozesskosten**	70.000,00	1,40
FGK 150 %	300.000,00	6,00	FEK	200.000,00	4,00
HK	700.000,00	14,00	FGK 150 %	300.000,00	6,00
VwGK 25 %	175.000,00	3,50	HK	700.000,00	14,00
VtGK 12,5 %	87.500,00	1,75	VwGK 25 %	175.000,00	3,50
SK	962.500,00	19,25	VtGK 12,5 %	87.500,00	1,75
			SK	962.500,00	19,25

5. *Hinweis: Wird (z. B. im Rahmen einer Vorkalkulation) am einmal ermittelten Restgemeinkostensatz trotz steigender Beschäftigung festgehalten, ergeben sich zu viel verrechnete Restmaterialgemeinkosten (RMGK steigen wegen ihrer fixen Anteile nicht proportional zur Beschäftigung).*

Aufgaben (Grundwissen)

1. a) Ergänzen Sie die Tabelle für die Kostenstelle Material.

Kostenstelle Material							
Teilprozesse	**Teilprozess-kosten**	**Kostentreiber (Maßgrößen)**	**lmi/ lmn**	**Teil-prozess-mengen**	**Teilprozess-kostensatz vor Umlage**	**Umla-gesatz**	**Gesamtpro-zesskosten-satz**
Material annehmen	50.000,00	Anzahl Anlieferungen		4.000			
Material einlagern	70.000,00	Anzahl Einlagerungen		3.000			
Material ausgeben	120.000,00	Anzahl Ausgaben		6.000			
Materialstelle leiten	40.000,00	–		–			
Summe MGK	**280.000,00**						

b) Für den Hauptprozess „Kundenauftrag bearbeiten“ liegen folgende weitere Prozesskostensätze vor. Ergänzen Sie die Tabelle.

Beispiel: Hauptprozess „Kundenauftrag bearbeiten“			
Teilprozesse	**Beteiligte prozessorientierte Kostenstelle**	**Prozess-kostensatz je Kundenauftrag**	**Prozess-kostensatz je Stück**
Bestellung bearbeiten	Verwaltung	10,00 EUR	
Material annehmen	Material		(s. o.)
Material einlagern	Material		(s. o.)
Material ausgeben	Material		(s. o.)
Fertigstellung melden	Vertrieb	9,00 EUR	
Fertigerzeugnis lagern	Vertrieb		4,00 EUR
Lieferschein erstellen	Verwaltung	1,00 EUR	
Fertigerzeugnis versandfertig machen	Vertrieb		8,00 EUR
Spediteur regeln	Vertrieb	2,00 EUR	
Fertigerzeugnis verladen	Vertrieb		7,87 EUR

c) Der Kundenauftrag soll für 1 Stück und 1.000 Stück kalkuliert werden. Es wird unterstellt, dass alle o. g. Teilprozesse des Hauptprozesses in Anspruch genommen werden.

Weitere Daten:
- Materialeinzelkosten je Stück 20,00 EUR
- Fertigungseinzelkosten je Stück 8,00 EUR
- Fertigungsgemeinkostenzuschlagsatz 200 %

Ermitteln Sie die Selbstkosten für 1 Stück und 1.000 Stück.

2. a) Ergänzen Sie die Tabelle für die Kostenstelle Vertrieb.

Kostenstelle Vertrieb (FE = Fertigerzeugnisse; LS = Lieferscheine)							
Teilprozesse	**Teilprozess-kosten**	**Kostentreiber (Maßgrößen)**	**lmi/ lmn**	**Teilprozess-mengen**	**Teilprozess-kostensatz vor Umlage**	**Umlage-satz**	**Gesamt-prozess-kostensatz**
FE lagern	120.000,00	Anz. Anlieferungen		750			
LS erstellen	30.000,00	Anz. Aktivitäten		400			
FE versandfertig machen	90.000,00	Anz. Paletten		3.000			
Spediteur regeln	20.000,00	Anz. Aktivitäten		300			
Abteilung leiten	60.000,00	–					
Summe MGK	**320.000,00**						

b) Für den Hauptprozess „Kundenauftrag bearbeiten“ liegen folgende weitere Prozesskostensätze vor. Ergänzen Sie die Tabelle.

Beispiel: Hauptprozess „Kundenauftrag bearbeiten“			
Teilprozesse	**Beteiligte prozessorientierte Kostenstelle**	**Prozesskos-tensatz je Kundenauftrag**	**Prozess-kostensatz je Stück**
Bestellung bearbeiten	Verwaltung	189,00 EUR	
Material annehmen	Material		74,50 EUR
Material einlagern	Material		61,00 EUR
Material ausgeben	Material		48,50 EUR
Fertigerzeugnis lagern	Vertrieb		(s. o.)
Lieferschein erstellen	Vertrieb	(s. o.)	
Fertigerzeugnis versandfertig machen	Vertrieb		(s. o.)
Spediteur regeln	Vertrieb	(s. o.)	

c) Der Kundenauftrag soll für 1 Stück und 100 Stück kalkuliert werden. Es werden alle o. g. Teilprozesse des Hauptprozesses in Anspruch genommen. Weitere Daten:

- Materialeinzelkosten je Stück 300,00 EUR
- Fertigungseinzelkosten je Stück 120,00 EUR
- Fertigungsgemeinkostenzuschlagsatz 120 %
- Verwaltungsgemeinkostenzuschlagsatz (sonstige Verwaltungsgemeinkosten, bezogen auf die „Selbstkosten“ vor Verrechnung dieser sonstigen VwGk) 15 %

Ermitteln Sie die Selbstkosten für 1 Stück und 100 Stück.

5.4 Bedeutung der Prozesskostenrechnung (PKR) (Allokations-, Komplexitäts- und Degressionseffekt)

Stofftelegramm

Der Allokationseffekt
(Veränderung der Zuordnung von Gemeinkosten auf Produkte)
(„Allokation“ = Zuteilung, Zuordnung)

Die Prozesskostenrechnung vermeidet die Proportionalisierung der Gemeinkosten mit der wertmäßigen Bezugsgröße (z. B. Fertigungsmaterial).

Beispiel: herkömmliche Zuschlagskalkulation (MGK-Zuschlagsatz= 10 %)

	Fall 1	Fall 2
MEK	100,00 EUR	300,00 EUR
MGK 10 %	**10,00 EUR**	**30,00 EUR**
Materialkosten	110,00 EUR	330,00 EUR

zu niedrig! (Fall 1) — zu hoch! (Fall 2)

PKR (angenommener Teilprozesskostensatz: 18,00 EUR = Kosten eines Bestellvorgangs, unabhängig vom Wert des beschafften Materials)

	Fall 1	Fall 2
MEK	100,00 EUR	300,00 EUR
Teilprozesskosten	**18,00 EUR**	**18,00 EUR**
Materialkosten	118,00 EUR	318,00 EUR

Allokationseffekt (Fall 1)
- Absolut: Unterschied GK (pro Stück) vorher (trad. Zuschlagskalk.) und PKR
  = + 8,00 EUR
- Relativ: Unterschied in Prozent
  vorher 10,00 EUR, jetzt 8,00 EUR mehr
  = + 80 %

Der Komplexitätseffekt

Herkömmliche Zuschlagskalkulation: Zuschlagsätze aus Jahr 1 gelten für die Kostenplanung in den Jahren 2/3 ... Dies ist problematisch, wenn sich in den Jahren 2/3 ... der Komplexitätsgrad erhöht (Entstehung zusätzlicher Kostenarten, die in Periode 1 nicht vorhanden waren).

Prozesskostenrechnung: Die PKR bezieht sich auf einzelne Verrichtungen → bei höherer (niedrigerer) Komplexität werden höhere (niedrigere) Kosten verrechnet.

Der Degressionseffekt

Herkömmliche Zuschlagskalkulation: Die Gemeinkosten werden proportional auf den Auftrag berechnet.

Folge: große Auftragsmengen: zu hohe Gemeinkostenbelastung
kleine Auftragsmengen: zu geringe Gemeinkostenbelastung

Prozesskostenrechnung: Die PKR differenziert in lmi und lmn. Somit bleiben bei konstanten Abwicklungskosten eines Kundenauftrags auch die verrechneten Kosten konstant.

Folge: große Auftragsmengen: Degressionseffekt der Selbstkosten
kleine Auftragsmengen: Progressionseffekt der Selbstkosten

Beispiel: herkömmliche Zuschlagskalkulation (VwGK-Zuschlagsatz = 10 %)

	1 Stück		100 Stück	
Herstellkosten	200,00 EUR		20.000,00 EUR	[redacted]
VwGK 10 %	**20,00 EUR** →	———	**2.000,00 EUR** →	
verrechnete Kosten	220,00 EUR		22.000,00 EUR	

zu niedrig! zu hoch!

PKR (angenommener Prozesskostensatz: 300,00 EUR = Prozesskosten eines Auftrags, unabhängig von der Auftragsmenge)

	1 Stück		100 Stück	
Herstellkosten	200,00 EUR		20.000,00 EUR	
Prozesskosten	**300,00 EUR** →	[redacted]	**300,00 EUR** →	[redacted]
verrechnete Kosten	500,00 EUR		20.300,00 EUR	

Degressionseffekt (pro Stück bei diesen beiden Auftragsmengen)
- Absolut: Unterschied Kosten pro Stück
  500,00 EUR zu 203,00 EUR (20.300,00 EUR : 100) = –297,00 EUR
- Relativ: –59,5 %

5.5 Abituraufgaben

Abituraufgaben 2009 (Aufgabe 2, Teil 3, verändert)

Die Gemeinkosten der Kostenstelle Fertigung betragen insgesamt 48.000,00 EUR, diese sollen prozessorientiert verrechnet werden. Die für die Prozesskostenrechnung relevanten Daten sind der **Anlage** zu entnehmen. Alle Personen verursachen gleich hohe Kosten je Monat.

3.1 Ermitteln Sie für die Teilprozesse die jeweiligen Prozesskostensätze in Euro. Verwenden Sie dazu die Anlage.

3.2 Ermitteln Sie die Herstellkosten je Stück bei prozessorientierter Verrechnung der Gemeinkosten der Kostenstelle Fertigung. Für die Fertigung ist jeder Teilprozess ein Mal pro Stück durchzuführen. Die Fertigungslöhne betragen 1.500,00 EUR/Stück, Materialeinzelkosten 1.200,00 EUR/Stück, Materialgemeinkostenzuschlag 30 %.

Anlage

Teilprozess	Typ*	Kostentreiber	Arbeitszeitbeanspruchung (in Mannmonaten)	Prozessmenge	Gesamtkosten je Teilprozess (in Euro)	Teilprozesskosten lmi (in Euro)	Teilprozesskosten lmn (in Euro)	Prozesskostensatz (in Euro)
Neukonstruktion	lmi	Anzahl Neukonstruktionen	4	40	19.200,00			
Arbeitsplanänderung	lmi	Anzahl Arbeitsplanänderungen	2	40	9.600,00			
Materialdisposition	lmi	Anzahl Aufträge	1	100	4.800,00			
Terminplanung	lmi	Anzahl Saunen	1	200	4.800,00			
(Summe lmi)	–				38.400,00			
Abteilung leiten	lmn		2		9.600,00			
(Summe lmi + lmn)	–				48.000,00			

* lmi = leistungsmengeninduziert
* lmn = leistungsmengenneutral

Abituraufgaben 2014 (Aufgabe 1, teilweise)

5. Im Zweigwerk Bilstadt stellt die Schnoor KG hochwertige Gartentische nach Maß mit Tischplatten aus Granit oder Holz her. Die Granit-Tischplatten werden in geringer Stückzahl bei verschiedenen Herstellern gekauft. Die Tischplatten aus Holz werden von einem Großhändler bezogen.
Bisher wurden die Materialgemeinkosten mit einem einheitlichen Zuschlagsatz verrechnet. Sie sollen künftig teilweise prozessorientiert verrechnet werden.

5.1 Erläutern Sie, welche Verbesserung man sich im vorliegenden Fall von dieser Art der Kostenzurechnung verspricht.

5.2 Insgesamt sind im letzten Jahr im Materialbereich 500.000,00 EUR Fertigungsmaterial und 200.000,00 EUR Materialgemeinkosten angefallen.

Berechnen Sie die Materialkosten für einen Schreibtisch mit Granitplatte, der Fertigungsmaterial in Höhe von 1.000,00 EUR benötigt,

- bei traditioneller Verrechnung der Materialgemeinkosten mit einem einheitlichen Zuschlagsatz.
- bei prozessorientierter Verrechnung (vgl. **Anlage 2**).
  Für diesen Tisch mussten wegen besonderer Kundenwünsche zwei Angebote eingeholt und einmal Material bestellt werden. Der Teil-Prozesskostensatz für die Einholung eines Angebots beträgt 150,00 EUR, der Teil-Prozesskostensatz für eine Materialbestellung 225,00 EUR. Die restlichen Materialgemeinkosten werden traditionell verrechnet.

5.3 Ermitteln Sie den Umlagesatz für den lmn-Prozess (vgl. **Anlage 2**).

5.4 Bestimmen Sie für den Granit-Tisch die Höhe des absoluten und des relativen Allokationseffektes bei den Materialgemeinkosten und erläutern Sie das Ergebnis.

Anlage 2 zu Teilaufgaben 5.2 und 5.3: Prozesskostenrechnung

Teilprozess	Typ	Kostentreiber	Holzplatten		Granitplatten		Prozesskosten insgesamt
			Prozessmenge	**Kosten pro Prozess**	**Prozessmenge**	**Kosten pro Prozess**	
Angebote einholen	lmi	Anzahl der Angebote	60	80,00 EUR	400	120,00 EUR	
Material bestellen	lmi	Anzahl der Bestellungen	100	100,00 EUR	300	180,00 EUR	
Materialbeschaffung organisieren	lmn	–					29.200,00 EUR

6 Rechtsformen I: Grundlagen – Personengesellschaften

6.1 Kaufmann – Handelsregister – Firma

Stofftelegramm

Kaufmann im Sinne des HGB

- Für wen gilt das **HGB?** → für **Kaufleute**

- **Wer** ist **Kaufmann nach HGB?**

  → jeder Gewerbetreibende mit kaufmännischer Organisation (mit kaufmännischem Geschäftsbetrieb)

  → jeder Gewerbetreibende ohne kaufmännische Organisation, sofern freiwillig im Handelsregister eingetragen

    = **Kannkaufmann** (er **kann**, muss sich jedoch nicht im Handelsregister eintragen lassen)

  → jede Kapitalgesellschaft (GmbH, AG) = **Formkaufmann**

  → jeder Land- und Forstwirt, sofern freiwillig im Handelsregister eingetragen = **Kannkaufmann**

- Wer im Handelsregister steht, ist **Kaufmann nach HGB.**

  (Bei deklaratorischer Wirkung besteht die Kaufmannseigenschaft evtl. schon vorher.)

- Alle **Kleingewerbetreibende**

  = Gewerbetreibende, deren Unternehmen einen in kaufmännischer Weise eingerichteten Geschäftsbetrieb nicht erfordert;

  – kurz: Gewerbetreibende ohne kaufmännische Organisation –

  können freiwillig die **Kaufmannseigenschaft** erwerben, indem sie sich ins Handelsregister eintragen lassen („**Kannkaufleute**“).

- Auch **Kleingewerbetreibende** können eine **OHG bzw. KG** gründen, sofern sie im Handelsregister eingetragen sind.

Vgl. Übersicht nächste Seite!

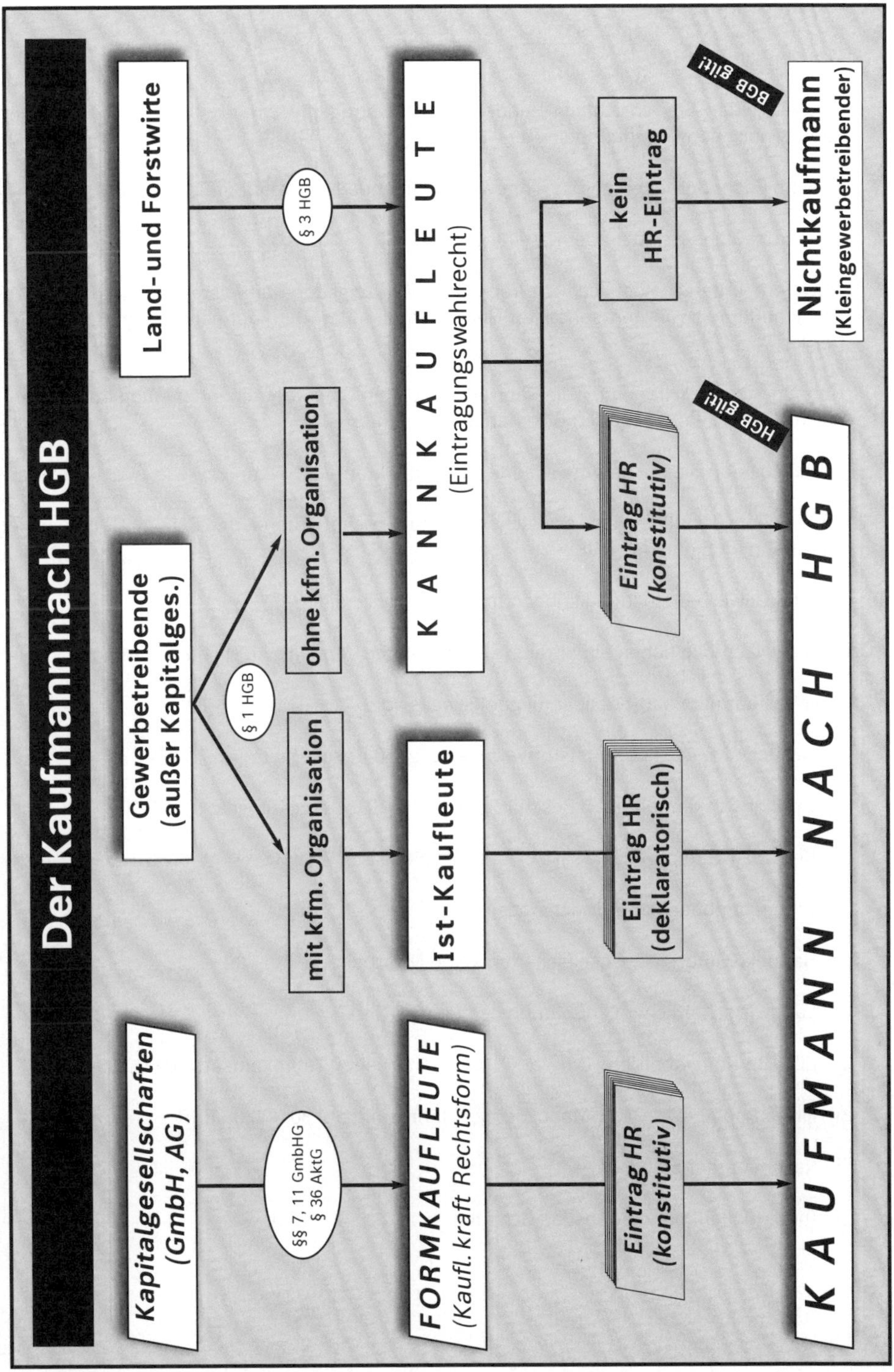
Der Kaufmann nach HGB
Kapitalgesellschaften (GmbH, AG)
§§ 7, 11 GmbHG
§ 36 AktG
FORMKAUFLEUTE
(Kaufl. kraft Rechtsform)
Eintrag HR (konstitutiv)
Gewerbetreibende (außer Kapitalges.)
§ 1 HGB
mit kfm. Organisation
ohne kfm. Organisation
Ist-Kaufleute
Eintrag HR (deklaratorisch)
Land- und Forstwirte
§ 3 HGB
KANNKAUFLEUTE
(Eintragungswahlrecht)
Eintrag HR (konstitutiv)
kein HR-Eintrag
KAUFMANN NACH HGB
HGB gilt!
Nichtkaufmann
(Kleingewerbetreibender)
BGB gilt!

Aufgaben (Grundwissen)

1. Für wen gilt das HGB?

2. Unterscheiden Sie hinsichtlich Handelsregistereintrag: Gewerbetreibende mit bzw. ohne kaufmännischen Geschäftsbetrieb.

3. Welche Besonderheiten gelten für gewerbetreibende Nichtkaufleute?

4. Welche Kaufleute sind immer Kaufleute nach HGB?

5. Inwiefern unterscheidet sich die rechtliche Wirkung der Handelsregistereintragung bei Formkaufleuten von den sonstigen Gewerbetreibenden mit kaufmännischem Geschäftsbetrieb?

6. Nennen Sie vier Kriterien für die Beurteilung, ob ein Gewerbetreibender einen in kaufmännischer Weise eingerichteten Geschäftsbetrieb unterhält.

7. Unterscheiden Sie die Begriffe „Kann- und Formkaufmann". Nennen Sie je zwei Beispiele.

8. Ingo Schopf ist alleiniger Gesellschafter und Geschäftsführer der Schopf GmbH. Ist er Kaufmann im Sinne des HGB?

9. Welche Gewerbetreibenden können nicht Prokura erteilen?

10. Welche Nachteile haben eingetragene Kaufleute im Vergleich zu Nichtkaufleuten?

11. Welche Kaufmannsart(en) liegt (liegen) jeweils vor?

    a) Firma Opf & Co. KG, Kunststoffverarbeitung, 70 Beschäftigte

    b) Großkino in Hamburg, 15 Beschäftigte, 2 Mio. EUR Jahresumsatz

    c) Rechtsanwaltspraxis Dr. Para

    d) Würstchenbude in der Innenstadt

    e) Handels-GmbH, ein Gesellschafter, keine Mitarbeiter

    f) Landwirtschaftlicher Großbetrieb des Bauern Gerster

    g) EDV-Beratungsbetrieb „Daty e. K." ohne Mitarbeiter; Jahresumsatz 70.000,00 EUR

    h) Firma Poppe e. K.; Zwei-Mann-Betrieb; Jahresumsatz 30.000,00 EUR

    i) Ravensburger Spiele AG

    j) Industriekaufmann Sebastian Schaufel

Stofftelegramm

Handelsregister → öfftl. Verzeichnis aller Kaufleute nach HGB des Amtsgerichtsbezirks

Inhalt:
- Firma
- Inhaber
- Kapital
- Prokura
- Geschäftssitz
- Gegenstand d. U.
- Geschäftsführer bzw. Vorstandsmitglieder

Öffentlichkeit des Handelsregisters:
- § 9 HGB: Einsicht für jeden
- § 10 HGB: Veröffentlichung aller Eintragungen und Löschungen (letztere erfolgen durch rotes Unterstreichen) im Bundesanzeiger und örtl. Tageszeitung
- § 15 Abs. 2 HGB: öffentlicher Glaube (eingetragene und bekannt gemachte Tatsachen muss jeder gegen sich gelten lassen)

Abt. A: Einzelunternehmen und Personengesellschaften
Abt. B: Kapitalgesellschaften

Beginn der rechtlichen Wirkung der Eintragung:

1. **Deklaratorisch** (rechtsbezeugend): Die Rechtswirkung besteht schon vor Eintrag im Handelsregister.
   Beispiele: Einzeluntern., Personengesellschaften jeweils mit kaufmänn. Organisation
2. **Konstitutiv** (rechtserzeugend): Die Rechtswirkung besteht erst durch die Eintragung.
   Beispiele: Kapitalgesellschaft, Kannkaufmann

Firma → Name, unter dem der Kaufmann nach HGB seine Geschäfte betreibt und unterschreibt. Er kann unter seiner Firma klagen und verklagt werden (§ 17 HGB).
Kurz: Handelsname

Arten:
- Personenfirma (Alf Moll)
- Sachfirma (Software Daten GmbH)
- Mischfirma (Bau Moll GmbH)
- Fantasiefirma (Softy OHG)

Firmengrundsätze:
- **Firmenöffentlichkeit:** Handelsregistereintrag → jeder kann einsehen
- **Firmenbeständigkeit:** Firmenbeibehaltungswahlrecht bei Inhaberwechsel, wenn bisheriger Inhaber einwilligt. Veräußerung der Firma ohne zugehörigen Geschäftsbetrieb nicht möglich.
- **Unterscheidbarkeit:** (= Firmenausschließlichkeit) Unterscheidbarkeit von anderen Firmen muss bei Neugründungen beachtet werden.
- **Offenlegung der Haftungsverhältnisse:** durch Rechtsformzusätze (z. B. e. K., OHG ...)
- **Offenlegung der Gesellschaftsverhältnisse:** durch Rechtsformzusätze
- **Irreführungsverbot:** Der Firmenname darf nicht über geschäftliche Verhältnisse, die für die Geschäftspartner maßgeblich sind, täuschen.

Aufgaben (Grundwissen)

1. Erklären Sie den Begriff „Handelsregister“.

2. Wo kann das Handelsregister eingesehen werden?

3. Nennen Sie acht wesentliche Eintragungen im Handelsregister.

4. Wer darf das Handelsregister einsehen?

5. Wie wird formal eine Handelsregistereintragung gelöscht?

6. Wie werden HR-Eintragungen bzw. -Änderungen bekannt gemacht?

7. Welche Bedeutung hat das Handelsregister?

8. Welche Personenkreise haben ein besonderes Interesse an HR-Eintragungen bzw. -Änderungen? Drei Nennungen inkl. Begründung.

9. Welche Rechtsformen werden in welchen Abteilungen des Handelsregisters geführt?

10. Erklären Sie den Begriff „öffentlicher Glaube“.

11. Erklären Sie anhand je eines Beispiels die unterschiedliche rechtliche Wirkung einer Handelsregistereintragung. Verwenden Sie die üblichen Fachbegriffe.

12. Welche der folgenden Aussagen sind richtig?

    a) Das Handelsregister ist ein öffentliches Verzeichnis aller Kaufleute.

    b) Das Handelsregister unterrichtet u. a. über Kapitalverhältnisse eines Unternehmens.

    c) GmbHs werden in Abteilung A des Handelsregisters geführt.

    d) Prokuristen werden nur in Abteilung B des Handelsregisters geführt.

    e) Alle Eintragungen und Änderungen im Handelsregister werden veröffentlicht.

    f) Deklaratorische Wirkung des Handelsregistereintrags bedeutet, dass die Rechtswirksamkeit mit der Eintragung im Handelsregister eintritt.

    g) Die Löschung einer Handelsregistereintragung erfolgt durch Unterstreichen.

    h) Handelsregistereintragungen kann jeder einsehen, der ein berechtigtes Interesse nachweist.

    i) Das Handelsregister informiert Außenstehende über die Gewinnsituation des Unternehmens.

    j) Anmeldungen zur Eintragung im Handelsregister müssen in notariell beglaubigter Form erfolgen.

13. Erklären Sie den Begriff „Firma“.

14. Nennen und beschreiben Sie kurz sechs Firmengrundsätze.

15. Welche Firmenart liegt in folgenden Fällen jeweils vor?

    a) Sportgroßhandel KG
    b) Schneider-Video-GmbH
    c) Holzapfel OHG
    d) Biggy AG
    e) Müller e. Kffr.
    f) Schulbuchverlag Anne Pfeff KG

16. Anke Strupp, Inhaberin des Modegeschäfts „Anke Strupp e. Kffr.“ in Bonn, verkauft das Geschäft an Evi Pfau. Unter welchen Voraussetzungen darf die bisherige Firma beibehalten werden?

17. Franz Maier möchte in Wittenberg/Lutherstadt eine Firma mit der Bezeichnung „Franz Maier e. K.“ gründen, obwohl bereits eine andere gleichnamige Firma in Wittenberg existiert. Ist dies möglich? Begründung.

18. Die Firma „Schulbuchverlag Pfau GmbH“ ändert den Unternehmensgegenstand und verkauft nur noch Videos an Videotheken. Darf die Firma beibehalten werden? Begründung.

6.2 Übersicht über die wesentlichen Rechtsformen

Stofftelegramm

Einzelunternehmung: ein Vollhafter (Alleinunternehmer)

Personengesellschaften:

- Offene Handelsgesellschaft (OHG): mindestens zwei Vollhafter
- Kommanditgesellschaft (KG): mindestens ein Vollhafter (Komplementär)
  mindestens ein Teilhafter (Kommanditist)
- GmbH & Co. KG: KG, bei der GmbH Vollhafter ist

Kapitalgesellschaften:

- Gesellschaft mit beschränkter Haftung (GmbH): mindestens ein Teilhafter
- Aktiengesellschaft (AG): mindestens ein Teilhafter

6.3 Entscheidungskriterien für die Wahl der Rechtsform

Stofftelegramm

- Gewinn- und Verlustbeteiligung
- Haftung
- Finanzierungsmöglichkeiten
- Geschäftsführung, Vertretung
- Gesellschafterzahl
- Mindestkapital
- Mitarbeitswille
- Vorschriften für Firma
- Besteuerung
- Publizitätspflichten
- Mitbestimmung
- Rechtsnachfolge (Erbfall)

6.4 Einzel- oder Gesellschaftsunternehmung

Stofftelegramm

Einzelunternehmung → Einzelunternehmer = alleiniger Eigentümer

Firma: Zusatz „e. K." (eingetragener Kaufmann) bzw. „e. Kfm." bzw. „e. Kffr."

Haftung: Privat- und Geschäftsvermögen (= unbeschränkte Haftung)

Vorteile:
- schnelle Entscheidungen (keine Abstimmungen)
- keine Streitigkeiten in Unternehmensführung
- keine Gewinnaufteilung
- kein Mindestkapital notwendig
- hohe Motivation des Einzelunternehmers

Nachteile:
- keine Risiko-(Haftungs-)Teilung
- begrenzte Kapitalbeschaffungsmöglichkeiten
- einseitige Unternehmenspolitik/Sichtweisen
- evtl. Arbeitsüberlastung

Bedeutung:
- häufigste Unternehmensform
- geeignet für kleine bis mittelgroße Unternehmen
- große Entfaltungsmöglichkeiten des Unternehmers

Gesellschaft → mindestens zwei Gesellschafter

<u>Gründe für Ges'bildung</u>
- Kapitalvermehrung
- Verteilung der Arbeitslast
- Aufteilung Unternehmerrisiko
- Erhöhung der Kreditwürdigkeit
- Heranziehen von Fachleuten

<u>Nachteile einer Gesellschaft</u>
- weniger Entscheidungsfreiheit (Geschäftsführung und Vertretung in verschiedenen Händen)
- Entscheidungsverzögerungen durch Meinungsverschiedenheiten
- Gewinnaufteilung

Aufgaben (Grundwissen)

1. Knut Säusel eröffnet eine Einzelunternehmung. Wie könnte die Firma lauten?
2. Wie haftet der Einzelunternehmer?
3. Nennen Sie je drei Vor- und Nachteile der Einzelunternehmung.
4. Welche Bedeutung hat die Einzelunternehmung?
5. Nennen Sie Vor- und Nachteile einer Gesellschaftsbildung.

6.5 Offene Handelsgesellschaft (OHG)

Stofftelegramm

Gesellschaftsvertrag

- formfrei möglich, meist jedoch schriftlich
- notarielle Beurkundung bei Einbringung von Grundstücken

Firma

- Rechtsformzusatz „OHG“
- **<u>Umwandlung der Einzelunternehmung in eine andere Rechtsform:</u>**
  - Firmenkern kann beibehalten werden, der Rechtsformzusatz muss jedoch entsprechend geändert werden.
  - Beispiel: Aus Firma „Ingo König e. K.“ wird „Ingo König OHG“.

Haftung → unbeschränkt – unmittelbar – solidarisch

gesetzl. Gewinnverteilung

- 4 % des Kapitals, Rest nach Köpfen (§ 121 HGB)
- Privatentnahmen und -einlagen eines Gesellschafters während des Jahres sind zinsmäßig zu berücksichtigen!

gesetzl. Verlustverteilung Verteilung nach Köpfen (§ 121 HGB)

Privatentnahmen bis zu 4 % des Kapitalanteils zu Geschäftsjahresbeginn (auch bei Verlusten) + (falls > 4 %) Gewinnanteil. (§ 122 HGB)

Vermögen der OHG = Gesamthandvermögen (gemeinschaftliches Vermögen)

Wettbewerbsverbot § 112 HGB: Ohne Zustimmung der anderen Gesellschafter ...

... 1. keine eigenen Geschäfte im Handelsgewerbebereich der OHG

... 2. keine Beteiligung an einem gleichartigen (= gleiche Branche) Unternehmen als persönlich haftender Gesellschafter

Rechte der OHG bei Verstoß: Schadenersatz oder Selbsteintrittsrecht oder Herausgabe der Vergütung oder dgl. (§ 113 HGB)

Geschäftsführung (= Innenverhältnis) § 116 HGB: alle Gesellschafter!

- **Gewöhnliche Geschäfte:** Einzelgeschäftsführungsbefugnis (sofern kein Widerspruch, vgl. § 115 HGB)
- **Außergewöhnl. Geschäfte:** Gesamtgeschäftsführungsbefugnis (Zustimmung aller Gesellschafter notwendig)
- **Ausschluss einzelner Gesellschafter von der Geschäftsführung:**

Bei außergewöhnlichen Geschäften ist dennoch Zustimmung notwendig.

Vertretung (= Außenverhältnis) §§ 125, 126 HGB: alle Gesellschafter!
§ 106 Abs. 2 Nr. 4; § 107 HGB

Einzelvertretungsbefugnis bei gewöhnlichen und außergewöhnlichen Geschäften (Zweck dieser Regelung: Schutz des Dritten)

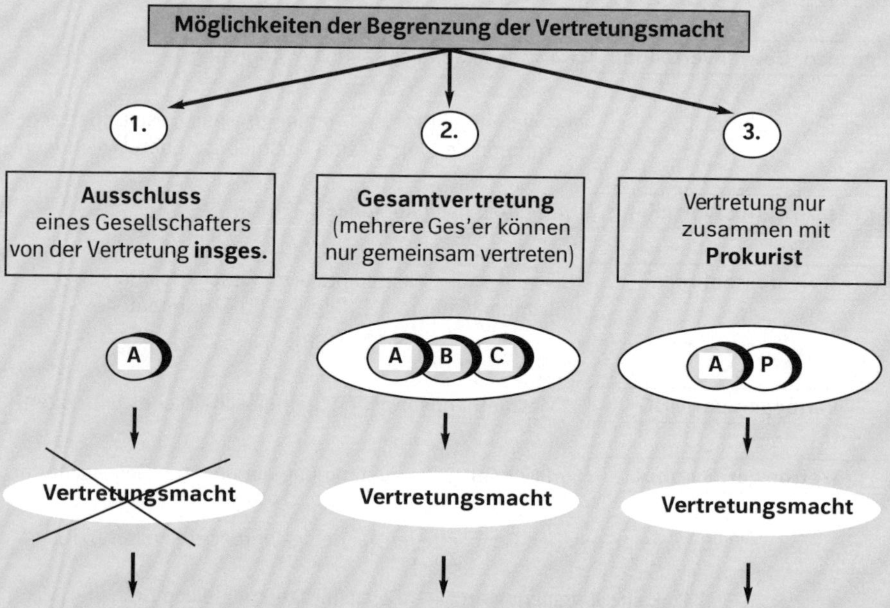

Voraussetzung Anmeldung von sämtl. Ges'ern zum Eintrag ins **Handelsregister**

Nicht wirksam gegenüber Dritten:

Beschränkung des <u>Umfangs</u> der Vertretungsmacht

Beginn der OHG

- **Innenverhältnis:** laut Gesellschaftsvertrag
- **Außenverhältnis:** mit erstem Geschäft (Handelsregistereintrag ist **deklaratorisch.**)

  Ausnahme: Kannkaufleute (OHG entsteht erst mit HR-Eintrag = konstitutiv); vgl. Kapitel 5.1

Aufnahme eines neuen Gesellschafters N

- N haftet auch für Schulden, die bei seinem Eintritt bereits bestehen. Ausschluss dieser Haftung nur im Innenverhältnis möglich (vgl. § 128 HGB).
- Möglichkeit bei **Eintritt in eine bisherige Einzelunternehmung:** N kann die Haftung auch im Außenverhältnis ausschließen durch

  1. Eintrag im Handelsregister und Bekanntmachung oder
  2. Mitteilung an alle Gläubiger.

Ausscheiden eines Gesellschafters

- **Kündigungsfrist:** sechs Monate zum Geschäftsjahresende (§ 132 HGB)
- **Haftung:** weitere fünf Jahre für die bei seinem Austritt vorhandenen Verbindlichkeiten der Gesellschaft (§ 159 HGB)

Aufgaben (Grundwissen)

1. Welcher Form bedarf der Gesellschaftsvertrag einer OHG?
2. Welche der folgenden Firmen einer neu zu gründenden Unternehmung in der Rechtsform einer OHG sind rechtsgültig? Begründung.

   a) Gerd Feger Nudelfabrik   b) Gerd Feger & Co.   c) Gerd Feger

   d) Feger & Frosch   e) Eddy Frosch OHG   f) Feger OHG

3. a) Einzelunternehmer Walter Schnorr nimmt den Gesellschafter Schnuff zwecks Gründung einer OHG auf. Darf die bisherige Firma („Walter Schnorr e. K.") beibehalten werden?

   b) Die OHG firmiert mit „Schnorr & Schnuff OHG". Darf die Firma beibehalten werden, wenn Schnuff wieder ausscheidet? Begründung.

   c) Aus der Firma „Schnorr, Schnuff & Schnauff OHG" scheidet Schnuff aus. Darf die Firma beibehalten werden?

   d) An der „Schnorr OHG" sind drei Gesellschafter beteiligt. Schnorr scheidet aus. Darf die Firma beibehalten werden?

4. a) Erläutern Sie kurz die drei Haftungsbegriffe bei der OHG.

   b) Worin unterscheiden sich „Haftung" und „Verlustbeteiligung"?

5. Wie wird der Gewinn (Verlust) bei der OHG laut Gesetz verteilt?

6. Erklären Sie das gesetzliche Wettbewerbsverbot für OHG-Gesellschafter und nennen Sie je ein Beispiel.

7. Die ABC-OHG (50 Mitarbeiter, jährliche Erlöse 3 Mio. EUR, Bilanzsumme 1 Mio. EUR) hat bezüglich Vertretung und Geschäftsführung keine gesellschaftsvertraglichen Regelungen getroffen. B unterzeichnet ohne Vorabsprache mit A und C einen äußerst günstigen Kaufvertrag über ein Fließband im Wert von 800.000,00 EUR.
A und C sind nachträglich nicht einverstanden. Rechtslage?

8. Bei der ABC-OHG haben die Gesellschafter vereinbart, dass Grundstücksverträge nur gemeinsam abgeschlossen werden dürfen. Der Verkäufer eines Grundstücks weiß dies. A schließt dennoch – ohne Rücksprache mit den anderen Gesellschaftern – einen notariellen Kaufvertrag ab. Ist dieser gültig?

9. Gesellschafter A soll von der Vertretung ausgeschlossen werden.

   a) Unter welcher Voraussetzung ist dies nur rechtswirksam?

   b) Welche sonstigen Vertretungsbeschränkungen wären denkbar?

   c) Welche Vertretungsbeschränkung ist stets unwirksam?

10. a) Der Einzelunternehmer Ott nimmt den Vollhafter Neu auf. Haftet Neu auch für die alten Schulden der alten Firma?

    b) Welche Möglichkeit hat Neu?

    c) Wie wäre die Rechtslage, wenn Neu in eine OHG eingetreten wäre?

11. Gesellschafter Sauer will ausscheiden. a) Kündigungsfrist? b) Haftung?

12. Gesellschafter Streiter fasst am 02.07.01 den Entschluss, aus der Moppel & Sting OHG auszuscheiden.

    a) Wann ist er frühestens aus seinem Vertrag „befreit“? Begründung.

    b) Drei Jahre nach seinem Ausscheiden tritt ein Gläubiger der Moppel & Sting OHG an Streiter heran und verlangt die Begleichung einer am 14.10.01 entstandenen und noch nicht verjährten Forderung. Muss Streiter zahlen?

13. Die Gesellschafter Schinkel und Brosius sind an der Schinkel OHG beteiligt. Brosius scheidet aus. Darf die bisherige Firma beibehalten werden? Begründung.

14. Nehmen Sie Stellung zur Rechtsgültigkeit der Vorschläge einzelner Gesellschafter der „ABC OHG“ betr. Ausgestaltung des Gesellschaftsvertrages der neu zu gründenden OHG:

    Vorschlag A: „Die Gesellschafter B und C dürfen die OHG nur gemeinsam vertreten.“

    Vorschlag B: „Die Gesellschafter B und C sind nicht berechtigt, namens der Gesellschaft Grundstücke zu kaufen.“

15. Gesellschafter Mau ist an der Mau & Sauer OHG beteiligt.

    - Kapitalanteil Mau 01.01.01: 300.000,00 EUR
    - Verlustanteil Mau im Jahr 01: 50.000,00 EUR
    - Privatentnahmen Mau im Jahr 01: 12.000,00 EUR

    Sauer ist sauer über die seines Erachtens zu hohen Privatentnahmen von Mau. Zu Recht?

16. Der Kaufmann Alfons Storch betreibt seit 20 Jahren eine größere Einzelunternehmung. Für eine Betriebserweiterung soll in eine OHG umgewandelt werden. Als neue Gesellschafter sollen sein Sohn Ewald und der Mitarbeiter Sepp Eifer aufgenommen werden. Die Firma soll weiterhin den Firmenkern „Alfons Storch" behalten.

    Herr Storch sen. bringt seine Unternehmung (Gebäude, sonst. Anlagevermögen, Umlaufvermögen) im Wert von 1,2 Mio. EUR ein, sein Sohn stellt seine Arbeitskraft zur Verfügung und Herr Eifer leistet eine Bareinlage von 200.000,00 EUR.

    Die OHG beginnt laut Gesellschaftsvertrag vom 15.12.01 am 01.01.02; Eintragung im Handelsregister am 10.01.02.

    a) Welche Form muss der Gesellschaftsvertrag dieser OHG haben?

    b) Kann die bisherige Firma beibehalten werden? Begründung.

    c) Kann Ewald Storch ohne Kapitaleinlage Gesellschafter werden?

    d) Wann entsteht die OHG?

    e) Ein Gläubiger der OHG, Georg Nieselpriem, wendet sich direkt an Eifer und verlangt von ihm die Begleichung seiner im März 02 entstandenen Forderung über 60.000,00 EUR. Muss Eifer zahlen oder kann er Nieselpriem an die OHG verweisen? Begründung.

17. Nennen Sie die Rechte und Pflichten der OHG-Gesellschafter.

18. Ein Gesellschafter einer neu zu gründenden OHG leistet keine Einlage, sondern stellt seine Arbeitskraft zur Verfügung. Beurteilen Sie diese Vereinbarung im Gesellschaftsvertrag

    - im Hinblick auf die Einlagepflicht des OHG-Gesellschafters,
    - in bilanztechnischer Sicht,
    - aus der Sicht der Mitgesellschafter,
    - aus der Sicht der Gläubiger.

19. Angenommen, der Kapitalanteil eines OHG-Gesellschafters ist negativ geworden. Wie verhält es sich in einem solchen Fall mit dem Entnahmerecht des Gesellschafters?

6.6 Kommanditgesellschaft (KG)

Stofftelegramm

Gesellschaftsvertrag: vgl. OHG!

Firma Rechtsformzusatz „KG“

Gesellschafter

1. Komplementäre (= Vollhafter): Vgl. OHG-Gesellschafter!

2. Kommanditisten (= Teilhafter):

- Merken Sie sich unbedingt folgende **fünf Haftungsregelungen:**
  1. Nur die Einlage laut HR-Eintrag (= **Haftsumme) haftet.**
  2. **unmittelbare Haftung** nur in Höhe einer nicht voll eingezahlten Einlage
  3. Die **Haftsumme** kann abweichen von der im Gesellschaftsvertrag **bedungenen Einlage (= Pflichteinlage).**
     Ist Haftsumme > Pflichteinlage: Für die Differenz haftet der Kommanditist **unmittelbar.**
  4. **Haftung bei Neueintritt:** bis zum Eintrag ins Handelsregister Haftung wie Vollhafter, erst nach HR-Eintrag Teilhafter
  5. **vor Eintragung der KG** ins Handelsregister ebenfalls volle Haftung

- **Ausschluss** von Geschäftsführung und Vertretung (§§ 164, 170 HGB)

- **Widerspruchsrecht** bei **außergewöhnlichen Geschäften** (§ 164 HGB)

- **Gewinnanteil:**
  - In der Regel im Gesellschaftsvertrag festgelegt. **Anspruch auf Auszahlung** seines Gewinnanteils am Geschäftsjahresende. Solange nicht ausgezahlt: Gewinnanteil = **sonst. Verbindl.**
  - Ist Pflichteinlage noch **nicht voll eingezahlt:** Gewinnanteil wird seinem Kapital gutgeschrieben – also keine Auszahlung.

Aufgaben (Grundwissen)

1. An der Firma Moll & Co. KG sind die Komplementäre Moll und Stoll sowie die Kommanditisten Filz und Milz beteiligt. Moll kauft ohne Vorabsprache für die Gesellschaft Aktien für 390.000,00 EUR. Prüfen Sie die Rechtslage.

2. Am 13.05. tritt ein Kommanditist in eine bestehende KG **neu** ein. Der Handelsregistereintrag erfolgt am 30.05. Erklären Sie die zwischenzeitliche Situation.

3. Wann haften alle Kommanditisten einer KG ausnahmsweise voll?

4. Ein Kommanditist schließt namens der KG einen Kaufvertrag über 100,00 EUR. Ist der Vertrag für die KG bindend? Begründung.

5. Können Kommanditisten bei entsprechender Gesellschaftsvertragsgestaltung eine komplementärähnliche „Machtposition" ausüben (Innen- und Außenverhältnis berücksichtigen)?
6. Kommanditkapital des Kommanditisten K: 100.000,00 EUR (Haftsumme)
   Davon wurden bereits eingezahlt: 70.000,00 EUR
   Gläubiger G wendet sich an K zwecks Einziehung seiner Forderung gegenüber der KG in Höhe von 50.000,00 EUR. Muss K zahlen? Begründung.
7. Wie beeinflusst der Gewinnanteil eines Kommanditisten seinen Kapitalanteil?
8. Haftet ein neuer Kommanditist auch für alte Schulden der KG?
9. Nennen Sie die Rechte und Pflichten der a) Komplementäre, b) Kommanditisten.
10. Welche Bedeutung hat die a) OHG, b) KG?
11. Einzelunternehmer Hans Motte will seine Produktionsanlagen erweitern. Die Finanzierung soll u. a. durch Aufnahme eines Gesellschafters und die Umwandlung in eine KG erfolgen. Mit Umwandlung der EU in eine KG tritt Fred Rist am 31.01. mit Unterzeichnung des Gesellschaftsvertrages als Kommanditist in das Unternehmen ein. Seine Einlage beträgt 100.000,00 EUR, wovon zunächst nur 50.000,00 EUR einbezahlt werden. Die Eintragung in das Handelsregister erfolgt am 15.02.
    a) Welche Gründe mögen Motte bewogen haben, eine KG und nicht eine OHG als Gesellschaftsform zu wählen (drei Gründe)?
    b) Wie könnte die Firma der KG lauten (zwei Möglichkeiten nennen)?
    c) Zu welchem Zeitpunkt entsteht die KG im Innen- und Außenverhältnis? Begründung.
    d) Die KG kommt vorübergehend in Zahlungsschwierigkeiten. Gläubigerforderungen in Höhe von 120.000,00 EUR sind fällig. Die Verpflichtungen sind vor Eintritt des Gesellschafters Rist in die Unternehmung entstanden.
       Beurteilen Sie die Haftungsgrundlage des Gesellschafters Rist vor und nach der Handelsregistereintragung.
    e) Zwischen dem Komplementär Motte und dem Kommanditisten Rist ergeben sich in der Folgezeit Differenzen. Nehmen Sie zu folgenden Situationen Stellung:
       1) Rist widersetzt sich der Absicht von Motte, eine Zweigniederlassung in der Schweiz zu gründen.
       2) Rist tritt in ein neu gegründetes Konkurrenzunternehmen am Geschäftssitz der KG als Vollhafter ein.
       3) Rist kündigt aus diesem Grund am 30.11. das Gesellschaftsverhältnis zum 31.12. desselben Jahres.
12. App und Birk wollen eine Unternehmung in der Rechtsform der OHG oder KG gründen, weitere Gesellschafter sollen zunächst nicht aufgenommen werden. Begründungen.
    a) Bei welcher Rechtsform wäre die Kreditwürdigkeit besser?
    b) Wann käme nur die KG infrage (zwei Beispiele)?
    c) Wann käme nur die OHG infrage (zwei Beispiele)?
    d) Bei welcher Rechtsform wären die Kapitalbeschaffungsmöglichkeiten langfristig besser?
13. Warum regeln OHG-Gesellschaftsverträge häufig, dass beim Tod eines Gesellschafters die OHG in eine KG umgewandelt wird?
14. Unterscheiden Sie die Begriffe „Haftsumme" und „bedungene Einlage" (= Pflichteinlage).
15. Bis zu welcher Höhe ist ein Kommanditist am Verlust beteiligt?
16. Nennen Sie vier mögliche Gründe für eine die Pflichteinlage übersteigende Haftsumme.

17. Die Firma Kurt Amann & Co. KG ist eine Unternehmung, die sich auf die Produktion von Gummiverbindungsteilen für Straßenbahnen und Omnibusse spezialisiert hat.

Als Komplementäre sind beteiligt:

- Kurt Amann mit 300.000,00 EUR
- Heinrich Berger mit 200.000,00 EUR

Als Kommanditisten sind beteiligt:

- Franz Kramer mit 80.000,00 EUR
- Horst Dreher mit 70.000,00 EUR mit Wirkung vom 01.07.03

Dreher hat 60.000,00 EUR am 30.06.03 und den Rest am 30.09.03 eingezahlt.

Nach dem Gesellschaftsvertrag stehen die Geschäftsführung und Vertretung nur Kurt Amann zu.

a) Nennen Sie vier betriebswirtschaftliche Gründe, die zu der vereinbarten Regelung über die Geschäftsführung und Vertretung geführt haben könnten.

b) Ohne Absprache mit seinen Gesellschaftern kauft Amann von der Firma Pack AG eine sehr teure Spezialmaschine zur Verpackung für 200.000,00 EUR. Prüfen Sie, ob Amann dazu berechtigt war und ob ein Kaufvertrag mit der Firma Pack AG zustande gekommen ist.

c) Ein Gläubiger hat bisher vergeblich versucht, eine Forderung über 12.000,00 EUR, fällig am 15.03.03, einzutreiben. Er wendet sich daher am 20.08.03 direkt an den Kommanditisten Dreher und verlangt von diesem die Zahlung. Wie ist die Rechtslage?

d) Berger beabsichtigt Anfang März, sich mit einem Betrag von 10.000,00 EUR aus seinem Geschäftsanteil an den Technischen Gummiwerken Gerhard Neumann OHG zu beteiligen. Beurteilen Sie dieses Vorhaben aus rechtlicher Sicht.

18. An der Schober und Schwarz KG (Herstellerin von Wärmepumpen) sind die Komplementäre Schober und Schwarz mit 280.000,00 EUR bzw. 420.000,00 EUR und die Kommanditisten Berner und Renner mit 100.000,00 EUR bzw. 160.000,00 EUR beteiligt. Ausstehende Kommanditeinlage Berner: 40.000,00 EUR. Umsatzerlöse im letzten Jahr: 12,3 Mio. EUR; Reingewinn im letzten Jahr: 340.000,00 EUR.

a) Erklären Sie die Geschäftsführungs- und Vertretungsbefugnisse der Komplementäre, wenn der Gesellschaftsvertrag hierzu keine Regelungen enthält.

b) Kommanditist Berner wird vom Finanzamt aufgefordert, die für die KG fällige Umsatzsteuerschuld in Höhe von 56.720,00 EUR zu überweisen. Muss er zahlen? Begründung.

c) Schober und Schwarz haben in Verhandlungen mit der Commerzbank AG die Zusage für einen Investitionskredit in Höhe von 250.000,00 EUR erhalten. Kreditlaufzeit sechs Jahre, Festzins 12 % p. a. Mit diesem Kredit und eigenen Mitteln der KG soll der Betrieb eines Elektromotorenherstellers übernommen werden.

Kommanditist Renner widerspricht: Die Kreditkonditionen der Commerzbank seien zu ungünstig, und von der Eingliederung eines neuen Produkts in das Herstellungsprogramm der KG halte er nichts. Er habe seinerseits aber ein sehr günstiges Kreditangebot der Sparda Bank eG für die KG angenommen, das einen Vorzugszins von 8 % p. a. gewähre.

Beurteilen Sie die Handlungsweise des Kommanditisten Renner im Hinblick auf

ca) den Kreditantrag,

cb) die Übernahme des Betriebs des Elektromotorenherstellers,

cc) den Kreditvertrag mit der Sparda Bank eG.

6.7 Abituraufgaben

Abituraufgaben 2009 (Aufgabe 3, Teil 1–7.1)

Der Goldschmied Patrick Braun stellt in seinem Einzelunternehmen Edelschmied e. K. mithilfe moderner CNC-Technik hochwertigen Edelstahlschmuck her. Das reduzierte Design der Schmuckstücke, kombiniert mit traditionellen Materialien wie Gold und Diamanten, findet weltweit immer mehr Anhänger. Braun beschließt daher, seinen Betrieb zu erweitern und eine Ladenkette aufzubauen. Die bisherige Einzelunternehmung soll dazu in eine Personengesellschaft in Form der KG umgewandelt werden.
Diplom-Kaufmann Andreas Müller möchte in das Unternehmen seines Freundes Patrick Braun einsteigen und ihn mit seinem betriebswirtschaftlichen Know-how unterstützen. Außerdem stellt er ein Grundstück mit Gebäude zur Verfügung, in dem die kaufmännische Verwaltung sowie die neuen Präsentations- und Verkaufsräume untergebracht werden sollen. Um den zusätzlichen Kapitalbedarf zu decken, überzeugt Patrick Braun seine ältere Schwester Beate Weiß, sich finanziell zu beteiligen. Die künftigen Geschäftspartner entwerfen folgenden Gesellschaftsvertrag:

Auszug aus dem Gesellschaftsvertrag

§ 1 Firma und Beginn der Gesellschaft
(1) Das Unternehmen wird unter der Firma „Edelschmied KG" geführt.
(2) Beginn der Gesellschaft ist der 01.01.2008.
(3) Das Geschäftsjahr entspricht dem Kalenderjahr.

§ 3 Gesellschafter und Einlagen
(1) Persönlich haftende Gesellschafter sind Patrick Braun und Andreas Müller, Kommanditistin ist Beate Weiß.
(2) Patrick Braun bringt sein bisheriges Einzelunternehmen im Gesamtwert von 550.000,00 EUR zum Geschäftsbeginn ein.
(3) Andreas Müller bringt ein Grundstück mit Gebäude im Wert von 370.000,00 EUR zum Geschäftsbeginn ein.
(4) Beate Weiß beteiligt sich mit einer Bareinlage von 200.000,00 EUR; 120.000,00 EUR sind bei Geschäftsbeginn zur Zahlung fällig, der Rest ist bis zum 30.06.2008 einzuzahlen.

§ 4 Geschäftsführung und Vertretung
Bezüglich Geschäftsführung und Vertretung gelten die gesetzlichen Bestimmungen.

§ 6 Haftung
Andreas Müller und Beate Weiß haften nicht für die bisherigen Verbindlichkeiten der Einzelunternehmung „Edelschmied e. K."

§ 7 Gewinn- und Verlustbeteiligung
(1) Die Komplementäre erhalten vorab eine Tätigkeitsvergütung von je 4.000,00 EUR monatlich, die jeweils am Monatsanfang ausbezahlt wird.
(2) Vom erzielten Jahresgewinn erhält jeder Gesellschafter eine Verzinsung seines zu Beginn des Geschäftsjahres eingebrachten Kapitals gemäß der gesetzlichen Regelung des HGB. Am verbleibenden Jahresgewinn sowie am Verlust sind die Gesellschafter Braun, Müller und Weiß im Verhältnis 3 : 3 : 1 beteiligt.

Die zum Geschäftsbeginn fälligen Leistungen werden vertragsgemäß erbracht. Die Edelschmied KG wird am 14.01.2008 ins Handelsregister eingetragen. Dabei werden auch alle Vereinbarungen des Gesellschaftsvertrages, soweit sie für ihr Wirksamwerden gegenüber Dritten der Eintragung bedürfen, berücksichtigt. Die Veröffentlichung erfolgt acht Tage später.

1. Nennen Sie vier Gründe, die Patrick Braun bewogen haben könnten, die Einzelunternehmung in eine Personengesellschaft umzuwandeln.

2. Gemäß HGB gilt im Innenverhältnis weitgehend nachgiebiges Recht (= Vereinbarungen gemäß Gesellschaftsvertrag), im Außenverhältnis hingegen zwingendes Recht (= Gesetzesbestimmungen). Erläutern und begründen Sie diese unterschiedliche Regelung.

3. Der Hersteller einer im März 2008 bestellten und gelieferten CNC-Maschine verlangt von der vermögenden Beate Weiß die Begleichung der fälligen Rechnung in Höhe von 95.000,00 EUR. Begründen Sie, ob und gegebenenfalls in welcher Höhe Weiß zahlen muss.

4. Patrick Braun will eine größere Menge Edelmetall für 50.000,00 EUR erwerben. Beate Weiß und Andreas Müller sind der Meinung, dass der Kaufpreis stark überteuert ist, und sind gegen den Kauf. Patrick Braun schließt den Kaufvertrag trotzdem ab.
Beurteilen Sie die Rechtslage im Innen- und Außenverhältnis.

5. Am Ende des 1. Geschäftsjahres (31.12.2008) beträgt der Gewinn der KG 256.600,00 EUR, der wie folgt verteilt wird:

(Werte in Euro)	Komplementär Braun	Komplementär Müller	Kommanditistin Weiß	Insgesamt
Jahresgewinn				256.600,00
Tätigkeitsvergütung	48.000,00	48.000,00	–	96.000,00
Verzinsung 4 % des Jahresanfangskapitals	22.000,00	14.800,00	4.800,00	41.600,00
Restgewinn				119.000,00
Restgewinnanteil 3 : 3 : 1	51.000,00	51.000,00	17.000,00	119.000,00
gesamter Gewinnanteil	121.000,00	113.800,00	21.800,00	256.600,00

5.1 Begründen Sie, welche Zwecke mit der in § 7 Abs. 2 des Gesellschaftsvertrages dargestellten Regelung verfolgt werden.

5.2 Prüfen Sie, inwieweit die einzelnen Gesellschafter nach Verteilung des Jahresgewinns 2008 zur offenen Selbstfinanzierung des Unternehmens beigetragen haben, wenn die Komplementäre in diesem Geschäftsjahr nur ihre Tätigkeitsvergütung entnehmen und die ausstehende Einlage der Kommanditistin bis zum Ende des ersten Geschäftsjahres noch nicht geleistet ist.

5.3 Erörtern Sie die Bedeutung der offenen Selbstfinanzierung für die Edelschmied KG.

6. Prüfen Sie, ob der Komplementär Andreas Müller nachfolgende Vorhaben ohne Zustimmung der anderen Gesellschafter durchführen kann.

6.1 Müller beabsichtigt, auf dem noch nicht bebauten Teil seines eingebrachten Grundstücks ein Privathaus für seine Familie zu errichten. Hierzu will er diesen Grundstücksteil aus dem Vermögen der KG entnehmen.

6.2 Andreas Müller möchte sich als Kommanditist beim Goldschmuckhersteller Schwarz & Söhne KG beteiligen.

7 Nach wiederholten familiären Differenzen zwischen den Geschwistern Patrick und Beate beschließt Beate Weiß, zum 31.12.2009 aus der KG auszutreten. Sie fordert für ihren Kommanditanteil mindestens 250.000,00 EUR.

7.1 Erörtern Sie zwei Probleme, die sich durch den Austritt von Beate Weiß für die KG ergeben können.
Begründen Sie mit einem betriebswirtschaftlichen Argument die Höhe der Forderung von Frau Weiß.

Abituraufgaben 2010 (Aufgabe 2, Teil 1–3)

Ernst Zeisel ist Fahrradmonteur und hat sich vor fünf Jahren selbstständig gemacht. Er rüstet Fahrräder auf, indem er Elektromotoren als Hilfsmotoren einbaut. Zeisel führt sein Unternehmen bisher als Einzelunternehmung. Er gründet mit dem Buchhalter Roland Berger eine OHG, an der sich Berger mit der Einlage eines Grundstücks im Wert von 50.000,00 EUR beteiligt.

1. Begründen Sie, ob der Abschluss des Gesellschaftsvertrages einer Formvorschrift unterliegt.

2. Ernst Zeisel und Roland Berger schließen am 10.12.2007 den Gesellschaftsvertrag. Beginn der Gesellschaft ist der 01.01.2008. Der Handelsregistereintrag erfolgt am 07.01.2008. Bezüglich Geschäftsführung und Vertretung gelten die gesetzlichen Regelungen.

   Prüfen Sie für die beiden nachfolgenden Fälle die Rechtsfolgen für die OHG und die beiden Gesellschafter:

2.1 Am 10.03.2008 schließt Zeisel einen Kaufvertrag über eine Montagevorrichtung im Wert von 4.000,00 EUR ab. Roland Berger hatte zuvor die Zustimmung verweigert.

2.2 Wegen Krankheit muss Berger im April 2008 einen längeren Kuraufenthalt antreten. Während Bergers Abwesenheit schließt Zeisel einen langfristigen Pachtvertrag über zehn Jahre für eine zusätzliche Verkaufsfläche in guter Innenstadtlage im Namen der OHG ab.

3. Erörtern Sie, weshalb der Gesetzgeber bei der OHG von dem im Gesellschaftsrecht üblichen Grundsatz der Gesamtgeschäftsführung abweicht.

Abituraufgaben 2011 (Aufgabe 1, Teil 1–4)

Dipl.-Kfm. Paul Adam und Dipl.-Ing. Peter Geiger wollen zur Erprobung eines umweltschonenden Verfahrens der Müllaufbereitung ein gemeinsames Unternehmen gründen. Das erforderliche Kapital beträgt 2.000.000,00 EUR, das von Adam und Geiger allein nicht vollständig aufgebracht werden kann.
Adam und Geiger entscheiden sich für die Gründung einer KG. Der Gesellschaftsvertrag wird am 10.01.2007 geschlossen, die Handelsregistereintragung der Green-Tec KG erfolgt am 01.02.2007. Adam übernimmt einen Kapitalanteil von 600.000,00 EUR, Geiger von 500.000,00 EUR. Die beiden Komplementäre werden in der KG mitarbeiten. Markus Klein beteiligt sich als Kommanditist mit 300.000,00 EUR, wovon er 200.000,00 EUR sofort einzahlt. Der Rest ist zum 01.07.2007 fällig. Die jeweiligen Kapitaleinlagen werden am Tag der Handelsregistereintragung erbracht. Bezüglich Geschäftsführung und Vertretung gelten die gesetzlichen Regelungen. Der restliche Kapitalbedarf wird fremdfinanziert.

1. Erläutern Sie zwei Gründe, weshalb sich die Komplementäre Adam und Geiger für eine KG entschieden haben könnten.

2. Nach Aufnahme der Geschäfte sind die folgenden rechtlichen Fragen zu klären:

2.1 Auf einer Messe kauft Peter Geiger am 15.02.2007 ohne Abstimmung mit den anderen Gesellschaftern eine Transportanlage zum Preis von 150.000,00 EUR bei der Maschinenfabrik Kraft AG. Der Lieferant verlangt von Markus Klein zum 01.03.2007 die Begleichung der Rechnung.

Beurteilen Sie die Rechtslage.

2.2 Im Juni 2007 erfährt Markus Klein von einem seiner Meinung nach ungünstigen Vertragsabschluss der KG mit einem Container-Lieferanten. Er möchte deshalb die Geschäftsbücher einsehen.

Erläutern Sie, ob Adam und Geiger ihm dies verweigern können.

2.3 Aus einer Erbschaft hat Markus Klein noch weiteres Kapital zur Verfügung. Damit möchte er sich an der Recycling GmbH als Gesellschafter beteiligen und als Geschäftsführer tätig werden.

- Begründen Sie, ob er dieses Vorhaben ohne die Zustimmung der beiden Komplementäre umsetzen kann.
- Beurteilen Sie, ob es zu einem Interessenkonflikt kommen könnte.

3. Am Ende des Geschäftsjahres 2007 hat die KG einen Gewinn in Höhe von 178.000,00 EUR erwirtschaftet. Das Geschäftsjahr entspricht dem Kalenderjahr.
Markus Klein hat am 05.03.2007 von der KG die Ausgleichszahlung für die Begleichung der Lieferantenforderung erhalten. Zum 01.07.2007 hat er seine restliche Einlage geleistet. Zur Gewinn- und Verlustverteilung enthält der Gesellschaftsvertrag folgende Regelung:

1. Die Vollhafter erhalten vorab eine Tätigkeitsvergütung von monatlich 4.000,00 EUR.
2. Das eingebrachte Gesellschaftskapital wird ab dem Zeitpunkt der Einlage ebenso wie die ausstehende Einlagen mit 3 % verzinst.
3. Ein Restgewinn wird im Verhältnis 4 : 4 : 1 verteilt.
4. Ein Verlust wird auf die Gesellschafter im Verhältnis 4 : 4 : 1 verteilt.

Die Privatentnahmen erfolgten am 31.12.2007. Die Verteilung des Gewinns des Geschäftsjahres 2007 ist aus der nachfolgenden Tabelle ersichtlich:

Gesellschafter	Anfangskapital	Tätigkeitsvergütung	Zinsen	Restgewinn	Gesamtgewinn	Privatentnahmen
Adam	600.000,00	44.000,00	16.500,00	24.000,00	84.500,00	36.000,00
Geiger	500.000,00	44.000,00	13.750,00	24.000,00	81.750,00	30.000,00
Klein	300.000,00 – 100.000,00		5.750,00	6.000,00	11.750,00	
Summen		88.000,00	36.000,00	54.000,00	178.000,00	66.000,00

3.1 Weisen Sie rechnerisch nach, wie sich die Zinsen für Markus Klein ergeben.

3.2 Berechnen Sie die Höhe der offenen Selbstfinanzierung der KG für das Geschäftsjahr 2007, sofern nur die Privatentnahmen und der Gewinnanteil des Kommanditisten ausgezahlt wurden.

4. Markus Klein ist mit der Gewinnverteilung 2007 in der Green-Tec KG unzufrieden. Er möchte daher zum nächstmöglichen Termin aus der KG ausscheiden und sein Kapital vollständig in die Recycling GmbH investieren.

   - Erläutern Sie mit zwei Argumenten, weshalb Markus Klein mit der Gewinnverteilung unzufrieden sein könnte.
   - Begründen Sie, zu welchem Zeitpunkt Markus Klein aus der KG ausscheiden kann.

Abituraufgaben 2012 (Aufgabe 1, Teil 1 und 2)

Thomas Berger betreibt seit 1996 erfolgreich ein Einzelunternehmen in Karlsruhe, das Kunststoffteile für die Automobilindustrie herstellt. Zu Beginn des Jahres 2011 beschäftigt Berger 23 Mitarbeiter. Für eine Betriebserweiterung im Frühjahr 2011 benötigt er zusätzliches Kapital. Zusammen mit seinem Schwager Klaus Wegmann sowie seinem Mitarbeiter Hans Maier gründet er deshalb eine Kommanditgesellschaft.

Auszug aus dem Gesellschaftsvertrag

§ 1 Das Unternehmen wird unter der Firma Autoteile Berger KG geführt.

§ 2 Thomas Berger bringt als Komplementär seine bisherige Einzelunternehmung im Wert von 1.800.000,00 EUR in die Gesellschaft ein. Hans Maier tritt als weiterer Komplementär mit einer Bareinlage von 400.000,00 EUR ein. Klaus Wegmann beteiligt sich mit einer Bareinlage von 1.600.000,00 EUR als Kommanditist an der Gesellschaft.

§ 3 Beginn der Gesellschaft ist der 18.03.2011.

§ 4 Gewinn- und Verlustverteilung:

Die Komplementäre erhalten vorab eine gewinnunabhängige Tätigkeitsvergütung von jeweils 4.000,00 EUR pro Monat. Vom erzielten Jahresgewinn erhält jeder Gesellschafter zunächst eine Verzinsung in Höhe von 6 % seines zu Beginn des Geschäftsjahres vorhandenen Kapitalanteils. Ein eventuell vorhandener Restgewinn wird im Verhältnis 9 : 2 : 8 auf die Gesellschafter Berger, Maier und Wegmann verteilt. Die gleiche Regelung gilt für einen Verlust.

Ansonsten gelten die gesetzlichen Bestimmungen. Die KG wird am 31.03.2011 in das Handelsregister Karlsruhe eingetragen.

1. Nach Aufnahme der Geschäftstätigkeit sind die folgenden rechtlichen Fragen zu klären.

1.1 Während sich Hans Maier im Juni 2011 auf einer Urlaubsreise befindet, schließt Thomas Berger mit Einverständnis von Klaus Wegmann einen Vertrag über einen Großkredit in Höhe von 1,4 Mio. EUR mit der Sparkasse Karlsruhe ab.

Beurteilen Sie die Rechtslage im Innen- und im Außenverhältnis.

1.2 Wegmann möchte im August 2011 zur Finanzierung eines privaten Ferienhauses aus seiner Beteiligung 600.000,00 EUR entnehmen.

Nehmen Sie zu diesem Vorhaben begründet Stellung.

1.3 In § 4 des Gesellschaftsvertrages wird die Gewinn- und Verlustverteilung geregelt. Beurteilen Sie die getroffenen Vereinbarungen aus der Sicht von Hans Maier durch Vergleich mit den gesetzlichen Regelungen (drei Aspekte).

2. Klaus Wegmann hätte lieber eine GmbH gegründet. Dies wurde jedoch von Thomas Berger abgelehnt.
   - Stellen Sie zwei Vorteile einer GmbH gegenüber einer KG dar.
   - Wegmann hatte Bedenken, dass sein Einfluss als Gesellschafter in einer KG schwächer ist als in einer GmbH.
   - Begründen Sie diese Befürchtung.

Abituraufgaben 2013 (Aufgabe 2, teilweise)

Der Einzelunternehmer Thomas Steck, Meisterbetrieb für Öl- und Gasheizungen, Wärmepumpen und Solaranlagen, möchte aufgrund der wachsenden Nachfrage nach energiesparenden Heizungssystemen expandieren. Durch Umwandlung seines bisherigen Unternehmens, der Heizungstechnik Thomas Steck e. K., in eine Kommanditgesellschaft soll zusätzliches Kapital beschafft werden.

Sein Sohn Christoph Steck ist bereit, als persönlich haftender Gesellschafter die kaufmännische Leitung zu übernehmen. Thomas Steck bleibt als Vollhafter weiterhin für den technischen Bereich zuständig. Seine Tochter Julia und ein langjähriger Freund von Thomas Steck, der Ingenieur Oliver Götz, beteiligen sich jeweils mit einer Kapitaleinlage. Die künftigen Geschäftspartner entwerfen folgenden, auszugsweise dargestellten Gesellschaftsvertrag:

§ 1 Firma, Ort, Gegenstand des Unternehmens
1. Das Unternehmen wird unter der bisherigen Firma Heizungstechnik Thomas Steck e. K. weitergeführt.
2. Unternehmenssitz ist Ulm, Magirusstraße 24.
3. Gegenstand des Unternehmens ist die Installation von Heizungssystemen, deren Reparatur und Wartung sowie Energieberatung.

§ 2 Beginn und Geschäftsjahr
1. Der Geschäftsbetrieb beginnt am 01.01.2009.
2. Das Geschäftsjahr entspricht dem Kalenderjahr.

§ 3 Gesellschafter und Einlagen
1. Persönlich haftende Gesellschafter sind Thomas Steck und Christoph Steck. Als Kommanditisten beteiligen sich Julia Steck und Oliver Götz.
2. Thomas Steck bringt sein bisheriges Einzelunternehmen einschließlich eines bebauten Grundstücks im Gesamtwert von 300.000,00 EUR ein; Christoph Steck und Julia Steck leisten jeweils eine zu Beginn des Geschäftsbetriebs fällige Kapitaleinlage von 50.000,00 EUR. Oliver Götz beteiligt sich mit 300.000,00 EUR; davon sind 150.000,00 EUR bis zum Beginn des Geschäftsbetriebs, der Rest bis zum 31.12.2010 einzubringen.

§ 4 Geschäftsführung und Vertretung
Es gelten die gesetzlichen Bestimmungen.

§ 5 Haftung
Es gelten die gesetzlichen Bestimmungen.

§ 6 Gewinn- und Verlustverteilung

1. Die Vollhafter erhalten pro Monat eine Tätigkeitsvergütung von jeweils 5.000,00 EUR.
2. Eingezahlte Kapitalien werden mit 6 %, noch ausstehende Einlagen mit 7 % verzinst; Privatentnahmen werden nicht verzinst.
3. Ein Restgewinn wird auf die Gesellschafter Thomas Steck, Christoph Steck, Julia Steck und Oliver Götz im Verhältnis 3 : 2 : 1 : 1 verteilt, ebenso ein Verlust.

1. Der Gesellschaftsvertrag wird am 30.12.2008 abgeschlossen, die Handelsregistereintragung und Veröffentlichung erfolgen am 08.01.2009.

   Begründen Sie, welcher Form der Gesellschaftsvertrag bedarf, und beurteilen Sie die vorgesehene Firmierung.

2. Thomas Steck möchte einen zusätzlichen Kleintransporter im Wert von 60.000,00 EUR kaufen. Sein Sohn Christoph und seine Tochter Julia sind gegen den Kauf. Thomas Steck schließt den Kaufvertrag trotzdem ab.

   Beurteilen Sie die Rechtslage.

3. Der Lieferant von im November 2008 gekauften vier Heizkesseln im Wert von jeweils 4.200,00 EUR verlangt am 10.01.2009 die Zahlung des gesamten Kaufpreises von Oliver Götz.

   Begründen Sie, ob Götz diese verweigern kann.

4. Christoph Steck möchte im Jahr 2009 trotz einer geringen Gewinnerwartung eine Privatentnahme in Höhe von 10.000,00 EUR tätigen.

   Beurteilen Sie die Situation unter rechtlichem und wirtschaftlichem Aspekt.

5. Der Ingenieur Oliver Götz hat ein Kombigerät entwickelt, das verschiedene Heiztechniken miteinander verbindet. Mit diesem System können Kollektoren plus Speicher, Wärmepumpe und Gas-Brennwertgerät kombiniert und je nach Energiebedarf flexibel eingesetzt werden. Wegen steigender Energiekosten und der Förderung energetischer Maßnahmen durch die Politik sind hohe Absatzmengen zu erwarten. Die Gesellschafter beschließen, das Gerät selbst herzustellen. Geplant ist der Bau einer neuen Produktionshalle im Wert von 1,2 Mio. EUR. Zudem werden verschiedene Maschinen im Wert von 600.000,00 EUR benötigt. Das erforderliche Kapital soll durch Umwandlung der KG in eine AG aufgebracht werden, wobei das zusätzlich notwendige Kapital von Kleinaktionären übernommen wird.

5.1 Stellen Sie in einer Tabelle dar, wie sich KG und AG hinsichtlich der gesetzlichen Regelungen für

- ein Mindestkapital,
- die Mitbestimmung der Arbeitnehmer,
- die Vertretung

unterscheiden.

5.2 Erläutern Sie drei betriebswirtschaftliche Argumente, die für die Umwandlung in eine AG sprechen.

Abituraufgaben 2015 (Aufgabe 2, teilweise)

Die Auftragslage des Ulmer Ventilatorenherstellers Peter Huber e. Kfm. ist zu Jahresbeginn 2013 sehr gut. Daher benötigt Huber dringend Kapital für weitere Investitionen. Sein Mitarbeiter Paul Bauer ist bereit, sich mit der Einbringung eines Grundstücks im Wert von 100.000,00 EUR und einer Bareinlage von 50.000,00 EUR an einer gemeinsamen OHG zu beteiligen.

Für Geschäftsführung und Vertretung gelten die gesetzlichen Bestimmungen.

1. Prüfen Sie unter Angabe der gesetzlichen Vorschriften, ob

   - der Gesellschaftsvertrag einer gesetzlichen Formvorschrift unterliegt,

   - die bisherige Firma beibehalten werden kann, und unterbreiten Sie, falls notwendig, einen entsprechenden Firmierungsvorschlag.

2. Peter Huber und Paul Bauer schließen am 19.03.2013 den Gesellschaftsvertrag ab. Nach einer von der OHG veröffentlichten Stellenanzeige stellt Peter Huber am 27.03.2013 einen Mitarbeiter ein. Die Handelsregistereintragung erfolgt am 02.04.2013.

   Erläutern Sie, zu welchem Zeitpunkt die OHG entstanden ist.

3. Prüfen Sie in den folgenden beiden Fällen jeweils die Rechtslage.

3.1 Aufgrund günstiger Rohstoffpreise kauft Paul Bauer am 08.05.2013 ohne Wissen von Peter Huber den Monatsbedarf an Stahl.

3.2 Da sich die Rohstofflieferung verzögert, verfügt die OHG vorübergehend über liquide Mittel. Diese investiert Bauer in spekulative Aktiengeschäfte, obwohl sich Huber dagegen ausgesprochen hat.

4. Die beiden Gesellschafter harmonieren nicht gut miteinander, so dass Bauer zum 31.12.2013 aus der OHG ausscheidet. Huber sucht daher neue Gesellschafter.
   Ein Gläubiger des Unternehmens verlangt am 20.01.2014 von Bauer die Begleichung einer im November 2013 eingegangenen Verbindlichkeit in Höhe von 7.000,00 EUR.

   Erläutern Sie, ob Bauer für diese Verbindlichkeit haften muss.

5. Als neue Gesellschafter treten Sabine Schmidt als Komplementärin und Markus Müller als Kommanditist in das Unternehmen ein. Gemeinsam mit Peter Huber gründen sie zum 01.01.2014 eine KG.

5.1 Am Ende des Geschäftsjahres 2014 beträgt der Gewinn 250.000,00 EUR. Die Komplementäre erhalten für ihre Tätigkeit eine monatlich im Voraus zu zahlende Vergütung von 6.000,00 EUR. Über die Tätigkeitsvergütung hinaus wurden keine weiteren Beträge während des Geschäftsjahres ausgezahlt.

Begründen Sie mithilfe der nachfolgenden Tabelle, welcher Gesellschafter in welcher Höhe zur offenen Selbstfinanzierung beigetragen hat.

Werte in Euro	Komplementär Huber	Komplementärin Schmidt	Kommanditist Müller	Insgesamt
Kapital am Jahresanfang	300.000,00	200.000,00	100.000,00	600.000,00
Tätigkeitsvergütung	72.000,00	72.000,00	—	144.000,00
Verzinsung 5 % des Jahresanfangskapitals	15.000,00	10.000,00	5.000,00	30.000,00
Restgewinnverteilung 2 : 2 : 1	30.400,00	30.400,00	15.200,00	76.000,00
gesamter Gewinnanteil	117.400,00	112.400,00	20.200,00	250.000,00
Kapital am Jahresende	345.400,00	240.400,00	100.000,00	685.800,00

5.2
- Nennen Sie zwei Vorteile der offenen Selbstfinanzierung.
- Beschreiben Sie zwei Voraussetzungen, welche für eine offene Selbstfinanzierung erfüllt sein müssen.

Abituraufgaben 2016 (Aufgabe 1, teilweise)

Der Betriebswirt Frank Bauser und der Maschinenbauingenieur Hans König haben viele Jahre bei der Schwarzer Maschinenfabrik GmbH mit Sitz in Stuttgart in der Produktentwicklung zusammengearbeitet. Ende des Jahres 2014 haben sie sich entschlossen, die GmbH zu verlassen, um sich selbstständig zu machen.

Frank Bauser und Hans König gründen Anfang 2015 die B&K Präzisionswerkzeuge OHG mit Sitz in Reutlingen.

Der Gesellschaftsvertrag (Auszug) sieht unter anderem folgende Bestimmungen vor:

§ 1 Die Gesellschaft entsteht am 07.01.2015.

§ 2 Die vertragsschließenden Personen errichten eine Offene Handelsgesellschaft unter der Firma B&K Präzisionswerkzeuge OHG.

§ 3 Gegenstand der Gesellschaft ist die Herstellung von Präzisionswerkzeugen.

§ 4 Frank Bauser leistet bei der Gründung eine Bareinlage in Höhe von 600.000,00 EUR. Hans König bringt in die Gesellschaft ein bebautes Grundstück ein, dessen Wert durch ein amtliches Gutachten auf 1.000.000,00 EUR festgelegt wird.

§ 5 Für die Gewinn- und Verlustverteilung und die Privatentnahmen gelten die gesetzlichen Bestimmungen.

Bezüglich der Geschäftsführung und der Vertretung der B&K Präzisionswerkzeuge OHG sieht der Gesellschaftsvertrag keine gesonderten Regelungen vor.

1. Prüfen Sie unter Angabe der gesetzlichen Vorschriften, ob die gewählte Firmierung den rechtlichen Vorgaben entspricht.

2. Begründen Sie unter Angabe der gesetzlichen Grundlage, welche Form der Gesellschaftsvertrag im vorliegenden Fall aufweisen muss.

3. Um die unerwartet hohe Nachfrage bedienen zu können, stellen Hans König und Frank Bauser Überlegungen an, in eine weitere Fertigungsstraße für ihren Werkzeugbau zu investieren. Während der urlaubsbedingten Abwesenheit von Frank Bauser führt Hans König daher ein Kreditgespräch mit der Hausbank. Er schließt aufgrund der günstigen Konditionen sofort den Darlehensvertrag mit einem Volumen von 1.500.000,00 EUR ab, ohne nochmals Rücksprache mit Frank Bauser genommen zu haben.
   Als Frank Bauser aus dem Urlaub zurückkommt und von der Darlehensaufnahme erfährt, widerspricht er der Entscheidung von Hans König und möchte die Darlehensaufnahme bei der Hausbank wegen zwischenzeitlich gesunkenem Kreditzinssatz rückgängig machen.

   Beurteilen Sie die Rechtslage.

4. Frank Bauser möchte sich im Herbst 2015 an der Feinwerkzeug KG als Kommanditist mit einer Einlage von 50.000,00 EUR beteiligen. Diesen Betrag will er zulasten seines Kapitalanteils aus der B&K Präzisionswerkzeuge OHG entnehmen. Hans König widerspricht sowohl der Beteiligungsabsicht als auch der Kapitalentnahme.

   Beurteilen Sie die Rechtslage.

7 Rechtsformen II: GmbH und GmbH & Co. KG

7.1 GmbH (einschließlich UG)

Stofftelegramm

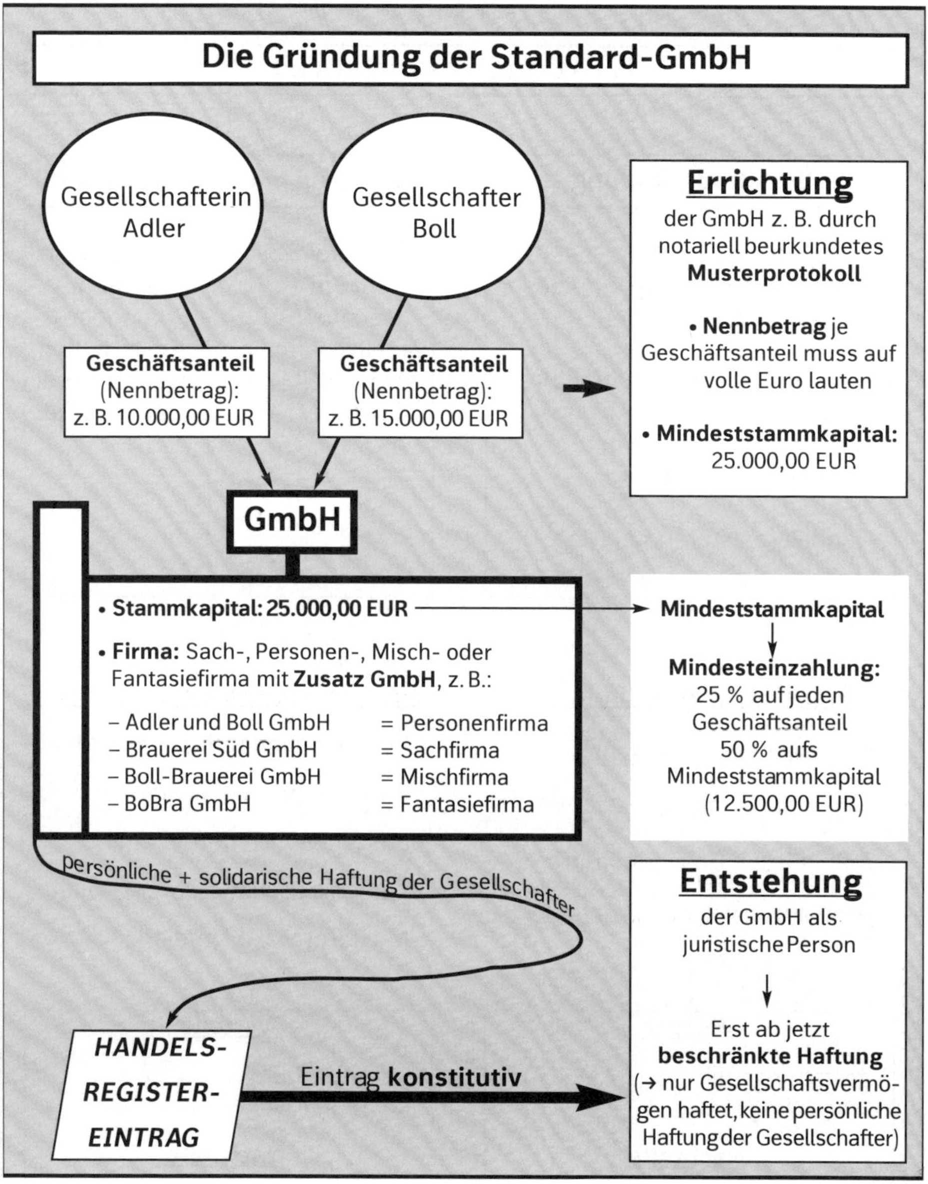

GmbH-Gestaltungsmöglichkeiten

Gesetz zur Modernisierung des GmbH-Rechts und zur Bekämpfung von Missbräuchen (MoMiG)

1. Gründungsverfahren

Standardgründung

- notarielle Beurkundung des Errichtungsprotokolls und des Gesellschaftsvertrages
- Bestellung der Geschäftsführer
- vom Notar unterzeichnete Gesellschafterliste
- Handelsregisteranmeldung

Wann Standardgründung?

- mehr als drei Gesellschafter
- bei Einbringung von Sacheinlagen
- mehr als ein Geschäftsführer
- Musterprotokoll für die betreffende GmbH nicht geeignet

Vorteile

- gestaltungsfrei
- anpassungsfähig

Nachteile

- aufwendigere Gründung
- höhere Kosten

Gründung mit Musterprotokoll

Musterprotokoll für **Ein**personengesellschaften: ein Gesellschafter

Musterprotokoll für **Mehr**personengesellschaften: zwei bzw. drei Gesellschafter

Wann Musterprotokollgründung?

- Kosten sollen reduziert werden.
- maximal drei Gesellschafter
- ausschließlich Bareinlagen
- nur ein Geschäftsführer geplant
- Musterprotokoll geeignet

Vorteile

- Vereinfachung
- kostengünstiger

Nachteile

- weniger Gestaltungsfreiheit
  → Risiko späterer Streitigkeiten

2. Gesellschaftsform

Standard-GmbH

= GmbH mit mindestens 25.000,00 EUR Stammkapital

Im Wesentlichen entspricht die Gründung einer Standard-GmbH der Gründung einer herkömmlichen GmbH.

Wann Standard-GmbH?

- „GmbH“ soll gegründet werden.
- genügend Kapital vorhanden
- höheres Stammkapital für Fremdfinanzierung unverzichtbar
- „GmbH“ soll Firmenbestandteil sein.

Vorteile

- höhere Kreditwürdigkeit →
- leichtere Fremdfinanzierung

Nachteile

- Gründung ist
  - komplizierter
  - langsamer
  - kostenintensiver

Unternehmergesellschaft (haftungsbeschränkt) = Mini-GmbH

= GmbH mit einem Stammkapital zwischen 1,00 EUR und 24.999,00 EUR

- **Sachgründung verboten**
- **Firmenzusatz:** Unternehmergesellschaft [bzw.UG (haftungsbeschränkt)]
- **Zwangsthesaurierungspflicht:** Einstellung von jeweils 25 % des Jahresüberschusses in die **gesetzliche Rücklage**, bis Stammkapital durch Kapitalerhöhung aus Gesellschaftsmitteln 25.000,00 EUR beträgt; dann Umfirmierung möglich

Wann Mini-GmbH?

- nicht genügend Kapital für Standardgründung vorhanden
- Kapitalbedarf gering
- genügend persönliche Sicherheiten für Fremdfinanzierung vorhanden
- „GmbH“ in Firma uninteressant

Vorteile

- Gründung ist
  - einfacher,
  - schneller,
  - kostengünstiger.

Nachteile

- geringere Kreditwürdigkeit →
- schwierigere Fremdfinanzierung

Die haftungsbeschränkte Unternehmergesellschaft (UG)

Die Gründung der UG

UG: **Mini-GmbH** (umgangssprachlich)

Gesellschafterin Adler

Gesellschafter Boll

„Errichtung" der UG z. B. durch **notariell beurkundetes Musterprotokoll**

Mindestnennbetrag je Geschäftsanteil: 1,00 EUR (volle Euro)

Mindeststammkapital: 1,00 EUR

Geschäftsanteil (Nennbetrag): 1,00 EUR

Geschäftsanteil (Nennbetrag): 1,00 EUR

UG (haftungsbeschränkt)

- **Gezeichnetes Kapital (Stammkapital): 2,00 EUR**
- **Firma:** Sach-, Personen-, Misch-oder Fantasiefirma mit **Zusatz**:

  „Unternehmergesellschaft (haftungsbeschränkt)" oder
  „UG (haftungsbeschränkt)"

  z. B.:
  - Adler und Boll UG (haftungsbeschränkt)
  - Brauerei ABO Unternehmergesellschaft (haftungsbeschränkt)

persönliche + solidarische Haftung der Gesellschafter

HANDELS-REGISTER-EINTRAG

Eintrag **konstitutiv**

„Entstehung" der UG als juristische Person:

erst ab jetzt

beschränkte Haftung

(nur Gesellschaftsvermögen haftet – keine persönliche Haftung der Gesellschafter)

Das genehmigte Kapital bei der GmbH

Betr.: Gesetz zur Modernisierung des GmbH-Rechts und zur Bekämpfung von Missbräuchen (MoMiG)

Gesetzliche Grundlage: § 55a GmbHG

Genehmigtes Kapital (GK)

max. 50 % des Stammkapitals

Stamm-kapital

- Der Gesellschaftsvertrag **ermächtigt die Geschäftsführung**, das Stammkapital bis zu einem bestimmten Nennbetrag (GK) durch Ausgabe neuer Geschäftsanteile gegen Einlagen zu erhöhen.
- **Zeitraum:** maximal fünf Jahre ab Eintragung der Gesellschaft bzw. Satzungsänderung
- Spätere Kapitalerhöhung: Geschäftsführer muss **Gesellschafterversammlung nicht mehr befragen.**
- Ermächtigung der Geschäftsführung durch **Gesellschafterversammlungsbeschluss (75 % Mehrheit)** oder Fixierung gleich bei Gründung durch **Satzung**
- Eintrag Satzungsänderung sowie spätere Kapitalerhöhung im **Handelsregister**

Motive für die Schaffung eines genehmigten Kapitals

- Ermöglichung einer schnellen und kostengünstigen Kapitalerhöhung (Schriftform genügt)
- Ermöglichung einer schnellen Kapitalerhöhung bei GmbHs, bei denen Gesellschafterversammlungen aufwendig einzuberufen und durchzuführen sind (z. B. bei großer Anzahl von Gesellschaftern)
- rasche Anpassung an Kapitalbedarf der GmbH möglich

Die Organe der GmbH

Geschäftsführer

Vertretung= Außenverh.

- alle gewöhnl. + außergewöhnl. Geschäfte
- Beschränkungen gegenüber Dritten unwirksam
- Mehrere Geschäftsführer: Gesamtvertretung

Geschäftsführung = Innenverhältnis

Eintritt durch:

Bestellung

+

Anstellungsvertrag

Ausscheiden durch:

Abberufung

+

Kündigung

Haftung: § 43 Abs. 2 GmbHG
Solidarische Haftung für den entstandenen Schaden bei Verletzung ihrer Obliegenheiten

Personenkreis:

Gesellschafter- oder Fremdgeschäftsführer

Aufsichtsrat

GmbH mit maximal 500 Arbeitnehmern:

kein Aufsichtsrat notwend.

GmbH zwischen 501 und 2.000 Arbeitnehmern:

- Bildung Aufsichtsrat nach BetrVG
- Zusammensetzung:
  $\frac{2}{3}$ Ges'ervertreter
  $\frac{1}{3}$ Arbeitn.vertreter
- Mindestzahl der Aufsichtsratsmitglieder: 3

GmbH > 2.000 Arbeitn.:

- Bildung Aufsichtsrat nach Mitbest.gesetz
- Zusammensetzung:
  $\frac{1}{2}$ Ges'ervertreter
  $\frac{1}{2}$ Arbeitn.vertreter
- AR-Vorsitzender= Gesellschafter vertreter (hat bei Pattsituationen eine **zweite Stimme**)
- Mindestzahl der Aufsichtsratsmitglieder: 12

Aufgaben (z. B.):

Bestellung, Überwachung und Abberufung des Geschäftsführers ...

Gesellschafterversammlung

- oberstes Organ mit erheblich mehr Rechten wie die vergleichbare Hauptversammlung bei der AG
- bestellt den Geschäftsführer, sofern die GmbH max. 500 Arbeitn. hat (vgl. Aufsichtsrat!)
- jeder Euro eines Geschäftsanteils = 1 Stimme (Abweichungen laut Satzung möglich)
- zwingende Rechte der Gesellschafter:
  - Satzungsänderungen
  - Auflösung der GmbH
- Rechte der Gesellschafter, sofern keine andere Satzungsregelung vorliegt (vgl. § 46 GmbHG):
  - Feststellung Jahresabschluss und Gewinnverwendung
  - Bestellung + Abberufung des Geschäftsführers
  - Bestellung von Prokuristen und allg. Handlungsbevollmächtigten

...

Aufgaben (Grundwissen)

1. a) Wann entsteht die GmbH?

   b) Wie ist die Haftung vor und nach Entstehung geregelt?

   c) Welche Organe hat die GmbH?

2. Bei einer GmbH sind am Stammkapital von 50.000,00 EUR die Gesellschafter A mit 20.000,00 EUR, B mit 15.000,00 EUR und C mit 15.000,00 EUR beteiligt.

   a) Wie viele Stimmen haben A, B und C jeweils bei Abstimmungen?

   b) Wie hoch sind die Geschäftsanteile der Gesellschafter?

   c) Besteht die Möglichkeit, dass B Geschäftsführer wird?

   d) Geschäftsführer B kauft eine Fabrikhalle für 150.000,00 EUR, ohne vorher A und C zu fragen. Rechtsgültig? Begründung.

   e) Wie ist d) zu beantworten, wenn A und B Geschäftsführer wären?

   f) Geschäftsführer A ernennt den Angestellten D zum Prokuristen. Rechtsgültig? Begründung.

   g) Geschäftsführer A möchte einen Teil des Gewinnes in die Rücklage einstellen. Können B und C dies verhindern? Begründung.

   h) Gesellschafter C vereinbart mit M schriftlich, dass er ihm seinen Geschäftsanteil veräußert. Rechtsgültig? Begründung.

3. Unterscheiden Sie die Begriffe „Stammkapital" und „Geschäftsanteil".

4. a) Die Geschäftsführer einer GmbH sind laut Gesellschaftsvertrag zur Gesamtvertretung befugt. Erklären Sie diesen Begriff und nennen Sie je zwei Gründe für und gegen eine derartige Regelung.

   b) Nach der Ansicht eines Gesellschafters sollte man die GmbH in eine KG umwandeln. Formulieren Sie je drei Argumente für und gegen diesen Vorschlag.

5. a) Erklären Sie den Begriff „Musterprotokoll".

   b) Unter welchen Voraussetzungen ist die Gründung mit Musterprotokoll möglich?

   c) Nennen Sie je einen Vor- und Nachteil der Gründung per Musterprotokoll.

6. Wie muss die Firma der

   a) Standard-GmbH,

   b) Mini-GmbH lauten?

7. Welche Einschränkung ist bei der Mini-GmbH hinsichtlich der Gewinnverwendung zu beachten?

8. Nennen Sie je einen Vor- und Nachteil der Mini-GmbH.

7.2 GmbH & Co. KG

Stofftelegramm

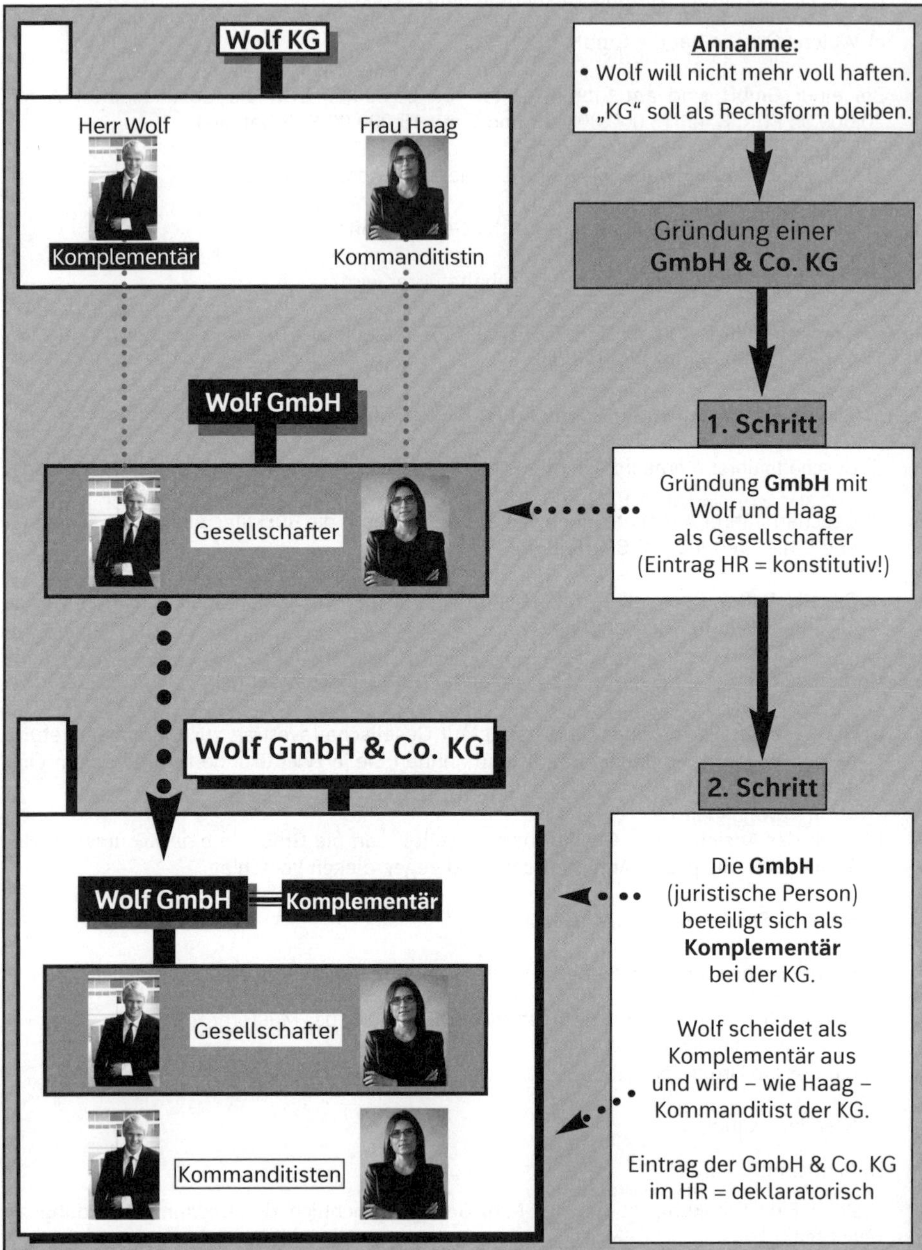

Gründung: • Gründung einer **GmbH**/Eintrag im Handelsregister (Eintrag = konstitutiv)

- Gründung der **GmbH & Co. KG**, bei der sich die GmbH als Komplementär beteiligt; Kommanditisten = natürliche Personen (i. d. R. sind Kommanditisten gleichzeitig Gesellschafter der GmbH)

Eintrag der GmbH & Co. KG im Handelsregister = deklaratorisch

Ein-Mann-GmbH & Co. KG möglich. Beispiel:

Firma: Name der GmbH (= Komplementär) + Zusatz „Co. KG"

Geschäftsführung: Komplementär-GmbH, vertreten durch ihren Geschäftsführer

Vorteile i. Vgl. zur KG:
- Haftungsbeschränkung (nur GmbH haftet voll!)
- Geschäftsführer als Nachfolger (z. B. Erbfall) leichter zu finden, da keine persönliche Haftung

Vorteile i. Vgl. zur GmbH:
- flexiblere Eigenkapitalbeschaffung über Kommanditeinlagen
- evtl. Mitbestimmungsvorteile (bei kleingehaltener GmbH kein Aufsichtsrat notwendig)

Nachteile:
- Erstellung von zwei Jahresabschlüssen notwendig (Kosten!)
- evtl. eingeschränkte Kreditwürdigkeit

***Hinweis:* Eine *UG (haftungsbeschränkt) & Co. KG* ist rechtlich zulässig.**

Aufgaben (Grundwissen)

1. Erklären Sie die Beteiligungs- und Haftungsverhältnisse bei der GmbH & Co. KG.
2. Welche Überlegungen könnten die Gesellschafter einer a) KG, b) GmbH dazu veranlassen, eine GmbH & Co. KG zu gründen?
3. Wem obliegt bei einer GmbH & Co. KG die Geschäftsführung?
4. Nennen Sie Nachteile der GmbH & Co. KG.
5. Der Einzelunternehmer Jörn Schmiedel will eine GmbH & Co. KG gründen.

   a) Ist die Gründung einer Ein-Mann-GmbH & Co. KG möglich?

   b) Wer wäre Komplementär, Kommanditist, Geschäftsführer?

   c) Die GmbH soll mit „Sportartikel GmbH" firmieren. Wie müsste dann die Firma der GmbH & Co. KG lauten?

Hinweis: Die Abituraufgaben wurden hinsichtlich der GmbH-Reform aktualisiert.

7.3 Abituraufgaben

Abituraufgaben 2009 (Aufgabe 3, Teil 7, teilweise)

7.2 Die Komplementäre Braun und Müller diskutieren die Weiterführung des Unternehmens als Kapitalgesellschaft. Erläutern Sie drei Gründe, die im Vergleich zur bisherigen KG für die Rechtsform der GmbH sprechen.

7.3 Braun und Müller entscheiden sich für die Rechtsform der GmbH & Co. KG.

Begründen Sie, wie die neue Gesellschaft aufgebaut sein muss, damit auch in Zukunft ausschließlich die beiden bisherigen Komplementäre die Geschäftspolitik ihres Unternehmens allein bestimmen können.

Abituraufgaben 2010 (Aufgabe 1, Teil 3)

Die MUNK Bürsten GmbH ist Weltmarktführer im Bereich der Fertigung von Bürsten für den industriellen Bereich. Einen großen Teil ihres Umsatzes erzielt sie mit Bürsten aus Straußenfedern, die es ermöglichen, Rohkarosserien vor der Lackierung staubfrei und antistatisch zu reinigen.

3. Am 22.02.2010 findet die Gesellschafterversammlung der GmbH statt. Anwesend sind alle Gesellschafter:

Gesellschafter	Nennbeträge der Geschäftsanteile
Zimmermann	4,0 Mio. EUR
Ladmann	3,0 Mio. EUR
Schneider	2,0 Mio. EUR

Durch Verzicht auf Gewinnausschüttung beträgt das Eigenkapital der GmbH zwischenzeitlich 13,5 Mio. EUR.

3.1 Aus Altersgründen möchte Zimmermann seine Geschäftsführertätigkeit beenden. Da auch Ladmann und Schneider nicht aktiv mitarbeiten wollen, wird einstimmig beschlossen, Frau Leitzinger, bisher Personalchefin eines mittelständischen Maschinenbauers, als Geschäftsführerin einzustellen.

Treffen Sie eine begründete Entscheidung, ob ihr Jahresgehalt von 84.000,00 EUR als kalkulatorischer Unternehmerlohn in die Kostenrechnung aufgenommen werden sollte.

3.2 Nach kurzer Zeit kommt es zu großen Meinungsverschiedenheiten zwischen der neuen Geschäftsführerin und dem Gesellschafter Zimmermann. Auf einer neuen Gesellschafterversammlung, bei der alle Gesellschafter anwesend sind, fordert Zimmermann die sofortige Abberufung von Frau Leitzinger.

Zeigen Sie, unter welchen Bedingungen Zimmermann seine Forderung durchsetzen kann. (Rechnerischer Nachweis über die Stimmenzahlen ist erforderlich.)

3.3 Im Laufe der Versammlung stellt sich heraus, dass Schneider seinen Geschäftsanteil verkaufen will. Er rechnet damit, dass der Verkaufspreis über dem Nennbetrag seines Geschäftsanteils liegen wird.

Beurteilen Sie unter Berücksichtigung von Sachverhalt 3, ob diese Erwartung gerechtfertigt ist.

Abituraufgaben 2012 (Aufgabe 2, teilweise)

Die beiden Wirtschaftsingenieure Albert Koch und Conrad Blumer haben ein neues umweltfreundliches Verfahren zur Herstellung von Bootslacken und Unterwasserfarben für Jachten entwickelt. Zusammen mit dem Dipl.-Kaufmann Wolfgang Arnold gründen sie die ALCON GmbH.

Auszug aus dem Gesellschaftsvertrag

§ 1 Firma: ALCON GmbH

§ 2 Sitz der Gesellschaft: Friedrichshafen

§ 3 Gegenstand des Unternehmens sind die Herstellung und der Vertrieb von Bootslacken und Unterwasserfarben.

§ 4 Geschäftsbeginn: 01.02.2011

§ 5 Stammkapital und Geschäftsanteile:
Das Stammkapital der Gesellschaft beträgt 130.000,00 EUR.
Als Geschäftsanteil übernehmen:

Albert Koch	75.000,00 EUR
Wolfgang Arnold	20.000,00 EUR
Conrad Blumer	35.000,00 EUR

§ 6 Die Einlagen sind in Geld zu folgenden Zeitpunkten zu erbringen: Albert Koch und Wolfgang Arnold zum 01.02.2011, Conrad Blumer: 25 % zum 01.02.2011, der Rest zum 30.11.2011

§ 7 Geschäftsführung und Vertretung der Gesellschaft:

Zu Geschäftsführern werden bestellt:

Albert Koch:	Marketing und Vertrieb
Conrad Blumer:	Beschaffung, Produktion und Entwicklung
Wolfgang Arnold:	Personal und Rechnungswesen

Die Geschäftsführer sind einzelvertretungsberechtigt.
Rechtsgeschäfte, deren Wert 30.000,00 EUR übersteigen, bedürfen der Zustimmung sämtlicher Gesellschafter.

1. Erklären Sie die Begriffe
   - Geschäftsanteil und
   - Stammkapital.
2. Erläutern Sie, unter welcher Bedingung der Nennbetrag des Geschäftsanteils und der tatsächliche Wert des Geschäftsanteils voneinander abweichen können.
3. Prüfen Sie, ob zum 08.03.2011 die Anmeldung zum Handelsregister erfolgen kann.
4. Blumer kauft im Namen der ALCON GmbH am 03.05.2011 eine Abfüllanlage im Wert von 35.000,00 EUR bei der Weber Abfülltechnik KG, Konstanz. Die Anlage soll am 27.05.2011 noch vor ihrer Lieferung bezahlt werden. Arnold verweigert die Zahlung, weil er die Anlage für überteuert hält.

   Prüfen Sie die Rechtslage im Innen- und Außenverhältnis.
5. Am 02.02.2012 findet eine Gesellschafterversammlung statt. Es stehen u. a. folgende Tagesordnungspunkte zur Beschlussfassung an:
   - **TOP 3: Neufassung des § 3 der Satzung: Erweiterung des Geschäftszweckes**
     Gegenstand des Unternehmens sind die Herstellung und der Vertrieb von Bootslacken, Unterwasserfarben **und der Verkauf von Bootszubehör.**

- **<u>TOP 5: Beschluss über die Verwendung des Jahresüberschusses</u>**
  Jahresüberschuss 2011: 97.500,00 EUR
  Feststellung des Jahresabschlusses und Verwendung des Ergebnisses; Vorschlag: Die Gewinnanteile sind an die Gesellschafter vollständig auszuschütten.

Bei Zustimmung zu TOP 3 ist zusätzlicher Kapitalbedarf zu erwarten.

5.1 Begründen Sie, ob die Änderung im Gesellschaftsvertrag (TOP 3) vorgenommen werden kann, wenn Gesellschafter Blumer dagegen stimmt.

5.2 Beurteilen Sie den Vorschlag, die Gewinnanteile vollständig an die Gesellschafter auszuschütten.

Abituraufgaben 2013 (Aufgabe 1, teilweise)

Peter Paulus, Markus Metzler und Bernhard Braun gründen die High Energy GmbH mit Sitz in Isny im Allgäu. Geschäftszweck ist die Herstellung elektronischer Bauteile. Hauptabnehmer sind die Automobilindustrie und Hersteller von Küchengeräten.

Der am 09.01.2012 abgeschlossene Gesellschaftsvertrag enthält u. a. folgende Bestimmungen:

§ 3 Das Stammkapital beträgt 300.000,00 EUR. Die Nennbeträge der Geschäftsanteile betragen für:

• Peter Paulus	120.000,00 EUR
• Markus Metzler	30.000,00 EUR
• Bernhard Braun	150.000,00 EUR

§ 4 Zu Geschäftsführern der GmbH werden Peter Paulus und Markus Metzler bestellt.

§ 5 Für Anschaffungen über 300.000,00 EUR bedarf es der Zustimmung der Gesellschafterversammlung.

Ansonsten gelten die gesetzlichen Bestimmungen.

1. Erläutern Sie zwei Motive, die für die Gründung einer Kapitalgesellschaft sprechen.

2. Bis zur Anmeldung der Eintragung ins Handelsregister sind folgende Einzahlungen auf die Geschäftsanteile geleistet worden:

• Peter Paulus	20.000,00 EUR
• Markus Metzler	30.000,00 EUR
• Bernhard Braun	50.000,00 EUR

   Prüfen Sie, ob die Voraussetzungen zur Eintragung der GmbH ins Handelsregister erfüllt sind.

3. Paulus und Metzler kaufen nach erfolgter Eintragung einen Fertigungsautomaten für 500.000,00 EUR. Braun ist gegen die Anschaffung.

   Erläutern Sie die Rechtslage.

4. Paulus und Metzler möchten den § 5 des Gesellschaftsvertrags ändern. Erst bei Anschaffungen über 700.000,00 EUR soll die Zustimmung der Gesellschafterversammlung erforderlich sein.

   Begründen Sie, ob Paulus und Metzler diese Änderung des Gesellschaftsvertrags durchsetzen können.

Abituraufgaben 2017 (Aufgabe 1, teilweise)

Michael Berg, Lukas Müller und Fabian Schütz haben in den letzten Jahren berufliche Erfahrungen in verschiedenen Bereichen der Medizintechnik gesammelt. Die guten Marktchancen haben sie dazu bewogen, selbstständig unternehmerisch tätig zu werden. Sie beabsichtigen daher, eine Gesellschaft mit beschränkter Haftung mit Sitz in Tuttlingen zu gründen. Es werden etwa 35 Arbeitsplätze geschaffen. Der Vertragsentwurf sieht unter anderem die folgenden Bestimmungen vor:

§ 1 Firma: Medizintechnik MiLuFa

...

§ 3 Geschäftsbeginn: 04.01.2016

§ 4 Gegenstand des Unternehmens ist die Herstellung von chirurgischen Instrumenten im Bereich der Mikrochirurgie.

§ 5 Die Nennbeträge der Geschäftsanteile betragen:

Michael Berg	900.000,00 EUR
Lukas Müller	700.000,00 EUR
Fabian Schütz	400.000,00 EUR

Die Einlagen von Berg und Müller sind sofort zu leisten. Schütz leistet 75.000,00 EUR sofort, den Rest am 02.05.2016.

...

§ 7 Als Geschäftsführer der GmbH werden bestellt:

Michael Berg, Bereich: Beschaffung und Vertrieb

Lukas Müller, Bereich: Produktion

Fabian Schütz, Bereich: Personal und Verwaltung

Geschäftsführer Berg ist einzelvertretungsberechtigt. Die Geschäftsführer Müller und Schütz benötigen für Rechtshandlungen die Willenserklärung eines weiteren Geschäftsführers.

1. Michael Berg hatte ursprünglich auch die Gründung einer Aktiengesellschaft in Erwägung gezogen.

   Erläutern Sie zwei Gründe, weshalb sich die drei Gesellschafter nicht für die Rechtsform der AG, sondern für die Rechtsform der GmbH entschieden haben könnten.

2. Am 16.11.2015 wird der Vertragsentwurf dem Notar Keller vorgelegt. Dieser lehnt die Beurkundung zunächst ab, da zwei Bestandteile des Entwurfs einer Eintragung ins Handelsregister entgegenstehen.

2.1 Prüfen Sie unter Angabe der gesetzlichen Grundlage, ob eine notarielle Beurkundung des Gesellschaftsvertrags notwendig ist.

2.2 Begründen Sie, welche Inhalte des Vertragsentwurfs vom Notar beanstandet werden.

3. Nach den notwendigen Änderungen des Gesellschaftsvertrags erfolgt am 17.12.2015 die Handelsregistereintragung. Fabian Schütz bestellt am 12.01.2016 ohne Rücksprache bei der Metallwaren AG Edelstahlrohlinge im Wert von 40.000,00 EUR. Lukas Müller ist mit

der Bestellung nicht einverstanden, da die GmbH seiner Meinung nach noch weitere Angebote einholen sollte.

Begründen Sie, ob die GmbH an die Bestellung von Fabian Schütz gebunden ist.

4. Um die Vornahme von Rechtsgeschäften künftig zu erleichtern, möchten Lukas Müller und Fabian Schütz § 7 des Gesellschaftsvertrags ändern. Sie schlagen eine Einzelvertretung für alle Geschäftsführer vor.

   Begründen Sie und weisen Sie rechnerisch nach, ob Lukas Müller und Fabian Schütz diese Änderung des Gesellschaftsvertrags gegen den Willen von Michael Berg durchsetzen können.

8 Rechtsformen III: Die Aktiengesellschaft

8.1 Grundlagen

Stofftelegramm

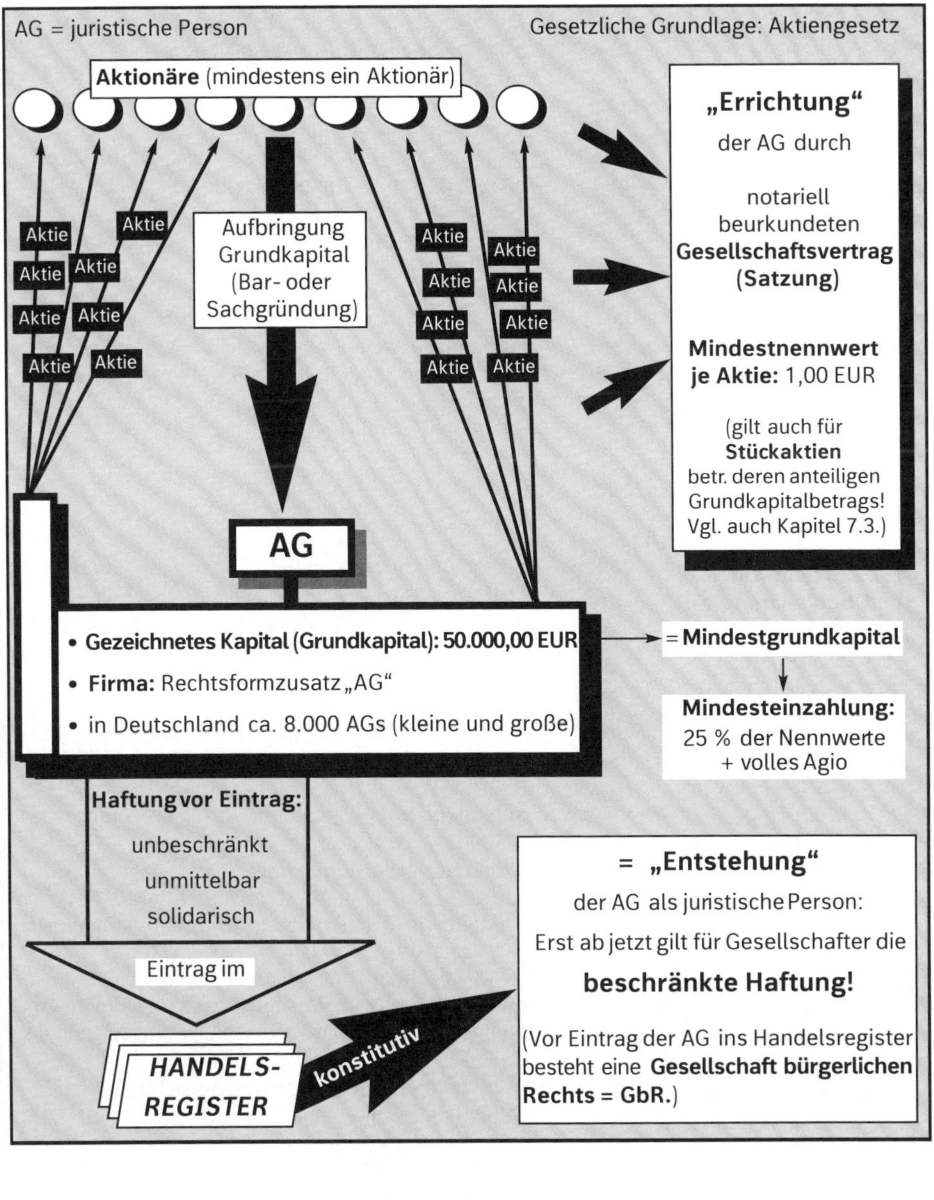

Organe der AG → Vgl. § 76 ff. AktG.

Vorstand (Leitung)

Aufgaben:
- Geschäftsführung und Vertretung
- Ausführung der Hauptversammlungsbeschlüsse
- Erstellung Jahresabschluss und Lagebericht
- Einberufung der ordentlichen Hauptversammlung
- regelmäßige Berichte an Aufsichtsrat
- Insolvenzanmeldung bei Zahlungsunfähigkeit oder Überschuldung
- Vorschlag über Gewinnverwendung

Wichtig:
- nicht Aufsichtsratsmitglied derselben AG
- Wettbewerbsverbot
- Bestellung durch Aufsichtsrat auf max. fünf Jahre, wiederholte Bestellung möglich
- Angestellter

Mehrere Vorstandsmitglieder: Gesamtgeschäftsführungs- und Gesamtvertretungsbefugnis. Laut Satzung Einzelgeschäftsführung und Einzelvertretung (HR-Eintrag!) möglich, jedoch keine Entscheidung gegen die Mehrheit.

Bestellung, Überwachung, Abberufung

Aufsichtsrat (Überwachung)

Aufgaben:
- Bestellung, Überwachung + Abberufung Vorstand
- **Prüfung** Jahresabschluss + Lagebericht + Prüfungsbericht des Abschlussprüfers + Vorschlag des Vorstands für Verwendung des Bilanzgewinns
- Einberufung a. o. Hauptversammlung

Zusammensetzung: Arbeitnehmer- und Aktionärsvertreter; vgl. Kapitel 8.2 „Mitbestimmung im Aufsichtsrat (AR)".

Wahl auf vier Jahre durch Hauptversammlung/Arbeitnehmer

Verboten:
- Überkreuzverflechtung (Vorstand AG A ist im AR der AG B und Vorstand AG B ist im AR der AG A)
- Vorstand eines abhängigen Tochterunternehmens darf nicht Aufsichtsratsmitglied der „Mutter" sein.
- mehr als zehn AR-Sitze für eine Person (bis fünf AR-Posten bei Konzerntöchtern nicht eingerechnet), wobei Mandate von AR-Vorsitzenden doppelt zählen

Wahl der Aktionärsvertreter

Hauptversammlung (Beschlussfassung)

Aufgaben:
- Wahl Aktionärsvertreter in den Aufsichtsrat
- Entlastung von Vorstand + Aufsichtsrat
- Entscheidung über Bilanzgewinnverwendung
- Wahl der Abschlussprüfer
- Beschlüsse über Satzungsänderungen ...

Beschlussfassungen:	• grundsätzlich einfache Mehrheit des in der Hauptversammlung anwesenden Aktienkapitals • bei Satzungsänderungen: Mehrheit von 75 % notwendig • **Sperrminorität:** Aktionär verfügt über mehr als 25 % des gezeichneten Kapitals und kann somit entscheidende Beschlüsse der Hauptversammlung verhindern.
Bedeutung der AG:	• über 8.000 AGs in Deutschland • optimale Kapitalbeschaffungsmöglichkeiten über Kapitalerhöhungen (Ausgabe = Emission von Aktien) • typische Rechtsform für Großunternehmen • große Eigentumsstreuung möglich, da man mit wenig Kapital Kleinaktionär werden kann • Die Aktie ist bei vielen eine beliebte Geldanlage.
Prüfungs- und Publizitätspflichten:	Vgl. § 316 ff. HGB sowie Kapitel 18 „Der Jahresabschluss (HGB)“.

Aufgaben (Grundwissen)

1. Könnte eine AG mit „Möbel AG“ firmieren? Begründung.

2. Erklären Sie die Haftung bei der AG.

3. a) Wann entsteht die AG? b) Welche Haftungsregelung gilt davor?

4. Nennen Sie jeweils fünf wichtige Aufgaben der Organe der AG.

5. Welche Rechte hat ein Aktionär?

6. Definieren Sie kurz den Begriff „gezeichnetes Kapital“.

7. Ein AG-Gläubiger verlangt von einem a) Vorstandsmitglied, b) Großaktionär Zahlung. Rechtslage?

8. Welche Vorteile hat die AG im Vergleich zur OHG?

9. Ist eine Ausgabe von 1-Euro-Aktien zu 0,90 EUR erlaubt?

10. Erklären und beurteilen Sie den Begriff „Depotstimmrecht“.

11. Wer entscheidet über Satzungsänderungen mit welcher Mehrheit?

12. Welche Organe der AG sind jeweils zuständig?

    a) Wahl der Abschlussprüfer
    b) Überwachung Vorstand
    c) Einberufung einer a. o. Hauptversammlung
    d) Satzungsänderungsbeschluss
    e) Erstellung Jahresabschluss
    f) Einberufung einer ordentl. Hauptversammlung
    g) Bestellung Vorstand
    h) Entlastung Vorstand
    i) Vertretung der AG
    j) Prüfung des Jahresabschlusses
    k) Entscheidung über Verwendung des Bilanzgewinns

13. Vergleichen Sie die gesetzlichen Regelungen hinsichtlich Vertretung und Geschäftsführung bei der AG und KG.

14. Warum darf ein Vorstandsmitglied einer AG nicht gleichzeitig Aufsichtsratsmitglied der gleichen AG sein?

15. Erklären und begründen Sie den Begriff „Publizität“ bei der AG.

16. Wie hoch ist allgemein die Mindesteinzahlungspflicht bei einer Bargründung einer AG?

17. Die X-AG will ihr gezeichnetes Kapital erhöhen. Kann ein Aktionär, der

    a) 28 %,

    b) 20 %

    des Aktienkapitals besitzt, dies verhindern? Begründung.

18. Warum müssen AGs, nicht jedoch OHGs Rücklagen bilden?

19. Kann ein Aufsichtsratsmitglied für die AG Verträge abschließen?

20. Beurteilen Sie, ob folgende Situationen denkbar sind.

    a) Otto Frisch ist Aufsichtsratsmitglied bei der Kohle AG. Gleichzeitig sitzt er im Vorstand der Metall AG.

    b) Situation wie im Fall a), jedoch ist Fritz Prösel Vorstandsmitglied bei der Kohle AG sowie Aufsichtsratsmitglied bei der Metall AG.

    c) Günther Stapf ist in sieben AGs und in vier GmbHs Aufsichtsratsmitglied. Zwischen den Gesellschaften besteht keine Konzernverflechtung.

    d) Georg Weiser ist Vorstandsmitglied bei der Elektro AG (Mutter). Gleichzeitig sitzt er im Aufsichtsrat der von der Elektro AG abhängigen Bau AG (Tochter).

    e) Hans Moppel ist Aufsichtsratsmitglied bei der Strom AG (Mutter). Gleichzeitig sitzt er im Vorstand der von der Strom AG abhängigen Bau AG (Tochter).

21. Welche Rechtsformen sind für einen Alleinunternehmer möglich?

22. Der Vorstand einer AG kauft eine Spezialmaschine im Wert von 1,2 Mio. EUR. Der Aufsichtsrat ist gegen diesen Kauf. Begründen Sie, ob der Kaufvertrag für die AG bindend ist.

23. Das gezeichnete Kapital einer AG setzt sich aus 6 Mio. Stück nennwertlosen Euro-Aktien zusammen. Ein Aktionär besitzt 1 Mio. Aktien. Kann er in der Hauptversammlung (Präsenz 80 % des Grundkapitals) die Entlastung von Vorstand und Aufsichtsrat verhindern?

    Rechnerischer Nachweis!

8.2 Mitbestimmung im Aufsichtsrat (AR)

Stofftelegramm

Argumente für Mitbestimmung allgemein:	**Argumente gegen Mitbestimmung allg.:**
• Interesse, Motivation d. Arbeitnehmer steigen	• Erschwerung betriebl. Entscheid.prozesse
• Demokratisierung der Wirtschaft	• Mitbest. ohne Mitverantwortung bzw. Risiko
• Humanisierung des Arbeitslebens	• evtl. fehlende Sachkenntnisse der AN
• gegenseit. Abhängigkeit v. Arbeit + Kapital	• evtl. Kapitalflucht ins Ausland

Bereiche der Mitbestimmung

→ Betriebsrat

→ Aufsichtsrat (AR)

→ Vorstand (Arbeitsdirektor)

Gesetze: Betriebsverfassungsgesetz, Drittelbeteiligungsgesetz, Mitbestimmungsgesetz, AktG

Mitbestimmung nach dem Drittelbeteiligungsgesetz (DrittelbG) von 2004

Gesetzliche Grundlage: § 95 ff. AktG; Drittelbeteiligungsgesetz

Gültig für: AG und GmbH mit mehr als 500, aber max. 2.000 Arbeitnehmern (AN)

Zusammensetzung AR: $\frac{2}{3}$ Anteilseignervertreter – $\frac{1}{3}$ Arbeitnehmervertreter

Mindestanzahl der AR-Mitglieder: drei (laut Satzung mehr möglich, jedoch durch drei teilbar!), Höchstzahlen vgl. § 95 AktG

Mitbestimmung nach dem Mitbestimmungsgesetz

Gesetzliche Grundlage: Mitbestimmungsgesetz von 1976

Gültig für: AG und GmbH mit mehr als 2.000 Arbeitnehmern

Zusammensetzung AR: $\frac{1}{2}$ Anteilseignervertreter – $\frac{1}{2}$ Arbeitnehmervertreter

Wahl AR-Vorsitzenden durch AR: Wird notwendige $\frac{2}{3}$-Mehrheit für ihn nicht erreicht, wählen die AR-Mitglieder der Anteilseigner den Vorsitzenden, die Arbeitn.-vertreter den Stellvertreter.

Abstimmungen: Der AR-Vorsitzende (i. d. R. Anteilseignervertreter) hat bei Stimmengleichheit (Patt) eine zweite Stimme.

Mindestanzahl der AR-Mitglieder: zwölf (bei 2.000 bis 10.000 Arbeitnehmern); betr. Zusammensetzung des AR vgl. § 7 MitbestG!

Arbeitsdirektor: gleichberechtigtes Vorstandsmitglied

Aufgaben (Grundwissen)

1. Nennen Sie jeweils drei Argumente für und gegen die Mitbestimmung.

2. In welchen Organen können Arbeitnehmer mitbestimmen?

3. a) Nennen Sie die Gesetze, in denen die Mitbestimmung in den Organen von Kapitalgesellschaften geregelt ist.

   b) In einer Aufsichtsratssitzung einer AG sind **alle** Arbeitnehmervertreter für, **alle** Anteilseignervertreter gegen eine bestimmte Maßnahme. Welche Gruppierung ist letztlich der „Sieger" in den jeweiligen Mitbestimmungsformen? Begründungen.

4. a) Die Wohnbau AG hat 2.400 Arbeitnehmer. Was ist bei der Zusammensetzung des Vorstandes zu beachten?

   b) Welche Aufgaben hat ein Arbeitsdirektor?

5. Unter welche Mitbestimmungsregelung hinsichtlich Mitbestimmung in den Organen der Unternehmung fallen folgende Unternehmen? (AN = Arbeitnehmer)

a) AG (Holzbranche)	mit	25.000 Arbeitnehmern
b) AG (Holzbranche)	mit	1.500 Arbeitnehmern
c) AG (Holzbranche)	mit	2.100 Arbeitnehmern
d) AG (Kunststoffe)	mit	3.000 Arbeitnehmern
e) AG (Baubranche)	mit	1.800 Arbeitnehmern
f) KG (Autoind.)	mit	12.000 Arbeitnehmern
g) AG (Bergbau)	mit	600 Arbeitnehmern

6. a) Wie werden der AR-Vorsitzende und sein Stellvertreter in einer AG (Chemiewerk) mit 8.000 Arbeitnehmern gewählt?

   b) Wie kommen in diesem Aufsichtsrat bei Patt-Situationen Entscheidungen zustande?

7. Wie setzt sich exakt der Aufsichtsrat einer AG mit a) 12.000, b) 25.000 AN zusammen?

8. Was versteht man unter paritätischer Mitbestimmung?

9. Begründen Sie die Aussage: „Bei einem Patt haben die Anteilseigner das letzte Wort."

10. Wovon ist die Zahl der Aufsichtsratsmitglieder einer AG abhängig?

8.3 Die Aktie

Stofftelegramm

„**HV**“ = Hauptversammlung

Aktie als Beteiligungsinstrument

- Aktienkauf = Erwerb von Anteilsrechten an einer AG
- **Rechte aus der Aktie:**
  - Dividende
  - Stimmrecht in HV
  - Auskunftsrecht in HV
  - Anteil am Liquidationserlös
  - Bezugsrecht bei Kapitalerhöh.
- Aktien über **Börse** leicht veräußerbar

Aktie als Finanzierungsinstrument

- Ausgabe von Aktien = **Eigenfinanzierung** (Beteiligungsfinanzierung)
- Aktienausgabe (Emission) = **Kapitalbeschaffung**
- Aktienkapital **unbegrenzt** verfügbar (kein „Kündigungsrecht“ der Aktionäre)

Aktienurkunde

- **Mantel** = eigentliche Aktie (verbrieftes Anteilsrecht an der AG)
- **Dividendenscheinbogen:** Dividendenscheine + Erneuerungsschein

Aktienarten

1. Unterscheidung nach Nennwertbestandteil

Nennbetragsaktien: Nennwert steht auf Aktie; Summe Nennwerte = Grundkapital (gezeichn. Kap.)

Stückaktien: Nennwertlose Aktien; Anteil am gez. Kap. = gez. Kap. : Anzahl Stückaktien

2. Unterscheidung nach der Eigentumsübertragung (Weitergabe)

	Weitergabe (Eigentumsübertragung) durch:
Inhaberaktien:	Einigung + Übergabe
Namensaktien:	Einigung + Übergabe + Eintrag Aktienbuch + Indossament
Vinkulierte Namensaktien:	Einigung + Übergabe + Eintrag Aktienbuch + Indossament + Zustimmung der AG

3. Unterscheidung nach Rechten

Stammaktien: mit normalen Rechten versehene Aktien

Vorzugsaktien: mit besonderen Rechten (z. B. Anspruch auf Mindestdividende oder höhere Dividende) versehene Aktien. Häufig als Gegenleistung Verzicht auf Stimmrecht (stimmrechtslose Vorzugsaktien)

4. Unterscheidung nach Ausgabezeitpunkt

Alte Aktien – junge Aktien – vgl. Kapitel 13.2 „Beteiligungsfinanzierung bei der AG“.

Aufgaben (Grundwissen)

1. Erklären Sie: „Die Aktie ist ein Beteiligungs- und Finanzierungsinstrument.“
2. Unterscheiden und erklären Sie die einzelnen Aktienarten.
3. Gezeichnetes Kapital: 4 Mio. EUR; 800.000 Stückaktien wurden ausgegeben. Wie hoch ist der Anteil einer Aktie am gezeichneten Kapital?

8.4 Abituraufgaben

Abituraufgaben 2010 (Aufgabe 3,Teil 1 und 2)

Die Heidelberger Maschinenwerke AG (HMW) ist ein bedeutendes, international tätiges Unternehmen, das Spezialmaschinen aller Art herstellt und vermarktet. Im Jahr 2009 beschäftigte die HMW rund 5.800 Mitarbeiter und erwirtschaftete einen Jahresumsatz von 3,2 Mrd. EUR. Das Unternehmen wurde bis zum Jahr 2000 in der Rechtsform der GmbH geführt. Mit wachsender Unternehmensgröße wurde die Gesellschaft im Jahr 2000 in eine Aktiengesellschaft umgewandelt, die inzwischen an der Börse notiert ist.

1. Vergleichen Sie in einer Tabelle die beiden genannten Rechtsformen hinsichtlich Mindestkapital, Vertretung und Haftung.

2. Erläutern Sie anhand von zwei Gesichtspunkten positive Aspekte für die HMW durch den Wechsel der Rechtsform.

Abituraufgaben 2011 (Aufgabe 1, Teil 5, teilweise)

5. Der Green-Tec KG gelingt mit ihrem neuen umweltschonenden Verfahren zur Müllaufbereitung im Jahr 2008 der europaweite Marktdurchbruch. Um die Müllaufbereitungsanlagen entsprechend den zahlreichen Aufträgen fertigen zu können, benötigt die KG für zwei zusätzliche Produktionshallen sowie zahlreiche neue Maschinen 13.000.000,00 EUR.

   Nach dem Ausscheiden von Klein gründen die beiden ehemaligen Komplementäre Adam und Geiger zum 01.01.2009 die Green-Tec AG. Sie bringen die restlichen Vermögenswerte des bisherigen Unternehmens in die neue Gesellschaft ein. Das zusätzlich benötigte Kapital wird von Kleinaktionären aufgebracht.

5.1 Erörtern Sie drei betriebswirtschaftliche Argumente, die für die Gründung der Green-Tec AG sprechen.

5.2 Adam und Geiger werden vom ersten Aufsichtsrat zu Vorständen bestellt. Adam hat den Bauauftrag der ersten Produktionshalle an die Hilser GmbH vergeben. Der Vertrag wurde von Adam und dem Geschäftsführer der Hilser GmbH unterzeichnet.

   Begründen Sie, unter welchen Voraussetzungen der Vertrag für die AG bindend ist.

Abituraufgaben 2014 (Aufgabe 3, teilweise)

Die Süddeutschen Fahrradwerke, „SüFa GmbH“, wurden im Jahr 2005 von den Geschwistern Agnes Staiger, Bertram Herzer und Christian Herzer als Gesellschafter gegründet. Geschäftsführer sind Agnes Staiger und Bertram Herzer.
Der boomende Freizeitmarkt brachte in den letzten Jahren für das Unternehmen einen enormen Aufschwung bei Mountainbikes und Rennrädern. Seit einigen Jahren ist die Nachfrage nach E-Bikes sprunghaft angestiegen. Als weiterer Geschäftsbereich eröffnet sich neuerdings der Markt für Elektroroller in den Städten als Ersatz für das eigene Auto. Die Produktion wurde bereits teilweise aus dem Stammwerk in Tübingen in umliegende Produktionsstätten ausgelagert. Nun soll sie aus Kostengründen an einem einzigen Standort konzentriert werden. Dazu sind zusätzliche finanzielle Mittel erforderlich. Die Gesellschafter erwägen, die GmbH in eine AG umzuwandeln, um den zukünftigen Kapitalbedarf zu decken. Durch die zu erwartende Produktionsausweitung würde gleichzeitig die Belegschaft von 480 auf 550 Mitarbeiter steigen.

Zusammengefasste Bilanz der SüFa GmbH zum 31.12.2012 in Euro:

Aktiva		Bilanz	Passiva
I. Anlagevermögen	1.800.000,00	I. Eigenkapital	
II. Umlaufvermögen	400.000,00	1. gezeichnetes Kapital	800.000,00
		2. Gewinnrücklagen	200.000,00
		II. Verbindlichkeiten	
		1. Darlehen	900.000,00
		2. kurzfr. Verbindlichk.	300.000,00
	2.200.000,00		2.200.000,00

Die Höhe der Nennbeträge der Geschäftsanteile ist laut Gesellschaftsvertrag wie folgt festgelegt:

- Agnes Staiger 300.000,00 EUR
- Bertram Herzer 300.000,00 EUR
- Christian Herzer 200.000,00 EUR

1. Vor der Umwandlung des Familienunternehmens von einer GmbH in eine AG müssen sich die Gesellschafter noch mit folgenden Aspekten auseinandersetzen.

1.1 Agnes Staiger bezweifelt die Vorteilhaftigkeit der Rechtsform der AG.

Erläutern Sie zwei Vorteile für das Unternehmen aus finanzieller Sicht, die sich durch die Umwandlung der GmbH in eine AG ergeben.

1.2 Christian Herzer befürchtet durch die Umwandlung in eine AG den Verlust seines Einflusses auf das Unternehmen.

1.2.1 Begründen Sie rechnerisch, ob er die Umwandlung in eine AG verhindern kann.

1.2.2 Vergleichen Sie tabellarisch die beiden Rechtsformen anhand der Kriterien Bestellung des leitenden Organs, Kontrolle der Geschäftsführung und Veräußerung des Gesellschaftsanteils.

1.2.3 Prüfen Sie unter Angabe der Paragrafen, ob das Kontrollgremium der künftigen AG der Arbeitnehmer-Mitbestimmung unterliegt, und erläutern Sie gegebenenfalls den Umfang der Mitbestimmung.

1.3 Agnes Staiger und Bertram Herzer möchten die Leitung des Unternehmens nicht aus der Hand geben.

Zeigen Sie auf, ob und gegebenenfalls wie sie dies in der zukünftigen AG erreichen können.

2. Bei der Umwandlung der GmbH in eine AG beteiligt sich zusätzlich die Hausbank an der neuen Gesellschaft. Die Aktien haben einen Nennwert von 5,00 EUR/Aktie. Die bisherigen Gesellschafter erhalten für ihren gesamten Eigenkapitalanteil an der bisherigen GmbH Aktien zum Nennwert. Die Hausbank übernimmt 240.000 Aktien mit einem Agio von 3,00 EUR.

2.1 Begründen Sie, warum die Hausbank bereit ist, einen höheren Ausgabekurs zu bezahlen.

2.2 Für die Aktienausgabe stehen vinkulierte Namensaktien für die ursprünglichen GmbH-Gesellschafter und stimmrechtslose Vorzugsaktien für die Hausbank zur Diskussion.

Erläutern Sie die genannten Aktienarten.

2.3 Ermitteln Sie die Höhe der Eigenkapital-Positionen und des Umlaufvermögens der AG.

Abituraufgaben 2015 (Aufgabe 1, Teil 1–2, teilweise)

Die SMU Möbelbausysteme OHG in Bühl hat sich auf die Produktion von modularen Regalsystemen spezialisiert. Das anfänglich kleine Familienunternehmen der drei Gesellschafter Simon Eder, Andreas Eder und Siegfried Peter beschäftigt heute ca. 400 Mitarbeiter und ist durch Vertriebspartner in über 20 Ländern vertreten. Vor dem Hintergrund dieser Unternehmensentwicklung haben die Gesellschafter beschlossen, die OHG in eine Kapitalgesellschaft umzuwandeln.

1. Die Geschwister Simon und Andreas Eder favorisieren die Umwandlung der OHG in eine GmbH, während Siegfried Peter die Rechtsform der AG für vorteilhafter hält.

1.1 Nennen Sie jeweils zwei Argumente, die entweder für die Umwandlung in eine

- GmbH oder
- AG

sprechen könnten.

1.2 Vor der endgültigen Entscheidung für eine neue Rechtsform möchten sich die drei Gesellschafter über die gesetzlichen Bestimmungen bezüglich der Unternehmensleitung informieren.

Vergleichen Sie in einer Tabelle die Position des Geschäftsführers in einer GmbH mit der eines Vorstandes in einer AG hinsichtlich folgender Kriterien:

- Dauer der Amtszeit
- Kontrolle der Unternehmensleitung

2. Die drei bisherigen OHG-Gesellschafter haben sich darauf geeinigt, dass Andreas Eder und Siegfried Peter auch zukünftig in der Führung des Unternehmens tätig sein sollen, während der Gesellschafter Simon Eder Verantwortung abgeben und nur noch eine überwachende Funktion innehaben möchte.

Zeigen Sie, wie Andreas Eder und Siegfried Peter ihren Leitungswunsch bei den beiden alternativen Gesellschaftsformen bei der Gründung jeweils realisieren können.

Abituraufgaben 2017 (Aufgabe 2, teilweise)

Isabel Wagner und Emil Tahiri haben sich während des Masterstudiengangs „Wirtschaftsingenieurwesen" kennengelernt. Nachdem sie jeweils einige Jahre Berufserfahrung sammeln konnten, beschließen sie, gemeinsam die Tahiri & Wagner OHG zu gründen. Gegenstand des Unternehmens ist die Herstellung hochwertiger Hi-Fi-Boxen, die hinsichtlich der Oberflächengestaltung auf individuelle Kundenwünsche abgestimmt werden.

Der Gesellschaftsvertrag wird am 01.04.2014 abgeschlossen. Isabel Wagner beteiligt sich mit einer Bareinlage von 350.000,00 EUR, Emil Tahiri mit einer Bareinlage von 200.000,00 EUR an der Unternehmung. Laut Gesellschaftsvertrag gelten die gesetzlichen Bestimmungen zur OHG. Die OHG wird am 15.04.2014 in das Handelsregister eingetragen.

1. Am 07.04.2014 schließen Wagner und Tahiri mit der InjMol GmbH einen Kaufvertrag über eine Furnierpresse im Wert von 90.000,00 EUR ab.

   Erläutern Sie, zu welchem Zeitpunkt die OHG im Innen- und Außenverhältnis entsteht.

2. Tahiri plant den Kauf eines Lieferwagens für die OHG. Wagner lehnt den Kauf ab, da sie die Notwendigkeit der Anschaffung anzweifelt. Tahiri schließt den Kaufvertrag mit der Nutzfahrzeuge GmbH trotzdem ab.

   Beurteilen Sie die Rechtslage unter Angabe der gesetzlichen Grundlage.

3. Zum 01.03.2015 tritt Nadine Wisser als neue Gesellschafterin mit einem Kapitalanteil von 100.000,00 EUR in die OHG ein. Der geänderte Gesellschaftsvertrag enthält folgende Regelung:

   „Frau Wisser ist von der Haftung für alle Verbindlichkeiten ausgeschlossen, die vor dem 1. März 2015 entstanden sind.“

3.1 Die Wehmann KG wendet sich am 07.04.2015 an Nadine Wisser und verlangt von ihr die Begleichung einer noch offenen Rechnung für Elektronikbauteile in Höhe von 7.000,00 EUR, Rechnungsdatum 02.02.2015. Wisser verweigert die Zahlung und verweist den Lieferanten an die Tahiri & Wagner OHG.

Begründen Sie, ob die Wehmann KG die Zahlung von Nadine Wisser verfangen kann.

3.2 Im August 2015 möchte Nadine Wisser zur Finanzierung eines privaten Pkw 20.000,00 EUR von ihrem Kapitalanteil entnehmen.

Beurteilen Sie die Rechtslage.

4. Um langfristig am Markt konkurrenzfähig zu bleiben und weiterhin eine individuelle Gestaltung der Boxen zu gewährleisten, soll die Produktion auf das Konzept Industrie 4.0 umgestellt werden. Dabei soll die Fertigung der Boxen künftig durch „intelligente“ vollautomatische Fertigungsstraßen erfolgen, die mittels RFID-Code an den Materialien erkennen, nach welchem Design und welchen Spezifikationen der jeweilige Kundenauftrag zu fertigen ist. Um den hohen Kapitalbedarf aufbringen zu können, soll die Tahiri & Wagner OHG zum 01.01.2016 in die Sound Experience AG umgewandelt werden.

4.1 Die drei Gesellschafter bringen ihr bisheriges Unternehmen mit allen Aktiv- und Passivposten in die AG ein. Ihre Kapitalanteile zum Zeitpunkt der Umwandlung betragen bei:

• Emil Tahiri	270.000,00 EUR
• Isabel Wagner	395.000,00 EUR
• Nadine Wisser	160.000,00 EUR

Die drei Gesellschafter erhalten entsprechend ihren bisherigen Kapitalanteilen Aktien mit einem Nennwert von 10,00 EUR pro Aktie. Zusätzlich konnten zwei Investoren gefunden werden, die jeweils 40.000 Aktien zum Nennwert von 10,00 EUR zuzüglich 1,00 EUR Agio pro Aktie übernehmen.

4.1.1 Ermitteln Sie die Anzahl der insgesamt ausgegebenen Aktien sowie die Höhe des gezeichneten Kapitals bei Gründung der Sound Experience AG.

4.1.2 Wagner, Tahiri und Wisser planen, den Investoren stimmrechtslose Vorzugsaktien auszugeben, während sie selbst Stammaktien erhalten sollen.

- Begründen Sie aus Sicht der bisherigen drei Gesellschafter die Vorteilhaftigkeit dieser Vorgehensweise.
- Begründen Sie, ob dieses Vorhaben zulässig ist.

4.2 Emil Tahiri und Nadine Wisser werden zu Vorständen der Sound Experience AG bestellt. Am 14.03.2016 schließt Nadine Wisser mit der Holzmann KG einen Kaufvertrag über die Lieferung von MDF-Platten in Höhe von 70.000,00 EUR ab.

Erläutern Sie, unter welcher Voraussetzung der Vertrag für die Sound Experience AG bindend ist.

9 Exkurs: Kooperation und Konzentration[1]

9.1 Definitionen und Ziele

Stofftelegramm

Kooperation	Konzentration
• Die wirtschaftliche Selbstständigkeit bleibt teilweise erhalten.	• Die wirtschaftliche Selbstständigkeit wird aufgegeben.
• vertragliche Zusammenarbeit	• einheitliche Leitung
• Beispiel: **Kartell** (vgl. VWL)	• Beispiele: **Konzern**, Fusion

Probleme evtl.

- Wettbewerbsbeschränkung bzw. -ausschaltung
- überhöhte Preise
- Gefahr des Missbrauchs wirtschaftlicher Macht
- Angebotsverknappung

[1] *Hinweis: Kartelle vgl. Kapitel 22.13*

9.2 Formen der Zusammenschlüsse

Stofftelegramm

Horizontaler Zusammenschluss

gleiche Produktions- bzw. Handelsstufe

Ziel:
eigene Marktposition stärken

Beispiel:

Vertikaler Zusammenschluss

aufeinanderfolgende Produktions- bzw. Handelsstufen

Ziel:
Sicherung Beschaffung + Absatz

Beispiel:

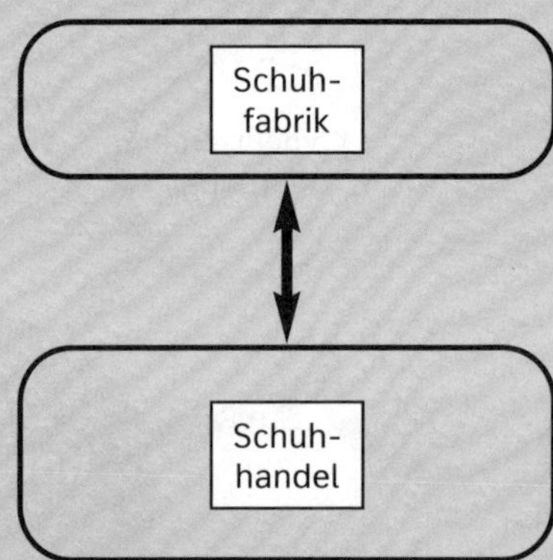

Anorganischer Zusammenschluss

branchenfremder Zusammenschluss – **Ziel:** Branchenrisiko ausgleichen

Beispiel:

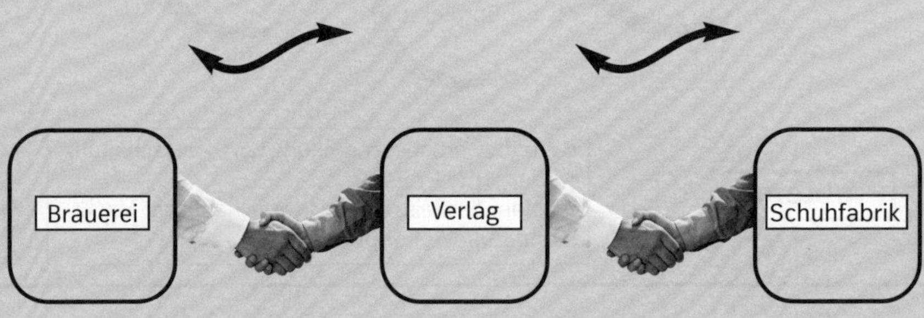

9.3 Konzern

Stofftelegramm

Konzern (§ 18 AktG)

Konzern = Zusammenschluss von Unternehmen, die

- rechtlich selbstständig bleiben,
- wirtschaftlich unselbstständig sind durch **einheitliche Leitung**

Aufgaben (Grundwissen)

1. Unterscheiden Sie die Begriffe „Kooperation“ und „Konzentration“. Nennen Sie je ein Beispiel.

2. Nennen Sie fünf Ziele der Kooperation und Konzentration.

3. Welche Probleme resultieren aus Konzentrationstendenzen?

4. Erklären Sie die Begriffe „horizontaler, vertikaler und anorganischer Zusammenschluss“. Notieren Sie je ein Beispiel.

5. Welche Hauptaufgaben hat das Bundeskartellamt?

6. a) Was versteht man unter einem Konzern?

   b) Welche Voraussetzung ist hier von entscheidender Bedeutung?

7. Laut einem Bericht der Branchenzeitung des Lebensmitteleinzelhandels vor einigen Jahren beabsichtigte der größte Filialist im deutschen Lebensmitteleinzelhandel, die Tengelmann-Gruppe aus Mülheim/Ruhr, damals, eine maßgebliche Kapitalbeteiligung an der H. Bronner GmbH aus Stuttgart zu erwerben.

   Tengelmann betrieb zum damaligen Zeitpunkt im Bundesgebiet mehr als 2.000 Filialen und setzte ca. 3,5 Mrd. EUR um.

   Die Bronner GmbH erzielte hauptsächlich im südwestdeutschen Raum ihren Umsatz von ca. 200 Mio. EUR in etwa 90 Discount- und Supermärkten.

   a) Welche Gründe könnten eine derartige Entscheidung der Tengelmann-Gruppe beeinflusst haben?

   b) Welche Vorteile bringt eine Kapitalbeteiligung für Tengelmann im Vergleich zu ursprünglich geplanten Neugründungen von Filialen im Raum Stuttgart?

   c) In dem Artikel ist von einer maßgeblichen Kapitalbeteiligung die Rede.
   Welche Höhe der Kapitalbeteiligung halten Sie aus der Sicht der Tengelmann-Gruppe für sinnvoll? Begründen Sie Ihre Ansicht.

   d) Beurteilen Sie diesen beabsichtigten Zusammenschluss aus der Sicht des Verbrauchers.

8. Die Auto-Union AG ist u. a. an der Phönix-Reifenwerke AG mit 70 % beteiligt.

   a) Wann spricht man bei Unternehmenszusammenschlüssen von einem Konzern?

   b) Wie werden Konzerne im Gegensatz zu Kartellen wettbewerbsrechtlich behandelt?

9. Die Oetker-Gruppe machte ihren Milliardenumsatz in folgenden Bereichen: Nahrungsmittel, Chemie, Banken/Versicherungen, Schifffahrt, Bekleidung, Bauunternehmen, Bier/Sekt/Spirituosen.

   a) Wie nennt man diese Verbindungsform und welche Überlegungen können zu ihrer Entstehung geführt haben?

   b) Warum eignen sich gerade Aktiengesellschaften zur Konzernbildung?

   c) Die Oetker-Gruppe ist in einer Holding-Gesellschaft zusammengefasst.

      - Erläutern Sie diese Konzernform.

      - Woran erkennen Sie bei einer vorliegenden Bilanz- und Erfolgsrechnung, dass es sich um einen Holdingabschluss handelt?

   d) Die Oetker-Gruppe ist an einer Brauerei zu 100 % beteiligt, mit einer anderen Brauerei besteht eine Fusion. Erklären Sie den Unterschied.

   e) Die Oetker-Gruppe ist an einer anderen Brauerei-AG mit 45 % beteiligt. Wie beurteilen Sie die Einflussmöglichkeiten der Oetker-Leitung auf diese AG?

10 Finanzierung und Investition I: Offene Selbstfinanzierung

10.1 Investition und Finanzierung

Stofftelegramm

Mittelverwendung = Investition:
Umwandlung von Geldkapital in Produktionsgüter

Aktiva	**Bilanz**	Passiva
AV		EK
UV		FK

Mittelherkunft = Finanzierung:
Kapitalbeschaffung

Investitionsarten (Netto-, Re-, Bruttoinvestition): siehe Kapitel 17.1

10.2 Offene Selbstfinanzierung, v. a. Gewinnverwendung bei einer KG

Stofftelegramm

Offene Selbstfinanzierung bei EU , OHG, KG

Selbstfinanzierung bei EU, OHG und KG
=
Gutschrift nicht ausgeschütteter Gewinne auf **Kapitalkonten**

Betr. KG: Der **Kommanditist** trägt nicht zur Selbstfinanzierung bei, da sein noch nicht ausgeschütteter Gewinnanteil eine Verbindlichkeit darstellt, somit liegt hier Fremdfinanzierung vor.

Selbstfinanzierung allg.
=
Nichtausschüttung von Gewinnen
=
Form der **Innenfinanzierung**

Folge: **Eigenkapital steigt.**

Vorteile der offenen Selbstfinanzierung

- keine Zins- und Tilgungsverpflichtungen
- erhöhte Sicherheit (Kreditwürdigkeit)
- Unabhängigkeit von Kapitalgebern

Nachteile der offenen Selbstfinanzierung

- nur in Gewinnzeiten möglich (begrenzt)
- Bereitschaft der Gesellschafter notwendig, Gewinne nicht zu entnehmen

Aufgabe zur Gewinnverteilung bei der KG:

Die Komplementäre A, B und der Kommanditist C der AB-**KG** betreiben eine Diskothekenkette. Da eine gesellschaftsvertragliche Regelung hinsichtlich der Gewinnverteilung nicht vorliegt, soll der Jahresgewinn von 167.000,00 EUR nach den gesetzlichen Vorschriften verteilt werden.
Ein eventueller Restgewinn soll nach Köpfen auf die drei Gesellschafter aufgeteilt werden.

Anfangskapitalien: A 300.000,00 EUR, B 350.000,00 EUR, C 450.000,00 EUR

a) Wie groß sind die **Gewinnanteile** der Gesellschafter?

b) Ermitteln Sie die **Kapitalanteile** am Jahresende, wenn die Privatentnahmen 23.000,00 EUR (A) und 41.000,00 EUR (B) betrugen.

c) Ermitteln Sie die Höhe der **Selbstfinanzierung** der KG in diesem Geschäftsjahr.

Gesetzliche Regelung → **§ 167 f. HGB**

Jeder Gesellschafter erhält zunächst:	**4 % seines Kapitalanteils**
Ist Gewinn hierdurch noch nicht verbraucht:	**Restgewinnverteilung in angemessenem Verhältnis**

Lösung: Gewinnverteilungstabelle (in Euro)

Gesellschafter	Anfangskapital (geg.)	4 %	Restgewinn nach Köpfen	Gewinne insgesamt a)	Privatentnahmen	Endkapital b)
A	300.000,00	12.000,00	41.000,00	53.000,00	23.000,00	330.000,00
B	350.000,00	14.000,00	41.000,00	55.000,00	41.000,00	364.000,00
C	450.000,00	18.000,00	41.000,00	59.000,00		450.000,00
	1.100.000,00	44.000,00	123.000,00	167.000,00	64.000,00	1.144.000,00

167.000,00 (Jahresgewinn) − 44.000,00 = 123.000,00 (Restgewinn) : 3 = 41.000,00 Kopfanteil

c) **Selbstfinanzierung** = Gesamtgewinn − Gewinnanteil Kommanditist − Privatentnahmen
= 167.000,00 − 59.000,00 − 64.000,00
= **44.000,00 EUR**

Der Gewinnanteil des Kommanditisten ist als Sonstige Verbindlichkeit anzusehen. Er erhöht nicht dessen Kapitalanteil und trägt somit nicht zur Selbstfinanzierung bei.

Aufgaben

1. a) Definieren Sie kurz allgemein den Begriff „offene Selbstfinanzierung“.

   b) Welche Kapitalgröße wird durch Selbstfinanzierung erhöht?

   c) Nennen Sie je zwei Vor- und Nachteile der offenen Selbstfinanzierung.

2. Erklären Sie die offene Selbstfinanzierung bei der KG.

3. An einer Kommanditgesellschaft sind die Vollhafter A mit 61.500,00 EUR und B mit 78.400,00 EUR beteiligt, während der Teilhafter C eine Kapitaleinlage von 28.000,00 EUR leistete.

   Vom Jahresgewinn in Höhe von 68.391,00 EUR erhält laut Gesellschaftsvertrag zunächst jeder Gesellschafter 9 % seiner Einlage, der Rest wird im Verhältnis 7 : 8 : 1 an A, B und C verteilt.

   Führen Sie die Gewinnverteilung durch. Ermitteln Sie die Höhe der Selbstfinanzierung.

10.3 Offene Selbstfinanzierung (Gewinnverwendung bei der AG)

Stofftelegramm

Hinweis: Begriff, Vor- und Nachteile der offenen Selbstfinanzierung vgl. Kapitel 10.2!

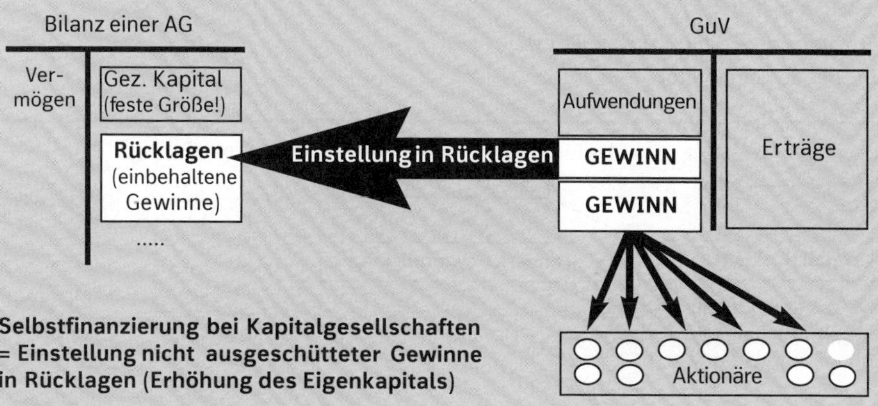

Selbstfinanzierung bei Kapitalgesellschaften = Einstellung nicht ausgeschütteter Gewinne in Rücklagen (Erhöhung des Eigenkapitals)

(R = Rücklagen) **Der ewige Konflikt zwischen Vorstand und HV** (D = Dividende)

Argumente für hohe Rücklagenbildung

- kein Liquiditätsentzug
- keine Finanzierungskosten
- Rentabilität steigt
- unbefristetes Kapital
- Zukunftssicherung
- Unabhängigkeit, keine Mitbestimmung
- Sicherheit, Kreditwürdigkeit steigt
- Wachstumshilfe
- Substanzwert steigt, Kurs steigt evtl.
- Dividendenkontinuität

Argumente für hohe Dividende

- Geldbedarf der Aktionäre
- Kurs steigt evtl.
- Aktionärsstimmung steigt
- keine „Kapitalfehlleitungen“

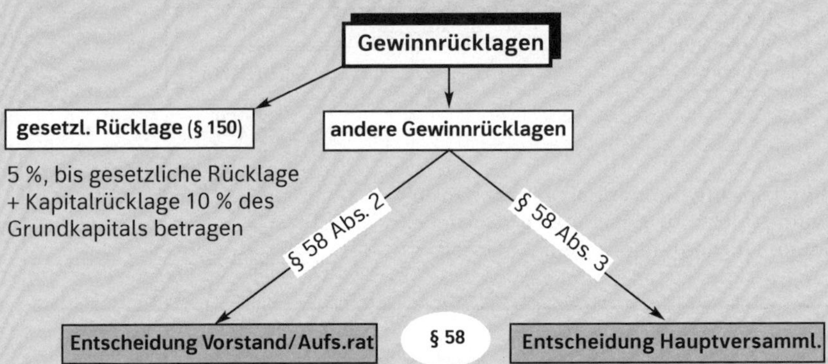

50 % vom „Rest“

Bilanzgewinn (D oder R) nach Vorschlag von Vorstand Aufsichtsrat

Hinweis: Alle o. a. Paragrafen sind aus dem AktG!

Schema: Verwendung des Jahresüberschusses

Jahresüberschuss (JÜ)
− Verlustvortrag (VV)

= Basis für gesetzl. Rückl. (bereinigter JÜ)
− Einstellung in **gesetzliche Rücklage**

→ Einstellung in gesetzliche Rücklage nur, wenn bisherige Summe aus gesetzlicher Rücklage + Kapitalrücklage noch nicht 10 % des Grundkapitals beträgt!
ACHTUNG:
Falls **Verlustvortrag:** 5 % aus JÜ − VV
Falls **Gewinnvortrag:** 5 % aus JÜ
(Begründung: Bereits im Vorjahr wurden 5 % aus JÜ gebildet, also auch aus dem Gewinnvortrag des Vorjahres!)

= korrigierter Jahresüberschuss/ -fehlbetrag
− Einstellung in **andere Gewinnrücklagen** (Vorstand + Aufsichtsrat), max. 50 %
+ **Gewinnvortrag**

→ Falls **Verlustvortrag**:
50 % aus JÜ − VV − Einstell. ges. Rückl.
Falls **Gewinnvortrag:**
50 % aus JÜ − Einstell. ges. Rückl.
(Begründung: vgl. gesetzl. Rücklage!)

= **Bilanzgewinn**
− Einstellung weiterer Beträge in **andere Gewinnrücklagen** durch Hauptvers.

→ **Alleiniger Entscheidungsbereich der HAUPTVERSAMMLUNG**
aufgrund des Vorschlags von Vorstand und Aufsichtsrat

= verfügbar für Dividende
− **Dividende**

= **Gewinnvortrag/Verlustvortrag**

Merke: Berechnungsgrundlage für gesetzliche Rücklage und andere Gewinnrücklagen stets ohne Gewinnvortrag! (Begründungen siehe oben!)

Exkurs: **Zusammenhang zwischen Bilanzkurs und Börsenkurs**

Bilanzkurs: rein rechnerischer Kurs; prozentualer Anteil des ausgewiesenen Eigenkapitals am Grundkapital

Grundkapital = 100 %
ausgewies. **Eigenkapital** = x %

→ $$\text{Bilanzkurs (x \%)} = \frac{\text{ausgew. Eigenkapital} \cdot 100}{\text{Grundkapital}}$$

Börsenkurs: ergibt sich aufgrund von Angebot und Nachfrage an der Börse

Angebot und Nachfrage werden von vielen Faktoren beeinflusst, z. B.:

- politische Ereignisse
- allgemeine wirtschaftliche Lage

- Zukunftsperspektiven der AG
- Dividendenpolitik der AG
- Gewinnerwartungen der AG
- allgemeine Zinssituation
- Investitionspolitik der AG
- Analystenmeinungen

Steigt bzw. sinkt der Bilanzkurs, entwickelt sich – abgesehen von Nachfrage- und Angebotsverschiebungen – der Börsenkurs analog, weil die Aktie durch den erhöhten Eigenkapitalanteil an Wert gewinnt.

Aufgaben

1. Wie funktioniert die Selbstfinanzierung bei Kapitalgesellschaften (Kurzdefinition)?

2. a) Erklären Sie den Konflikt im Zusammenhang mit der Gewinnverwendung bei der AG.

   b) Nennen Sie je fünf Argumente der beiden Konfliktparteien.

3. Folgende Zahlen einer neu gegründeten AG liegen vor:

   - Vermögen laut Gründungsbilanz zum 01.01.: 1 Mio. EUR
   - gezeichnetes Kapital laut Gründungsbilanz zum 01.01.: 1 Mio. EUR
   - Aufwendungen des ersten Geschäftsjahres: 200.000,00 EUR
   - Erträge des ersten Geschäftsjahres: 500.000,00 EUR

   Vorstand und Aufsichtsrat stellen 50 % in die anderen Gewinnrücklagen ein.

   Die Hauptversammlung stellt keine weiteren Beträge in andere Gewinnrücklagen ein.

   Dividende: volle Euro je Aktie (nomineller Anteil je Aktie am Grundkapital: 50,00 EUR).

   Erstellen Sie a) das Gewinnverwendungsschema,

   b) die Bilanz zum 31.12. mit Ausweis des Bilanzgewinnes.

4.

(Beträge in Euro)	Fall 1	Fall 2	Fall 3
gezeichnetes Kapital	10 Mio.	10 Mio.	25 Mio.
gesetzl. Rücklage bisher (Kapitalrücklage = 0,00 EUR)	800.000	800.000	2,45 Mio.
andere Gewinnrücklagen bisher	4 Mio.	4,8 Mio.	18 Mio.
Verlustvortrag	100.000	0	0
Gewinnvortrag	0	50.000	210.000
Jahresüberschuss	700.000	700.000	8,3 Mio.
Hauptversammlungsbeschluss über die Verwendung des Bilanzgewinns	10 % in andere Gewinnrücklagen	10 % in andere Gewinnrücklagen	Dividende: volle %
Aktienzahl	200.000 Stück	200.000 Stück	

Dividende: Fälle 1 und 2 volle Euro je Aktie.

Vorstand und Aufsichtsrat schöpfen ihr Recht zur Rücklagenbildung voll aus.

Erstellen Sie die Gewinnverwendungsschemata.

5. Eine AG erstellte folgende vereinfachte **vorläufige** Bilanz:

A	vorläufige Bilanz zum 31.12.20.. in Euro		P
Anlagevermögen	3.000.000,00	gezeichnetes Kapital	2.000.000,00
Umlaufvermögen	1.340.000,00	gesetzliche Rücklage	140.000,00
Verlustvortrag	60.000,00	andere Gewinnrücklagen	800.000,00
		Fremdkapital	1.000.000,00
		Jahresüberschuss	460.000,00
	4.400.000,00		4.400.000,00

Der Jahresabschluss wird durch Vorstand und Aufsichtsrat festgestellt.

a) Welchen Betrag aus dem Jahresüberschuss **muss** der Vorstand der Hauptversammlung mindestens zur Ausschüttung anbieten, und welchen Betrag **kann** er der Hauptversammlung maximal anbieten?

   Begründen Sie Ihren Lösungsweg.

b) Wie hoch wäre der Dividendensatz bei minimalem und maximalem Bilanzgewinn, wenn die Aktionäre die jeweils höchstmögliche Dividende (ganzer Prozentsatz) erhalten sollen?

c) Welcher Bilanzkurs ergäbe sich jeweils nach erfolgter minimaler und maximaler Ausschüttung?

d) Warum unterscheiden sich i. d. R. Bilanz- und Börsenkurs?

6. Vergleichen Sie die AG mit der KG hinsichtlich der Möglichkeiten der Selbstfinanzierung. Begründung.

7. <u>**Sachverhalt**</u>

Die vorläufige und stark vereinfachte Bilanz der DATEX AG weist zum 31.12. folgende Werte aus:

Aktiva	vorläufige Bilanz zum 31.12.20.. in Tausend Euro		Passiva
Anlagevermögen	19.300	gezeichnetes Kapital	7.000
Umlaufvermögen	7.320	gesetzliche Rücklage	600
		andere Gewinnrücklagen	2.800
		Gewinnvortrag	20
		Jahresüberschuss	1.200
		Darlehen	9.000
		Rückstellungen	1.000
		Verbindlichkeiten	5.000
	26.620		26.620

Das gezeichnete Kapital setzt sich aus 140.000 Aktien zusammen.

a) Ermitteln Sie unter diesen Bedingungen den Bilanzgewinn.

b) Wie hoch wäre das in der Bilanz ausgewiesene Eigenkapital, wenn die Hauptversammlung dem Vorschlag des Vorstands und Aufsichtsrats folgen würde, die höchstmögliche, auf volle 0,50 EUR lautende Dividende aus dem Bilanzgewinn auszuschütten?

c) In welchen Fällen erfolgt die Feststellung des Jahresabschlusses durch die Hauptversammlung?

8. **Kurzinformation** über eine neu gegründete AG:

- Planung größerer Investitionen in naher Zukunft
- augenblicklich gute Liquiditätslage
- gute Zukunftsaussichten
- hoher Jahresüberschuss im ersten Jahr
- breit gestreutes Aktienkapital

Annahme: Der Vorstand kann laut Satzung maximal 75 % des Jahresüberschusses in die Rücklagen einstellen. Zur Entscheidungsfindung verwendet er folgende, bei Bedarf noch um weitere Kriterien ergänzbare Entscheidungstabelle:

Entscheidungs-kriterien	Gewich-tung %	Keine Rücklagenbildung		50 % in Rücklagen		75 % in Rücklagen	
		P.	Gew. P.	P.	Gew. P.	P.	Gew. P.
Wachstumsförderung							
Liquidität							
Rentabilität							
Aktionärsstimmung							
Kreditwürdigkeit							
Unabhängigkeit							
Summe	100	–		–		–	

(P. = Punkte; Gew. P. = gewichtete Punkte)

Wie wird das Kriterium erfüllt? 0 P. = sehr schlecht; 5 P. = sehr gut

Entscheidung:

Entscheidungsbegründung:

9. Ernst Zeisel ist Fahrradmonteur und hat sich vor fünf Jahren selbstständig gemacht. Er rüstet Fahrräder auf, indem er Elektromotoren als Hilfsmotoren einbaut. Zeisel führt sein Unternehmen bisher als Einzelunternehmung. Er gründet mit dem Buchhalter Roland Berger eine OHG, an der sich Berger mit der Einlage eines Grundstücks im Wert von 50.000,00 EUR beteiligt.

   Nachdem die Nachfrage nach Fahrrädern mit Hilfsmotor immer weiter ansteigt, gründen die beiden Gesellschafter der OHG zum 01.01.2019 durch Aufnahme des Kommanditisten Lukas Keller eine KG (siehe **Anlagen**).

   a) Die KG hat im ersten Geschäftsjahr einen Jahresüberschuss von 329.800,00 EUR erwirtschaftet. Gemäß Gesellschaftsvertrag (vgl. **Anlagen**) stehen den Gesellschaftern folgende Gesamtgewinnansprüche zu:

      - Komplementär Berger 146.000,00 EUR
      - Komplementär Zeisel 142.800,00 EUR
      - Kommanditist Keller 41.000,00 EUR

      Privatentnahmen zusätzlich zu der monatlich ausgezahlten Tätigkeitsvergütung (vgl. Gesellschaftsvertrag) der Komplementäre in 2019:

      - Berger 36.000,00 EUR
      - Zeisel 24.000,00 EUR

      Ermitteln und begründen Sie, in welcher Höhe die einzelnen Gesellschafter zur offenen Selbstfinanzierung der KG beitragen könnten.

   b) Begründen Sie, weshalb das HGB für Komplementäre ein Recht auf Privatentnahmen vorsieht, diese aber betragsmäßig begrenzt sind.

   c) Der noch nicht entnommene Gewinn steht der KG in liquider Form zur Verfügung.

      Erläutern Sie, in welcher Höhe sich die entsprechenden Bilanzpositionen in der Schlussbilanz 2019 durch die Gewinnverteilung verändern, wenn die Komplementäre in vollem Umfang zur offenen Selbstfinanzierung beitragen und der Gewinnanteil des Kommanditisten im Februar 2020 ausgezahlt wird (siehe **Anlagen**).

Anlagen

Aktiva	**Vereinfachte Bilanz der KG zum 01.01.2019 (in Euro)**		Passiva
bebaute Grundstücke	380.000,00	Kapitalanteil Berger	200.000,00
Geschäftsausstattung	90.000,00	Kapitalanteil Zeisel	120.000,00
Fuhrpark	60.000,00	Kapitalanteil Keller	50.000,00
Vorräte	120.000,00	langfristiges Bankdarlehen	280.000,00
Forderungen a. LL.	70.000,00	Verbindlichkeiten a. LL.	110.000,00
liquide Mittel	70.000,00	sonstige Verbindlichkeiten	30.000,00
	790.000,00		790.000,00

Auszug aus dem Gesellschaftsvertrag

§ 5 Gewinnverteilung

a) Die Verzinsung der Kapitalanteile richtet sich nach den gesetzlichen Vorschriften.

b) Der Restgewinn wird in folgendem Verhältnis verteilt: Die Komplementäre erhalten je zwei Teile, der Kommanditist einen Teil.

c) Die geschäftsführenden Komplementäre erhalten vorab eine monatliche Tätigkeitsvergütung von je 5.000,00 EUR.

§ 6 Entnahmen

Die Komplementäre können jährlich bis zu 20 % ihres zu Jahresbeginn festgestellten Kapitalanteils entnehmen.

10. Die Heidelberger Maschinenwerke AG (HMW) ist ein bedeutendes, international tätiges Unternehmen, das Spezialmaschinen aller Art herstellt und vermarktet. Im Jahr 2019 beschäftigte die HMW rund 5.800 Mitarbeiter und erwirtschaftete einen Jahresumsatz von 3,2 Mrd. EUR. Das Unternehmen wurde bis zum Jahr 2010 in der Rechtsform der GmbH geführt. Mit wachsender Unternehmensgröße wurde die Gesellschaft im Jahr 2010 in eine Aktiengesellschaft umgewandelt, die inzwischen an der Börse notiert ist.

    Am 13.04.2020 findet die ordentliche Hauptversammlung der Aktiengesellschaft statt.

    a) TOP 2 sieht die Beschlussfassung über die Verwendung des Bilanzgewinns vor. Obwohl das abgelaufene Geschäftsjahr für die HMW sehr erfolgreich war, schlägt der Vorstand der Hauptversammlung vor, weiterhin eine Stückdividende von nur 1,00 EUR auszuschütten. Einige Aktionäre drücken ihre Unzufriedenheit aus.

       Nennen Sie drei Argumente, mit denen der Vorstand den Einwänden der Aktionäre begegnen könnte, und erläutern Sie diese.

    b) Die Bilanz der HMW für das Geschäftsjahr 2019 weist vor Gewinnverwendung folgende Eigenkapitalpositionen aus:

• gezeichnetes Kapital	270.000.000,00 EUR	(96 Mio. Stückaktien)
• Kapitalrücklage	98.000.000,00 EUR	
• gesetzliche Rücklage	22.000.000,00 EUR	
• andere Gewinnrücklagen	660.000.000,00 EUR	
• Jahresüberschuss	242.000.000,00 EUR	

       Die Hauptversammlung stimmt dem Vorschlag des Vorstandes bezüglich der Verwendung des Bilanzgewinns zu und beschließt eine Stückdividende von 1,00 EUR.

       Stellen Sie die Eigenkapitalpositionen nach vollständiger Gewinnverwendung dar, wenn der Vorstand seine Möglichkeit zur offenen Selbstfinanzierung voll ausgeschöpft hat.

    c) Ermitteln Sie, welche Stückdividende für das Geschäftsjahr 2019 maximal möglich gewesen wäre, wenn der Vorstand einer Rücklagenauflösung zugestimmt hätte.

    d) In diesem Geschäftsjahr verlassen alle Aufsichtsratsmitglieder das Kontrollgremium.

       Begründen Sie für den vorliegenden Fall, inwieweit die Hauptversammlung Einfluss auf die zahlenmäßige Zusammensetzung des Aufsichtsrates nehmen kann, wenn in der Satzung diesbezüglich keine Angaben enthalten sind.

10.4 Abituraufgaben

Abituraufgaben 2011 (Aufgabe 1, teilweise)

Dipl.-Kfm. Paul Adam und Dipl.-Ing. Peter Geiger wollen zur Erprobung eines umweltschonenden Verfahrens der Müllaufbereitung ein gemeinsames Unternehmen gründen. Das erforderliche Kapital beträgt 2.000.000,00 EUR, das von Adam und Geiger allein nicht vollständig aufgebracht werden kann.

Adam und Geiger entscheiden sich für die Gründung einer KG. Der Gesellschaftsvertrag wird am 10.01.2007 geschlossen, die Handelsregistereintragung der Green-Tec KG erfolgt am 01.02.2007. Adam übernimmt einen Kapitalanteil von 600.000,00 EUR, Geiger von 500.000,00 EUR. Die beiden Komplementäre werden in der KG mitarbeiten. Markus Klein beteiligt sich als Kommanditist mit 300.000,00 EUR, wovon er 200.000,00 EUR sofort einzahlt. Der Rest ist zum 01.07.2007 fällig. Die jeweiligen Kapitaleinlagen werden am Tag der Handelsregistereintragung erbracht. Bezüglich Geschäftsführung und Vertretung gelten die gesetzlichen Regelungen. Der restliche Kapitalbedarf wird fremdfinanziert.

3. Am Ende des Geschäftsjahres 2007 hat die KG einen Gewinn in Höhe von 178.000,00 EUR erwirtschaftet. Das Geschäftsjahr entspricht dem Kalenderjahr.

   Markus Klein hat am 05.03.2007 von der KG die Ausgleichszahlung für die Begleichung der Lieferantenforderung erhalten. Zum 01.07.2007 hat er seine restliche Einlage geleistet. Zur Gewinn- und Verlustverteilung enthält der Gesellschaftsvertrag folgende Regelung:

   1. Die Vollhafter erhalten vorab eine Tätigkeitsvergütung von monatlich 4.000,00 EUR.
   2. Das eingebrachte Gesellschaftskapital wird ab dem Zeitpunkt der Einlage ebenso wie die ausstehende Einlagen mit 3 % verzinst.
   3. Ein Restgewinn wird im Verhältnis 4 : 4 : 1 verteilt.
   4. Ein Verlust wird auf die Gesellschafter im Verhältnis 4 : 4 : 1 verteilt.

   Die Privatentnahmen erfolgten am 31.12.2007. Die Verteilung des Gewinns des Geschäftsjahres 2007 ist aus der nachfolgenden Tabelle ersichtlich:

Gesellschafter	Anfangskapital	Tätigkeitsvergütung	Zinsen	Restgewinn	Gesamtgewinn	Privatentnahmen
Adam	600.000,00	44.000,00	16.500,00	24.000,00	84.500,00	36.000,00
Geiger	500.000,00	44.000,00	13.750,00	24.000,00	81.750,00	30.000,00
Klein	300.000,00 – 100.000,00		5.750,00	6.000,00	11.750,00	
Summen		88.000,00	36.000,00	54.000,00	178.000,00	66.000,00

3.1 Weisen Sie rechnerisch nach, wie sich die Zinsen für Markus Klein ergeben.

3.2 Berechnen Sie die Höhe der offenen Selbstfinanzierung der KG für das Geschäftsjahr 2007, sofern nur die Privatentnahmen und der Gewinnanteil des Kommanditisten ausgezahlt wurden.

4. Markus Klein ist mit der Gewinnverteilung 2007 in der Green-Tec KG unzufrieden. Er möchte daher zum nächstmöglichen Termin aus der KG ausscheiden und sein Kapital vollständig in die Recycling GmbH investieren.

- Erläutern Sie mit zwei Argumenten, weshalb Markus Klein mit der Gewinnverteilung unzufrieden sein könnte.

- Begründen Sie, zu welchem Zeitpunkt Markus Klein aus der KG ausscheiden kann.

5.3 Die Green-Tec AG weist in ihrem Jahresabschluss zum 31.12.2010 auszugsweise folgende Zahlen aus:

• Grundkapital	15.000.000,00 EUR
• Kapitalrücklage	800.000,00 EUR
• gesetzliche Rücklage	150.000,00 EUR
• andere Gewinnrücklagen	227.000,00 EUR
• Gewinnvortrag	130.000,00 EUR
• Jahresüberschuss	3.000.000,00 EUR
• Nennwert der Aktie	5,00 EUR

Vorstand und Aufsichtsrat stellen den Jahresabschluss fest. Im Hinblick auf anstehende Investitionen nutzt der Vorstand seine gesetzlichen Möglichkeiten zur offenen Selbstfinanzierung in vollem Umfang aus.

5.3.1 Die Hauptversammlung beschließt die vollständige Ausschüttung des Bilanzgewinns.

Berechnen Sie die maximale Stückdividende und die gesamte Dividendenzahlung.

5.3.2
- Stellen Sie die Eigenkapitalpositionen nach vollständiger Gewinnverwendung und Dividendenausschüttung dar.

- Berechnen Sie die Höhe der offenen Selbstfinanzierung aus dem Jahresüberschuss 2010.

Abituraufgaben 2013 (Aufgabe 2, teilweise)

Der Einzelunternehmer Thomas Steck, Meisterbetrieb für Öl- und Gasheizungen, Wärmepumpen und Solaranlagen, möchte aufgrund der wachsenden Nachfrage nach energiesparenden Heizungssystemen expandieren. Durch Umwandlung seines bisherigen Unternehmens, der Heizungstechnik Thomas Steck e. K., in eine Kommanditgesellschaft soll zusätzliches Kapital beschafft werden.

Sein Sohn Christoph Steck ist bereit, als persönlich haftender Gesellschafter die kaufmännische Leitung zu übernehmen. Thomas Steck bleibt als Vollhafter weiterhin für den technischen Bereich zuständig. Seine Tochter Julia und ein langjähriger Freund von Thomas Steck, der Ingenieur Oliver Götz, beteiligen sich jeweils mit einer Kapitaleinlage. Die künftigen Geschäftspartner entwerfen folgenden, auszugsweise dargestellten Gesellschaftsvertrag:

§ 1 Firma, Ort, Gegenstand des Unternehmens

1. Das Unternehmen wird unter der bisherigen Firma Heizungstechnik Thomas Steck e. K. weitergeführt.
2. Unternehmenssitz ist Ulm, Magirusstraße 24.
3. Gegenstand des Unternehmens sind die Installation von Heizungssystemen, deren Reparatur und Wartung sowie Energieberatung.

§ 2 Beginn und Geschäftsjahr

1. Der Geschäftsbetrieb beginnt am 01.01.2009.
2. Das Geschäftsjahr entspricht dem Kalenderjahr.

§ 3 Gesellschafter und Einlagen

1. Persönlich haftende Gesellschafter sind Thomas Steck und Christoph Steck. Als Kommanditisten beteiligen sich Julia Steck und Oliver Götz.
2. Thomas Steck bringt sein bisheriges Einzelunternehmen einschließlich eines bebauten Grundstücks im Gesamtwert von 300.000,00 EUR ein; Christoph Steck und Julia Steck leisten jeweils eine zu Beginn des Geschäftsbetriebs fällige Kapitaleinlage von 50.000,00 EUR. Oliver Götz beteiligt sich mit 300.000,00 EUR; davon sind 150.000,00 EUR bis zum Beginn des Geschäftsbetriebs, der Rest bis zum 31.12.2010 einzubringen.

§ 4 Geschäftsführung und Vertretung

Es gelten die gesetzlichen Bestimmungen.

§ 5 Haftung

Es gelten die gesetzlichen Bestimmungen.

§ 6 Gewinn- und Verlustverteilung

1. Die Vollhafter erhalten pro Monat eine Tätigkeitsvergütung von jeweils 5.000,00 EUR.
2. Eingezahlte Kapitalien werden mit 6 %, noch ausstehende Einlagen mit 7 % verzinst; Privatentnahmen werden nicht verzinst.
3. Ein Restgewinn wird auf die Gesellschafter Thomas Steck, Christoph Steck, Julia Steck und Oliver Götz im Verhältnis 3 : 2 : 1 : 1 verteilt, ebenso ein Verlust.

5. Am Ende des ersten Geschäftsjahres 2009 beträgt der Gewinn der KG 137.000,00 EUR. Die Tätigkeitsvergütung wird monatlich ausbezahlt. Die Gewinnverteilung ist aus folgender Tabelle (Werte in Euro) ersichtlich:

Gesellschafter	Anfangskapital	Tätigkeitsvergütung	Zinsen	Restgewinn	Gesamtgewinn	Privatentnahmen
Thomas Steck	300.000,00	60.000,00	15.000,00	–	75.000,00	5.000,00
Christoph Steck	50.000,00	60.000,00	2.500,00	–	62.500,00	–
Julia Steck	50.000,00	–	2.500,00	–	2.500,00	–
Oliver Götz	300.000,00 (davon eingezahlt 150.000,00)	–	– 3.000,00	–	– 3.000,00	–
	550.000,00	120.000,00	17.000,00	–	137.000,00	5.000,00

5.1 • Prüfen Sie, in welcher Hinsicht die vorliegende Gewinnverteilungstabelle von § 6 des Gesellschaftsvertrages abweicht. Begründen Sie das abweichende Ergebnis.

- Weisen Sie rechnerisch nach, wie sich die Zinsen für Oliver Götz ergeben.

5.2 Berechnen Sie die Endkapitalien der einzelnen Gesellschafter und deren Beitrag zur offenen Selbstfinanzierung der KG unter der Annahme, dass die Vollhafter neben ihrer Tätigkeitsvergütung und der angegebenen Privatentnahme keine weiteren Entnahmen tätigen und der Gewinnanteil von Julia Steck vollständig ausbezahlt wird.

5.3 Beurteilen Sie vor dem Hintergrund der gesetzlichen Vorgabe die im § 6 des Gesellschaftsvertrages vereinbarte Restgewinnverteilung.

7. Die KG wird zu Beginn des Jahres 2011 in die Heizungstechnik AG umgewandelt. Die vereinfachte Bilanz der AG weist zum 31.12.2012 folgende Zahlen aus:

A — vereinfachte Bilanz zum 31.12.2012 (in Tausend Euro) — P

A		P	
Anlagevermögen	4.800	Gezeichnetes Kapital	2.400
Umlaufvermögen	1.662	Kapitalrücklage	150
		Gesetzliche Rücklage	12
		Jahresüberschuss	400
		Rückstellungen	300
		Verbindlichkeiten	3.200
	6.462		6.462

7.1 Vorstand und Aufsichtsrat stellen den Jahresabschluss fest. Sie streben eine höchstmögliche offene Selbstfinanzierung an. Die Hauptversammlung beschließt, den Bilanzgewinn an die Aktionäre auszuschütten. Es soll eine auf volle 10 Cent gerundete Dividende je Aktie ausgezahlt werden. Die Aktien haben einen Nennwert von 5,00 EUR.

Führen Sie die vollständige Gewinnverwendung durch.

7.2 • Stellen Sie die veränderten Bilanzpositionen nach vollständiger Gewinnverwendung und Dividendenausschüttung dar.

- Berechnen Sie die Höhe der offenen Selbstfinanzierung aus dem Jahresüberschuss 2012.

Abituraufgaben 2015 (Aufgabe 2, teilweise)

Die Auftragslage des Ulmer Ventilatorenherstellers Peter Huber e. Kfm. ist zu Jahresbeginn 2013 sehr gut. Daher benötigt Huber dringend Kapital für weitere Investitionen. Sein Mitarbeiter Paul Bauer ist bereit, sich mit der Einbringung eines Grundstücks im Wert von 100.000,00 EUR und einer Bareinlage von 50.000,00 EUR an einer gemeinsamen OHG zu beteiligen.

5. Als neue Gesellschafter treten Sabine Schmidt als Komplementärin und Markus Müller als Kommanditist in das Unternehmen ein. Gemeinsam mit Peter Huber gründen sie zum 01.01.2014 eine KG.

5.1 Am Ende des Geschäftsjahres 2014 beträgt der Gewinn 250.000,00 EUR. Die Komplementäre erhalten für ihre Tätigkeit eine monatlich im Voraus zu zahlende Vergütung von 6.000,00 EUR. Über die Tätigkeitsvergütung hinaus wurden keine weiteren Beträge während des Geschäftsjahres ausgezahlt.

Begründen Sie mithilfe der nachfolgenden Tabelle, welcher Gesellschafter in welcher Höhe zur offenen Selbstfinanzierung beigetragen hat.

Werte in Euro	Komplementär Huber	Komplementärin Schmidt	Kommanditist Müller	Insgesamt
Kapital am Jahresanfang	300.000,00	200.000,00	100.000,00	600.000,00
Tätigkeitsvergütung	72.000,00	72.000,00	—	144.000,00
Verzinsung 5 % des Jahresanfangskapitals	15.000,00	10.000,00	5.000,00	30.000,00
Restgewinnverteilung 2 : 2 : 1	30.400,00	30.400,00	15.200,00	76.000,00
gesamter Gewinnanteil	117.400,00	112.400,00	20.200,00	250.000,00
Kapital am Jahresende	345.400,00	240.400,00	100.000,00	685.800,00

5.2
- Nennen Sie zwei Vorteile der offenen Selbstfinanzierung.
- Beschreiben Sie zwei Voraussetzungen, welche für eine offene Selbstfinanzierung erfüllt sein müssen.

Abituraufgaben 2017 (Aufgabe 3, teilweise)

Die börsennotierte Hansen Audiotechnik (HAT) AG mit Sitz in Karlsruhe stellt hochwertige Komponenten im Bereich der Unterhaltungselektronik her. Über die Vermögens- und Kapitalverhältnisse gibt die folgende vereinfachte Bilanz zum 31.12.2016 Auskunft. Die ausgegebenen Aktien haben einen Nennwert von 5,00 EUR.

[...]

4. Vorstand und Aufsichtsrat stellen den Jahresabschluss 2016 fest. Bei der Gewinnverwendung zeichnet sich eine Meinungsverschiedenheit ab. Während der Vorstand eine möglichst hohe offene Selbstfinanzierung wünscht, verlangt der Aufsichtsrat eine Gewinnausschüttung in Höhe von mindestens 1 Mio. EUR.

4.1 Erläutern Sie anhand von drei Aspekten die Bedeutung der offenen Selbstfinanzierung für die HAT AG.

4.2 Vorstand und Aufsichtsrat einigen sich auf folgenden Gewinnverwendungsvorschlag, der bei der Abstimmung in der Hauptversammlung die erforderliche Mehrheit erhält:

- Der Vorstand nutzt seine gesetzlichen Möglichkeiten zur offenen Selbstfinanzierung in vollem Umfang aus.
- Bei der Festlegung der Dividende wird der Wunsch des Aufsichtsrats berücksichtigt.
- Der maximal verbleibende Betrag wird derart in die Bilanz eingestellt, dass er der Hauptversammlung im nächsten Jahr zur Verfügung steht.

4.2.1 Stellen Sie die vollständige Gewinnverwendung für das Geschäftsjahr 2016 dar.

4.2.2 Begründen Sie die Vorgehensweise der HAT AG bei der Bildung der gesetzlichen Rücklage.

11 Finanzierung und Investition II: Finanzierung aus Abschreibungsgegenwerten

Stofftelegramm

- Höhe der jährlichen Abschreibung abhängig von:
  - geschätzter Nutzungsdauer
  - Abschreibungsverfahren
- Es sind zu unterscheiden:
  - bilanzielle Abschreibungen (GuV)
  - kalkulatorische Abschreibungen (Preiskalkulation)

Der Finanzierungseffekt (= Kapitalfreisetzungseffekt) aus Abschreibungen

Die über die Umsatzerlöse in das Unternehmen geflossenen Abschreibungen dienen der Ersatzbeschaffung (Reinvestition). Diese laufend erwirtschafteten Beträge dürfen nicht an die Anteilseigner ausgeschüttet werden (Substanzerhaltung!).

Da die freigesetzten Beträge jedoch erst zum Zeitpunkt der Ersatzbeschaffung benötigt werden, können diese Mittel zwischenzeitlich anderweitig verwendet werden, z. B. zur Schuldentilgung oder zur Finanzierung von Warenvorräten bzw. neuen Anlagegütern.

Voraussetzungen für einen Finanzierungseffekt

- Kalkulatorische Abschreibungen werden in die **Absatzpreise** einkalkuliert.
- Marktpreise einschließlich der kalkulatorischen Abschreibungen werden voll vom Markt **vergütet.**
- Das Unternehmen muss die in den Umsatzerlösen enthaltenen Abschreibungsgegenwerte in **liquider** Form – also in Einzahlungen – vereinnahmen.
- Bilanzielle Abschreibungen sollten in gleicher Höhe den **Gewinn reduzieren,** um die eingeflossenen Beträge den Ansprüchen von Anteilseignern (Gewinnausschüttungen) und dem Staat (Steuern) zu entziehen.

Bedeutung für die Unternehmen

Finanzierung aus Abschreibungsgegenwerten = **vorherrschende Finanzierungsform für Investitionen** der Unternehmen (einleuchtend, da die Ersatzinvestitionen i. d. R. den größten Teil der Investitionen ausmachen).

Funktionsweise:

Kalkulation der Abschreibungen in die Selbstkosten

↓

Erhöhung der Verkaufspreise

↓

Abschreibungsrückfluss über die Umsatzerlöse

↓

Verwendung Abschreibungsrückflüsse für Ersatzbeschaffungen (Re- oder Nettoinvestitionen)

Umfinanzierung, weil Anlagevermögen zu Umlaufvermögen wird:

AV sinkt (Abschreibungen!),

UV (Forderungen, liquide Mittel) **steigt** durch Abschreibungsrückflüsse

Annahme: **kalk. Abschr. < bilanzielle Abschr.**

Folgen:
1. Umfinanzierung in Höhe der kalk. Abschr.
2. Differenzbetrag = **stille Selbstfinanzierung**

Probleme:

- unsichere zukünftige Absatzlage
- Investitionen ausschließlich auf der Basis der Abschreibungsrückflüsse bedeuten Unstetigkeit im betrieblichen Wachstum (unflexibel bei plötzlichem Investitionsbedarf).
- Werden bei Preissteigerungen die kalkulatorischen Abschreibungen auf Basis der Anschaffungskosten (Geschäftsbuchführung!) angesetzt, ist Wiederbeschaffung aus Abschreibungsrückflüssen allein nicht möglich (gestiegene Wiederbeschaffungskosten). Die Restfinanzierung muss durch Gewinnverwendung erfolgen. Diese Gewinnanteile sind **Scheingewinne** (= Substanzverlust).

Daher: Kalkulatorische Abschreibungen auf Basis der Wiederbeschaffungskosten!

– Siehe Skizze nächste Seite –

Aufgaben

1. Erklären Sie kurz die Finanzierung aus Abschreibungsgegenwerten.
2. Erklären Sie kurz den Begriff „Kapitalfreisetzung“.
3. Nennen Sie drei Voraussetzungen für die Wirksamkeit des Finanzierungseffekts bei der Finanzierung aus Abschreibungsgegenwerten.
4. Begründen Sie: „Die Finanzierung aus Abschreibungen ist stets eine Umfinanzierung.“
5. Begründen Sie: „Die Finanzierung aus Abschreibungen kann evtl. zum Teil eine stille Selbstfinanzierung darstellen.“ (Betr. stille Selbstfinanzierung vgl. Kapitel 12!)
6. Notieren Sie je zwei Vorteile und Probleme der Finanzierung aus Abschreibungen.
7. Wie können Scheingewinne im Zusammenhang mit der Finanzierung aus Abschreibungen entstehen?
8. Welche Bedeutung hat die Finanzierung aus Abschreibungsgegenwerten für die Unternehmen?

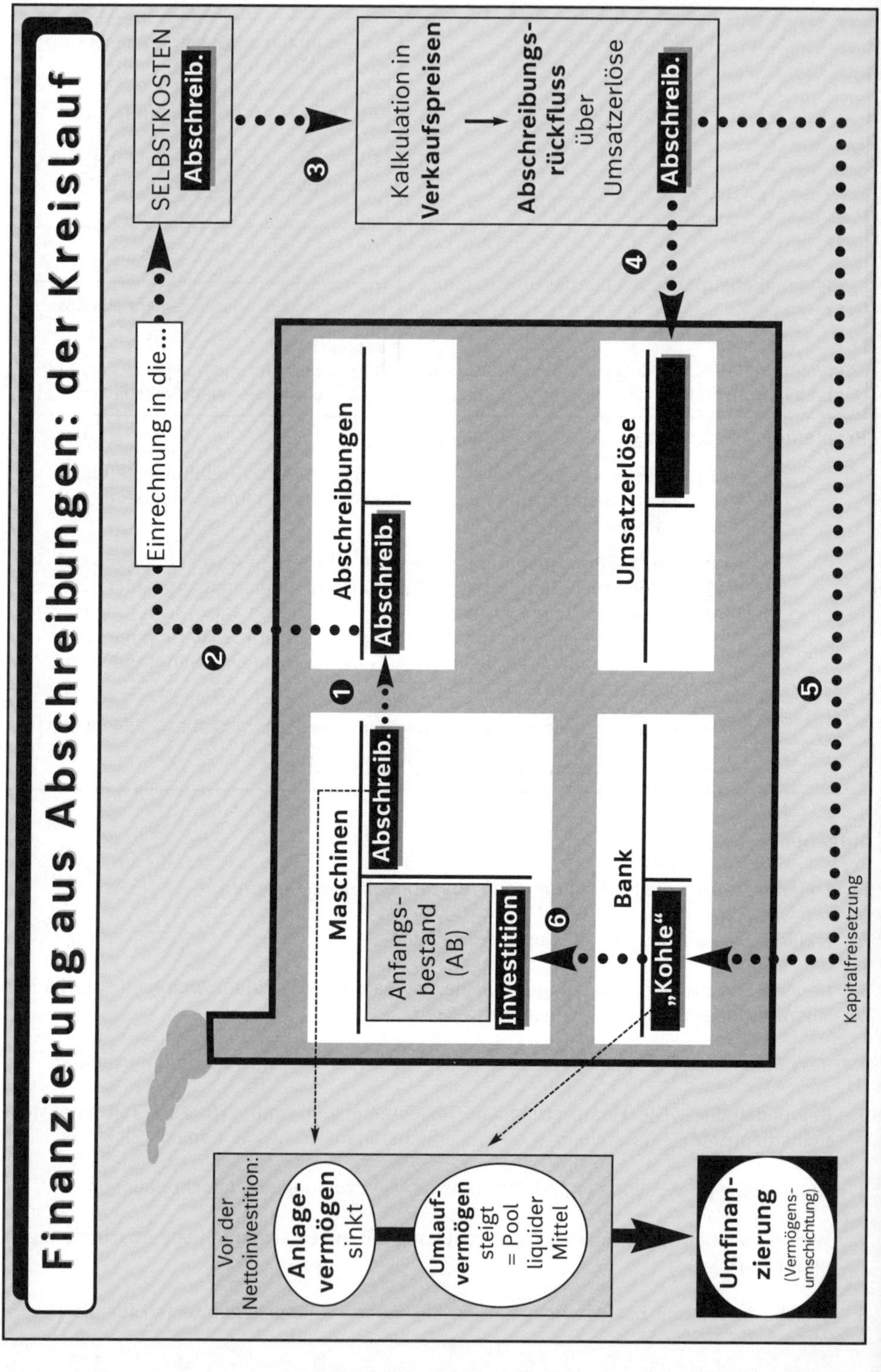
Finanzierung aus Abschreibungen: der Kreislauf
Maschinen
Anfangsbestand (AB)
Abschreib.
Investition
1
Abschreibungen
Abschreib.
2
Einrechnung in die...
SELBSTKOSTEN
Abschreib.
3
Kalkulation in Verkaufspreisen
Abschreibungsrückfluss über Umsatzerlöse
Abschreib.
4
Umsatzerlöse
5
Kapitalfreisetzung
Bank
„Kohle"
6
Vor der Nettoinvestition:
Anlagevermögen sinkt
Umlaufvermögen steigt = Pool liquider Mittel
Umfinanzierung (Vermögensumschichtung)

Beispiel:
- 02.01.01: Kauf eines Roboters, Anschaffungskosten: 100.000,00 EUR
- Nutzungsdauer: 5 Jahre
- Linearer Abschreibungssatz: 20 %

AK = Anschaffungskosten, RW = Restwert

Datum	AK bzw. RW	Abschreibungen (Rückfluss)	Summe Rückfluss = Ansparung = Kapitalfreisetzung
02.01.01	100.000,00 EUR		.
31.12.01	80.000,00 EUR	20.000,00 EUR →	..... 20.000,00 EUR
31.12.02	60.000,00 EUR	20.000,00 EUR →	...... 40.000,00 EUR
31.12.03	40.000,00 EUR	20.000,00 EUR →	...... 60.000,00 EUR
31.12.04	20.000,00 EUR	20.000,00 EUR →	80.000,00 EUR
31.12.05	0,00 EUR	20.000,00 EUR →	...... **100.000,00 EUR**

02.01.06: Kauf eines neuen Roboters, Anschaffungskosten: 100.000,00 EUR

= **Ersatzbeschaffung**
= **Reinvestition**
= **Ersatzinvestition**

← **100.000,00 EUR**

<u>Voraussetzungen für einen Finanzierungseffekt</u>

- Abschreibungen werden in die Absatzpreise einkalkuliert.
- Marktpreise einschließlich der Abschreibungen werden vom Markt voll vergütet.
- Abschreibungsrückflüsse müssen vor der Ersatzbeschaffung in liquider Form vorliegen.

Probleme

Unsichere zukünftige Absatzlage, Inflation (steigende Wiederbeschaffungspreise)

12 Finanzierung und Investition III: Exkurs: Stille (verdeckte) Selbstfinanzierung

12.1 Bildung stiller Rücklagen

Stofftelegramm

Einführung: Wertspiele mit Hintergrund

Gespräch zwischen Herrn Abt (Unternehmer) und dem Finanzamt

Interesse des Herrn Abt (Unternehmer)	Interesse des Herrn vom Finanzamt
möglichst niedriger Gewinnausweis	möglichst hoher Gewinnausweis
↓	↓
Steuersenkung in diesem Jahr (Steuerverschiebung)	hohe Steuern in diesem Jahr
↓	↓
Zinsgewinn für Unternehmer	Zinsgewinn für Finanzamt
Zielerreichung durch:	**Zielerreichung durch:**
zu hohe Abschreibungen (Aufwendungen)	geringe Abschreibungen (Aufwendungen)
↓	↓
zu niedrigen Vermögensausweis	höheren Vermögensausweis
↓	↓
= Unterbewertung von Aktiva	= korrekte Bewertung der Aktiva
↓	↓
= stille Selbstfinanzierung	= Verhinderung stiller Selbstfinanzierung
↓	↓
„Tiefstapelei“ (Abt macht sich ärmer, als er ist.)	Verhinderung der „Tiefstapelei“

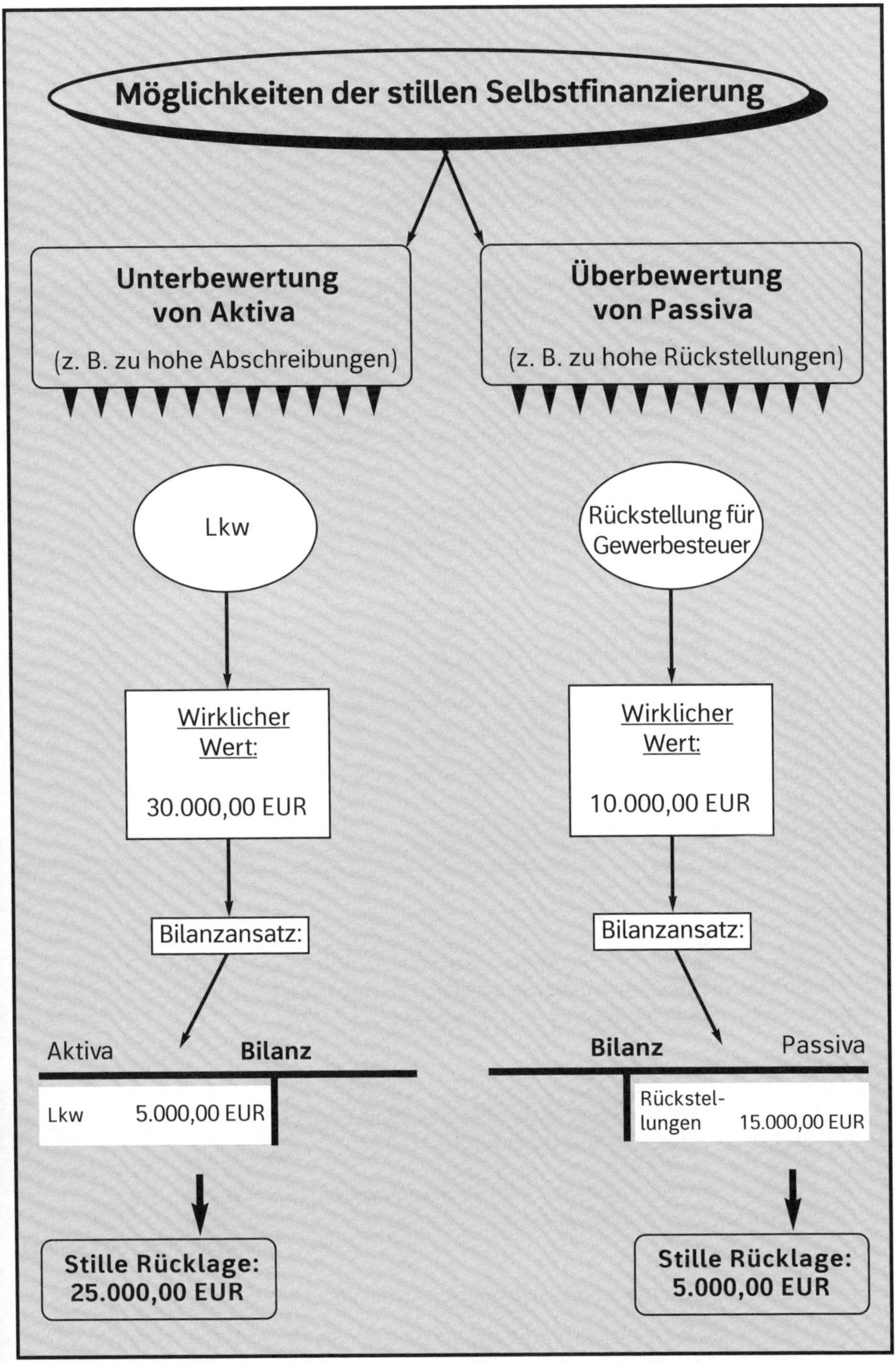
Möglichkeiten der stillen Selbstfinanzierung
Unterbewertung von Aktiva
(z. B. zu hohe Abschreibungen)
Überbewertung von Passiva
(z. B. zu hohe Rückstellungen)
Lkw
Rückstellung für Gewerbesteuer
Wirklicher Wert:
30.000,00 EUR
Wirklicher Wert:
10.000,00 EUR
Bilanzansatz:
Bilanzansatz:
Aktiva
Bilanz
Lkw 5.000,00 EUR
Bilanz
Passiva
Rückstellungen 15.000,00 EUR
Stille Rücklage: 25.000,00 EUR
Stille Rücklage: 5.000,00 EUR

Stille Selbstfinanzierung = erzielte, jedoch in der Bilanz nicht ersichtliche Gewinne

= Bildung stiller Rücklagen (stiller Reserven)

Möglichkeiten: a) Unterbewertung Aktiva (z. B. zu hohe Abschreibungen)

b) Überbewertung Passiva (z. B. zu hohe Rückstellungen)

Vorteile:
- Vorteile der offenen Selbstfinanzierung vgl. Kapitel 10!
- kein Hauptversammlungsbeschluss nötig (Gewinneinbehaltung geschieht „still")
- verbergen von hohem Gewinn z. B. gegenüber der Konkurrenz möglich
- Bildung von zusätzlichem Eigenkapital
- Steuerverschiebung (im Gegensatz zur offenen Selbstfinanzierung werden die nicht ausgewiesenen Gewinne im Jahr der Bildung der stillen Rücklagen nicht versteuert; Versteuerung erst bei Auflösung der stillen Rücklagen in späteren Jahren) = Zinsgewinn

Nachteile:
- Verlust der Aussagekraft der Bilanz
- Verlustvertuschung durch Auflösung stiller Rücklagen
- evtl. Fehldispositionen, sofern stille Rücklagen nicht „im Auge behalten werden"

Eigenkapital einer AG = gez. Kapital + offene Rücklagen + Gewinnvortrag + stille Rücklagen

Bilanzkurs: Das angesetzte Eigenkapital entspricht dem in der Bilanz ausgewiesenen Eigenkapital (gezeichnetes Kapital + offene Rücklagen + Gewinnvortrag).

Ist der **Börsenkurs** höher, könnte die Differenz auf stille Rücklagen zurückzuführen sein. Jedoch spielen Nachfrage und Angebot eine größere Rolle, sodass eine Differenzrechnung sehr fraglich ist.

Aufgaben

1. Wie können stille Reserven (Rücklagen) entstehen?
   Erläutern Sie die Vorgänge an drei Beispielen, aus denen ersichtlich wird, dass der Gesetzgeber die Bildung stiller Reserven erlaubt und sogar erzwingt.

2. Nennen Sie je drei Vor- und Nachteile der stillen im Vergleich zur offenen Selbstfinanzierung.

3. Die Bildung stiller Rücklagen wird auch als „zweischneidiges Schwert" bezeichnet. Begründen Sie diese Aussage in steuerlicher Hinsicht.

4.

Gezeichnetes Kapital:	1.200 Mio. EUR	Gewinnvortrag:	3 Mio. EUR
Offene Rücklagen:	2.611 Mio. EUR	Börsenkurs:	159,00 EUR pro Stück, Nennwert: 50,00 EUR je Aktie

   a) Wie groß sind rechnerisch die stillen Reserven des Unternehmens?

   b) Warum ist der Börsenkurs eine Größe, die man nur hilfsweise zur Beurteilung der vorhandenen stillen Reserven heranziehen kann?

5. Anschaffungskosten einer Maschine: 100.000,00 EUR
   Tatsächliche, geschätzte Nutzungsdauer: 10 Jahre
   Gewinnsteuersatz: 50 %; Marktzins: 10 %

   Alternative 1: Abschreibung pro Jahr 10.000,00 EUR (= korrekte Werte)

   Alternative 2: Abschreibung pro Jahr 20.000,00 EUR (= zu hohe Abschreibungen)

   Ergänzen Sie folgende Tabelle:

Alternative 1	Alternative 2					
Jahr der Abschreibung	Abschreibung	Bildung stiller Rücklagen	Summe stiller Rücklagen	Auflösung stiller Rücklagen	Steuerersparnis (+) St.mehrbelastung (−)	Zinsgewinn pro Jahr
1						
2						
3						
4						
5						
6						
7						
8						
9						
10						
Summen						

12.2 Abituraufgaben

Abituraufgaben 2005 (Aufgabe 1, teilweise)

1.2 Einige Aktionäre behaupten, die AG habe in den vergangenen Jahren eine überzogene verdeckte Selbstfinanzierung betrieben. Sie schlagen deshalb vor, zur Finanzierung des Investitionsvorhabens stille Rücklagen aufzulösen.

1.2.1 Beschreiben Sie anhand von zwei Beispielen, wie stille Rücklagen entstehen können.

1.2.2 Zeigen Sie, wie die Höhe der stillen Rücklagen näherungsweise bestimmt werden kann.

1.2.3 Nehmen Sie zu dem Vorschlag der Aktionäre kritisch Stellung.

13 Finanzierung und Investition IV: Beteiligungs-(Eigen-)Finanzierung

13.1 Beteiligungsfinanzierung bei Personengesellschaften

Stofftelegramm

Eigenfinanzierung (Beteiligungsfinanzierung) → Einbringung von Eigenkapital = Form der **Außenfinanzierung**

Folge: **Eigenkapital steigt.**

Einzelunternehmung: Einbringung von Geld-, Sach- oder Rechtswerten (Kapital) durch Einzelunternehmer. Aus Privatvermögen wird Eigenkapital.

OHG: Kapitalerhöhung durch bisherige Gesellschafter oder Aufnahme neuer Gesellschafter. Eventuelle Probleme: Geschäftsführungs- und Vertretungsbefugnisse neuer Gesellschafter können zu Streitigkeiten führen; weitere Gewinnaufteilung ...

KG: Kapitalerhöhung durch bisherige Gesellschafter oder Aufnahme neuer Gesellschafter (Kommanditisten oder Komplementäre).
Eventuelle Probleme: vgl. OHG.

Vorteile der Eigenfinanzierung allg.

- hohe Sicherheit durch Eigenkapitalzufluss
- keine Tilgungen notwendig
- erhöhte Kreditwürdigkeit
- in schlechten Jahren: keine Zinszahlungen notwendig

Nachteile der Eigenfinanzierung allg.

- Einengung der Entscheidungsbefugnisse (Mitspracherechte aller Kapitalgeber)
- evtl. Verschiebung Mehrheitsverhältnisse
- bei gutem Geschäftsgang evtl. teurer als Fremdfinanzierung (Gewinnanteile > Zins)

Aufgaben

1. Erklären Sie die Eigenfinanzierung bei Einzelunternehmen und Personengesellschaften.
2. Nennen Sie je drei Vor- und Nachteile der Eigenfinanzierung allgemein.

13.2 Beteiligungsfinanzierung bei der AG: Kapitalerhöhung gegen Einlagen

Stofftelegramm

Die einzelnen **Schritte** bei einer Kapitalerhöhung gegen Einlagen:

1. Hauptversammlungsbeschluss mit 75 % Mehrheit (§ 182 AktG)
2. Satzung ändern (Erhöhung des gezeichneten Kapitals!)
3. Anmeldung zur Eintragung ins Handelsregister (§ 184 AktG)
4. Ausgabe (= Emission) junger Aktien
5. Mittelzufluss in Höhe der Kurswerte der ausgegebenen Aktien (Nennwerte + Agio bzw. – bei Stückaktien – anteilige Grundkapitalerhöhung + Agio)

Möglichkeiten der Altaktionäre bei einer Kapitalerhöhung:

1. Bezug junger Aktien gemäß Bezugsverhältnis (z. B. 4 : 1 bedeutet: Für vier alte Aktien erhält der Aktionär ein junge Aktie.)
   Folge: prozentualer Stimmrechtsanteil bleibt erhalten – letztlich keine Kursverluste
2. Verzicht auf Bezug junger Aktien. Die Bezugsrechte werden über die Börse verkauft (Bezugsrechtshandel).
   Folge: prozentualer Stimmrechtsanteil sinkt – letztlich keine Kursverluste

Bezugsrecht: Recht der Altaktionäre, bei Kapitalerhöhungen so viele junge Aktien erwerben zu können, dass ihr Anteil am Grundkapital erhalten bleibt

Wichtig: Junge Aktien können stets nur zusammen mit dem Bezugsrecht erworben werden. Möchte also ein Nicht-Aktionär junge Aktien erwerben, muss er zunächst über die Börse die erforderlichen Bezugsrechte kaufen. Das Bezugsrecht ist also von der Altaktie lösbar und wird als eigenes Recht an der Börse gehandelt.

Beispiel zum Bezugsrecht

Situation: Erhöhung des Grundkapitals von 560 Mio. EUR um 80 Mio. EUR auf 640 Mio. EUR. Kurs alte Aktien (Ka): 350,00 EUR; Ausgabekurs junge Aktien (Kn): 150,00 EUR

a) **Bezugsverhältnis?**

$$\text{Bezugsverhältnis} = \frac{\text{altes Grundkapital}}{\text{Kapitalerhöhung}} = \frac{560}{80} = \mathbf{7:1}$$

b) **Rechnerischer Mittelkurs einer Aktie nach der Emission?**

Lösungsalternative 1:

7 alte Aktien zu je 350,00 EUR	=	2.450,00 EUR
1 junge Aktie zu 150,00 EUR	=	150,00 EUR
8 Aktien	=	2.600,00 EUR
1 Aktie	=	**325,00 EUR**

Lösungsalternative 2: (vgl. c!) Mittelkurs = Ka – Bezugsrecht = 350 – 25 = **325,00 EUR**

c) **Rechnerischer Wert des Bezugsrechts** (= Wertverlust einer alten Aktie)

Bezugsrecht = Ka – Mittelkurs = 350 – 325 = **25,00 EUR**

bzw. (mit Formel):

$$\text{Bezugsrecht} = \frac{Ka - Kn}{a/n + 1} = \frac{350 - 150}{7 + 1} = \mathbf{25{,}00\ EUR}$$

a/n = Bezugsverhältnis (alte Aktien/neue Aktien)

d) Die erste Kursnotiz des Bezugsrechts entspreche dem rechnerischen Wert des Bezugsrechts (hier 25,00 EUR).

Wie lautet der **Kurs der alten Aktien „ex Bezugsrecht"**? (vgl. b!)
(Kürzung des letzten Börsenkurses vor Beginn der Bezugsfrist um erste Kursnotiz des BR)

Kurs ex Bezugsrecht = Ka – Börsenkurs des Bezugsrechts = 350 – 25 = **325,00 EUR**

Hinweis: Kurs ex BR = Mittelkurs, wenn Börsenkurs des BR dem rechnerischen Wert des Bezugsrechts entspricht

e) Annahme: erste Kursnotiz des Bezugsrechts = 30,00 EUR. **Kurs ex BR**?
350 – 30 = 320,00 EUR

f) Wie viele Bezugsrechte muss ein neuer Aktionär kaufen, wenn er vier junge Aktien erwerben will?

Bezugsverhältnis = 7 : 1 → Für 1 junge Aktie braucht er 7 Bezugsrechte.
Für 4 junge Aktien braucht er **28 Bezugsrechte.**

Möglichkeiten der Ausübung des Bezugsrechts (Beispiele)

Aktionär A besitzt 50 Stück Aktien (= 50 Bezugsrechte).
Bezugsverhältnis 7 : 1 (d. h.: Für 1 junge Aktie werden 7 Bezugsrechte benötigt.)

Alternative 1: A will seine Bezugsrechte voll ausschöpfen!

Für 7 alte Aktien erhält er 1 junge Aktie.
Für 50 alte Aktien erhält er x junge Aktien = 50 : 7 = 7,14 junge Aktien = 7 j. A.

Folge: A kauft 7 junge Aktien:

Er benötigt dafür 7 · 7 =	49	Bezugsrechte
Er hat	50	Bezugsrechte
Verkauf (Auszahlung)	1	Bezugsrecht

Alternative 2: A kauft 8 junge Aktien:

Er benötigt dafür 8 · 7 =	56	Bezugsrechte
Er hat	50	Bezugsrechte
Zukauf	6	Bezugsrechte

Alternative 3: A kauft 20 junge Aktien:

Er benötigt dafür 20 · 7 =	140	Bezugsrechte
Er hat	50	Bezugsrechte
Zukauf	90	Bezugsrechte

Buchung der Kapitalerhöhung

Beispiel: altes Grundkapital = 10 Mio. EUR
Kapitalerhöhung = 5 Mio. EUR (Ausgabekurs: 180 %)
Kapitalerhöhungskosten: 20.000,00 EUR
Zahlungen über Bank

1. Buchung vor Aktienausgabe nach Beschluss der Kapitalerhöhung:

Forderungen gegen Aktionäre (Konto der Aktionäre)	9.000.000,00 EUR	
an gezeichnetes Kapital (Grundkapital)		5.000.000,00 EUR
an Kapitalrücklage **(Agio)**		4.000.000,00 EUR
Emissionskosten	20.000,00 EUR	
an Bank		20.000,00 EUR

2. Buchung bei Zahlung der Aktionäre:

Bank	9.000.000,00 EUR	
an Forderungen gegen Aktionäre		9.000.000,00 EUR

Aufgaben

1. Eine AG plant eine Kapitalerhöhung. Welche einzelnen Schritte sind notwendig?

2. Welche Möglichkeiten hat ein Altaktionär bei Kapitalerhöhungen?

3. a) Was versteht man unter Bezugsrecht?

   b) Welche Aufgaben hat das Bezugsrecht?

4. Die Hauptversammlung einer AG beschließt eine ordentliche Kapitalerhöhung um 12 Mio. EUR auf 32 Mio. EUR.
   Ausgabekurs 150,00 EUR; Kurs der alten Aktien 200,00 EUR

   a) Ermitteln Sie das Bezugsverhältnis.

   b) Wie viel Euro beträgt der rechnerische Wert des Bezugsrechts?

   c) Ein Aktionär hat 19 Aktien. Er möchte zwölf junge Aktien erwerben. Wie lautet die Abrechnung der Bank, wenn das Bezugsrecht am Tage des Kaufs 2,00 EUR unter dem rechnerischen Wert notiert? (Spesen bleiben unberücksichtigt.)

   d) Wie wäre c) zu beantworten, wenn der Aktionär 50 Aktien besessen hätte?

5. Wie hoch ist der

   a) niedrigstmögliche,

   b) höchstmögliche Ausgabekurs

   im Rahmen einer ordentlichen Kapitalerhöhung einer AG? Begründung.

6. | | |
|---|---|
| Letzter Kurs vor Beginn der Bezugsfrist: | 150,00 EUR |
| Emissionskurs: | 120,00 EUR |
| Kapitalerhöhung: | 250.000,00 EUR |
| Erste Notiz des Bezugsrechts: | 8,00 EUR |
| Rechnerischer Wert des Bezugsrechts: | 5,00 EUR |

a) Bezugsverhältnis?

b) Altes Grundkapital?

c) Mit welchem Wert werden die alten Aktien bei Beginn der Bezugsfrist gehandelt?

7. Geplante Investitionssumme 398 Mio. EUR; Emissionskosten 2 Mio. EUR; Emissionskurs 80,00 EUR je Aktie. Nomineller Anteil einer Aktie am gezeichneten Kapital: 5,00 EUR.

Wie hoch muss die Kapitalerhöhung mindestens sein, damit das Investitionsvorhaben durchgeführt werden kann?

8. Das Grundkapital einer AG soll von 80 Mio. EUR auf 104 Mio. EUR erhöht werden, um eine Investition in Höhe von 35 Mio. EUR zu finanzieren.
Aktuelle Börsennotiz der Aktien: 106,00 EUR
Nomineller Anteil einer Aktie am gezeichneten Kapital: 50,00 EUR

a) Ermitteln Sie den notwendigen Ausgabekurs der jungen Aktien, wenn die Investition allein durch diese Kapitalerhöhung finanziert werden soll und Emissionskosten in Höhe von 1 Mio. EUR anfallen.

b) Wie hoch ist der rechnerische Wert des Bezugsrechts?

9. Gezeichnetes Kapital: 800 Mio. EUR

Die AG plant einen Ausbau ihrer Produktionsanlagen mit einer Investitionssumme von 190 Mio. EUR. Vorstand und Aufsichtsrat schlagen der Hauptversammlung deshalb eine Kapitalerhöhung vor.

Die Hauptversammlung beschließt eine Kapitalerhöhung gegen Einlagen. Der Börsenkurs beträgt 102,00 EUR. Die jungen Aktien sollen zum Bezugskurs von 60,00 EUR ausgegeben werden.

Emissionskosten: 2 Mio. EUR

Nomineller Anteil einer Aktie am gezeichneten Kapital: 50,00 EUR

a) Wie hoch muss die Kapitalerhöhung mindestens sein, damit das Investitionsvorhaben durchgeführt werden kann?

b) Berechnen Sie
- das Bezugsverhältnis,
- den Wert des Bezugsrechts,
- den neuen Aktienkurs.

10. Gezeichnetes Kapital: 10 Mio. EUR

    Nomineller Anteil einer Aktie am gezeichneten Kapital: 50,00 EUR

    Der Vorstand der AG bittet die Hauptversammlung, das gezeichnete Kapital im Verhältnis 5 : 1 zu erhöhen, um den notwendigen Kapitalbedarf zu decken.

    a) Von dem an der Hauptversammlung vertretenen Grundkapital von 9,78 Mio. EUR stimmten 7,45 Mio. EUR für den Vorschlag des Vorstandes. Kann der Vorstand mit dieser Zustimmung seine Vorstellungen verwirklichen? Rechnerische Begründung.

    b) Welchen rechnerischen Wert hat das Bezugsrecht, wenn der Ausgabekurs der jungen Aktien bei 55,00 EUR liegt und der Kurs der alten Aktien bei 82,00 EUR liegt?

    c) Wie viel Euro muss ein Aktionär für den Kauf einer Aktie aufwenden?
    Gehen Sie davon aus, dass der Kurswert des Bezugsrechts dem rechnerischen Wert entspricht (Berechnung ohne Spesen).

    d) Berechnen Sie den Zugang an flüssigen Mitteln, wenn der Ausgabekurs 10 % über dem anteiligen Nennwert liegt.

11. Investitionssumme: 18,5 Mio. EUR

    geplante Grundkapitalerhöhung von 40 Mio. EUR auf 52 Mio. EUR

    Aktuelle Börsennotiz: 106,00 EUR je Aktie

    Nomineller Anteil einer Aktie am gezeichneten Kapital: 50,00 EUR

    a) Zu welchem Kurs müssen die jungen Aktien ausgegeben werden, wenn die Investition nur durch diese Kapitalerhöhung finanziert werden soll? Emissionskosten: 700.000,00 EUR

    b) Ermitteln Sie den rechnerischen Wert des Bezugsrechts.

    c) Ein Aktionär, der 40 Aktien der Firma besitzt, will insgesamt 1.900,00 EUR in den jungen Aktien anlegen. Wie viel junge Aktien kann er kaufen und welcher Restbetrag bleibt ihm? Der Bezug der jungen Aktien ist spesenfrei. Beim Zukauf von Bezugsrechten fallen 0,20 EUR Spesen je Bezugsrecht an. Das Bezugsrecht notiert an der Börse mit 7,00 EUR.

13.3 Abituraufgaben

Abituraufgaben 2010 (Aufgabe 3, Teil 3)

4. Die Aktionäre haben dem Vorschlag des Vorstandes zu TOP 7 zugestimmt.

4.1 Stellen Sie dar, in welcher Höhe sich die entsprechenden Bilanzpositionen durch die Kapitalerhöhung verändern.

4.2 Begründen Sie mit zwei Argumenten, weshalb den Altaktionären im Rahmen der Kapitalerhöhung die Ausübung des Bezugsrechts gewährt wird.

4.3 Im Zuge der Emission werden die Bezugsrechte an der Börse gehandelt. Der Bezugskurs der neuen Aktie liegt bei 13,60 EUR. Ein Bezugsrecht hat derzeit einen rechnerischen Wert von 1,40 EUR.

- Bestimmen Sie den Kurs der Altaktie und berechnen Sie den voraussichtlichen Kurs der Aktie nach Durchführung der Kapitalerhöhung.
- Begründen Sie, weshalb der tatsächliche Wert des Bezugsrechts häufig vom rechnerischen Wert abweicht.

4.4 Aktionär Müller besitzt 500 alte Aktien. Weisen Sie rechnerisch nach, dass Aktionär Müller durch die Kapitalerhöhung keinen Vermögensnachteil erleidet, falls er

- 200 junge Aktien erwirbt oder
- sein Bezugsrecht nicht ausübt.

Es gelten die Angaben aus Teilaufgabe 4.3; Nebenkosten werden nicht berücksichtigt.

Anlage

Tagesordnung
zur 10. ordentlichen Hauptversammlung der
Heidelberger Maschinenwerke AG, Heidelberg am 13.04.2010

Beginn der Hauptversammlung: 10:00 Uhr
im Congress Center Rosengarten, Mannheim

TOP 1: Vorlage des festgestellten Jahresabschlusses mit Lagebericht für das Geschäftsjahr 2009 und Bericht des Aufsichtsrates

TOP 2: Beschlussfassung über die Verwendung des Bilanzgewinns

TOP 3: Beschlussfassung über die Entlastung der Mitglieder des Vorstandes für das Geschäftsjahr 2009

TOP 4: Beschlussfassung über die Entlastung der Mitglieder des Aufsichtsrates für das Geschäftsjahr 2009

TOP 5: Beschlussfassung über die Bestellung des Abschlussprüfers

TOP 6: Beschlussfassung über die Neuwahl von Aufsichtsratsmitgliedern

TOP 7: Beschlussfassung über die Erhöhung des Grundkapitals gegen Bareinlagen

Mit der Erhöhung des gezeichneten Kapitals von derzeit 270 Mio. EUR um 90 Mio. EUR durch Ausgabe von 32 Mio. neuen auf den Inhaber lautenden Stückaktien soll unter Ausübung des Bezugsrechts der Altaktionäre das Eigenkapital der Gesellschaft um 435,2 Mio. EUR erhöht werden. Durch diese Maßnahme wird die Kapitalausstattung der Heidelberger Maschinenwerke AG erheblich verbessert und es wird ihr ermöglicht, in einem günstigen Marktumfeld geeignete Zukäufe durchzuführen.

TOP 8: Sonstiges

Abituraufgaben 2014 (Aufgabe 3, teilweise)

3. Die inzwischen börsennotierte AG errechnet für den Ausbau eines zentralen Produktionsstandortes einen Kapitalbedarf von 3,08 Mio. EUR. Er soll durch eine bereits beschlossene Kapitalerhöhung im Verhältnis 2 : 1 aufgebracht werden (bisheriges Grundkapital: 2,2 Mio. EUR, Nennwert je Aktie: 5,00 EUR).

3.1 Berechnen Sie den zur Deckung des Kapitalbedarfs erforderlichen Mindestausgabekurs der jungen Aktien.

3.2 Der Kurs der alten Aktien beträgt vor der Kapitalerhöhung 18,00 EUR. Die jungen Aktien werden zum Kurs von 16,20 EUR ausgegeben.

Berechnen Sie den Wert des Bezugsrechts und erläutern Sie seine Bedeutung.

3.3 Ermitteln Sie, welchen Betrag Agnes Staiger für den Kauf junger Aktien aufbringen muss, wenn sie ihren bisherigen Einfluss auf das Unternehmen erhalten möchte.

3.4 Ein privater Investor möchte an der Kapitalerhöhung teilnehmen und hierfür 50.000,00 EUR einsetzen. Gehen Sie davon aus, dass das Bezugsrecht an der Börse mit seinem rechnerischen Wert gehandelt wird.

Berechnen Sie, wie viele junge Aktien er für diesen Betrag erwerben kann.

4. Als Finanzierungsalternative zur Kapitalerhöhung wurde zunächst auch ein Bankkredit in Erwägung gezogen. Der Vorstand der AG hat sich jedoch dagegen entschieden.

Beschreiben Sie zwei Gründe für diese Ablehnung.

14 Finanzierung und Investition V: Darlehen (= Außen-, Fremdfinanzierung)

14.1 Darlehensformen

Stofftelegramm

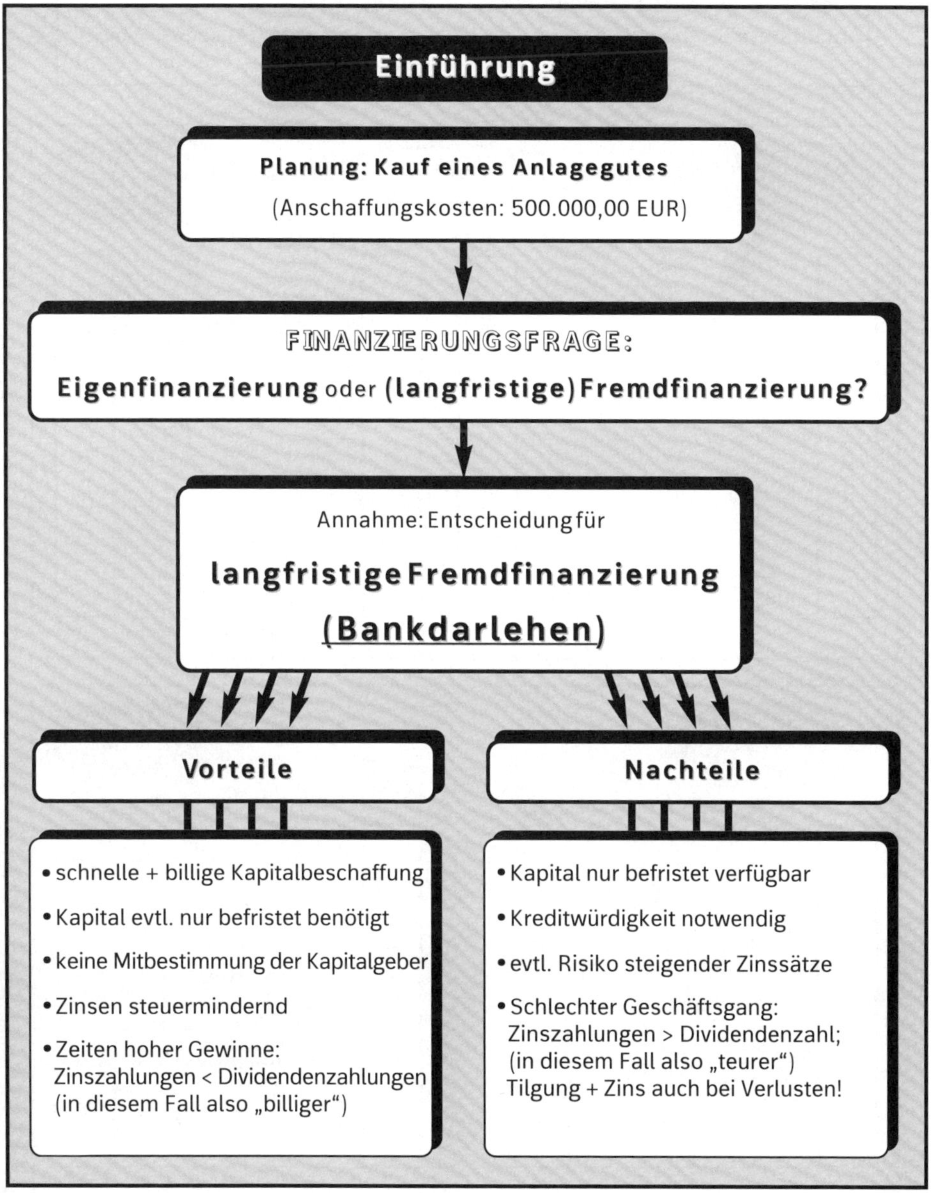

Darlehensformen

Fälligkeitsdarlehen (= Festdarlehen):	Tilgung auf einmal bei Fälligkeit
Kündigungsdarlehen:	Tilgung auf einmal nach Kündigung
Abzahlungsdarlehen (Ratendarlehen):	Tilgung in Raten
Annuitätendarlehen:	Tilgung in Annuitäten (Annuität = gleichbleibende Summe aus Zins und Tilgung)

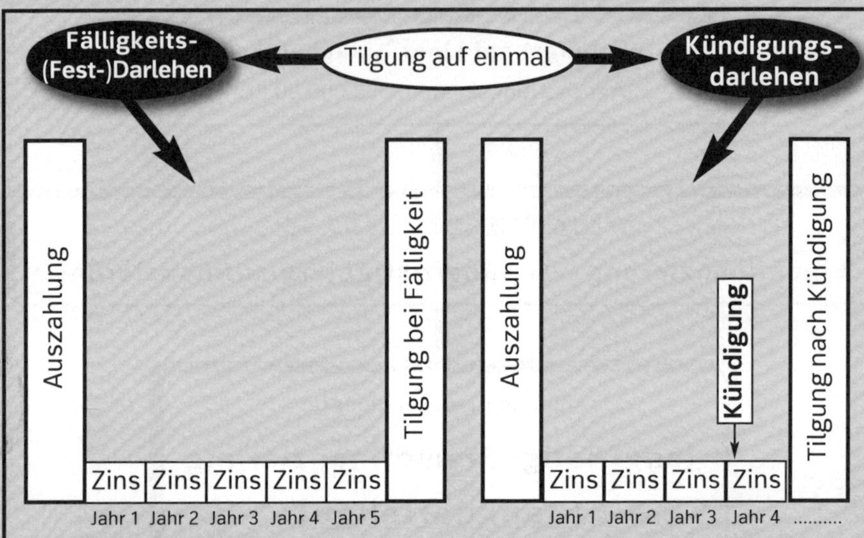

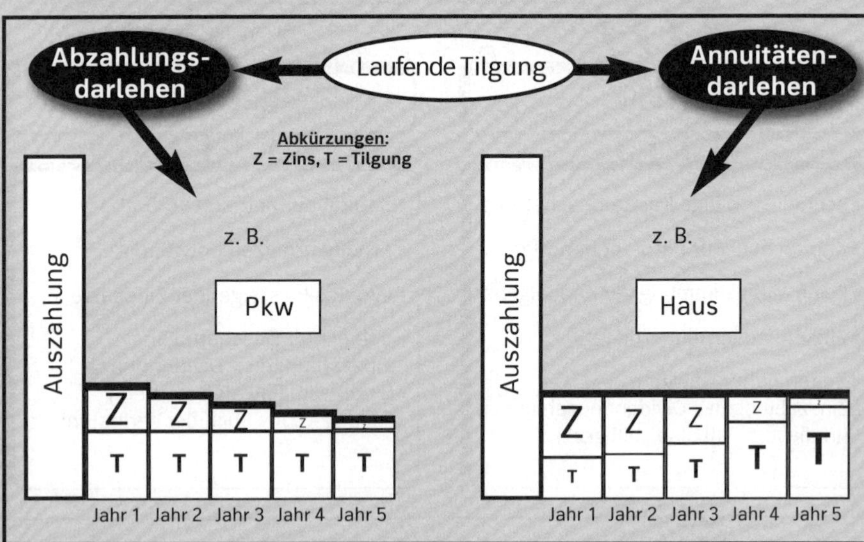

Zinseszinsformel

Fragestellung:

Auf welches Endkapital $\mathbf{K_n}$ wächst ein heute angelegtes Anfangskapital $\mathbf{K_0}$ bei einem Zinssatz **p** und einer Laufzeit von **n** Jahren an, wenn die Zinsen jährlich dem Kapital zugeschlagen werden (Aufzinsung)?

Anfangskapital K_0 → **Aufzinsung n Jahre** → Endkapital K_n**???**

Beispiel: $K_0 = 1.000; p = 10\ \%$
Laufzeit n = 3 Jahre
Endkapital K_3 = ?

Jahr	Anfangskapital	Zinsen	Endkapital
1	1.000 (K_0)	100	1.100 (K_1)
2	1.100 (K_1)	110	1.210 (K_2)
3	1.210 (K_2)	121	**1.331 (K_3)**

$$K_1 = K_0 + K_0 \cdot \frac{p}{100} \rightarrow \mathbf{K_1 = K_0 \cdot \left(1 + \frac{p}{100}\right)}$$

$$K_2 = K_1 + K_1 \cdot \frac{p}{100} \rightarrow K_2 = K_1 \cdot \left(1 + \frac{p}{100}\right)$$

$$K_2 = K_0 \cdot \left(1 + \frac{p}{100}\right) \cdot \left(1 + \frac{p}{100}\right) \rightarrow \mathbf{K_2 = K_0 \cdot \left(1 + \frac{p}{100}\right)^2}$$

Zinseszinsformel:

$$\mathbf{K_n = K_0 \cdot \left(1 + \frac{p}{100}\right)^n}$$

$$1 + \frac{p}{100} = q$$

(q = **Aufzinsungsfaktor**)

$$\mathbf{K_n = K_0 \cdot q^n}$$

Lösung obiges Beispiel mit der Zinseszinsformel:

$$K_3 = K_0 \cdot (1 + 0{,}1)^3 = 1.000 \cdot 1{,}1^3 = 1.000 \cdot 1{,}331 = \mathbf{1.331}$$

Barwert & Co.

Grundgedanke der Barwertberechnung:

Heute verfügbares Geld ist mehr wert als künftig verfügbares Geld. Der Barwert beantwortet folgende Frage: Welcher Betrag muss heute verzinst (Zinsen + Zinseszinsen) angelegt werden, damit zum Fälligkeitstag der Zahlung der dann benötigte Betrag K_n verfügbar ist?

→ **Barwert = Gegenwartswert einer zukünftigen Zahlung**

Barwert K_0 **???** ← **Abzinsung n Jahre** ← Endkapital K_n

Barwertformel

Auflösung der Zinseszinsformel nach K_0:

Zinseszinsformel

$$K_n = K_0 \cdot \left(1 + \frac{p}{100}\right)^n \rightarrow K_0 = K_n : \left(1 + \frac{p}{100}\right)^n \xrightarrow{\text{bzw.}} K_0 = K_n \cdot \frac{1}{q}^n$$

($\frac{1}{q}$ = **Abzinsungsfaktor**)

Barwertberechnung bei verschiedenen Darlehensformen

(Darlehenssumme: 120.000,00 EUR; Laufzeit: 4 Jahre; Zinssatz: 10 %; Abzinsungssatz: 5 %)

Festdarlehen (Beträge in Euro)

Jahr	Anfangsschuld	Zinsen	Tilgung	Liquiditätsbelastung	Restschuld	**Barwert**
1	120.000,00	12.000,00	–	12.000,00	120.000,00	11.428,57
2	120.000,00	12.000,00	–	12.000,00	120.000,00	10.884,35
3	120.000,00	12.000,00	–	12.000,00	120.000,00	10.366,05
4	120.000,00	12.000,00	120.000,00	132.000,00	–	108.596,73
Summe	–	48.000,00	120.000,00	168.000,00	–	**141.275,70**

Abzahlungsdarlehen (Beträge in Euro)

Jahr	Anfangsschuld	Zinsen	Tilgung	Liquiditätsbelastung	Restschuld	**Barwert**
1	120.000,00	12.000,00	30.000,00	42.000,00	90.000,00	40.000,00
2	90.000,00	9.000,00	30.000,00	39.000,00	60.000,00	35.374,15
3	60.000,00	6.000,00	30.000,00	36.000,00	30.000,00	31.098,15
4	30.000,00	3.000,00	30.000,00	33.000,00	–	27.149,18
Summe	–	30.000,00	120.000,00	150.000,00	–	**133.621,48**

Annuitätendarlehen (Annuität = 37.856,50 EUR; Beträge in Euro)

Jahr	Anfangsschuld	Zinsen	Tilgung	Liquiditätsbelastung	Restschuld	**Barwert**
1	120.000,00	12.000,00	26.000,00	38.000,00	94.000,00	36.190,48
2	94.000,00	9.400,00	28.600,00	38.000,00	65.400,00	34.467,12
3	65.400,00	6.540,00	31.460,00	38.000,00	33.940,00	32.825,83
4	33.940,00	3.394,00	33.940,00	37.334,00	–	30.714,78
Summe	–	31.334,00	120.000,00	151.334,00	–	**134.198,21**

Ergebnis: Das Abzahlungsdarlehen ist der „Sieger" (geringste Barwertsumme).

Wichtige Zusammenhänge

- Je später die künftige Zahlung, umso geringer ist der Barwert.

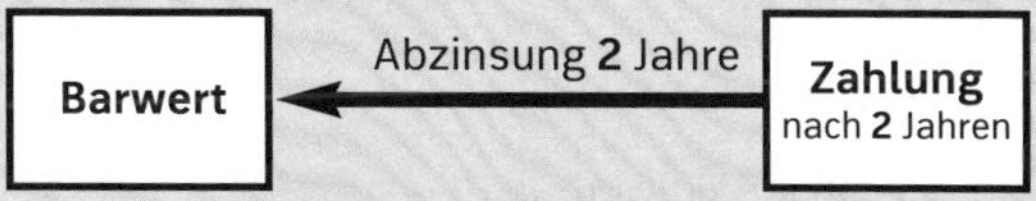

Beispiel: Zahlung von 100.000,00 EUR in 2 Jahren, Zinssatz 10 %

Rechnung: 100.000,00 EUR · 1 : (1 + 10 : 100)^2 = 82.644,63 EUR Barwert (vgl. Abzinsungstabelle in Kapitel 29.2)

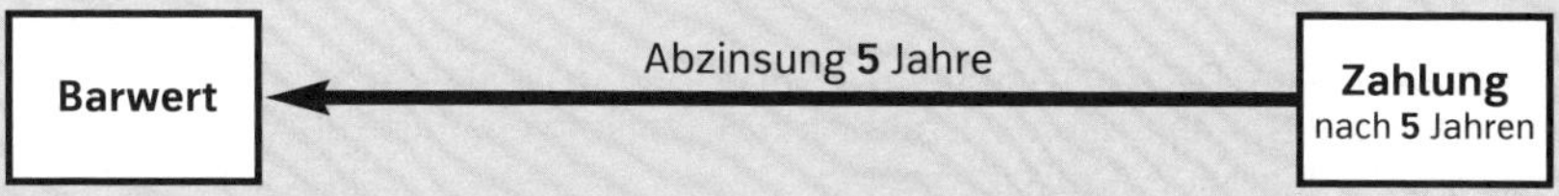

Beispiel: Zahlung von 100.000,00 EUR in 5 Jahren, Zinssatz 10 %
Rechnung: 100.000,00 EUR · 1 : (1 + 10 : 100)^5 = 62.092,13 EUR Barwert (vgl. Abzinsungstabelle in Kapitel 29.2)

- Je höher der Abzinsungssatz ist, umso geringer ist der Barwert.

  Beispiel:
  - Zahlung von 100.000,00 EUR in 2 Jahren, Zinssatz 10 %
    Rechnung: 100.000,00 EUR · 1 : (1 + 10 : 100)^2 = 82.644,63 EUR Barwert
  - Zahlung von 100.000,00 EUR in 2 Jahren, Zinssatz 5 %
    Rechnung: 100.000,00 EUR · 1 : (1 + 5 : 100)^2 = 90.702,95 EUR Barwert (vgl. Abzinsungstabelle in Kapitel 29.2)

- je geringer die Barwertsumme, umso vorteilhafter
- Analog: Vergleich Leasing – Kreditkauf
- Die Berücksichtigung von Gewinnsteuern verringert die Liquiditätsbelastung, Zinsaufwendungen mindern den Gewinn → Steuersenkung.

  Beispiel: Zinsaufwendungen = 1.000,00 EUR, Gewinnsteuersatz 40 %

  → Liquiditätsbelastung nach Steuern: 1.000,00 EUR – 40 % = 600,00 EUR

Exkurs: Vergleich Darlehen – Kontokorrentkredit

DARLEHEN	KONTOKORRENTKREDIT
• Auszahlung einer vertraglich bestimmten Kreditsumme	• Kredit kann bis zur vereinbarten Höhe in Anspruch genommen werden.
• i. d. R. befristeter Kredit	• i. d. R. unbefristeter Kredit
• Tilgung laut Kreditvertrag	• schwankender Kreditbetrag
• Zinssatz niedriger	• relativ hoher Soll-Zinssatz

Beispiel zur Berechnung der Effektivverzinsung bei Darlehen:

Berechnen Sie den Effektivzinssatz für folgendes Kreditangebot über 2,7 Mio. EUR:

Laufzeit 6 Jahre, Disagio (Damnum) 2 % (Auszahlung somit 98 %), 1,5 % Bearbeitungsgebühr von der Darlehenssumme, jährliche Zinszahlungen, Rückzahlung in einer Summe nach sechs Jahren, 7 % p. a. Zinsen

Lösung:

Zinsen (6 J.): $z = \frac{k \cdot p \cdot j}{100} = \frac{2.700.000 \cdot 7 \cdot 6}{100} = 1.134.000,00$ EUR

Damnum = 2 % von 2,7 Mio. EUR =	54.000,00 EUR
Bearbeitungsgebühr = 1,5 % von 2,7 Mio. EUR =	40.500,00 EUR
Kosten insgesamt = z =	1.228.500,00 EUR

effektiver Zinssatz $p = \frac{z \cdot 100}{k \cdot j} = \frac{1.228.500 \cdot 100}{(2.700.000 - 94.500) \cdot 6}$ = **7,86 % eff. Zinssatz**

Aufgaben

1. Vergleichen Sie die Begriffe „Darlehen“ und „Kontokorrentkredit“.

2. a) Nennen und erklären Sie kurz die vier Darlehensarten.

   b) Welche Gemeinsamkeit haben Fälligkeits- und Kündigungsdarlehen?

   c) Nennen Sie einen Vorteil des Fälligkeitsdarlehens gegenüber dem Kündigungsdarlehen.

   d) Welche Vor- und Nachteile haben Fälligkeits- und Kündigungsdarlehen gegenüber den beiden anderen Darlehensarten?

3. Unsere Firma beabsichtigt den Kauf einer neuen Fertigungsanlage zum Preis von 120.000,00 EUR. Die Finanzierung soll mit einem Darlehen erfolgen.

   Unsere Hausbank unterbreitet folgendes Angebot: Zinssatz 10 %; Zinszahlung jeweils nachträglich am Jahresende; Auszahlung des Darlehens: 01.01.01.

Tilgungsalternativen:

- Alt. 1: Gesamttilgung 30.12.10
- Alt. 2: Gesamttilgung nach Kündigung (Kündigungsfrist drei Monate auf Quartalsende)
- Alt. 3: Tilgung in zehn Raten, fällig jeweils am Jahresende
- Alt. 4: Jährl. Annuität bis Jahr 09 20.000,00 EUR. Resttilgung Jahr 10 (Rundung auf volle 10,00 EUR)

a) Welche Darlehensarten liegen jeweils vor?

b) Erstellen Sie die Tilgungspläne nach folgenden Mustern und den Gesamtkostenvergleich.

Alternative 1: .... darlehen					
Jahr	Anfangsschuld	Zinsen	Tilgung	Zins + Tilgung	Restschuld
01					
02					
03					
....					
10					
Summen					

Alternative 2: (................ darlehen) Unterschiede zu Alternative 1: ....

....

Alternative 3: .... darlehen (.................... darlehen)					
Jahr	Anfangsschuld	Zinsen	Tilgung	Zins + Tilgung	Restschuld
01					
02					
03					
04					
05					
06					
07					
08					
09					
10					
Summen					

Alternative 4: (............................ darlehen) Analoge Tabelle wie Alternative 3!

Kostenvergleich: Summe der Zinsen insgesamt beim

- Fälligkeitsdarlehen: ....
- Kündigungsdarlehen (Unterstellung: Kündigung nach zehn Jahren): ....
- Abzahlungsdarlehen: ....
- Annuitätendarlehen: ....

14.2 Kreditsicherheiten

Stofftelegramm

Einfacher Personalkredit (= Blankokredit) → einzige Sicherheit = persönliche Kreditwürdigkeit des Schuldners

Verstärkter Personalkredit → Neben dem Schuldner haften weitere Personen für die Kreditrückzahlung.

Bürgschaftskredit

Zwei Verträge werden geschlossen:

- **Kreditvertrag** zwischen Schuldner und Gläubiger
- **Bürgschaftsvertrag** zwischen Bürge und Gläubiger

- **Bürgschaftsvertrag:** Der Bürge verpflichtet sich zur Zahlung bei Nichtzahlung des Schuldners.

  Schriftform (Ausnahme: Kaufmann im Sinne des HGB gibt Bürgschaft im Rahmen seines Handelsgeschäfts ab.)

- **Selbstschuldnerische Bürgschaft:**
  - Verzicht auf Einrede der Vorausklage: Gläubiger kann sich bei Fälligkeit sofort an den Bürgen wenden.
  - Bürgschaften von HGB-Kaufleuten im Rahmen ihres Geschäfts: stets selbstschuldnerisch
  - von Banken üblicherweise verlangt

Realkredite → Kreditsicherung durch eine Sache

Sicherungsübereignung

Gläubiger erhält zur Kreditsicherung bestimmte Sachen ohne Übergabe übereignet.

Gläubiger wird Eigentümer, Schuldner bleibt Besitzer (Besitzkonstitut)

Vorteil für Gläubiger: Aufbewahrung entfällt

Vorteil für Schuldner: Nutzung der übereigneten Sachen weiter möglich

Risiken für Gläubiger:

- Sache anderweitig bereits übereignet
- Sache evtl. an gutgläubigen Dritten weiterveräußert
- Beschädigung oder Zerstörung der Sache

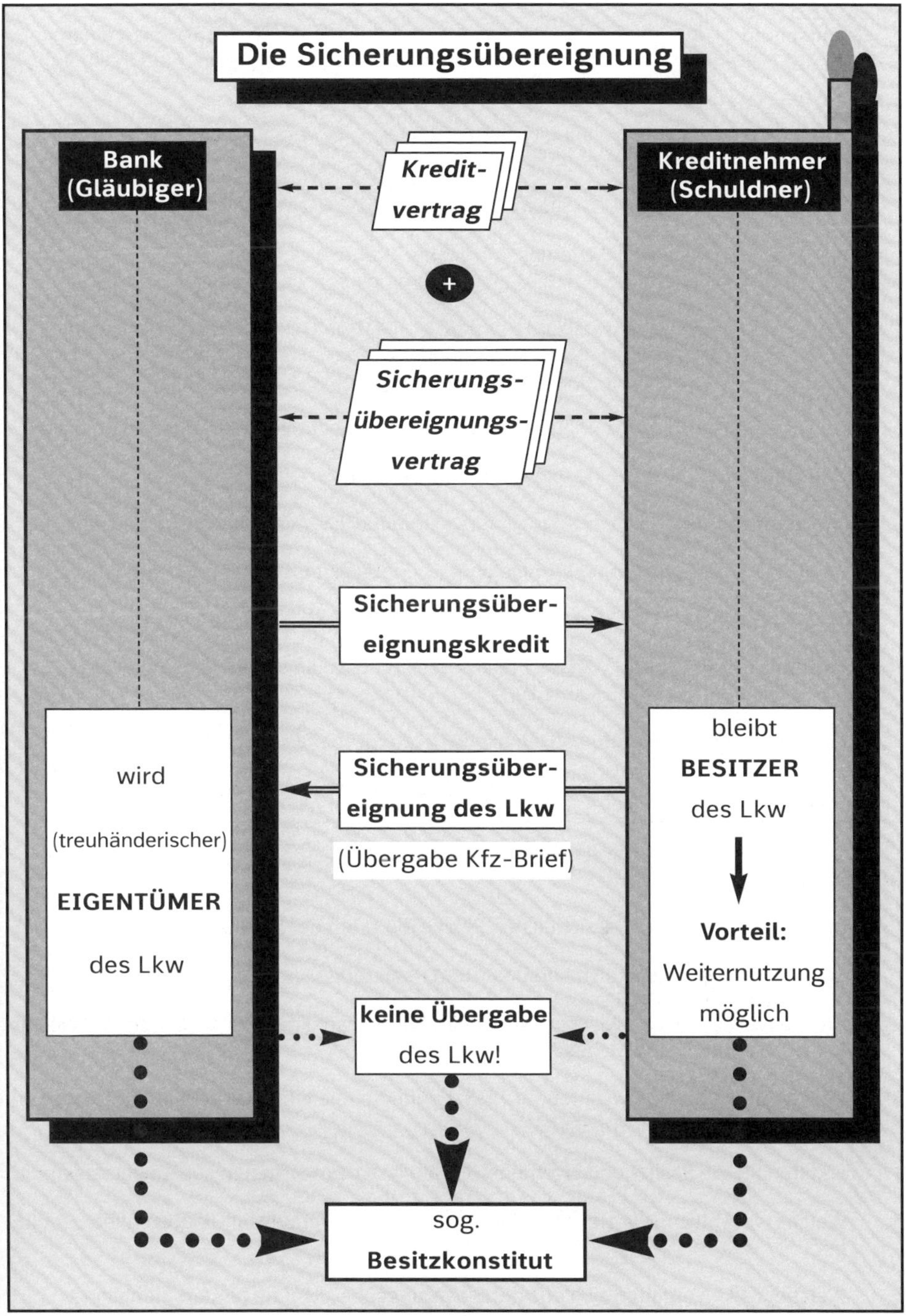
Die Sicherungsübereignung
Bank (Gläubiger)
Kredit-vertrag
+
Sicherungs-übereignungs-vertrag
Kreditnehmer (Schuldner)
Sicherungsüber-eignungskredit
wird (treuhänderischer) EIGENTÜMER des Lkw
Sicherungsüber-eignung des Lkw
(Übergabe Kfz-Brief)
bleibt BESITZER des Lkw
Vorteil: Weiternutzung möglich
keine Übergabe des Lkw!
sog. Besitzkonstitut

Grundschuld = im Grundbuch eingetragene Belastung eines Grundstücks mit einer bestimmten Geldsumme zugunsten des Berechtigten (Pfandrecht an Grundstück)

- Bei Nichtzahlung kann der Gläubiger die Versteigerung bewirken und sich hieraus befriedigen.
- Eintrag der Grundschuld im Grundbuch
- Dingliche Sicherung: nur Grundstück haftet, keine persönliche Haftung
- Im Gegensatz zur Hypothek ist die Grundschuld nicht an die Darlehenshöhe gebunden. Die eingetragene Grundschuldhöhe ändert sich nicht durch Darlehensrückzahlung.

Vorteil: rasche Kreditaufnahme bei vorsorglich eingetragener Grundschuld möglich

- **Buchgrundschuld:** Einigung + Eintrag Grundbuch
- **Briefgrundschuld:** Einigung + Eintrag Grundbuch + Ausstellung Grundschuldbrief

Vorteil: Grundschuldbrief formlos ohne Grundbuchumschreibung übergebbar

- **Fremdgrundschuld:** Berechtigter ist der Kreditgeber
- **Eigentümergrundschuld:** Die Rechte aus der Grundschuld stehen dem Eigentümer selbst zu.

Entstehung:
- automatisch nach erfolgter Darlehensrückzahlung bzw.
- vorsorglich eingetragene Grundschuld zwecks Rangsicherung

Aufgaben

1. a) Zeigen Sie in einer übersichtlichen Skizze die Arten der Kreditsicherheiten.

   b) Worin unterscheiden sich Personal- und Realkredite?

2. Welche Verträge sind zwischen wem beim Bürgschaftskredit zu schließen und welche Formvorschriften sind zu beachten?

3. Welche Besonderheiten gelten für HGB-Kaufleute, die eine Bürgschaft im Rahmen ihres Handelsgeschäfts abgeben?

4. Erklären Sie die Besitz- und Eigentumsverhältnisse beim Sicherungsübereignungskredit.

5. Welche wesentlichen Vorteile hat die Sicherungsübereignung für Gläubiger und Schuldner?

6. Welche Risiken ergeben sich aus der Sicherungsübereignung für den Gläubiger?

7. Was versteht man unter einer Grundschuld?

14.3 Abituraufgaben

Abituraufgaben 2011 (Aufgabe 2, Teil 2)

2. Zur Finanzierung der Investition im Werk Tutschfelden (Anschaffungskosten 2.400.000,00 EUR) erhält die Freiburger Concept Möbel AG zwei Darlehensangebote. Beide Darlehen werden innerhalb von vier Jahren vollständig getilgt.

   Angebot der Volksbank Oberried eG:

   Abzahlungsdarlehen: Darlehensbetrag 2.500.000,00 EUR, Auszahlung 96 %, Nominalzinssatz 7,5 %, Zins und Tilgung jeweils am Jahresende

   Angebot der Eurobank AG Frankfurt:

   Annuitätendarlehen: Darlehensbetrag 2.400.000,00 EUR, Auszahlung 100 %, Nominalzinssatz 8,0 %, Annuitätenzahlung jeweils am Jahresende

2.1 • Ermitteln Sie für beide Darlehensangebote die Aufwands- und die Liquiditätsbelastung der Finanzierung für die einzelnen Jahre und insgesamt ohne Berücksichtigung von Steuern.

• Entscheiden Sie sich unter Berücksichtigung der Zielsetzung hoher Dividendenzahlung in den nächsten vier Jahren begründet für eines der beiden Darlehen.

Hinweis: Das Disagio beim Darlehensangebot der Volksbank Oberried eG wird gleichmäßig auf die Laufzeit verteilt. Die Berechnungen sind auf volle Euro zu runden.

Verwenden Sie für Ihre Lösung die Tabellen der **Anlage 2**.

2.2 Erläutern Sie, wie sich die Berücksichtigung eines Gewinnsteuersatzes von 30 % auf die in Aufgabe 2.1 ermittelte Liquiditätsbelastung auswirkt (keine Berechnung).

2.3 Als Alternative zur Darlehensfinanzierung wird auch die Möglichkeit einer Leasingfinanzierung geprüft.

Zeigen Sie für beide Finanzierungsarten, welche Bilanzpositionen der Schlussbilanz sich am Ende des Anschaffungsjahres ändern und aus welchem Grund.

Anlage 2

Darlehensangebot der Volksbank Oberried eG

Jahr	Darlehensbetrag	Tilgung	Zinsen	Disagio	Aufwand	Liquiditätsbelastung
1						
2						
3						
4						
Summe						

Darlehensangebot der Eurobank AG, Frankfurt

Jahr	Darlehensbetrag	Tilgung	Zinsen	Aufwand	Liquiditätsbelastung
1					
2					
3					
4					
Summe					

Abituraufgaben 2013 (Aufgabe 3, teilweise)

Die Karlsruher Maschinenbau GmbH ist ein international tätiger Hersteller von Baumaschinen. Zur Erweiterung des Fuhrparks plant das Unternehmen die Anschaffung eines neuen 60-Tonnen-Lkw mit Spezialaufbauten. Es stehen die beiden Lkw Typ A und Typ B zur Auswahl.

2. Das Unternehmen entscheidet sich für die Anschaffung des Lkw B. Dieses Fahrzeug soll über einen Kredit finanziert werden, weshalb sich die Geschäftsführung Angebote bei ihren beiden Hausbanken einholt.

	Angebot der Sparkasse Karlsruhe	Angebot der Volksbank Karlsruhe
Darlehensart	Annuitätendarlehen	Fälligkeitsdarlehen
Zeitpunkt der Zahlungen	jeweils zum Jahresende	jeweils zum Jahresende
Auszahlung	100 % der Kreditsumme	96 % der Kreditsumme
Nominalzinssatz	9 % p. a.	8 % p. a.
Laufzeit	5 Jahre	5 Jahre

2.1 Berechnen Sie den effektiven Jahreszinssatz des Fälligkeitsdarlehens (Rundung auf zwei Nachkommastellen).

2.2 Das Unternehmen entscheidet sich für das Angebot der Sparkasse Karlsruhe. Berechnen Sie die Restschuld am Ende des dritten Jahres nach erfolgter Tilgungsverrechnung. Erstellen Sie hierfür eine Tabelle nach dem folgenden Muster:

Jahr	Darlehensbetrag Jahresanfang	Zinsen	Tilgung	Annuität

Berechnungen sind auf volle Euro zu runden.

Hinweis: Eine Aufzinsungs- bzw. Abzinsungstabelle finden Sie in Kapitel 29.2.

2.3 Erläutern Sie zwei Gründe, die – unabhängig vom effektiven Jahreszins – für ein Fälligkeitsdarlehen sprechen könnten.

Abituraufgaben 2016 (Aufgabe 2, teilweise)

2. Die Graf Thermotechnik AG entscheidet sich für die Anschaffung der Montageanlage Typ B. Diese Anlage soll vollständig über einen Kredit finanziert werden, weshalb die Geschäftsleitung ein Angebot von der Badischen Kreditbank AG eingeholt hat:

- Darlehensarten: Annuitäten- oder Festdarlehen
- Auszahlung: 96 % der Kreditsumme
- Nominalzinssatz: 5 % p. a.
- Laufzeit: 5 Jahre
- Zeitpunkt der Zahlungen: jeweils zum Jahresende

Zur Sicherung des Darlehens akzeptiert die Bank Sachsicherheiten in Form von Grundschulden (Beleihungsgrenze 80 %) und Sicherungsübereignungen (Beleihungsgrenze 50 %).

2.1 • Ermitteln Sie, in welcher Höhe das Darlehen bei der Bank beantragt werden muss.

- Prüfen Sie, ob der Badischen Kreditbank AG aus dem Bereich „Grundstücke und Bauten" sowie „Technische Anlagen und Maschinen" ausreichende Kreditsicherungsmöglichkeiten angeboten werden können. Berücksichtigen Sie hierzu die Informationen in **Anlage 1** und **Anlage 2**. Technische Anlagen und Maschinen im Wert von 3.900.000,00 EUR wurden bereits sicherungsübereignet. Die neue Anlage steht für die Kreditsicherung nicht zur Verfügung.

2.2 Erläutern Sie die Entstehung der Sicherungsübereignung und gehen Sie dabei auf die Besitz- und Eigentumsverhältnisse ein.

2.3 • Ermitteln Sie für beide Darlehensarten die Liquiditäts- und Aufwandsbelastung für die einzelnen Jahre und insgesamt.

Beachten Sie dazu folgende Hinweise:
Das Disagio ist gleichmäßig auf die Kreditlaufzeit zu verteilen. Verwenden Sie für Ihre Lösung die Tabelle in Kapitel 29.2 und ***Anlage 4.*** *Berechnungen sind auf volle Euro zu runden.*

- Der Finanzvorstand der Graf Thermotechnik AG entscheidet sich für das Festdarlehen.

Erläutern Sie ein Argument, mit dem der Finanzvorstand seine Entscheidung begründen könnte.

Anlage 1

Vereinfachte Bilanz der Graf Thermotechnik AG zum 31.12.2015 (in Euro)

A	Bilanz		P
Grundstücke und Bauten	3.750.000,00	gezeichnetes Kapital	2.800.000,00
technische Anlagen u. Maschinen	4.620.000,00	Kapitalrücklage	140.000,00
Betriebs- u. Geschäftsausstattung	1.780.000,00	gesetzliche Rücklage	130.000,00
Fuhrpark	350.000,00	Jahresüberschuss	180.000,00
Vorräte	1.640.000,00	Rückstellungen	350.000,00
Forderungen a. LL.	850.000,00	Verbindl. ggü. Kreditinstituten	8.060.000,00
liquide Mittel	140.000,00	Verbindlichkeiten a. LL.	1.470.000,00
	13.130.000,00		13.130.000,00

Anlage 2

Auszug aus dem Grundbuch von Lahr, Band 40, Blatt 3541, dritte Abteilung

Lfd. Nr. der Eintragungen	Laufende Nummer der belasteten Grundstücke im Bestandsverzeichnis	Betrag	Hypotheken, Grundschulden, Rentenschulden
1	2	3	4
1	1	3.000.000,00 EUR	Drei Millionen Euro nach § 800 ZPO sofort vollstreckbare Grundschuld – ohne Brief – mit 15 v. H. Zinsen jährlich und einer einmaligen Nebenleistung von 5 v. H. des Grundschuldbetrags für die Sparkasse Südbaden. Gemäß Bewilligung vom 15. Juli 2014 eingetragen am 15. September 2014. Reuter

Anlage 4

Annuitätendarlehen (in Euro)

Jahr	Darlehen am Jahresanfang	Zinsen	Tilgung	Abschreibung Disagio	Liquiditätsbelastung	Gesamtaufwand
1						
2						
3						
4						
5						
Summe						

Festdarlehen (in Euro)

Jahr	Darlehen am Jahresanfang	Zinsen	Tilgung	Abschreibung Disagio	Liquiditätsbelastung	Gesamtaufwand
1						
2						
3						
4						
5						
Summe						

Abituraufgaben 2017 (Aufgabe 2, teilweise)

4. Um langfristig am Markt konkurrenzfähig zu bleiben und weiterhin eine individuelle Gestaltung der Boxen zu gewährleisten, soll die Produktion auf das Konzept Industrie 4.0 umgestellt werden. Dabei soll die Fertigung der Boxen künftig durch „intelligente" vollautomatische Fertigungsstraßen erfolgen, die mittels RFID-Code an den Materialien erkennen, nach welchem Design und welchen Spezifikationen der jeweilige Kundenauftrag zu fertigen ist. Um den hohen Kapitalbedarf aufbringen zu können, soll die Tahiri & Wagner OHG zum 01.01.2016 in die Sound Experience AG umgewandelt werden.

   [...]

5. Die vollautomatischen Fertigungsstraßen erfordern im kommenden Geschäftsjahr 2017 eine Erweiterung der Produktionshalle. Die Investitionssumme für den Neubau beträgt 1,8 Mio. EUR und soll über einen Kredit finanziert werden. Der Sound Experience AG liegen zwei Alternativen zur Kreditfinanzierung vor (**Anlage 1**).

5.1 Ermitteln Sie für die beiden Finanzierungsalternativen die Liquiditäts- und Aufwandsbelastung für die ersten drei Jahre (**Anlage 2**).

Hinweise:

- *Ein Disagio ist gleichmäßig auf die Laufzeit des Darlehens zu verteilen.*
- *Alle Berechnungen sind auf volle Euro zu runden.*

5.2 Begründen Sie, in welcher finanzwirtschaftlichen Situation sich das Annuitätendarlehen für die Sound Experience AG besonders eignen würde.

5.3 Die neue Produktionshalle soll nicht zur Sicherung des Kredits verwendet werden. Zur Beleihungsprüfung legt die Bank folgende Vermögenswerte zugrunde:

Positionen	Beträge in Euro
Grundstücke und Bauten	2.000.000,00
Maschinen	890.000,00
Fuhrpark	80.000,00
Betriebs- und Geschäftsausstattung	130.000,00

Hinweise:

- *Im Grundbuch ist bereits eine Grundschuld von 200.000,00 EUR eingetragen.*
- *Das bewegliche Vermögen der Sound Experience AG wurde bisher für keine Kreditsicherung verwendet.*

Weisen Sie rechnerisch nach, ob die vorhandenen Vermögenswerte für die Kreditsicherung ausreichen (**Anlage 1**).

6. Am 22.03.2017 wird eine neue Verpackungsmaschine gekauft, deren Anschaffungskosten 96.000,00 EUR betragen. Die Maschine wird kalkulatorisch und bilanziell über acht Jahre abgeschrieben. Es ist von einer jährlichen Preissteigerung von 2 % auszugehen.

6.1 Ermitteln Sie die bilanzielle und die kalkulatorische Abschreibung für das Jahr 2017.

6.2 Erläutern Sie, warum die Berücksichtigung der kalkulatorischen Abschreibungen im Rahmen der Preiskalkulation im vorliegenden Fall die Substanzerhaltung im Unternehmen nicht gewährleistet.

Anlage 1

Alternative 1:	Annuitätendarlehen	
	Annuitätenfaktor:	0,197017
	Zinssatz:	5 % p. a.
	Zins- und Tilgungsverrechnung:	jährlich am Jahresende
	Laufzeit:	6 Jahre
	Auszahlung:	100 %
Alternative 2:	Abzahlungsdarlehen	
	Zinssatz:	4 % p. a.
	Zins- und Tilgungsverrechnung:	jährlich am Jahresende
	Laufzeit:	5 Jahre
	Auszahlung:	96 %
Sicherung des Darlehens:	• Grundschuld (Beleihungsgrenze 80 %) • Sicherungsübereignung (Beleihungsgrenze 50 %)	

Anlage 2

Annuitätendarlehen (in Euro)

Jahr	Darlehen am Jahresanfang	Zinsen	Tilgung	Liquiditätsbelastung	Aufwands-belastung
1					
2					
3					
			Summe:		

Abzahlungsdarlehen (in Euro)

Jahr	Darlehen am Jahresanfang	Zinsen	Tilgung	Disagio	Liquiditäts-belastung	Aufwands-belastung
1						
2						
3						
				Summe:		

15 Finanzierung und Investition VI: Leasing (= Sonderform der Fremdfinanzierung)

15.1 Grundlagen

Stofftelegramm

Leasing = mittel- und langfristige Vermietung oder Verpachtung von Anlagegütern durch Hersteller oder Leasing-Gesellschaft

Direktes Leasing: Der Hersteller ist Leasinggeber.

Indirektes Leasing: Die Leasing-Gesellschaft (nicht Hersteller) ist Leasinggeber.

	Operate-Leasing	Financial-Leasing
Laufzeit	i. d. R. max. ein Jahr	40 % bis 90 % der üblichen Nutzungsdauer
Kündigung	kurzfristig kündbar	unkündbare Grundmietzeit
Investitionsrisiko	trägt Leasinggeber	trägt Leasingnehmer
Anzahl Leasingnehmer	mehrere nacheinander	i. d. R. nur ein Leasingnehmer
nach Ablauf der Leasingzeit	Rückgabe an Leasinggeber, der i. d. R. an andere weiterverleast	Alternativen nach Ablauf der Grundmietzeit: Rückgabe, Anschlussleasing, Kauf

Mobilienleasing: Der Leasinggegenstand ist ein bewegliches Gut (z. B. DV-Anlage).

Immobilienleasing: Der Leasinggegenstand ist ein unbewegliches Gut (z. B. Bürogebäude).

Leasingkosten insges.: Kaufpreis + Verwaltungskosten
+ Risikoprämie
+ Gewinn Leasinggeber

Vorteile:
- keine hohen Anschaffungskosten zu finanzieren
- laufende Anpassung an neuesten Stand der Technik
- keine Fremdfinanzierung notw., somit keine Verschlechterung der Kreditwürd.
- evtl. laufende Betreuung, Beratung, Wartungsleistungen durch Leasinggeber

Nachteile:
- hohe Dauerbelastung mit Fixkosten (Leasingraten)
- Leasinggegenstände nicht frei verfügbar
- Bindung während der Grundmietzeit
- Leasinggegenstände können z. B. nicht sicherungsübereignet werden

Entscheidungsbewertungstabelle: siehe Aufgabe 7

Aufgaben

1. Was versteht man unter Leasing?
2. Unterscheiden Sie: direktes – indirektes Leasing.
3. Unterscheiden Sie Operate-Leasing und Financial-Leasing hinsichtlich Laufzeit, Kündigung, Investitionsrisiko, Anzahl Leasingnehmer und Situation nach Ablauf der Leasingzeit.
4. Nennen Sie je drei Vor- und Nachteile des Leasings.
5. **Sachverhalt:**

   Die Knauser GmbH benötigt eine neue Maschine zum Anschaffungswert von 200.000,00 EUR und mit einer betriebsgewöhnlichen Nutzungsdauer von zehn Jahren. Die Maschine soll degressiv mit 20 % abgeschrieben werden.

   Die Unternehmung hat infolge hoher Investitionen der letzten Jahre bei guter Rentabilität mit Liquiditätsengpässen zu kämpfen. Die Geschäftsleitung will unter der Zielsetzung geringster Liquiditätsbelastung zwischen folgenden Finanzierungsmöglichkeiten entscheiden:

   Leasing: Grundmietzeit fünf Jahre; während dieser Zeit beträgt die Mietrate, die jeweils zum Jahresende entrichtet wird, 50.000,00 EUR. Nach dieser Zeit kann die Maschine für weitere fünf Jahre zu einer Jahresmiete von 20.000,00 EUR gemietet werden. Aktivierung der Maschine beim Leasinggeber.

   Bankdarlehen: Laufzeit fünf Jahre; Tilgung in gleichen Raten am Jahresende. Die am Jahresende zu entrichtenden Zinsen betragen 10 % der Restschuld.

   Nach einem mittelfristigen Finanzplan geht die Firmenleitung davon aus, dass der finanzielle Engpass in drei Jahren überwunden sein wird.

   a) Um welche Art des Leasings handelt es sich in diesem Fall?

   b) Ermitteln Sie die liquiditätsmäßige Belastung der GmbH aus Kreditkauf und Leasing für die ersten drei Jahre insgesamt.

      Zu welcher Finanzierungsentscheidung kommen Sie aufgrund Ihres Ergebnisses?

   c) Ermitteln Sie die Gewinnsteuerminderungen unter Annahme eines konstanten Gewinnsteuersatzes von 50 % bei Kreditkauf und Leasing für die ersten drei Jahre insgesamt.

6. **Sachverhalt:**

   Eine mittelständische Unternehmung benötigt zur Rationalisierung ihrer Fertigung eine Maschine zum Anschaffungspreis von 200.000,00 EUR. Die Maschine soll acht Jahre genutzt werden. Lineare Abschreibung ist vorgesehen. Nach Verhandlungen mit der Hausbank eröffnet sich folgende Finanzierungsmöglichkeit:

   Darlehen in Höhe von 200.000,00 EUR, 6,5 % Zins, 20 % Ratentilgung pro Jahr.

   Die Maschine könnte aber auch über eine Leasing-Firma beschafft werden, die folgendes Angebot unterbreitet:

Abschlussgebühr 10 % des Kaufwertes von 200.000,00 EUR;

Monatsmiete für die ersten drei Jahre – in dieser Zeit ist der Leasingvertrag unkündbar – 3 % des Kaufwertes. Bei Vertragsverlängerung Jahresmiete 4 % des Kaufwertes. Die Maschine bleibt Eigentum der Leasingfirma.

Zinszahlungen, Tilgungen, Abschlussgebühr und Mietzahlungen jeweils am Jahresende

a) Erörtern Sie, warum sich die Unternehmung unter Umständen für die Darlehensaufnahme entscheidet. Führen Sie zwei Gründe an.

b) Unterscheiden Sie zwischen Financial-Leasing und Operating-Leasing.

c) Verwenden Sie für die Lösung der Aufgabe eine Tabelle nach folgendem Muster.

Kreditfinanzierung						Mietfinanzierung	
Jahr	Zins	Tilgung	Geldabfluss	Abschreibungen	Aufwand	%-Satz	Mietzahlung

ca) Erstellen Sie die Tabelle für die Laufzeit der Maschine für beide Finanzierungsarten.

cb) Vergleichen Sie die beiden Finanzierungsarten hinsichtlich Aufwandsverteilung, Gesamtbelastung und schnelleren Abbaus des Risikos.

7. Als Entscheidungshilfe für die Wahl zwischen Leasing oder Kreditkauf soll eine Entscheidungsbewertungstabelle benutzt werden. Treffen Sie auf der Grundlage der in der Entscheidungsbewertungstabelle ermittelten Ergebnisse eine Finanzierungsentscheidung.

Spalte Nutzen: sehr hoch = 3 Punkte kein Nutzen = 0 Punkte

Entscheidungsbewertungstabelle

Kriterium	**Leasing**			**Kreditkauf**	
	Gewichtung W	Nutzen B	Gewichteter Nutzen (W · B)	Nutzen B	Gewichteter Nutzen (W · B)
Liquiditätsbelastung	10				
Freihaltung des Kreditspielraums	8				
Inanspruchnahme technischer Serviceleistungen	3				
Summe					

15.2 Barwertvergleich Darlehen – Leasing

Stofftelegramm

Beispiel:

Die Metallveredelungsgesellschaft mbH benötigt für den Transport der Fertigerzeugnisse einen neuen Lkw. Dieser soll im Januar zum Anschaffungspreis von 220.000,00 EUR bezogen werden. Der Lkw hat eine Nutzungsdauer von sechs Jahren.

Folgende Finanzierungsmöglichkeiten stehen zur Auswahl:

Kredit der Bank	Leasingangebot
• Darlehen 220.000,00 EUR • Zinssatz 6 % • Auszahlung 100 % • Laufzeit 5 Jahre • Tilgung jeweils am Jahresende in gleichen Raten	• Grundmietzeit 3 Jahre • Jährliche Leasingrate in der Grundmietzeit: 33 % des Anschaffungspreises, zahlbar am Jahresende • Leasingrate pro Jahr nach Ablauf der Grundmietzeit: 12 % des Anschaffungspreises, zahlbar am Jahresende

Gewinnsteuersatz 25 %, Kalkulationszinssatz 9 %.

Vorgehensweise: 5 Schritte

1 Zinsen, Tilgung, Abschreibung für die Kreditfinanzierung ermitteln

2 Liquiditätsbelastung und Gesamtaufwand durch Kredit ermitteln

3 Liquiditätsbelastung und Gesamtaufwand durch Leasing ermitteln

4 Barwerte der Liquiditätsbelastung **vor** Steuern von Kredit und Leasing ermitteln (Barwertermittlung vgl. Kapitel 14.1)

5 Barwerte der Liquiditätsbelastung **nach** Steuern von Kredit und Leasing ermitteln

Jahr	Darlehen in Euro					
	Darlehen Jahresanfang	Zinsen (Z) [1]	Tilgung (T) [1]	Abschreibung (Abr) [1]	Liquiditätsbelastung (Liq = Z + T)	Gesamtaufwand (GA = Z + Abr) [2]
1	220.000,00	13.200,00	44.000,00	36.666,67	57.200,00	49.866,67
2	176.000,00	10.560,00	44.000,00	36.666,67	54.560,00	47.226,67
3	132.000,00	7.920,00	44.000,00	36.666,67	51.920,00	44.586,67
4	88.000,00	5.280,00	44.000,00	36.666,67	49.280,00	41.946,67
5	44.000,00	2.640,00	44.000,00	36.666,67	46.640,00	39.306,67
6	0	0	0	36.666,67	0,00	36.666,67
Summe		39.600,00	220.000,00	220.000,00	259.600,00	222.933,33

Jahr	Leasing in Euro	
	Liquiditätsbelastung (Liq) [3]	Gesamtaufwand (GA) [3]
1	72.600,00	72.600,00
2	72.600,00	72.600,00
3	72.600,00	72.600,00
4	26.400,00	26.400,00
5	26.400,00	26.400,00
6	26.400,00	26.400,00
Summe	270.600,00	270.600,00

Vergleich der Liquiditätsbelastung und des Gesamtaufwandes [2] + [3]

Barwertvergleich *vor* Steuern

Jahr	Darlehen in Euro		Leasing in Euro	
	Liquiditätsbelastung vor Steuern (Liq vor St)	Barwert vor Steuern (Zinssatz 9 %)	Liquiditätsbelastung vor Steuern (Liq vor St)	Barwert vor Steuern (Zinssatz 9 %)
1	57.200,00	52.477,06	72.600,00	66.605,50
2	54.560,00	45.922,06	72.600,00	61.105,97
3	51.920,00	40.091,77	72.600,00	56.060,52
4	49.280,00	34.911,19	26.400,00	18.702,43
5	46.640,00	30.312,80	26.400,00	17.158,19
6	0,00	0,00	26.400,00	15.741,46
Summe	259.600,00	**203.714,89**	270.600,00	**235.374,06**

[4] ⟷ [4]

Barwertvergleich ***nach*** Steuern

	Darlehen in Euro				Leasing in Euro			
Jahr	Liquiditätsbelastung vor Steuern (Liq vor St)	Steuerminderung (StMi) (25 % von Gesamtaufwand)	Liquiditätsbelastung nach Steuern (Liq nach St = Liq vor St – StMi)	Barwert nach Steuern (Zinssatz 9 %)	Liquiditätsbelastung vor Steuern (Liq vor St)	Steuerminderung (StMi) (25 % von Gesamtaufwand)	Liquiditätsbelastung nach Steuern (Liq nach St = Liq vor St – StMi)	Barwert nach Steuern (Zinssatz 9 %)
1	57.200,00	12.466,67	44.733,33	41.039,76	72.600,00	18.150,00	54.450,00	49.954,13
2	54.560,00	11.806,67	42.753,33	35.984,63	72.600,00	18.150,00	54.450,00	45.829,48
3	51.920,00	11.146,67	40.773,33	31.484,49	72.600,00	18.150,00	54.450,00	42.045,39
4	49.280,00	10.486,67	38.793,33	27.482,18	26.400,00	6.600,00	19.800,00	14.026,82
5	46.640,00	9.826,67	36.813,33	23.926,14	26.400,00	6.600,00	19.800,00	12.868,64
6	0,00	9.166,67	–9.166,67	–5.465,78	26.400,00	6.600,00	19.800,00	11.806,09
umme	259.600,00	55.733,33	203.866,67	154.451,41	270.600,00	67.650,00	202.950,00	176.530,55

<u>Achtung !!!!!!</u>
Die ermittelte Steuerminderung (hier 25 %) wird vom Gesamtaufwand der jeweiligen Finanzierungsalternative ermittelt.

Barwertvergleich nach Steuern

<u>Ergebnis:</u>

	Darlehen	Leasing	Vorteil
Vergleich der Liquiditätsbelastung	259.600,00 EUR	270.600,00 EUR	Darlehen
Vergleich des Gesamtaufwands	222.933,33 EUR	270.600,00 EUR	Darlehen/Leasing
Barwertvergleich ***vor*** Steuern	203.714,89 EUR	235.374,06 EUR	Darlehen
Barwertvergleich ***nach*** Steuern	154.451,41 EUR	176.530,55 EUR	Darlehen

Aufgaben

Ein Unternehmen benötigt zur Produktion von Fertigerzeugnissen eine neue Maschine. Sie wird im Januar 2014 zum Anschaffungspreis von 360.000,00 EUR gekauft. Die Maschine hat eine betriebsgewöhnliche Nutzungsdauer von zehn Jahren.

Folgende Finanzierungsmöglichkeiten stehen zur Auswahl:

Kredit der Bank	Leasingangebot
• Darlehen 360.000,00 EUR • Zinssatz 4,8 % • Auszahlung 100 % • Laufzeit 8 Jahre • Tilgung jeweils am Jahresende in gleichen Raten	• Grundmietzeit 5 Jahre • Jährliche Leasingrate in der Grundmietzeit: 20 % des Anschaffungspreises, zahlbar am Jahresende • Leasingrate pro Jahr nach Ablauf der Grundmietzeit: 7 % des Anschaffungspreises, zahlbar am Jahresende

Gewinnsteuersatz 20 %, Kalkulationszinssatz 7 %

1. Vergleichen Sie die beiden Finanzierungsmöglichkeiten hinsichtlich der Liquiditätsbelastung und des Aufwands.
2. Vergleichen Sie die Barwerte der beiden Finanzierungsmöglichkeiten ohne steuerliche Berücksichtigung.
3. Vergleichen Sie die Barwerte der beiden Finanzierungsmöglichkeiten mit Berücksichtigung der steuerlichen Auswirkungen.

15.3 Abituraufgaben

Abituraufgaben 2012 (Aufgabe 1, teilweise)

3. Die Autoteile Berger KG benötigt zu Beginn des Jahres 2012 eine Fertigungsmaschine zum Anschaffungspreis von 180.000,00 EUR. Die Maschine hat eine betriebsgewöhnliche Nutzungsdauer von sechs Jahren und soll linear abgeschrieben werden.
Es eröffnen sich folgende Finanzierungsmöglichkeiten:

Kreditangebot der Hausbank	Angebot der Deutschen Leasing AG
• Darlehen in Höhe von 180.000,00 EUR • Soll-Zinssatz 7 % • Auszahlung des Darlehens zu 100 % • Laufzeit 48 Monate • Tilgung jeweils am Jahresende in gleichen Raten	• Grundmietzeit 48 Monate • jährliche Leasingrate während der Grundmietzeit (zahlbar jeweils am Jahresende): 24 % der Anschaffungskosten • jährliche Leasingrate nach Ablauf der Grundmietzeit (zahlbar jeweils am Jahresende): 17 % der Anschaffungskosten

3.1 Prüfen und begründen Sie, welche Art des Leasingvertrages hinsichtlich

- der Dauer der Leasingzeit,
- des Leasinggebers

vorliegt.

3.2 Ermitteln Sie die Liquiditätsbelastung und den Gesamtaufwand für beide Finanzierungsalternativen während der gesamten Nutzungsdauer.
Verwenden Sie für Ihre Lösung die Tabellen der **Anlage 1**.

3.3 Das Kreditangebot der Hausbank wäre auch als Annuitätendarlehen mit einem Soll-Zinssatz von 7 % möglich.
Berechnen Sie die Liquiditätsbelastung während der gesamten Nutzungsdauer, wenn der Kredit als Annuitätendarlehen nach vier Jahren vollständig getilgt sein soll (siehe Tabelle in Kapitel 29.2).

3.4 Der Leiter der Finanzbuchhaltung schlägt vor, weitere Aspekte wie Gewinnsteuern und Barwerte in die Finanzierungsentscheidung einzubeziehen.

3.4.1 Erläutern Sie, weshalb der Barwert der Liquiditätsbelastung aussagekräftiger ist als die in Teilaufgabe 3.2 berechnete Liquiditätsbelastung.

3.4.2 Berechnen Sie auf der Grundlage Ihrer Ergebnisse aus Teilaufgabe 3.2 die Barwerte der Liquiditätsbelastung nach Steuern für die einzelnen Nutzungsjahre und insgesamt. Berücksichtigen Sie dazu einen Gewinnsteuersatz von 20 % und einen Kalkulationszinssatz von 8 %.
Interpretieren Sie Ihr Ergebnis.
Verwenden Sie für Ihre Lösung die Tabellen der **Anlage 2** sowie die Tabelle in Kapitel 29.2.
Berechnungen sind auf volle Euro zu runden.

3.4.3 Prüfen Sie, ob und gegebenenfalls wie sich die Steuerminderung bei der Darlehensfinanzierung verändern würde, wenn statt des Abzahlungsdarlehens zu gleichen Bedingungen ein Festdarlehen in Anspruch genommen werden könnte. Begründen Sie Ihre Antwort (rechnerischer Nachweis nicht erforderlich).

Anlage 1 zu Teilaufgabe 3.2

Darlehen der Hausbank (in Euro)

Jahr	Darlehen am Jahresanfang	Zinsen	Tilgung	Abschreibung	Liquiditätsbelastung	Gesamtaufwand
1						
2						
3						
4						
5						
6						
$\sum$						

Leasingangebot (in Euro)

Jahr	Liquiditätsbelastung	Gesamtaufwand
1		
2		
3		
4		
5		
6		
∑		

Anlage 2 zu Aufgabe 3.4.2

Liquiditätsbelastung und Barwerte beim Darlehen (in Euro)					
Jahr	Liquiditätsbelastung vor Steuern	Gesamtaufwand	Steuerminderung	Liquiditätsbelastung nach Steuern	Barwert
1					
2					
3					
4					
5					
6					
∑					

Liquiditätsbelastung und Barwerte beim Leasing (in Euro)					
Jahr	Liquiditätsbelastung vor Steuern	Gesamtaufwand	Steuerminderung	Liquiditätsbelastung nach Steuern	Barwert
1					
2					
3					
4					
5					
6					
$\sum$					

16 Finanzierung und Investition VII: Überblick über Finanzierungsarten

Stofftelegramm

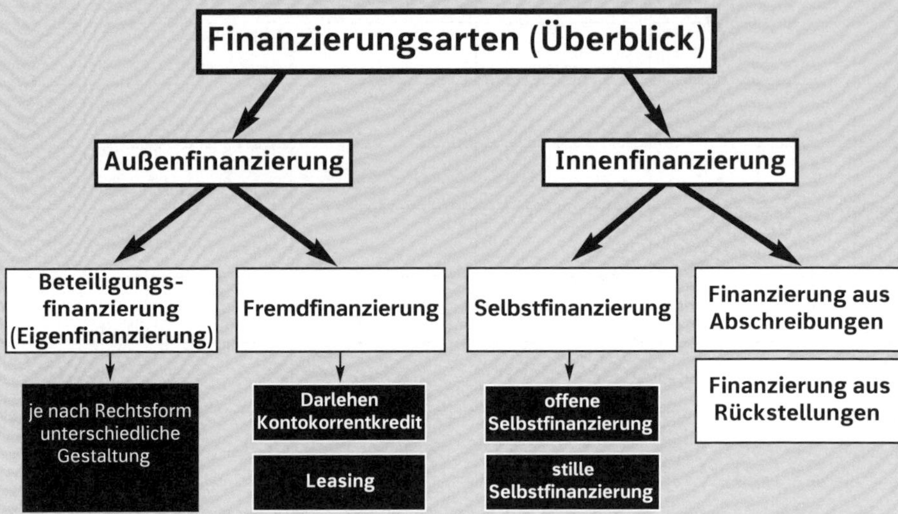

Der Leverage-Effekt

Grundsatz:
weitere Verschuldung (Fremdfinanzierung) für Investitionen sinnvoll, wenn

Fremdkapitalzins (FKZ) < Gesamtkapitalrentabilität (GKR) der Investition

Folge: Eigenkapitalrentabilität (EKR) steigt!

Abkürzungen:
EKR = Eigenkapitalrentabilität
GKR = Gesamtkapitalrentabilität
FKZ = Fremdkapitalzinsen

$$\text{EKR} = \frac{\text{Reingewinn} \cdot 100}{\text{Eigenkapital}}$$

$$\text{GKR} = \frac{(\text{Reingewinn} + \text{FKZ}) \cdot 100}{\text{Eigen-} + \text{Fremdkapital}}$$

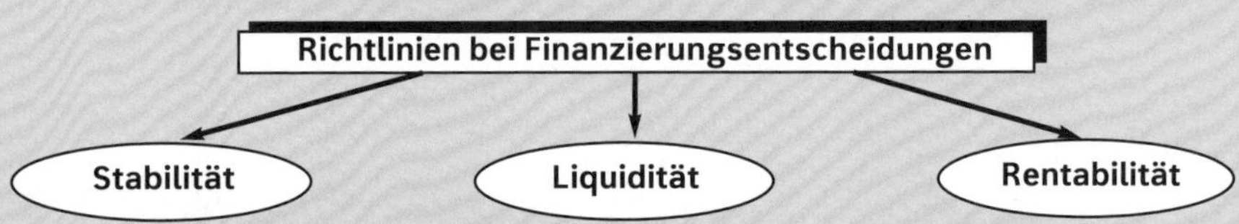

- Sicherheitsaspekt
- Krisenfestigkeit
- finanzielles Gleichgewicht

- laufende Zahlungsfähigkeit
- Liquiditätsgrade und -kennziffern (vgl. später!)

- Rentabilitätskennziffern (s. o. sowie spätere Kapitel)

Aufgaben

1. a) Zeigen Sie in einer übersichtlichen Skizze die Finanzierungsarten.

   b) Definieren Sie in Kurzform jede Finanzierungsart.

2. Beschreiben Sie kurz die allgemeinen Finanzierungsgrundsätze.

3. Was versteht man unter „Leverage-Effekt"?

4.

Reingewinn:	100.000,00 EUR	
Eigenkapital:	5.000.000,00 EUR	
Fremdkapitalzinsen:	500.000,00 EUR	
Fremdkapital:	7.000.000,00 EUR	

   a) Eigenkapitalrentabilität?

   b) Gesamtkapitalrentabilität?

5.

Eigenkapitalrentabilität:	10 %	
Eigenkapital:	200.000,00 EUR	Reingewinn?

6.

Eigenkapitalrentabilität:	10 %	
Reingewinn:	80.000,00 EUR	Eigenkapital?

7.

Gesamtkapitalrentabilität:	10 %	
Eigenkapital:	300.000,00 EUR	
Fremdkapital:	800.000,00 EUR	
Reingewinn:	100.000,00 EUR	Fremdkapitalzinsen?

8.

Gesamtkapitalrentabilität:	10 %	
Reingewinn:	800.000,00 EUR	
Fremdkapital:	900.000,00 EUR	
Fremdkapitalzinsen:	50.000,00 EUR	Eigenkapital?

9.

Gesamtkapitalrentabilität:	5 %	
Eigenkapital:	4.000.000,00 EUR	
Fremdkapital:	4.000.000,00 EUR	
Fremdkapitalzinsen:	300.000,00 EUR	Reingewinn?

10.

Gesamtkapitalrentabilität:	2 %	
Eigenkapital:	800.000,00 EUR	
Reingewinn:	80.000,00 EUR	
Fremdkapitalzinsen:	50.000,00 EUR	Fremdkapital?

11. a) Erklären Sie die Begriffe „Über- und Unterfinanzierung".

    b) Welche Nachteile ergeben sich jeweils?

17 Finanzierung und Investition VIII: Investitionsrechnung

17.1 Arten von Sachinvestitionen

Stofftelegramm

Investitionsarten → **Nettoinvestition** + **Reinvestition** = **Bruttoinvestition**

Nettoinvestition:
= Erweiterungsinvestition
= Kapazitätserweiterung
→ Wachstum

Reinvestition:
Ersatzinvestition
= Investition in Höhe der Abschreibungen
→ Kapazitätserhaltung

Rationalisierungsinvestition: Modernisierung der Kapazitäten → Kapazitätserweiterung

17.2 Statische Investitionsrechnung

Stofftelegramm

Kostenvergleichsrechnung

- Beurteilung verschiedener Investitionsalternativen
- reiner Kostenvergleich

Produktionsmenge, ab der ein Produktionsverfahren (z. B. lohnintensiv) kostengünstiger wird als ein anderes Produktionsverfahren (z. B. kapitalintensiv)

Für diese **kritische Menge** gilt

Kosten (Anlage I) = Kosten (Anlage II)

$$k_v \cdot x + K_f = k_v \cdot x + K_f$$

$$x = \ldots$$

Fixkosten: v. a. Abschreibungen, Zinsen, Wartungs - und Raumkosten

Variable Kosten: v. a. Betriebs- und Personalkosten

Amortisationsrechnung

Innerhalb welcher Zeit fließt der Kapitaleinsatz für eine Investition über die Verkaufserlöse wieder zurück?

Gewinnzuwachs (bzw. Kostenersparnis)
+ Abschreibungsrückfluss durch neue Anlage
= **Kapitalrückfluss**

$$\textbf{Kapitalrückflusszeit} = \frac{\text{Kapitaleinsatz}}{\text{Kapitalrückfluss}}$$

- Das eingesetzte Kapital hat sich **„amortisiert“**, wenn es über den zusätzlichen Gewinn (bzw. die Kostenersparnis) sowie die zusätzlichen kalkulatorischen Abschreibungen zurückgeflossen ist.
- Einfache Methode, jedoch werden viele weitere Faktoren nicht berücksichtigt, z. B.: Gewinnsituation nach Kapitalrückflusszeit.

Beispiel:

Kostenvergleichsrechnung

	MA 1	MA 2
Kf	150.000,00 EUR	250.000,00 EUR
kv	10,00 EUR	8,50 EUR

Rechnung:

$$MA\ 1 = MA\ 2$$
$$150.000,00 + 10,00x = 250.000,00 + 8,5x$$
$$2,5x = 100.000,00$$
$$x = 40.000$$

Ergebnis: Ab 40.000 Stück ist MA 2 günstiger.

Beispiel:

Amortisationsrechnung

	MA 1	MA 2
Kapitaleinsatz	150.000,00 EUR	210.000,00 EUR
Lebensdauer	5 Jahre	3 Jahre
Gewinnsteigerung pro Jahr	50.000,00 EUR	60.000,00 EUR

Rechnung:

	MA 1	MA 2
Abschreibung	30.000,00 EUR	70.000,00 EUR
Kapitalrückfluss	80.000,00 EUR	130.000,00 EUR
Amortisationszeit	1,9 Jahre	1,6 Jahre

Aufgaben

1. Nennen und erklären Sie zwei statische Investitionsrechnungsarten.
2. Produktionsverfahren I:

Produktionsverfahren I:	Variable Stückkosten	200,00 EUR
	Fixkosten	10.000,00 EUR
Produktionsverfahren II:	Variable Stückkosten	300,00 EUR
	Fixkosten	8.000,00 EUR

   a) Wo liegt die kritische Menge?

   b) Bei welchen Produktionsmengen ist Verfahren I, bei welchen Verfahren II günstiger?

3. Wir überlegen, ob wir eine Erweiterungsinvestition vornehmen sollen. Folgende Daten liegen vor:

	Anlage A	Anlage B
Kapitaleinsatz	1.000.000,00 EUR	1.200.000,00 EUR
Lebensdauer	10 Jahre	8 Jahre
durchschnittl. Gewinnsteigerung pro Jahr	150.000,00 EUR	170.000,00 EUR
lineare Abschreibung		

Berechnen Sie mithilfe der Amortisationsrechnung, welche Anlage gekauft werden sollte.

17.3 Dynamische Investitionsrechnung

Stofftelegramm

- Die einperiodige Betrachtung der statischen Verfahren wird durch die Berücksichtigung sämtlicher Ein- und Auszahlungen über alle Perioden hinweg ersetzt.
- Der unterschiedliche zeitliche Anfall von Aus- und Einzahlungen während der Nutzungsdauer wird zinsmäßig (Abzinsung, Diskontierung) berücksichtigt.

Kapitalwertmethode

- Diskontierung (Abzinsung) der jährlichen Einzahlungsüberschüsse (Cashflows) auf den Entscheidungszeitpunkt (→ Barwert)
- Zum Zuge kommt die Investition mit dem höchsten Kapitalwert.

Kapitalwert = **Barwert** der künftigen anschaffungsbezogenen **Cashflows**
– **Anschaffungsausgabe (Investitionssumme)**

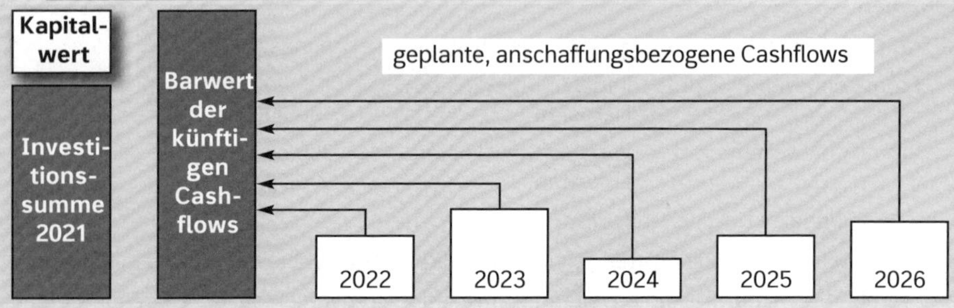

17.3.1 Ermittlung des Kapitalwertes einer Investition

Stofftelegramm

Beispiel:

Die MB GmbH beabsichtigt, eine Investition vorzunehmen. Es soll eine Maschine angeschafft werden. Anschaffungskosten: 130.000,00 EUR; Nutzungsdauer fünf Jahre. Die geplanten Einnahmen und Ausgaben für die fünf Jahre sind aus der Tabelle zu entnehmen. Der von der Geschäftsleitung vorgegebene Kalkulationszinssatz beträgt 9 %.

a) Ermitteln Sie den Kapitalwert der Investition.

b) Ermitteln Sie den Kapitalwert der Investition, wenn die Maschine im fünften Jahr zum Schrottwert von 10.000,00 EUR verkauft werden kann.

Vorgehensweise

1. Ermittlung der Überschüsse jedes Jahres
2. Errechnung des Abzinsungsfaktors

* Abzinsungsfaktor $= (1 + i)^{-n}$ oder $\frac{1}{(1 + i)^n}$

z. B. 3. Jahr: $(1 + 0{,}09)^{-3} = 0{,}772183$

i = Kalkulationszinssatz hier: 9 %
n = Anzahl der Jahre

3. Ermittlung des Barwertes der jeweiligen Jahre
4. Summe bilden der Barwerte der jeweiligen Jahre
5. Ermittlung des Kapitalwertes (Summe Barwerte – Anschaffungskosten)

a) **Kapitalwert ohne Liquidationserlös**

Jahr	Einnahmen	Ausgaben	Überschüsse (Einnahmen – Ausgaben)	Abzinsungsfaktor*	Barwert (Überschüsse · Abzinsungsfaktor)
1	100.000,00 EUR	60.000,00 EUR	40.000,00 EUR	0,917431	36.697,25 EUR
2	110.000,00 EUR	65.000,00 EUR	45.000,00 EUR	0,841680	37.875,60 EUR
3	120.000,00 EUR	70.000,00 EUR	50.000,00 EUR	0,772183	38.609,17 EUR
4	110.000,00 EUR	80.000,00 EUR	30.000,00 EUR	0,708425	21.252,76 EUR
5	90.000,00 EUR	72.000,00 EUR	18.000,00 EUR	0,649931	11.698,76 EUR
			Summe der Barwerte		146.133,54 EUR
			– Anschaffungskosten		130.000,00 EUR
			Kapitalwert		16.133,54 EUR

b) **Kapitalwert mit Liquidationserlös**

Jahr	Einnahmen	Ausgaben	Überschüsse (Einnahmen – Ausgaben)	Abzinsungsfaktor*	Barwert (Überschüsse · Abzinsungsfaktor)
1	100.000,00 EUR	60.000,00 EUR	40.000,00 EUR	0,917431	36.697,25 EUR
2	110.000,00 EUR	65.000,00 EUR	45.000,00 EUR	0,841680	37.875,60 EUR
3	120.000,00 EUR	70.000,00 EUR	50.000,00 EUR	0,772183	38.609,17 EUR
4	110.000,00 EUR	80.000,00 EUR	30.000,00 EUR	0,708425	21.252,76 EUR
5	90.000,00 EUR	72.000,00 EUR	18.000,00 EUR	0,649931	11.698,76 EUR
5	Liquidationserlös		10.000,00 EUR	0,649931	6.499,31 EUR
			Summe der Barwerte		152.632,86 EUR
			– Anschaffungskosten		130.000,00 EUR
			Kapitalwert		22.632,86 EUR

Ergebnis

Die Investition ergibt in beiden Fällen einen positiven Kapitalwert, d. h., die gewünschte Verzinsung der Investition von 9 % wird sogar übertroffen. Die Investition sollte durchgeführt werden.

3 Fälle: Kapitalwert > 0, gewünschte Verzinsung wird übertroffen → Investition tätigen
Kapitalwert = 0, gewünschte Verzinsung wird genau erreicht → Investition tätigen
Kapitalwert < 0, gewünschte Verzinsung wird nicht erreicht → Investition nicht tätigen

17.3.2 Differenzinvestition (Ergänzungsinvestition)

Stofftelegramm

Bei einem Vergleich von zwei Investitionsprojekten ist das Projekt mit dem höheren Kapitalwert das bessere.

Wenn zwei Investitionsprojekte mit unterschiedlichen Anschaffungskosten bzw. mit unterschiedlicher Nutzungsdauer verglichen werden, muss in Höhe der Abweichung der Anschaffungskosten eine „fiktive" Investitionsrechnung der Differenz erfolgen, um die Projekte vergleichbar zu machen.

Beispiel:

Investition 1
AK: 150.000,00 EUR, ND 5 Jahre,
Kalkulationszinssatz 10 %
Kapitalwert: 23.000,00 EUR

Investition 2
AK: 130.000,00 EUR, ND 5 Jahre,
Kalkulationszinssatz 10 %
Kapitalwert: 21.000,00 EUR

Differenz der Anschaffungskosten: 20.000,00 EUR

Annahme:
Die Differenz in Höhe von 20.000,00 EUR kann in ein anderes Projekt investiert werden. ND 5 Jahre, Kalkulationszinssatz 10 %. Die geschätzten Überschüsse sind in der Tabelle unten eingetragen. Kapitalwert der Differenzinvestition?

Jahr	Überschüsse	Abzinsungsfaktor	Barwert
1	6.000,00 EUR	0,909091	5.454,55 EUR
2	6.500,00 EUR	0,826446	5.371,90 EUR
3	5.600,00 EUR	0,751315	4.207,36 EUR
4	5.500,00 EUR	0,683013	3.756,57 EUR
5	6.800,00 EUR	0,620921	4.222,26 EUR
		Summe der Barwerte	23.012,65 EUR
		– Anschaffungskosten	20.000,00 EUR
		Kapitalwert der Differenzinvestition	3.012,65 EUR

Ergebnis:
Der Kapitalwert der Differenzinvestition muss der Investition 2 zugerechnet werden.

Investition 1
Kapitalwert: 23.000,00 EUR

<

Investition 2 + Differenzinv.
Kapitalwert: 21.000,00 EUR
\+ Kapitalwert: 3.012,65 EUR
Summe 24.012,65 EUR

Die Differenzinvestition und die Investition 2 haben einen um 1.012,65 EUR höheren Kapitalwert als Investition 1. Deshalb sind die Investition 2 und die Differenzinvestition günstiger. Das Unternehmen erhält in den fünf Jahren die investierten 150.000,00 EUR zurück, das eingesetzte Kapital wird mit 10 % verzinst und darüber hinaus ein Überschuss mit einem Barwert von 24.012,65 EUR erzielt.

Kritik an der Kapitalwertmethode:

- Die Einzahlungen und Auszahlungen sind Schätzungen und häufig dem Investitionsprojekt nicht eindeutig zurechenbar.
- Der Kalkulationszinssatz ist frei wählbar und somit abhängig von subjektiven Vorstellungen.

Vorteile der Kapitalwertmethode:

- Berücksichtigung der Nutzungsdauer bei der Beurteilung
- Berücksichtigung der Ein- und Auszahlungen über die gesamte Nutzungsdauer
- Berücksichtigung der zeitlichen Unterschiede der Ein- und Auszahlungen

Aufgaben

1. Erklären Sie die Begriffe „Barwert“, „Kapitalwert“ und „Diskontierung“.

2. Ein neuer Verpackungsautomat kostet 150.000,00 EUR, Nutzungsdauer vier Jahre, Kalkulationszinssatz 6 %. Folgende Einzahlungsüberschüsse werden erwartet:

1. Jahr	40.000,00 EUR
2. Jahr	45.000,00 EUR
3. Jahr	45.000,00 EUR
4. Jahr	50.000,00 EUR

Ermitteln Sie den Kapitalwert der Investition und interpretieren Sie Ihr Ergebnis.

3. Ein Unternehmen plant eine Investition. Es liegen zwei alternative Angebote vor.

	Investition 1	**Investition 2**
Anschaffungskosten	120.000,00 EUR	120.000,00 EUR
Liquidationserlös	11.000,00 EUR	12.500,00 EUR
Nutzungsdauer	5 Jahre	5 Jahre
Einnahmeüberschüsse		
1. Jahr	27.000,00 EUR	28.000,00 EUR
2. Jahr	29.000,00 EUR	35.000,00 EUR
3. Jahr	32.000,00 EUR	39.000,00 EUR
4. Jahr	34.000,00 EUR	30.000,00 EUR
5. Jahr	38.000,00 EUR	28.000,00 EUR
Kalkulationszinssatz	12 %	12 %

Ermitteln Sie die Kapitalwerte der Investitionsalternativen und entscheiden Sie sich begründet für eine Alternative.

4. In einem Unternehmen ist ein Streit entstanden. Der Produktionsleiter möchte eine teure, dafür aber vier Jahre nutzbare Maschine kaufen (TeMA). Die Unternehmensleitung möchte sich nicht so langfristig binden. Sie bevorzugt eine günstige Maschine, die jedoch nur zwei Jahre genutzt werden kann (NuMA). Bei beiden Maschinen ist nach der Nutzungsdauer kein Liquidationserlös zu erwarten.

		TeMA	NuMA
Anschaffungskosten		300.000,00 EUR	150.000,00 EUR
Einzahlungsüberschüsse	Jahr 1	120.000,00 EUR	115.000,00 EUR
	Jahr 2	120.000,00 EUR	115.000,00 EUR
	Jahr 3	120.000,00 EUR	
	Jahr 4	120.000,00 EUR	
Kalkulationszinssatz		15 %	15 %

Ermitteln Sie die Kapitalwerte der Investitionsalternativen und entscheiden Sie sich begründet für eine Alternative.

17.4 Abituraufgaben

Abituraufgaben 2010 (Aufgabe 2, Teil 2)

5. Die KG plant eine Investition in Höhe von 400.000,00 EUR.

5.1 Für die Beurteilung der Vorteilhaftigkeit von Investitionen können u. a. die Kostenvergleichsrechnung und die Kapitalwertmethode herangezogen werden. Geben Sie jeweils zwei Nachteile dieser Methoden an.

5.2 Für die Investition liegen folgende Plandaten aus dem Rechnungswesen vor:

- Investitionssumme 400.000,00 EUR
- Nutzungsdauer der Anlage 6 Jahre
- Liquidationserlös der Anlage (Restwert) 10.000,00 EUR

Zahlungszeitpunkt: Jahresende	Lfd. Einzahlungen (in Euro)	Lfd. Auszahlungen (in Euro)
1	125.000,00	45.000,00
2	135.000,00	50.000,00
3	135.000,00	47.000,00
4	140.000,00	70.000,00
5	160.000,00	85.000,00
6	195.000,00	60.000,00

- Ermitteln Sie den Kapitalwert für diese Investition bei einem Kalkulationszinsfuß von 6 %. Die Berechnungen sind auf volle Euro zu runden (siehe Tabelle in Kapitel 29.2).
- Erläutern Sie ausführlich, was der von Ihnen ermittelte Kapitalwertbetrag aussagt.

5.3 Ein Konkurrenzunternehmen setzt bei einer vergleichbaren Investition einen höheren Kalkulationszinssatz an.

- Erläutern Sie zwei Überlegungen, die diesem Vorgehen zugrunde liegen könnten.
- Begründen Sie, welche Auswirkungen dieses Vorgehen auf die Höhe des Kapitalwertes hat.

Abituraufgaben 2011 (Aufgabe 2, Teil 1)

Die Freiburger Concept Möbel AG stellt in ihrem Zweigwerk in Tutschfelden ausschließlich hochwertige Schreibtische der Produktlinie Comfortline her. Im Jahr 2010 wurden 2.000 Schreibtische zu einem Nettopreis von 800,00 EUR je Stück abgesetzt. Die Geschäftsleitung plant, die bestehenden Fertigungsmaschinen durch eine neue Produktionsanlage zu ersetzen. Die alte Produktionsanlage verursacht 500.000,00 EUR Fixkosten pro Jahr und variable Stückkosten in Höhe von 550,00 EUR pro Schreibtisch. Für die neue Anlage liegen für eine Produktionsmenge von 2.000 Stück folgende Daten vor:

Anschaffungswert	2.400.000,00 EUR
Restwert nach Ablauf der Nutzungsdauer	0,00 EUR
Nutzungsdauer	6 Jahre
Fertigungslöhne pro Jahr	400.000,00 EUR
Fertigungsmaterial pro Jahr	300.000,00 EUR
Gehälter pro Jahr	60.000,00 EUR
Abschreibung	linear
Sonstige fixe Kosten pro Jahr (inkl. kalk. Zinsen)	140.000,00 EUR
Sonstige variable Kosten pro Jahr	100.000,00 EUR

1. Vor einer Entscheidung verlangt der Vorstand eine Überprüfung der Vorteilhaftigkeit der Investition. Für die folgenden Investitionsrechnungen wird unterstellt, dass die Absatzmenge und der Nettoverkaufspreis des Jahres 2010 für den betrachteten Zeitraum beibehalten werden und dass alle Leistungen und Kosten mit Ausnahme der Abschreibungen zahlungswirksam sind.

1.1 Führen Sie für die erwarteten Absatzzahlen einen Vergleich der jährlichen Gesamtkosten zwischen der alten und der neuen Anlage durch.

1.2 Berechnen Sie die kritische Produktionsmenge und erläutern Sie Ihr Ergebnis.

Hinweis: Sollten Sie zu Aufgabe 1.1 kein Ergebnis haben, gehen Sie für die neue Anlage von variablen Gesamtkosten in Höhe von 900.000,00 EUR und jährlichen Fixkosten in Höhe von 530.000,00 EUR aus.

1.3 Der Vorstand erwartet, dass sich die Ersatzinvestition (neue Anlage) innerhalb von fünf Jahren amortisiert. Es wird davon ausgegangen, dass durch die Veräußerung der Altanlage 400.000,00 EUR erzielt werden. Die alte Anlage wird bisher mit jährlich 100.000,00 EUR abgeschrieben.

1.3.1 Überprüfen Sie, ob die neue Anlage die Erwartungen des Vorstands im Hinblick auf die Amortisationszeit erfüllt.

1.3.2 Beschreiben Sie zwei Kritikpunkte an der Amortisationsrechnung als Entscheidungshilfe für die Beurteilung der Vorteilhaftigkeit einer Investition.

1.4 Als weitere Entscheidungshilfe für die Beurteilung der Vorteilhaftigkeit von Investitionen wird die Kapitalwertmethode herangezogen. Hierfür wird ein Kalkulationszinssatz in Höhe von 10 % unterstellt.

1.4.1 Erläutern Sie zwei Faktoren, die bei der Festlegung der Höhe des Kalkulationszinssatzes von Bedeutung sein können.

1.4.2 Ermitteln Sie die Höhe des Kapitalwertes der Investition (ohne Berücksichtigung der Altanlage) und beurteilen Sie Ihr Ergebnis.

Hinweis: Gehen Sie davon aus, dass der Zahlungszeitpunkt jeweils am Jahresende liegt. Alle Berechnungen sind auf volle Euro zu runden. Eine Tabelle mit Aufzinsungs-, Abzinsungs- und Annuitätenfaktoren befindet sich in Kapitel 29.2.

1.4.3 Anstelle der Investition im Zweigwerk Tutschfelden stand eine Investition im Stammwerk in Freiburg zur Diskussion. Dies hätte im Vergleich zur Investition in Tutschfelden bei einer Investitionssumme von 2.000.000,00 EUR einen um 50.000,00 EUR niedrigeren Kapitalwert erzielt.

Begründen Sie mithilfe der Kapitalwertmethode, ob sich die Entscheidung zugunsten der Investition im Werk Tutschfelden verändern würde, wenn die eingesparten Anschaffungskosten zum Kalkulationszinssatz angelegt würden.

Abituraufgaben 2013 (Aufgabe 3, teilweise)

Die Karlsruher Maschinenbau GmbH ist ein international tätiger Hersteller von Baumaschinen. Zur Erweiterung des Fuhrparks plant das Unternehmen die Anschaffung eines neuen 60-Tonnen-Lkw mit Spezialaufbauten. Es stehen die beiden Lkw Typ A und Typ B zur Auswahl.

Folgende Tabelle enthält die Daten der beiden Fahrzeugtypen:

	Lkw A	Lkw B
Anschaffungskosten netto in Euro	270.000,00	210.000,00
Restverkaufserlös netto in Euro	120.000,00	110.000,00
geplante Nutzungsdauer in Jahren	5	5
Zinssatz für die kalkulatorischen Zinsen in Prozent	6	6
Steuer und Versicherung in Euro/Jahr	10.300,00	9.400,00
Pflege und Wartung in Euro/Jahr	20.000,00	15.000,00
Kraftstoffkosten in Euro/Liter	1,70	1,70
Kraftstoffverbrauch in Liter/100 km	40	50
Reparaturkosten in Euro/km	0,10	0,15
Fahrleistung in km/Jahr	60.000	60.000

1. Die Geschäftsführung möchte zunächst überprüfen, welcher der beiden Lkw vorteilhafter ist. Hierzu sollen die Alternativen mithilfe der Kostenvergleichsrechnung analysiert werden.

1.1 Führen Sie eine Kostenvergleichsrechnung durch, indem Sie für beide Lkw die Gesamtkosten pro Kilometer bei einer jährlichen Fahrleistung von jeweils 60.000 km ermitteln.

1.2
- Berechnen Sie, bei welcher jährlichen Kilometerleistung die Kosten für beide Lkw identisch sind.
- Begründen Sie mithilfe einer Skizze, für welchen Lkw sich die GmbH angesichts der geplanten Fahrleistung pro Jahr entscheiden sollte.

1.3 • Beschreiben Sie zwei Kritikpunkte an der Kostenvergleichsrechnung als Verfahren der Investitionsrechnung.
• Erläutern Sie, ob die Amortisationsrechnung als Entscheidungshilfe für die Beurteilung von Investitionsalternativen besser geeignet ist.

3. Die Karlsruher Maschinenbau GmbH plant die Anschaffung einer neuen Produktionsanlage für die Fertigung im Zweigwerk Rastatt. Der Kaufpreis dieser Anlage beträgt 1.650.000,00 EUR. Nach Ablauf der Nutzungsdauer von fünf Jahren wird die Anlage voraussichtlich zum Schrottwert in Höhe von 45.000,00 EUR verkauft. Während der Nutzungsdauer ist mit folgenden Einzahlungen und Auszahlungen (jeweils am Jahresende) zu rechnen:

Jahr	Einzahlungen in Euro	Auszahlungen in Euro
1	510.000,00	210.000,00
2	870.000,00	220.000,00
3	460.000,00	280.000,00
4	520.000,00	230.000,00
5	790.000,00	250.000,00

Die Geschäftsführung beurteilt diese Investition mithilfe der Kapitalwertmethode.

3.1 Erläutern Sie, unter welcher Voraussetzung eine Investition nach der Kapitalwertmethode grundsätzlich als vorteilhaft gilt.

3.2 Ermitteln Sie den Kapitalwert der Investition für die neue Produktionsanlage. Gehen Sie bei Ihren Berechnungen von einem Kalkulationszinssatz von 6 % aus und runden Sie auf volle Euro.

3.3 Ein anderer Hersteller bietet eine vergleichbare Produktionsanlage an, deren Anschaffungskosten 50.000,00 EUR geringer wären. Der Kapitalwert dieser Investition würde 20.000,00 EUR betragen. Begründen Sie, für welche Investition sich die GmbH entscheiden sollte.

3.4 Zeigen Sie zwei Probleme auf, die bei der Anwendung der Kapitalwertmethode auftreten können.

Hinweis: Eine Aufzinsungs- bzw. Abzinsungstabelle finden Sie in Kapitel 29.2.

Abituraufgaben 2015 (Aufgabe 2, teilweise)

6. Das Unternehmen benötigt eine neue Fertigungsanlage für die Produktion der Ventilatoren. Der Anschaffungswert der Anlage beträgt 300.000,00 EUR. Die Fertigungsanlage wird voraussichtlich sechs Jahre genutzt. Die sonstigen Fixkosten pro Jahr betragen 125.000,00 EUR. Die variablen Kosten pro Stunde belaufen sich auf 125,00 EUR. Die Maschine läuft 2.400 Stunden im Jahr. Die Geschäftsführung rechnet mit 510.000,00 EUR Umsatzerlösen jährlich.

6.1 Berechnen Sie die Amortisationszeit und erläutern Sie deren Bedeutung.

6.2 Als weitere Entscheidungshilfe für die Beurteilung der Vorteilhaftigkeit dieser Investition soll der Kapitalwert ermittelt werden.

Berücksichtigen Sie zusätzlich einen Liquidationserlös in Höhe von 8.000,00 EUR für den Verkauf der Anlage nach Ablauf der Nutzungsdauer. Die neu berechneten Einzahlungsüberschüsse (jeweils am Jahresende) entnehmen Sie der folgenden Tabelle.

Jahr	Einzahlungsüberschüsse in Euro
1	85.000,00
2	78.000,00
3	80.000,00
4	72.000,00
5	78.000,00
6	75.000,00

Ermitteln Sie den Kapitalwert der Investition und interpretieren Sie Ihr Ergebnis. Gehen Sie von einem Kalkulationszinssatz von 7 % aus (siehe Tabelle in Kapitel 29.2).
Alle Berechnungen sind auf volle Euro zu runden.

6.3 Statt der Fertigungsanlage für 300.000,00 EUR kann auch eine ähnliche Anlage eines Konkurrenten für 250.000,00 EUR erworben werden. Diese würde einen erwarteten Kapitalwert von 65.357,00 EUR erzielen.

Die Differenz der Anschaffungsausgaben könnte in ein weiteres Investitionsobjekt fließen, welches in jedem der sechs Jahre Einzahlungsüberschüsse in Höhe von 12.000,00 EUR zum Jahresende erwarten ließe.

Weisen Sie rechnerisch nach, für welche Alternative sich das Unternehmen entscheiden sollte. Gehen Sie von einem Kalkulationszinssatz von 7 % aus (siehe Tabelle in Kapitel 29.2). Alle Berechnungen sind auf volle Euro zu runden.

6.4 Erläutern Sie zwei Probleme, die bei der Anwendung der Kapitalwertmethode als Grundlage für Investitionsentscheidungen auftreten können.

Abituraufgaben 2016 (Aufgabe 2, teilweise)

Der Automobilzulieferer Graf Thermotechnik AG in Lahr/Schwarzwald fertigt Komponenten für Klimaanlagen und Motorkühlungen. Das Unternehmen erhält von einem deutschen Automobilhersteller den Auftrag, Thermostate für den Motor einer Pkw-Sonderserie zu produzieren. Aufgrund dieses Auftrags soll eine Erweiterungsinvestition in eine neue Montageanlage getätigt werden.

1. Zur Herstellung dieser Thermostate stehen der Graf Thermotechnik AG zwei alternative Montageanlagen der Maschinenfabrik Fürst GmbH mit folgenden Informationen zur Auswahl:

	Typ A	Typ B
Anschaffungskosten (netto)	250.000,00 EUR	300.000,00 EUR
Restwert (netto)	25.000,00 EUR	45.000,00 EUR
geplante Nutzungsdauer	5 Jahre	5 Jahre
Zinssatz für kalkulatorische Zinsen	6 %	6 %
sonstige fixe Betriebskosten pro Jahr	130.000,00 EUR	136.000,00 EUR
Fertigungslöhne pro Jahr (bei maximaler Kapazitätsauslastung)	84.000,00 EUR	52.000,00 EUR
sonstige variable Kosten pro Jahr (bei maximaler Kapazitätsauslastung)	16.800,00 EUR	19.500,00 EUR
Materialkosten pro Stück	2,00 EUR	2,00 EUR
Kapazität pro Jahr	120.000 Stück	130.000 Stück

Die Anlagen werden linear abgeschrieben.

Der Verkaufserlös pro Thermostat beträgt 5,00 EUR.

1.1 Bereiten Sie mithilfe der Kostenvergleichsrechnung anhand der gegebenen Daten die Investitionsentscheidung vor. Berechnen Sie hierzu die Gesamtkosten bei einer geplanten Produktions- und Absatzmenge von 110.000 Stück.

1.2 Berechnen Sie die kritische Produktionsmenge und interpretieren Sie Ihr Ergebnis.

1.3 Erläutern Sie zwei Kritikpunkte an der Kostenvergleichsrechnung als Verfahren der Investitionsrechnung.

1.4 Die Geschäftsleitung erwartet, dass sich die Investition nach der Hälfte der geplanten Nutzungsdauer amortisiert. Überprüfen Sie, ob die beiden Anlagen bei der geplanten Stückzahl die Erwartung der Geschäftsleitung im Hinblick auf die Amortisationszeit erfüllen.

1.5 Die Geschäftsleitung fordert, als weitere Entscheidungshilfe die Kapitalwertmethode heranzuziehen. Auf Basis dieses Berechnungsverfahrens wurde für die Investitionsalternative Typ A ein Kapitalwert von 187.179,00 EUR und für Typ B ein Kapitalwert von 252.379,00 EUR ermittelt. Das Unternehmen legt einen Kalkulationszinssatz von 6 % zugrunde.

1.5.1 Erklären Sie, was der Kapitalwert der Investitionsalternative Typ B aussagt.

1.5.2 Die Differenz der Anschaffungskosten der beiden Investitionsalternativen kann in ein weiteres Projekt mit einer Nutzungsdauer von fünf Jahren investiert werden. Die geschätzten Einzahlungsüberschüsse der Differenzinvestition betragen für das erste Jahr 18.000,00 EUR. Die Geschäftsleitung rechnet mit einer jährlichen Steigerung der Einzahlungsüberschüsse von 10 %. Gehen Sie davon aus, dass die Zahlungszeitpunkte der Einzahlungsüberschüsse jeweils am Jahresende liegen.

Treffen Sie eine begründete Investitionsentscheidung auf Grundlage der Kapitalwerte beider Alternativen unter Berücksichtigung der Differenzinvestition. Alle Berechnungen sind auf volle Euro zu runden (siehe Tabelle in Kapitel 29.2).

18 Der Jahresabschluss (HGB)

18.1 Der Jahresabschluss einer großen Kapitalgesellschaft (HGB)

Stofftelegramm

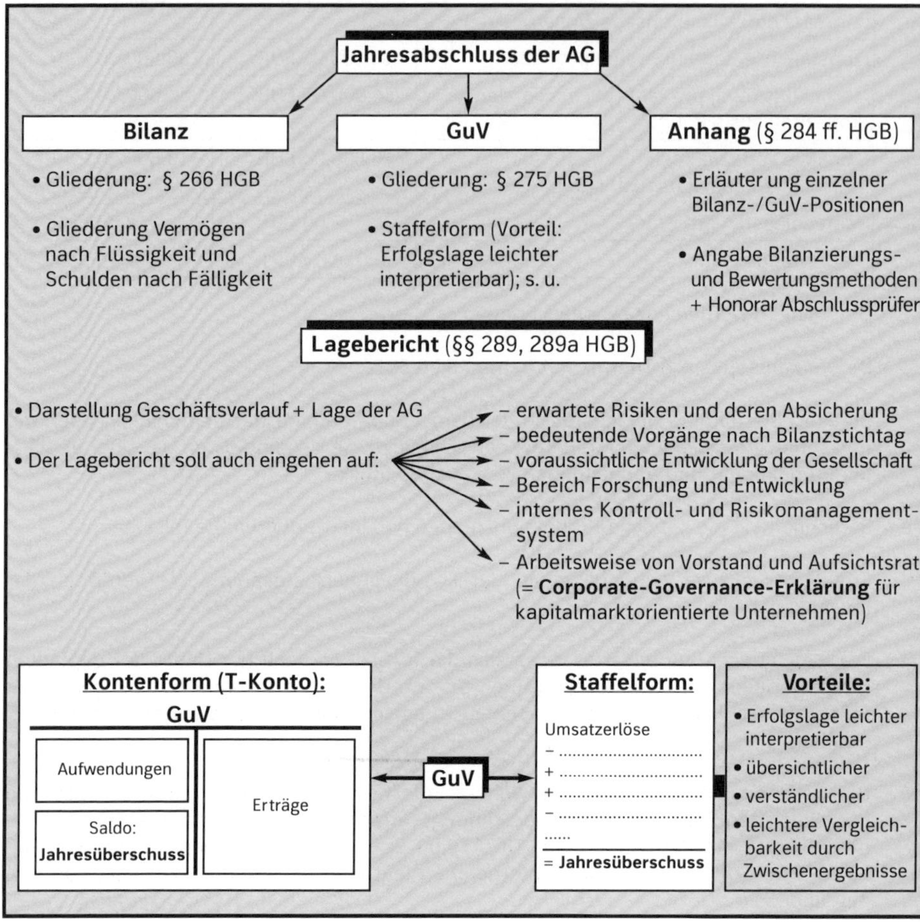

Aufgaben

1. Aus welchen Teilen besteht der Jahresabschluss der AG?
2. Wie werden Vermögen und Schulden gegliedert?
3. Welche Aufgaben hat a) der Anhang, b) der Lagebericht bei Kapitalgesellschaften?
4. Welche Vorteile hat die Staffelform der GuV im Vergleich zur Kontenform?

18.2 Bewertung nach Handelsrecht

Stofftelegramm

Bewertungsanlässe

- Bilanzierung (Information über Vermögen und Schulden)
- Gewinnermittlung (handels- und steuerrechtlich)
- Ausscheiden eines Gesellschafters
- Unternehmensverkauf
- Kalkulation
- Vergleich oder Insolvenz

Adressaten (Informationskreis) des Jahresabschlusses

- Eigentümer
- Geschäftsführer
- Gläubiger
- Finanzbehörden
- Öffentlichkeit (AG!)

Die Schutzfunktion der Bewertungsvorschriften

- **Teilhaberschutz:** Interesse an stabilen Gewinnausschüttungen (insbesondere Kleinaktionäre). Somit Schutz vor Unterbewertung des Vermögens (= Gewinnverringerung) notwendig.
- **Gläubigerschutz:** Interesse, dass Tilgungen problemlos möglich. Notwendig daher: Schutz vor zu hohen Gewinnausschüttungen. Vorsichtsprinzip!
- **Steuergerechtigkeit**

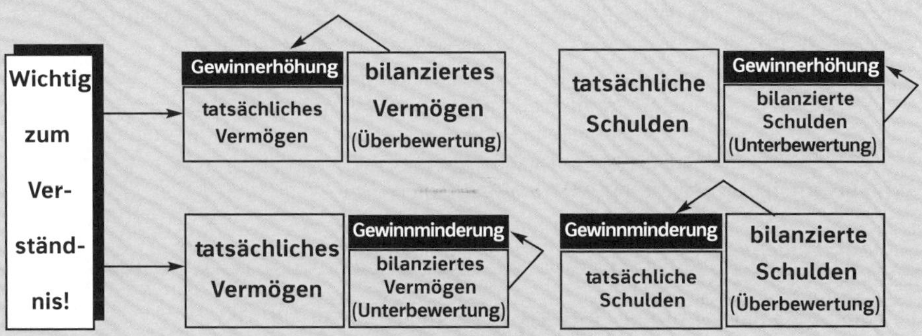

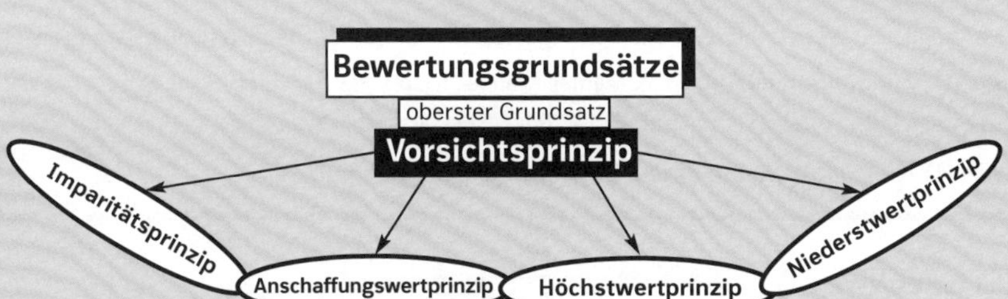

Bewertungsgrundsätze: Kurzdefinitionen

Vorsichtsprinzip
- Bewertung Vermögen: eher niedrigeren Wert ansetzen!
- Bewertung Schulden: eher höheren Wert ansetzen!

Anschaffungswertprinzip
- Anschaffungskosten dürfen **nie** überschritten werden!

Imparitätsprinzip
- Nicht realisierte **Gewinne** dürfen nicht ausgewiesen werden! (Realisationsprinzip!)
- Ausweis aller am Bilanzstichtag drohenden (noch nicht realisierten) **Verluste**!

↓ ↓

Ungleichbehandlung von Gewinnen und Verlusten („Imparität")

Niederstwert- und Höchstwertprinzip: siehe unten!

Bewertung des Vermögens

Niederstwertprinzip (NWP)

strenges NWP

Niedrigerer Wert **muss** (streng!) angesetzt werden **(Pflicht).**

Anlagevermögen:
- bei voraussichtlich dauernder Wertminderung
- bei vorübergehender Wertminderung bei **Sachanlagen**

Umlaufvermögen: stets strenges NWP

gemildertes NWP

Niedrigerer Wert **darf** (gemildert) angesetzt werden **(Wahlrecht).**

Anlagevermögen (nur Finanzanlagen): bei vorübergehender Wertminderung

Hinweis: Forderungen in Auslandswährung siehe nächste Seite.

Bewertung der Schulden = Höchstwertprinzip (HWP)

Von zwei möglichen Werten **muss der** höhere angesetzt werden! (Ggf. höheren Erfüllungsbetrag ansetzen!)

Disagio (Damnum): Handelsrecht: Aktivierungswahlrecht (sofortige Aufwandsbuchung **oder** Aktivierung) als aktiver RA-Posten (fiktives Aktivum)/Abschreibung über Laufzeit

Hinweis: Verbindlichkeiten in Auslandswährung siehe nächste Seite.

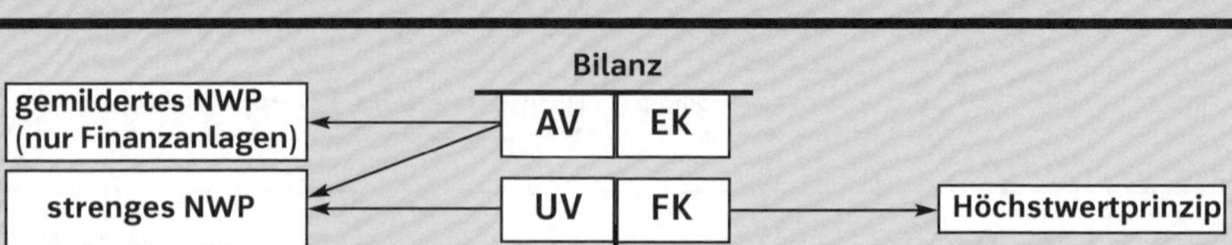

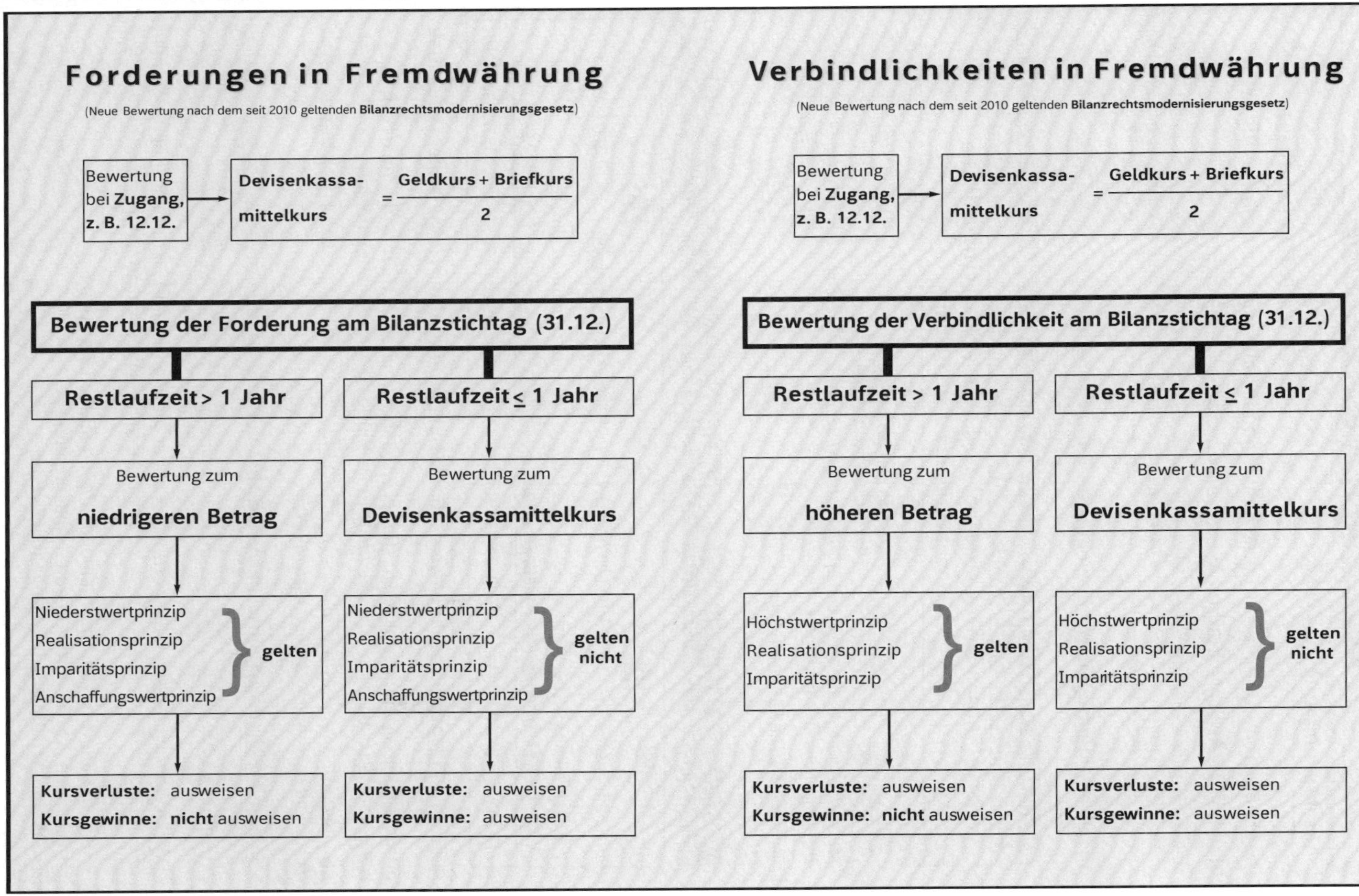
Forderungen in Fremdwährung
(Neue Bewertung nach dem seit 2010 geltenden Bilanzrechtsmodernisierungsgesetz)
Bewertung bei Zugang, z. B. 12.12.
Devisenkassamittelkurs = (Geldkurs + Briefkurs) / 2
Bewertung der Forderung am Bilanzstichtag (31.12.)
Restlaufzeit > 1 Jahr
Bewertung zum niedrigeren Betrag
Niederstwertprinzip
Realisationsprinzip
Imparitätsprinzip
Anschaffungswertprinzip
gelten
Kursverluste: ausweisen
Kursgewinne: nicht ausweisen
Restlaufzeit ≤ 1 Jahr
Bewertung zum Devisenkassamittelkurs
Niederstwertprinzip
Realisationsprinzip
Imparitätsprinzip
Anschaffungswertprinzip
gelten nicht
Kursverluste: ausweisen
Kursgewinne: ausweisen
Verbindlichkeiten in Fremdwährung
(Neue Bewertung nach dem seit 2010 geltenden Bilanzrechtsmodernisierungsgesetz)
Bewertung bei Zugang, z. B. 12.12.
Devisenkassamittelkurs = (Geldkurs + Briefkurs) / 2
Bewertung der Verbindlichkeit am Bilanzstichtag (31.12.)
Restlaufzeit > 1 Jahr
Bewertung zum höheren Betrag
Höchstwertprinzip
Realisationsprinzip
Imparitätsprinzip
gelten
Kursverluste: ausweisen
Kursgewinne: nicht ausweisen
Restlaufzeit ≤ 1 Jahr
Bewertung zum Devisenkassamittelkurs
Höchstwertprinzip
Realisationsprinzip
Imparitätsprinzip
gelten nicht
Kursverluste: ausweisen
Kursgewinne: ausweisen

Hinweis: Stoff Eingangsklasse (Vorstruktur)

Abschreibungen

Zweck:
- Erfassung von Wertminderungen
- Verteilung der AHK auf Nutzungsdauer

Ursachen: Abnutzung, techn. Fortschritt, Schadensfälle, wirtschaftl. Entwertung ...

Planmäßige Abschreibungen: nur auf **abnutzbares** Anlagevermögen!

Außerplanmäßige Abschreibungen: bei abnutzbarem + nicht abnutzbarem Anlagevermögen. Gründe für außerplanmäßige Abschreibungen beim Anlagevermögen: außergewöhnliche technische oder wirtschaftliche Abnutzung (erhöhter Verschleiß wegen Überbeanspruchung, Schadensfälle, technischer Fortschritt, Modewechsel ...)

Abschreibungsbeginn bei beweglichen Anlagegütern:

Jan. Feb. März April Mai Juni Juli Aug. Sept. Okt. Nov. Dez.

Abschreibung ab Monat des Erwerbs bzw. Fertigstellung (monatsgenaue Abschreibung)

Beispiel

Die Anschaffungskosten einer am **a) 10.12.**, **b) 10.06.** gekauften Maschine betragen 400.000,00 EUR. Nutzungsdauer 5 Jahre; lineare Abschreibung.

Ermitteln Sie den Bilanzwert zum 31.12.

Lösung

a

Anschaffungskosten	400.000,00 EUR
./. **Abschreibung:** 20 % · $\frac{1}{12}$	
= 1,66.. % von 400.000,00 EUR =	**6.667,00 EUR**
= Bilanzwert 31.12.	**393.333,00 EUR**

b

Anschaffungskosten	400.000,00 EUR
./. **Abschreibung:** 20 % · $\frac{7}{12}$	
= 11,66.. % von 400.000,00 EUR =	**46.667,00 EUR**
= Bilanzwert 31.12.	**353.333,00 EUR**

Abschreibungsbeginn bei unbewegl. abnutzbaren Anlagegütern (v. a. Betriebsgebäude):

Abschreibung ab Monat der Bezugsfertigkeit. Bei Gebäuden Aufteilung der Anschaffungskosten auf Grundstück und Gebäude! (Nur Gebäude ist abschreibungsfähig!)

Abschreibungsverfahren: *(Hinweis: degressive Abschreibung möglich, wenn dadurch der Werteverzehr sachgerecht dargestellt wird. Aus steuerlichen Gründen ist degressiv nicht erlaubt.)*

1. lineare Abschreibung (gleichbleibende Abschreibungsbeträge)

2. degressive Abschreibung (fallende Abschreibungsbeträge):

   Vorteile der degressiven Methode:
   - hoher Wertverlust im 1. Jahr besser berücksichtigt
   - jederzeitiger Wechsel zu linear möglich

   Höhe der degressiven Abschreibung (steuerrechtlich bis 2010):
   - max. das 2,5-Fache der linearen Abschreibung
   - Obergrenze 25 % (gilt im Augenblick nicht)

Zuschreibung

Fällt der Grund für eine a. p. Abschreibung weg, so muss nach HGB eine Zuschreibung bis max. zu den AHK erfolgen (Wertaufholungsgebot).

Beispiel: Kauf einer Maschine im Januar 00 für 100.000,00 EUR. ND zehn Jahre, lineare Abschr. Wegen einer technischen Neuerung wird die Maschine zum 31.12.03 außerplanmäßig um 24.000,00 EUR abgeschrieben. Zum 31.12.06 wird erkannt, dass die technische Neuerung sich nicht durchsetzen kann, d. h., der Grund für die außerplanmäßige Abschreibung besteht nicht mehr.

Aufgabe: Ermitteln Sie den Zuschreibungsbetrag am 31.12.06, buchen Sie diesen und ermitteln Sie den Wert der Maschine am 31.12.06.

Abschreibungsplan mit a. p. Abschr.		
AK	Jan. 00	100.000,00 EUR
– Abschr.		10.000,00 EUR
BW	Dez. 00	90.000,00 EUR
– Abschr.		10.000,00 EUR
BW	Dez. 01	80.000,00 EUR
– Abschr.		10.000,00 EUR
BW	Dez. 02	70.000,00 EUR
– Abschr.		10.000,00 EUR
BW	Dez. 03	60.000,00 EUR
– a. p. Abschr.		24.000,00 EUR
BW	Dez. 03	36.000,00 EUR → RLZ: 6 Jahre
– Abschr.		6.000,00 EUR
BW	Dez. 04	30.000,00 EUR
– Abschr.		6.000,00 EUR
BW	Dez. 05	24.000,00 EUR
– Abschr.		6.000,00 EUR
BW	Dez. 06	18.000,00 EUR

Abschreibungsplan ohne a. p. Abschr.		
AK	Jan. 00	100.000,00 EUR
– Abschr.		10.000,00 EUR
BW	Dez. 00	90.000,00 EUR
– Abschr.		10.000,00 EUR
BW	Dez. 01	80.000,00 EUR
– Abschr.		10.000,00 EUR
BW	Dez. 02	70.000,00 EUR
– Abschr.		10.000,00 EUR
BW	Dez. 03	60.000,00 EUR
– Abschr.		10.000,00 EUR
BW	Dez. 04	50.000,00 EUR
– Abschr.		10.000,00 EUR
BW	Dez. 05	40.000,00 EUR
– Abschr.		10.000,00 EUR
BW	Dez. 06	30.000,00 EUR

Zuschreibung 12.000,00 EUR
Bilanzansatz: max. 30.000,00 EUR (AWP)

Buchung der Zuschreibung:

Maschine an Erträge aus Zuschreibungen 12.000,00 EUR

Hinweis: *Liegt der Verkehrswert der Maschine unter dem Bilanzansatz (z. B. 25.000,00 EUR), dann darf nur auf den niedrigeren Wert zugeschrieben werden.*
Zuschreibung: 7.000,00 EUR

Liegt der Verkehrswert der Maschine über dem Bilanzansatz (z. B. 35.000,00 EUR), dann darf nur auf den Buchwert zugeschrieben werden.
Zuschreibung: 12.000,00 EUR

Geringwertige Wirtschaftsgüter

Voraussetzungen:
- bewegliches, abnutzbares Anlagegut
- selbstständig bewertbar und nutzbar

bis 250,00 EUR Anschaffungskosten	→ • Sofortaufwand bei Kauf (Verbrauchsfiktion)
250,01 EUR – 800,00 EUR AK	→ • Sofortabschreibung im Anschaffungsjahr
oder	
250,01 EUR – 1.000,00 EUR AK	→ • Aktivierung bei Kauf auf Sammelkonto GWG, pauschale, lineare Abschreibung in fünf Jahren
alternativ für alle AK	→ • Aktivierung + planmäßige Abschreibung

Die Anschaffungskosten nach § 255 Abs. 1 HGB

Kaufpreis (ohne USt.)	
+ Anschaffungsnebenkosten	→ **Einmalige** Ausgaben im Zusammenhang mit der Anschaffung, z. B.: • Montagekosten • Transportkosten • Verpackungskosten • Notariatskosten • Zölle • Grunderwerbsteuer (nicht: Grundsteuer!)
– Anschaffungskostenminderungen	→ Skonti, Rabatte, Boni
= **Anschaffungskosten**	→ = **Aktivierungsbetrag** (Betrag auf Aktivkonto)

Herstellungskosten in der Handelsbilanz (nach § 255 Abs. 1, 2 HGB)

§ 253 Abs. 1 HGB: „Vermögensgegenstände sind höchstens mit den Anschaffungs- oder Herstellungskosten [...] anzusetzen. [...]"

Die Herstellungskosten spielen eine Rolle bei:
- selbsterstellten Anlagen
- **unfertigen und fertigen Erzeugnissen**

Abkürzungen:
- MEK = Materialeinzelkosten
- MGK = Materialgemeinkosten
- FEK = Fertigungseinzelkosten
- FGK = Fertigungsgemeinkosten
- SEKF = Sondereinzelkosten der Fertigung
- VwGK = Verwaltungsgemeinkosten
- nh = **nicht** herstellungsbezogen (allgemeine Verwaltungsgemeinkosten)
- h = herstellungsbezogen

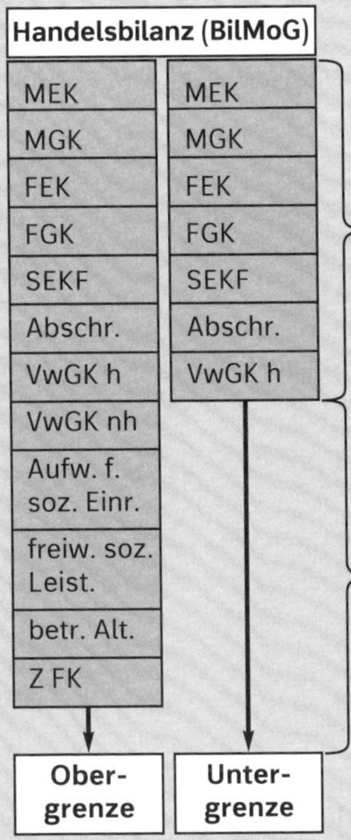

Kosten (Pflichtansatz), die durch die Herstellung verursacht sind

Wahlrecht, d. h. entweder Aufwand oder Anlagevermögen bzw. FE/UFE

Verbot: Forschungs-, Vertriebskosten, Zinsen für Fremdkapital (Ausnahme s. o.)

Abschr.	=	Abschreibungen verursacht durch die Herstellung
Aufw. f. soz. Einr.	=	Aufwendungen für soziale Einrichtungen
freiw. soz. Leist.	=	freiwillige soziale Leistungen
betr. Alt.	=	betriebliche Altersvorsorge
ZFK	=	Zinsen Fremdkapital, welche für die Finanzierung der Herstellung anfallen

Hinweis: *Bei der Ermittlung der Herstellungskosten ergeben sich eine Ober- und Untergrenze. Beim Wertansatz in der Bilanz ist die Ober- bzw. Untergrenze mit dem Marktpreis zu vergleichen.*

Besonderheiten bei der Bewertung von selbsterstellten Anlagen und Fertigerzeugnissen:

Zu den **MGK und FGK** zählen auch folgende Aufwendungen:
- Lagerhaltung, Transport und Prüfung des Fertigungsmaterials
- Vorbereitung und Kontrolle der Fertigung
- Raumkosten, Betriebsleitung, Sachversicherungen etc.

Zu den Kosten der allgemeinen (nicht herstellungsbezogenen) **VwGK** gehören:
- Aufwendungen für Geschäftsleitung
- Aufwendungen für Einkauf und Wareneingang
- Aufwendungen für Personalbüro und Ausbildungswesen
- Aufwendungen für Buchführung, Betriebsabrechnung und Kalkulation

Aufwendungen für **soziale Einrichtungen** sind:
- Aufwendungen für die Kantine und Essenszuschüsse
- Freizeitgestaltungsmöglichkeiten für Arbeitnehmer (z. B. Tennisplätze)

Beispiel: Herstellungskosten Anlagevermögen

Die BPS GmbH hat auf ihrem Grundstück eine Lagerhalle mit eigenen Mitarbeitern erstellt. Folgende Kosten sind dabei angefallen:

Material:	250.000,00 EUR	Materialgemeinkosten	25 %
Löhne:	105.000,00 EUR	Fertigungsgemeinkosten inkl. Abschreibungen	87 %

Transport des Materials: 6.000,00 EUR
Verwaltungsgemeinkosten: 10.000,00 EUR, darin enthalten sind Kosten für Einkauf und Wareneingang 2.000,00 EUR und Aufwendungen für die Buchführung von 800,00 EUR.
Für die Finanzierung der Halle hat die BPS GmbH ein Darlehen von 250.000,00 EUR aufgenommen und Zinsen in Höhe von 12.500,00 EUR gezahlt.

1. Ermitteln Sie die Herstellungskosten nach § 255 HGB, wenn die BPS GmbH das Vermögen möglichst hoch ausweisen möchte.
2. Die Halle wurde im September des Jahres fertiggestellt. Ermitteln Sie den Wertansatz am Ende des Jahres, wenn die BPS GmbH einen minimalen Gewinn ausweisen möchte. Nutzungsdauer der Halle: 50 Jahre.
3. Stellen Sie die Wertuntergrenze und -obergrenze nach § 255 HGB tabellarisch dar.

Lösung: Herstellungskosten Anlagevermögen

1. Vermögen hoch ausweisen → hoher Betrag in der Bilanz (Aktivierung) →

   Ansatz: Obergrenze der Herstellungskosten hier: 537.350,00 EUR

   Ermittlung s. 3.

2. minimaler Gewinn → hohe Aufwendungen (hohe Bestandsveränderungen) →

   Ansatz: Untergrenze der Herstellungskosten hier: 522.050,00 EUR – zeitanteilige Abschreibung

   Ermittlung s. 3.

   zeitanteilige Abschreibung: ND 50 J. → linear 2,0 %/Jahr → 10.441,00 EUR/Jahr

   4 Monate Nutzung → 4 : 12 · 10.441,00 EUR = 3.480,33 EUR

Herstellungskosten (Untergrenze)	522.050,00 EUR
– zeitanteilige Abschreibung	3.480,33 EUR
Wertansatz 31.12. (1. Jahr)	**518.569,67 EUR**

3. **Herstellungskosten nach § 255 HGB**

MEK	250.000,00 EUR	MEK	250.000,00 EUR	Aktivierungspflicht
MGK	62.500,00 EUR	MGK	62.500,00 EUR	Aktivierungspflicht
FEK	105.000,00 EUR	FEK	105.000,00 EUR	Aktivierungspflicht
FGK	91.350,00 EUR	FGK	91.350,00 EUR	Aktivierungspflicht
Transport	6.000,00 EUR	Transport	6.000,00 EUR	Aktivierungspflicht
Abschr.	in FGK	Abschr.	in FGK	Aktivierungspflicht
VwGK h	7.200,00 EUR	VwGK h	7.200,00 EUR	Aktivierungspflicht
VwGK nh	2.800,00 EUR			Aktivierungswahlrecht
Aufw. f. soz. Einr.	–			Aktivierungswahlrecht
freiw. soz. Leist.	–			Aktivierungswahlrecht
betr. Alt.	–			Aktivierungswahlrecht
Z FK	12.500,00 EUR			Aktivierungswahlrecht
Obergrenze	**537.350,00 EUR**	**Untergrenze**	**522.050,00 EUR**	

Beispiel: Herstellungskosten Fertigerzeugnisse

Die BPS GmbH stellt Gummimatten für den Fitnessbereich her. Der Lagerbestand vom 31.12. des Jahres ist zu bewerten. Im abgelaufenen Jahr wurden 20.000 Matten hergestellt. Folgende Kosten sind entstanden:

Material: 30.000,00 EUR	Materialgemeinkosten: 9.000,00 EUR
Fertigungslöhne: 85.000,00 EUR	Fertigungsgemeinkosten: 102.000,00 EUR
SEKF: 3.000,00 EUR	Abschreibungen: 2.700,00 EUR
VwGK: 13.200,00 EUR, davon allg. VwGK 7.400,00 EUR	VtGK: 15.000,00 EUR

Freiwillige soziale Leistungen: 1.500,00 EUR

Aufwendungen für Betriebskindergarten: 3.200,00 EUR

Betr. Altersvorsorge: 800,00 EUR

1. Stellen Sie die Wertuntergrenze und -obergrenze nach § 255 HGB tabellarisch dar.
2. Ermitteln Sie die Herstellungskosten nach § 255 HGB, wenn die BPS GmbH das Vermögen möglichst hoch ausweisen möchte.
3. Ermitteln Sie den Wertansatz am Ende des Jahres, wenn die BPS GmbH einen minimalen Gewinn ausweisen möchte.

Lösung: Herstellungskosten Fertigerzeugnisse

1. **Herstellungskosten nach § 255 HGB**				
MEK	30.000,00 EUR	MEK	30.000,00 EUR	Aktivierungspflicht
MGK	9.000,00 EUR	MGK	9.000,00 EUR	Aktivierungspflicht
FEK	85.000,00 EUR	FEK	85.000,00 EUR	Aktivierungspflicht
FGK	102.000,00 EUR	FGK	102.000,00 EUR	Aktivierungspflicht
SEKF	3.000,00 EUR	SEKF	3.000,00 EUR	Aktivierungspflicht
Abschr.	2.700,00 EUR	Abschr.	2.700,00 EUR	Aktivierungspflicht
VwGK h	5.800,00 EUR	VwGK h	5.800,00 EUR	Aktivierungspflicht
VwGK nh	7.400,00 EUR			Aktivierungswahlrecht
Aufw. f. soz. Einr.	3.200,00 EUR			Aktivierungswahlrecht
freiw. soz. Leist.	1.500,00 EUR			Aktivierungswahlrecht
betr. Alt.	800,00 EUR			Aktivierungswahlrecht
ZFK	–			Aktivierungswahlrecht
Obergrenze	**250.400,00 EUR**	**Untergrenze**	**237.500,00 EUR**	**Aktivierungsverbot: Vertriebskosten**

1 Matte: **12,52 EUR** **11,88 EUR**

2. Vermögen hoch ausweisen → hoher Betrag in der Bilanz (Aktivierung) →
   Ansatz: Obergrenze der Herstellungskosten hier: 250.400,00 EUR
   Ermittlung s. 1.

3. minimaler Gewinn → hohe Aufwendungen (hohe Bestandsveränderungen 0) →
   Ansatz: Untergrenze der Herstellungskosten hier: 237.500,00 EUR
   Ermittlung s. 1.

Aufgaben

Bewertungsanlässe – Adressaten – Bewertungsgrundsätze

1. Nennen Sie fünf typische Bewertungsanlässe.
2. Nennen Sie die wesentlichen Adressaten des Jahresabschlusses.
3. Erklären Sie die Begriffe „Teilhaber- und Gläubigerschutz“.

4. Wie wirken folgende Vorgänge auf den Gewinn?

   a) Unterbewertung des Vermögens
   b) Überbewertung des Vermögens
   c) Unterbewertung der Schulden
   d) Überbewertung der Schulden

5. a) Erklären Sie kurz das Vorsichtsprinzip.

   b) Welche Unterprinzipien umfasst das Vorsichtsprinzip? Erklären Sie diese kurz.

6. Welche Bewertungsprinzipien gelten für folgende Bilanzpositionen:

   a) Anlagevermögen, b) Umlaufvermögen, c) Schulden?

7. a) Erklären Sie den Begriff „stille Rücklagen“. Wie entstehen sie allgemein?

   b) In welchen Bilanzpositionen sind hohe stille Rücklagen enthalten? Begründung.

   c) Nehmen Sie kritisch Stellung zur Bildung stiller Rücklagen.

Abschreibungen

8. a) Begründen Sie die Notwendigkeit von Abschreibungen.

   b) Wie wirken sich Abschreibungen erfolgsmäßig aus?

   c) Worin unterscheiden sich lineare und degressive Abschreibungen?

   d) Welche Abschreibungsmethode kommt der Realität am nächsten? Begründung.

   e) Vergleichen Sie die degressive und lineare Abschreibungsmethode hinsichtlich ihrer erfolgsmäßigen Auswirkungen in den

      - ersten,
      - späteren Nutzungsjahren.

9. Welche Abschreibungsmethode würden Sie bevorzugen, wenn Ihre Bilanz und GuV in den nächsten Jahren aufgrund geplanter Kapitalaufnahmen eine hohe Kreditwürdigkeit ausstrahlen soll? Begründung.

10. Wir kauften im Jahr 01 ein unbebautes Grundstück zum Kaufpreis von 300.000,00 EUR. Maklergebühren 10.000,00 EUR, Vermessungsgebühren 1.000,00 EUR.

    a) Anschaffungskosten?

    b) Mit welchem Wert ist das Grundstück am 31.12. des Jahres 04 zu bilanzieren, wenn sein Wert wegen Wegfalls der Verkehrsverbindung auf 40.000,00 EUR gesunken ist? Begründung.

    c) Wie hoch wäre der Bilanzansatz, wenn der Grundstückswert am 31.12. des Jahres 04 auf 400.000,00 EUR gestiegen wäre? Begründung.

Geringwertige Wirtschaftsgüter

11. Nennen Sie die Voraussetzungen für die Anerkennung als geringwertiges Wirtschaftsgut.

12. Erklären Sie die buchhalterische Behandlung der geringwertigen Wirtschaftsgüter.

Anschaffungskosten bei Anlagegütern

13. Was versteht man unter **Aktivierung?**

14. Wie wird der **aktivierungspflichtige** Betrag beim Kauf von Anlagen ermittelt?

15. Erklären Sie den Begriff „Anschaffungsnebenkosten". Nennen Sie fünf Beispiele.

16. Nennen Sie drei Beispiele für **Anschaffungskostenminderungen.**

17. Welche der folgenden Kosten sind **nicht** Bestandteil der **Anschaffungskosten?** Begründungen.

    a) Kfz-Versicherung
    b) Kfz-Steuer
    c) Transportversicherung
    d) Finanzierungskosten im Zusammenhang mit der Anschaffung
    e) Fundamentierungskosten
    f) Erschließungskosten
    g) Baugenehmigungsgebühr
    h) Grundsteuer
    i) Grunderwerbsteuer
    j) Umsatzsteuer

18. Erklären Sie die Begriffe „werterhaltende und werterhöhende Aufwendungen" hinsichtlich ihrer Aktivierungspflicht.

Herstellungskosten

19. Welche Vermögensgegenstände sind mit Herstellungskosten zu bewerten?

20. Aus der Kostenrechnung liegen für Fertigerzeugnisse folgende Zahlen vor:

    - Materialeinzelkosten: 20.000,00 EUR
    - MGK-Zuschlag: 50 %
    - Fertigungseinzelkosten: 10.000,00 EUR
    - FGK-Zuschlag: 80 %
    - Sondereinzelkosten der Fertigung: 2.000,00 EUR
    - VwGK (nicht herstellungsbezogen): 1.000,00 EUR
    - Vertriebsgemeinkosten: 500,00 EUR

    Ermitteln Sie die handelsrechtliche Ober- und Untergrenze für den Wertansatz zum 31.12.

Umlaufvermögen

21. In einer Schuhfabrik waren am 31.12. noch 60 Paar Spezialschuhe im Lager, deren Herstellungskosten 62,00 EUR betrugen. Aufgrund von Preissteigerungen bei Leder beträgt ihr Wert am Bilanzstichtag 65,00 EUR.

    Ermitteln Sie für den gesamten Posten den Bilanzansatz. Begründung.

22. Begründen Sie, mit welchem Betrag der Bestand einer Handelsware per 31.12. unter folgenden Bedingungen zu bilanzieren ist:

    a) Bezugspreis: 25,00 EUR, Marktpreis 31.12.: 27,00 EUR

    b) Bezugspreis: 25,00 EUR, Marktpreis 31.12.: 24,00 EUR

23. a) Im August kauften wir aus Spekulationsgründen Aktien zum Kurs von 450,00 EUR. Wie sind die Aktien am 31.12. zu bewerten, wenn der Kurs auf 400,00 EUR gesunken ist? Begründung.

    b) Wie wäre a) zu beantworten, wenn eine langfristige Beteiligung an der AG vorliegt?

Verbindlichkeiten

24. Die Warenverbindlichkeiten gegenüber unserem Lieferanten aus der Schweiz belaufen sich laut Rechnung vom 15.12. auf 200.000,00 CHF; Zahlungsziel: 4 Wochen.

    CHF-Kurs (Devisenkassamittelkurs) 15.12.: 1,45
    CHF-Kurs (Devisenkassamittelkurs) 31.12.: 1,50

    Ermitteln Sie den Wertansatz zum 31.12. in Euro. Begründung.

25. Am 31.12. ist eine Schuld (Rückzahlung nach fünf Jahren) von 120.000,00 USD zu bilanzieren. Der Dollarkurs betrug am Tag der Kreditaufnahme (01.07.) 1,25 und am 31.12. 1,35. Bilanzansatz in Euro?

26. Die Warenverbindlichkeiten beliefen sich bei Bilanzerstellung einschließlich 19 % Umsatzsteuer auf 416.500,00 EUR. Der Liquiditätsstand ist äußerst günstig, sodass alle ausstehenden Schulden mit einem Abzug von 3 % Skonto im neuen Jahr beglichen werden können. Als Bilanzansatz sind für die Verbindlichkeiten 404.005,00 EUR vorgesehen. Die Revisionsabteilung beanstandet diesen Wertansatz und spricht von einem Verstoß gegen das Imparitätsprinzip.

    Erklären Sie dieses Prinzip am Beispiel der Verbindlichkeiten. Welcher Bilanzansatz ist in diesem Fall gültig?

18.3 Zusammenfassung der acht abiturrelevanten Bewertungsfälle

Stofftelegramm

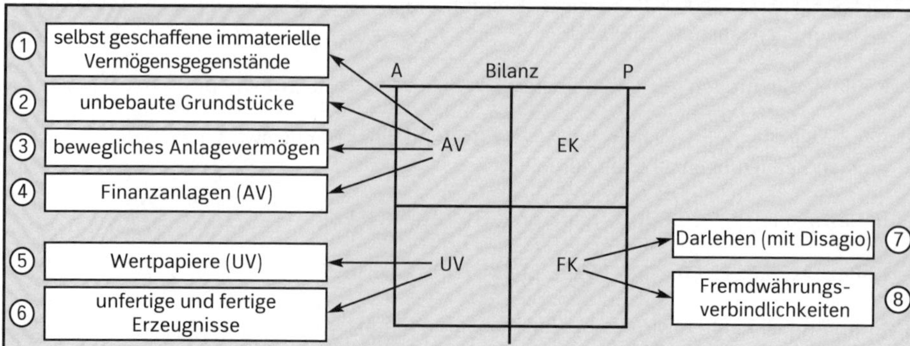

① selbst geschaffene immaterielle Vermögensgegenstände (§ 248 HGB)

Beispiele:

- selbst geschaffene gewerbliche Nutzungsrechte (z. B. Patente, Urheberrechte, Lizenzen)
- selbst entwickelte Rezepturen, Produktionsverfahren, Software

Zugangsbewertung:

- Aktivierungswahlrecht für die **Herstellkosten** der Entwicklungsphase § 255 HGB, das sind Kosten für den Entwurf, die Konstruktion und den Test von Modellen, Pilotanlagen, neuen Materialien, neuen Produkten (Anwendung neuer Wege/Verfahren) usw.
- **keine Forschungskosten** (Suche nach neuen Wegen) **§ 255 HGB!**
- **Zeitpunkt der Aktivierung:** z. B. ab Erteilung des Patentes

Folgebewertung § 253 HGB:

Herstellkosten
– planmäßige Abschreibung (HK/Nutzungsdauer)
– evtl. außerplanmäßige Abschreibung
Bilanzansatz

Beispiel: Entwicklung einer Software für das Unternehmen

Forschungs- und Entwicklungskosten: 250.000,00 EUR, ND 4 Jahre

↓	↓
20 %	80 %
Aktivierungs-verbot	↓
	200.000,00 EUR HK → **Aktivierungswahlrecht**

Bei Aktivierung:

Zugangsbewertung

neue Software	
200.000,00 EUR	

Buchung: neue Software
an
andere aktivierte Eigenleistung
200.000,00 EUR
(Ertragskonto)

Folgebewertung

neue Software	
AB 200.000,00 EUR	Abschr. 50.000,00 EUR
	EB 150.000,00 EUR

→ HK 200.000,00 EUR / ND 4 Jahre

Buchung: Abschreibung
an
neue Software
50.000,00 EUR

② unbebaute Grundstücke

Zugangsbewertung: mit Anschaffungskosten

  Anschaffungspreis
\+ Anschaffungsnebenkosten (ANK)
– Anschaffungspreisminderungen (APM)
  Anschaffungskosten (AK)

ANK: Maklerprovisionen, Grundbuchgebühren, Notarkosten und die Grunderwerbsteuer
APM: Skonto, Rabatt

Folgebewertung: nicht abnutzbares Anlagevermögen → keine planmäßige Abschreibung

Aber: außerplanmäßige Abschreibung möglich!!

Beispiel: Kauf eines unbebauten Grundstücks, AK 150.000,00 EUR

Zugangsbewertung:

unbebautes Grundstück	
150.000,00 EUR	

Folgebewertung: Ein Gutachter hat festgestellt, dass der Boden des Grundstückes teilweise verseucht ist.
Wertminderung 100.000,00 EUR = außerplanmäßige Abschreibung (a.pl. Abschr.)

unbebautes Grundstück

AB 150.000,00 EUR	a.pl. Abschr. 100.000,00 EUR
	EB 50.000,00 EUR

Zwei Jahre nach dem Gutachten ist der verseuchte Boden entfernt worden, d. h., der Grund für die a.pl. Abschr. ist weggefallen.
→ Zuschreibung bis max. zu den Anschaffungskosten

unbebautes Grundstück

AB 50.000,00 EUR	
Zuschr. 100.000,00 EUR	EB 150.000,00 EUR

③ Bewegliches Anlagevermögen

Beispiele: technische Anlagen, Maschinen, Betriebs- und Geschäftsausstattung, Fuhrpark usw. (§ 266 HGB)

Zugangsbewertung:
- Ansatz zu Anschaffungskosten (bei Kauf des AV) (siehe AK unbebaute Grundstücke)
- Ansatz zu Herstellungskosten (selbst erstellte Anlagen ...) (siehe Kapitel 18.2)

Folgebewertung: fortgeführte Anschaffungs- bzw. Herstellungskosten
- planmäßige Abschreibung
- außerplanmäßige Abschreibung (wie unbebaute Grundstücke)
- Zuschreibung bis max. AK (siehe Kapitel 18.2)

④ Finanzanlagen (AV)

Beispiele: Anteile an verbundenen Unternehmen, Beteiligungen, Wertpapiere des Anlagevermögens (§ 266 HGB)

Zugangsbewertung: Ansatz zu Anschaffungskosten (AK)

Folgebewertung: nicht abnutzbares Anlagevermögen → keine planmäßige Abschreibung

Aber: außerplanmäßige Abschreibungen möglich

bei dauerhafter Wertminderung	bei nicht dauernder Wertminderung
↓ Abschreibungspflicht (strenges Niederstwertprinzip)	↓ Abschreibungswahlrecht (gemildertes Niederstwertprinzip)

⑤ Wertpapiere des Umlaufvermögens (UV)

Beispiele: Aktien, Anteile an anderen Unternehmen (kurzfristig, i. d. R. aus Spekulationsgründen)

Zugangsbewertung: Ansatz zu Anschaffungskosten (§ 253 Abs. 3 HGB)
AK = Kurswert des Wertpapiers (Kaufpreis) + Maklergebühr (Courtage) + Versicherungsgebühr (meistens eine Bankprovision)

Folgebewertung: Wertpapiere sind auf den niedrigeren Wert abzuschreiben, wenn am Bilanzstichtag der Wert unter den Anschaffungskosten liegt. → **strenges Niederstwertprinzip** (str. NWP)

Zuschreibung: Ist der Kurs am Bilanzstichtag höher als der Buchwert → Pflicht zur Zuschreibung bis max. zu AK

Beispiel: Kauf von Wertpapieren des UV am 15.05.2020, AK: 32,00 EUR/Aktie, 2.000 Stück

Zugangsbewertung: 15.05.2020: 2.000 St. · 32,00 EUR = 64.000,00 EUR

Wertpapiere (UV)

15.05.2020	64.000,00 EUR		

Folgebewertung: 31.12.2020: Kurs der Aktie: 25,00 EUR → str. NWP
Ansatz: 2.000 St. · 25,00 EUR = 50.000,00 EUR

Wertpapiere (UV)

15.05.2020	64.000,00 EUR	Abschr.	14.000,00 EUR
		31.12.2020	50.000,00 EUR

Zuschreibung: 31.12.2021: Kurs der Aktie: 35,00 EUR → max. AK
Ansatz: 2.000 St. · 32,00 EUR = 64.000,00 EUR

Wertpapiere (UV)

31.12.2020	50.000,00 EUR		
Zuschr.	14.000,00 EUR	31.12.2021	64.000,00 EUR

⑥ **unfertige und fertige Erzeugnisse (UFE und FE)**

Beispiele: Lagerbestände am Bilanzstichtag von fertigen und unfertigen Erzeugnissen

Bewertung:

- Ermittlung der Herstellungskosten (HK) nach § 255 Abs. 2 HGB (siehe Kapitel 18.2)
- Vergleich der HK mit dem Markt- bzw. Börsenkurs
- Bilanzansatz nach dem strengen Niederstwertprinzip bzw. Anschaffungswertprinzip

Beispiel 1: Lagerbestand an fertigen Erzeugnissen am 31.12.2020: 256 Stück, HK 23,20 EUR

Bewertung:	31.12.2020: Herstellungskosten	256 St. · 23,20 EUR = 8.243,20 EUR
	Marktpreis: 19,99 EUR	256 St. · 19,99 EUR = 5.117,44 EUR Bilanzansatz (str. NWP)

Beispiel 2: Lagerbestand an fertigen Erzeugnissen am 31.12.2021: 132 Stück, HK 23,20 EUR wie Bsp. 1

Bewertung:	31.12.2021:	Bilanzansatz von 2019	mit Marktpreis 19,99 EUR
		Marktpreis: 25,49 EUR	max. HK (AWP)
		Bilanzansatz 2020	132 St. · 23,20 EUR = 3.062,40 EUR

⑦ **Darlehen mit Disagio**

Beispiel: Ausgabebetrag eines Kredites ist niedriger als der Rückzahlungsbetrag. Unterschiedsbetrag wird als Disagio oder Damnum bezeichnet.

Bewertung: Wahlrecht beim Disagio § 250 Abs. 3 HGB

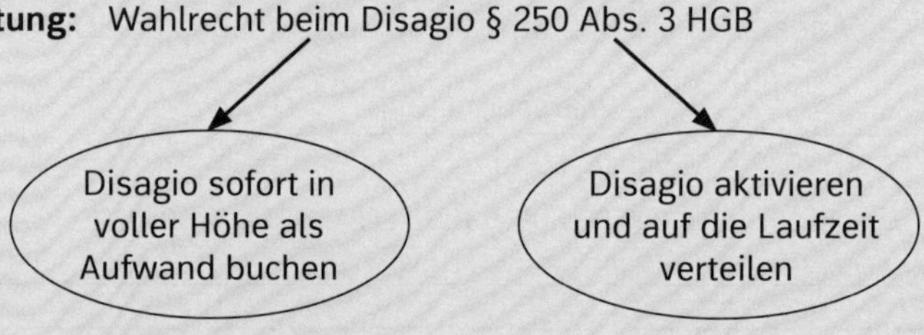

Beispiel: Darlehen über 100.000,00 EUR, Auszahlung von 97.000,00 EUR, Damnum 3 %, Laufzeit 10 Jahre

Disagio als Aufwand: Bank 97.000,00 EUR
Zinsaufwand 3.000,00 EUR an Verbindl. ggü. Kreditinstituten 100.000,00 EUR

Disagio aktivieren: Bank 97.000,00 EUR
Disagio 3.000,00 EUR an Verbindl. ggü. Kreditinstituten 100.000,00 EUR
(Bestandskonto)

Buchung am 31.12.20..:
Disagio 300,00 EUR an Zinsaufwand 300,00 EUR
(Disagio 3.000,00 EUR : 10 Jahre = 300,00 EUR Zinsaufwand pro Jahr)

⑧ Fremdwährungsverbindlichkeiten

Beispiel: Rechnungen in fremder Währung, Darlehen in fremder Währung etc.

Bewertung: § 256a HGB bei Erhalt Buchung mit dem aktuellen Geldkurs in Euro (Zugangswert bzw. Erfüllungsbetrag),
Kursverluste sind als Aufwand, Kursgewinne bis max. zum Zugangswert als Ertrag zu erfassen

Beispiel: Ein Unternehmen erhält am 19.12.20.. eine Eingangsrechnung in Höhe von 8.000,00 USD für bezogene Rohstoffe. Der Wechselkurs am 19.12.20.. (Devisentageskurs) beträgt EUR 1,00 ≙ USD 1,285. Zahlungsziel: 3 Monate.
Der Devisenkassamittelkurs zum Bilanzstichtag beträgt EUR 1,00 ≙ USD 1,225.

Zugangsbewertung: 19.12.20..: 8.000,00 USD ≙ 6.225,68 EUR
Buchungssatz: Rohstoffe 6.225,68 EUR an Verbindl. a. LL. 6.225,68 EUR

Bewertung am 31.12.20.. Devisenkassamittelkurs EUR 1,00 ≙ USD 1,225

8.000,00 EUR ≙ 6.530,61 EUR ⟶ **Wert der Verbindl. am Bilanzstichtag**

Verbindlichkeiten a. LL.

31.12.20..	6.530,61	19.12.20..	6.225,68
		Aufwand	304,93

Buchungssatz:
Sonst. betr. Aufwand 304,93 EUR
an
Verbindl. a. LL. 304,93 EUR

18.4 Abituraufgaben

Abituraufgaben 2012 (Aufgabe 3, teilweise)

5. Im Geschäftsjahr 2011 wurden zehn Offset-Druckmaschinen fertiggestellt. Anfang 2012 sollen die Maschinen ausgeliefert werden. Zur Ermittlung des Bilanzansatzes für den 31.12.2011 lagen aus der Kostenrechnung folgende Zahlen für eine Druckmaschine vor:

• Materialeinzelkosten	400.000,00 EUR
• Fertigungseinzelkosten	1.000.000,00 EUR
• MGKZ	25 %
• FGKZ	150 %
• VwGKZ (Verwaltungsbereich)	10 %
• VtGKZ	5 %

5.1 Bisher wurden die hergestellten Maschinen im Jahresabschluss zum Mindestwertansatz ausgewiesen.
Berechnen Sie den Unterschiedsbetrag zum höchstmöglichen Bilanzansatz.

5.2 Zeigen Sie die Veränderungen in der GuV-Rechnung auf, die sich durch die Bewertung zum höchstmöglichen Bilanzansatz ergeben würden.

GuV-Rechnung der Kaiser AG (in Mio. Euro) Geschäftsjahr 2011 (vereinfacht)		
1	Umsatzerlöse	93,8
2	Bestandserhöhungen Erzeugnisse	3,5
3	sonstige betriebliche Erträge	0,8
4	Aufwendungen Roh-, Hilfs-, Betriebsstoffe	66,1
5	Personalaufwand	27,4
6	Abschreibungen	4,3
7	sonstige betriebliche Aufwendungen	0,7
8	Erträge aus Beteiligungen	2,3
9	Zinserträge	0,4
10	Zinsaufwendungen	1,6
11	außerordentliche Erträge	5,7
12	außerordentliche Aufwendungen	0,7
13	Steuern vom Einkommen und vom Ertrag	2,1
14	sonstige Steuern	0,5
15	Jahresüberschuss	3,1

Abituraufgaben 2014 (Aufgabe 2, teilweise)

Die Staufer AG ist ein familiengeführtes Textilunternehmen mit Sitz in Göppingen. Sie ist auf die Herstellung von hochwertiger Sport- und Outdoor-Bekleidung spezialisiert. Aufgrund erfolgreicher Geschäfte konnte die Zahl der Beschäftigten im Jahr 2012 auf 260 Mitarbeiter erhöht werden (Vorjahr: 240 Mitarbeiter).
Die Aktien befinden sich derzeit im Familienbesitz. Eine Zulassung zum Börsenhandel wird nicht angestrebt. Der Umsatz betrug im Jahr 2011 39,8 Mio. EUR und konnte im Folgejahr um 4 % gesteigert werden. Die Bilanzsumme im Jahr 2012 belief sich auf 21,7 Mio. EUR und lag somit um 1,6 Mio. EUR höher als im Vorjahr. Im Jahr 2013 sind Umsatzerlöse und Bilanzsumme weiter gestiegen.

Bei der Vorstandssitzung im Februar 2014 stehen folgende Punkte auf der Tagesordnung:

Auszug aus der Tagesordnung

TOP 1	Rückblick auf das Geschäftsjahr 2013
TOP 2	Vorbereitung des Jahresabschlusses 2013 nach HGB
TOP 3	Geplante Übernahme der Südtex AG

Zur Vorbereitung der Sitzung sind noch folgende Fragen zu klären.

1. Begründen Sie, ob die Staufer AG für das Jahr 2013 einen Lagebericht erstellen muss.

2. In der Staufer AG sind im Zuge der Erstellung des Jahresabschlusses zum 31.12.2013 verschiedene Bewertungsfragen zu lösen.
Die Staufer AG verfolgt hierbei in Übereinstimmung mit den Grundsätzen der Ansatz- und Bewertungsstetigkeit das Ziel, einen möglichst hohen Jahresüberschuss auszuweisen.

2.1 Im Jahr 2013 wurde eine Software zur Produktionssteuerung durch ein Team von eigenen EDV-Mitarbeitern erstellt. Die Kosten für die Erstellung beliefen sich auf 250.000,00 EUR. Die Aufteilung in Forschungs- und Entwicklungskosten kann verlässlich im Verhältnis 2 : 3 vorgenommen werden.
Die Software wurde ab dem 01.12.2013 im eigenen Unternehmen eingesetzt. Die betriebsgewöhnliche Nutzungsdauer wird voraussichtlich fünf Jahre betragen.

- Begründen und bestimmen Sie den Wertansatz der selbst erstellten Software zum 31.12.2013.
- Erklären Sie, wie sich Erstellung und Verwendung der Software auf die Gewinn- und Verlustrechnung des Jahres 2013 auswirken.

2.2 Für den Bereich „Fertige Erzeugnisse“ liegen aus der Kostenrechnung folgende Zahlen vor:

Verbrauch von Fertigungsmaterial	180.000,00 EUR
Fertigungslöhne	60.000,00 EUR
Materialgemeinkostenzuschlagsatz	6 %
Fertigungsgemeinkostenzuschlagsatz	80 %
Verwaltungsgemeinkostenzuschlagsatz (enthält nur Kosten der allgemeinen Verwaltung)	20 %
Vertriebsgemeinkostenzuschlagsatz	10 %

Ermitteln Sie für den vorliegenden Fall die handelsrechtlichen Herstellungskosten.

2.3 Begründen Sie, mit welchem Wert die Fertigerzeugnisse in der Bilanz zum 31.12.2013 angesetzt werden müssen, wenn der Marktpreis des Bestandes zum Bilanzstichtag vorübergehend auf 280.000,00 EUR sinken würde.

2.4 Mehrere Großkunden verlangten, dass ihr Markenlogo als Hologramm auf den Erzeugnissen angebracht wird. Zu diesem Zweck wurde im Februar 2013 eine Spezialmaschine (Nutzungsdauer acht Jahre, lineare Abschreibung) zu folgenden Konditionen angeschafft und in Betrieb genommen:
Listenpreis für Spezialmaschine HOLO-Master 121.000,00 EUR, Rabatt 7.000,00 EUR, Kosten für Montage 3.800,00 EUR, Frachtkosten 800,00 EUR, Wartungsvertrag für ein Jahr 1.800,00 EUR, Umsatzsteuer 19 %.

Darüber hinaus erhielt die Staufer AG eine Rechnung des Elektrobetriebs Motter KG für den Anschluss der Spezialmaschine an das Starkstromnetz in Höhe von 1.400,00 EUR zzgl. 19 % USt.

Ermitteln Sie den Bilanzansatz der Spezialmaschine zum 31.12.2013.

2.5 Die Staufer AG nimmt am 01.04.2013 ein Festdarlehen (Fälligkeitsdarlehen) in Höhe von 1.000.000,00 EUR zu folgenden Konditionen auf:

- Auszahlung 95 %
- Zinssatz (nominal) 6 % (jährlich nachträgliche Zinszahlung)
- Laufzeit fünf Jahre (siehe Kapitel 14)

2.5.1 Begründen Sie, welche Bilanzpositionen sich zum Zeitpunkt der Darlehensaufnahme verändern, und geben Sie die Höhe der Veränderungen an.

2.5.2 Führen Sie die Folgebewertung zum 31.12.2013 durch.

Abituraufgaben 2016 (Aufgabe 3, teilweise)

Die ESS Maschinenbau AG in Waldkirch ist ein börsennotiertes Unternehmen, das in den letzten Jahren stark gewachsen ist. Das Unternehmen ist hinsichtlich der Energieeffizienz seiner Produkte Weltmarktführer. Aufgrund neuer Entwicklungen, die zur Marktreife gebracht werden sollen, sind für das Jahr 2016 umfangreiche Investitionen geplant.
Der Vorstand der ESS Maschinenbau AG zieht für die Finanzierung der Investitionen sowohl eine Kapitalerhöhung gegen Einlagen als auch eine Darlehensaufnahme bei der Hausbank in Erwägung. Als Grundlage für diese Entscheidung soll der Jahresabschluss 2015 herangezogen werden.

1. Für die Erstellung des Jahresabschlusses 2015 nach Handelsrecht sind noch folgende Bewertungsfragen offen:

1.1 Um für eine weitere Unternehmensexpansion gerüstet zu sein, hat das Unternehmen am 01.04.2015 ein benachbartes Grundstück zum Kaufpreis von 5.000.000,00 EUR erworben. Im Zusammenhang mit diesem Kauf wurden von der ESS Maschinenbau AG bis zum Bilanzstichtag folgende Ausgaben getätigt:

Grunderwerbsteuer 5 %, Notariatskosten 7.500,00 EUR zuzüglich Umsatzsteuer, Grundbucheintragung für die Eigentumsübertragung 2.100,00 EUR, Erschließungskosten 28.560,00 EUR einschließlich Umsatzsteuer, Grundsteuer 500,00 EUR je Quartal, Kosten der Grundstückspflege monatlich 220,00 EUR zuzüglich Umsatzsteuer. Das Grundstück wurde zum Teil durch ein Grundschulddarlehen finanziert. Für die Eintragung der Grundschuld entstanden Kosten in Höhe von 1.200,00 EUR. Die anteiligen Darlehenszinsen im Jahr 2015 beliefen sich auf 25.000,00 EUR.

1.1.1 Berechnen Sie die Anschaffungskosten des Grundstücks.

1.1.2 Berechnen und begründen Sie, welchen Einfluss der Grundstückskauf auf die Höhe des Jahresüberschusses des Jahres 2015 hat, wenn sich der Wert des Grundstücks seit der Anschaffung nicht verändert hat.

1.2 Im Juli 2015 wurde eine Pulverbeschichtungsanlage aus den USA zum Preis von 440.000,00 USD gekauft. Der Wechselkurs zum Kaufzeitpunkt betrug 1,10 USD/EUR. Mit dem amerikanischen Lieferanten wurde das Zahlungsziel 31.05.2017 vereinbart.
Bis zur Betriebsbereitschaft der Anlage im September 2015 fielen noch Kosten für Montage und Elektroanschlüsse in Höhe von 20.000,00 EUR netto an. Die voraussichtliche Nutzungsdauer der Anlage beträgt zehn Jahre, sie wird linear abgeschrieben.
Der Devisenkassamittelkurs am 31.12.2015 wird mit 1,25 USD/EUR angegeben.

1.2.1 Begründen Sie, auch durch rechnerischen Nachweis, mit welchem Wert die Anlage in der Bilanz vom 31.12.2015 anzusetzen ist, wenn durch Einführung eines Nachfolgemodells der Verkehrswert der Anlage zum Bilanzstichtag 360.000,00 EUR beträgt.

1.2.2 Bestimmen und begründen Sie den Bilanzansatz der Auslandsverbindlichkeit zum 31.12.2015.

Abituraufgaben 2017 (Aufgabe 3, teilweise)

Die börsennotierte Hansen Audiotechnik (HAT) AG mit Sitz in Karlsruhe stellt hochwertige Komponenten im Bereich der Unterhaltungselektronik her. Über die Vermögens- und Kapitalverhältnisse gibt die folgende vereinfachte Bilanz zum 31.12.2016 Auskunft. Die ausgegebenen Aktien haben einen Nennwert von 5,00 EUR. [...]

3. In einer Aufsichtsratssitzung erläutert der Finanzvorstand den Jahresabschluss 2016 und weist darauf hin, dass für das Geschäftsjahr 2016 ein möglichst hoher Jahresüberschuss ausgewiesen werden sollte. Er stellt dazu einige Bewertungsfälle vor.

3.1 Für den Gehäusebau wurde im Jahr 2016 eine CNC-Fräsmaschine angeschafft, die am 12.08.2016 betriebsbereit war.

Listenpreis 267.500,00 EUR zzgl. 19 % USt., 20 % Rabatt auf den Listenpreis, Montagekosten 13.000,00 EUR zzgl. 19 % USt., Transportkosten durch den Spediteur 3.400,00 EUR zzgl. 19 % USt.
Die Nutzungsdauer beträgt acht Jahre, die CNC-Fräsmaschine wird linear abgeschrieben.

Ermitteln Sie den Bilanzansatz der CNC-Maschine zum 31.12.2016.

3.2 Im Sommer 2014 hatte die HAT AG im Gewerbegebiet Karlsruhe-West vorsorglich ein 3.000 m^2 großes Grundstück gekauft. Im Zusammenhang mit dem Kauf waren folgende Zahlungen geleistet worden:

• Kaufpreis:	540.000,00 EUR
• Grunderwerbsteuer:	5 %
• Maklergebühren:	3 % zzgl. 19 % USt.
• Notarkosten:	8.000,00 EUR netto
• Grundbucheintragung:	2.500,00 EUR
• Erschließungskosten:	27.370,00 EUR inkl. 19 % USt.

Im Frühjahr 2015 erweiterte die Stadt Karlsruhe das Gewerbegebiet. Durch das erhöhte Angebot sank der Preis für Gewerbegrundstücke voraussichtlich langfristig auf 150,00 EUR pro Quadratmeter.

Bis zum 31.12.2016 ist wider Erwarten ein Großteil der neuen Grundstücke bereits veräußert worden, was eine Steigerung des Quadratmeterpreises bis zum Jahresende auf 175,00 EUR zur Folge hat.

3.2.1 Ermitteln Sie die Anschaffungskosten des Grundstücks.

3.2.2 Weisen Sie rechnerisch nach und begründen Sie, welchen Einfluss die Bewertung des Grundstücks auf den Jahresüberschuss 2016 hat.

3.3 Die Entwicklungsabteilung der HAT AG brachte im Jahr 2016 ein neues Verfahren zur Lautstärkeregelung zur Serienreife, ein entsprechendes Patent wurde angemeldet. Vorangegangen waren Grundlagenforschungen zur Regeltechnik, welche Kosten in Höhe von 80.000,00 EUR verursachten. An Entwicklungskosten fielen bis zum ersten Einsatz der neuen Technik im Oktober 2016 120.000,00 EUR an. Die betriebsgewöhnliche Nutzungsdauer wird voraussichtlich zehn Jahre betragen.

Begründen und bestimmen Sie den Wertansatz des selbsterstellten Patents zur Lautstärkeregelung zum 31.12.2016.

3.4 Am 01.06.2016 nahm die HAT AG zur Finanzierung einer Erweiterungsinvestition ein Festdarlehen zu folgenden Konditionen auf:

- Darlehensbetrag: 600.000,00 EUR
- Laufzeit: 5 Jahre
- Auszahlung: 98 %
- Zinssatz: 4 % p. a.

3.4.1 Ermitteln und begründen Sie den Bilanzansatz des Darlehens zum 31.12.2016.

3.4.2 Berechnen Sie den Gesamtaufwand, der mit der Darlehensaufnahme im Geschäftsjahr 2016 verbunden ist.

19 Grundzüge der internationalen Rechnungslegung

19.1 IFRS: Begriff und Geltungsbereich

Stofftelegramm

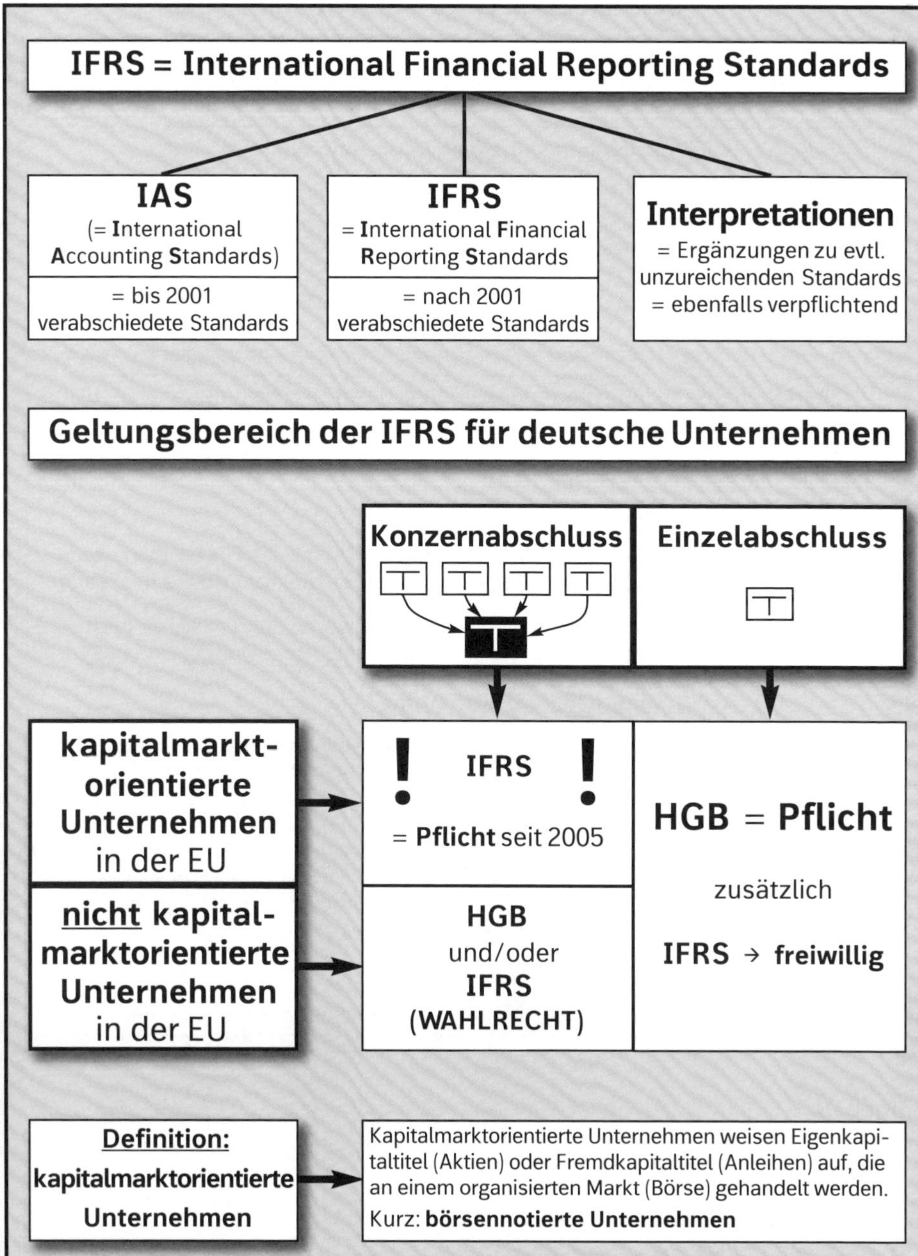

19.2 Ziele des IFRS-Abschlusses

Stofftelegramm

Oberziel des IFRS-Abschlusses

↓

Information v. a. der Anteilseigner (Investoren)

Entscheidungsnützliche Informationen über

- Vermögenslage
- Finanzlage
- Ertragslage
- Änderung der Finanzlage (Kapitalflussrechnung)
- Eigenkapitalveränderungen
- Bilanzierungsansätze
- sonstige wesentliche Angaben

Grundannahmen

1. Periodenabgrenzung (periodengerechte Gewinnermittlung); analog: HGB

- Erträge und Aufwendungen dann erfassen, wenn sie auftreten
- Beispiel: zwingende Anpassung der Abschreibungsdauer, wenn neue Erkenntnisse über die tatsächliche Nutzungsdauer vorliegen
- **Realisationsprinzip:** Voraussetzung für Erfolgswirksamkeit = Realisierbarkeit am Bilanzstichtag (nicht die durch Umsatz erfolgte Realisation)

→ Im Gegensatz zum HGB kann es zum Ausweis nicht realisierter (nicht vereinnahmter) Gewinne kommen. (Beispiel: langfristige Auftragsfertigung, s. u.)

2. Unternehmensfortführung (analog: HGB)

Risiken für die Unternehmensfortführung über den Bilanzstichtag hinaus sind anzugeben.

„True and fair view/presentation" (= wahre und angemessene Darstellung)

- Vermittlung eines den tatsächlichen Verhältnissen entsprechenden Bildes der Vermögens-, Finanz- und Ertragslage des Unternehmens
- Bilanzklarheit und Bilanzwahrheit haben Vorrang vor dem Vorsichtsprinzip.
- Abweichung nur in Ausnahmefällen (dann: umfangreiche Angaben im Anhang)

Aufgaben

1. Nennen Sie das Oberziel des IFRS-Abschlusses.
2. Erklären Sie kurz den Begriff „true and fair view".

19.3 Adressaten der IFRS-Rechnungslegung

Stofftelegramm

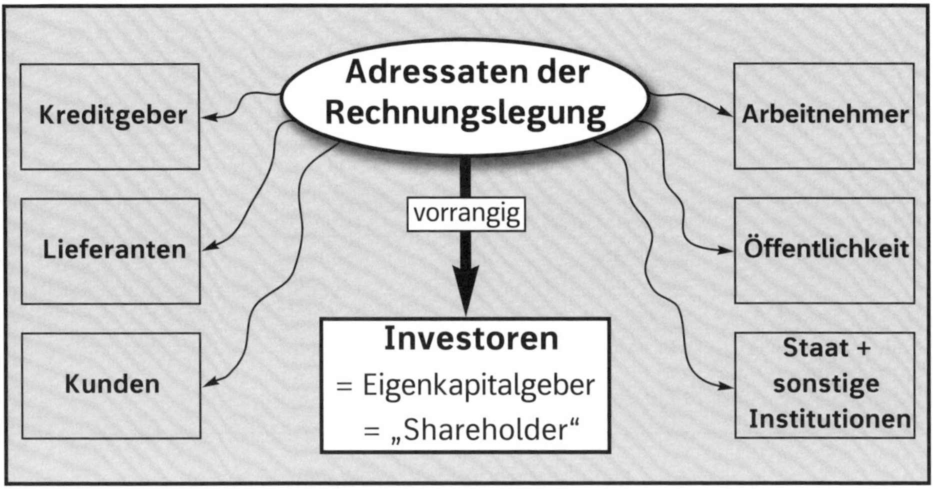

19.4 Bestandteile des IFRS-Jahresabschlusses

Stofftelegramm

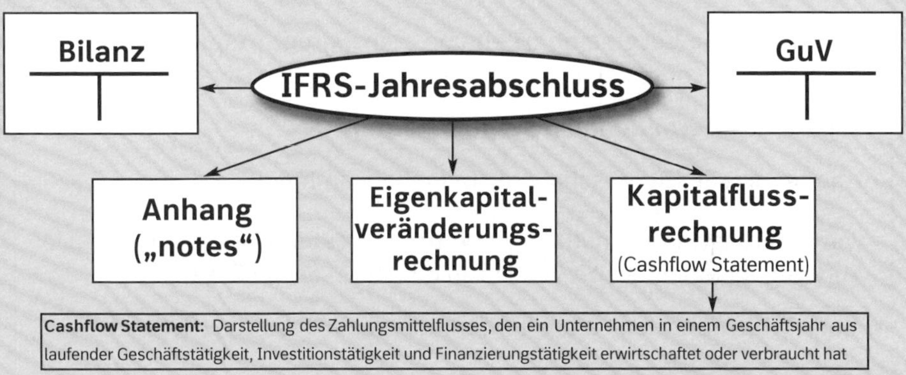

- Die in den „notes“ (im Anhang) verlangten Erläuterungen gehen weit über die nach HGB geforderten Anhangsangaben hinaus.
- Die Erstellung eines Lageberichts ist nicht Pflicht, wird jedoch empfohlen.
- Kapitalmarktorientierte Unternehmen: zusätzlich Segmentberichterstattung innerhalb des Anhangs → Aufteilung der Umsätze u. a. nach regionalen Gesichtspunkten
- Der IFRS-Abschluss gibt einen besseren Einblick in die Lage des Unternehmens als der HGB-Abschluss (erweiterte Berichtspflichten, Eigenkapitalveränderungsrechnung, Kapitalflussrechnung für alle Rechtsformen, starke Einschränkung der Bildung stiller Rücklagen).

19.5 Übersicht zu den Kapiteln 19.1–19.4

Stofftelegramm

	IFRS	HGB
Adressatenvorrang	Eigenkapitalgeber (Anteilseignerschutz)	Fremdkapitalgeber (Gläubigerschutz)
stille Rücklagen	nicht zulässig	zulässig
periodengerechter Erfolgsausweis	eindeutig, da wenig Wahlrechte	nicht eindeutig, da viele Wahlrechte („vorsichtiger" Erfolgsausweis)
Vorsichtsprinzip	untergeordnete Bedeutung	dominierend
Hauptaufgaben	Information	Information + Basis für Steuerzahlungen und Ausschüttungen
Normensetzung	private Organisationen (IASB)	Primär: Gesetzgeber (HGB)
Jahresabschlussbestandteile (große Kapitalgesellschaft)	• Bilanz • EK-Veränderung • GuV • Kapitalflussrechnung • Anhang • Segmentberichte	• Bilanz • Lagebericht • GuV • Anhang

19.6 Vor- und Nachteile der IFRS-Rechnungslegung

Stofftelegramm

Vorteile

- **internationale Vergleichbarkeit** und Transparenz (Anpassung der nationalen Rechnungslegung an internationale Standards)
- Zugang zu **internationalen Kapitalmärkten**
- **Imagevorteile** (Bereitschaft zur Teilnahme an Innovationen)
- Verbesserung der internationalen **Wettbewerbsfähigkeit** (Internationale Auftraggeber nehmen oft Einblick in die Jahresabschlüsse.)
- mehr **Informationen**, v. a. für internationale Investoren (Geldgeber)
- Firmenbild **wahrheitsgemäßer** dargestellt (z. B. durch Ansatz von aktuellen Marktwerten beim Vermögen, Vermeidung stiller Rücklagen)
- bessere **Selbstinformation**
- i. d. R. Ausweis einer höheren **Eigenkapitalquote** (Bewertung zu aktuellen Marktpreisen) → bessere Beurteilung (Rating) durch Externe (Banken)

Nachteile

- **Kosten:**
  - Umstellungskosten (EDV, Personalschulungen)
  - evtl. parallele Rechnungslegung (Einzelabschluss nach HGB + IFRS-Abschluss; letzterer ist als Steuerbasis nicht geeignet)
  - zusätzlich: Eigenkapitalveränderungs- + Kapitalflussrechnung
  - dauerhafte Mehrkosten: z. B. Gutachten für Immobilien, die stets zum aktuellen Wert angesetzt werden müssen; höhere Prüfungskosten, da IFRS-Rechnungslegung komplizierter als Rechnungslegung nach HGB
- Umstellung der **Bilanzpolitik** (Verbot stiller Rücklagen)

20 Auswertung des Jahresabschlusses

20.1 Grundlagen

Stofftelegramm

Bilanzbereinigung = Berichtigung verschiedener Vermögens- und Kapitalposten, z. B.:

- **ausstehende Einlagen** und eventuelle stille Rücklagen mit Eigenkapital verrechnen
- **aktive Rechnungsabgrenzungsposten** den kurzfristigen Forderungen zurechnen
- **passive Rechnungsabgrenzungsposten** den kurzfristigen Verbindlichkeiten zurechnen
- **Wertberichtigungen** saldieren
- **Bilanzverlust** vom Eigenkapital abziehen
- **Bilanzgewinn:** – Dividendenteil den kurzfristigen Verbindlichkeiten zurechnen
  – nicht ausgeschütteten Teil (neuer Gewinnvortrag) dem Eigenkapital zurechnen
- **Rückstellungen** aufteilen in kurzfristige und langfristige Rückstellungen und den kurzfristigen bzw. langfristigen Verbindlichkeiten zurechnen

Bilanzaufbereitung

= Zusammenfass. + Gruppierung der Bilanzpositionen

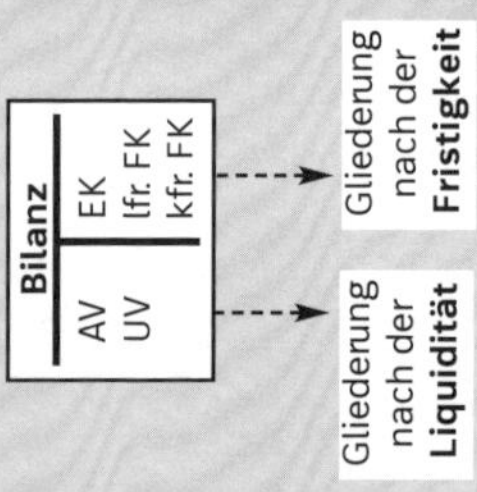

Erstellung eines **Bilanzaufbereitungsschemas** z. B. wie nebenstehend:

Bilanzaufbereitungsschema (z. B.)

	Berichtsjahr Euro	%	Vorjahr Euro	%	Zu-, Abnahme Euro
Aktiva					
Sachanlagen					
Finanzanlagen					
Summe AV					
Vorräte					
Forderungen					
flüssige Mittel					
Summe UV					
Summe Vermögen					
Passiva					
gez. Kapital					
Rücklagen					
Gewinnvortrag					
Summe Eigenkapital					
lfr. Fremdkapital					
kfr. Fremdkapital					
Summe Fremdkapital					
Summe Kapital					

Die Bilanzstruktur

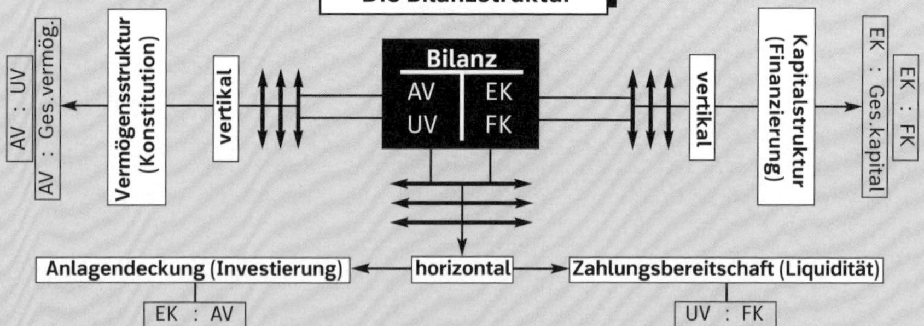

Bilanzkennzahlen: Auswertung der Unternehmenssituation anhand der Bilanz nach Gewinnverwendung (Strukturbilanz)

Finanzierung (Kapitalstruktur)

Grad der finanziellen Unabhängigkeit (Eigenkapitalquote) $= \dfrac{\text{Eigenkapital} \cdot 100}{\text{Gesamtkapital}}$

Fremdkapitalquote $= \dfrac{\text{Fremdkapital} \cdot 100}{\text{Gesamtkapital}}$

Verschuldungsgrad (Verschuldungskoeffizient) $= \dfrac{\text{Fremdkapital} (\cdot 100)}{\text{Eigenkapital}}$

Selbstfinanzierungsgrad (-quote) $= \dfrac{\text{Gewinnrücklagen} (\cdot 100)}{\text{Gezeichnetes Kapital}}$

Anmerkung: je höher das Eigenkapital, umso besser

↓

Vorteile eines hohen EK-Anteils:

- große Haftsumme, hohe Kreditwürdigkeit
- Unabhängigkeit von Gläubigern
- geringe Zins- und Tilgungsbelastung
- Sicherheit in Krisenzeiten

Investierung (Anlagendeckung)

Deckungsgrad I $= \dfrac{\text{EK} \cdot 100}{\text{AV}}$ **Deckungsgrad II** $= \dfrac{(\text{EK} + \text{lfr. FK}) \cdot 100}{\text{AV}}$

Anmerkung: Fristen zwischen Vermögen und Kapital sollten sich entsprechen.Das Anlagevermögen und der eiserne Bestand müssen mit Eigenkapital und langfristigem Fremdkapital finanziert sein (Goldene Bilanzregel). Deckungsgrad I soll etwa 100 %, Deckungsgrad II muss mindestens 100 % sein!

Liquidität (Zahlungsbereitschaft)

Liquidität 1. Grades $= \dfrac{\text{flüssige Mittel} \cdot 100}{\text{kfr. Verbindlichkeiten}}$

Liquidität 2. Grades (einzugsbedingte Liquidität) $= \dfrac{(\text{flüssige Mittel} + \text{Forderungen}) \cdot 100}{\text{kfr. Verbindlichkeiten}}$

Hinweise:
- *flüssige Mittel = Bank + Kasse*
- *Kfr. Verb.: inkl. kurzfr. Rückstellungen und Dividende*
- *Geforderte Mindestwerte: Liquidität 1. Grades ca. 20 % und 2. Grades 100 %*

Kritik:
- Vergangenheitszahlen (Der Bilanzstichtag ist weit zurückliegend.)
- wichtige weitere Daten fehlen (z. B. Fälligkeiten der Zahlungen, Kreditzusagen von Banken)
- leicht manipulierbar (Transaktionen am Bilanzstichtag zwecks Kennzahlenmanipulation!)

Erfolgskennzahlen: Aussagen über den Erfolg des Unternehmens des vergangenen Jahres

Anteil der „Ergebnisse" am Jahresergebnis

Ergebnis aus gewöhnlicher Geschäftstätigkeit
+ Ergebnis aus außergewöhnlicher Geschäftstätigkeit
= Jahresüberschuss

Ertragsstrukturanalyse (Rentabilität)

$$\textbf{Eigenkapitalrentabilität} = \frac{\text{Jahresüberschuss} \cdot 100}{\text{durchschnittliches Eigenkapital}}$$

$$\textbf{Gesamtkapitalrentabilität} = \frac{(\text{Jahresüberschuss} + \text{Zinsaufw.}) \cdot 100}{\text{durchschnittliches Gesamtkapital}}$$

$$\textbf{Umsatzrentabilität} = \frac{\text{Jahresüberschuss} \cdot 100}{\text{Umsatzerlöse}}$$

Hinweise:
- *durchschnittliches EK = (EK am Jahresanfang + EK am Jahresende laut Strukturbilanz) : 2*
- *durchschnittliches Gesamtkapital = (GK Jahresanfang + GK Jahresende laut Strukturbilanz) : 2*
- *Die Kennzahl **„Return on Investment"** (ROI) wird häufig mit der Gesamtkapitalrentabilität gleichgesetzt.*

Cashflow-Analyse

Cashflow

=

Jahresüberschuss + Abschreibungen auf Anlagen + Zuführung zu lfr. Rückstellungen – Auflösung lfr. Rückstellungen (Bezahlung)

Cashflow = aus dem Gewinn augenblicklich **verfügbarer Betrag** (liquide Mittel) für Dividendenzahlungen, Investitionen, Schuldtilgung = Ermittlung der erwirtschafteten freien Finanzmittel durch Korrektur des JÜ (Hinzurechnung) um die nicht ausgabewirksamen Aufwendungen

= **Maßstab** für Ertragskraft, Selbstfinanzierungskraft, Kreditwürdigkeit, Expansionsfähigkeit

EBIT
(= **E**arnings **b**efore **I**nterest and **T**axes) = Ergebnis vor Zinsen und Steuern

EBIT = **Jahresüberschuss** **+ Steueraufwand** **– Steuererträge** **+ außerordentlicher Aufwand** **– außerordentliche Erträge** **+ Zinsaufwand** **– Zinserträge**	**Es werden außerordentliche (einmalige) Aufwendungen und Erträge ebenso ignoriert wie Zinsaufwendungen, Zinserträge, Steueraufwendungen und Steuererträge.** **Begründung:** Diese Positionen sind nicht durch die eigentliche betriebliche Tätigkeit entstanden. → Bereinigung des Gewinns notwendig Anhand des EBIT können **Bilanzanalysten** zum Beispiel den betrieblichen Gewinn verschiedener Geschäftsjahre oder Unternehmensbereiche direkt **vergleichen**, ohne dass die Resultate durch schwankende Steuersätze, Zinsaufwendungen oder sonstige außerordentliche Faktoren verzerrt werden.

ROI (Return on Investment)

Formel: $\frac{\text{Gewinn}}{\text{Umsatzerlöse}} \cdot \frac{\text{Umsatzerlöse}}{\text{investiertes Kapital}} \cdot 100$

Bedeutung: Der 1. Faktor zeigt die Umsatzrentabilität, der 2. Faktor zeigt die Umschlagshäufigkeit des investierten Kapitals. Somit ergibt sich die jährliche Rentabilität des investierten Kapitals (= ROI).

Beispiel: Ein Unternehmen erwirtschaftet bei einem Umsatz von 50 Mio. EUR und einem investierten Kapital von 20 Mio. EUR einen Jahresüberschuss von 3,6 Mio. EUR.

Rechnung: $\frac{3{,}6 \cdot 50}{50 \cdot 20}$

↓		↓		
Umsatzrentabilität	·	Kapitalumschlag	=	Kapitalertragszahl (ROI)
0,072	·	2,5	=	0,18

Ergebnis: 18 % des investierten Kapitals sind Gewinn; d. h., je 100,00 EUR investierten Kapitals erwirtschaftet das Unternehmen 18,00 EUR Gewinn.

Anmerkung: Anstelle des investierten Kapitals werden häufig auch das Eigenkapital oder das Gesamtkapital verwendet.

Finanzplan

Finanzplan für eine Periode

	geschätzte Einnahmen
./.	geschätzte Ausgaben
=	Überschuss bzw. Defizit

Aufgaben (Grundwissen)

1. Die Schwarzwälder Mineralbrunnen AG (kurz MinAG) verkauft ihre Mineralwässer, Heilwässer und Süßgetränke vorwiegend in Baden-Württemberg. Der Hauptversammlung soll eine Dividende von 8,50 EUR je Aktie vorgeschlagen werden (Aktien insges.: 1 Mio. Stück).

Aktiva — Vereinfachte Bilanz zum 31. Dez. 20.. in Tausend Euro — Passiva

Aktiva		Passiva	
A. Anlagevermögen		A. Eigenkapital	
immaterielle Vermögensgegenstände	36.800	gezeichnetes Kapital	50.000
Sachanlagen	258.100	Kapitalrücklage	24.460
Finanzanlagen	15.500	gesetzliche Rücklage	3.000
	310.400	andere Gewinnrücklagen	36.320
		Bilanzgewinn	8.620
B. Umlaufvermögen			122.400
Vorräte	9.950	B. Rückstellungen	
Forderungen aus Lieferungen	11.170		
sonstige Vermögensgegenstände	9.110	Pensionsrückstellungen	15.300
Wertpapiere	6.000	sonstige kurzfr. Rückstellungen	96.500
flüssige Mittel	17.800		111.800
	54.030		
		C. Verbindlichkeiten	
C. Rechnungsabgrenzungsposten	410		
		lfr. Verbindl. geg. Kreditinstituten	90.050
		Verbindl. aus Lieferungen	30.960
		sonstige Verbindlichkeiten	9.630
			130.640
	364.840		364.840

Hinweis: Vernachlässigen Sie bei folgenden Aufgaben ein Vorhandensein von stillen Rücklagen!

a) Ermitteln Sie anhand der Bilanz unter Berücksichtigung der vorgeschlagenen Gewinnverwendung die Bilanzkennzahlen der Kapitalstruktur sowie der Anlagendeckung und einzugsbedingten Liquidität.

b) Beurteilen Sie anhand Ihrer ermittelten Werte die Lage der AG.

c) Weitere Zahlen aus der Erfolgsrechnung (in Tausend Euro):

Jahresüberschuss:	16.000	Umsatzerlöse:	420.000
1993 keine Kapitalerhöhung		Abschreibungen auf Anlagen:	30.000
FK am Jahresanfang:	240.000	Zuführung zu langfristigen	
Zinsaufwendungen:	6.600	Rückstellungen:	2.000

ca) Berechnen Sie die Eigenkapital-, Gesamtkapital- und Umsatzrentabilität sowie den Cashflow.

cb) Beurteilen Sie anhand der ermittelten Zahlen die Erfolgslage der AG.

2. Erklären und begründen Sie den Begriff der Fristenparallelität.

3. a) Was versteht man unter optimalem Verschuldungsgrad (traditionelle und moderne Formulierung)?

   b) Warum kann man keine allgemeine Aussage über den optimalen Verschuldungsgrad machen?

4. Welche Bedeutung hat generell die Höhe des Eigenkapitals?

5. Beurteilen Sie die Liquidität einer Unternehmung:

   Liquidität I = 90 % und Liquidität II (einzugsbedingte Liquidität) = 190 %

6. Inwiefern können die Liquiditätskennziffern kritisiert werden?

7. Der Grad der finanziellen Unabhängigkeit ist bei einem Unternehmen innerhalb eines Jahres von 10 % auf 30 % gestiegen.

   a) Nennen Sie mögliche Ursachen dieser Entwicklung.

   b) Beurteilen Sie die obigen Prozentzahlen.

8. Handelt es sich bei den Formeln zur Ermittlung der Deckungsgrade um Formeln der horizontalen oder vertikalen Bilanzstruktur?

9. Beurteilen Sie folgende zwei Unternehmen mit folgenden Deckungsgraden:

   - Unternehmung A: DG I = 40 % DG II = 100 %
   - Unternehmung B: DG I = 80 % DG II = 170 %

10. Welche Aussagekraft hat der Cashflow?

11. Welche Auswirkung haben bereits vorhandene stille Rücklagen bei der Beurteilung der

    - Finanzierung,
    - Rentabilität des Eigenkapitals?

12. a) Definieren Sie die Kennzahl EBIT.

    b) Begründen Sie, warum diese Kennzahl häufig ermittelt wird.

20.2 Abituraufgaben

Abituraufgaben 2012 (Aufgabe 3, teilweise)

Die Kaiser AG stellt hochwertige Druckmaschinen her. In den letzten Jahren gab es einen kontinuierlichen Rückgang der Nachfrage nach Druckmaschinen. Die Kaiser AG war daher gezwungen, die Belegschaft auf 679 Mitarbeiter (Geschäftsjahr 2011) abzubauen. Während im Geschäftsjahr 2010 eine Dividende von 0,70 EUR pro Aktie ausgeschüttet werden konnte, betrug die Dividende für das Geschäftsjahr 2011 nur 0,50 EUR/Aktie (Nennwert: 10,00 EUR/Aktie).

Aufbereitete Bilanzen der Kaiser AG für die Geschäftsjahre 2010 und 2011 (in Mio. Euro)

Aktiva	2010	2011	Passiva	2010	2011
A. Anlagevermögen			**A. Eigenkapital**		
I. Sachanlagen	91,9	88,4	I. gezeichnetes Kapital	30,0	30,0
II. Finanzanlagen	21,1	21,4	II. Kapitalrücklage	3,4	3,4
Summe	113,0	109,8	III. Gewinnrücklagen		
			1. gesetzl. Rücklage	2,5	2,5
			2. and. Gewinnrückl.	5,7	6,9
			IV. Bilanzgewinn	2,8	1,9
			Summe	44,4	44,7
B. Umlaufvermögen					
I. Vorräte	61,3	55,1			
II. Forderungen a. LL.	45,6	49,3	**B. langfr. Fremdkap.**		
III. Wertpapiere	7,5	7,9	1. Pensionsrückstellg.	27,5	34,1
IV. Kasse, Bank	14,0	15,4	2. Verbindlichkeiten gegenüber Kreditinst.	66,2	65,9
Summe	128,4	127,7	Summe	93,7	100,0
			C. kurzfr. Fremdkap.		
			1. sonst. Rückstellg.	45,4	41,2
			2. Verbindlichk. a. LL.	57,9	51,6
			Summe	103,3	92,8
	241,4	237,5		241,4	237,5

1. Begründen Sie, ob die Kaiser AG den Jahresabschluss um einen Anhang erweitern und einen Lagebericht erstellen muss.

2. Erläutern Sie jeweils eine Funktion von Anhang und Lagebericht.

3. Zur Vorbereitung der Bilanzpressekonferenz werden unter anderem verschiedene Bilanzkennzahlen ermittelt, um die wirtschaftliche Situation des Unternehmens zu verdeutlichen. Der Finanzvorstand erwartet vor allem kritische Fragen zur Kapitalstruktur des Unternehmens.

3.1 • Berechnen Sie für das Geschäftsjahr 2011 folgende Bilanzkennzahlen:

- Eigenkapitalquote
- Deckungsgrad I
- Deckungsgrad II
- Liquiditätsgrad II (einzugsbedingte Liquidität)

(Rundung jeweils auf eine Nachkommastelle)

• Beurteilen Sie die Ergebnisse.

3.2 Der Finanzvorstand begründet die derzeitige Kapitalstruktur damit, dass in der Vergangenheit der Leverage-Effekt genutzt worden sei.
Erläutern Sie diesen Effekt und zeigen Sie zwei Probleme auf, die bei der weiteren Nutzung dieser Strategie auftreten können.

3.3 Die Bilanzposition „Pensionsrückstellungen" zeigt zwischen den Geschäftsjahren 2010 und 2011 eine auffällige Veränderung.
Erläutern Sie die Wirkungsweise einer Finanzierung des Unternehmens durch die Bildung von Pensionsrückstellungen.

4. Die Gewinn- und Verlustrechnung für das Geschäftsjahr 2011 weist folgende Zahlen aus:

GuV-Rechnung der Kaiser AG (in Mio. Euro) Geschäftsjahr 2011 (vereinfacht)		
1	Umsatzerlöse	93,8
2	Bestandserhöhungen Erzeugnisse	3,5
3	sonstige betriebliche Erträge	0,8
4	Aufwendungen Roh-, Hilfs-, Betriebsstoffe	66,1
5	Personalaufwand	27,4
6	Abschreibungen	4,3
7	sonstige betriebliche Aufwendungen	0,7
8	Erträge aus Beteiligungen	2,3
9	Zinserträge	0,4
10	Zinsaufwendungen	1,6
11	außerordentliche Erträge	5,7
12	außerordentliche Aufwendungen	0,7
13	Steuern vom Einkommen und vom Ertrag	2,1
14	sonstige Steuern	0,5
15	Jahresüberschuss	3,1

4.1 Der Vorstand ist zwar mit der Höhe des Jahresüberschusses, nicht aber mit dem Ergebnis der gewöhnlichen Geschäftstätigkeit zufrieden.
Zeigen Sie an einer Position der vorliegenden GuV-Rechnung auf, dass diese Bedenken des Vorstands berechtigt sind.

4.2 Das EBIT wird als Kennzahl zur Beurteilung der Ertragslage oft dem Jahresüberschuss vorgezogen.

4.2.1 Ermitteln Sie das EBIT der Kaiser AG für das Geschäftsjahr 2011.

4.2.2 Erläutern Sie, weshalb das EBIT für den Vergleich der Ertragslage verschiedener Unternehmen als aussagekräftiger gilt.

Abituraufgaben 2014 (Aufgabe 2, teilweise)

3. Die Staufer AG plant eine Mehrheitsbeteiligung an der Südtex AG, einem mittelständischen Konkurrenzunternehmen, welches über moderne Produktionsstandorte in Osteuropa verfügt. Zur Entscheidungsfindung muss u. a. eine finanzwirtschaftliche Analyse erfolgen.
Dazu liegt der Staufer AG folgende aufbereitete Strukturbilanz der Südtex AG aus deren Jahresabschluss nach vollständiger Gewinnverwendung zum 31.12.2012 vor:

Aktiva	**Strukturbilanz Südtex AG in Euro**		Passiva
I. Anlagevermögen	14.000.000,00	I. Eigenkapital	5.700.000,00
II. Umlaufvermögen		II. Fremdkapital	
Vorräte	6.214.000,00	langfristig	15.300.000,00
Forderungen	3.200.000,00	kurzfristig	7.860.000,00
liquide Mittel	5.446.000,00		
	28.860.000,00		**28.860.000,00**

Der Jahresüberschuss der Südtex AG betrug zum 31.12.2012 399.000,00 EUR. Die GuV der Südtex AG weist für das Jahr 2012 Fremdkapitalzinsen in Höhe von 2.198.400,00 EUR aus.

3.1 Berechnen Sie folgende Bilanzkennzahlen:

- Liquiditätsgrad II
- Anlagendeckung II
- Eigenkapitalrentabilität
- Gesamtkapitalrentabilität

3.2 Beurteilen Sie die finanzwirtschaftliche Lage der Südtex AG zum 31.12.2012 mithilfe der Bilanzkennzahlen Liquiditätsgrad II und Anlagendeckung II.

3.3 Beurteilen Sie unter Verschuldungs- und Rentabilitätsgesichtspunkten (vgl. 3.1 und 3.2), ob eine weitere Aufnahme von Fremdkapital zu den bisherigen Bedingungen für die Südtex AG empfehlenswert wäre.

Abituraufgaben 2016 (Aufgabe 3, teilweise)

2. Zur Vorbereitung der Finanzierungsentscheidung der geplanten Investitionen soll der vorliegende Jahresabschluss analysiert werden. Ihnen liegen folgende Informationen vor:

Strukturbilanz der ESS Maschinenbau AG zum 31.12.2015 in Tausend Euro

Aktiva		Passiva	
I. Anlagevermögen	490.000	I. Eigenkapital	312.000
II. Umlaufvermögen		II. Fremdkapital	
1. Vorräte	65.000	1. langfristiges Fremdkapital	202.500
2. Forderungen	58.000	2. kurzfristiges Fremdkapital	135.500
3. liquide Mittel	37.000		
Summe Aktiva	650.000	Summe Passiva	650.000

Der Jahresüberschuss 2015 der ESS Maschinenbau AG beträgt 32 Mio. EUR. Die Umsatzerlöse 2015 betragen 400 Mio. EUR.

2.1 Berechnen und beurteilen Sie anhand der Strukturbilanz die Eigenkapitalquote und den Anlagendeckungsgrad II der ESS Maschinenbau AG.

Hinweis: Der Branchenwert für die Eigenkapitalquote beträgt 40 %

2.2 Der Vorstand bevorzugt eine Darlehensfinanzierung über die Hausbank. Dadurch soll jedoch der Branchenwert für die Eigenkapitalquote nicht unterschritten werden.

Weisen Sie rechnerisch nach, bis zu welchem Betrag die ESS Maschinenbau AG ein Darlehen bei der Hausbank aufnehmen kann. Gehen Sie dabei von den Zahlen der Strukturbilanz zum 31.12.2015 aus.

2.3 Hauptargument des Vorstands für die Darlehensfinanzierung ist die aktuelle Niedrigzinsphase, die man bei einer sofortigen Finanzierungsentscheidung nutzen könnte.

Beurteilen Sie, wie sich eine Erhöhung der Darlehenszinsen auf die Eigen- und Gesamtkapitalrentabilität auswirken würde.

2.4 Die durchschnittliche Umsatzrentabilität der Branche beträgt bei ähnlichen Verkaufspreisen und vergleichbaren Produkten 5 %.

- Ermitteln Sie die Umsatzrentabilität der ESS Maschinenbau AG für das Geschäftsjahr 2015.
- Erläutern Sie zwei Gründe für die Abweichung der Umsatzrentabilität der ESS Maschinenbau AG vom Branchenwert.

3. Der Vorstand möchte den Vorsprung der ESS Maschinenbau AG bei der Energieeffizienz ihrer Produkte gegenüber den Wettbewerbern ausbauen.

3.1 Formulieren Sie in diesem Zusammenhang ein operationalisiertes Ziel, welches als Vorgabe dienen kann, und erklären Sie die Bedeutung der Operationalisierung.

3.2 Zeigen Sie, dass zwischen den Zielen „Gewinnmaximierung“ und „Hohe Energieeffizienz der Produkte“ für die ESS Maschinenbau AG sowohl eine Zielharmonie als auch ein Zielkonflikt bestehen kann.

21 Unternehmensführung und Controlling

21.1 Aufgaben der Unternehmensführung

Stofftelegramm

Aufgaben der Unternehmensführung → Koordination und Steuerung von Produktion, Absatz, Investition und Finanzierung derart, dass die Unternehmensziele optimal erreicht werden = sachbezogene Aufgaben + Personalführung

Prozess der Unternehmensführung (Ziel- und Management-Kreislauf)

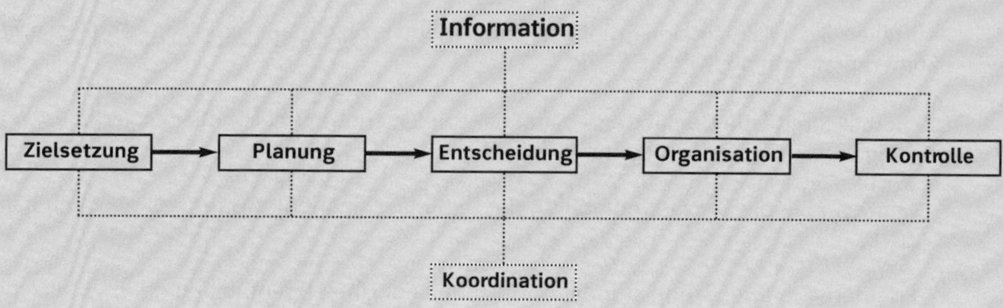

Wichtig ist in diesem Zusammenhang der Begriff **„Humankapital"**.

Humankapital = Teil des betrieblichen immateriellen Vermögens, das wesentlich zum langfristigen Unternehmenserfolg und damit zur nachhaltigen Unternehmenssicherung beiträgt (Quantität und Qualität des Personals und der Personalführung)

21.2 Zielsystem eines Unternehmens

Stofftelegramm

- Unternehmensziele = Maßstäbe, an denen unternehmerisches Handeln gemessen werden kann.
- Der Zielbildungsprozess wird von verschiedenen Interessenlagen unterschiedlicher Personengruppen (**Shareholder** = Eigenkapitalgeber; **Stakeholder** = Arbeitnehmer + Öffentlichkeit + sonstige Gruppen, z. B. Kunden, Lieferanten ...) beeinflusst.
- Das Management muss in seiner Strategie neben den Bedürfnissen der Kapitalgeber (Shareholder) vor allem auch die Interessen „weiterer Gruppen" (v. a. Mitarbeiter) berücksichtigen.

Shareholder-Value-Ansatz

- im Mittelpunkt = Interessenlage der **Eigenkapitalgeber**
- oberstes Ziel = langfristige Gewinnmaximierung (ökonomische, finanzielle Ziele)

Stakeholder-Ansatz

- Soziale Ziele (**Arbeitnehmer**):
  - gute Arbeitsbedingungen
  - Arbeitsplatzsicherheit
  - gerechte Entlohnung
  - Mitbestimmung
- Ökologische Ziele (Öffentlichkeit):
  - allg.: Umweltschutz
  - Ressourcenschonung
  - Abfallvermeidung
  - Recycling

Zielkonflikte

- **Beispiel 1:** Konflikt zwischen sozialen und ökonomischen (finanziellen) Zielen

  Soziales Ziel: höherer Lohn → Stückkosten steigen → Preis steigt → evtl. Probleme am Markt (weniger Absatz) → Gewinne sinken → **ökonomisches Ziel** (Gewinnmaximierung) gefährdet

- **Beispiel 2:** Konflikt zwischen ökonomischen (finanziellen) und ökologischen Zielen

  Umweltschutzmaßnahmen **(ökologisches Ziel)** → Kosten steigen → Preis steigt → evtl. Marktprobleme (weniger Absatz) → Gewinne sinken → **ökonomisches Ziel** (Gewinnmaximierung) gefährdet

- Grundsätzlich verfolgen Unternehmen v. a. ökonomische Ziele (Gewinnmaximierung).
- Die Sicherung sozialer Belange der Arbeitnehmer sowie ökologischer Ziele werden dem Gesetzgeber (Arbeitsrecht ...) zugewiesen.
- **Häufige Forderung:** Soziale und ökologische Unternehmensziele müssen aus ethischen Gründen Vorrang haben vor reinem „Profitdenken".

  Problem: Ein Unternehmer verwirklicht seine ethischen Vorstellungen von sozialer Gerechtigkeit und Umweltverträglichkeit → Folge wiederum: Kosten und Preise steigen; werden die Preissteigerungen vom Nachfrager nicht akzeptiert → Umsatzrückgang, evtl. Unternehmenskrise → Verbraucheraufklärung dringend notwendig

  Alternative Denkweise: Gerechter Lohn → angenehmes Betriebsklima → Motivation steigt → Arbeitsproduktivität steigt → Gewinn steigt

  → = **Zielharmonie** zwischen sozialem und ökonomischem Ziel

- **Strategische (langfristige) Ziele** sind „umzuarbeiten" in **operative (kurzfristige) Ziele.**

Zieloperationalisierung

am Beispiel absatzpolitischer Ziele
= leiten sich aus den allgemeinen Unternehmenszielen (z. B. Gewinn, Umsatz, Image, Qualität) ab.

Sollen die zukünftige Position des Unternehmens definieren. Diese soll durch den Einsatz aller absatzpolitischen Maßnahmen erreicht werden.

Qualitative Marketingziele	Quantitative Marketingziele
• Imagepflege • Marktrisiko verkleinern • Corporate Identity • Qualität • Vertrauen	• Gewinnziele • Umsatzziele • Absatzmengen • Marktanteile • Wachstumsziele

Ziele müssen operationalisiert (messbar gemacht) werden. Das heißt, sie bestehen aus Inhaltsteil, Verhaltensteil und Zeitbezug.

Beispiel: Ein Unternehmen will seinen Marktanteil für ein bestimmtes Produkt im Inland um 5 % (Inhaltsteil) im nächsten Jahr (Zeitbezug) steigern. Hierzu werden die Ausgaben für Werbung um 10 % erhöht (Verhaltensteil).

• Was?	Marktanteil steigern	Inhaltsteil
• Wie viel?	um 5 %	Inhaltsteil
• Wo?	im Inland	Inhaltsteil
• Bis wann?	im nächsten Jahr (01.01.–31.12.20..)	Zeitbezug
• Wodurch?	Werbeausgaben um 10 % erhöhen	Verhaltensteil

Messbarkeit/Vergleichbarkeit gegeben → Soll-Ist-Analyse

Soll-Ist-Analyse			
Ziel	**Soll** (Was wollten wir erreichen?)	**Ist** (Was haben wir erreicht?)	**Ziel erreicht?**
Marktanteils-steigerung	5 %	3 %	Nicht erreicht! Aber gesteigert!

Mögliche Gründe, warum das Ziel nicht ganz erreicht wurde:
- Werbeausgabenbudget zu klein
- falsche Werbestrategien
- Produkt am Markt nicht durchsetzungsfähig
- Konkurrenz zu stark
- kein Wachstumsmarkt

Verbesserungsvorschläge/Handlungsempfehlungen für nächstes Mal:
- Kundenwünsche/Marktsituation vorher durch Marktforschung besser analysieren
- Werbebudget erhöhen
- Werbestrategien besser aufeinander abstimmen

Unternehmensvision

- **Wunschvorstellungen** der Unternehmen (oft noch vage, oberste Ziele)
- Beispiel: „Bis 2030 wollen wir Marktführer sein."

Unternehmenskultur (Unternehmensleitbild)

- Unternehmenskultur = unverwechselbare **„Persönlichkeit"** des Unternehmens
- geprägt von der Geschichte eines Unternehmens
- gestaltet v. a. von den Führungspersönlichkeiten
- Tradition im Führungsverhalten
- Betonung der Berücksichtigung gesellschaftlicher und sozialer Aspekte
- Organisationsstruktur

Unternehmensphilosophie

- Unternehmensphilosophie = **Wertesystem** eines Unternehmens, an dem sich das unternehmerische Handeln und Denken orientieren

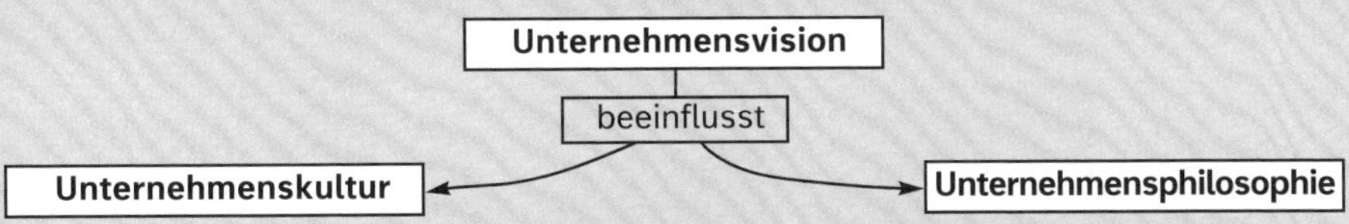

Corporate Governance (CG)

CG ist nicht allgemein verbindlich definiert.

CG kann verstanden werden als die Gesamtheit aller internationalen und nationalen Regeln, Vorschriften, Werte und Grundsätze, die für Unternehmen gelten und bestimmen, wie diese geführt und überwacht werden.

Warum CG?

- Kritik an der deutschen Unternehmensverfassung
- Unterschiedliche Interessen der Stakeholder (Aktionäre, Vorstand, Aufsichtsrat, Mitarbeiter, Kunden, Lieferanten, Staat), z. B.: Aktionäre = hohe Rendite, Vorstand = hohe Vergütung, Mitarbeiter = bessere Arbeitsbedingungen usw.

→ opportunistisches Verhalten einzelner Interessengruppen → Schaden (Opportunitätskosten) für das Unternehmen und der anderen Interessengruppen

Idee:

Vorrang des Unternehmensinteresses vor Einzelinteressen

Lösungsvorschlag:

rechtlicher und faktischer Ordnungsrahmen für die Leitung und Überwachung eines Unternehmens, um opportunistisches Verhalten einzuschränken

Umsetzung in Deutschland:

Deutscher Corporate Governance Kodex (DCGK)

DCGK → Transparenz der Regeln für die Unternehmensleitung und -überwachung

Merkmale guter CG sind z. B.:

- angemessene Wahrung der Interessen der Stakeholder
- effektive und zielgerichtete Zusammenarbeit von Vorstand und Aufsichtsrat
- Transparenz in der Unternehmenskommunikation
- transparente Rechnungslegung und Berichterstattung
- langfristige nachhaltige Wertschöpfung und -verteilung

Anwendung findet CG meist bei großen Unternehmen → Aktiengesellschaften (siehe deren Homepage). Hier gilt § 161 AktG → Vorstand und Aufsichtsrat haben jährlich im elektronischen Bundesanzeiger zu erklären, ob die Empfehlungen aus DCGK angewendet werden und warum nicht.

Hinweis: Obige Begriffe werden in den Lehrbüchern nicht einheitlich definiert.

Nachhaltigkeit und Corporate Social Responsibility (CSR)

Nachhaltigkeit →

sozial + ökologisch + ökonomisch verantwortlich handeln mit Blick in die **Zukunft**
→ Sicherstellung der Lebensgrundlage künftiger Generationen und Bewirkung von mehr sozialer Gerechtigkeit

Corporate Social Responsibility (CSR) →

Corporate Social Responsibility (CSR) = gesellschaftliche Verantwortung von Unternehmen

- CSR = Teil des nachhaltigen Wirtschaftens
- Für die **EU-Kommission** umfasst CSR:
  - Arbeitsbedingungen
  - Umweltschutz
  - Verbraucherschutz
  - integrierte Produktpolitik
  - sozial-ökologische Standards in der Zulieferkette
- Nach Ansicht von Wissenschaftlern wird CSR aufgrund der jüngsten Entwicklungen und des wachsenden öffentlichen Drucks eine immer stärkere Bedeutung für die Unternehmenspolitik haben.
- CSR muss Bestandteil der Unternehmensstrategie sein. Dazu gehört z. B. die ökologische Ausgestaltung der Wertschöpfungskette oder die Herstellung umweltschonender Produkte.
- Beim Unternehmensranking spielen zunehmend CSR-Gesichtspunkte eine Rolle:
  - Wie geht das Unternehmen mit seinen **Mitarbeitern** um?

    Kriterien: Gehaltsstruktur, Lohntransparenz, Personalentwicklung, Familienfreundlichkeit, Frauenförderung, Wertekatalog u. a.
  - Wie zugänglich ist das Unternehmen für **gesellschaftliche** Belange?

    Kriterien: soziales Engagement, Offenheit, Transparenz, Integration der CSR-Gesichtspunkte in die Gesamtstrategie
  - **Umwelt:** Wie ressourcenschonend verhält sich das Unternehmen?

    Kriterien: Berücksichtigung von Umweltaspekten, ökologische Innovationen, Kooperation mit der Öffentlichkeit
- Immer mehr Anleger investieren vornehmlich in **nachhaltige Geldanlagen** = Anlagen, die neben finanziellen Kriterien auch ökologische, soziale und ethische Kriterien beachten.
- Experten schätzen, dass sich in zehn Jahren die Integration von Umwelt- und Sozialleistungen in die Finanzanalyse etabliert hat.

21.3 Strategische Führung – Umwelt- und Unternehmensanalyse

Stofftelegramm

- Strategische Unternehmensführung (= Grundsatzentscheidungen, die langfristig wirken) spielt heute die entscheidende Rolle: Planung der Unternehmenskultur; Strategienplanung → Ableitung langfristiger Ziele.
- Früher: Management konzentrierte sich zu sehr auf den operativen Bereich (Tagesgeschäft).
- Notwendig zur Ermittlung von Strategien: Umwelt- und Unternehmensanalysen

Umweltanalysen:
- u. a. Analyse des politischen und gesellschaftlichen Umfeldes
- Analyse der gesetzlichen Bedingungen
- Analyse der ökologischen Umwelt
- Analyse der wirtschaftlichen und technischen Umwelt
- Marktanalyse • Konkurrenzanalyse • Branchenstrukturanalyse

Unternehmensanalyse:
- u. a. Stärken-Schwächen-Analyse
- Chancen-Risiken-Analyse • Position des Unternehmens

SWOT-Analyse

SWOT steht für die Analyse unternehmensbezogener Stärken und Schwächen (**S**trength/**W**eaknesses) (interne Sicht) sowie marktbezogener Chancen und Risiken (**O**pportunities/**T**hreats) (externe Sicht) eines strategischen Geschäftsfeldes.

SWOT-Analyse allgemeiner Aufbau

Unternehmens-externe Faktoren (Umwelt) / **Unternehmens-interne Faktoren**	**Chancen** (nutzen)	**Risiken** (begrenzen)
Stärken (ausschöpfen)	Einsatz von Stärken zur Nutzung von Chancen	Einsatz von Stärken zur Abwehr von Risiken
Schwächen (abbauen)	Abbau der Schwächen zur Nutzung der Chancen	Abbau der Schwächen zur Vermeidung von Risiken

Kriterienkatalog für unternehmensinterne Faktoren, Beispiele

- Umsatz
- Marktanteile
- Produktqualität (Lebensdauer, Haltbarkeit ...)
- Produktprogramm (Angebotsbreite und -tiefe)
- Alter des Produktprogramms (Lebenszyklusphasen der Produkte)
- Image
- Technischer Service
- Produktivität
- Liquidität
- Führungsstil

Kriterienkatalog für unternehmensexterne Faktoren, Beispiele

siehe Umweltanalyse

21.4 Exkurs: Führungsstile

Stofftelegramm

Führungsstile

1. Autoritär

Vorteile

- schnelle Entscheidungen
- einheitliche Linie

Nachteile

- Motivationsbremse
- Druck von oben
- schlechtes Betriebsklima
- hohe Fluktuation ...
- ungenutzte Denkfähigkeit der Mitarbeiter (keine Teamvorteile)
- Vorgesetzte überlastet

Vorgesetzter → Befehle / Kontrolle → **Untergebene**

Entscheidungen

Verantwortung

- keine Mitbestimmung
- keine Mitwirkung
- wenig Entscheidungen
- wenig Verantwortung

2. Kooperativ **(demokrat.)**

Vorteile

- höhere Motivation (Identifikation)
- bessere Entscheidungen
- gutes Verhältnis zwischen Vorgesetztem u. Mitarbeiter
- geringere Fluktuation

Nachteile

- verzögerte Entscheidungen (Diskussionen)
- Qualifikation + rege Mitarbeit aller notwendig

Vorgesetzter ↔ **Informationsaustausch** / **Zielsetzungen** / **Entscheidungsfindung (Delegation!)** ↔ **Mitarbeiter**

- Kontrolle
- Delegation
- Verantwortung
- Entscheidungen

- Kontrolle
- Verantwortung
- Entscheidungen

3. Laisser-faire

- möglichst wenige Vorgaben bzw. Eingriffe der Vorgesetzten → Mitarbeiter sind im Wesentlichen sich selbst überlassen.
- **Nachteile:** geringe Motivation; geringe Kreativität, da wenig Feedback
- **Vorteile:** evtl. geringer Leistungsdruck

Tendenz in der heutigen Praxis zum kooperativen Führungsstil (bzw. Mischformen)

21.5 Balanced Scorecard (BS)

Stofftelegramm

- BS = Managementsystem, mit dessen Hilfe Strategien im Unternehmen durchgesetzt werden sollen
- BS will auch Orientierungsgrößen zur Realisierung strategischer (langfristiger) Ziele (z. B. Kundenbindung, Mitarbeiterqualifikation, Forschung und Entwicklung) liefern.
- BS = Controlling-Instrument, das Strategien in konkrete Handlungen umsetzt
- **Früher:** Betrachtung des Unternehmens nur aus einer (meist kurzfristig orientierten) Sicht, v. a. aus der Finanzsicht

  BS: Unternehmen wird aus **mehreren** Perspektiven (unternehmensindividuell) betrachtet. Übliche **vier Perspektiven: Finanz-, Kunden-, Mitarbeiter-, interne Prozessperspektive**
- vier Perspektiven → Zielbildung für diese Perspektiven + Verbindung der strategischen Ziele (Ursache-Wirkungszusammenhänge beachten!) → Ermittlung von Messgrößen (Messung der Zielerreichung) = Kennzahlen → Verbindung von Strategien und Operationen

  Dabei wichtig: Einbeziehung der Mitarbeiter in den Entstehungs- und Umsetzungsprozess → Motivation und Unternehmensbindung steigt = Vorteil der BS

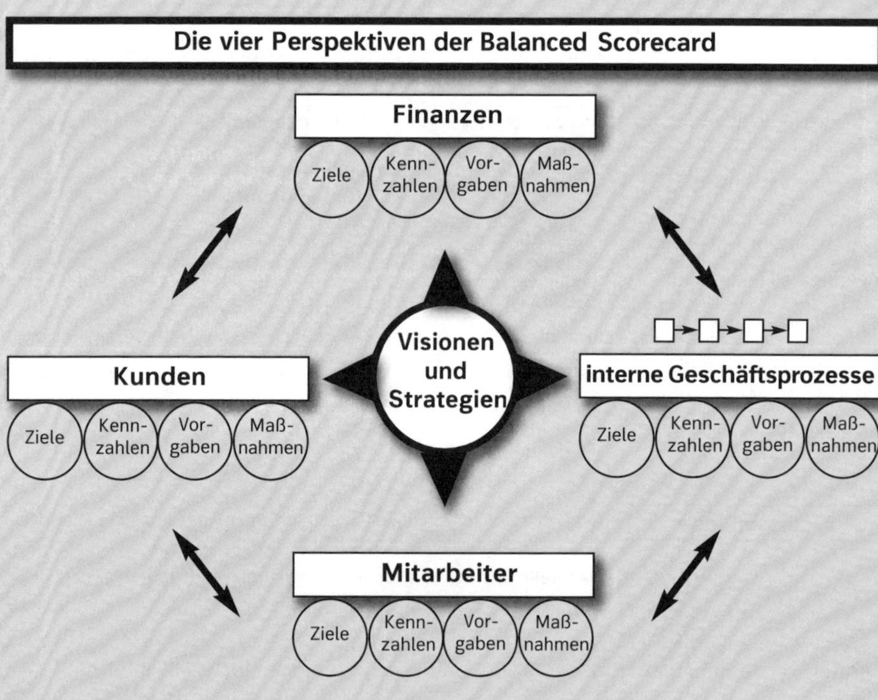

Finanzperspektive

- Oberziel aller Perspektiven (Erwartungen der Kapitalgeber, ergebnisorientiert)
- Ziele z. B.:
  - Ertragskraftsteigerung
  - Steigerung des Shareholder Value
  - Steigerung des Unternehmenswertes
  - Rationalisierung
  - Wachstum
- Kennzahlen z. B.:
  - Cashflow
  - Umsatzwachstum
  - Kapitalbindung
  - Rentabilitäten
  - Verschuldungsgrad
  - EBIT (s. o.)
  - ROI (s. o.)
  - Deckungsbeitrag

Kundenperspektive

- absatzmarktorientiert
- häufig als entscheidende Perspektive angesehen, da Kundenzufriedenheit Voraussetzung für Erreichung der finanziellen Ziele (Finanzperspektive) – „Der Kunde ist König."
- Ziele z. B.:
  - Marktanteile erhöhen
  - Imagesteigerung
  - Kundenzufriedenheit verbessern
  - Produktinnovationen entwickeln
- Kennzahlen z. B.:
  - Deckungsbeitragsanteile
  - Marktanteile
  - Kundenrentabilität
  - Kundentreue
  - Anzahl der Neukunden

Interne Prozessperspektive

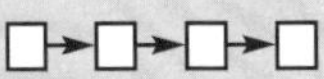

- Gestaltung der Prozesse derart, dass die Wünsche der Kunden (Kundenperspektive) und Kapitalgeber (Finanzperspektive) erfüllt werden
- Innovationsprozesse integrieren
- Ziele z. B.:
  - Durchlaufzeiten verkürzen
  - Fehlerquoten senken
  - ineffiziente Prozesse erkennen und verbessern
  - Umweltschutz verbessern
  - Produktivität verbessern
- Kennzahlen z. B.:
  - Durchlaufzeiten
  - Fehlerquoten
  - Kapazitätsauslastung
  - Reklamationsquote
  - Lagerbestände
  - Lieferzeiten
  - Bearbeitungszeiten

Mitarbeiterperspektive

- Ziele z. B.:
  - Motivationssteigerung
  - Kreativitätsförderung
  - Qualifikationssteigerung
  - Personalnachwuchs sicherstellen
- Kennzahlen z. B.:
  - Mitarbeiterzufriedenheit
  - Mitarbeitertreue (Fluktuationsrate)
  - Mitarbeiterproduktivität (Umsatz je Mitarbeiter)
  - Fehlzeitenrate
  - Schulungstage

Weitere Beispiele für mögliche Perspektiven:
- Lieferantenperspektive
- Kreditperspektive
- Kommunikationsperspektive

Zwischen den einzelnen Perspektiven bestehen ········ **Ursache-Wirkungs-Beziehungen**

	Ursache (wenn ...)	**Wirkung (... dann)**
Beispiel 1:	bessere Schulung der **Mitarbeiter**	→ bessere Produktkenntnisse
	bessere Produktkenntnisse	→ mehr Einsatz bei Verkaufsaktivitäten
	mehr Einsatz bei Verkaufsaktivitäten	→ **Kundenzufriedenheit** steigt.
	Kundenzufriedenheit steigt.	→ Verkaufszahlen steigen.
	Verkaufszahlen steigen.	→ Gewinn steigt (**Finanzperspektive**).
Beispiel 2:	Weiterbildung der **Mitarbeiter**	→ bessere Abläufe (**Prozessperspektive**)
	bessere Abläufe	→ zufriedenere **Kunden**
	zufriedenere **Kunden**	→ Gewinn steigt (**Finanzperspektive**).

Voraussetzungen für die Einführung der Balanced Scorecard

- Vorhandensein einer Mission
- Vorhandensein von Unternehmensstrategien
- Bereitschaft zur Kommunikation
- permanente Informationsmöglichkeiten
- Vertrauen zur Unternehmensleitung
- Fachwissen
- Fähigkeit zur Teamarbeit
- flexible Organisation

Vorteile der Balanced Scorecard

- keine einseitige Betrachtung finanzieller Kennzahlen
- Kommunikationsförderung über alle Hierarchieebenen → Mitarbeiter verstehen die Strategien und unterstützen sie.
- steigende Motivation der Mitarbeiter, steigende Unternehmensbindung
- bessere Kommunikation mit Externen (auch nicht finanzielle Größen werden bekannt gegeben)
- Erkennen der Interaktionsbeziehungen zwischen den Perspektiven → Verbesserungen möglich
- Verbindung zwischen strategischem und operativem Management
- Erkennen von Ursache-Wirkungs-Zusammenhängen

Nachteile der Balanced Scorecard

- Konzept noch nicht ausgereift (noch viele ungelöste Probleme)
- evtl. häufig Widerstände aus den Reihen der Betroffenen (→ schwere Umsetzung)

21.6 Controlling

21.6.1 Begriff „Controlling“

Stofftelegramm

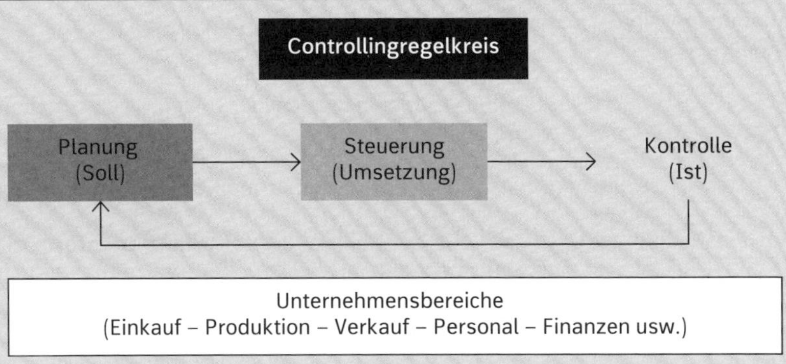

Begriffsdefinition des Controllings:

Im Controlling kommen die Daten des Rechnungswesens und anderer Quellen zusammen. Controlling ist der Teilbereich des Führungssystems von Unternehmen, dessen Hauptaufgabe die Steuerung, Kontrolle sowie Planung aller Unternehmensbereiche ist.

21.6.2 Funktionen des Controllings

Stofftelegramm

Planungsfunktion

- **Einflussnahme des Controllings auf die Planung:**
  - Verbesserung des Planungssystems
  - Bereitstellung von Planungstechniken und -instrumenten sowie persönliche Beratung bei deren Anwendung
  - Koordination des Informationsaustausches
  - Überprüfung der Pläne auf Vollständigkeit und Plausibilität
  - Präsentation der Planungsergebnisse
- **Vollständige Delegation der Planung an das Controlling nicht möglich, weil**
  - an der Planung noch weitere Personen aus verschiedenen Organisationseinheiten beteiligt sind und
  - für die Realisierung (Planumsetzung) die Handlungsträger verantwortlich sind.
- **Das Controlling (mit Richtlinienkompetenz) hat somit dafür zu sorgen,**
  - dass geplant wird (Anstoß zur Planung),
  - wie geplant wird (Methodik der Planung) und
  - wann geplant wird (Timing der Planung).
- Die Entscheidungsträger bestimmen, was geplant wird.

Kontrollfunktion

- **Abweichungsanalysen (Soll-Ist-Vergleiche)**
  - Bestätigung des eingeschlagenen Weges oder
  - Einleitung von Korrekturen

Informationsfunktion

- **Steuerung von Informationsströmen (= Informationslogistik)**
  - Versorgung der Handlungsträger mit Informationen bzw.
  - Handlungsträger in die Lage versetzen, sich selbst Informationen zu beschaffen

↓

- **Aufbau einer Informations- und Kommunikationstechnik**

Koordinationsfunktion

- **Abstimmung der Planungs-, Kontroll- und Informationssysteme in sachlicher, personeller und zeitlicher Sicht**
- **Zeitliche Koordination:**

Controlling

Strategisches Controlling
- langfristig ausgerichtet
- Sicherung der langfristigen Unternehmensexistenz

Operatives Controlling
- kurzfristig ausgerichtet (Tagesgeschäft)
- kurzfr. Erfolgssteuerung

Funktionen des Controllings

Allgemeine Koordinationsfunktion

Anpassungs- und Innovationsfunktion

Koordination der Unternehmensführung mit der Umwelt (Erkennen von Marktentwicklungen)
→ Anpassungsvorgänge bzw. Innovationen

Zielausrichtungsfunktion

Koordination im Sinne der Unternehmensziele

Service- und Unterstützungsfunktion

- Koordination der Instrumentenauswahl (z. B. Planungsinstrumente)
- Koordination der Informationsversorgung

21.6.3 Die Szenario-Technik

Stofftelegramm

- **Szenario** = durch Projektion ermitteltes, ausformuliertes, komplexes Zukunftsbild
  → Risiken und Chancen werden erkennbar
  → Entwicklung Erfolg versprechender Strategien

- Kurzfristige Szenarien: ca. 5–10 Jahre
  Mittelfristige Szenarien: ca.11–20 Jahre
  Langfristige Szenarien: > 20 Jahre

- Szenario-Technik = **Prognoseverfahren** zum Vorausdenken der unsicheren, meist langfristigen Entwicklung

- **Kennzeichen:** Zulassen verschiedener Alternativen künftiger Entwicklung (multiple Zukunft) + Beschreibung der Zukunft in plausiblen Bildern (Zukunftsraum-Mapping)

- Ziel der Szenario-Technik = Erarbeitung und Aufzeichnung alternativer Zukunftslagen

- Die Szenario-Technik analysiert **Extremszenarien** (positives Extremszenario, negatives Extremszenario) sowie ein **Trendszenario** (Fortschreiben der heutigen Situation in die Zukunft).

Beispiel aus der Schülerwelt:

Schüler A erhielt in drei Klassenarbeiten folgende Noten: 3,0 – 3,5 – 2,5 → bisheriger Notendurchschnitt: 3,0. Demnächst wird die letzte Klassenarbeit vor dem Zeugnis geschrieben. Es ergibt sich folgendes **Szenario:**

Positives Extremszenario: Note 1,0 → Notendurchschnitt somit 2,5 → Zeugnisnote 2 oder 3
Negatives Extremszenario: Note 6,0 → Notendurchschnitt somit 3,75 → Zeugnisnote 4
Trendszenario: Note 3,0 → Notendurchschnitt somit 3,0 → Zeugnisnote 3

Drei mögliche Grundtypen von Szenarien

positives Extremszenario = „Best-Case-Szenario“	**negatives Extremszenario** = „Worst-Case-Szenario“	**Trendszenario** = „verlängerte Gegenwart“
Modellierung der **bestmöglichen** zukünftigen Entwicklung (z. B. Zeugnisnote 2)	Modellierung der **schlechtestmöglichen** zukünftigen Entwicklung (z. B. Zeugnisnote 4)	Fortschreiben der heutigen Situation in die Zukunft (z. B. Zeugnisnote 3)
		„Weiter-so-wie-bisher-Szenario“
		wahrscheinlichste Zukunft

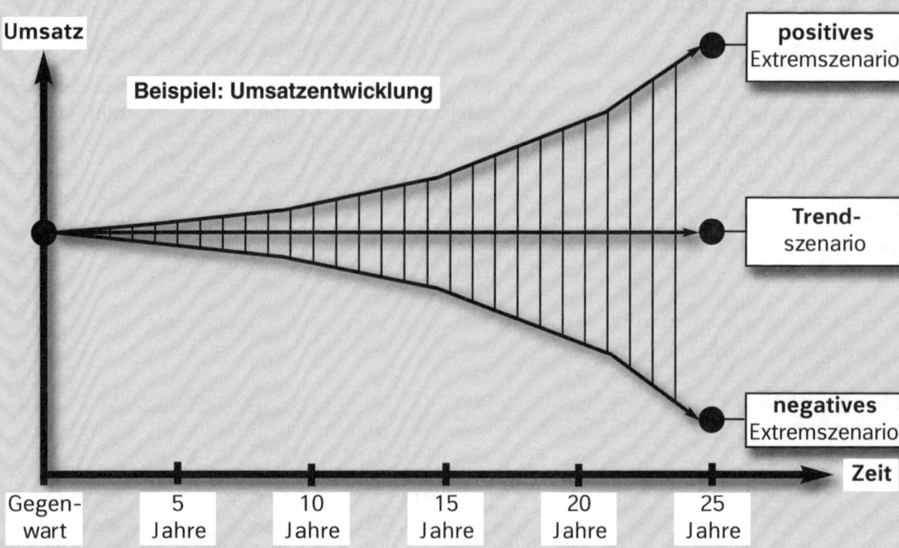

Phasen der Szenario-Technik

Aufgaben- und Problemanalyse
- Feststellung Untersuchungsgegenstand (z. B. Umsatz)
- Bestimmung der Einflussfaktoren (z. B. Innovationen)
- Bestimmung externer Rahmenbedingungen (Konjunktur)

Einflussanalyse
- Präzisierung der Einflussbereiche
- Einschätzung der quantitativen + qualitativen Zusammenhänge zwischen den Einflussfaktoren (z. B. mehr Innovationen → weniger Konkurrenz)
- Erstellung von Messgrößen zur Operationalisierung des Einflussfaktors (z. B.: Wirtschaftswachstum 2 % bedeutet Unternehmenswachstum von 3 %)
  → Umsatzsteigerung = Wirtschaftswachstum · 1,5

Zukunftsprojektion
- Projektion von Trend- und Extremszenarien
- Schätzung Eintrittswahrscheinlichkeiten der Szenarios

Ergebnisbeurteilung
- Festlegung von strategischen Maßnahmen, die geeignet sind, die zukünftige Entwicklung dem Best-Case-Szenario bestmöglich anzunähern

Vorteile
- besseres Systemverständnis
- anschauliche Darstellung komplizierter Sachverhalte und Entwicklungen
- Identifizierung wichtiger Einflussfaktoren, Beziehungen und Interventionsmöglichkeiten
- Förderung des Denkens in Alternativen

Nachteile
- zeitaufwendig
  → kostenträchtig
- subjektive Methode (nicht wertfrei)

21.6.4 Produktlebenszyklus

Stofftelegramm

Das Modell des Produktlebenszyklus geht davon aus, dass ein Produkt von seiner Markteinführung bis zum Ausscheiden aus dem Markt verschiedene Phasen durchläuft.

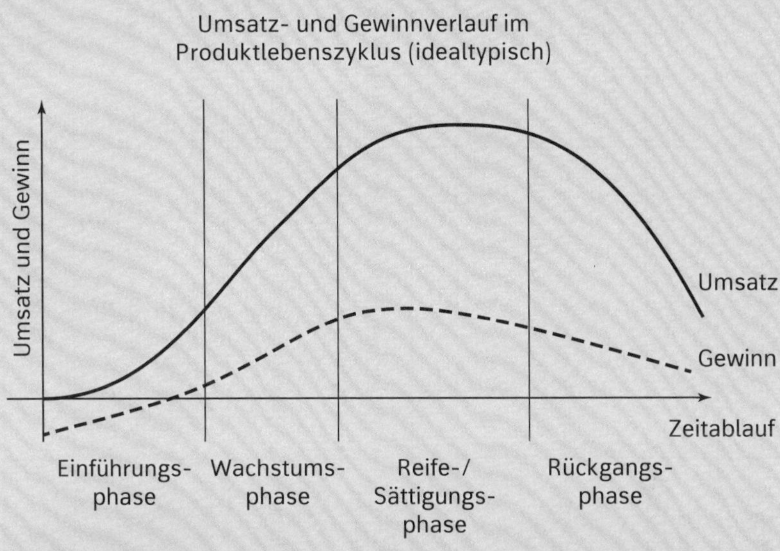

Messgrößen	Gewinn, Umsatz
Ziele	• Planung, Steuerung und Kontrolle des Produktlebenszyklus eines Produkts • Marktanteil steigern • Umsatz, Gewinn steigern • Produkt lange auf dem Markt halten
Maßnahmen	Optimierung des Marketingmix

Produktlebenszyklus				
Phasen / Merkmale	Einführungsphase	Wachstumsphase	Reife- und Sättigungsphase	Rückgangsphase
Absatzmenge	gering	schnell ansteigend	Rekordabsatz, Tendenz fallend	rückläufig
Begründung	Die Kunden müssen das Produkt erst kennenlernen.	Das Produkt wird bekannter und liegt im Trend.	Das Produkt ist sehr bekannt und liegt absolut im Trend.	• Die Kunden kaufen zunehmend neue/andere Produkte. • technologischer Fortschritt • Die Präferenzen der Verbraucher ändern sich.
Gewinn	negativ	steigend	hoch	fallend
Begründung	• hohe Werbekosten • geringe Absatzmenge	• Absatzmenge steigt. • Fertigungskosten sinken. • Deckungsbeiträge steigen.	• Absatzmenge sehr hoch • Fertigungskosten sinken.	• Absatzmenge sinkt. • technologischer Fortschritt
Konkurrenten	keine bzw. wenige	Die Zahl der Konkurrenten nimmt zu.	gleichbleibend, Tendenz fallend	Die Zahl der Konkurrenten nimmt ab.
Begründung	• absolut neues Produkt • Die potenzielle Konkurrenz ist von neuem Produkt überrascht.	• Marktpotenzial vorhanden • Nachahmer: Die Konkurrenz bringt ein ähnliches Produkt auf den Markt.	• Marktpotenzial ausgeschöpft • Erste Grenzanbieter verschwinden vom Markt.	• Marktanteile schrumpfen. • Grenzanbieter und weitere Anbieter verschwinden vom Markt.
Marketing-investitionen	sehr hoch	hoch	sinkend	weiter sinkend
Marketing-ziele	• Produkt bekannt machen • Erstkäufer sichern	Marktanteil steigern	Marktanteil sichern	Kostensenkung und „Gewinnmitnahme“

21.6.5 Die Portfolioanalyse

Stofftelegramm

- Portfolioanalyse = Instrument der Unternehmensführung

- **Ziel** der Portfolioanalyse: ausgewogene Zusammensetzung des Produktionsprogramms erreichen hinsichtlich Ertragskraft, Lebensalter, Marktposition, Konkurrenz und Risiken

Dafür notwendig: Festlegung der Faktoren, die den langfristigen Unternehmenserfolg bestimmen, v. a. Marktanteil, Wachstumsrate und Ertrag

- Vorgehensweise bei der Portfolioanalyse → **Vier-Felder-Matrix** (vgl. Lebenszyklus):

1. Einführungsphase („Question Marks" = Fragezeichen):
- Produkte, deren Erfolg noch unsicher
- noch unbedeutender Marktanteil
- hohe Investitionen
- Ertrag noch relativ gering
- große Wachstumschancen
- Maßnahmen: beobachten + fördern

2. Wachstumsphase („Stars" = Sterne):
- hoher Marktanteil
- hohe Investitionen
- stark steigende Gewinne
- starkes Wachstum
- Maßnahmen: fördern

3. Reifephase („Cash Cows" = Melkkühe):
- Produkte, die große finanzielle Mittel erwirtschaften
- hoher Marktanteil
- starker Rückgang der Investitionen
- hohe Gewinne
- geringes Wachstum
- Maßnahmen: Position halten, melken

4. Sättigungsphase („Poor Dogs" = arme Hunde):
- stark zurückgehender Marktanteil
- keine Investitionen
- Tendenz zu Verlusten
- kein Wachstum mehr
- Kurz: „Poor Dogs" = „arme Hunde", denen das baldige Ende droht
- Maßnahmen: Elimination, Ersatz durch Produktinnovationen

- **Wichtig:** Die Unternehmung sollte darauf achten, dass stets genügend „Fragezeichen", „Stars" und „Melkkühe" vorhanden sind. → ausgeglichenes Portfolio. Besonders stark ist auf genügend Produktnachwuchs (Fragezeichen) zu achten.

Die Vier-Felder-Matrix

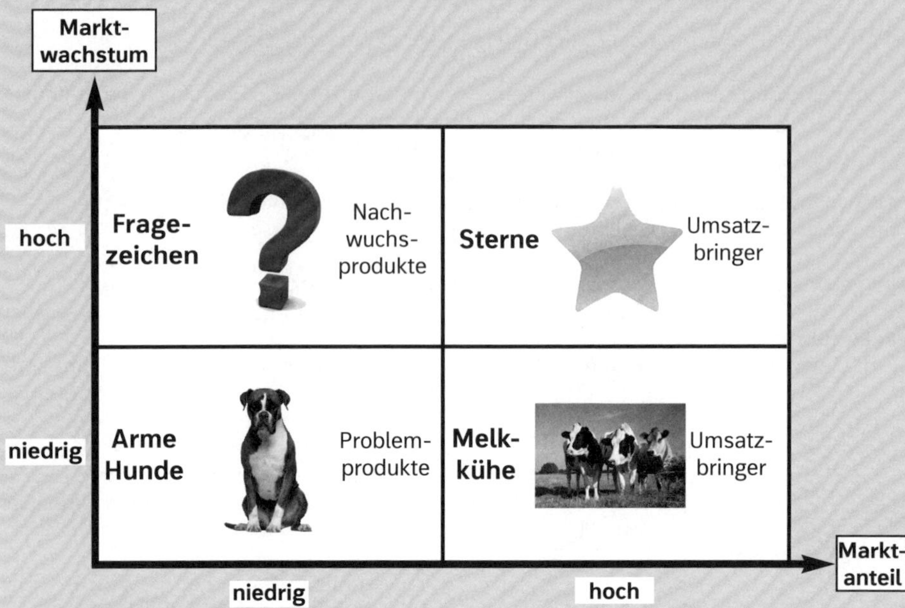

- Erhöhung des eigenen Marktanteils → Senkung der Stückkosten aufgrund der gestiegenen Stückzahl (Gesetz der Massenproduktion) → Gewinnerhöhung

- Betr. „Marktanteil“: In d er Regel wird der **relative Marktanteil** angesetzt.

$$\textbf{Relativer Marktanteil} = \frac{\textbf{eigener Marktanteil}\ \text{(z. B. 20 \%)}}{\textbf{Marktanteil des größten Konkurrenten}\ \text{(z. B. 40 \%)}} = \textbf{0,5}$$

Ist eigener Marktanteil höher als der des größten Konkurrenten → relativer Marktanteil > 1

Vorteile der Portfolioanalyse	Nachteile der Portfolioanalyse
• anschaulich • einfach zu handhaben • Förderung des Zukunftsdenkens • Erkennen von Chancen und Risiken	• Die Marktanteilsmessung ist problematisch. (Wie viel Umsatz erzielt der Konkurrent?) • Marktwachstumsprognosen schwierig

Beispiel zur Vier-Felder-Matrix

Produktgruppe	Umsatz (Mio. Euro)	Relativer Marktanteil (gegeben)	Marktwachstum (gegeben)
(A) Ski/Skistöcke	10,0	1,2	4 %
(B) Snowboards	6,0	0,8	12 %
(C) Surfbretter	4,0	1,4	10 %
(D) Walking-Stöcke	2,0	0,2	14 %
(E) Wasserski	1,0	0,6	4 %
	23,0	X	X

Hinweis: Die Kreise (Durchmesser) sind umso größer, je höher der Umsatz ist.

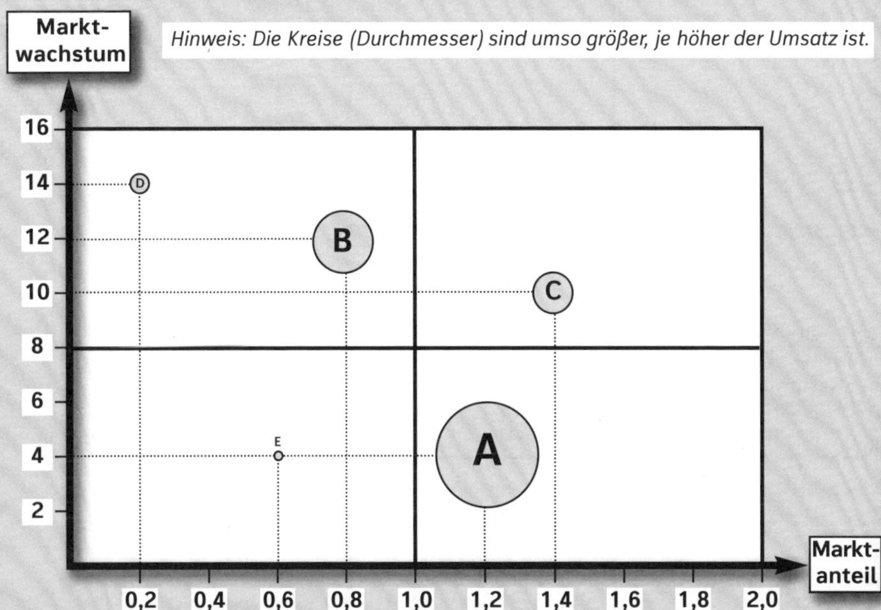

Bewertung: Es liegt ein **ausgeglichenes Portfolio** vor. Begründung:

- C befindet sich im „Star-Bereich".
- B und D haben als Nachwuchsprodukte ein hohes Wachstumspotenzial.
- A bringt als „Melkkuh" momentan die höchsten Umsätze.
- E sollte möglicherweise eliminiert werden.

Hinweis: evtl. weitere Orientierung am Branchenwachstum, Inlandsprodukt oder dgl.

Aufgaben mit Lösungen

Beurteilen Sie die gegenwärtigen und zukünftigen Umsatzerwartungen folgender Unternehmen mit folgenden Portfolios.

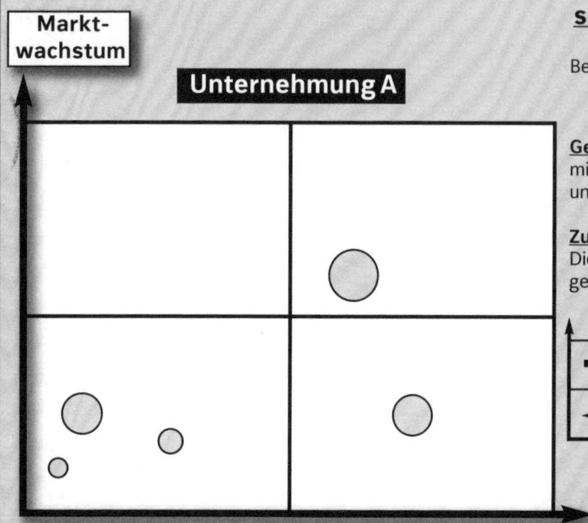

Marktanteil

Lösung

sehr negatives Portfolio

Begründung:
- nur ein Starprodukt
- keine Nachwuchsprodukte
- viele „Dogs"

Gegenwärtige Umsatzerwartungen:
mittelmäßig, da nur ein „Cashprodukt" und nur eine „Melkkuh"

Zukünftige Umsatzerwartungen:
Die im Portfolio enthaltenen Produkte folgen generell dem Produktlebenszyklus:

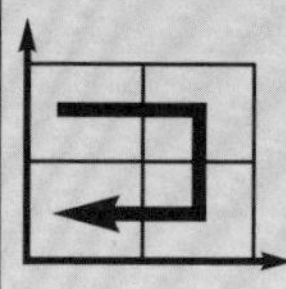

Folglich wird in absehbarer Zukunft das Cashprodukt auslaufen, ohne dass Nachwuchsprodukte folgen. → Das Unternehmen muss dringend für „Nachwuchs" sorgen.

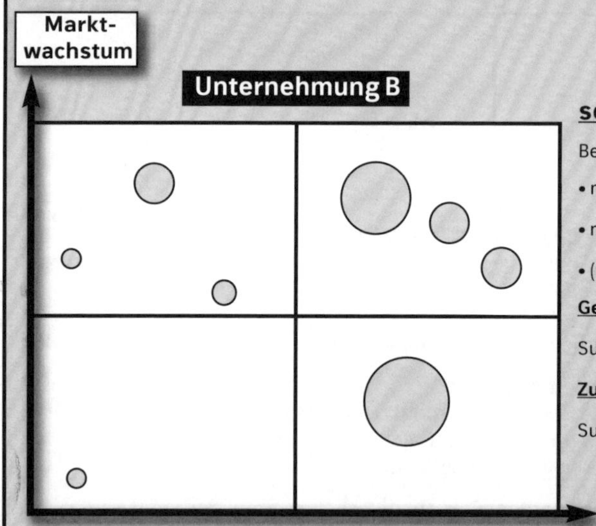

Marktanteil

Lösung

sehr positives Portfolio

Begründung:

- mehrere Nachwuchsprodukte
- mehrere „Stars"
- (noch) große „Melkkuh"

Gegenwärtige Umsatzerwartungen:

Super!

Zukünftige Umsatzerwartungen:

Super! (Genügend Nachwuchsprodukte)

21.7 Aufgaben (Grundwissen)

1. Die Kelterei Möhring vertreibt seit wenigen Monaten ihren frisch gepressten Apfelsaft in der Fünf-Liter-„Möhring Saftbox". Diese basiert auf dem bewährten Verpackungssystem Bag-in-Box. Bekannt wurde dieses Verfahren hierzulande für die Weinabfüllung. Das Besondere an der Bag-in-Box ist, dass auch nach Anbruch der Verpackung keine Luft an den Saft gelangt. Dadurch bleibt die Frische des Saftes auch nach Anbruch der Saftbox mehrere Monate erhalten. In Zusammenarbeit mit einer Werbeagentur wird ein Prospekt in Auftrag gegeben.

   a) In welcher Phase des Produktlebenszyklus befindet sich die „Möhring Saftbox"? Zeichnen Sie einen idealtypischen Produktlebenszyklus mit Umsatz und Gewinnverlauf und markieren Sie im Zyklus die Position der „Möhring Saftbox". Beschreiben Sie die Merkmale dieser Phase.

   b) Der Marketingleiter bezeichnet die „Möhring Saftbox" im Zusammenhang mit der Portfolioanalyse als „Question Mark". Welche Merkmale liegen hierbei vor? Beschreiben Sie eine Strategie, wie Sie aus dem „Question Mark" zukünftig einen „Star" entwickeln können.

2. Die MyBike GmbH produziert und vertreibt verschiedene hochwertige Fahrradmodelle mit hohem Qualitätsanspruch und außergewöhnlichem Design. Im letzten Jahr wurde das Sortiment um Fahrräder mit innovativem Elektroantrieb erweitert.

   a) Mithilfe der unten stehenden Portfolioanalyse wurde die Produktpalette der MyBike GmbH dargestellt. Beschreiben und beurteilen Sie das vorliegende Portfolio.

   b) Welche Möglichkeiten hat das Unternehmen, aus einem Question Mark einen Star zu entwickeln?

   c) Zeichnen Sie den idealtypischen Produktlebenszyklus und ordnen Sie die Produkte des Portfolios den Phasen des Produktlebenszyklus zu.

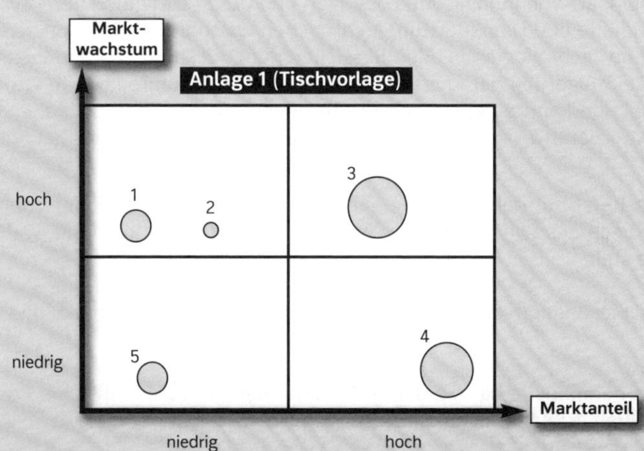

Hinweis: Die Kreisgröße bestimmt sich durch die Umsatzhöhe.

Produktpalette
- rein elektrisch betriebenes „Fahrrad" E-Cityspeed
- Kinderdreirad Toddler
- Fahrrad mit zusätzlichem Elektroantrieb Easyride
- Mountainbike Hillhero 2000
- Kinderrennrad Racer90

21.8 Abituraufgaben

Abituraufgaben 2009 (Aufgabe 1, Teil 1)

1. Aus dem Leitbild der Wieslocher DRUMA AG:

> **Unsere Unternehmung**
> Die DRUMA AG möchte ihre Position als weltweit führender Hersteller von Druckmaschinen langfristig kontinuierlich ausbauen.
>
> **Unsere Kunden**
> Die Zufriedenheit unserer Kunden steht im Mittelpunkt unserer Zielsetzungen. Wir pflegen langfristige, weltweite Kundenbeziehungen und erreichen mit hervorragenden Produkten sowie einem umfassenden Netz von Beratung und Dienstleistungen optimale Kundennähe.
>
> **Unsere Mitarbeiter**
> Die Basis unserer Unternehmung bilden unsere motivierten und verantwortungsbewussten Mitarbeiter. Die Kompetenz unserer Mitarbeiter fördern wir durch kontinuierliche Weiterbildung und sichern damit langfristig Arbeitsplätze. Damit erhöhen wir die Identifikation mit unserer Vision.
>
> **Unsere Prozesse**
> Unsere Prozesse werden laufend überprüft und nach technischen und wirtschaftlichen Maßstäben optimiert. Sämtliche Prozesse werden durch schonenden Einsatz von Ressourcen umweltverträglich gestaltet.
>
> **Unsere Zukunft**
> Durch den Einsatz von innovativen Lösungen und durch stetige Weiterentwicklung unserer Produkte und Dienstleistungen erreichen wir führende Positionen. Wir sind offen für neue Technologien in allen Bereichen der Druckindustrie und leisten dadurch eine gezielte Steigerung der Prozessoptimierung und Kostenreduktion. Wir halten international anerkannte Regeln guter Unternehmensführung ein. Mit allen Stakeholdern kommunizieren wir in einer offenen und angemessenen Form.

1.1 Die strategischen Unternehmensziele der AG ergeben sich aus dem Unternehmensleitbild. Ordnen Sie diese Ziele verschiedenen Zielarten zu und bestimmen Sie, welche Zielart im Vordergrund steht.

1.2 Beschreiben Sie anhand des Unternehmensleitbilds einen Zielkonflikt und eine Zielharmonie.

1.3 Das im Unternehmensleitbild genannte Stakeholder-Konzept stellt eine Erweiterung des Shareholder-Value-Konzepts dar.
Erläutern Sie diese Aussage.

Abituraufgaben 2016 (Aufgabe 3, teilweise)

Die ESS Maschinenbau AG in Waldkirch ist ein börsennotiertes Unternehmen, das in den letzten Jahren stark gewachsen ist. Das Unternehmen ist hinsichtlich der Energieeffizienz seiner Produkte Weltmarktführer. Aufgrund neuer Entwicklungen, die zur Marktreife gebracht werden sollen, sind für das Jahr 2016 umfangreiche Investitionen geplant.
Der Vorstand der ESS Maschinenbau AG zieht für die Finanzierung der Investitionen sowohl eine Kapitalerhöhung gegen Einlagen als auch eine Darlehensaufnahme bei der Hausbank in Erwägung. Als Grundlage für diese Entscheidung soll der Jahresabschluss 2015 herangezogen werden.

3. Der Vorstand möchte den Vorsprung der ESS Maschinenbau AG bei der Energieeffizienz ihrer Produkte gegenüber den Wettbewerbern ausbauen.

3.1 Formulieren Sie in diesem Zusammenhang ein operationalisiertes Ziel, welches als Vorgabe dienen kann, und erklären Sie die Bedeutung der Operationalisierung.

3.2 Zeigen Sie, dass zwischen den Zielen „Gewinnmaximierung“ und „Hohe Energieeffizienz der Produkte“ für die ESS Maschinenbau AG sowohl eine Zielharmonie als auch ein Zielkonflikt bestehen kann.

22 Preisbildung

22.1 Nachfrage und Angebot

Stofftelegramm

Nachfrage – **Bestimmungsfaktoren** – **Angebot**

Nachfrage:
- **Preis**
- Bedürfnisse
- Nachfragerzahl
- Preise anderer Güter
- Einkommen
- Vermögen
- Zukunfts-erwartungen

Angebot:
- **Preis**
- Kosten
- Kapazitäten
- Anbieterzahl
- Konkurrenz
- Konjunktur
- Zukunfts-erwartungen

Kurvenverläufe

Vereinfachende Annahmen: Nachfrage- und Angebotsmenge hängen allein vom **Preis** ab! Alle anderen Bestimmungsfaktoren bleiben **konstant.**

Nachfragekurve

Bewegungen auf der „Kurve“

Angebotskurve

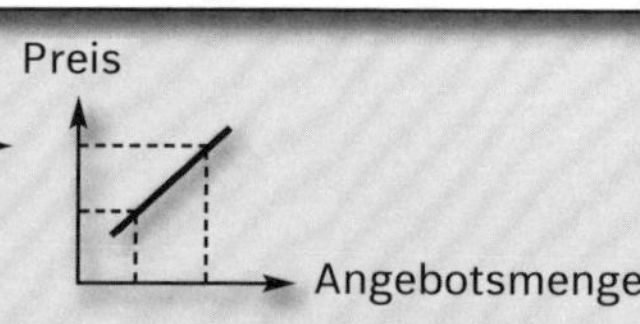

Gesetz der Nachfrage:
Preis sinkt – N'menge steigt
Preis steigt – N'menge sinkt

Gesetz des Angebots:
Preis steigt – A'menge steigt
Preis sinkt – A'menge sinkt

individuelle Nachfrage → Nachfrage **eines** Haushalts nach einem Gut

Markt-nachfrage → Nachfrage **aller** Haushalte nach einem Gut (Aggregation aller indiv. Nachfragekurven)

individuelles Angebot → Angebot **eines** Gutes durch **ein** Unternehmen

Markt-angebot → Gesamtangebot **aller** Betriebe für ein Gut (Aggregation aller indiv. Angebotskurven)

Kurvenverschiebungen

wenn sich einer der oben konstant gesetzten Bestimmungsfaktoren ändert

Nachfragekurve

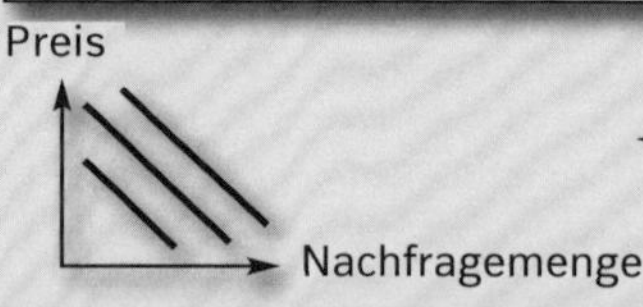

Bewegungen der „Kurve“

Angebotskurve

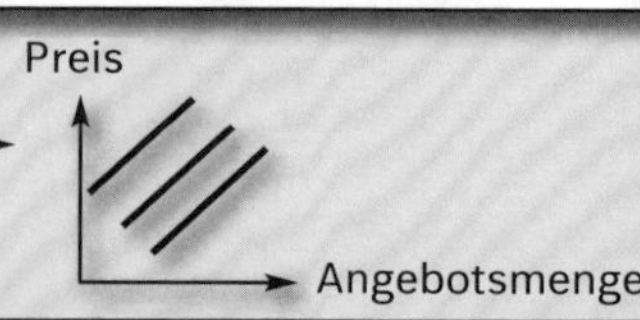

Die Elastizität

$$\text{direkte Preiselastizität der Nachfrage} = \frac{\text{prozentuale Mengenänderung}}{\text{prozentuale Preisänderung}} = \frac{dx \cdot p}{dp \cdot x}$$

dx = Mengenänderung
dp = Preisänderung
x = Ausgangsmenge
p = Ausgangspreis

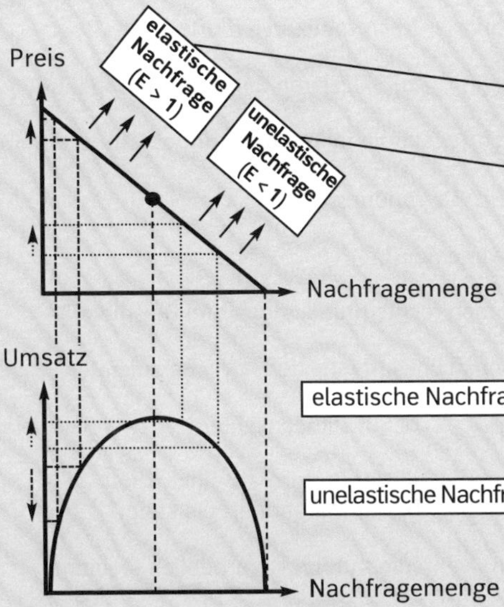

elastische Nachfrage: Eine kleine prozentuale Preisänderung bewirkt eine große prozentuale Mengenänderung.

unelastische Nachfrage: Eine große prozentuale Preisänderung bewirkt eine kleine prozentuale Mengenänderung.

elastische Nachfrage →
- Preis steigt → Umsatz sinkt
- Preis sinkt → Umsatz steigt

unelastische Nachfrage →
- Preis steigt → Umsatz steigt
- Preis sinkt → Umsatz sinkt

Normalfall: Die direkte Preiselastizität der Nachfrage ist negativ.
Ausnahme: anomale Nachfrage = Snob-Effekt (Preissteigerung bewirkt Nachfragemengenerhöhung); Folge: positive Elastizitätskennziffer

$$\text{indirekte Preiselastizität der Nachfrage (Kreuzpreiselastizität)} = \frac{\text{prozentuale Mengenänderung bei Gut A}}{\text{prozentuale Preisänderung bei Gut B}} = \frac{dx_A \cdot p_B}{dp_B \cdot x_A}$$

Substitutionsgüter: Güter, die sich durch andere ersetzen lassen (austauschbar);
Beispiele: Butter – Margarine, Holz – Kunststoff
Preis von Gut **A** sinkt, Nachfrage nach Gut **B** sinkt; (Nachfrage A steigt.)
Substitutionselastizität stets **positiv**

Komplementärgüter: sich ergänzende Güter (nur gleichzeitig nutzbar);
Beispiele: Lampe – Birne, Auto – Reifen
Preis von Gut **A** sinkt, Nachfrage nach Gut **B** (und A) steigt;
Komplementärelastizität stets **negativ**

Aufgaben (Grundwissen)

1. Erklären Sie die Begriffe „individuelle Nachfrage“ und „Marktnachfrage“.
2. Wovon hängt die Nachfrage nach einem Gut ab? Nennen Sie mindestens vier Bestimmungsgründe.
3. Welche vereinfachende Unterstellung wird bei der Betrachtung der Nachfragekurve (ohne Verschiebungen) vorgenommen?
4. Wie lautet die Fragestellung, die zum Verlauf der Nachfragekurve führt?
5. a) Formulieren Sie das Gesetz der Nachfrage. b) Skizzieren Sie die Nachfragekurve.
6. a) Wie kann man den Verlauf der Marktnachfragekurve für ein bestimmtes Gut ermitteln?

   b) Sind die Ermittlungsergebnisse eindeutig? Begründung.
7. Wann verschiebt sich die Nachfragekurve allgemein?
8. Wann verschiebt sich die Nachfragekurve nach rechts (mindestens drei Beispiele)?
9. Wann verschiebt sich die Nachfragekurve nach links (mindestens drei Beispiele)?
10. Was versteht man unter a) Komplementär-, b) Substitutionsgütern (je zwei Beispiele)?
11. Wie reagiert die Nachfrage nach Butter, wenn a) der Butterpreis sinkt,
    b) der Margarinepreis steigt?
12. Wie reagiert die Nachfrage nach Autoreifen, wenn die Autopreise erheblich steigen?
13. Wie reagiert die Nachfrage nach Gut A, wenn der Preis des Komplementärgutes B

    a) steigt, b) fällt?
14. Wie reagiert die Nachfrage nach Gut A, wenn der Preis des Substitutionsgutes B

    a) steigt, b) fällt?
15. a) Wie wirken pessimistische Zukunftserwartungen (Angst vor Arbeitslosigkeit, Einkommenssenkungen) auf die Nachfrage?

    b) Skizzieren Sie den Sachverhalt in einem Koordinatensystem.
16. a) Wie wirkt die Erwartung erheblich steigender Preise auf die gegenwärtige Nachfrage?

    b) Skizzieren Sie den Sachverhalt in einem Koordinatensystem.
17. Wie entwickelt sich die Nachfrage nach Insulin (Medikament für Zuckerkranke) bei steigendem Preis? Begründung und Skizze.
18. Erklären Sie den Ausnahmefall, dass ein höherer Preis eines Gutes eine höhere Nachfrage nach sich zieht.
19. Nennen Sie die vier Nachfragergruppen einer Volkswirtschaft. Wie wird deren Nachfrage jeweils bezeichnet?
20. Erklären Sie die volkswirtschaftliche Bedeutung der Gesamtnachfrage eines Landes.

21. Erklären Sie die Zeitungsnotiz: „Die deutsche Wirtschaft erwartet Impulse in der Form kräftiger Nachfrageschübe, ausgelöst durch die Vereinigung beider deutscher Staaten."

22. Erklären Sie verbal die Begriffe „elastische und unelastische Nachfrage".

23. a) Entscheiden Sie, ob sich die Preisänderungen im Bereich elastischer oder unelastischer Nachfrage abspielen.

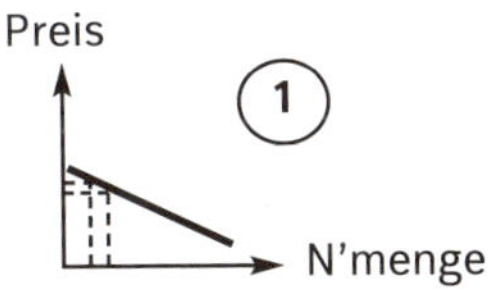

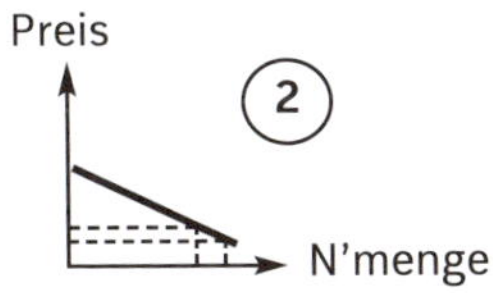

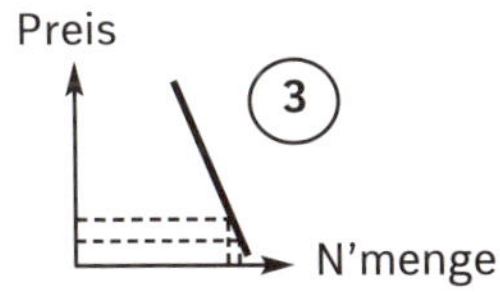

b) Begründen Sie Ihre Entscheidung bezüglich der dritten Skizze.

c) Welchen Einfluss hat eine Preiserhöhung auf den Umsatz und die Nachfragemenge, wenn sich die Unternehmung einer elastischen Nachfrage gegenübergestellt sieht?

d) Ermitteln Sie die direkte Preiselastizität der Nachfrage: Eine Preiserhöhung von 70 auf 90 Geldeinheiten bewirkt eine Nachfragemengenreduzierung von 140 auf 80 Stück.

24. Berechnen Sie für folgende Zahlenkombinationen die direkten Preiselastizitäten und notieren Sie jeweils die dazugehörigen Fachbegriffe mit kurzer Begründung.

a) Preisänderung von 8 auf 6, Mengenänderung von 60 auf 56

b) Preisänderung von 2 auf 4, Mengenänderung von 8 auf 6

c) Preisänderung von 12 auf 14, Mengenänderung von 60 auf 30

25. Wann ist die direkte Preiselastizität der Nachfrage positiv?

26. Ergänzen Sie die Tabelle:

Preise	2	4	6	8	10
Mengenmäßige Nachfrage	....	....	....	....	....
Umsatz	20	36	48	56	60

Ein Unternehmen verlangt für sein Produkt einen Preis von 8 Geldeinheiten. Preissteigerungen sind geplant. Berechnen Sie die Elastizität. Befindet sich das Unternehmen im Bereich elastischer oder unelastischer Nachfrage? Begründung.

27. a) Direkte Preiselastizität eines Gutes: (–) 3. Welche Bedeutung hat diese Kennzahl?

b) Welche Bedeutung hat die Kenntnis einer Elastizitätskennziffer von (–) 0,7 für das Management einer Unternehmung?

28. Erklären Sie die Begriffe „vollkommen elastische und vollkommen unelastische Nachfrage" an je einem Beispiel. Skizzieren Sie den Sachverhalt.

29. Preisänderung bei Gut A von 12 auf 9 Geldeinheiten; hierdurch bedingte Nachfragemengenänderung bei Gut B von 10 auf 8 Einheiten. Kreuzpreiselastizität? Welche Güterart?

30. a) Wenn Unternehmung A den Preis ihres Produkts um 15,00 EUR auf 225,00 EUR erhöht, sinkt die Nachfrage nach dem Produkt der Unternehmung B um 500 Stück auf 3.000 Stück. Ermitteln Sie die indirekte Preiselastizität (Kreuzpreiselastizität).

b) Wie bezeichnet man diese Elastizität? Kurze Begründung.

31. Ergänzen Sie folgende Tabelle und ermitteln Sie für diese Kombination die Kreuzpreiselastizität (Ausgangspreis 4,00 EUR). Welche Art von Kreuzpreiselastizität liegt vor?

Preis Gut A	....
4	2
7	6

32. • Kreuzpreiselastizität = –0,625
• Preis Gut B (Zeitpunkt 1) = 100,00 EUR
• Preis Gut B (Zeitpunkt 2) = 120,00 EUR
• Nachfrage nach Gut A (Zeitp. 1): 800 Stück

a) Welche Güterart liegt vor?
b) Wie viel Stück wurden von Gut A im Zeitpunkt 2 nachgefragt?

33. Erklären Sie die Begriffe „individuelles Angebot“ und „Marktangebot“.

34. Wovon hängt das Angebot eines Gutes ab? Nennen Sie mindestens vier Bestimmungsgründe.

35. Welche vereinfachende Unterstellung wird bei der Betrachtung der Angebotskurve (ohne Kurvenverschiebungen) vorgenommen?

36. Wie lautet die Fragestellung, die zum Verlauf der Angebotskurve führt?

37. a) Formulieren Sie das Gesetz des Angebots.

b) Skizzieren Sie die Angebotskurve.

38. Wann verschiebt sich die Angebotskurve allgemein?

39. Wann verschiebt sich die Marktangebotskurve nach rechts? Mindestens drei Beispiele.

40. Wann verschiebt sich die Marktangebotskurve nach links? Mindestens drei Beispiele.

41. a) Welchen Einfluss haben steigende Kosten auf das Gesamtangebot?

b) Skizzieren Sie den Sachverhalt in einem Koordinatensystem.

42. Ein Anbieter rationalisiert. Welchen Einfluss hat dies auf den Verlauf seiner Angebotskurve?

43. Welche Güter wird ein Unternehmer, der nach dem erwerbswirtschaftlichen Prinzip handelt, bevorzugt anbieten?

44. Erklären Sie folgende Aussage: „In marktwirtschaftlich orientierten Wirtschaftssystemen herrscht Konsumentensouveränität.“

45. a) Skizzieren Sie den Verlauf der Angebotskurve eines Anbieters, der seine Produkte zu jedem Preis anbietet (vollkommen unelastisches Angebot).

b) Nennen Sie ein praktisches Beispiel für die genannte Situation.

22.2 Marktformen/vollkommener, unvollkommener Markt

Stofftelegramm

Angebot → MARKT ← Nachfrage

Vereinfachtes Marktformenschema

Anbieter \ Nachfrager	**viele**
einer	Angebots**monopol**
wenige	Angebots**oligopol**
viele	**Polypol** (vollständige Konkurrenz)

vollkommener Markt — **Bedingungen** — **unvollkommener Markt**

vollkommener Markt:

- keine räumlichen Unterschiede (Punktmarkt)
- keine sachlichen Unterschiede (homogene Güter)
- keine persönlichen Unterschiede (keine Präferenzen)
- keine zeitlichen Unterschiede (gleiche Lieferfristen)
- vollkommene Markttransparenz (Marktübersicht), somit unendlich schnelle Reaktionsgeschwindigkeit der Marktteilnehmer bei Änderungen

Folge: Einheitspreis für ein Gut (z. B. Börse)

unvollkommener Markt:

Mindestens eine der Bedingungen des vollkommenen Marktes ist nicht erfüllt.

Folge: verschiedene Preise für ein Gut

Aufgaben (Grundwissen)

1. a) Was ist ein Markt?

   b) Welche Hauptfunktion (Hauptaufgabe) hat der Markt?

2. Erklären Sie kurz die Begriffe a) Polypol, b) Oligopol, c) Monopol.

3. Zeitungsnotiz: „Zunehmende Konzentration in der Wirtschaft." Erklären Sie den Sachverhalt.

4. Nennen Sie je ein typisches Beispiel: a) Angebotsmonopol, b) Angebotsoligopol, c) Polypol.

5. Nennen Sie die Bedingungen des vollkommenen Marktes.

6. Wann liegt ein unvollkommener Markt vor?

7. Welche Folge hat das Vorliegen eines vollkommenen Marktes für die Preise? Begründung.

8. Erklären Sie kurz folgende Begriffe:

   a) Homogenität der Güter

   b) Transparenter Markt

   c) Punktmarkt

   d) Präferenzen

9. Ein unvollkommener Markt unterscheide sich vom vollkommenen Markt lediglich durch das Fehlen der Markttransparenz. Wie wird sich dieser Markt im Zeitverlauf entwickeln?

10. Der vollkommene Markt ist ein seltener Ausnahmefall. Warum wird er dennoch in der Volkswirtschaftslehre intensiv analysiert?

11. Welcher Markt kommt in der Wirklichkeit dem vollkommenen Markt am nächsten?

12. Werden die Güter auf einem vollkommenen oder unvollkommenen Markt angeboten? Begründung.

   a) Käse (Käsebörse Kempten)

   b) Benzin an Tankstellen

   c) Wein in einem Weinlokal

   d) Äpfel auf dem Wochenmarkt

   e) Wertpapiere an der Frankfurter Wertpapierbörse

13. Welche Bedingungen des vollkommenen Marktes sind in folgenden Fällen nicht erfüllt?

   a) Sepp Herzlieb kauft für seine Freundin Frieda Flitter die Pralinenschachtel „Rotes Herz".

   b) Die Lahm GmbH liefert Draht innerhalb von acht Wochen, die Flott & Co. innerhalb von 14 Tagen.

   c) Franz Dusel bietet seine Bratwürste an einem Würschtlstand in der belebten Fußgängerzone von Stuttgart an, während Mizzi Dämel ihre Würstchen in einer Nebengasse am Stadtrand feilbietet.

   d) Ignazius Wild trinkt regelmäßig sein Bier in der Gastwirtschaft „Rote Rose", um mit der hübschen Bedienung Lollo ins Gespräch zu kommen.

14. Warum ist die Wertpapierbörse ein (nahezu) vollkommener Markt?

15. Welche der folgenden Aussagen sind richtig?

a) Bei Fehlen von persönlichen, räumlichen, sachlichen und zeitlichen Unterschieden liegt ein vollkommener Markt vor.

b) Bei unvollkommener Markttransparenz liegt ein temporär unvollkommener Markt vor.

c) Ein vollkommener Markt liegt nur vor, wenn alle fünf Bedingungen gleichzeitig erfüllt sind.

d) Ein unvollkommener Markt liegt nur vor, wenn alle Bedingungen des vollkommenen Marktes nicht erfüllt sind.

e) Bei Vorliegen eines Punktmarktes ist stets ein vollkommener Markt gegeben.

f) Beim vollkommenen Markt sind die Preise der Anbieter gleich.

g) Vollkommene Märkte gibt es in der Realität nur annäherungsweise.

22.3 Die S-förmige Kostenkurve – kritische Kostenpunkte

Stofftelegramm

Annahme des S-förmigen Kostenverlaufs: Die variablen Kosten pro Stück ändern sich. Mit steigender Menge sinken die **hinzukommenden** Kosten zunächst (z. B. Mengenrabatte beim Materialeinkauf), steigen aber ab einer bestimmten Menge (Wendepunkt) wieder an (z. B. Überstundenzuschläge).

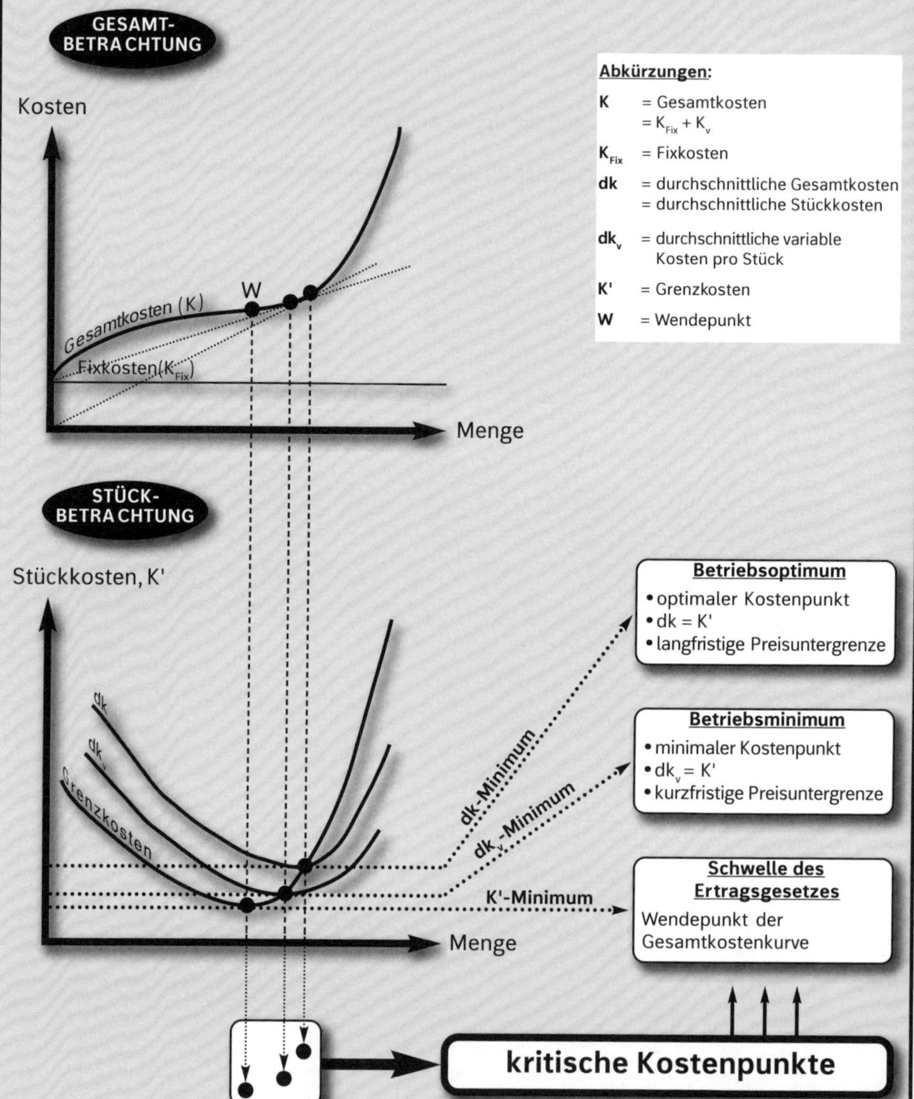

22.4 Kosten – Umsatz – Gewinne

Stofftelegramm

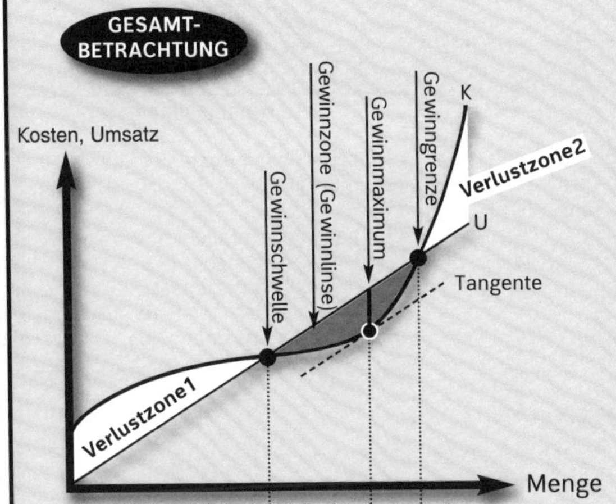

Gewinnschwelle (Nutzenschwelle)
(= „Break-even-Point“)
Umsatz = Gesamtkosten

Gewinnmaximum
- Umsatz – Gesamtkosten: → größte Differenz
- K-Tangente = Parallele zu U

Gewinngrenze (Nutzengrenze)
Umsatz = Gesamtkosten

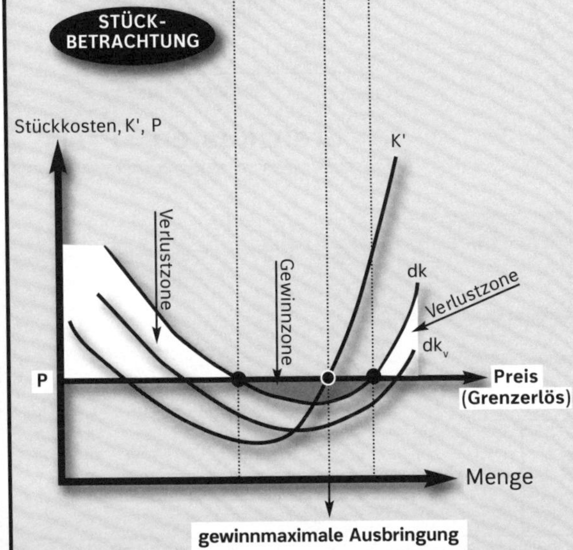

Gewinnschwelle (Nutzenschwelle)
Preis = dk (durchschn. Stückkosten)

Gewinnmaximum
Grenzkosten = Preis

Gewinngrenze (Nutzengrenze)
Preis = dk (durchschn. Stückkosten)

Hinweis:
Die Gewinnlinsen der Gesamt- und Stückbetrachtung (unterschiedliche Maßstäbe!) sind logischerweise größenmäßig nicht identisch!
(Gesamtbetrachtung → Gesamtgewinne, Stückbetrachtung → Stückgewinne)

22.5 Begründung der Gewinnmaximierungsregel

Stofftelegramm

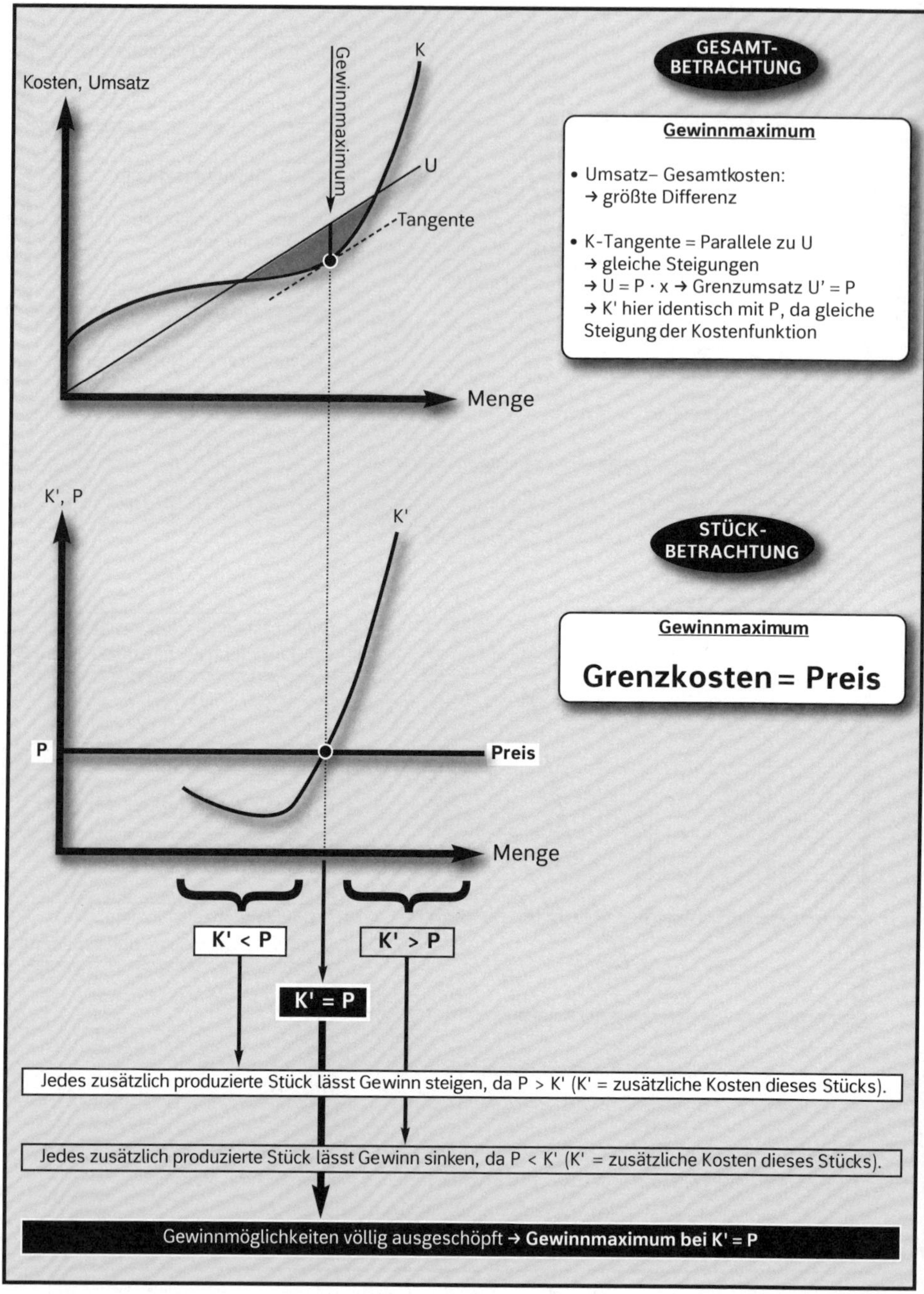

22.6 Ableitung der individuellen Angebotskurve

Stofftelegramm

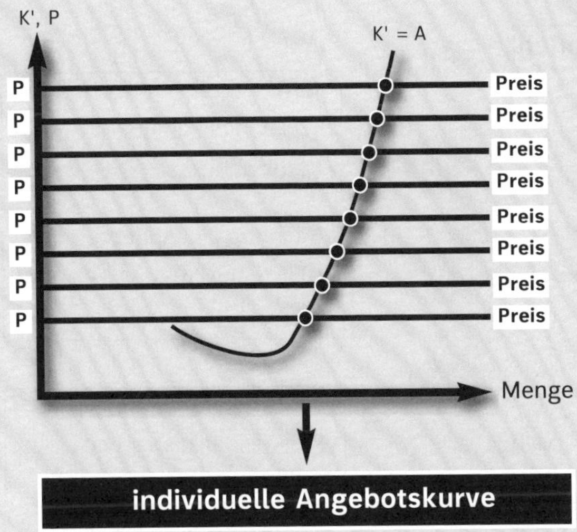

Die oben abgeleitete Gewinnmaximierungsregel (K' = P) gilt auch für alle anderen möglichen Preise.

Der Unternehmer wird somit bei verschiedenen Preisen stets entlang der Grenzkostenkurve anbieten. Je höher der erzielbare Preis, desto größer die angebotene Menge.

Grenzkostenkurve = individuelle Angebotskurve

22.7 Ableitung der Marktangebotskurve

Stofftelegramm

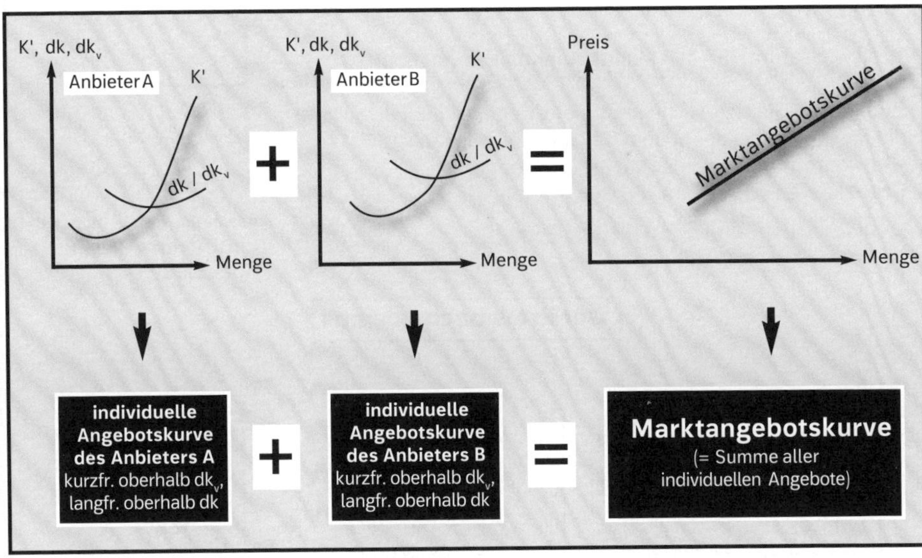

22.8 Polypol – vollkommener Markt

Stofftelegramm

Hinweis: Einheitskursbildung an der Börse = Stoff Eingangsklasse

Preisbildungsmodell

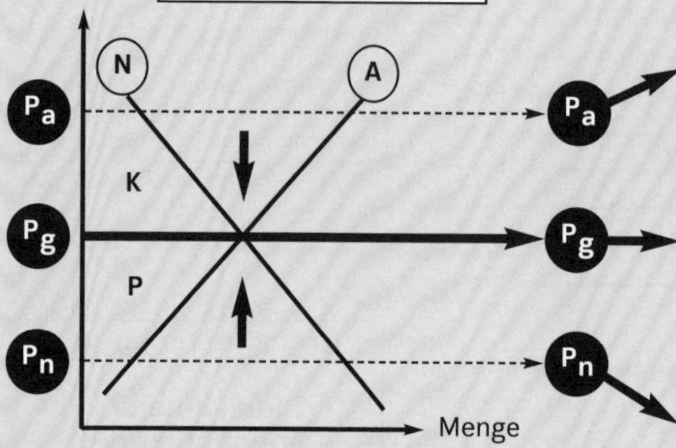

- **Angebotsüberhang** (N'lücke)
- Preistendenz: fallend
- **Käufermarkt**

- Nachfrage = Angebot
- **Gleichgewichts-(Markt-)Preis**
- größtmöglicher Absatz

- **Nachfrageüberhang** (A'lücke)
- Preistendenz: steigend
- **Verkäufermarkt**

(**K** = Konsumentenrente; **P** = Produzentenrente)

Verhalten des Polypolisten

- keine Preispolitik möglich; Gleichgewichtspreis gilt für alle!
- Preis = „Datum" (für alle Marktteilnehmer vorgegeben)
- Zum festen Gleichgewichtspreis bietet der einzelne Polypolist die Menge an, bei der er sein Gewinnmaximum erzielt. (Gewinnmaximum bei der Menge, bei der gilt: **Grenzkosten** = **Preis** – s. o.)

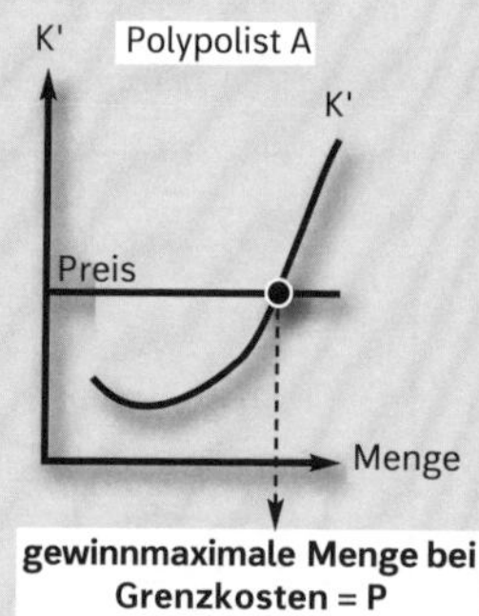

Der Preismechanismus

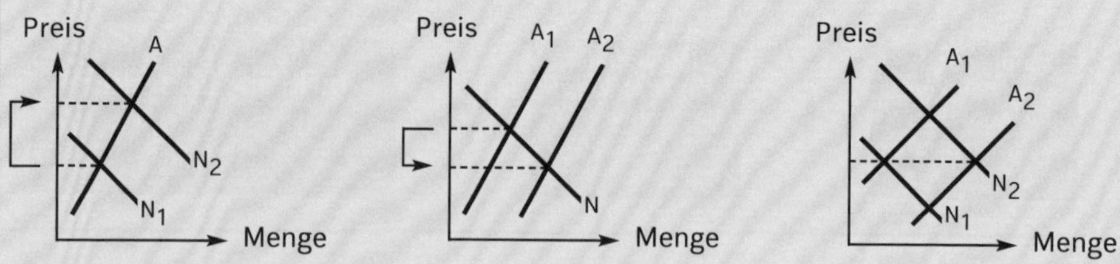

Hinweis: Funktionen des Preises = Stoff Eingangsklasse

Funktionen (= Aufgaben) des Preises

- **Ausgleichsfunktion:**
  - Ausgleich von Angebot und Nachfrage
  - Der Preis „räumt den Markt“.
- **Signalfunktion:**
  - Preissteigerungen signalisieren: Das Gut ist relativ knapper geworden (weniger Angebot bei gleicher Nachfrage oder mehr Nachfrage bei gleichem Angebot).
  - Preissenkungen signalisieren: Das Gut ist relativ weniger knapp geworden (mehr Angebot bei gleicher Nachfrage oder weniger Nachfrage bei gleichem Angebot).
- **Lenkungsfunktion:**
  - Der Preis lenkt die Produktionsfaktoren in Bereiche mit hohen Preisen, also hohen Gewinnen.
- **Erziehungsfunktion:**
  - Der Gleichgewichtspreis zwingt die Anbieter zur Kostensenkung.
  - Die Nachfrager suchen preisgünstigste Einkaufsmöglichkeiten.

Aufgaben (Grundwissen)

1. Zeigen Sie grafisch, wie sich der Polypolpreis (Gleichgewichtspreis) im Modell bildet.
2. Erklären Sie anhand einer Skizze und verbal folgende Marktsituationen:

   a) Angebotsüberhang, b) Nachfrageüberhang.
3. Erklären und begründen Sie die Begriffe a) Käufermarkt, b) Verkäufermarkt.
4. Zeigen Sie anhand einer Skizze, warum beim Gleichgewichtspreis der höchstmögliche Absatz erzielt wird.
5. Folgende Daten bezüglich eines Gutes sind gegeben:

Preis (in Euro)	10,00	12,00	14,00	16,00	18,00	20,00	22,00
Nachfrage (in Stück)	40	35	30	25	20	15	10
Angebot (in Stück)	16	19	22	25	28	31	34

   a) Wie viel Euro beträgt der Gleichgewichtspreis? Begründung.
   b) Nennen Sie möglichst viele Begriffe für die Marktsituation bei Preisen von 10,00 EUR, 16,00 EUR und 20,00 EUR.
   c) Skizzieren Sie die Preisbildung in einem Koordinatensystem.
   d) Wie viel Euro Umsatz werden beim Marktpreis erzielt?
   e) Wie hoch wäre der Umsatz bei Preisen von 10,00, 12,00, 20,00 und 22,00 EUR?
6. Erklären Sie anhand einer Skizze sowie verbal die Begriffe „Konsumentenrente“ (Nachfragerrente) und „Produzentenrente“ (Anbieterrente).
7. Erklären Sie, warum sich beim vollkommenen Polypol ein Gleichgewichtspreis bildet.
8. Kommen beim Gleichgewichtspreis alle Anbieter und Nachfrager zum Zuge? Begründung.
9. Erklären Sie die Preis- und Mengenpolitik eines Polypolisten auf dem vollkommenen Markt.
10. Erklären Sie folgende Aussage: „Der Gleichgewichtspreis räumt den Markt.“

11. Welche Marktlage ist optimal für a) Käufer, b) Verkäufer, c) Gesamtwirtschaft?

12. Welche Marktpreiswirkungen haben folgende Marktänderungen?
 a) Nachfrageerhöhung
 b) Angebotssenkung
 c) Nachfragesenkung
 d) Angebotserhöhung

13. Zeigen Sie jeweils anhand einer Skizze, wie sich der Gleichgewichtspreis in folgenden Fällen ändert.
 a) Einkommenssteigerungen
 b) Rekordernte
 c) Zunehmender Pessimismus bei Anbietern
 d) Einkommenssenkungen
 e) Erwartung stark steigender Konsumgüterpreise
 f) Steigende Rohstoffkosten
 g) Nachfrageerhöhung ist größer als die Angebotserhöhung
 h) Angebotserhöhung ist größer als die Nachfrageerhöhung
 i) Einkommens- und Kostensenkungen

14. Wie ändert sich der Gleichgewichtspreis, wenn die Einkommen und die Anbieterzahl gleichzeitig ansteigen? Begründung.

15. Begründen Sie verbal und anhand einer Skizze folgende Aussage: „Der Preis ist gestiegen, obwohl im Vergleich zum Vorjahr das Angebot erheblich zugenommen hat."

16. Welchen Einfluss haben hohe Lohn- und Einkommensteuererhöhungen auf die Preis-Mengen-Verhältnisse des Preisbildungsmodells?

17. Erklären Sie die Funktionen (= Aufgaben) des Preises.

18. Nachfrage- und Angebotssituation für Holz- und Kunststofffenster einer genormten Größe:

Holzfenster

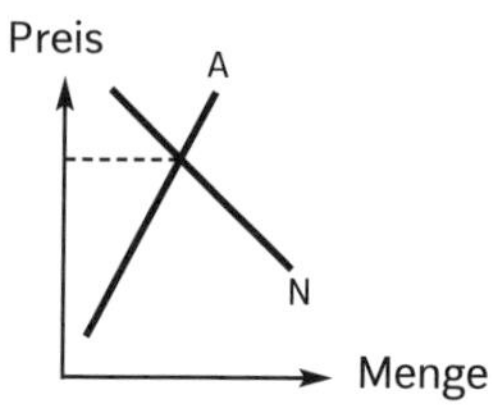

Kunststofffenster

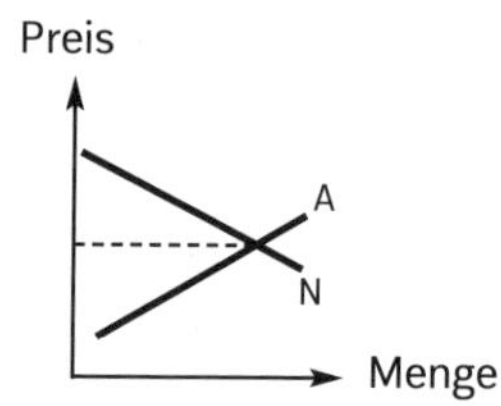

 a) Welche Güterart liegt vor?
 b) Immer mehr Nachfrager steigen aufgrund der relativ preisgünstigen Kunststofffenster auf diese Produktart um. Erklären Sie verbal und skizzenhaft die veränderten Marktsituationen.
 c) Erklären Sie anhand dieses Beispiels die Preisfunktionen.

19. Warum wird der Polypolist (vollkommener Markt) als „Mengenanpasser" bezeichnet?

20. Vergleichen Sie eine Wertpapierbörse und den Automarkt in Deutschland nach drei Merkmalen, die einen Markt kennzeichnen können.

21. Auf einem vollkommenen Markt mit polypolistischer Konkurrenz und normalem Verlauf der Angebots- und Nachfragekurve kommt ein Preis von 15,00 EUR zustande.

 Die Unternehmen U 1 und U 2 gehören zu den Anbietern. U 1 hat jedoch eine günstigere Kostenstruktur als U 2.

 Die Nachfrager N 1 und N 2 fragen bei diesem Preis die Ware nach. N 1 misst dem Gut einen höheren Wert bei als N 2, der gerade noch bereit ist, 15,00 EUR zu bezahlen.

 a) Warum kommt trotz dieser Unterschiede ein einheitlicher Marktpreis zustande?

 b) Bezeichnen und erklären Sie die unterschiedliche Situation der Anbieter und Nachfrager.

22.9 Polypol – unvollkommener Markt

Stofftelegramm

Verhalten eines Polypolisten (unvollkommener Markt):

- Preis- und Mengenpolitik in Grenzen möglich (**monopolistischer Spielraum**)
- **akquisitorisches Kapital** = Summe aller Präferenzen für das Produkt
  → Je stärker dieses Kapital, umso größer sind die Möglichkeiten der Preispolitik.
- Absatzpolitische Maßnahmen (Werbung usw.) vergrößern die Spielräume.

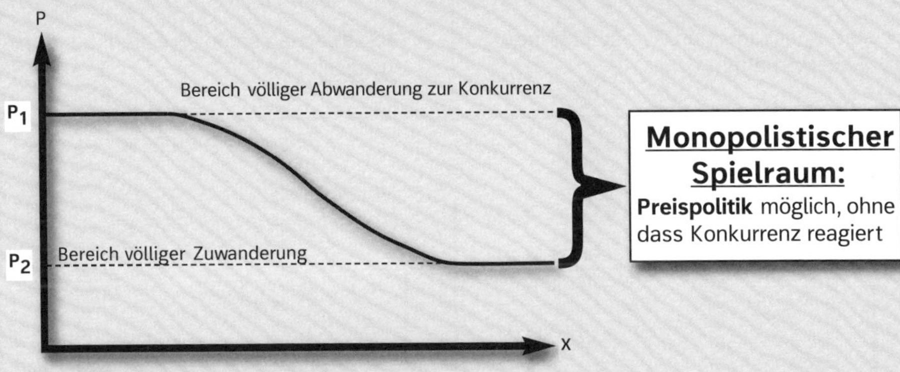

Der **monopolistische Spielraum** wird nach oben begrenzt: Bei Preiserhöhungen wandern Kunden zunehmend auf preiswerte Konkurrenzprodukte ab. Ab einem bestimmten Preis erfolgt eine vollständige Abwanderung.

Ab einem bestimmten niedrigen Preis würde der Anbieter aufgrund des extrem günstigen Preises alle Käufer gewinnen.

Aufgaben (Grundwissen)

1. Inwiefern unterscheidet sich der unvollkommene vom vollkommenen Markt?
2. Erklären und begründen Sie das preispolitische Verhalten eines Anbieters auf dem unvollkommenen Polypol.
3. Nennen Sie zwei typische Beispiele für gleichartige Güter, die zu unterschiedlichen Preisen angeboten werden.
4. Welches Ziel verfolgt ein einzelner Polypolist (unvollkommener Markt)?
5. Inwiefern ähneln sich unvollkommenes Polypol und Monopol?

22.10 Wohlfahrtsveränderungen durch staatliche Eingriffe in die Preisbildung

Stofftelegramm

Marktkonforme Eingriffe

- Der Staat beeinflusst die Nachfrage- oder Angebotsseite:

  indirekte (mittelbare) Preisbeeinflussung

- Marktmechanismen (Preisfunktionen) bleiben erhalten.

Marktkonträre Eingriffe

- Preisfixierung durch den Staat (Höchst- und Mindestpreise):

  direkte (unmittelbare) Preisbeeinflussung

- Marktmechanismen (Preisfunktionen) ausgeschaltet

Beispiele (marktkonform)

1. Beeinflussung der **Nachfrage**:

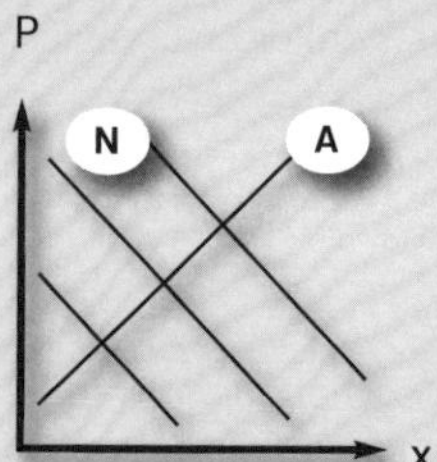

- Nachfr.senkung (weniger staatl. Aufträge): Preis sinkt.
- Nachfr.erhöhung (mehr staatliche Aufträge): Preis steigt.

2. Beeinflussung des **Angebots**:

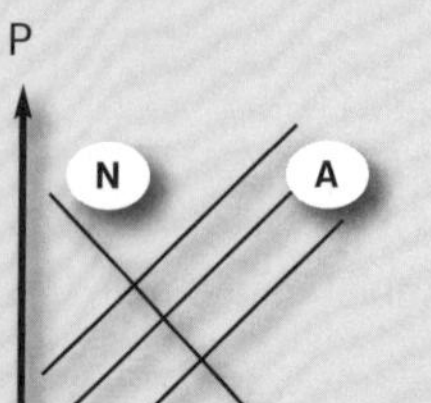

- Angebotssenkung (Importbeschränkungen):

  Preis steigt.

- Angebotserhöhung (Abbau von Importbeschränkungen):

  Preis sinkt.

Beispiele (marktkonträr)

1. **Höchstpreis**:

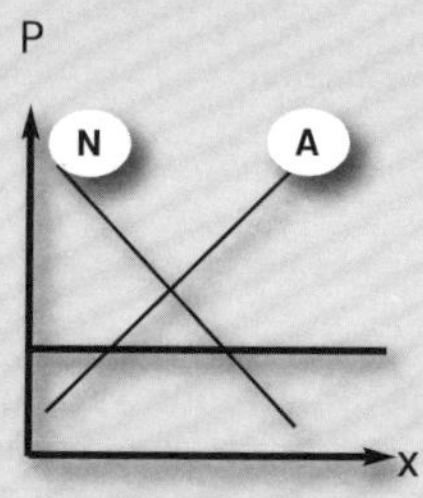

- Zweck: Schutz des Verbrauchers
- Folgen: N'überhang; Schwarzmarkt
- Staatsmaßnahmen: Rationierung, Zwang zur Angebotserhöhung

2. **Mindestpreis**

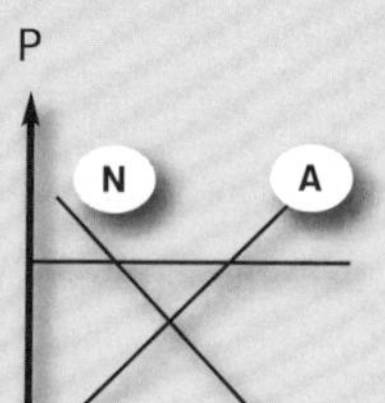

- Zweck: Schutz des Produzenten
- Folgen: A'überhang
- Staatsmaßnahmen: Produktionsbeschränkung oder Überschussaufkauf +
  - lagern,
  - vernichten,
  - zweckentfremden,
  - Verkauf ins Ausland,

  hohe Kosten (Lager...)!

Wohlfahrtsveränderungen durch staatliche Eingriffe

ökonomische „Wohlfahrt“

- misst wirtschaftlichen und sozialen Wohlstand der Bevölkerung
- ~ Lebensstandard
- „Wohlfahrt“ wird vereinfacht gelegentlich auch als Summe der **Konsumenten-(KR) und Produzentenrente (PR)** definiert.

Wohlfahrtsverlust

- Verringerungen der KR bzw. PR bewirken daher theoretisch **Wohlfahrtsverluste**.
- **Steuererhöhungen** bewirken sinkende KR und PR. Diese negativen Wirkungen werden z. T. durch die höheren Staatseinnahmen ausgeglichen, sofern sie wohlfahrtssteigernd eingesetzt werden.
- Die „Wohlfahrtsbetrachtung“ ist sehr **theoretisch**, die Berechnung von Wohlfahrtsveränderungen ist daher nicht **unproblematisch**.

KR sinkt / PR sinkt → **Wohlfahrtsverlust**

KR steigt / PR steigt → **Wohlfahrtsgewinn**

Markt-konforme Maßnahmen (ohne Berücksichtigung von Steuerwirkungen usw.)

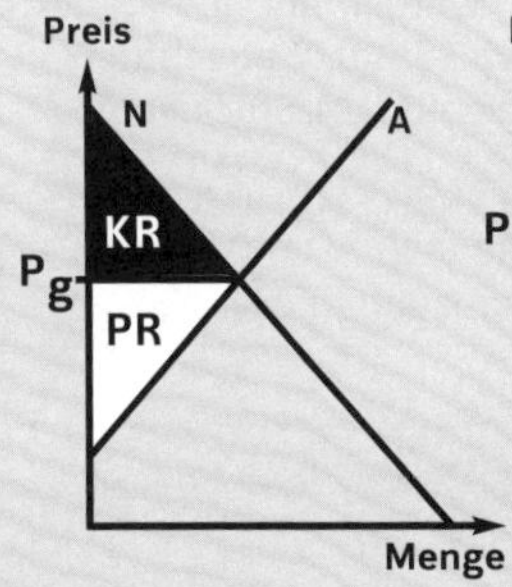

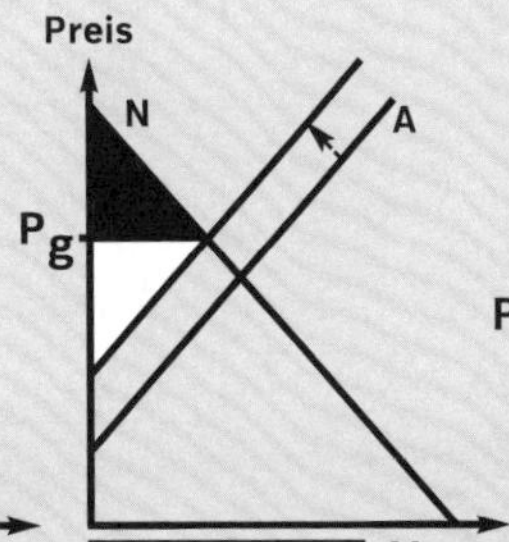

KR + PR sinken: Wohlfahrtsverlust

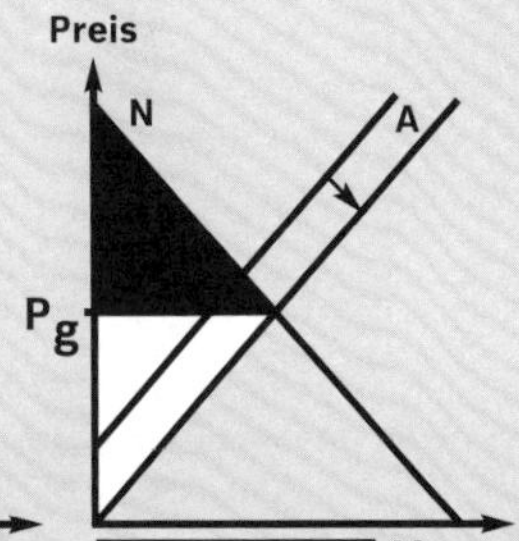

KR + PR steigen: Wohlfahrtsgewinn

Markt-konträre Maßnahmen: Mindestpreis (P_m) bzw. Höchstpreis (P_h), ohne Berücksichtigung sonstiger Einflüsse (z. B. Überschussaufkauf durch Staat)

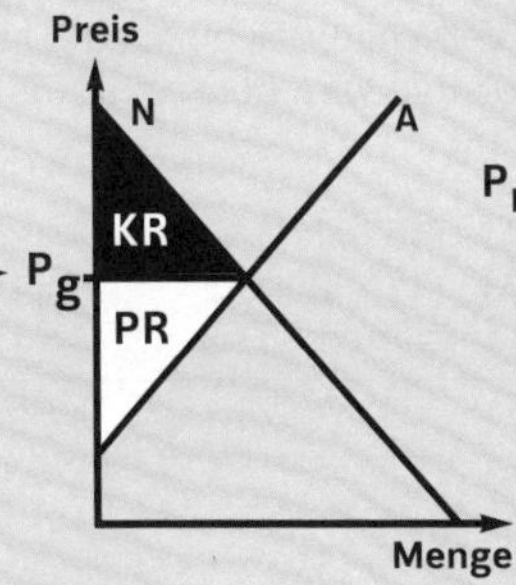

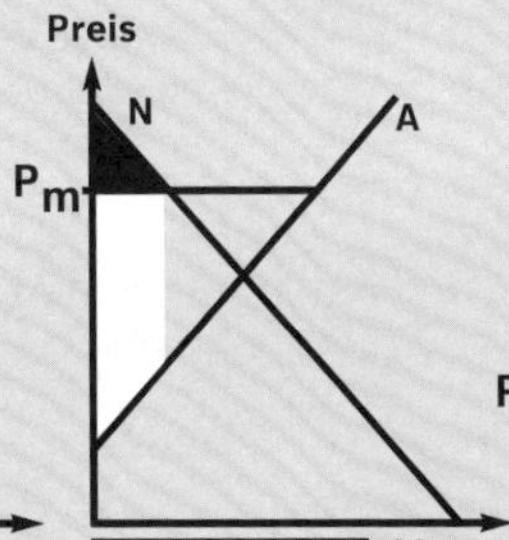

KR sinkt, PR steigt; per Saldo: Wohlfahrtsverlust

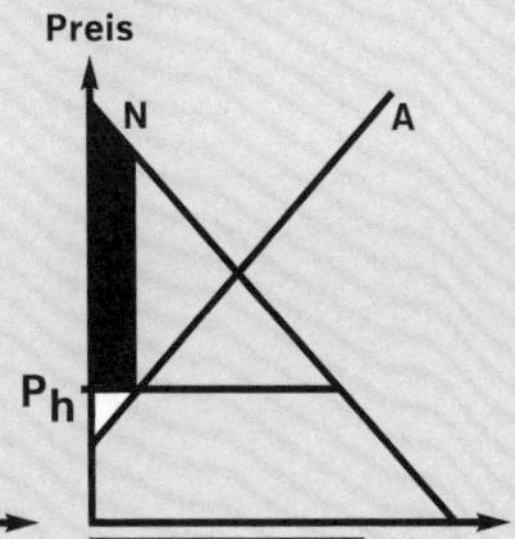

KR steigt, PR sinkt; per Saldo: Wohlfahrtsverlust

Wichtig: Rechnerischer Nachweis der Wohlfahrtsveränderungen

Gesamtwohlfahrt = Konsumentenrente + Produzentenrente – Staatsausgaben + Staatseinnahmen

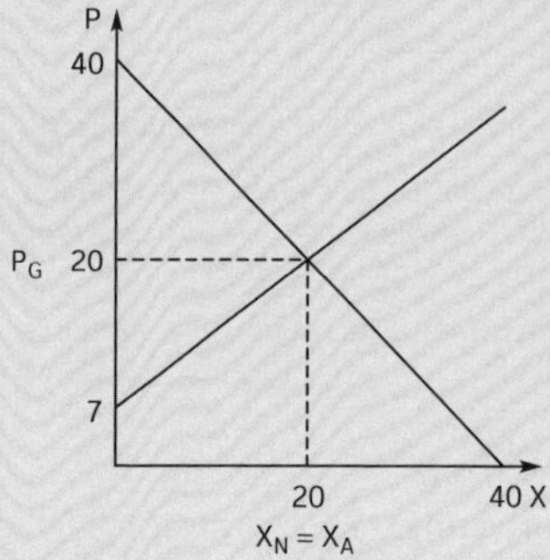

Berechnungsbeispiel: Ausgangssituation

KR	20 · (40 – 20) · 0,5	= 200,0
+ PR	20 · (20 – 7) · 0,5	= 130,0
= GW		330,0

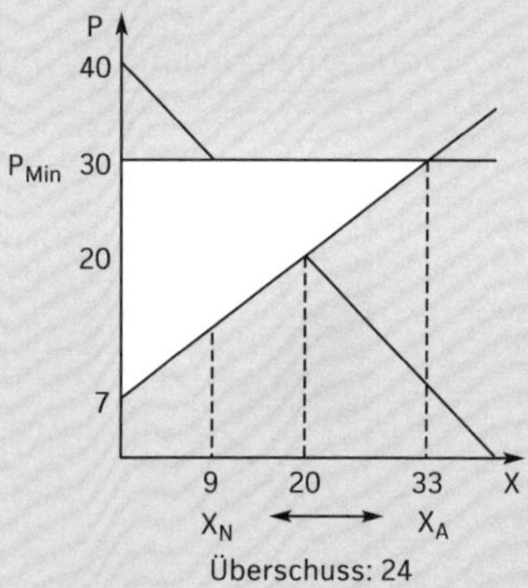

Gesamtwohlfahrt bei Mindestpreis 30 mit Überschussaufkauf durch den Staat

- Zu 30 werden nur neun Stück nachgefragt, jedoch 33 Stück angeboten.
- Überschuss 24 Stück kauft Staat auf.

KR	9 · (40 – 30) · 0,5	= 45,0
+ PR	33 · (30 – 7) · 0,5	= 379,5
– Staatsausgaben 24 · 30		= 720,0
= GW		– 295,5

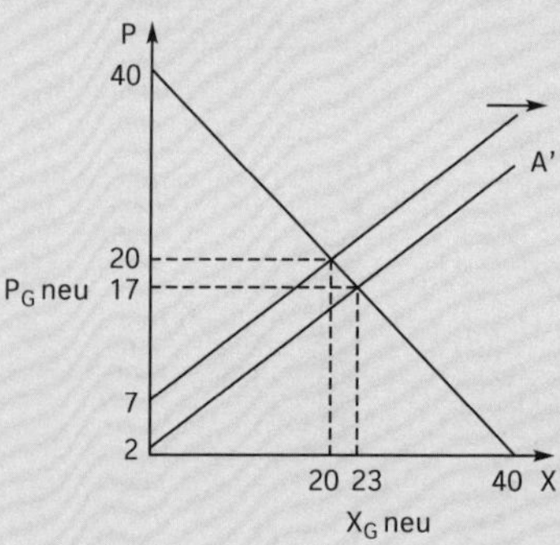

Gesamtwohlfahrt bei staatlicher Subvention 5 an die Anbieter

A-Kurve verschiebt sich nach rechts (die gleiche Menge wird bereits für fünf weniger angeboten).

KR	23 · (40 – 17) · 0,5	= 264,5
+ PR	23 · (17 – 2) · 0,5	= 172,5
– Staatsausgaben 23 · 5		= 115,0
= GW		322,0

Aufgaben

1. Was sind marktkonforme bzw. marktkonträre Maßnahmen des Staates?
2. a) Zeigen Sie in einer Skizze die Fixierung eines Höchstpreises.
   b) Begründen Sie die staatliche Festlegung eines Höchstpreises.
   c) Welche Folgen und Probleme können sich hieraus ergeben?
3. a) Zeigen Sie skizzenhaft die Fixierung eines Mindestpreises.
   b) Begründen Sie die staatliche Fixierung von Mindestpreisen.
   c) Welche Folgen und Probleme können sich hieraus ergeben?
4. Welche marktkonträre Maßnahme des Staates ist in folgenden Fällen jeweils denkbar?
   a) Der Gleichgewichtspreis eines lebensnotwendigen Gutes deckt nicht die Kosten.
   b) Der Gleichgewichtspreis eines lebensnotwendigen Gutes ist für den Großteil der Nachfrager nicht erschwinglich.
5. Welche marktkonformen Maßnahmen führen zu Preissenkungen?
6. Entscheiden Sie in folgenden Fällen, ob marktkonträre oder marktkonforme Maßnahmen des Staates vorliegen:

a) Investitionszulage	b) Subventionen	c) Mindestpreis
d) Bauvorhaben zurückstellen	e) Festpreis	f) Zollerhöhung
g) Steuererhöhung	h) Höchstpreis	i) Höchstmieten

7. Mit welchen marktkonformen und -konträren Maßnahmen könnte der Staat extremen Mietsteigerungen entgegenwirken?
8. Der Staat hat in einer sozialen Marktwirtschaft die Aufgabe, den Wettbewerb vor Machteinflüssen zu schützen.
   a) Welche sonstigen Gründe können den Staat veranlassen, in das wirtschaftliche Geschehen einzugreifen?
   b) Nennen Sie vier gesetzliche Maßnahmen, mit denen der Staat Machteinflüsse auf dem Markt abwehren kann.
   c) In einer Marktwirtschaft mit vollkommener polypolistischer Konkurrenz hat der Preis eine Ausgleichsfunktion.
      ca) Welche staatlichen Eingriffe sind möglich, ohne dass dabei die Ausgleichsfunktion des Preises verletzt wird? Zeigen Sie anhand eines Beispiels die Wirkungsweise auf.
      cb) Stellen Sie mithilfe einer kurz zu erläuternden Skizze dar, welche Auswirkungen eine staatliche Mindestpreispolitik auf die Ausgleichsfunktion des Preises hat.
      cc) Welche Folgemaßnahmen muss der Staat ergreifen, wenn er die Mindestpreisregelung über einen längeren Zeitraum aufrechterhalten will.

9. Verschiedene Staaten haben versucht, mit einem zeitweiligen Preisstopp gegen die Inflation vorzugehen.

a) Nennen Sie zwei mögliche Folgen einer solchen Maßnahme.

b) Beurteilen Sie diese Maßnahme im Hinblick auf die Wirtschaftsordnung in Deutschland.

c) Erklären Sie, inwieweit es mit den Grundsätzen der sozialen Marktwirtschaft vereinbar ist, wenn die Regierung den Tarifpartnern eine Lohnpause vorschlägt.

10. Auf den Märkten für zwei landwirtschaftliche Produkte A und B (vgl. nachfolgende Skizzen) herrscht zu den dargestellten Bedingungen Gleichgewicht. Das Landwirtschaftsministerium hat sich entschlossen, durch Einführung eines Mindestpreises, der 1 GE (Geldeinheit) über dem jeweiligen Marktpreis liegen soll, die Einnahmen der Landwirtschaft zu steigern.

Die Übersicht über die jeweilige Marktlage sei gegeben. Die Kosten der Produktion bleiben unberücksichtigt.

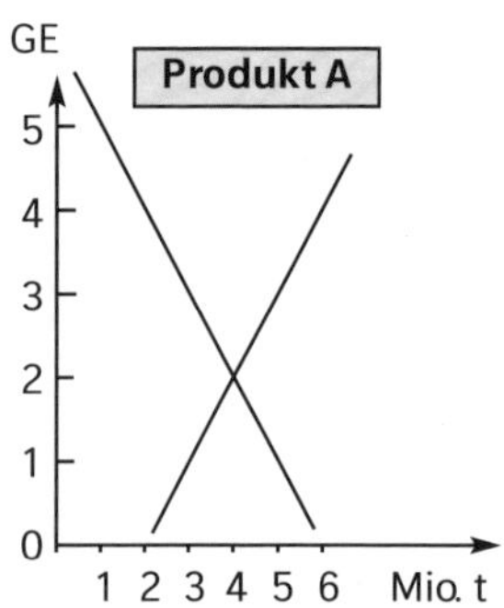

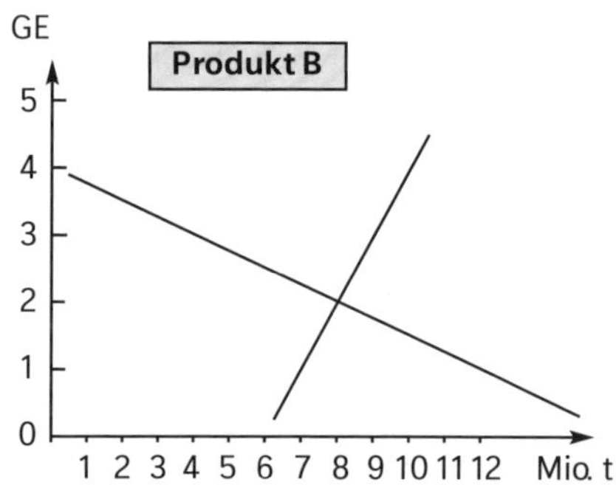

a) Das Ministerium untersucht zunächst die Wirkung einer entsprechenden Anbaubeschränkung. Auf den Märkten für die betreffenden Güter soll **kein Angebotsüberschuss** auftreten.
Vergleichen Sie die durch den Verkauf der Produkte erzielbaren Einnahmen der Landwirtschaft vor und nach der Festsetzung der Mindestpreise. Begründen Sie die unterschiedliche Reaktion auf beiden Märkten.

b) Erklären Sie an zwei weiteren Beispielen, wie unter den angegebenen Bedingungen der Mindestpreis durchgesetzt werden kann.

c) Beurteilen Sie die Wirkung eines so verordneten Mindestpreises für den Staatshaushalt.

11. a) Erklären Sie den Zusammenhang zwischen Konsumentenrente, Produzentenrente, Wohlfahrtsverlust und Wohlfahrtsgewinn.

b) Welchen unmittelbaren Einfluss hat die Verschiebung der Angebotskurve nach links bzw. rechts auf die ökonomische Wohlfahrt?

c) Die Festlegung eines Höchstpreises seitens des Staates bewirkt: Die Konsumentenrente (KR) steigt um 100 Geldeinheiten (GE), die Produzentenrente (PR) sinkt um 150 GE. Wohlfahrtswirkung?

d) Die Festlegung eines Mindestpreises seitens des Staates bewirkt: KR sinkt um 250 GE, PR steigt um 400 GE, Staatsausgaben für Aufkäufe: 350 GE. Wohlfahrtswirkung?

22.11 Angebotsmonopol

Stofftelegramm

Der Monopolist ist abhängig von seinen Kosten und der Nachfrage.

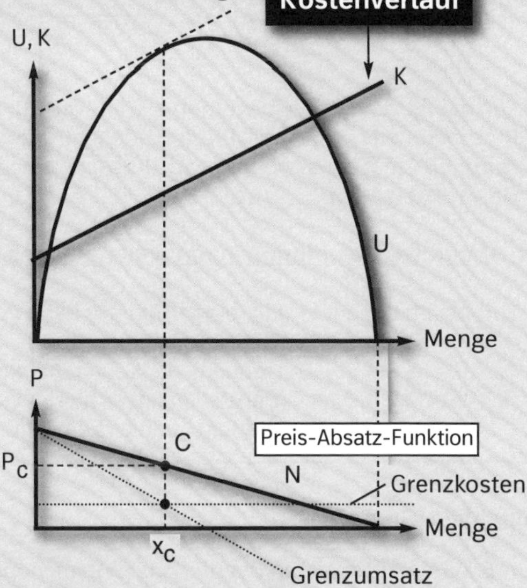

Verhalten eines Monopolisten (vollkommener Markt)

- **Preispolitik**
- **Mengenpolitik**

Verwirklichung der gewinnmaximalen Preis-Mengen-Kombination (= sog. **Cournotscher Punkt**) P_C / x_C

Hier ist die Differenz zwischen Umsatz und Gesamtkosten am größten (**Gewinnmaximum**). Hier gilt:

Grenzkosten = Grenzumsatz

C = Cournotscher Punkt N = Nachfrage
U = Umsatzerlöse K = Kosten

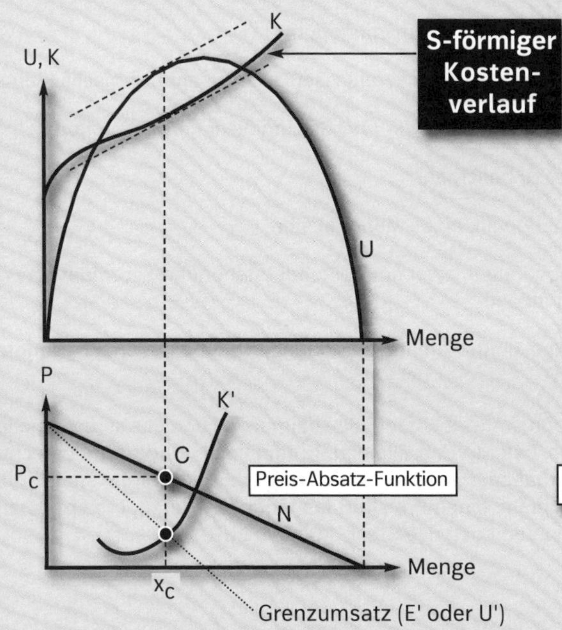

Auch hier liegt das Gewinnmaximum bei der Menge, bei der gilt:

Grenzkosten = Grenzumsatz

Verhalten eines Monopolisten (unvollkommener Markt)

↓

Preisdifferenzierung

- **sachlich**
- **persönlich**
- **räumlich**
- **zeitlich**

↓

Für das gleiche Produkt werden z. B. in verschiedenen Regionen bzw. von verschiedenen Personen unterschiedliche Preise verlangt (= **räumliche bzw. personelle Preisdifferenzierung**). → möglichst weitgehende Ausschöpfung der Konsumentenrente → Umsatz- und Gewinnsteigerung

Absolutes Gewinnmaximum: vollständiges Ausschöpfen der Konsumentenrente

Voraussetzungen: 1. Einzelner Anbieter kann Preispolitik betreiben.

2. Trennung der Käufer (Marktteilung) muss möglich sein. Preisdifferenzierung umso leichter möglich, je geringer die Transparenz und je größer u. a. die räumliche Differenziertheit des Marktes ist.

Aufgaben (Grundwissen)

1. Erklären Sie kurz den Begriff „Angebotsmonopol“.
2. Nennen Sie zwei Möglichkeiten, wie Monopole entstehen können.
3. Erklären Sie die Begriffe „Individual- und Kollektivmonopol“.
4. Nennen Sie fünf Gründe, die Unternehmen dazu veranlassen, sich zusammenzuschließen.
5. Unterscheiden Sie die Begriffe „Bedarfsdeckungs- und Gewinnmaximierungsmonopole“.
6. Welche Daten hat ein Monopolist zu beachten?
7. Erklären Sie die Preis- und Mengenpolitik eines Monopolisten.
8. Skizzieren Sie die Monopolpreisbildung in zwei untereinanderstehenden Koordinatensystemen. Schraffieren Sie die Gewinnzone.
9. Ein Monopolist verwirklicht seine gewinnmaximale Preis-Mengen-Kombination. Wie könnte er seinen Gewinn weiter erhöhen?
10. Die AUMO-GmbH in Stuttgart produziert seit Kurzem Spezialmofas. Für diese sensationelle Erfindung sicherte sie sich durch Patente das alleinige Produktions- und Vertriebsrecht. Nachdem die Preis-Nachfrage-Situation durch Marktforschung erkundet wurde, stehen die Geschäftsführer nun vor dem Problem, einen Preis für das Mofa zu fixieren. Die Fixkosten betragen 20.000,00 EUR, die variablen Kosten je Stück 1.000,00 EUR.

a) Ergänzen Sie die Tabelle. Bestimmen Sie die gewinnmaximale Preis-Mengen-Kombination.

Preis in Euro	Nachfr. (Stück)	Umsatz (Erlöse)	Fix-kosten	Variable Kosten	Gesamt-kosten	Gewinn/ Verlust	K'	E' (U')	DTK
3.500,00	0								
3.250,00	5								
3.000,00	10								
2.750,00	15								
2.500,00	20								
2.250,00	25								
2.000,00	30								
1.750,00	35								
1.500,00	40								
1.250,00	45								
1.000,00	50								

b) Welche Preis-Mengen-Kombination würde die AUMO-GmbH realisieren, wenn sie als vorübergehendes Ziel Umsatzmaximierung anstreben würde?

c) Zeichnen Sie ins obere Koordinatensystem die Umsatz- und Gesamtkostenfunktion und bestimmen Sie grafisch das Gewinnmaximum (10.000,00 EUR = 2 cm; 10 St. = 2 cm).

d) Zeichnen Sie ins untere Koordinatensystem die Nachfragefunktion und die gewinnmaximale Preis-Mengen-Kombination (500,00 EUR = 2 cm; 10 Stück = 2 cm).

11. Nennen Sie zwei Gründe, warum ein Monopolist unter bestimmten Voraussetzungen für sein Gut einen Preis verlangt, der unter dem gewinnmaximalen Preis liegt.

12. Warum kann ein Monopolist nicht völlig willkürlich seine Preise festlegen?

13. Nennen Sie je zwei Argumente für und gegen Monopole.

14. Gelten die Preisfunktionen auch bei Monopolen? Begründung.

15. a) Wann liegt ein unvollkommenes Monopol vor?

    b) Welche Konsequenz hat die Unvollkommenheit des Marktes für die Preispolitik des Monopolisten?

22.12 Angebotsoligopol

Stofftelegramm

Verhalten eines Oligopolisten (vollkommener Markt)

Verhalten wird beeinflusst durch:

- Produktionskosten
- Nachfrageverhalten
- erwartetes Konkurrenzverhalten
- vergangenes Konkurrenzverhalten

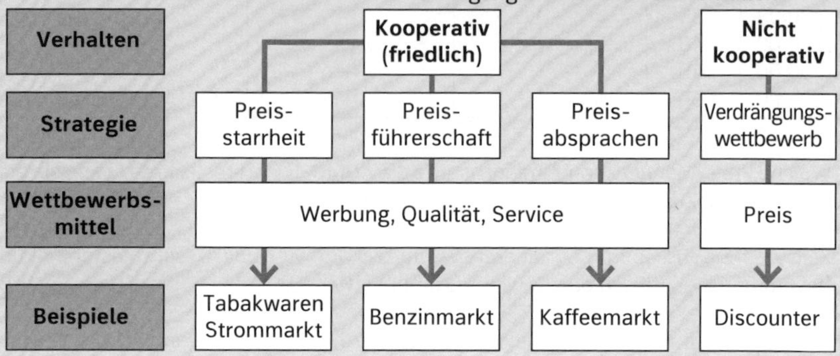

Infobox

- **Preisstarrheit**: Preispolitische Maßnahmen gehen mit erheblichen Risiken für einen Oligopolisten einher, weswegen es häufig vorkommt, dass die Preise auf oligopolistischen Märkten auffallend lange stabil bleiben.
- **Preisführerschaft**: Ein Anbieter verändert den Preis und gibt damit den übrigen Anbietern das Signal, ihrerseits ebenfalls die Preise zu verändern. Bei dem Anbieter, von dem das Preissignal ausgeht, handelt es sich zumeist um denjenigen mit dem größten Marktanteil.
- **Preisabsprache**: Um die Konkurrenz zwischen den Anbietern zu mindern, können abgestimmte Verhaltensweisen erfolgen. Dabei können Preise und/oder Mengen entweder vertraglich oder ohne vertragliche Vereinbarung (Frühstückskartell) festgelegt werden. Allerdings sind dies schwere Formen der Wettbewerbsbeschränkung und daher nach deutschem und europäischem Recht untersagt.
- **Verdrängungswettbewerb**: Versucht ein Oligopolist, seinen Marktanteil auszudehnen, erfolgt dies über eine Preissenkung unter die Konkurrenzpreise, woraufhin die Konkurrenten ebenfalls mit Preissenkungen reagieren.
  Es entsteht ein Preisunterbietungsprozess, welcher so weit führen kann, dass die Anbieter unter ihren Selbstkosten verkaufen und somit zeitweilig Verluste in Kauf nehmen.

Quelle: Vgl. Thomas, Johannes: Oligopol. In: www.gymbase.de/index/themeng12/vwl/marktformen_06.php [23.03.2021].

Verhalten eines Oligopolisten (unvollkommener Markt)

↓

Verlagerung des Wettbewerbs auf „Nicht-Preis-Wettbewerbsformen“ (Qualität, Werbung, Zahlungsbedingungen ...)

Aufgaben (Grundwissen)

1. Erklären Sie kurz den Begriff „Angebotsoligopol“.
2. Nennen Sie drei typische Oligopolmärkte.
3. Wovon ist das Preisverhalten eines Oligopolisten abhängig?
4. Erklären Sie die möglichen Verhaltensweisen eines Oligopolisten.
5. Welche Verhaltensweise ist realistisch für den Oligopolmarkt?
6. Was heißt „Bumerang-Charakter“ oligopolistischer Konkurrenz?
7. Warum tendieren Oligopolisten zur friedlichen Verhaltensweise?
8. Wovon hängt das Ende eines Preiskampfes (Oligopolkrieges) ab?
9. Die Mutig AG bietet ihr Produkt auf einem unvollkommenen oligopolistischen Markt an. Um weitere Nachfrager zu gewinnen, senkt sie ihre Preise.
   Wie könnten die beiden anderen Oligopolisten Sauer AG und Krieger AG reagieren?
10. In welcher Situation werden möglicherweise alle Oligopolisten gemeinsam erhebliche Preissenkungen vornehmen?
11. Erklären und begründen Sie das preispolitische Verhalten eines Anbieters auf dem unvollkommenen Oligopol.
12. Gelten die Preisfunktionen auch auf oligopolistischen Märkten?

22.13 Kartelle

Stofftelegramm

Kartelle *(Hinweis: Vgl. Kapitel 9 „Exkurs: Kooperation und Konzentration".)*

Ein Kartell liegt vor, wenn die Zusammenarbeit rechtlich selbstständig bleibender Unternehmen zur Einschränkung des Wettbewerbs führt.

Gesetzliche Grundlage: Gesetz gegen Wettbewerbsbeschränkungen – GWB (7. GWB-Novelle)

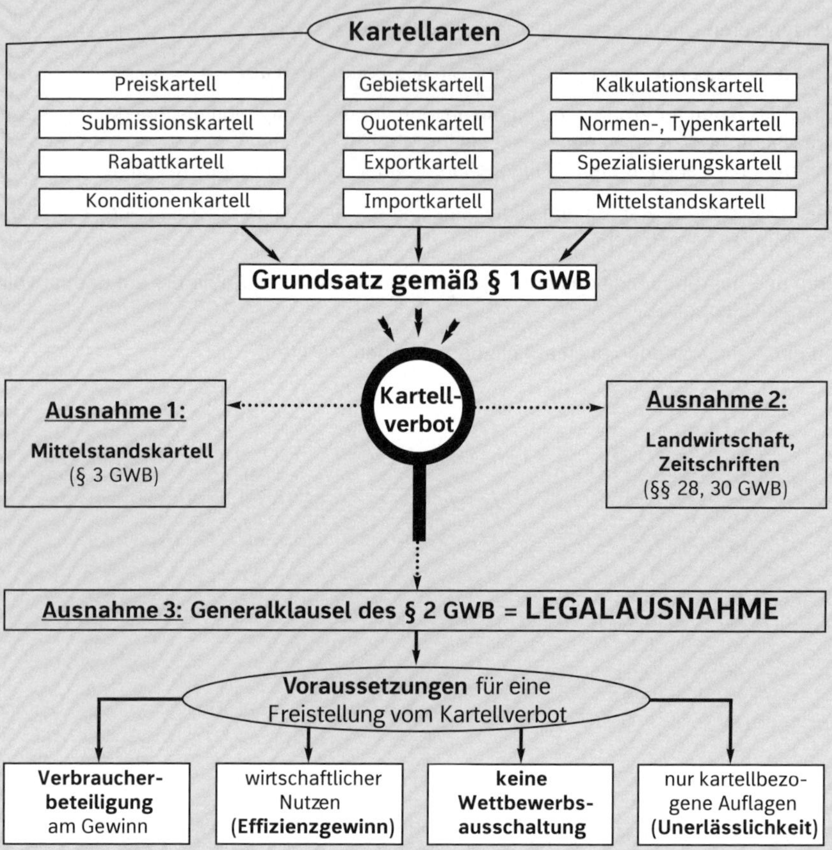

Dem **Bundeskartellamt** obliegen die Missbrauchsaufsicht und Fusionskontrolle.

Missbrauchsaufsicht: Verhinderung des Missbrauchs einer marktbeherrschenden Stellung.

Fusionskontrolle: Anzeigepflicht von Unternehmenszusammenschlüssen gemäß § 39 GWB: Das Kartellamt untersagt eine Fusion, wenn eine marktbeherrschende Stellung entsteht oder verstärkt wird; Ausnahmen sind gemäß § 36 Abs. 1 GWB dann möglich, wenn Verbesserungen der Wettbewerbsbedingungen eintreten und diese die Nachteile durch die Marktbeherrschung überwiegen.

Kartellarten

Preiskartell	Einheitspreis oder Mindestpreis Spezialfall: **Submissionskartell** (s. u.)
Submissionskartell	Vereinbarung von Preisuntergrenzen bzw. Festlegung des zum Zuge kommenden Kartellmitglieds bei öffentlichen Ausschreibungen
Kalkulationskartell	einheitliche Kalkulationssätze
Kontingentierungskartell	(„Kontingent“ = Auflage) • **Gebietskartell:** Aufteilung der Absatzgebiete • **Quotenkartell:** Zuteilung von Produktionsquoten
Konditionenkartell	einheitliche Geschäfts-, Lieferungs- und Zahlungsbedingungen
Rabattkartell	einheitliche Verkaufsrabatte
Rationalisierungskartell	• **Normenkartell:** einheitliche Normung • **Typenkartell:** einheitliche Typung • **Spezialisierungskartell:** Firmen spezialisieren sich • **Einkaufssyndikat:** gemeinsamer Einkauf • **Verkaufssyndikat:** gemeinsamer Verkauf
Import- bzw. Exportkartell	Zusammenschluss zwecks gemeinsamer Ein- bzw. Ausfuhr

22.14 Abituraufgaben

Abituraufgaben 2012 (Aufgabe 4, teilweise)

1. [...]

2. Bauer Aierle ist einer von vielen Eier-Anbietern in Nordwürttemberg. Seine Gesamtkostenkurve für die Eierproduktion weist fixe Kosten und einen S-förmigen Verlauf auf. Seine Gesamterlöskurve für Eier verläuft linear.
Es wird vollständige Konkurrenz unterstellt.

2.1
- Skizzieren Sie in einem Koordinatensystem den Verlauf von Gesamtkosten und Gesamterlösen, sodass eine Gewinnzone entsteht.
- Bestimmen Sie in der Skizze die gewinnmaximale Menge.
- Zeigen Sie in der Skizze, wie sich die gewinnmaximale Menge ändert, wenn der Eierpreis steigt.

2.2 Begründen Sie aus betriebswirtschaftlicher Sicht das Angebotsverhalten von Aierle bei steigendem Eierpreis und konstanten Kosten.

2.3 Erläutern Sie, welchen Einfluss eine Erhöhung der Fixkosten auf das kurzfristige und langfristige Angebotsverhalten von Aierle hat.

3. Die Legehennen werden unter anderem mit Mais, Sojaschrot und Fischmehl gefüttert.
Seit dem letzten Jahr ist im deutschen Großhandel für importierte Agrarprodukte der Tonnenpreis für Fischmehl um 30 % gestiegen, während die Nachfrage nach Sojaschrot um 42 % zugenommen hat.
Der Tonnenpreis für Sojaschrot ist im gleichen Zeitraum um 20 % gestiegen.

- Erläutern Sie den sich aus der beschriebenen Marktentwicklung ergebenden Zusammenhang zwischen Fischmehl und Sojaschrot durch die Berechnung einer geeigneten Elastizitätskennzahl.
- Erörtern Sie eine sich aus diesem Zusammenhang möglicherweise ergebende ökologische Folgewirkung.

4. Der Staat will die Erzeuger von Bio-Eiern unterstützen.
Es sollen die Auswirkungen eines Mindestpreises (Alternative 1) und einer Subventionierung (Alternative 2) miteinander verglichen werden.

In der folgenden Abbildung sind als Ausgangssituation die Marktnachfrage der privaten Haushalte nach Bio-Eiern und das Marktangebot der für die Endverbraucher bestimmten Bio-Eier dargestellt.

Gesamtangebot und Gesamtnachfrage für Bio-Eier

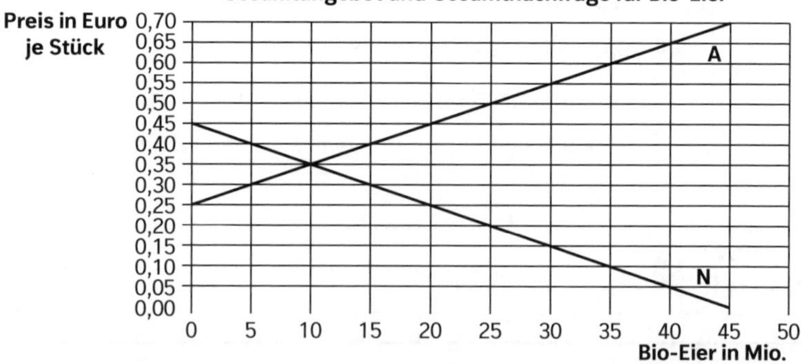

4.1 • Berechnen Sie die Gesamtwohlfahrt in der Ausgangssituation.
- Erläutern Sie das Zustandekommen des Ergebnisses.

4.2 **Alternative 1:**
Der geplante Mindestpreis soll sich um 0,05 EUR vom bisherigen Gleichgewichtspreis unterscheiden.

- Stellen Sie die sich daraus ergebende Veränderung der Marktsituation in Grafik 1 (**Anlage**) dar.
- Berechnen Sie für diesen Fall die Gesamtwohlfahrt unter Berücksichtigung der Folgen für den Staatshaushalt.
- Ermitteln Sie die Veränderung der Gesamtwohlfahrt gegenüber dem Ergebnis aus 4.1.

4.3 **Alternative 2:**
Der Staat zahlt den Anbietern für jedes verkaufte Bio-Ei eine Subvention in Höhe von 0,20 EUR.

- Stellen Sie die sich daraus ergebende Veränderung der Marktsituation in Grafik 2 (**Anlage**) dar.
- Berechnen Sie für diesen Fall die Gesamtwohlfahrt unter Berücksichtigung der Folgen für den Staatshaushalt.
- Ermitteln Sie die Veränderung der Gesamtwohlfahrt gegenüber dem Ergebnis aus 4.1.

4.4 • Unterscheiden Sie Mindestpreise und staatliche Subventionen hinsichtlich ihrer Wirkung auf den Preismechanismus.
- Treffen Sie für den vorliegenden Fall unter Berücksichtigung von Wohlfahrtswirkungen und Marktversorgung eine begründete Entscheidung, ob der Staat die Erzeuger von Bio-Eiern durch Subventionierung oder durch die Einführung eines Mindestpreises unterstützen soll.

4.5 Begründen Sie mit zwei Argumenten, warum trotz der Belastung des Staatshaushalts staatliche Eingriffe zugunsten der Bio-Eier-Produktion gerechtfertigt sein können.

Anlage

Grafik 1

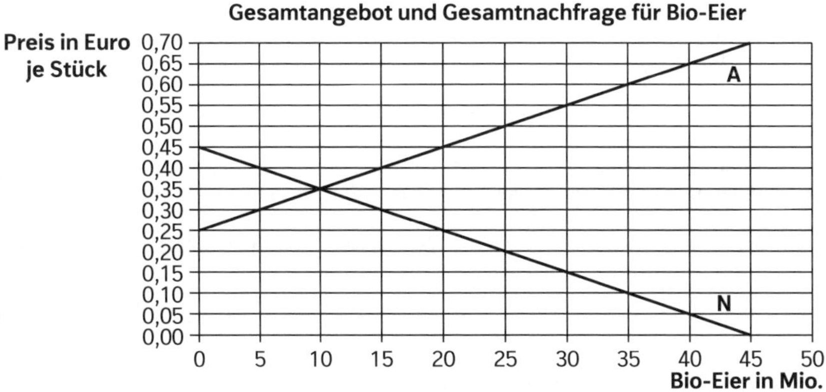

Grafik 2

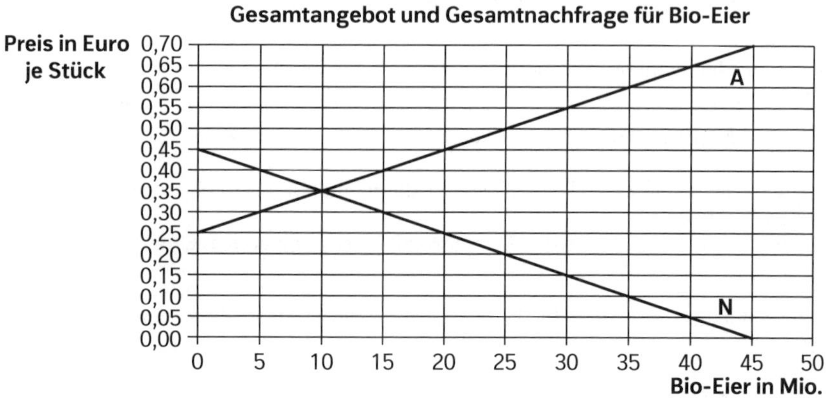

Abituraufgaben 2013 (Aufgabe 4)

1. Berlin wird täglich von vielen innerdeutschen Fluglinien angeflogen. Die Passagiere lassen sich in Geschäftsreisende und Privatreisende unterscheiden. Für diese beiden Gruppen gelten bezüglich der täglichen Nachfrage nach Flugtickets (x^N) folgende Funktionen:

Geschäftsreisende	Privatreisende
$x^N_1 = -10p + 4.000$	$x^N_2 = -20p + 5.000$

1.1 Stellen Sie das Nachfrageverhalten der beiden Gruppen in zwei getrennten Koordinatensystemen dar (**Anlage**).

1.2 Stellen Sie auf der Basis der beiden Nachfragekurven in einem weiteren Koordinatensystem die Gesamtnachfrage für innerdeutsche Berlin-Flüge dar (**Anlage**).

1.3 Begründen Sie, warum die Gesamtnachfragekurve im vorliegenden Fall einen Knick aufweist.

1.4 • Berechnen Sie die Preiselastizität der Nachfrage für jede der beiden Gruppen bei einer Preiserhöhung von 150,00 EUR auf 200,00 EUR.

• Erläutern Sie das Ergebnis und begründen Sie anhand des Ergebnisses das unterschiedliche Nachfrageverhalten.

1.5 Der Verband Deutscher Verkehrsflughäfen möchte herausfinden, ob die Erhöhung der Bahnpreise Auswirkungen auf die Anzahl der Flugreisenden nach Berlin hat. Bei seinen Nachforschungen stellt er fest, dass bei einem Anstieg der Bahnpreise um 15 % die Anzahl der Flugreisenden nach Berlin von täglich 4.000 auf 5.000 Passagiere zunehmen würde.

• Erläutern Sie diesen Zusammenhang durch Berechnung und Interpretation einer geeigneten Elastizitätskennzahl.

• Begründen Sie ohne rechnerischen Nachweis, welche Auswirkung eine Erhöhung der Bahnpreise auf den Verlauf der Gesamtnachfragekurve für Flugtickets hätte.

2. Der Verband Deutscher Verkehrsflughäfen geht künftig von folgender Gesamtnachfragefunktion für innerdeutsche Berlin-Flüge pro Tag aus:

(x = Zahl der Tickets)

$x^N = -20p + 10.000$

Die aggregierte Angebotsfunktion aller Anbieter innerdeutscher Berlin-Flüge pro Tag lautet:

$x^A = 20p - 2.000$

2.1 Bestimmen Sie grafisch das Marktgleichgewicht und ermitteln Sie den entsprechenden Gesamterlös (x-Achse: 1 cm = 1.000 Tickets; y-Achse: 1 cm = 100,00 EUR).

2.2 Die Regierung erhebt für jedes verkaufte Inlandsflugticket von der jeweiligen Fluggesellschaft eine Luftverkehrsabgabe (Umweltsteuer) in Höhe von 100,00 EUR.

2.2.1 Begründen Sie, um welche Form des Markteingriffs es sich handelt und welche Absichten die Regierung mit dieser Maßnahme verfolgt.

2.2.2
- Stellen Sie in der zu Aufgabe 2.1 angefertigten Grafik die Veränderung dar, die sich durch die Luftverkehrsabgabe ergibt.
- Begründen Sie Ihre Lösung und erläutern Sie den durch die Luftverkehrsabgabe ausgelösten Anpassungsprozess.
- Interpretieren Sie das Ergebnis unter Berücksichtigung der Lösung in Teilaufgabe 2.2.1.

2.2.3 Begründen Sie, wovon es abhängt, ob und gegebenenfalls in welchem Umfang die Luftverkehrsgesellschaften die Abgabe in Form höherer Preise auf die Passagiere überwälzen können.

2.2.4 Ermitteln Sie die Netto-Wohlfahrtsveränderung, die durch die Luftverkehrsabgabe im Vergleich zur Ausgangssituation eintritt, und beurteilen Sie das Ergebnis kritisch.

Anlage

zur Teilaufgabe 1.1

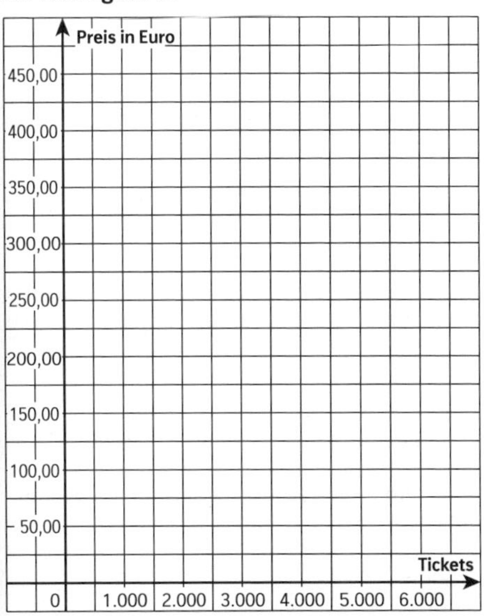

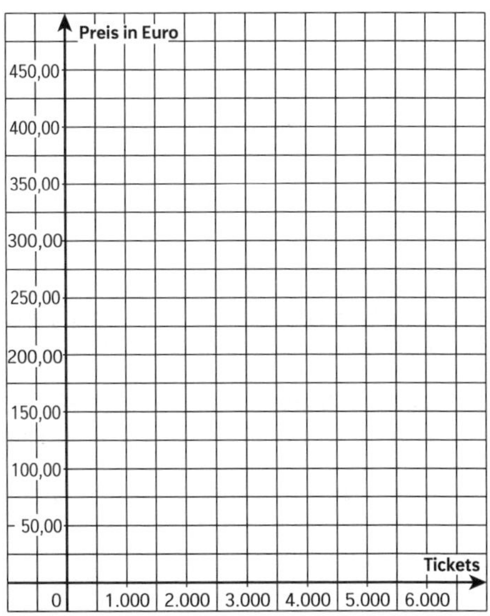

zur Teilaufgabe 1.2

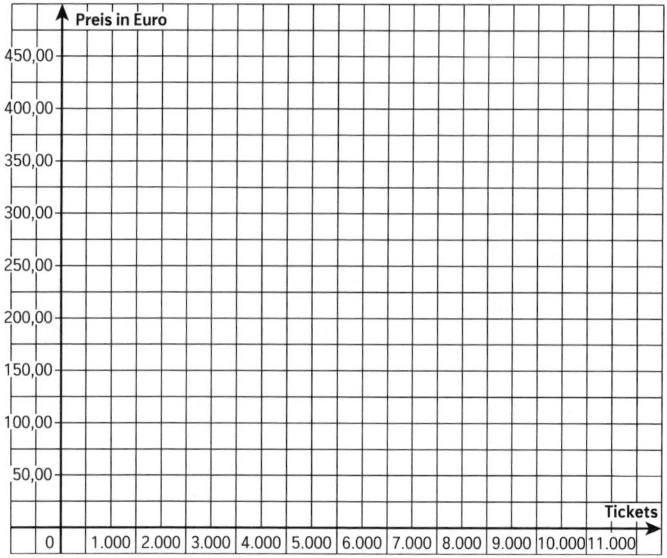

Abituraufgaben 2014 (Aufgabe 4, verändert)

1. Bislang gibt es nur wenige Anbieter von Tablet-PCs auf dem Markt. Dabei ist Apple der Marktführer.

1.1 Beschreiben Sie die auf dem Tablet-PC-Markt in Deutschland vorliegende Marktform anhand von zwei Merkmalen.

1.2 Angenommen, die Preisforderungen von Apple und der Konkurrenten pendeln sich auf einem hohen Niveau ein und weichen kaum mehr voneinander ab. Seit längerer Zeit werden keine Preisveränderungen festgestellt.

Begründen Sie, wie es zu dieser Preisstarrheit kommen kann, indem Sie die jeweilige voraussichtliche Reaktion der Konkurrenten erläutern, wenn Apple entweder seine Preise erhöhen oder seine Preise senken würde.

1.3 Angenommen, Apple kann mit wesentlich geringeren Stückkosten als die Konkurrenten produzieren.

Begründen Sie für diesen Fall die voraussichtliche Preisstrategie von Apple, indem Sie die sich daraus ergebenden Konsequenzen sowohl für die Konkurrenten als auch für die Nachfrager von Tablet-Computern erläutern.

2. Auf dem Markt für Smartphone-Schutzhüllen gibt es viele Anbieter. Es zeigt sich, dass sich für dieses Produkt trotz vergleichbarer Qualität unterschiedliche Preise am Markt ergeben.
Einer dieser Anbieter, die Addi GmbH, ermittelt mithilfe einer Marktanalyse im Preisbereich zwischen 4,00 EUR und 7,00 EUR folgende Preis-Absatz-Funktion:

$$x = 20.000 - 2.000p$$

Für die anderen Preisbereiche gelten polypolistische Bedingungen.
Die Gesamtkostenfunktion der Addi GmbH für den betrachteten Zeitraum lautet:

$$K = 12.000 + 2x$$

Die Kapazitätsgrenze für den betrachteten Zeitraum liegt bei 15.000 Stück.

2.1 Erläutern Sie zwei Gründe, warum sich für die Smartphone-Schutzhüllen unterschiedliche Preise am Markt bilden können.

2.2 Stellen Sie in einer Grafik die Preis-Absatz-Funktion der Addi GmbH dar (Bearbeitungshinweis: 1 cm = 2.000 Mengeneinheiten und 1 cm = 1 Preiseinheit).

2.3 Berechnen Sie den Gewinn an der Kapazitätsgrenze.

2.4
- Ermitteln Sie rechnerisch und grafisch in der Grafik zu 2.2 die dem Cournotschen Punkt entsprechende Preis-Mengen-Kombination.
- Berechnen Sie den bei dieser Ausbringungsmenge vorliegenden Gewinn und Beschäftigungsgrad.

2.5 Die Addi GmbH entscheidet sich für die Preis-Mengen-Kombination an der Kapazitätsgrenze.

Erläutern Sie, welche jeweilige Konsequenz diese Entscheidung aus der Sicht des Unternehmens, der Arbeitnehmer und der Nachfrager hat.

2.6 Begründen Sie, wie sich – ausgehend vom Cournotschen Punkt – eine Preissenkung auf den Erlös und den Gewinn auswirkt.

2.7 Die Studie einer Unternehmensberatung prognostizierte für die Addi GmbH einen Kostenanstieg.

Begründen Sie, inwieweit sich durch den Anstieg der variablen Kosten und der fixen Kosten jeweils Auswirkungen auf den gewinnmaximalen Preis und die gewinnmaximale Menge ergeben.

3. Nach der Zahl der Anbieter lassen sich drei Marktformen unterscheiden.

Zeigen Sie für jede dieser Marktformen auf, welche Größen die Anbieter jeweils bei ihren Entscheidungen

- selbst beeinflussen können bzw.
- berücksichtigen müssen.

Abituraufgaben 2015 (Aufgabe 4)

Der Markt für Cloud-Computing boomt. Beim Cloud-Computing werden Daten und zum Teil Software nicht mehr auf dem eigenen Computer, Tablet oder Smartphone gespeichert, sondern auf einem externen Server, der in einem Rechenzentrum eines Anbieters steht. Viele Unternehmen bieten solche Netzspeicherlösungen an.

Gehen Sie von einem Polypol auf dem vollkommenen Markt aus.

1. Erläutern Sie drei Bestimmungsfaktoren der Nachfrage nach Netzspeicherlösungen.

2. Die Gesamtnachfrage nach Speichereinheiten beim Cloud-Computing ist wie folgt gegeben:

Preis je Speichereinheit (Geldeinheiten)	0	5	10	15	20	25	30	35	40	45	50
Menge in Tausend (Speichereinheiten)	100	90	80	70	60	50	40	30	20	10	0

2.1
- Stellen Sie die Gesamtnachfrage in einem Preis-Mengen-Diagramm grafisch dar (x-Achse: 1 cm = 10.000 Speichereinheiten; y-Achse: 1 cm = 10 Geldeinheiten).
- Erläutern Sie die ökonomische Bedeutung der beiden Schnittpunkte der Gesamtnachfragekurve mit den Achsen des Koordinatensystems.

2.2 Nehmen Sie an, der Marktpreis für eine Speichereinheit beim Cloud-Computing sinkt bei unverändertem Nachfrageverhalten von 45 auf 35 Geldeinheiten.

2.2.1 Erläutern Sie mithilfe einer geeigneten Elastizitätskennzahl (rechnerischer Nachweis) die Auswirkung des Preisrückgangs auf den Gesamterlös der Branche.

2.2.2
- Begründen Sie, worauf der Preisrückgang in diesem Fall zurückzuführen sein könnte.
- Stellen Sie die Veränderung der beschriebenen Marktsituation skizzenhaft in einem neuen Preis-Mengen-Diagramm dar.

2.2.3 Der Preisrückgang für Speichereinheiten beim Cloud-Computing hat Auswirkungen auf den Absatz eines Herstellers von externen Festplatten. Er verkaufte bislang monatlich 15.000 Stück. Die indirekte Preiselastizität der Nachfrage beträgt +3.

- Beschreiben Sie mithilfe der angegebenen Kennzahl die Beziehung zwischen den beiden Speichermöglichkeiten.
- Berechnen Sie unter sonst gleichen Bedingungen, mit welcher absetzbaren Menge der Festplattenhersteller nun monatlich rechnen kann.

3. Ein Anbieter für Netzspeicherlösungen betrachtet die in Teilaufgabe 2.2 genannte Preisentwicklung mit Sorge. Er überlegt sich, ob er weiterhin auf diesem Markt bestehen kann, wenn ein weiterer Preisrückgang stattfindet.
Nehmen Sie an, seine derzeitige Kostensituation stellt sich wie in der **Anlage** abgebildet dar.

3.1 Erläutern Sie, welcher Gesamtkostenverlauf seiner Kostensituation zugrunde liegt.

3.2
- Kennzeichnen Sie in der Abbildung in der **Anlage** die Menge, die vor dem Preisrückgang den Gewinn des Anbieters maximierte.
- Erklären Sie betriebswirtschaftlich, weshalb es sich dabei um die gewinnmaximierende Menge handelt.

3.3 Begründen Sie, inwieweit die Sorge des Anbieters durch den Preisverfall berechtigt ist. Unterscheiden Sie zwischen einer kurzfristigen und einer langfristigen Betrachtungsweise.

4. Der zunehmende Preisverfall zwingt viele Anbieter dazu, aus dem Markt auszuscheiden. Die verbleibenden Anbieter schließen sich mit dem Ziel der Gewinnmaximierung zu einem Kartell zusammen.

4.1 Begründen Sie, welche Verhaltensweise von den verbleibenden Anbietern in der veränderten Marktsituation zu erwarten ist.

4.2 Beurteilen Sie die Folgen, die sich aus der Kartellbildung für die Nachfrager ergeben (zwei Aspekte).

Anlage zu Aufgabe 3

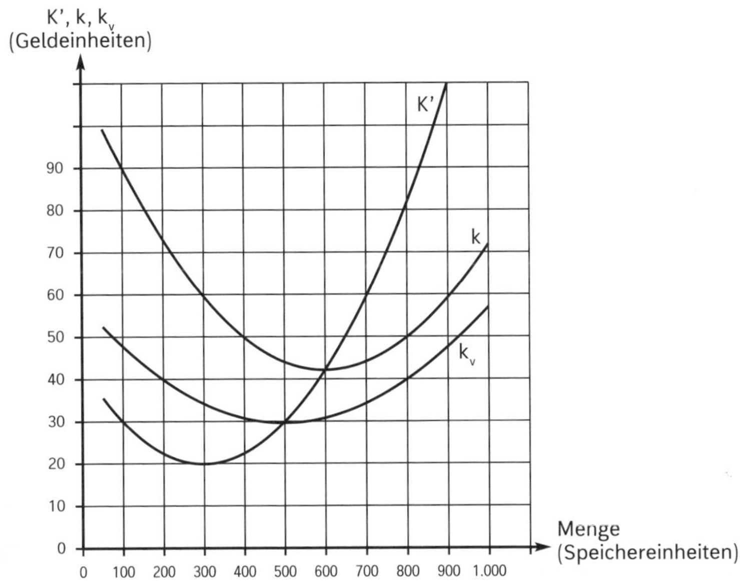

Abituraufgaben 2016 (Aufgabe 4)

1. In den vergangenen Jahren sind die Mietpreise in vielen deutschen Städten stark angestiegen. Es soll der Mietwohnungsmarkt einer süddeutschen Großstadt untersucht werden. Das Verhalten der Marktteilnehmer bei Vierzimmerwohnungen mit vergleichbarer Größe wird durch die beiden nachfolgenden Funktionen dargestellt:

Wohnungsanbieter	Wohnungsnachfrager
$x^A = 75p - 300$	$x^N = 1.200 - 50p$

p = Mietpreis in Euro pro m²; x = Wohnfläche in 1.000 m²

Gehen Sie von einem Polypol auf dem vollkommenen Markt aus.

1.1 • Stellen Sie die Marktsituation auf diesem Wohnungsmarkt grafisch im Preis-Mengen-Diagramm dar und bestimmen Sie den Gleichgewichtspreis sowie die Gleichgewichtsmenge (x-Achse: 12 cm; 1 cm = 100 Tsd. m^2; y-Achse: 14 cm; 1 cm = 2,00 EUR pro m^2).

• Überprüfen Sie Ihr grafisch bestimmtes Marktergebnis rechnerisch.

1.2 Auf dem Wohnungsmarkt dieser Großstadt treten unter anderem die Marktteilnehmer Brugger, Schulz, Braun und Müller auf. Deren Preisvorstellungen können der nachfolgenden Tabelle entnommen werden:

Anbieter	Mindestens (in Euro/m^2)
Brugger	8,00
Schulz	12,00

Nachfrager	Höchstens (in Euro/m^2)
Braun	8,00
Müller	20,00

Begründen Sie gesondert für jeden Marktteilnehmer, ob dieser unter den gegebenen Bedingungen einen Mietvertrag abschließen wird.

1.3 Die Gesamtwohlfahrt auf dem beschriebenen Wohnungsmarkt beträgt 6 Mio. EUR. Beschreiben Sie die ökonomische Bedeutung dieser Gesamtwohlfahrt.

1.4 Erläutern Sie anhand von drei Kriterien, ob es sich in der Realität bei einem Wohnungsmarkt um einen vollkommenen Markt handelt.

2. Ein neues Gesetz verpflichtet Vermieter zu energetischen Sanierungen, wenn ihre Immobilien älter als 20 Jahre sind. Dadurch entstehen diesen Eigentümern zusätzliche Kosten. Einige Vermieter sind nicht bereit, unter diesen Umständen weiterhin Wohnraum zur Verfügung zu stellen.

2.1 Begründen Sie, wie sich dieses Gesetz unter sonst gleichen Bedingungen auf das bisherige Marktergebnis sowie auf die bisherige Gesamtwohlfahrt auswirken wird.

2.2 Angenommen der Mietpreis für städtische Wohnungen steigt durch die Sanierungen um 10 %. Dadurch nimmt die Nachfrage nach Mietwohnungen im ländlichen Raum um 5 % zu.

Berechnen Sie die entsprechende Elastizitätskennzahl und beschreiben Sie, in welchem Zusammenhang diese beiden Güter zueinander stehen.

3. Um einen weiteren ungebremsten Anstieg der Mieten vor allem in den Ballungszentren zu verhindern, beschließt die Bundesregierung die Einführung einer Mietpreisbremse. Gehen Sie davon aus, dass in der süddeutschen Großstadt eine Höchstmiete für Wohnungen von 8,00 EUR pro m^2 festgelegt wird.

3.1 • Stellen Sie die Marktveränderungen in der zur Aufgabe 1.1 erstellten Grafik dar und interpretieren Sie die neue Situation.

• Beurteilen Sie die neue Marktsituation aus der Sicht der Bundesregierung (zwei Aspekte).

3.2 • Ermitteln Sie die prozentuale Veränderung der Produzentenrente im Vergleich zur Situation vor Einführung der Mietpreisbremse.

• Beurteilen Sie Ihr Ergebnis aus Sicht der Vermieter.

3.3 Begründen Sie, um welche Art des Staatseingriffs es sich bei der Mietpreisbremse handelt.

3.4 Die Einführung der Mietpreisbremse wird in der Öffentlichkeit kontrovers diskutiert.

- Beschreiben Sie eine Maßnahme, mit welcher die Bundesregierung ihr Ziel ebenfalls hätte erreichen können.
- Erläutern Sie die Auswirkungen dieser Maßnahme auf den Wohnungsmarkt mithilfe einer Skizze in einem Preis-Mengen-Diagramm.

Abituraufgaben 2017 (Aufgabe 4)

1. Das Open-Air-Kino in Freudenstadt ist das einzige Kino dieser Art in der Region. Es bietet insgesamt 600 Sitzplätze an. Der einheitliche Eintrittspreis beträgt 5,00 EUR je Karte. Pro Vorstellung fallen fixe Kosten in Höhe von 200,00 EUR und 2,00 EUR Verleihgebühr je Besucher an. Um den Bekanntheitsgrad des Kinos zu erhöhen, ist der Betreiber bereit, aus seinem Gewinn 1,00 EUR je verkaufter Eintrittskarte an Einrichtungen für Kinder und Jugendliche in der Region zu spenden.

1.1 Im abgelaufenen Monat betrug die durchschnittliche Kapazitätsauslastung des Open-Air-Kinos 60 %.

Ermitteln Sie den Gewinn sowie den Spendenbetrag pro Vorstellung.

1.2 Bei der Scheckübergabe an ein Jugendzentrum stellt der Betreiber des Open-Air-Kinos für den kommenden Monat bei unverändertem Eintrittspreis eine Erhöhung der Spende in Aussicht.

- Begründen Sie, welche Auswirkungen eine Steigerung der Kapazitätsauslastung auf den Gewinn sowie den Spendenbetrag hat.
- Nennen Sie zwei Maßnahmen, mit denen das Open-Air-Kino einen höheren Auslastungsgrad erreichen kann.

2. Der Betreiber des Open-Air-Kinos erwägt, den über Jahre hinweg konstanten Eintrittspreis der allgemeinen Kostenentwicklung anzupassen. Zudem soll die Höhe der Spende zukünftig mit 10 % vom Gewinn berechnet werden.

Die neue Kostenfunktion pro Vorstellung lautet: $K(x) = 300 + 4x$

Beim bisherigen Eintrittspreis von 5,00 EUR je Karte könnten nun 500 Karten verkauft werden. Der Prohibitivpreis liegt bei 10,00 EUR je Karte. Es ist von einer linearen Preis-Absatz-Funktion auszugehen.

2.1 Ermitteln Sie grafisch die gewinnmaximierende Preis-Mengen-Kombination (x-Achse: 11 cm, 1 cm = 100 Besucher; y-Achse: 11 cm, 1 cm = 1,00 EUR pro Karte).

2.2
- Berechnen Sie die Kapazitätsauslastung sowie die Höhe des Spendenbetrags bei dem gewinnmaximierenden Preis.
- Beurteilen Sie Ihre beiden Ergebnisse aus der Sicht des Kinobetreibers.

2.3 Der Kinobetreiber überlegt, die Preise zu differenzieren. Auf der Grundlage einer Umfrage wurden die Sitzplätze in drei Kategorien eingeteilt:

Kategorie	Sitzplätze Nr.	Preis je Karte
I	001–200	8,00 EUR
II	201–300	7,00 EUR
III	301–600	4,00 EUR

2.3.1
- Nennen und beschreiben Sie die hier vorliegende Art der Preisdifferenzierung.
- Beschreiben Sie zwei weitere Arten, wie der Veranstalter die Eintrittskarten zu unterschiedlichen Preisen anbieten könnte.

2.3.2 Die vorgenommene Preisdifferenzierung stößt in der Öffentlichkeit auf Kritik.

- Weisen Sie rechnerisch nach, um welchen Betrag sich die Konsumentenrente durch die Preisdifferenzierung verändert.
- Nehmen Sie mit zwei Argumenten Stellung zur Kritik der Öffentlichkeit.

3. Die Besucher des Open-Air-Kinos dürfen ihre Getränke und ihr Essen mitbringen. Es gibt aber auch den Getränkestand Götz unmittelbar vor dem Open-Air-Kino, der gekühlte Flaschen Limonade anbietet. Seine Kapazität beträgt 400 Flaschen je Veranstaltung. Limonade wird auch im Umkreis des Open-Air-Kinos verkauft.

Erfahrungen der letzten Monate haben gezeigt, dass der Getränkestand bei einem Preis von 2,00 EUR je Flasche alle 400 Flaschen verkauft. Zu diesem Preis könnte er sogar noch weitere 200 Flaschen verkaufen. Bietet er die Flaschen zu einem Preis von 4,00 EUR an, könnte er nur 200 Flaschen verkaufen. Bei einem Preis über 4,00 EUR würde der Absatz bis zum Prohibitivpreis von 4,50 EUR sehr stark zurückgehen.

3.1 Begründen Sie, weshalb es sich im vorliegenden Fall um ein Polypol sowie um einen unvollkommenen Markt handelt.

3.2 Skizzieren Sie in einem Preis-Mengen-Diagramm die für den Getränkestand Götz geltende Preis-Absatz-Kurve und kennzeichnen Sie in der Skizze die verschiedenen preispolitischen Bereiche.

3.3 Erläutern Sie den Unterschied zwischen der Preis-Absatz-Kurve eines Anbieters und der Gesamtnachfragekurve nach dem Gut.

23 Ziele und Zielkonflikte der Wirtschaftspolitik

23.1 Grundlagen der Wirtschaftspolitik

Stofftelegramm

Träger der Wirtschaftspolitik: Parlament + Regierung, Europäische Zentralbank, Tarifpartner, Verbände

Wirtschaftspolitische Ziele

§ 1: „Bund und Länder haben bei ihren wirtschafts- und finanzpolitischen Maßnahmen die Erfordernisse des gesamtwirtschaftlichen Gleichgewichts zu beachten. Die Maßnahmen sind so zu treffen, dass sie im Rahmen der marktwirtschaftlichen Ordnung gleichzeitig zur Stabilität des Preisniveaus, zu einem hohen Beschäftigungsstand und außenwirtschaftlichem Gleichgewicht bei stetigem und angemessenem Wirtschaftswachstum beitragen.“

Oberziel: **gesamtwirtschaftliches Gleichgewicht**

Unterziele: **das magische Viereck**

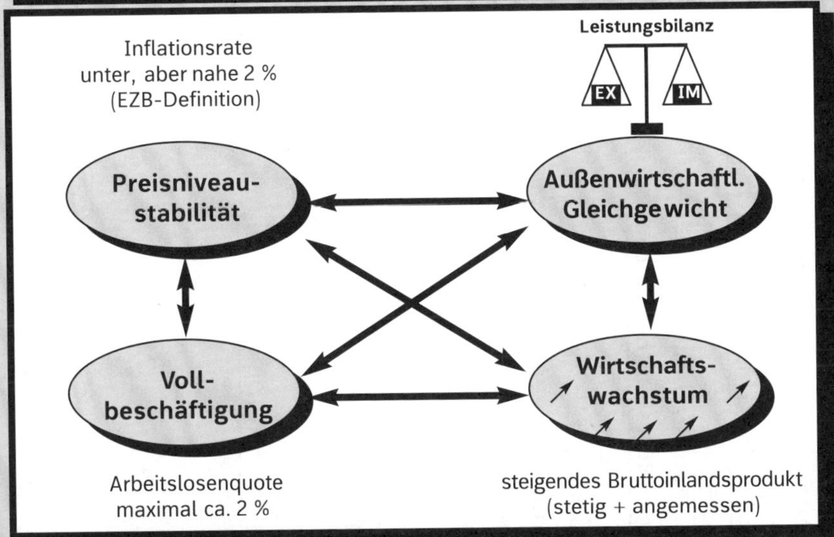

Weitere Ziele:
- **gerechte Einkommens- und Vermögensverteilung**
- **Erhaltung einer lebenswerten Umwelt**
- **solide Haushaltspolitik der EU-Mitglieder (Europäischer Stabilitäts- und Wachstumspakt)**

} **siehe spätere Kapitel**

Zielkonflikt:	Das Anstreben eines Zieles beeinträchtigt das Erreichen anderer Ziele.
Zielharmonie:	Das Anstreben eines Zieles fördert gleichzeitig das Erreichen anderer Ziele.
Zielindifferenz:	Das Anstreben eines Zieles beeinflusst das andere Ziel in keiner Weise.

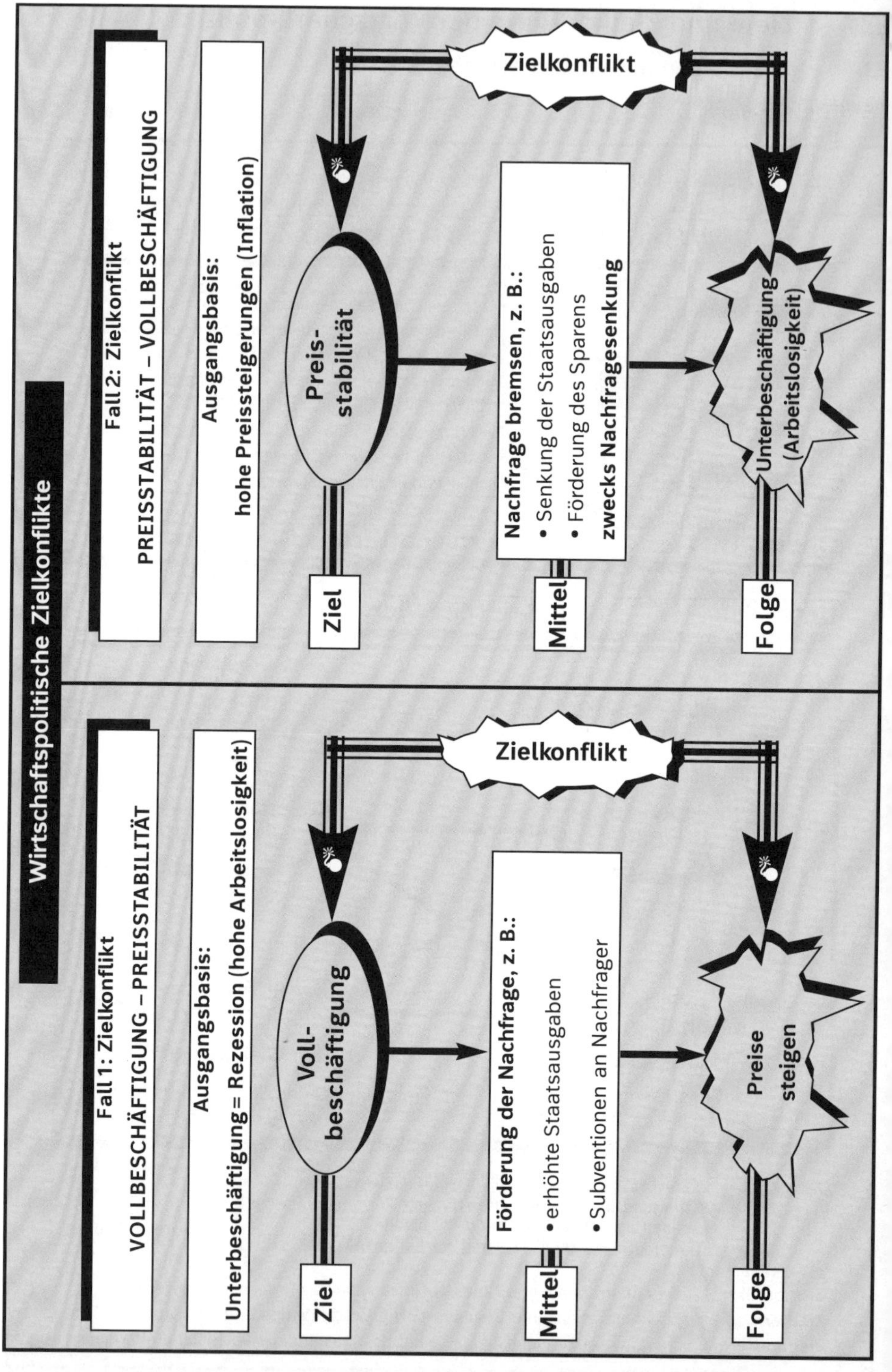
Wirtschaftspolitische Zielkonflikte
Fall 1: Zielkonflikt
VOLLBESCHÄFTIGUNG – PREISSTABILITÄT
Ausgangsbasis:
Unterbeschäftigung= Rezession (hohe Arbeitslosigkeit)
Zielkonflikt
Ziel
Voll-
beschäftigung
Mittel
Förderung der Nachfrage, z. B.:
• erhöhte Staatsausgaben
• Subventionen an Nachfrager
Folge
Preise
steigen
Fall 2: Zielkonflikt
PREISSTABILITÄT – VOLLBESCHÄFTIGUNG
Ausgangsbasis:
hohe Preissteigerungen (Inflation)
Zielkonflikt
Ziel
Preis-
stabilität
Mittel
Nachfrage bremsen, z. B.:
• Senkung der Staatsausgaben
• Förderung des Sparens
zwecks Nachfragesenkung
Folge
Unterbeschäftigung
(Arbeitslosigkeit)

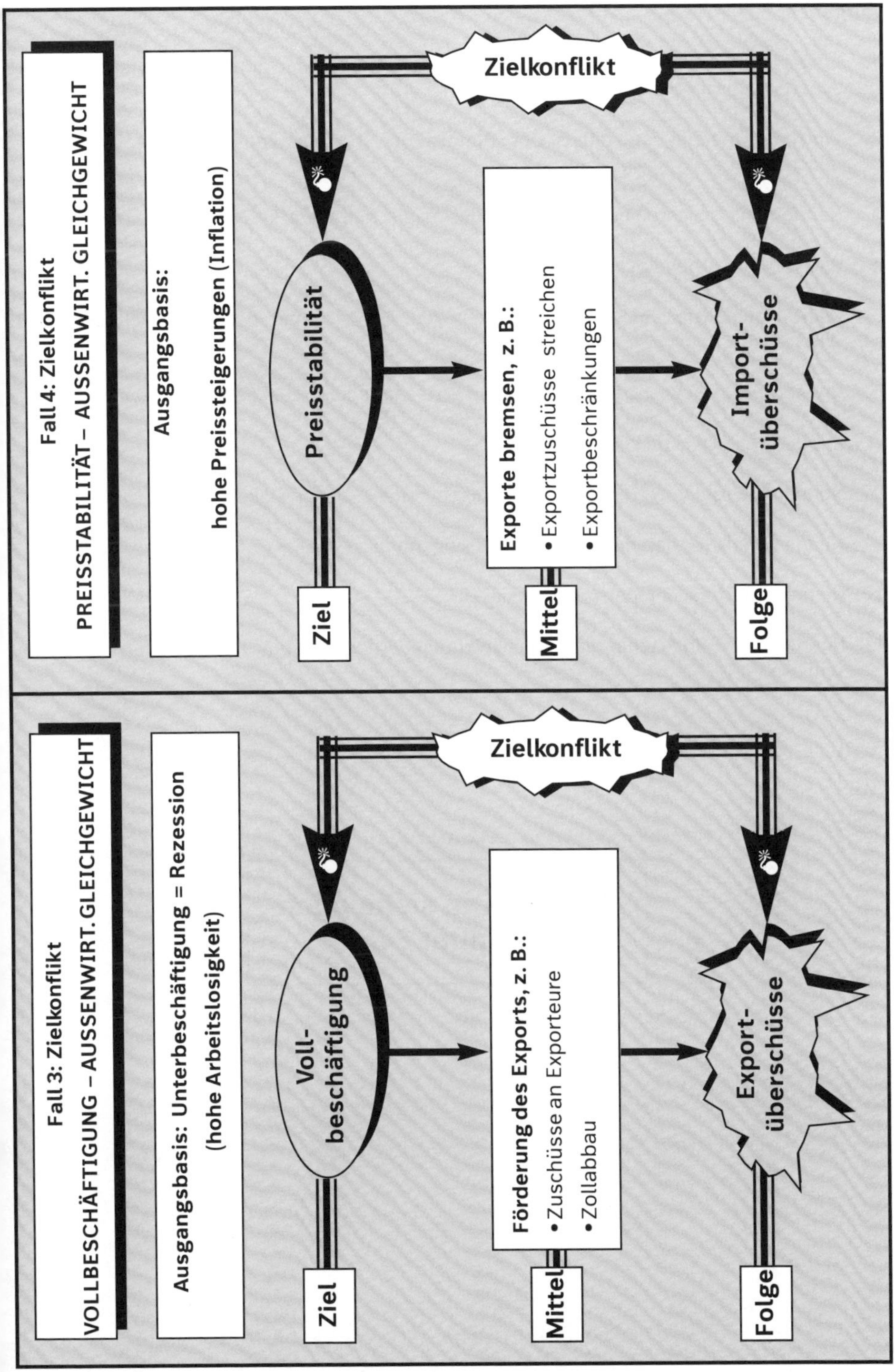
Fall 3: Zielkonflikt
VOLLBESCHÄFTIGUNG – AUSSENWIRT. GLEICHGEWICHT
Ausgangsbasis: Unterbeschäftigung = Rezession
(hohe Arbeitslosigkeit)
Zielkonflikt
Ziel
Voll-
beschäftigung
Mittel
Förderung des Exports, z. B.:
• Zuschüsse an Exporteure
• Zollabbau
Folge
Export-
überschüsse
Fall 4: Zielkonflikt
PREISSTABILITÄT – AUSSENWIRT. GLEICHGEWICHT
Ausgangsbasis:
hohe Preissteigerungen (Inflation)
Zielkonflikt
Ziel
Preisstabilität
Mittel
Exporte bremsen, z. B.:
• Exportzuschüsse streichen
• Exportbeschränkungen
Folge
Import-
überschüsse

Aufgaben

1. In welchem Gesetz sind die von Bund und Ländern zu beachtenden grundlegenden wirtschaftspolitischen Ziele formuliert?

2. Welches Oberziel ist seitens des Staates bei wirtschaftspolitischen Maßnahmen zu beachten?

3. Nennen und beschreiben Sie die Ziele des magischen Vierecks.

4. Wie wird die Arbeitslosenquote ermittelt?

5. Warum signalisiert eine Arbeitslosigkeit von 1,5 % immer noch eine vollbeschäftigte Wirtschaft?

6. Nennen Sie zwei gesetzlich nicht fixierte wirtschaftspolitische Ziele.

7. Erläutern Sie zwei mögliche Zielkonflikte.

8. Nennen Sie fünf volkswirtschaftliche Folgen hoher Arbeitslosigkeit.

9. Nennen Sie Ursachen hoher Preissteigerungsraten.

10. Nennen Sie Ursachen der Arbeitslosigkeit.

11. Nennen Sie – abgesehen von Wechselkursänderungen – fünf Ursachen für Exportüberschüsse.

Zum Thema siehe auch Kapitel 24.

23.2 Abituraufgaben

Abituraufgaben 2016 (Aufgabe 5, teilweise)

3. Der Finanzminister der Bundesrepublik Deutschland will 10 Milliarden EUR für öffentliche Investitionen zur Verfügung stellen, um die Wirtschaftskrise zu bewältigen.

3.1 Begründen Sie, inwiefern sich die beschriebene Maßnahme der Bundesregierung einer nachfrageorientierten Wirtschaftspolitik zuordnen lässt.

3.2 Staatliche Konjunkturprogramme sind nicht unumstritten. Beschreiben Sie zwei allgemeine Kritikpunkte.

4. Das vom Sachverständigenrat zur Begutachtung der gesamtwirtschaftlichen Entwicklung vorgelegte Jahresgutachten 2014/15 trägt den Titel „Mehr Vertrauen in Marktprozesse".

4.1 Erläutern Sie die wesentliche Grundannahme einer angebotsorientierten Wirtschaftspolitik hinsichtlich der Funktionsweise des marktwirtschaftlichen Systems und der wirtschaftspolitischen Rolle des Staates.

4.2 Der Arbeitsmarkt solle nicht stärker reguliert werden, sondern vielmehr seien die bestehenden Regulierungen zu prüfen, heißt es im Jahresgutachten 2014/2015 des Sachverständigenrates.
Quelle: Vgl. Sachverständigenrat zur Begutachtung der gesamtwirtschaftlichen Entwicklung: Mehr Vertrauen in Marktprozesse. Jahresgutachten 2014/15, Wiesbaden: Statistisches Bundesamt 2014, S. 2.

Beschreiben Sie anhand von zwei Beispielen, inwiefern die Deregulierung des Arbeitsmarktes einen wichtigen Ansatzpunkt der angebotsorientierten Wirtschaftspolitik darstellt.

5. Begründen Sie auf Basis der Daten aus **Material 4**, ob das von der EZB angestrebte Ziel der Preisniveaustabilität für die Jahre 2012 bis 2014 erreicht wurde.

Material 4

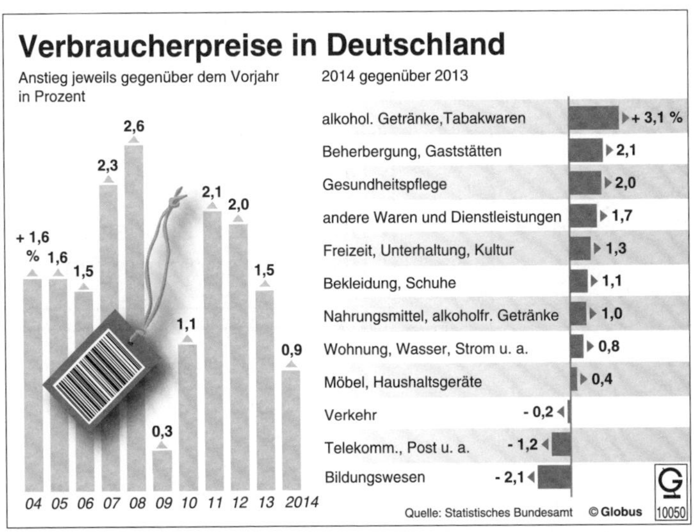

24 Konjunktur und Konjunkturpolitik

24.1 Die Beschäftigung einer Volkswirtschaft[1]

Stofftelegramm

Beschäftigung

- Grad der Kapazitätsauslastung einer Volkswirtschaft
- Messung insbesondere anhand der **Arbeitslosenquote**

$$\text{Arbeitslosenquote} = \frac{\text{Arbeitslose} \cdot 100}{\text{alle zivilen Erwerbspersonen}}$$

Beschäftigungsstand der Volkswirtschaft

Vollbeschäftigung
- Arbeitslosenquote bis ca. 4 % („Sockelarbeitslosigkeit“)
- volle Auslastung der Produktionskapazitäten

Unterbeschäftigung
- Arbeitslosenquote über 4 %
- nur teilweise Auslastung der Produktionskapazitäten

Überbeschäftigung
- offene Stellen > Arbeitslose
- Überstunden, Sonderschichten, Überbeanspruchungen ...

[1] *Aufgaben: Siehe Kapitel 24.4.*

24.2 Der Konjunkturzyklus[1]

Stofftelegramm

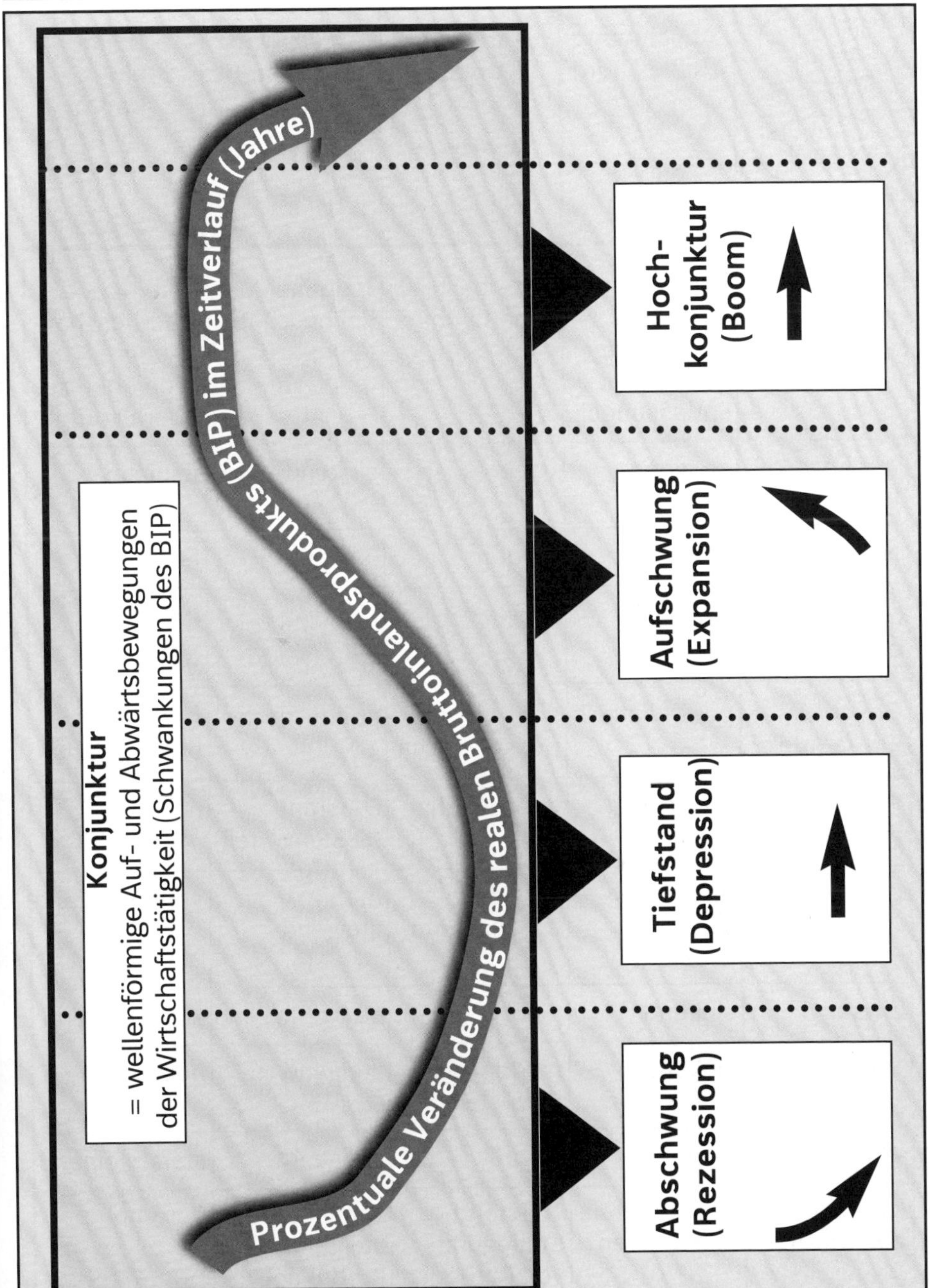

[1] *Aufgaben: Siehe Kapitel 24.4.*

Der Konjunkturzyklus (Merkmale)

Konjunkturzyklus / Merkmale	Abschwung (Rezession) ↘	Tiefstand (Depression) →	Aufschwung (Expansion) ↗	Hochkonjunktur (Boom) →
Beschäftigungsstand	zunehmende Unterbeschäftigung (Kurzarbeit + Entlassungen)	Unterbeschäftigung	Tendenz zur Vollbeschäftigung	Voll- bzw. Überbeschäftigung (Konjunkturüberhitzung)
Arbeitslosenzahl	steigend	hoch	sinkend	minimal
Nachfrage	sinkend	niedrig	steigend	hoch
Investitionsbereitschaft	sinkend	niedrig	steigend	hoch
Geschäftsklimaindex	pessimistisch	sehr pessimistisch	optimistisch	sehr optimistisch
Preissteigerungsrate	mäßig, evtl. negativ	evtl. negativ	konstant (Kostenvorteil)	hoch
Löhne	mäßig steigend bzw. konstant	konstant, evtl. sinkend	mäßig steigend	stark steigend
Zinsen	sinkend	niedrig	mäßig steigend	stark steigend
Gewinne	sinkend	niedrig, evtl. Verluste	steigend	hoch
Wachstum	minimal	negativ	steigend	stark steigend
Kapazitätsauslastung	sinkend, freie Kapazitäten	Tiefstand, Stilllegung von Betrieben	zunehmend, steigende Produktion	maximal

24.3 Konjunkturindikatoren[1]

Stofftelegramm

Konjunkturindikatoren (allgemein)

⇩

= Anzeiger für den Konjunkturverlauf;

Konjunkturindikatoren charakterisieren Zustand + Entwicklung der Konjunktur

[1] *Aufgaben: Siehe Kapitel 24.4.*

Konjunkturindikatoren nach der Zeit

Frühindikatoren (vorlaufende)	Gegenwartsindikatoren (Präsensindikatoren) (mitlaufende)	Spätindikatoren (nachlaufende)
= Sie beschreiben, wie sich die Konjunktur in der Zukunft entwickeln kann.	= Sie beschreiben den aktuellen Konjunkturverlauf.	= Sie beschreiben die Auswirkungen des Konjunkturverlaufs.
Beispiele: • Auftragseingänge • Geschäftsklimaindex • Gewinnerwartungen • Investitionsabsichten • Lagerbestände	Beispiele: • Bruttoinlandsprodukt • Industrieproduktion • Kapazitätsauslastung • offene Stellen	Beispiele: • Insolvenzen • Arbeitslosenzahl, -quote • Steuereinnahmen des Staates • Preisniveau

24.4 Aufgaben zu den Kapiteln 24.1–24.3

Aufgaben

1. Erklären Sie den Begriff „Konjunktur".
2. Was versteht man unter Beschäftigung im volkswirtschaftlichen Sinn? Wie wird sie üblicherweise gemessen?
3. Wie wird die Arbeitslosenquote ermittelt?
4. Erklären Sie die drei möglichen Beschäftigungslagen einer Volkswirtschaft.
5. Warum signalisiert eine Arbeitslosenquote von 1,5 % bis 2 % immer noch eine vollbeschäftigte Wirtschaft?
6. Was versteht man unter Konjunkturzyklen?

7. Kennzeichnen Sie stichpunktartig die einzelnen Konjunkturphasen hinsichtlich:

   a) Beschäftigungsstand
   b) Arbeitslosenzahl
   c) Nachfrage
   d) Investitionsbereitschaft
   e) „Stimmung" der Marktteilnehmer
   f) Preissteigerungsrate
   g) Löhne
   h) Zinsen
   i) Gewinne
   j) Wachstum

8. Welche Ursachen führen zu einem a) Konjunkturabschwung, b) Konjunkturaufschwung?

9. Zeigen Sie den Konjunkturzyklus anhand einer Skizze.

10. Nennen Sie mögliche negative Auswirkungen der Hochkonjunktur.

11. a) Definieren Sie den Begriff „Konjunkturindikatoren".

    b) Nennen Sie fünf Konjunkturindikatoren.

12. Warum ist das reale Bruttosozialprodukt (Bruttoinlandsprodukt) zur Messung des Wirtschaftswachstums besser geeignet als das nominale Bruttosozialprodukt (Bruttoinlandsprodukt)?

13. Unterscheiden Sie saisonale und konjunkturelle Schwankungen.

14. Welche Konjunkturphase ist in folgenden Situationen anzunehmen?

    a) hohe Preissteigerungsraten
    b) hohe Arbeitslosenquote
    c) stark steigendes Sozialprodukt
    d) sinkende Arbeitslosigkeit
    e) pessimistische Zukunftserwartungen
    f) stark steigende Löhne
    g) stark steigende Zinsen

15. Erklären Sie die Begriffe „saisonale, strukturelle, konjunkturelle, friktionelle Arbeitslosigkeit".

16. Wie beeinflusst eine Rezessionsphase die Staatskasse?

24.5 Konjunkturpolitik (allgemein)

Stofftelegramm

Möglichkeiten staatlicher Konjunkturpolitik (= Fiskalpolitik)	
Bekämpfung der Unterbeschäftigung (Arbeitslosigkeit)	**Bekämpfung der Überbeschäftigung (Inflation)**
Ausgabenpolitik: Ausgaben erhöhen! • Staatsnachfrage erhöhen • Subventionen erhöhen • Konjunkturausgleichsrücklage auflösen **Einnahmenpolitik:** Einnahmen senken! • Steuern senken • Abschreibungsvergünstigungen • Kreditaufnahmen zur Finanzierung der Ausgaben („Deficit-Spending“)	**Ausgabenpolitik:** Ausgaben senken! • Staatsnachfrage senken • Subventionen senken • Konjunkturausgleichsrücklage bilden **Einnahmenpolitik:** Einnahmen erhöhen! • Steuern erhöhen • Abschreibungsvergünstigungen streichen • Kreditaufnahmen senken

Antizyklische Finanzpolitik: Dem Konjunkturverlauf entgegengesetzte Fiskalpolitik:

- Hochkonjunktur: Ausgaben senken!
- Rezession: Ausgaben erhöhen!

Ordnungspolitik: v. a. Wettbewerbspolitik (Erhaltung oder Schaffung von Institutionen, die Wettbewerb ermöglichen und fördern)
Beispiel: Bekämpfung von Wettbewerbsbeschränkungen (Monopolen) durch das Gesetz gegen Wettbewerbsbeschränkungen

Prozesspolitik: wirtschaftspolitische Maßnahmen zur Konjunktursteuerung

Aufgaben

1. Was versteht man unter Fiskalpolitik?
2. Nennen Sie je drei einnahmen- und ausgabenpolitische Maßnahmen des Staates zur
   a) Bekämpfung einer Rezession,
   b) Dämpfung einer Hochkonjunktur mit hoher Inflationsrate.
3. a) Erklären Sie den Begriff „Deficit-Spending“.
   b) In welchen Konjunkturphasen ist „Deficit-Spending“ sinnvoll?
4. a) Was versteht man unter antizyklischer Finanzpolitik?
   b) Veranschaulichen Sie den Sachverhalt in einer Skizze.

5. In welcher Konjunkturphase sollte der Staat die Einnahmen

   a) erhöhen, b) senken? Begründung.

6. In welcher Konjunkturphase ist es sinnvoll, eine Konjunkturausgleichsrücklage zu bilden? Wann sollte sie aufgelöst werden?

7. Wie wirken folgende Maßnahmen der Fiskalpolitik?

   a) Investitionszulagen
   b) Subventionssenkung
   c) Deficit-Spending
   d) Steuern senken
   e) Abschreibungserleichterungen streichen
   f) Konjunkturausgleichsrücklage bilden
   g) Staatsnachfrage senken
   h) Abschreibungsvergünstigungen gewähren

8. Inwiefern kann das Bestreben der Gewerkschaften nach einer Umverteilung der Einkommen zugunsten der Lohnquote sowohl im Boom als auch in der Rezession mit der antizyklischen Konjunkturpolitik kollidieren?

9. Vollbeschäftigung ist eines der wichtigsten Ziele der Wirtschaftspolitik. Als Indikatoren der Beschäftigungssituation verwendet man im Allgemeinen die Arbeitslosenquote und die Zahl der offenen Stellen. Warum ist bei der Interpretation dieser Zahlen Vorsicht geboten?

10. Um Vollbeschäftigung mit wirtschaftspolitischen Maßnahmen erreichen zu können, muss man die Art der Arbeitslosigkeit kennen. Zeigen Sie an einem Beispiel auf, warum eine konjunkturelle Arbeitslosigkeit den Wirtschaftspolitiker vor größere Probleme stellt als eine strukturelle.

11. Der Staat kann durch gesetzliche Maßnahmen die Investitionsbereitschaft der Unternehmungen fördern.

    a) Nennen Sie mindestens zwei solcher Maßnahmen.

    b) Wie beurteilen Sie die Wirksamkeit dieser Art von Konjunkturförderung?

24.6 Wirtschaftspolitische Konzeptionen

Stofftelegramm

Angebotsorientierte Wirtschaftspolitik

Kernthese:

Angebot = entscheidend für wirtschaftlichen Erfolg

Konsequenz bei Rezession:

Erhöhung des **Angebots**

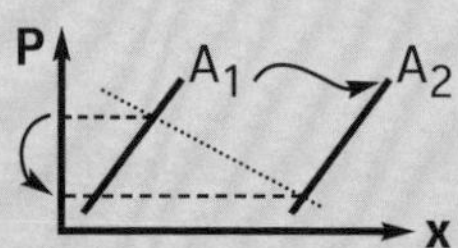

Verbesserung der Rahmenbedingungen der Unternehmen:

- Steuererleichterungen
- Senkung Lohnnebenkosten
- Abbau Bürokratismus
- Abschreibungserleichterungen

Erhoffte Folgen:

Gewinne steigen.

→ **Angebot** steigt.

→ Investitionen steigen.

→ vermehrt Einstellungen

→ Arbeitslosigkeit sinkt.

→ **Konjunkturbelebung, Wachstum**

Monetarismus (vgl. auch Kapitel 25)

Kernthese:

Geldmenge = wichtigster Faktor zur Wirtschaftssteuerung

Konsequenz bei Rezession:

Erhöhung der **Geldmenge** durch **Zentralbankpolitik,**

z. B. Senkung der Leitzinsen

(Staatliche Eingriffe in die Wirtschaft zur Steuerung der Konjunktur lehnen die Monetaristen grundsätzlich ab.)

Erhoffte Folgen:

Zinsen sinken.

→ **Kreditnachfrage** steigt.

→ Konsum + Investitionen steigen.

→ vermehrt Einstellungen

→ Arbeitslosigkeit sinkt.

→ **Konjunkturbelebung, Wachstum**

Staatliche Wirtschaftspolitik (angebotsorientiert)

Finanzpolitik	Sozialpolitik	Wettbewerbspolitik
• staatliche Unternehmen privatisieren • Steuersenkungen • mehr Investitionen • Neuverschuldung minimieren	• soziale Unterstützung abbauen • Arbeitsanreize schaffen • Eigenverantwortung stärken	• Handelshemmnisse abbauen • Forschung und Entwicklung fördern • Bürokratie abbauen • Existenzgründungen erleichtern

Nachfrageorientierte Wirtschaftspolitik = Fiskalismus

Kernthese:
Nachfrage = entscheidend für wirtschaftlichen Erfolg

Konsequenz bei **Rezession:**

Erhöhung der **Nachfrage** mittels Ein- und Ausgabenpolitik der Regierung (expansive Fiskalpolitik)

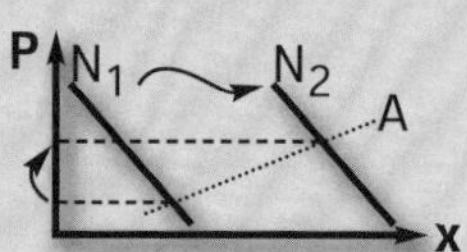

- Steuersenkungen
- Staatsnachfrage erhöhen (z. B. Baumaßnahmen des Staates)
- Abschreibungsmöglichkeiten erhöhen
- Subventionen erhöhen

Expansive Fiskalpolitik

finanziert über höhere Schulden (**„Deficit-Spending"**)

Konsequenz bei **Boom:**

Senkung der **Nachfrage** mittels Ein- und Ausgabenpolitik der Regierung (restriktive Fiskalpolitik)

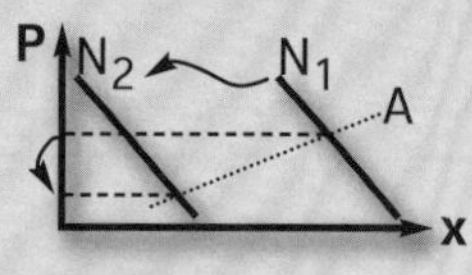

- Steuererhöhungen
- Staatsnachfrage senken (z. B. weniger staatliche Baumaßnahmen)
- Abschreibungsmöglichkeiten reduzieren
- Subventionen reduzieren

Restriktive Fiskalpolitik

= antizyklische Fiskalpolitik

Erhoffte Folgen:

Einkommen steigen.
→ **Nachfrage steigt**.
→ Gewinne steigen.
→ Investitionen steigen.
→ vermehrt Einstellungen
→ Arbeitslosigkeit sinkt.
→ **Konjunkturbelebung, Wachstum**

Erhoffte Folgen:

Einkommen sinken.
→ **Nachfrage sinkt**.
→ Gewinne sinken.
→ Investitionen sinken.
→ **Konjunkturdämpfung (Konjunkturstabilisierung)**

Aufgaben

1. Die Maßnahmen zur Erreichung der wirtschaftspolitischen Ziele orientieren sich an zwei unterschiedlichen wirtschaftspolitischen Konzepten.

   a) Kennzeichnen und erläutern Sie anhand von zwei Beispielen Unterschiede zwischen diesen beiden Konzepten.

   b) Ein wesentliches wirtschaftspolitisches Ziel ist der Abbau der Arbeitslosigkeit. Zeigen Sie Gemeinsamkeiten und Unterschiede der beiden wirtschaftspolitischen Konzepte zur Erreichung dieses Ziels am Beispiel der Steuerpolitik.

   c) Beide wirtschaftspolitischen Konzepte stoßen in Deutschland bei ihrer Umsetzung an Grenzen. Erläutern Sie dies für die beiden Konzepte anhand von je zwei Umsetzungsproblemen.

2. Neben der Steuerung der gesamtwirtschaftlichen Entwicklung besteht für den Staat weiterer Handlungsbedarf zur Erhaltung und Weiterentwicklung der sozialen Marktwirtschaft.

   Erläutern Sie anhand von zwei Wirtschaftsbereichen, dass der Markt als Steuerungsinstrument versagen kann und daher staatliche Maßnahmen notwendig sein können.

24.7 Abituraufgaben

Abituraufgaben 2012 (Aufgabe 5, teilweise)

1. Das Statistische Bundesamt stellt das **Material 1** zur Verfügung.

1.1 Erklären Sie, weshalb das Bruttoinlandsprodukt einen wichtigen Konjunkturindikator darstellt.

1.2 Beschreiben Sie ausführlich mithilfe der vorliegenden Informationen, wie sich die Konjunkturlage in Deutschland während der Jahre 2007 bis 2010 entwickelt hat.

1.3 Die Bundesregierung hat Ende 2008 bzw. zu Beginn 2009 zwei Konjunkturprogramme verabschiedet. Diese enthielten u. a. eine „Senkung der Einkommensteuer“ sowie „staatliche Investitionen in die Infrastruktur“.

- Begründen Sie, welche grundsätzliche wirtschaftspolitische Konzeption beim Einsatz dieser Konjunkturprogramme erkennbar wird.
- Erläutern Sie am Beispiel der Maßnahme „Senkung der Einkommensteuer“ die erhoffte Wirkungsweise in mindestens vier Schritten.

1.4 Erklären Sie anhand von zwei Argumenten, weshalb umfangreiche staatliche Konjunkturprogramme von Gegnern solcher Maßnahmen kritisiert werden.

2. Die „Abwrackprämie“ war ein im Rahmen des Konjunkturpakets beschlossener staatlicher Zuschuss von 2.500,00 EUR. Dieser wurde gewährt, wenn man sein mindestens neun Jahre altes Auto verschrottet und dafür einen Neuwagen oder Jahreswagen gekauft hat.

2.1 Beschreiben Sie, um welche Art des Staatseingriffs es sich bei der Abwrackprämie handelt.

2.2
- Erklären Sie, weshalb es als Folge der Abwrackprämie nicht zwangsläufig zu Preissteigerungen auf dem Markt für Neuwagen gekommen ist.
- Veranschaulichen Sie Ihre Aussagen anhand der Skizze eines gesamtwirtschaftlichen Preis-Mengen-Diagramms.

2.3 Erläutern Sie zwei Wirkungshemmnisse, die den erwünschten konjunkturpolitischen Effekt der Abwrackprämie möglicherweise beeinträchtigt haben.

2.4 Die Abwrackprämie wurde auch als Umweltprämie bezeichnet.
Diskutieren Sie die Folgen der Abwrackprämie für das wirtschaftspolitische Ziel „Erhalt einer lebenswerten Umwelt".

2.5 Angenommen, die Nachfrage nach Neuwagen hat sich wegen der Abwrackprämie um 30 % erhöht. Die direkte Preiselastizität der Nachfrage beträgt 1,6. Ermitteln Sie, um wie viel Prozent die Neuwagen durch die Abwrackprämie preisgünstiger wurden.

Material 1

Bruttoinlandsprodukt
preisbereinigt, verkettet

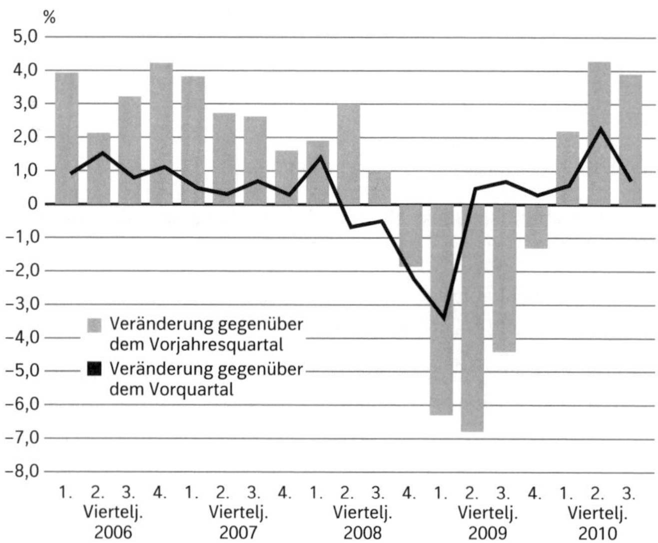

Abituraufgaben 2016 (Aufgabe 5, teilweise)

1. Die Entwicklung der gesamtwirtschaftlichen Lage in Deutschland lässt sich der nachfolgenden Grafik entnehmen:

Material 1

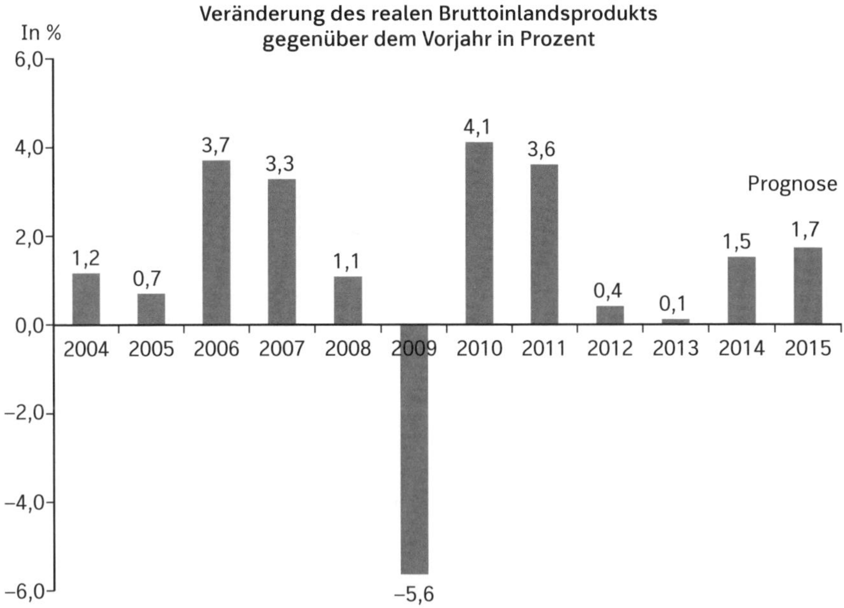

Zahlenwerte entnommen aus: Vgl. Statistisches Bundesamt: Pressekonferenzen. In: www.destatis.de.

1.1 Beschreiben Sie mithilfe des vorliegenden Datenmaterials (**Material 1**), wie sich die konjunkturelle Lage in Deutschland in den Jahren 2006 bis 2015 entwickelt hat.

Grenzen Sie in diesem Zusammenhang verschiedene Konjunkturphasen voneinander ab.

1.2 Nennen Sie das im Stabilitätsgesetz formulierte Ziel, auf das sich das **Material 1** bezieht. Beurteilen Sie dessen Erreichung im Jahr 2013.

1.3 Erläutern Sie, weshalb das Bruttoinlandsprodukt als Messgröße zur Darstellung des Konjunkturverlaufs herangezogen wird.

1.4 Beschreiben Sie anhand eines von Ihnen gewählten Frühindikators dessen Bedeutung für wirtschaftspolitische Entscheidungen.

25 Geldtheorie und Geldpolitik

25.1 Deutsche Bundesbank

Stofftelegramm

Gesetzliche Grundlage: Gesetz über die Deutsche Bundesbank

Stellung der Deutschen Bundesbank

Allgemeines:
- Deutsche Bundesbank = juristische Person des öffentlichen Rechts
  = Zentralbank der Bundesrepublik Deutschland = nationale Zentralbank („NZB")
- Sitz: Frankfurt am Main
- Die Bundesbank unterhält bundesweit neun **Hauptverwaltungen** (mit Sitz in Berlin, Düsseldorf, Frankfurt am Main, Hamburg, Hannover, Leipzig, Mainz, München und Stuttgart) und **Filialen**, die den Hauptverwaltungen unterstehen. Die Filialen stehen Banken und öffentlichen Verwaltungen zur Bargeldversorgung und für die Abwicklung des unbaren Zahlungsverkehrs zur Verfügung. Den örtlichen Kreditinstituten bieten sie zudem direkten Zugang zu Notenbankkrediten.

Verhältnis Bundesbank – Bundesregierung:
- **unabhängig** von Weisungen der Bundesregierung (§ 12 BBankG)
- Unterstützung der Wirtschaftspolitik der Bundesregierung (§ 12 BBankG)
- Beratung der Bundesregierung in Währungsfragen (§ 13 BBankG)

Der Vorstand (Organ) der Deutschen Bundesbank in Frankfurt am Main (§ 7 BBankG)

- Präsident, Vizepräsident sowie vier weitere Mitglieder
  - Vorschlag **Bundesregierung** zur Bestellung von Präsident + Vize + einem weiteren Mitglied
  - Vorschlag **Bundesrat** zur Bestellung von drei weiteren Mitgliedern
  - Bestellung aller Vorstandsmitglieder durch **Bundespräsident**
- beschließendes Organ
- einheitliche Leitung der Bundesbank

– vgl. nächste Seite –

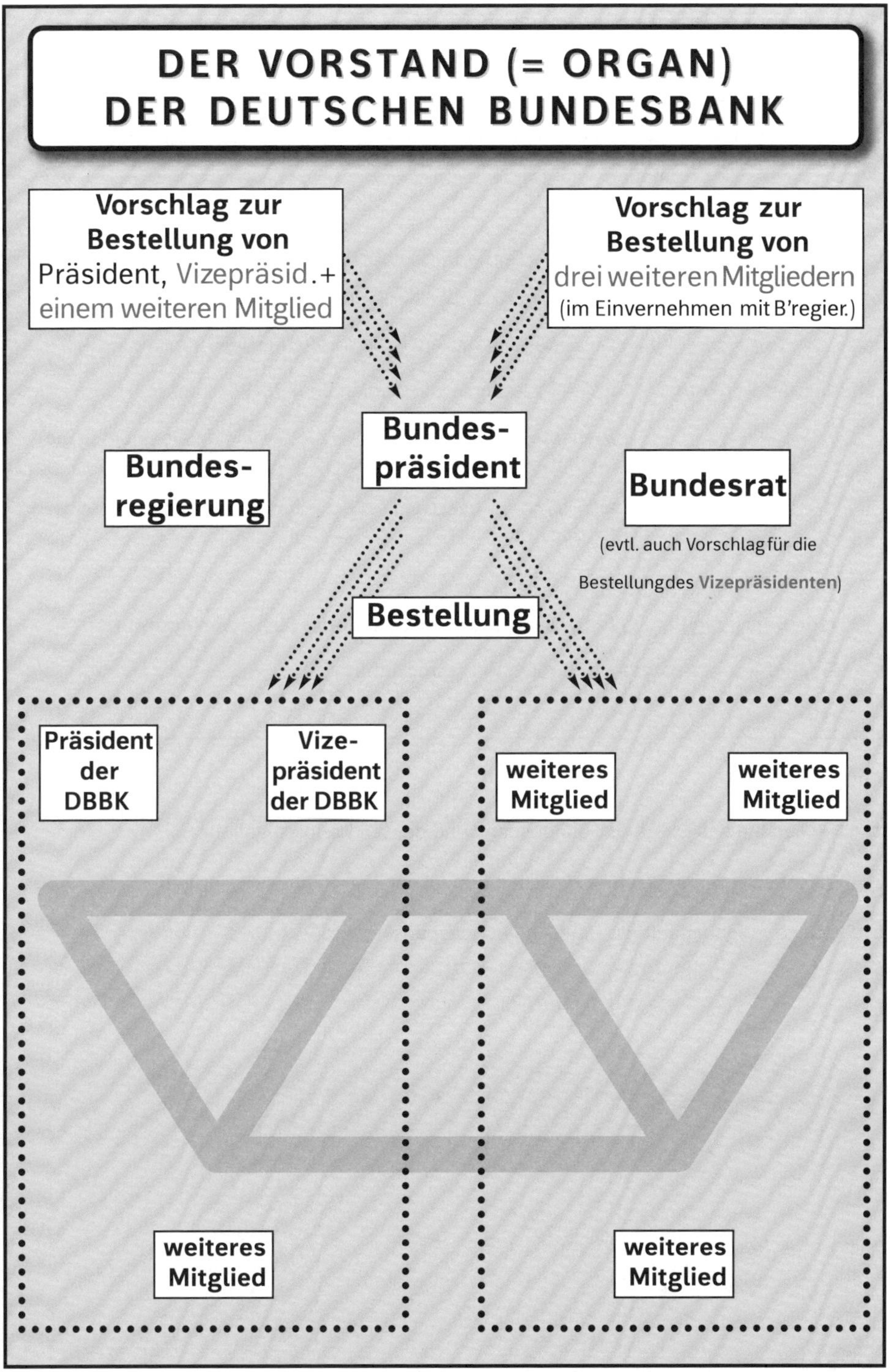
DER VORSTAND (= ORGAN)
DER DEUTSCHEN BUNDESBANK
Vorschlag zur Bestellung von Präsident, Vizepräsid.+ einem weiteren Mitglied
Vorschlag zur Bestellung von drei weiteren Mitgliedern (im Einvernehmen mit B'regier.)
Bundespräsident
Bundesregierung
Bundesrat
(evtl. auch Vorschlag für die Bestellung des Vizepräsidenten)
Bestellung
Präsident der DBBK
Vizepräsident der DBBK
weiteres Mitglied
weiteres Mitglied
weiteres Mitglied
weiteres Mitglied
weiteres Mitglied

Aufgaben der Deutschen Bundesbank

- **Durchführung der von der EZB beschlossenen Offenmarktgeschäfte** in Deutschland
- **Durchführung des operativen Geschäfts bei den „Ständigen Fazilitäten" und den Mindestreserven** in Deutschland
- **Bank des Staates:**
  - Banknoten- und Münzausgabe (Euro)
  - Beratung in Währungsfragen
  - „Schuldenmanager" der Regierung
  - Durchführung der Ausgabe von Bundeswertpapieremissionen
- **Bank der Banken:**
  - Refinanzierungen im Rahmen der EZB-Beschlüsse
  - Inanspruchnahme des Gironetzes der Bundesbank durch die Banken (Aufrechterhaltung des Zahlungsverkehrs)
  - Mitwirkung bei Bankenaufsicht (zusammen mit Bundesaufsichtsamt für das Kreditwesen)
- **Verwalterin der Währungsreserven**
- **Geldversorgung inkl. Qualitätskontrolle der Banknoten (Echtheitskontrollen)**
- **Forschung und Analyse im Bereich der Geldpolitik**

Aufgaben

1. Nennen Sie das Organ der Bundesbank und dessen Hauptaufgaben.
2. Welches Verhältnis besteht zwischen Bundesbank und Bundesregierung?
3. Welche Aufgaben hat die Deutsche Bundesbank?

25.2 Das Europäische System der Zentralbanken (ESZB)

Stofftelegramm

Stellung der EZB (Errichtung: 1998)

- ESZB = EZB + nationale Zentralbanken (NZB) der Mitglieder der Europäischen Wirtschafts- und Währungsunion (EWWU = „Euroland")

  → Föderalismus; vergleichbar mit Deutscher Bundesbank und deren neun Hauptverwaltungen in Bundesländern

- Sitz der EZB in **Frankfurt am Main**
- EZB am **Modell der Deutschen Bundesbank** orientiert
- **unabhängig** (autonome Stellung) von Regierungen und EU-Organen
- keine Finanzierung staatlicher Ausgaben

Organe der EZB

- **Europäischer Zentralbankrat (Rat der EZB)** = oberstes Entscheidungsgremium, das i. d. R. alle sechs Wochen zusammentritt

  Aufgaben: Leitlinien und Entscheidungen zur Festlegung der Geldpolitik erlassen (u. a.: geldpolitische Ziele und Höhe der Leitzinsen festlegen)

- **Direktorium:**
  - Leitung + Verwaltung der EZB
  - Vorbereitung der Sitzungen des EZB-Rats
  - Durchführung der Geldpolitik des Euroraums gemäß den Leitlinien und Entscheidungen des EZB-Rats, wobei es hierzu den nationalen Zentralbanken des Euroraums die notwendigen Weisungen erteilt
  - Führung der laufenden Geschäfte der EZB

- **ZB-Präsidenten aller Euroländer – vgl. Übersicht nächste Seite –**

EU-Staaten, die bislang NICHT an der Währungsunion teilnehmen

↓

Bulgarien | **Dänemark** | **Kroatien** | **Polen** | **Rumänien** | **Schweden** | **Tschechien** | **Ungarn**

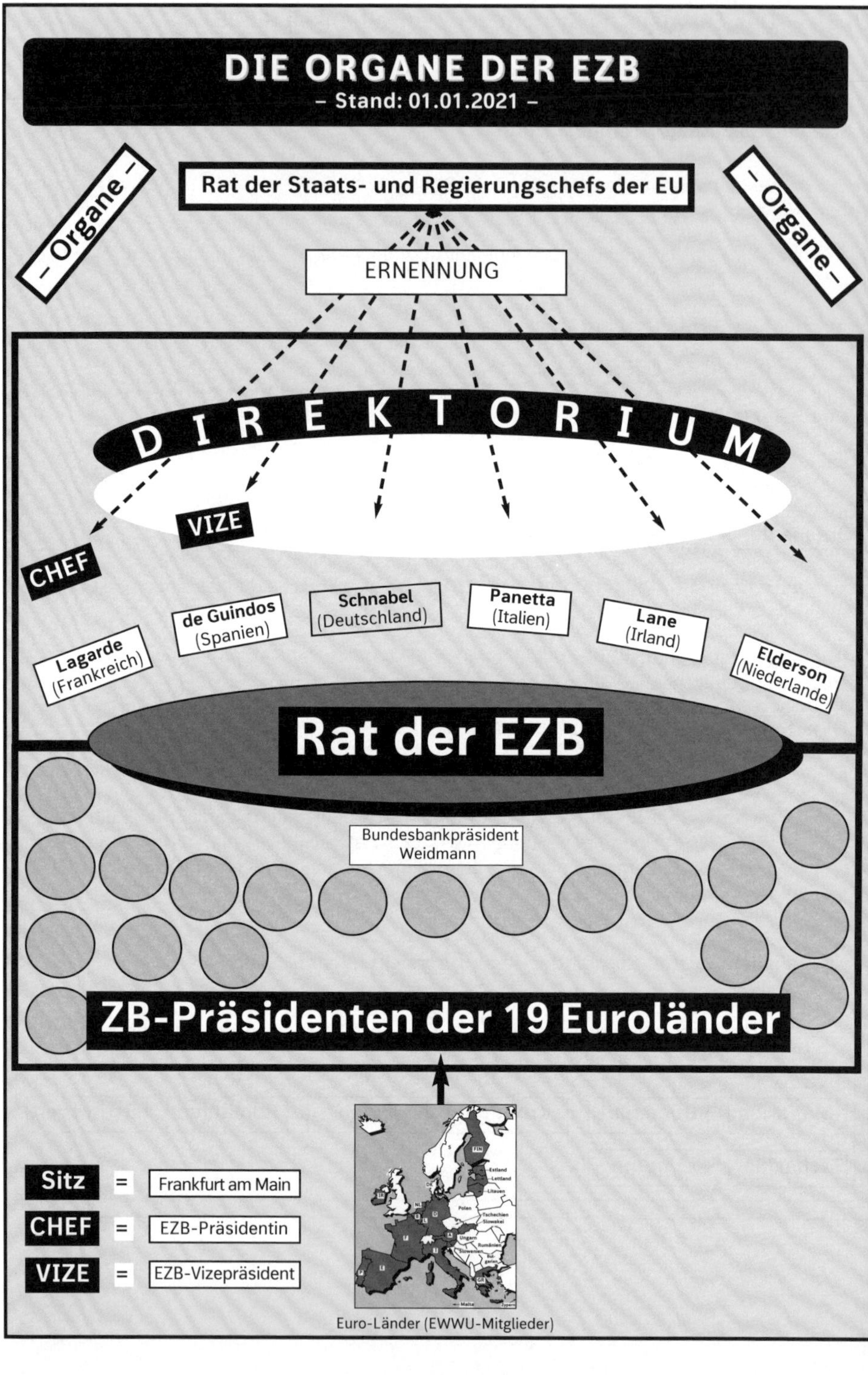
DIE ORGANE DER EZB
– Stand: 01.01.2021 –
– Organe –
Rat der Staats- und Regierungschefs der EU
– Organe –
ERNENNUNG
DIREKTORIUM
CHEF
VIZE
Lagarde (Frankreich)
de Guindos (Spanien)
Schnabel (Deutschland)
Panetta (Italien)
Lane (Irland)
Elderson (Niederlande)
Rat der EZB
Bundesbankpräsident Weidmann
ZB-Präsidenten der 19 Euroländer
Sitz = Frankfurt am Main
CHEF = EZB-Präsidentin
VIZE = EZB-Vizepräsident
Euro-Länder (EWWU-Mitglieder)

QUANTITATIVE EZB-DEFINITION VON PREISSTABILITÄT

Vorrangiges Ziel (vorrangige Aufgabe) der EZB: Gewährleistung der **Preisstabilität**

Definition der Preisstabilität durch die EZB:

Mittelfristiges Ziel des EZB-Rats beim Streben nach Preisstabilität:

Preissteigerungsrate unter, aber nahe der 2 %-Marke

zur Vermeidung von **Inflationsrisiken**

zur Vermeidung von **Deflationsrisiken**

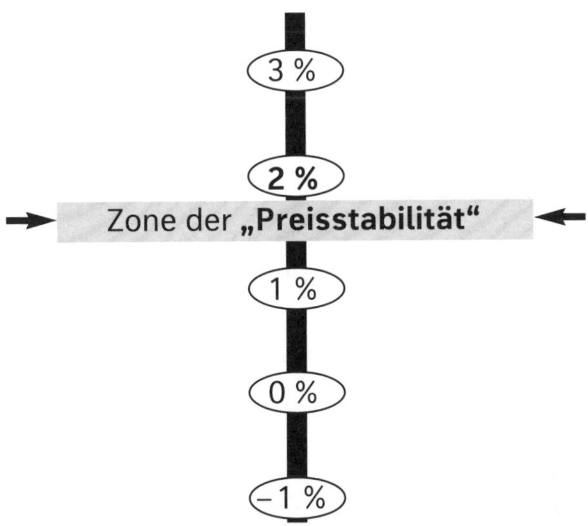

Weitere Aufgaben der EZB

- einheitliche **Währungs-(Geld-)Politik:** Leitzinsen festlegen, Geldmenge steuern ...
- **Devisengeschäfte** durchführen
- Verwaltung der **Währungsreserven** der Mitgliedstaaten
- reibungslosen **Zahlungsverkehr** im Euroland organisieren
- **Banknotenausgabe** (Eurogeld)
- Höhe der **Münzausgabe** steuern
- **Überwachung** des Kreditwesens
- **Unterstützung der Wirtschaftspolitik** der Regierungen, sofern keine Gefährdung der Preisstabilität

EU-Länder, Euroland und EWS II

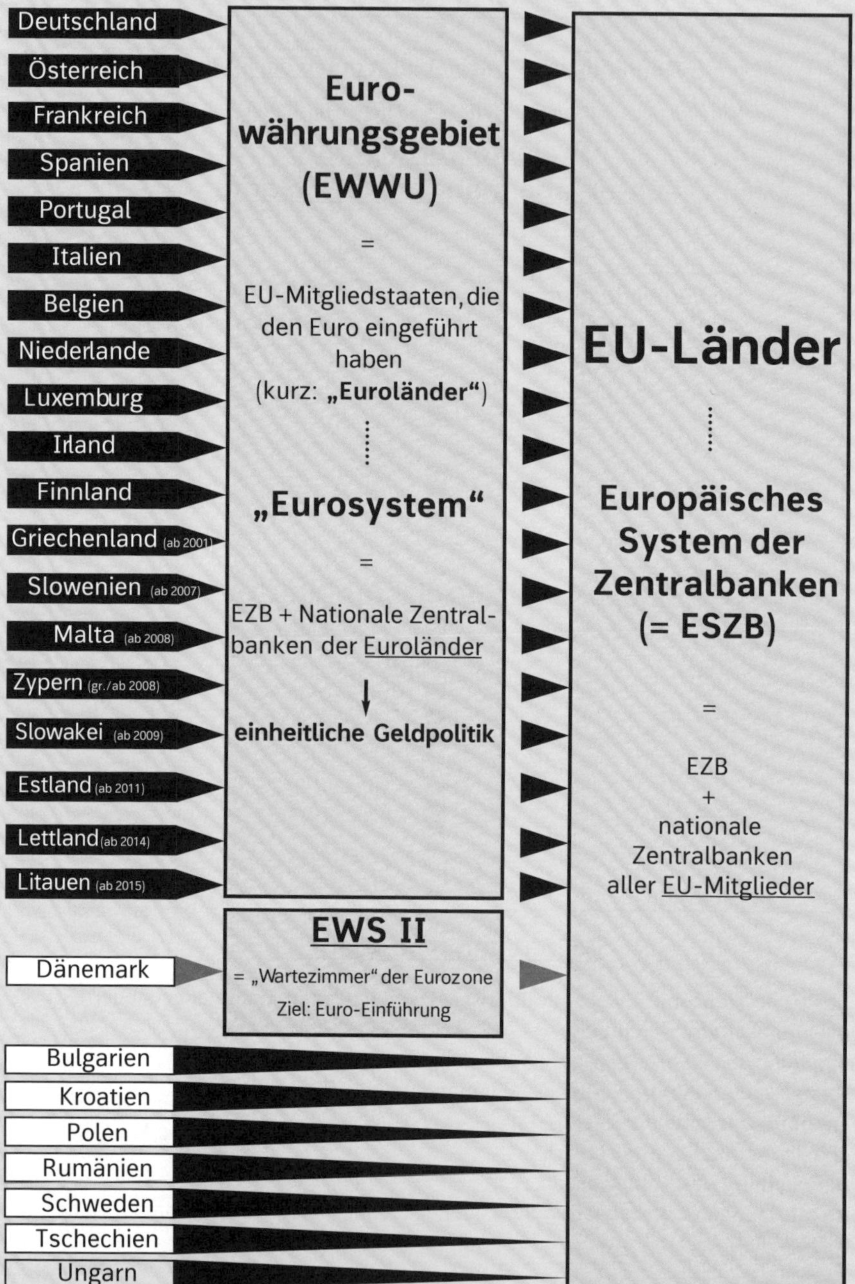

Aufgaben

1. Was versteht man unter dem Europäischen Zentralbanksystem (ESZB)?
2. Nennen Sie die wesentlichen Aufgaben der Europäischen Zentralbank (EZB).
3. Die Europäische Zentralbank ist **unabhängig**. Wie ist dies zu verstehen?
4. Nennen Sie die Organe der Europäischen Zentralbank.

25.3 Arten des Geldes/Geldmengenbegriff

Stofftelegramm

Arten des Geldes

Bargeld	Buchgeld (Giralgeld)
· Banknoten (Papiergeld) · Scheidemünzen	· Sichteinlagen (Guthaben auf Giro- bzw. Kontokorrentkonten) · Übertragung: Überweisung/Verrechnungsscheck

Geldmengenbegriffe (M1, M2, M3) der Europäischen Zentralbank (EZB)

Bargeldumlauf + täglich fällige Einlagen (Giralgeld)	**= M1**	**= M2**	**= M3** **Geldmengenziel (Referenzwert):** **M3-Wachstum max. ca. 4,5 %**
Einlagen mit vereinbarter Laufzeit bis zu zwei Jahren **Einlagen mit vereinb. Kündigungsfrist bis zu drei Monaten**			
von den Monetären Finanzinstituten (MFIs) ausgegebene Geldmengensubstitute (Repogeschäfte, Geldmarktfondsanteile, Schuldverschreibungen mit Laufzeit von bis zu zwei Jahren)			

Aufgaben (Grundwissen)

1. Nennen Sie die heute als gesetzliche Zahlungsmittel geltenden Arten des Geldes.
2. a) Definieren Sie die drei Geldmengenbegriffe des Europäischen Systems der Zentralbanken (ESZB).

   b) Wie lautet das augenblickliche Geldmengenziel der Europäischen Zentralbank (EZB)?

3. Zusammengefasste Bilanz aller Geschäftsbanken (Situation 1)

Guthaben bei Zentralbank	52	Sichteinlagen	290
Kreditforder.	130		
Devisen	30		
Kasse	78		
	290		290

Zusammengefasste Bilanz aller Geschäftsbanken (Situation 2)

Guthaben bei Zentralbank	56	Sichteinlagen	300
Kreditforder.	160	Spareinl. (3-mon. Kündigungsfrist)	10
Devisen	38	Termingelder	
Kasse	76	unter 2 Jahren	20
	330		330

a) Berechnen Sie **M3** in beiden Situationen.
Banknoten- und Münzumlauf: Situation 1: 250; Situation 2: 244

b) Welche Vorgänge wirkten expansiv, welche kontraktiv auf M3?

4. Wie verändert sich die Geldmenge M3 durch folgende Aktionen?

a) Ein Bankkunde überweist für einen Sparbrief (Laufzeit sechs Jahre) 5.000,00 EUR.

b) Ein Kunde zahlt bar 500,00 EUR auf sein Girokonto ein.

c) Ein Kunde zahlt bar 500,00 EUR auf sein Sparkonto mit dreimonatiger Kündigungsfrist ein.

d) Die Bank verkauft Aktien an Kunde A, der diese bar bezahlt.

e) Die Bank gewährt einer Firma einen Kredit (Gutschrift aufs Kontokorrentkonto).

5. Wie verändert sich die Geldmenge **M2** durch folgende Aktionen?

a) Die Bundesbank erwirbt Wertpapiere von Nichtbanken gegen Überweisung.

b) Die Bank gewährt dem Kunden A einen Kredit, der aufs Girokonto gutgeschrieben wird.

c) A hebt 500,00 EUR vom Sparkonto (dreimonatige Kündigungsfrist) ab und kauft Geldmarktpapiere der Bank.

d) A tauscht bei seiner Bank 500,00 EUR in Dollar um.

e) Die Bundesbank gewährt Staatskredite.

f) A zahlt 500,00 EUR auf sein Girokonto ein.

25.4 Binnenwert des Geldes und seine Messung

Stofftelegramm

Tauschwert des Geldes

Kaufkraft (KK)	Preisniveau (P)
Wie viele Güter kann man für eine Geldeinh. kaufen?	Wie hoch ist der Preis für ein Gut?

Merke: Mit steigendem Preis sinkt die Kaufkraft und umgekehrt (reziprokes Verhältnis).

Preissteigerungsrate		Kaufkraftverlust
100 %	Preis Jahr 01: 100,00 EUR	
	Preis Jahr 02: 110,00 EUR	100 %
x %	Preissteigerung: 10,00 EUR	x %

Messung der Geldwertschwankungen (Preis- und Kaufkraftänderungen) mittels

Preisindex für die Lebenshaltung aller privaten Haushalte (Lebenshaltungskostenindex)

- Ermittlung durch Statistisches Bundesamt
- Lebenshaltungskostenindex zeigt, wie sich das Preisniveau für das von einem durchschnittlichen Haushalt gekaufte Gütersortiment (= **Warenkorb** mit ca. 750 Gütern) im Zeitablauf entwickelt. Ansatz des Kaufpreises des Warenkorbs in einem bestimmten Jahr **(Basisjahr)** mit 100 Punkten (%), Fortschreibung in den Folgejahren
- Aktuelles Basisjahr: 2015 (Stand: Januar 2021)

Weitere Preisindizes, z. B. für Baupreise, Erzeugerpreise, Einzel- und Großhandelspreise.

(Fishersche) Verkehrsgleichung (= Quantitätsgleichung des Geldes)

Faktoren, die den Geldwert beeinflussen können:

- M = Geldmenge
- P = Preisniveau
- U = Umlaufgeschwindigkeit des Geldes
- H = Handelsvolumen (Güterangebot)

$$M \cdot U = H \cdot P \qquad M = \frac{H \cdot P}{U} \qquad P = \frac{M \cdot U}{H}$$

M bzw. U steigt	–	**P steigt**
H sinkt	–	**P steigt**

M bzw. U sinkt	–	**P sinkt**
H steigt	–	**P sinkt**

- Betr. **Kritik der Quantitätstheorie**: siehe Lösung zu Aufgabe 17

Aufgaben (Grundwissen)

1. a) Unterscheiden Sie die Begriffe „Kaufkraft“ und „Preisniveau“.

   b) Wie verhalten sich Kaufkraft und Preisniveau zueinander?

2. Auf welche beiden grundsätzlichen Arten können Geldwertschwankungen berechnet werden?

3. Preis Jahr 01: 100,00 EUR   a) Preissteigerungsrate?
   Preis Jahr 02: 110,00 EUR   b) Kaufkraftverlust?

4. Preissteigerungsrate 8 %. Kaufkraftverlust?

5. Kaufkraftverlust: 6 %. Preissteigerungsrate?

6. Nennen Sie vier Bereiche, für die ein Preisindex berechnet wird.

7. Erklären Sie die Begriffe „Warenkorb“ und „Basisjahr“.

8. Was kann der Verbraucher aus dem Preisindex für die Lebenshaltung der Haushalte ablesen?

9. Warum müssen Warenkörbe regelmäßig „reformiert“ werden?

10. Ergänzen Sie die Tabelle (Aufrundung auf eine Kommastelle).

	Jahr 01	Jahr 02	Jahr 03	Jahr 04
Kosten für Warenkorb in Euro	2.000,00	2.040,00	2.101,00	2.206,00
Prozentuale Preissteigerung im Vergleich zum jeweiligen Vorjahr	-	a)	b)	c) ....
Preisindex: Basisjahr 01	d)	e)	f)	g) ....

11. Unterscheiden Sie die Begriffe „Nominallohn“ und „Reallohn“.

12. Wie hat sich in folgenden Fällen das Preisniveau entwickelt?

    a) Nominallohnsteigerung: 8 %;   Reallohnsteigerung: 5 %

    b) Nominallohnsteigerung: 3 %;   Reallohnsteigerung: 4 %

    c) Nominal- und Reallohnsteigerung je 4 %

13. Ermitteln Sie die Preisindizes bei folgenden Preissteigerungsraten (Basisjahr 01):

Jahr	01	02	03	04	05	06
Preissteigerungsrate	1,2 %	2,6 %	3,0 %	3,0 %	4,2 %	3,2 %

14. Nennen Sie die Faktoren, die den Geldwert beeinflussen können.

15. Wie lautet die Verkehrsgleichung des Geldes?

16. Welchen Einfluss haben folgende Änderungen bei Konstanz der anderen Größen auf den Geldwert?

    a) Geldmenge sinkt   b) Handelsvolumen sinkt   c) Umlaufgeschwindigkeit steigt

17. Üben Sie ausführlich Kritik an der Verkehrsgleichung.

18. Für ein bestimmtes Jahr wurde in Deutschland eine Inflationsrate von 4,5 % vorausgesagt. Daher schlugen zu Jahresbeginn namhafte Wirtschaftswissenschaftler vor, für ein Jahr eine Lohnerhöhung auszusetzen.

    a) Nehmen Sie an, die Tarifpartner konnten sich auf eine solche Lohnpause einigen. Welche Auswirkungen hätte ein solcher Beschluss in der oben beschriebenen Situation auf den Reallohn? Begründung.

b) Das Statistische Bundesamt ermittelt den jährlichen Preisindex für die Lebenshaltungskosten.

ba) Warum werden bei dieser Preisindexermittlung nicht alle Preise einer Volkswirtschaft addiert und durch ihre Anzahl dividiert?

bb) Wie ist es zu erklären, dass bei real steigenden verfügbaren Einkommen die Ausgaben eines Haushalts für Nahrungsmittel von 33,3 % des Einkommens im Jahre 10 auf 26,7 % des Einkommens im Jahre 16 gesunken sind?

bc) Wie haben sich Preisniveau und Kaufkraft vom Jahr 12 bis 13 prozentual bei einem Lebenshaltungskostenindex von 106,5 im Jahre 12 und 110,9 im Jahre 13 verändert?

c) Mit der vorgeschlagenen Lohnpause sollte nach Meinung der Wissenschaftler die lohnkostenbedingte Inflation eingedämmt werden. Nennen Sie zwei weitere Ursachen einer Geldentwertung und erklären Sie, wie sich daraus die jeweilige Inflation ergibt.

25.5 Inflation und Deflation (Geldwertschwankungen)

Stofftelegramm

Inflationsursachen – Erklärungsansätze

1. **Geldmenge** als Inflationsursache

a) **Quantitätstheorie**

Die klassische Quantitätstheorie basiert auf der Quantitätsgleichung (Fishersche Verkehrsgleichung).

Annahmen:
- Die Umlaufgeschwindigkeit (U_y) wird kurzfristig als konstant angesehen.
- Das Handelsvolumen (H) wird durch das reale Inlandsprodukt (Y_r) ersetzt.
- In der Volkswirtschaft herrscht Vollbeschäftigung. Die Folge: Das reale Inlandsprodukt kann kurzfristig nicht wachsen.

$$P_y = \frac{M \cdot U_y}{Y_r}$$

Geldmengenerhöhung (M) → proportionalen Preisniveausteigerung (P_y)

b) **Neoquantitätstheorie** (neue Quantitätstheorie), Erklärungsansatz von Milton Friedman

Annahmen:
- Die Hypothesen von Friedman stützen sich vor allem auf empirische Untersuchungen.
- Umlaufgeschwindigkeit ist nicht in jedem Fall konstant. Sie ist empirisch überprüfbar und hängt ab von der erwarteten Inflationsrate und dem Zinssatz.
- Wirkungskette Geldmengenerhöhung → Preisniveausteigerung

Wirtschaftssubjekte (WS) halten eine reale Kasse (Liquide Mittel mit einer entsprechenden Kaufkraft → WS fragen damit ein gewisses Güterangebot nach → es entwickelt sich bei gegebenem Güterangebot ein entsprechendes Preisniveau).

Geldmenge steigt → WS bauen überschüssige Kassenhaltung ab → WS fragen verstärkt Güter nach → Die Mehrnachfrage führt bei Vollbeschäftigung zu Preissteigerungen. Der Anpassungsprozess ist beendet, wenn die gewünschte reale Kassenhaltung erreicht ist.

Wachstum Geldmenge > Wachstum der Güterproduktion → Inflation

Wirtschaftspolitische Konzepte, die auf der Neoquantitätstheorie beruhen, werden als Monetarismus bezeichnet.

2. **Nachfrage** als Inflationsursache

Annahmen:

- In der Volkswirtschaft herrscht Vollbeschäftigung; gesamtwirtschaftliche Nachfrage > gesamtwirtschaftliches Angebot

Auslöser der Nachfragesteigerung:

- private Haushalte → Konsumgüternachfrage steigt.
- Unternehmen haben eine positive Gewinnerwartung, z. B. Geschäftsklimaindex steigt → Investitionsgüternachfrage steigt.
- Staat → Staatsausgaben für Güter und Dienstleistungen steigen (z. B. Konjunkturpaket)
- Ausland → Exportgüternachfrage steigt.

Inflationswirkungen setzen sich nur unter folgenden Annahmen durch:

- Die Nachfragesteigerung ist nicht nur kurzfristig.
- Die Nachfragesteigerung einzelner Bereiche (Haushalt, Staat, Unternehmen, Ausland) wird nicht durch Nachfragerückgänge in diesen Bereichen ausgeglichen. Staatsausgaben steigen bei gleichzeitiger Steuererhöhung.
- Geldschöpfung ist Voraussetzung für die Nachfrageinflation.

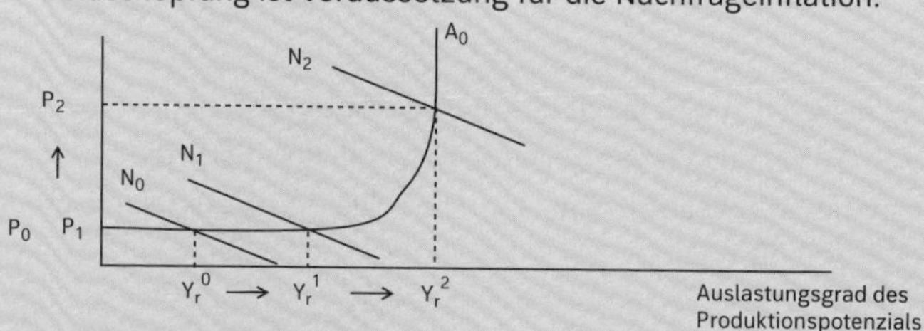

Die Nachfragesteigerung von N_0 nach N_1 hat noch wenig bis keine Auswirkungen auf den Preis, da in der Volkswirtschaft Unterbeschäftigung herrscht. Das Produktionspotenzial ist nicht ausgelastet.
Die Nachfragesteigerung von N_1 auf N_2 bewirkt eine deutliche Preiserhöhung P_2. Jede weitere Nachfragesteigerung bei Vollbeschäftigung führt zu weiteren Preiserhöhungen.

3. **Angebot** als Inflationsursache (Angebotsdruckinflation)

Gesamtwirtschaftliches Angebot sinkt bei gleichbleibender Nachfrage. → Preiserhöhungen und Senkung des realen Inlandsprodukts

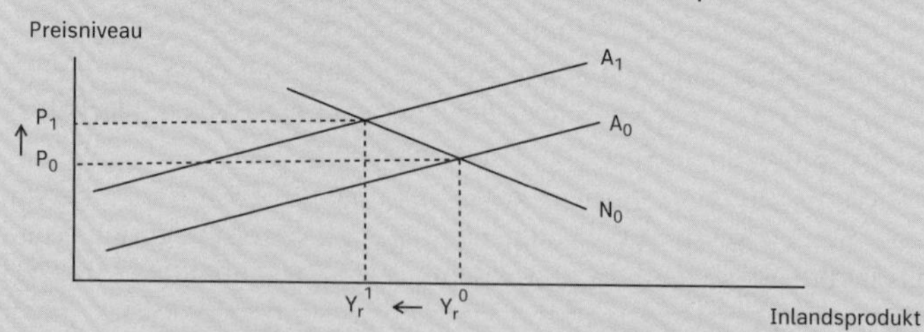

Verschiebung der Angebotskurve nach links, mögliche Gründe:

1. Kostendruckinflation
   - Löhne steigen z. B. aufgrund von Tarifverträgen, Lohnnebenkosten.
   - Zinsen steigen z. B. aufgrund von Leitzinserhöhungen.
   - Steuern für Unternehmen steigen.
   - Rohstoffpreise steigen.
2. Gewinndruckinflation

   Unternehmen wollen unabhängig von ihrer Kostensituation höhere Gewinne machen.
   → Preis steigt → Menge bleibt gleich → Linksverschiebung der Angebotskurve

   Voraussetzungen:
   - Marktmacht der Anbieter also auf Monopol- oder Oligopolmärkten
   - unelastische Nachfrage aufgrund von Werbung oder fehlenden Substitutionsgütern

Inflation

= anhaltendes Steigen des Preisniveaus = Geldentwertung

Ursachen	Wirkungen
• Nachfrageinflation • sinkendes Angebot • Kosteninflation • importierte Inflation • Lohn-Preis-Spirale • zunehmende Konzentration • Gewinninflation (Monopole, Oligopole erhöhen die Preise) • übermäßige Geldschöpfung der Kreditbanken und der Zentralbank	• sinkende Kaufkraft • Schuldner begünstigt • Gläubiger benachteiligt • Eigentümer von Sachvermögen erhalten ihren Vermögenswert i. Gs. zu Geldeigentümern: Flucht in Sachwerte • evtl. **Stagflation** (= Inflation bei Stagnation) • evtl. Arbeitslosigkeit bei steigenden Preisen • sinkendes Vertrauen in die Währung

Deflation

= anhaltendes Sinken des Preisniveaus = steigende Kaufkraft

Ursachen	Wirkungen
• Kürzungen der Staatsausgaben (Nachfr. sinkt) • Pessimistische Zukunftserwartungen: – geringe Nachfrage, hohes Sparen – geringe Investitionsneigung	• Schuldner benachteiligt • Gläubiger begünstigt • Flucht in die Geldwerte • Betriebsstilllegungen, Kurzarbeit, Arbeitslosigkeit wegen sinkender Nachfrage • sinkende Steuereinnahmen

Kriterien einer starken Deflationsgefahr

- zu hoher **Wechselkurs**
- fallende Preise für **Immobilien**
- fallende **Aktienkurse**
- kollabierende **Konsumentennachfrage**
- sinkende **Kreditvergaben**
- restriktive Geldpolitik der **EZB**
- strenge **Fiskalpolitik**

mögliche Folgen der Deflation

- Verbraucher verschieben Anschaffungen auf später (Hoffnung, Waren später noch günstiger zu bekommen).
- Gefährliche Abwärtsspirale wird in Gang gesetzt.
- Absätze und Gewinne der Untemehmen sinken.
- Investitionen werden zurückgestellt.
- Löhne werden gekürzt bzw. Mitarbeiter entlassen. Folge: Der Verbrauch sinkt noch stärker.
- Möglicher Teufelskreis: Deflation nährt Rezession.

Aufgaben (Grundwissen)

1. Was versteht man unter Inflation?
2. Nennen Sie mögliche Ursachen einer Inflation.
3. Erklären Sie den Begriff „importierte Inflation“.
4. Erklären Sie den Begriff „Lohn-Preis-Spirale“.
5. Welche Auswirkungen hat die Inflation?
6. a) Was versteht man unter Stagflation?

   b) Warum ist die Stagflation wirtschaftspolitisch schwer zu bekämpfen?
7. Erklären Sie die Begriffe „offene und verdeckte Inflation“.
8. Unterscheiden Sie schleichende und galoppierende Inflation.
9. Was versteht man unter Deflation?
10. Nennen Sie mögliche Ursachen einer Deflation.
11. Welche Auswirkungen hat die Deflation?
12. a) Wie würden Sie die Geldwertschwankungen in der Bundesrepublik bezeichnen?

    b) Woher rühren Ihrer Ansicht nach diese Schwankungen?

25.6 Geldschöpfung der EZB (primäre Geldschöpfung)

Stofftelegramm

Geldschöpfung der EZB: **EZB kauft Aktiva von Nichtbanken.** Beispiele: Kauf von Devisen, Wertpapieren, Gold von Nichtbanken oder Kreditvergabe an Nichtbanken. Geld fließt somit zu den Nichtbanken (Banknoten bzw. Einräumung von Sichtguthaben bei der EZB).

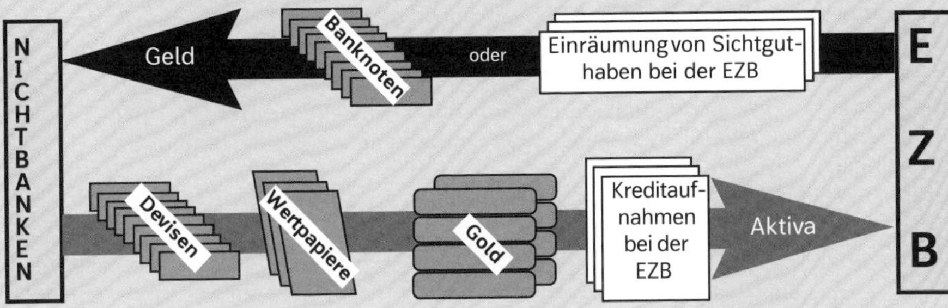

Geldvernichtung: **EZB verkauft Aktiva an Nichtbanken.** Beispiele: Verkauf von Devisen, Wertpapieren, Gold an Nichtbanken bzw. Kreditrückzahlung der Nichtbanken an EZB. Geld fließt somit zur EZB (Banknoten bzw. Verringerung der Sichtguthaben bei der EZB).

Hinweis: Sichtguthaben bei der EZB zählen nicht zur Geldmenge; Geldschöpfung erst bei Abruf in Notengeld.

Merke: Geldschöpfung erst, wenn Banknoten bzw. Einlagen den **Nichtbanken** zufließen.

Aufgaben (Grundwissen)

1. Erklären Sie kurz die Begriffe „primäre und sekundäre Geldschöpfung".
2. Erklären Sie die Geldschöpfung und Geldvernichtung der EZB allgemein und an einem Beispiel.
3. Zeigen Sie die Auswirkungen auf die EZB-Bilanz:
   a) EZB kauft Devisen von Unternehmen.
   b) EZB gewährt Kredit an einen Eurostaat.
   c) EZB kauft Wertpapiere aus einem Pensionsgeschäft zurück.
4.

A	Zentralbankbilanz 1		P
Gold, Devisen	95	Banknotenumlauf	70
Wechsel	12	Sichteinlagen Staat	10
Kredite an Staat	14	Sichteinl. Unternehm.	57
Wertpapiere	6	sonstige Passiva	30
sonst. Aktiva	40		
	167		167

A	Zentralbankbilanz 2		P
Gold, Devisen	90	Banknotenumlauf	82
Wechsel	18	Sichteinlagen Staat	14
Kredite an Staat	12	Sichteinl. Unternehm.	52
Wertpapiere	18	sonstige Passiva	30
sonst. Aktiva	40		
	178		178

Welche Vorgänge wirkten expansiv (+), welche kontraktiv (–) auf die Geldmenge?

25.7 Geldschöpfung der Geschäftsbanken (sekundäre Geldschöpfung)

Stofftelegramm

Giralgeldschöpfung der Geschäftsbanken:

1. Bankkunden machen **Einzahlungen** auf Sicht-, Termin- oder Spareinlagen.
2. Die Banken müssen einen bestimmten Prozentsatz der erhaltenen Einlagen bei der Bundesbank als **Mindestreserve** hinterlegen.
3. Darüber hinaus halten die Banken nochmals einen bestimmten Betrag als **Barreserve** (Erfahrungswert), um Barabhebungen der Kunden erfüllen zu können.
4. Der verbleibende Betrag steht den Banken zur Kreditvergabe zur Verfügung (= **Überschussreserve**). Jede Kreditvergabe führt zu einer Erhöhung der Geldmenge. Kreditschöpfung daher = Geldschöpfung; Kreditrückzahlung = Geldvernichtung.

Generell: Geldschöpfung der Bank durch Kauf von Aktiva (z. B. Devisen, Wertpapiere von Nichtbanken, Kredite an Nichtbanken) gegen Einräumung von Sicht-, Termin- bzw. Spareinlagen.

Merke: Kassenbestände der Banken zählen nicht zur Geldmenge!

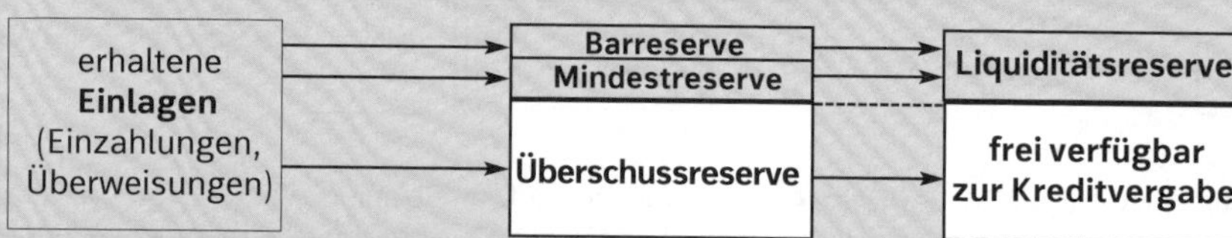

GELDSCHÖPFUNG: Bank „kauft" Aktiva von Nichtbanken.

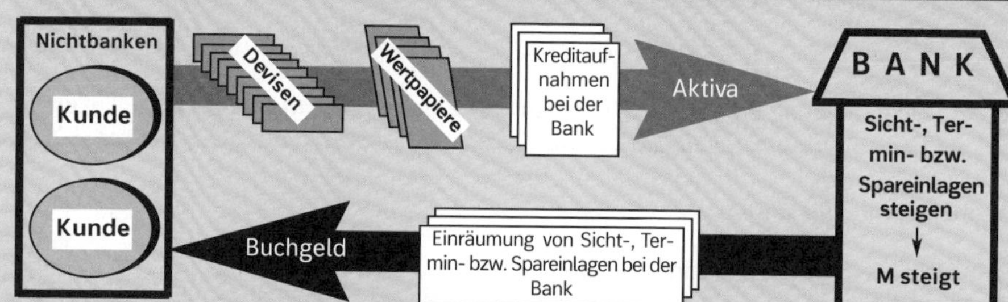

GIRALGELDVERNICHTUNG: Bank verkauft Aktiva an Nichtbanken (analog umgekehrt).

MULTIPLE GIRALGELDSCHÖPFUNG:

	Neueinlage	Mindest-/Barreserve, 20 %	Geldschöpfung
Bank 1	5.000	1.000	4.000
Bank 2	4.000	800	3.200
Bank 3	3.200	640	2.560
Bank 4	2.560	512	2.048
Bank 5	2.048	410	1.638
Summe	25.000	5.000	20.000

maximale Geldschöpfung bei vollständigem Bargeldrückfluss

$$\text{Geldschöpfung} = \frac{\text{Überschussreserve}_1}{\text{Reservesatz}}$$

$$GS = \frac{Ü_1}{R} = \frac{4.000{,}00}{0{,}2} = \mathbf{20.000{,}00\ EUR}$$

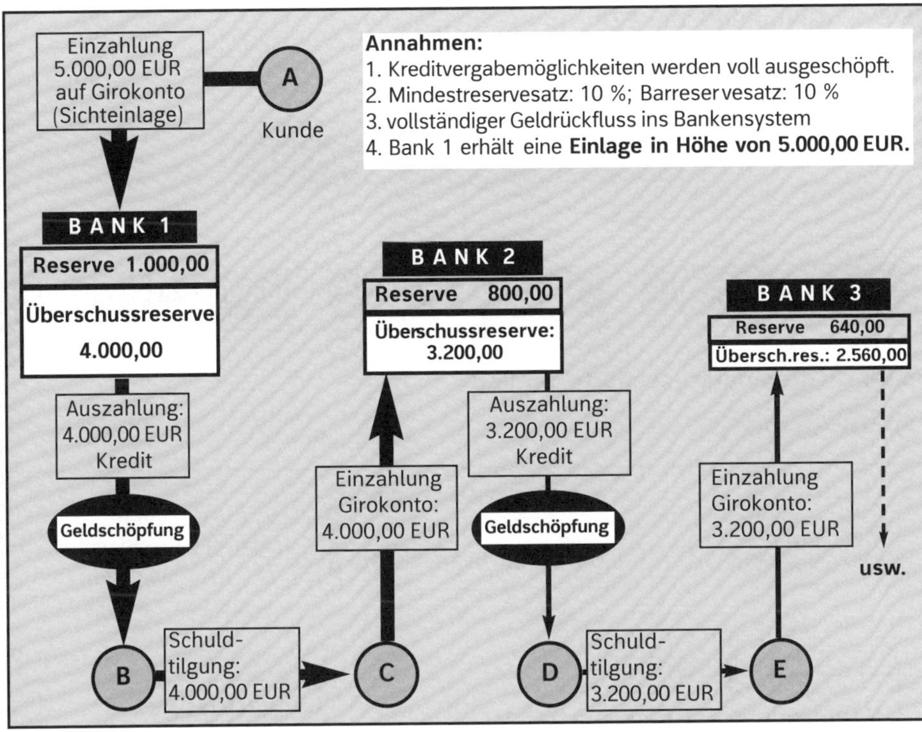

Aufgaben (Grundwissen)

1. Welche Faktoren beeinflussen die Geldschöpfungsmöglichkeit einer Geschäftsbank?
2. Erklären Sie den Geldschöpfungsvorgang der Geschäftsbanken.
3. Was versteht man unter Bargeldquote?
4. Welcher Zusammenhang besteht zwischen Bargeldquote und Kreditschöpfungsmöglichkeit des Bankenapparates?
5. Überschussreserve Bank A: 400.000,00 EUR; Mindestreservesatz: 12 %; Barreservesatz: 6 %.

   a) Wie hoch ist die Kreditschöpfungsmöglichkeit der Bank A allein?

   b) Wie hoch ist die Kreditschöpfungsmöglichkeit des Bankenapparates bei vollständigem Bargeldrückfluss?

   c) Wie hoch ist der Geldschöpfungsmultiplikator und was besagt er?

   d) Warum existieren in der Praxis Unterschiede zu den ermittelten Zahlen?
6. Eine Bank erhält eine Sichteinlage in Höhe von 1 Mio. EUR.
   Mindestreservesatz = 10 %; Barreservesatz = 6 %.

   Ermitteln Sie die maximale Geldschöpfungsmöglichkeit des Bankensystems bei vollständigem Bargeldrückfluss ins Bankensystem.
7. Warum können Kreditbanken nur Giralgeld schöpfen?

25.8 Geldpolitik der EZB

Stofftelegramm

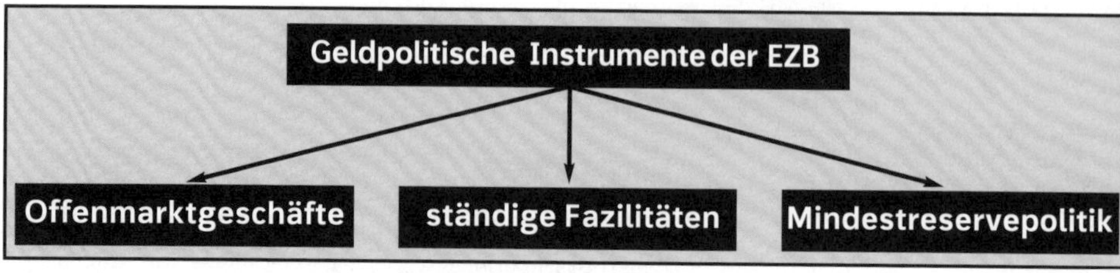

25.8.1 Offenmarktgeschäfte der EZB

Stofftelegramm

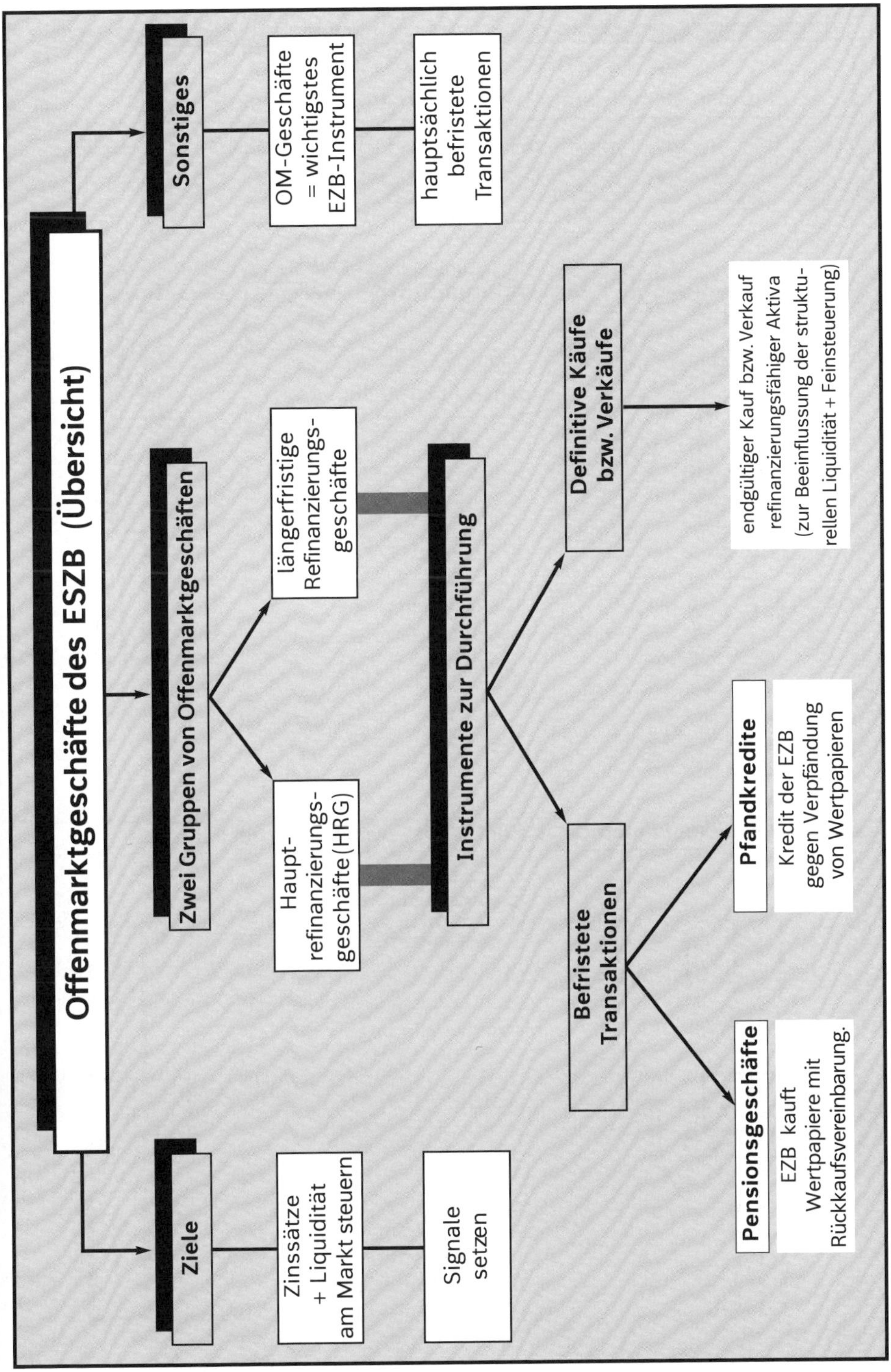
Offenmarktgeschäfte des ESZB (Übersicht)
Ziele
Zinssätze + Liquidität am Markt steuern
Signale setzen
Zwei Gruppen von Offenmarktgeschäften
Haupt-refinanzierungs-geschäfte (HRG)
längerfristige Refinanzierungs-geschäfte
Instrumente zur Durchführung
Befristete Transaktionen
Pensionsgeschäfte
EZB kauft Wertpapiere mit Rückkaufsvereinbarung.
Pfandkredite
Kredit der EZB gegen Verpfändung von Wertpapieren
Definitive Käufe bzw. Verkäufe
endgültiger Kauf bzw. Verkauf refinanzierungsfähiger Aktiva (zur Beeinflussung der strukturellen Liquidität + Feinsteuerung)
Sonstiges
OM-Geschäfte = wichtigstes EZB-Instrument
hauptsächlich befristete Transaktionen

Offenmarktgeschäfte der EZB
(Beispiel: befristete Transaktion als Pensionsgeschäft)

Abkürz.: **ESZB** = Europäisches System der Zentralbanken; **NZB** = nationale Zentralbank; **GP** = Geschäftspartner; **WP** = Wertpapier

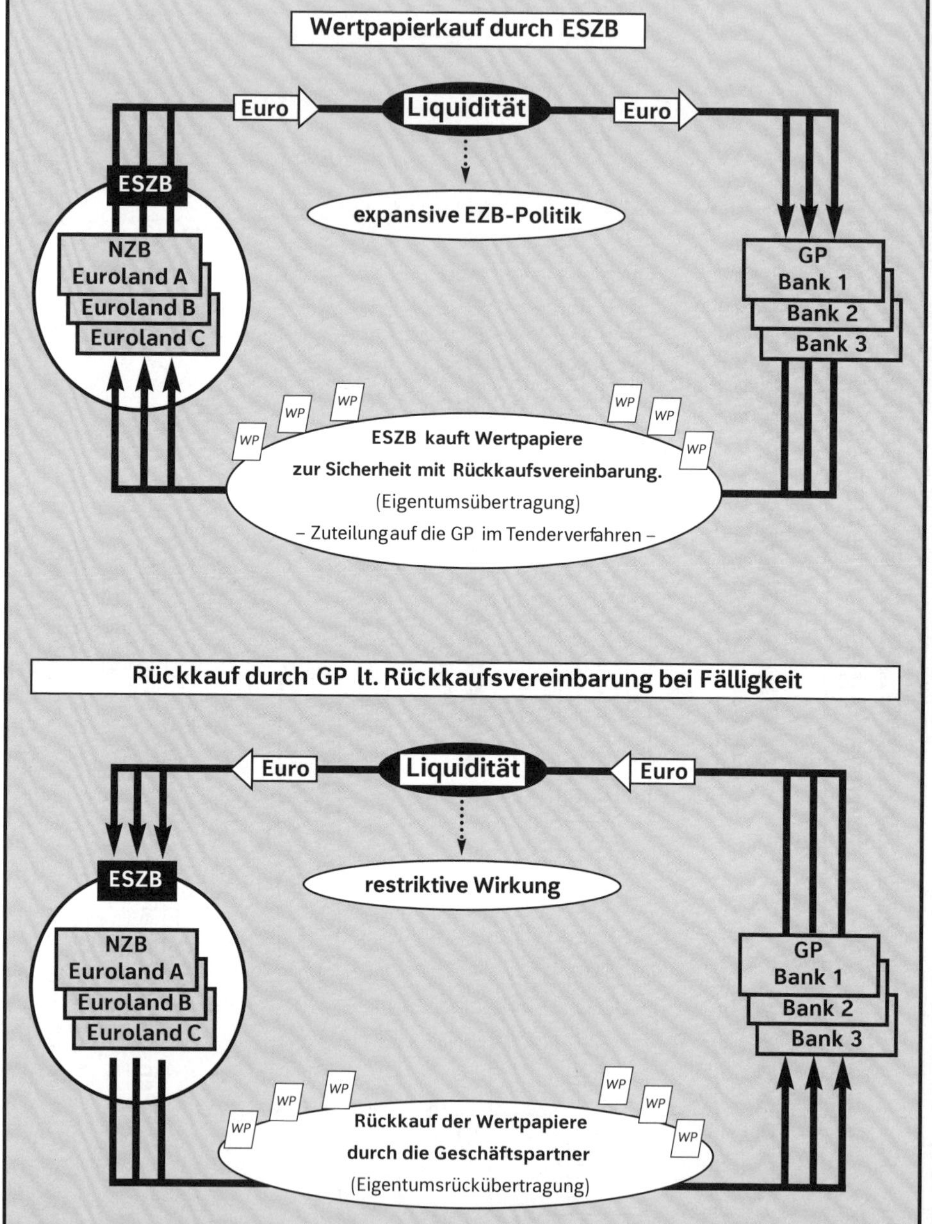

Das Tenderverfahren bei Offenmarktgeschäften

Tender: Ausschreibungs- und Zuteilungsverfahren des ESZB zum Kauf bzw. Verkauf von Wertpapieren

Standardtender:
- innerhalb von 24 Stunden von der Terminankündigung bis zur Bestätigung des Zuteilungsergebnisses durchgeführt
- stets bei **Hauptrefinanzierungsoperationen, langfristigen Refinanzierungsgeschäften und strukturellen Operationen** (außer: definitive Käufe/Verkäufe)

Zinstender

- Tender mit variablem Zinssatz (EZB legt Zinssatz nicht von vornherein fest.)
- Teilnehmer geben Gebote über Beträge + Zinssätze (max. zehn) ab, zu denen sie Geschäfte mit den nationalen Zentralbanken abschließen würden.

Mengentender

- Tender mit festem Zinssatz (EZB legt Zinssatz von vornherein fest.)
- Teilnehmer geben Gebote über den Betrag ab, den sie bereit sind, zu diesem Festzins zu kaufen bzw. verkaufen.

Beispiele zum Tenderverfahren bei Offenmarktgeschäften

Beispiel 1 → Liquiditätszuführung mit Mengentender

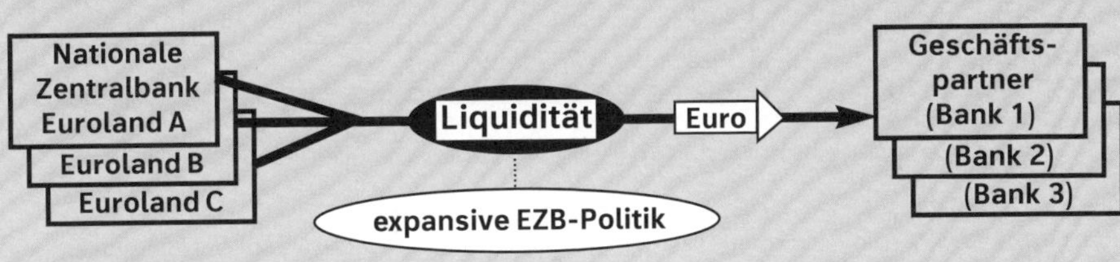

Aufgabe **Beschluss der EZB:**

Dem Markt soll Liquidität in Höhe von **105 Mio. EUR** über eine befristete Transaktion in Form des **Mengentenders** zugeführt werden.

Den Zinssatz gibt die EZB vor (z. B. 2,5 %).

Drei Geschäftspartner geben bei ihren nationalen Zentralbanken folgende **Gebote** ab (siehe rechts):

Ermitteln Sie die Zuteilungsbeträge der einzelnen Banken.

Geschäfts-partner	Gebote (Mio. Euro)
Bank 1	30
Bank 2	40
Bank 3	70
Insgesamt	140

Lösung

Problem:

EZB teilt nur 105 Mio. EUR zu. Banken können nur teilweise bedient werden.

→ Ermittlung **Zuteilungssatz:**

140 Mio. EUR = 100 %
105 Mio. EUR = x % →x = **75 %**

Zuteilung

Geschäftspartner	Gebote (Mio. Euro)	Zuteilung (75 %)
Bank 1	30	**22,5**
Bank 2	40	**30,0**
Bank 3	70	**52,5**
Insgesamt	140	**105,0**

Beispiel 2 → Liquiditätszuführung mit Zinstender (holländisches Verfahren)

Aufgabe

Beschluss der EZB:
Dem Markt soll Liquidität in Höhe von **94 Mio. EUR** über eine befristete Transaktion in Form des **Zinstenders** (holländisches Verfahren) zugeführt werden.

Drei Geschäftspartner geben bei ihren nationalen Zentralbanken folgende **Gebote** ab.
Ermitteln Sie die Zuteilungen für die einzelnen Geschäftspartner und die Zuteilung insgesamt.

Beträge in Millionen Euro

	Zinssatz (%)	Bank 1	Bank	Bank 3	Gebote insges.	Kumulative Gebote
	3,15				**0**	**0**
volle Zuteilung	3,10		5	5	**10**	**10**
	3,09		5	5	**10**	**20**
	3,08		5	5	**10**	**30**
	3,07	5	5	10	**20**	**50**
	3,06	5	10	15	**30**	**80**
teilweise Zuteilung	3,05	10	10	15	**35**	**115**
keine Zuteilung	3,04	5	5	5	**15**	**130**
	3,03	5		10	**15**	**145**
	Insges.	30	45	70	**145**	

Die EZB ermittelt einen marginalen Zinssatz von 3,05 % [niedrigster Zinssatz, zu dem noch (teilweise) Zuteilungen erfolgen]. Dieser Zinssatz gilt für alle Zuteilungen. Begründung:

Die EZB will 94 Mio. EUR zuteilen. 80 Mio. EUR (vgl. kumulierte Gebote zu für die EZB günstigsten Zinsen) werden voll zugeteilt. Die Gebote zu 3,05 % werden nur noch in Höhe von (94 – 80 =) 14 Mio. EUR zugeteilt. Der Zinssatz von 3,05 % gilt beim holländischen Verfahren **einheitlich** für alle. (Beim amerikanischen Verfahren kämen unterschiedliche Zinssätze zur Verrechnung: Bank 1 erhielte z. B. 5 Mio. EUR zu 3,07 %, 5 Mio. EUR zu 3,06 % und 4 Mio. EUR zu 3,05 %.)

Zuteilungssatz bei 3,05 %: Gebote insges.: 35 Gebote = 100 %
Zuteilungen: 14 Gebote = x % → x = **40 %**

Beispiel Bank 1 (Zuteilung):

Zuteilung zu 3,05 %: 40 % von 10 =	4
weitere Zuteilung (für die Gebote 3,06 % und 3,07 %):	10
Zuteilung insgesamt:	14

Beträge in Millionen Euro

Geschäftspartner	Bank 1	Bank 2	Bank 3	Insges.
Gebote insgesamt	30,0	45,0	70,0	145
Zuteilung insges.	**14,0**	**34,0**	**46,0**	**94**

Aufgaben (Grundwissen)

1. Nennen Sie die drei geldpolitischen Instrumente der EZB.

2. Nennen und beschreiben Sie kurz die vier Gruppen von Offenmarktgeschäften der EZB.

3. Welche allgemeinen Ziele verfolgt die EZB speziell mit ihren Offenmarktgeschäften?

4. Nennen und beschreiben Sie kurz die Instrumente zur Durchführung von Offenmarktgeschäften.

5. Erklären Sie kurz die folgenden Begriffe: Pensionsgeschäft, Tender, Standardtender, Schnelltender, Mengentender, Zinstender.

6. Beschluss der EZB: Dem Markt soll Liquidität in Höhe von 200 Mio. EUR über eine befristete Transaktion in Form des **Mengentenders** zum Zinssatz von 2,5 % zugeführt werden. Drei Geschäftspartner geben bei ihren nationalen Zentralbanken folgende Gebote ab (siehe rechts):

Geschäftspartner	Gebote (Mio. Euro)
Bank 1	70
Bank 2	80
Bank 3	100

   Ermitteln Sie die Zuteilungsbeträge für die einzelnen Banken.

7. Beschluss der EZB: Dem Markt soll Liquidität in Höhe von 150 Mio. EUR über eine befristete Transaktion in Form des **Zinstenders** (holländisches Verfahren) zugeführt werden. Drei Geschäftspartner geben bei ihren nationalen Zentralbanken folgende Gebote ab:

	Beträge in Millionen Euro		
Zinssatz %	**Bank 1**	**Bank 2**	**Bank 3**
3,10			
3,05	5		
3,04	5	5	
3,03	5	5	
3,02	10	10	10
3,01	10	15	15
3,00	15	10	20
2,99	10		10
2,98	10		10
insges.	70	45	65

   Ermitteln Sie die Zuteilungen für die einzelnen Geschäftspartner und die Zuteilung insgesamt.

Für weitere Aufgaben vgl. Kapitel 25.8.6.

25.8.2 Ständige Fazilitäten[1]

Stofftelegramm

Ständige Fazilitäten

Initiative zum Geschäftsabschluss liegt bei den Geschäftsbanken.

Spitzenrefinanzierungsfazilität („Übernachtkredit")

- **„Übernachtkredit"**
- Nachfolger des bisherigen **Lombardkredits**
- Laufzeit: ein Geschäftstag
  - → über Nacht Liquidität in beantragter Höhe zu einem vorgegebenen Zinssatz
  - → eine am Ende eines Geschäftstages bestehende

    Kontoüberziehung = Antrag auf Inanspruchnahme eines Übernachtkredits in Höhe der Überziehung
  - → ein am Ende eines Geschäftstages

    offener Soll-Saldo → Überleitung in den Übernachtkredit
- kurzfristige Deckung von Liquiditätsbedarf über Nacht

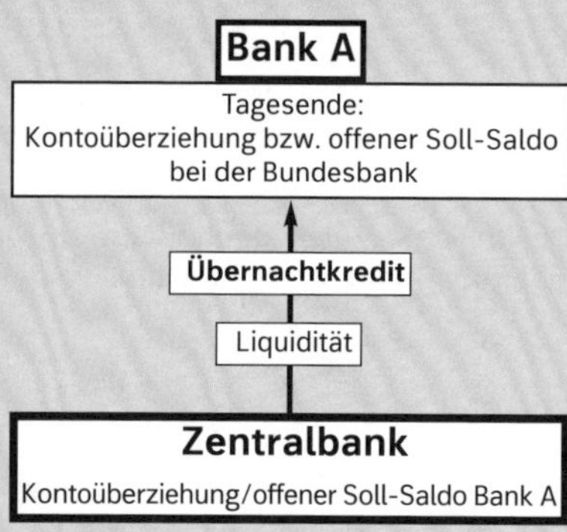

Einlagefazilität („Übernachtanlage")

- **„Übernachtanlage"**
- Laufzeit: ein Geschäftstag
  - → über Nacht Liquiditätsanlage zu einem vorgegebenen Zinssatz
  - → ein am Ende eines Geschäftstages bestehender überschüssiger

    Haben-Saldo = Antrag auf Übernachtanlage in Höhe des Haben-Saldos
- Anlage überschüssiger Haben-Salden bei der Bundesbank jeweils über Nacht bis Beginn des nächsten Geschäftstages als Einlage zum vorgegebenen Zinssatz
- kurzfristige Anlage von Liquiditätsüberschüssen bei der Zentralbank über Nacht

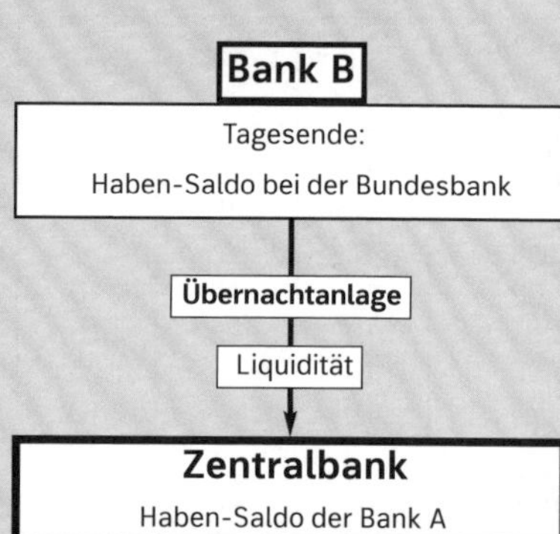

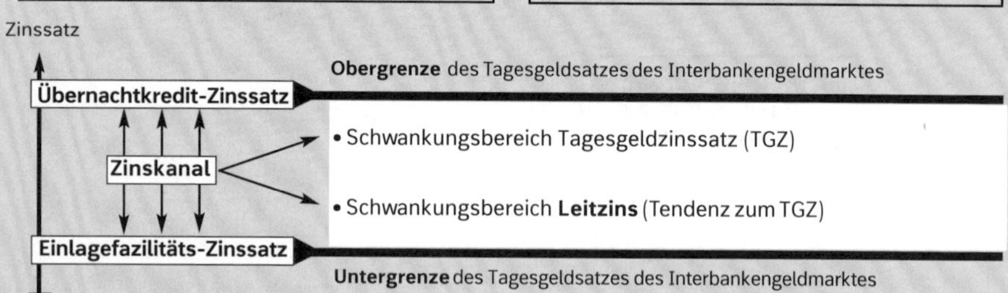

[1] *Aufgaben: Siehe Kapitel 25.8.6.*

25.8.3 Mindestreservepolitik der EZB[1]

Stofftelegramm

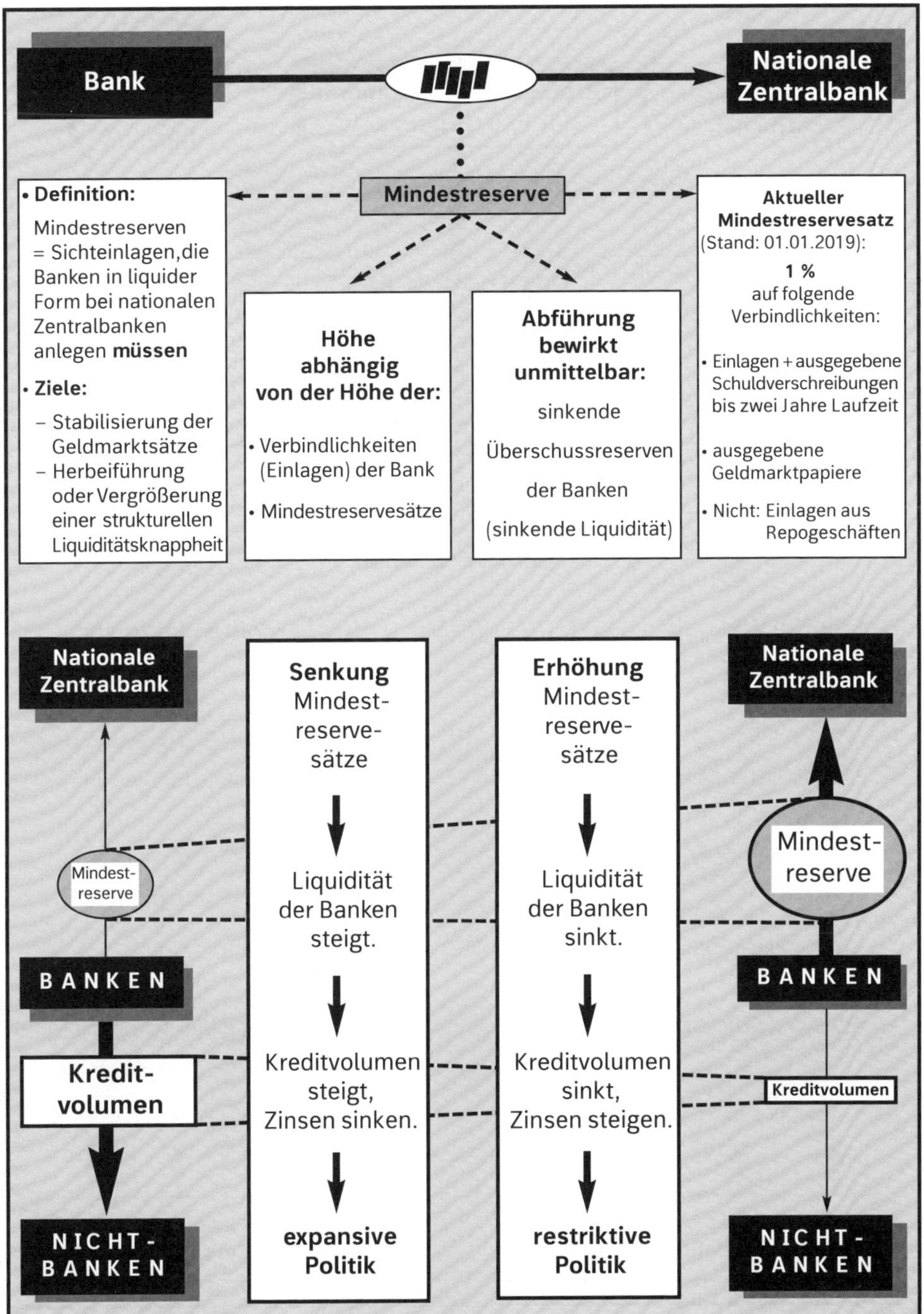

[1] *Aufgaben: Siehe Kapitel 25.8.6.*

25.8.4 Übersichten: Instrumente der EZB[1]

Stofftelegramm

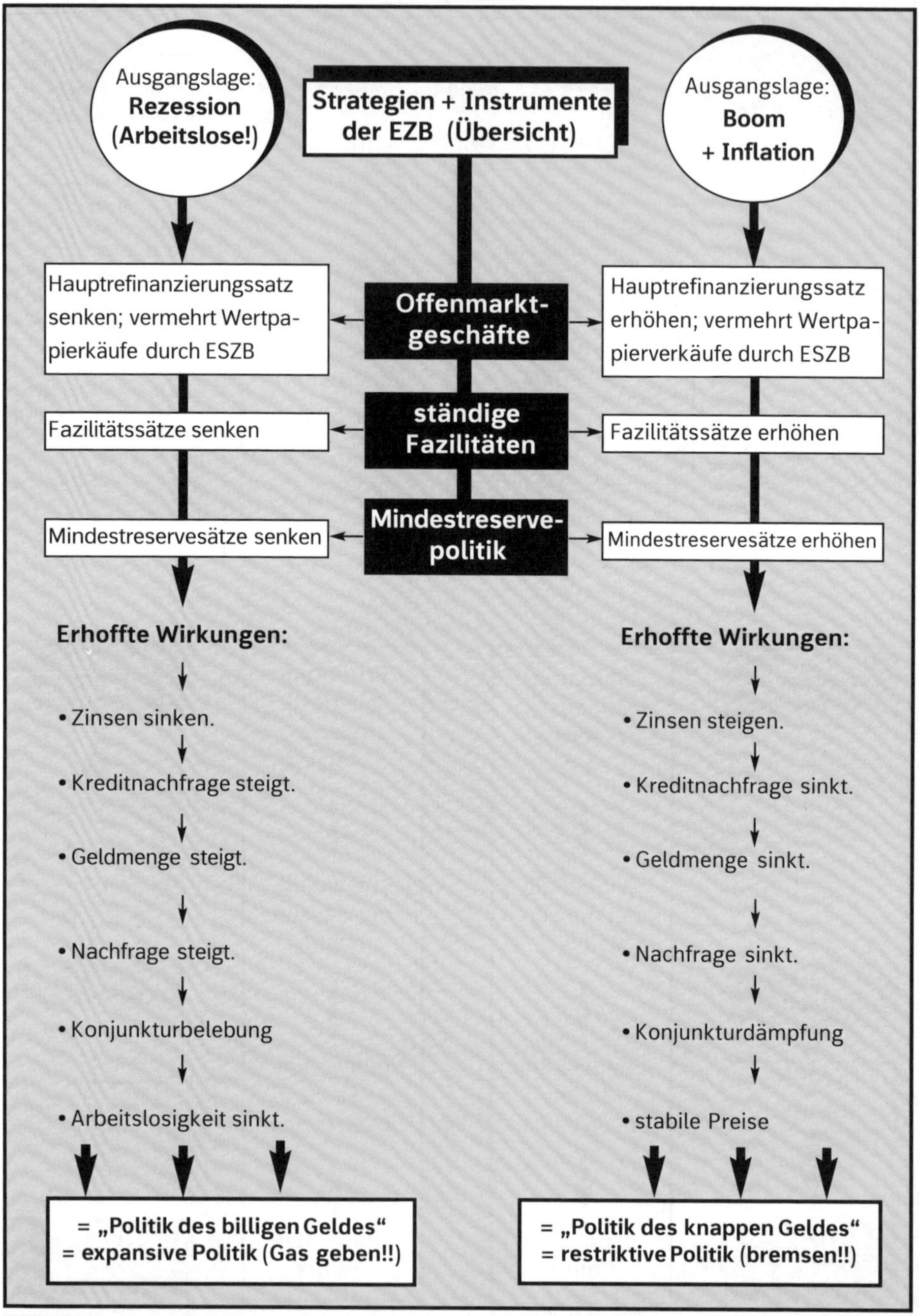

[1] *Aufgaben: Siehe Kapitel 25.8.6.*

Die Leitzinsen der EZB (vgl. auch die vorigen Kapitel)

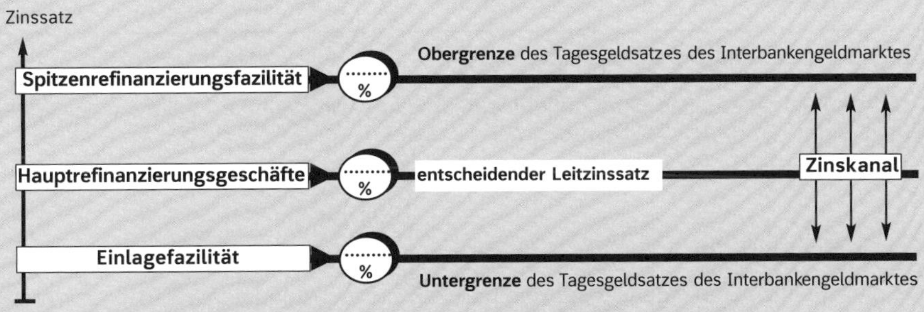

Leitzinspolitik der EZB (Übersicht)

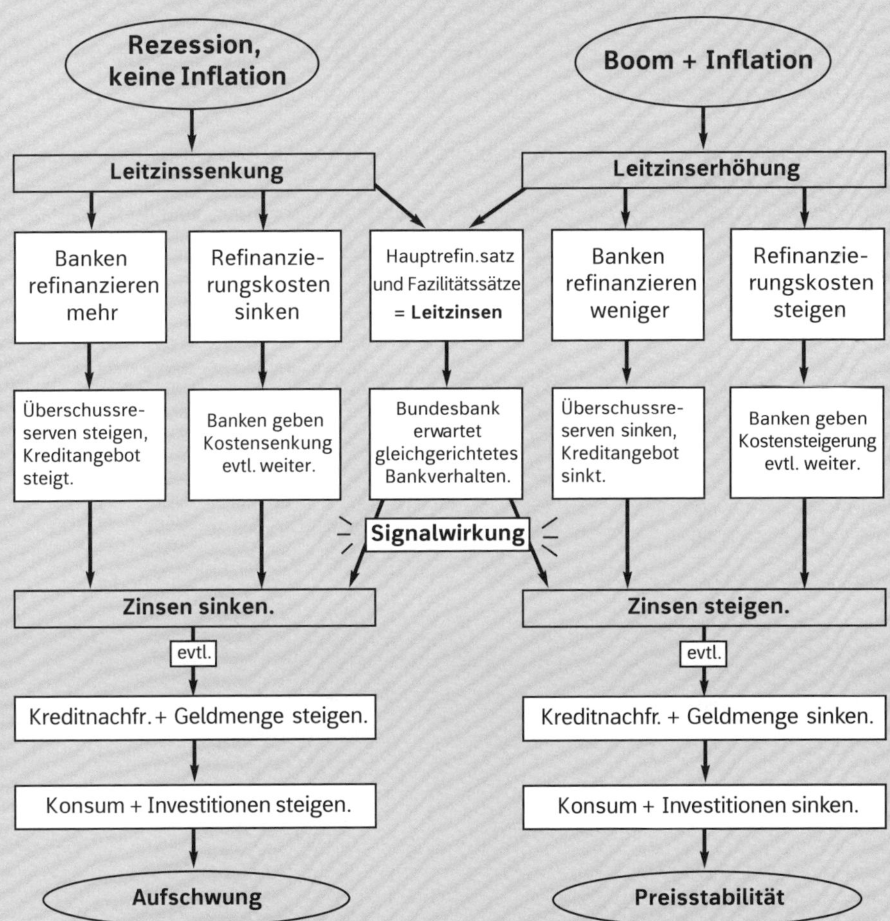

25.8.5 Probleme und Grenzen der Geldpolitik

Stofftelegramm

Probleme geldpolitischer Maßnahmen:

- zeitliche Verzögerungen der Maßnahmen (Timelag) zwischen der Erkenntnis, eine Maßnahme durchzuführen, und der Wirkung der Maßnahme:
  - Notenbank — t_0
  - Geschäftsbanken — Zeitverlauf ↓
  - Nichtbanken (HH, U, Staat) — t_x

  → Eventuell wirkt die Maßnahme zum falschen Zeitpunkt und bringt damit nicht die gewünschten Effekte (z. B. Konjunktur ankurbeln, bremsen).
- Dosierungsproblem der Maßnahme:

  Höhe der Geldmengenänderung und/oder Zinsänderung (Wie viel ist nötig, um den gewünschten Effekt zu erreichen?)
- Ausweichreaktionen von Geschäftsbanken, Unternehmen, Haushalten, Staat:
  - Haushalte konsumieren nicht mehr aufgrund von pessimistischen Zukunftserwartungen trotz niedriger Zinsen.
  - Unternehmen investieren nicht mehr aufgrund von pessimistischen Zukunftserwartungen trotz niedriger Zinsen.
  - Geschäftsbanken legen ihr Geld in Wertpapiere an und weiten nicht ihr Geldangebot aus.

Störfaktoren bei der EZB-Politik ...

... bei Leitzinssenkung in der Rezessionsphase

(Ziel: Erhöhung der Geldmenge ...)

PESSIMISMUS!

Negative Zukunftserwartungen der Unternehmen:
trotz „billigen Geldes“ keine Kreditaufnahmen – keine Investitionen

Folge: **Geldmenge steigt nicht!!**

AUSLAND! (Euroland)

Evtl. Kapitalabfluss ins Ausland, falls $Zinssatz_{Ausland} > Zinssatz_{Inland}$

Folge: **Geldmenge sinkt!!**

... bei Leitzinserhöhung in der Hochkonjunkturphase (Inflation!)

(Ziel: Senkung der Geldmenge ...)

OPTIMISMUS!

Positive Zukunftserwartungen der Unternehmen:
trotz „teuren Geldes“ intensive Kreditaufnahmen

Folge: **Geldmenge steigt weiter!!**

AUSLAND! (Euroland)

Evtl. Kapitalzufluss vom Ausland, falls $Zinssatz_{Inland} > Zinssatz_{Ausland}$

Folge: **Geldmenge steigt!!**

KOSTENDRUCK!

Zinsen steigen – Kosten steigen – Berücksichtigung bei Kalkulation: **Preise steigen!!**

ALTERNATIVEN!

Banken versorgen sich anderweitig mit Liquidität (z. B. im Ausland): **Geldmenge steigt!!**

25.8.6 Aufgaben

Aufgaben (Grundwissen)

1. Erklären Sie folgende Begriffe:
   - Mindestreserve
   - Leitzinsen
   - Signalwirkung
   - Spitzenrefinanzierungsfazilität
   - Einlagefazilität
   - Pfand-Pool

2. Welche geldpolitischen Maßnahmen der EZB würden evtl. mithelfen, Boom und Inflation zu bremsen?

   Beschreiben Sie stichpunktartig die Wirkungen der Maßnahmen.

3. Welche geldpolitischen Maßnahmen der EZB würden evtl. mithelfen, die Arbeitslosigkeit zu beseitigen?

   Beschreiben Sie stichpunktartig die Wirkungen der Maßnahmen.

4. Welche Störfaktoren stellen die Erreichung der Ziele einer Leitzinserhöhung infrage?

5. a) Wie hoch ist der aktuelle Mindestreservesatz der EZB?

   b) Wie wird die Höhe der Mindestreserve einer Bank ermittelt?

   c) Welche Ziele verfolgt die EZB mit der Mindestreservepolitik?

6. Welchen Vorteil hat der sog. „Pfand-Pool"?

7. Jahresveränderungsraten des Verbraucherpreisindex und des Index der wahrgenommenen Inflation:

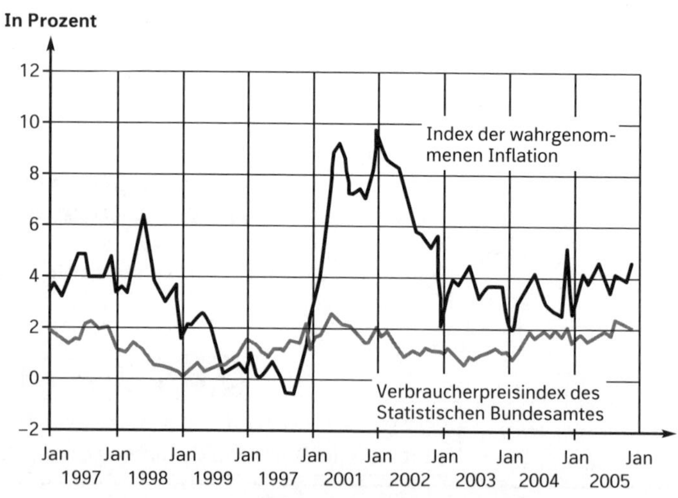

a) Erklären Sie den Widerspruch in der Grafik zwischen subjektiver Inflationswahrnehmung und den amtlichen Inflationszahlen. Gehen Sie bei Ihrer Begründung auch auf das Verfahren bei der Messung des Verbraucherpreisindex in Deutschland ein.

b) Beschreiben Sie, welche negativen Folgen diese subjektive Einschätzung der Verbraucher auf die Konjunkturentwicklung haben kann.

8. Es liegt Ihnen eine interne Mitteilung über die Entwicklung des Verbraucherpreisindex vor:

Jahr	August 2017	August 2018
Preisindex (2015 = 100)	103,5	104,6

a) • Berechnen Sie die prozentuale Preisveränderung von August 2017 auf August 2018.
   • Beurteilen Sie das Ergebnis hinsichtlich der Zielvorgabe der EZB für die Höhe der Inflationsrate.

b) Berechnen und beurteilen Sie die prozentuale Veränderung der Kaufkraft vom Basisjahr bis zum August 2018.

9. Im Modell einer Volkswirtschaft mit einer Zentralbank und Geschäftsbanken fließen der Geschäftsbank A aus dem Verkauf von Devisen an die Zentralbank 1 Mio. Geldeinheiten (GE) zu. Die Geschäftsbank A gewährt einem ihrer Kunden einen Kredit in dieser Höhe.

Für alle Geschäftsbanken gilt ein einheitlicher Reservesatz von 10 %.
Der Kunde der Bank A überweist den Betrag auf ein Konto bei der Geschäftsbank B.

a) Begründen Sie auch rechnerisch, wie sich dieser Vorgang auf die Kreditvergabemöglichkeit der Geschäftsbank B auswirkt.

b) Ermitteln Sie die Höhe des maximal möglichen Kreditschöpfungsspielraums für das gesamte Geschäftsbankensystem aus diesem Liquiditätszufluss.

c) Der Mindestreservesatz ist seit 18.01.2012 unverändert. Er beträgt für kurzfristige Einlagen 1 % und für längerfristige Einlagen 0 %. Beurteilen Sie die Zielsetzung und Bedeutung der Mindestreservepolitik der EZB unter Berücksichtigung dieser Festlegung.

10. Die Deutsche Bundesbank schreibt im Monatsbericht November 2002 zum Thema Geldpolitik und Finanzmärkte in der Europäischen Wirtschafts- und Währungsunion:

„Der EZB-Rat beließ die Leitzinsen des Eurosystems in den letzten Monaten unverändert. Die wöchentlichen Hauptrefinanzierungsgeschäfte wurden durchweg als Zinstender mit einem Mindestbietungssatz von 3,25 % ausgeschrieben, die Zinssätze für die Spitzenrefinanzierungs- und die Einlagefazilität betrugen nach wie vor 4,25 % beziehungsweise 2,25 %."

Quelle: Deutsche Bundesbank: Monatsbericht November 2002. 54. Jahrgang Nr. 11, 15.11.2002. In: www.bundesbank.de/resource/blob/692122/ee55cc666e2a16cac307c1fd0d0bb51a/mL/2002-11-monatsbericht-data.pdf [23.03.2021], S. 15.

a) • Beschreiben Sie die im Sachverhalt genannten Instrumente.
   • Erläutern Sie, warum diese gleichzeitig angeboten werden.

b) Am 13.11.2002 wurden den Geschäftsbanken im Rahmen eines Hauptrefinanzierungsgeschäfts 51 Mrd. EUR zugeteilt. Nehmen Sie an, dass nachfolgend genannte Bietergruppen folgende Gebote abgegeben hätten:

Bietergruppen	Bietungsbeträge in Mio. Euro	Bietungssätze in %
A	11.100	3,28
B	21.300	3,29
C	18.213	3,29
D	9.400	3,26
E	10.180	3,27
F	11.874	3,28

ba) Bestimmen und begründen Sie den marginalen Bietungssatz.

bb) Geben Sie an, welcher Betrag zu welchem Zinssatz an die einzelnen Bietergruppen bei Anwendung des derzeit üblichen Zuteilungsverfahrens zugeteilt wird.

bc) Erläutern Sie die Abwicklung des Zinstenders nach dem amerikanischen Verfahren mithilfe des Modells der Preisbildung. Skizzieren Sie dazu die Zusammenhänge auch in einem Koordinatensystem.

bd) Im März 2003 senkte der EZB-Rat die Leitzinsen von 2,5 % auf 2,0 %. Der EZB-Rat erhoffte sich mit dieser Maßnahme Auswirkungen auf die Konjunktur. Zeigen Sie diese erhofften Auswirkungen schrittweise auf und erläutern Sie, welche Wirkungshemmnisse aufgetreten sein könnten.

11. • Beschreiben Sie den Zielkonflikt zwischen dem Ziel „hoher Beschäftigungsgrad" und einer Erhöhung der Leitzinsen durch die EZB.

    • Warum könnte ein solcher Zinsschritt aus Sicht der EZB dennoch sinnvoll sein?

12. In einer Volkswirtschaft haben sich die Preise für Verbrauchsgüter wie folgt entwickelt:

Jahr	Preisindex
00 (Basisjahr)	100
01	108
02	106

a) Berechnen Sie auf drei Nachkommastellen, wie sich die Kaufkraft ausgehend

- vom Jahr 02 gegenüber dem Jahr 01 und
- vom Jahr 01 gegenüber dem Basisjahr

verändert hat.

b) Erklären Sie, welche Auswirkung die von Ihnen ermittelte Kaufkraftveränderung vom Jahr 1 zum Jahr 2 auf den Lebensstandard hat, wenn in diesem Zeitraum das verfügbare Nominaleinkommen der Haushalte im Durchschnitt um 1 % abgenommen hat.

13. Die nachfragewirksame Geldmenge ist im Jahr 20.. um 3,5 % gestiegen. Die Preise sind im gleichen Zeitraum um 2 % gestiegen.

a) Zeigen Sie anhand der Verkehrsgleichung des Geldes, wie sich das Handelsvolumen verändert hat.

b) Beurteilen Sie die Aussagekraft der Verkehrsgleichung des Geldes.

25.9 Abituraufgaben

Abituraufgaben 2007 (Aufgabe 2, verändert)

1. Bearbeiten Sie nachstehende Aufgaben unter Berücksichtigung der vorliegenden Tabelle.

Komponenten der Geldmengenaggregate und längerfristige Verbindlichkeiten der Monetären Finanzinstitute (MGFIs) im Eurowährungsgebiet in Mrd. Euro		
	2. Quartal 2004	2. Quartal 2005
Bargeldumlauf	420,5	493,7
täglich fällige Einlagen	2.369,7	2.763,7
Einlagen mit vereinbarter Laufzeit von bis zu zwei Jahren	995,2	1.039,9
Einlagen mit vereinbarter Kündigungsfrist von bis zu drei Monaten	1.586,7	1.518,7
Repogeschäfte	220,2	239,7
Geldmarktfondsanteile	611,5	622,9
Schuldverschreibungen bis zu zwei Jahren	95,0	118,5
Schuldverschreibungen von mehr als zwei Jahren	1.900,6	2.122,6
Einlagen mit vereinbarter Kündigungsfrist von mehr als drei Monaten	89,1	91,6
Einlagen mit vereinbarter Laufzeit von mehr als zwei Jahren	1.298,5	1.449,2
Kapital und Rücklagen	1.020,7	1.134,0

Nachrichtlich:		
Bruttoinlandsprodukt in jeweiligen Preisen in Mrd. Euro	1.879,6	1.972,6
Preisindex für das Bruttoinlandsprodukt (BIP-Deflator)	109,1	110,6
Harmonisierter Verbraucherpreisindex (HVPI) (Basisjahr 2005 = 100)	98,6	101,0

1.1 Bestimmen Sie die Geldmengen M1 und M3 im 2. Quartal der Jahre 2004 und 2005 sowie die Veränderung der Geldmenge M3 in Prozent.

1.2 Die Preisniveauentwicklung im Eurowährungsraum wird mithilfe des Harmonischen Verbraucherpreisindex (HVPI) gemessen.

Berechnen Sie die Höhe der Preisniveauänderung im Zeitraum 2. Quartal 2004 bis 2. Quartal 2005 (zwei Nachkommastellen).

1.3 Beurteilen Sie Ihre Ergebnisse aus 1.1 im Hinblick auf die entsprechenden Zielvorgaben des ESZB.

1.4 Erläutern Sie, warum im vorliegenden Fall die prozentuale Geldmengenerhöhung nicht zu einer Preisniveauerhöhung im gleichen Umfang geführt hat.

2. Das System der Europäischen Zentralbanken (ESZB) hat zum 06.12.2005 die Leitzinsen um 0,25 Prozentpunkte auf 2,25 % erhöht.

2.1 Beschreiben Sie, wie sich die Erhöhung der Leitzinsen im Bereich der Offenmarktpolitik und im Bereich der ständigen Fazilitäten jeweils auswirkt. Gehen Sie dabei auch auf die Veränderung des Zinskanals ein.

2.2 Erläutern Sie vor dem Hintergrund der in Aufgabe 1 ermittelten Geldmenge- und Preisniveauveränderungen den beabsichtigten Wirkungsmechanismus der Zinsanhebung.

3. Im Rahmen der Hauptrefinanzierungsgeschäfte bietet die EZB den Geschäftsbanken 100 Mio. EUR als Zinstender an. Innerhalb von 24 Stunden sind folgende Gebote eingegangen:

Zinssatz (in %)	Gebote der Banken in Mio. Euro				
	A	B	C	D	E
2,31	5	15	10	15	5
2,29	16	14	18	15	17
2,27	15	10	5	5	10
2,25	0	0	0	0	0

3.1 Ermitteln Sie mithilfe der Lösungstabelle in der **Anlage** den marginalen Zinssatz dieses Refinanzierungsgeschäfts und berechnen Sie, in welchem Umfang die einzelnen Banken Zentralbankgeld erhalten.

Berechnen Sie für Bank A, wie viel Zinsen bei einer Kreditlaufzeit von sieben Tagen zu zahlen sind, wenn die Zuteilung nach dem amerikanischen Verfahren abgerechnet wird.

3.2 Berechnen Sie die Veränderung der Zentralbankgeldmenge durch das aktuelle Hauptrefinanzierungsgeschäft, wenn in der Vorwoche ein Hauptrefinanzierungsgeschäft mit einer Laufzeit von sieben Tagen und einem Zuteilungsbetrag von 180 Mio. EUR durchgeführt wurde.

3.3 Ermitteln Sie, wie sich die Geldschöpfungsmöglichkeit des Bankensystems durch diese Veränderung der Zentralbankgeldmenge entwickelt. Unterstellen Sie, dass die Banken insgesamt 10 % ihres Zentralbankgeldbestandes als Reservesatz für Bar- und Mindestreserve zurückbehalten.

4. Vertreter keynesianischer Wirtschaftspolitik fordern anlässlich einer bevorstehenden Erhöhung der Leitzinsen vom ESZB eine stärkere Berücksichtigung der aktuellen konjunkturellen Situation bei seinen geldpolitischen Entscheidungen.

4.1 Beschreiben Sie den wirtschaftspolitischen Zielkonflikt bei einer Anhebung der Leitzinsen.

4.2 Erläutern Sie, welche Rolle die Geldpolitik aus Sicht des Keynesianismus in Zeiten hoher Arbeitslosigkeit einnehmen soll.

4.3 Erläutern Sie, inwieweit der Staat auf die Geldpolitik des ESZB Einfluss nehmen kann.

Anlage zur Teilaufgabe 3.1

	Zugeteilte Beträge (in Mio. Euro) zu einem Zinssatz von ... %						
Zinssatz	A	B	C	D	E		
Zuteilung gesamt							

Abituraufgaben 2008 (Aufgabe 2)

Geldschöpfung und Geldpolitik, auch anhand wirtschaftspolitischer Tagesfragen

1. Das Statistische Bundesamt gibt regelmäßig die Veränderung des Verbraucherpreisindexes bekannt. Er ist ein wichtiger Indikator für die Messung von Geldwertschwankungen. Der Verbraucherpreisindex für die Bundesrepublik Deutschland entwickelte sich wie folgt (Basisjahr 2000):

Jahr	2006	2005	2004	2003	2002	2001	2000	1999
Gesamtindex	110,1	108,3	106,2	104,5	103,4	102,0	100,0	98,6

Quelle: Vgl. Statistisches Bundesamt: Preise. Verbraucherpreisindizes für Deutschland – Monatsbericht Mai 2007, 14.06.2007. In: www.destatis.de/GPStatistik/servlets/MCRFileNodeServlet/DEHeft_derivate_00008285/2170700071054.pdf%3Bjsessionid%D3F38E802CBD31B0FC23A412BF49263E8 [23.03.2021], S. 78 f.

1.1 Ermitteln Sie die prozentuale Veränderung

- des Preisniveaus vom Jahr 2005 auf 2006,
- der Kaufkraft für den Gesamtzeitraum vom Basisjahr bis zum Jahr 2006.

1.2 Erläutern Sie anhand von drei Beispielen, warum die Aussagekraft des Verbraucherpreisindexes eingeschränkt ist.

1.3 Im Jahr 2000 betrug die jährliche Nettolohnsumme je beschäftigten Arbeitnehmer 16.217,00 EUR. Bis zum Jahr 2006 hat sich diese Summe auf 17.661,00 EUR erhöht. Von Gewerkschaftsseite wird diese Entwicklung als eine Ursache für die schwache Binnennachfrage angesehen.

Überprüfen Sie diese Einschätzung, indem Sie die prozentuale Veränderung der realen Nettolöhne für den Gesamtzeitraum 2000 bis 2006 berechnen.

2. Die Europäische Zentralbank (EZB) hat in den vergangenen Jahren die Leitzinsen mehrfach erhöht.

2.1 Nennen Sie das wirtschaftspolitische Ziel, das die EZB mit der Erhöhung der Leitzinsen verfolgt. Geben Sie an, wann dieses Ziel als erreicht gilt.

2.2 Erläutern Sie den beabsichtigten Wirkungsmechanismus der Leitzinserhöhungen.

2.3 Die Verfechter einer weichen geldpolitischen Linie kritisieren die Leitzinserhöhungen. Erläutern Sie, wie sich eine restriktive Geldpolitik der EZB auf die binnenwirtschaftlichen Ziele des „magischen Vierecks“ auswirken kann.

3. In einer modernen Volkswirtschaft treten Zentralbank und Geschäftsbanken als „Geldproduzenten“ auf.

3.1 Beschreiben Sie die Geldschöpfungsmöglichkeiten der Geschäftsbanken und unterscheiden Sie diese von der Geldschöpfung der Zentralbank.

3.2 Die Geldschöpfungsmöglichkeiten der Geschäftsbanken werden unter anderem dadurch begrenzt, dass die Geschäftsbanken Mindestreserven bei der Zentralbank halten müssen.

Erklären Sie, was unter Mindestreserve zu verstehen ist und inwieweit die Zentralbank durch Mindestreservepolitik geldpolitischen Einfluss ausüben kann.

4. Angenommen, für das Geschäftsbankensystem einer Volkswirtschaft gilt ein Mindestreservesatz von 2,5 %. Die Geschäftsbanken halten einheitlich eine zusätzliche Barreserve in Höhe von 22,5 %. Es wird davon ausgegangen, dass alle Kredite vollständig in Anspruch genommen werden und ein vollständiger Bargeldrückfluss in das Bankensystem stattfindet. Die Kreditvergabemöglichkeit des Geschäftsbankensystems beträgt unter diesen Voraussetzungen am Ende des Geldschöpfungsprozesses 30 Mrd. EUR.

4.1 Berechnen Sie für diesen Fall die Überschussreserve und die Barreserve, die sich durch Einzahlung bei der ersten an der Geldschöpfung beteiligten Geschäftsbank ergaben.

4.2 Ermitteln Sie die Höhe der durch den Geldschöpfungsprozess insgesamt angefallenen Mindestreserve.

Abituraufgaben 2010 (Aufgabe 4, teilweise, verändert)

Material 3

Jahr	2004	2005	2006	2007	2008
VPI	98,5	100,0	101,6	103,9	106,6

Quelle: Vgl. Statistisches Bundesamt: Wirtschaft und Statistik 2/2009, März 2009. In: www.statistischebibliothek.de/mir/servlets/MCRFileNodeServlet/DEAusgabe_derivate_00000076/1010200091024.pdf [23.03.2021], S. 177.

1. [...]

1.4 • Berechnen Sie die Preisniveauänderung in Prozent von 2007 bis 2008 (siehe **Material 3**).

• Berechnen Sie, um wie viel Prozent sich die Kaufkraft von 2004 bis 2008 verändert hat (siehe **Material 3**).

1.5 • Beurteilen Sie Bedeutung und Notwendigkeit des wirtschaftspolitischen Ziels „Stabilität des Preisniveaus".

• Überprüfen Sie, ob für das Jahr 2008 die Zielvorgabe der EZB bezüglich der Preisniveaustabilität erreicht wurde.

2. Im Juli 2008 hat der EZB-Rat eine Veränderung der Leitzinsen beschlossen.

2.1 Erklären Sie den Begriff „Leitzins" und erläutern Sie die dazugehörigen geldpolitischen Instrumente.

2.2 [...]

3. [...]

3.1 • Begründen Sie, welche Absicht die EZB mit einer Absenkung der Leitzinsen verfolgt.

• Vervollständigen Sie die in der **Anlage** dargestellten beabsichtigten Ursache-Wirkungs-Zusammenhänge, indem Sie

- die Wirkungsrichtung „je mehr – desto mehr" bzw. „je weniger – desto weniger" an der jeweiligen Pfeilspitze mit einem (+) und

- die Wirkungsrichtung „je mehr – desto weniger“ bzw. „je weniger – desto mehr“ an der jeweiligen Pfeilspitze mit einem (–)

kennzeichnen.

- Ergänzen Sie die Abbildung durch weitere Ursache-Wirkungs-Zusammenhänge (einschließlich der Wirkungsrichtung) unter Einbeziehung der Größen

  - Produktion,
  - Preisniveau,
  - Beschäftigung

  und begründen Sie jeden von Ihnen ergänzten Zusammenhang.

3.2 Am 15.01.2009 wurden die Leitzinsen ein weiteres Mal gesenkt. Im Zusammenhang mit Leitzinssenkungen wird häufig die Auffassung vertreten, dass „die Waffen der Zentralbank stumpf“ seien.

Begründen Sie diese Auffassung, indem Sie für den vorliegenden Fall drei Wirkungshemmnisse erläutern.

3.3 Die Leitzinsen in den USA und Japan betrugen Anfang 2009 nahezu 0 %.

Erläutern Sie, wie sich die mehrfache Leitzinssenkung der EZB Ende 2008/Anfang 2009 auf

- den Wechselkurs USD/EUR und
- den in USD abgewickelten deutschen Außenhandel ausgewirkt haben könnte.

Anlage zu Teilaufgabe 3.1

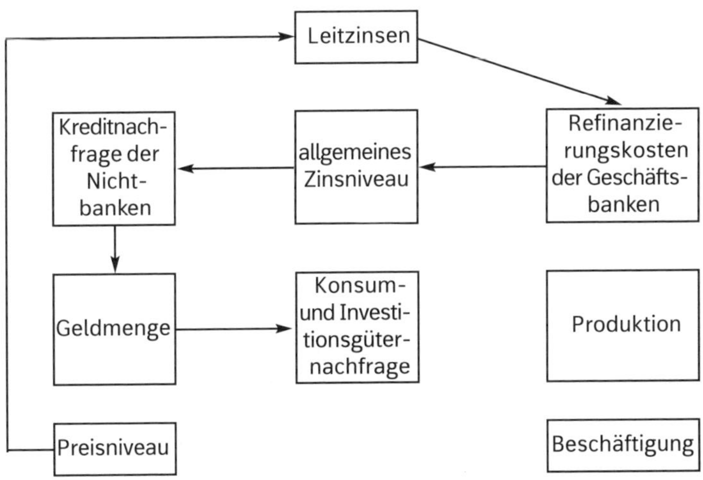

Abituraufgaben 2017 (Aufgabe 5)

Zur Erreichung ihrer geldpolitischen Ziele stehen der Europäischen Zentralbank (EZB) eine Reihe geldpolitischer Instrumente zur Verfügung.

Der Einsatz der geldpolitischen Instrumente hat sich im Zeitraum von 2008 bis 2016 stark verändert.

Material 1

	Juli 2008	März 2016
Spitzenrefinanzierungsfazilität	5,25 %	0,25 %
Hauptrefinanzierungssatz	4,25 % [1]	0,00 %
Einlagefazilität	3,25 %	– 0,40 %
Mindestreservesatz	2,00 %	1,00 %
Zuteilungsverfahren	Zinstender[2]	Mengentender[3]
Käufe von Staatsanleihen	nein	ja

[1] Mindestbietungssatz [2] amerikanisches Verfahren [3] mit Vollzuteilung Zinssätze jeweils p. a.

1. Im Rahmen der Offenmarktgeschäfte wurde das Zuteilungsverfahren umgestellt.

1.1 Der EZB-Rat hat beschlossen, die Hauptrefinanzierungsgeschäfte als Mengentender mit Vollzuteilung durchzuführen, obwohl das amerikanische Zinstenderverfahren als das marktgerechtere Mittel zur Liquiditätsversorgung der Banken galt.

- Beschreiben Sie das amerikanische Zinstenderverfahren.
- Führen Sie ein Argument an, mit dem ein Wechsel des Zuteilungsverfahrens begründet werden könnte.

1.2 Am 09.07.2008 teilte die Europäische Zentralbank 400 Geschäftsbanken im Rahmen des Hauptrefinanzierungsgeschäfts 175.000 Mio. EUR zu. Die damals eingehenden Gebote der Nord-Bank sowie die Gebote aller Geschäftsbanken sind der nachstehenden Tabelle zu entnehmen:

Bietungssatz in Prozent	4,32	4,33	4,34	4,35	4,36	4,37	Summe
Gebote aller Geschäftsbanken in Mio. Euro	40.000	28.642	25.000	40.000	80.000	50.000	263.642
Davon Gebote der Nord-Bank in Mio. Euro	100	170	250	400	80	–	1.000

Ermitteln Sie mithilfe einer Tabelle, welchen Betrag die EZB der Nord-Bank am 09.07.2008 zugeteilt hat.

2. Im Bereich der Mindestreservepolitik gab es Veränderungen.

2.1 Erklären Sie die Bedeutung des Mindestreservesatzes für die Geschäftsbanken.

2.2 Angenommen, der Süd-Bank fließen im März 2016 durch eine Kreditaufnahme bei der EZB 200 Mio. EUR zu. Zusätzlich zur Mindestreserve halten die Geschäftsbanken eine Barreserve von 3 %.

2.2.1 Ermitteln Sie die maximale Kreditvergabemöglichkeit des gesamten Bankensektors durch die Kreditaufnahme der Süd-Bank. Gehen Sie hierbei von einem vollständigen Bargeldrückfluss aus.

2.2.2 Berechnen Sie den Kreditbetrag der EZB, der im Juli 2008 erforderlich gewesen wäre, um die gleiche maximale Kreditvergabemöglichkeit wie im März 2016 zu erhalten (siehe Aufgabe 2.2.1). Unterstellen Sie für Juli 2008 ebenfalls eine Barreserve von 3 %.

2.3 Erläutern Sie, weshalb eine unbegrenzte aktive Buchgeldschöpfung der Geschäftsbanken grundsätzlich nicht möglich ist.

3. Im Rahmen der ständigen Fazilitäten wurden die Zinssätze verändert.

3.1 Angenommen, die West-Bank hinterlegt bei der Europäischen Zentralbank im Juli 2008 und im März 2016 jeweils für drei Tage nicht benötigtes Zentralbankgeld in Höhe von 100 Mio. EUR.

Beschreiben Sie mit rechnerischem Nachweis, welche Bedeutung die Veränderung der ständigen Fazilitäten in diesem Zeitraum für die West-Bank hat.

Rechenhinweis: Beide Schaltjahre sind mit 366 Tagen zu berücksichtigen.

3.2 Beurteilen Sie, ob die Veränderung bei den ständigen Fazilitäten auch Auswirkungen auf die Unternehmen und die privaten Haushalte haben könnte.

4. Bundesbankpräsident Jens Weidmann hat im März 2016 in einer Rede eine kritische Haltung zum jüngsten Maßnahmenpaket des Rates der Europäischen Zentralbank (EZB) eingenommen: „Die europäische Geldpolitik hat sich weit in unbekanntes Terrain vorgewagt und das Risiko einer Vereinnahmung durch die Fiskalpolitik steigt.“[1] Weidmann warnt davor, die Risiken der ultralockeren Geldpolitik zu unterschätzen und die Fähigkeiten der Geldpolitik zu überschätzen.[2]

4.1 Stellen Sie die erhofften „Fähigkeiten der Geldpolitik“ dar und beschreiben Sie die „Risiken einer ultralockeren Geldpolitik“. Berücksichtigen Sie bei Ihrer Einschätzung die Ziele der EZB sowie die nachfolgend dargestellten Wirtschaftsdaten zum Euro-Währungsgebiet.

---

[1] *Quelle: Deutsche Bundesbank (Hrsg.): Ein Notenbank-Blick auf den Euro-Raum. Keynote speech beim 2. Finance Forum Liechtenstein, 23.03.2016. In: www.bundesbank.de/de/presse/reden/ein-notenbank-blick-auf-den-euro-raum-664858 [23.03.2021].*

[2] *Quelle: Vgl. Deutsche Bundesbank (Hrsg.): Ein Notenbank-Blick auf den Euro-Raum. Keynote speech beim 2. Finance Forum Liechtenstein, 23.03.2016. In: www.bundesbank.de/de/presse/reden/ein-notenbank-blick-auf-den-euro-raum-664858 [23.03.2021].*

Material 2

	Quartal 1 (Januar bis März) 2016
Veränderung des harmonisierten Verbraucherpreisindex (HVPI) gegenüber dem Vorjahresquartal in Prozent	0,0
Veränderung des realen Bruttoinlandsprodukts gegenüber dem Vorjahresquartal in Prozent	1,5
Arbeitslosigkeit in Prozent der Erwerbspersonen	10,3

Quelle: Vgl. Europäische Zentralbank: Wirtschaftsbericht Ausgabe 4/2016 – Statistik. In: www.bundesbank.de/resource/blob/690072/af29e8266e297f4cf7b36c99cf521013/mL/2016-04-ezb-wb-data.pdf [23.03.2021], S. S 8, S 11, S 14.

4.2 Die geldpolitischen Beschlüsse der EZB wurden von den an der Währungsunion teilnehmenden Ländern unterschiedlich bewertet.

Erläutern Sie, weshalb es in diesem Zusammenhang mehrfach zu einem geldpolitischen Konflikt zwischen den süd- und nordeuropäischen Ländern kam.

4.3 Beschreiben Sie, in welcher Weise der Bundesbankpräsident die Beschlüsse der EZB beeinflussen kann. Gehen Sie hierbei auch auf das Verhältnis der Deutschen Bundesbank zur Europäischen Zentralbank ein.

26 Aktuelle Problemfelder der Wirtschaftspolitik

Stofftelegramm

26.1 Spannungsverhältnis Ökonomie ↔ Ökologie – Umweltpolitik

Stofftelegramm

Grenzen des Wachstums

<u>**Quantitatives Wachstum:**</u> rein zahlenmäßiges Wachstum

Grenzen des Wachstums:

- Abbau von Rohstoff- und Energiequellen (Gegenmaßnahme: Einsatz alternativer Energien)
- Abfallproblematik (Gegenmaßnahmen: z. B. Recycling)
- Erwerbstätigenzahl
- volkswirtschaftliche Kapazität
- Zerstörung der Umwelt

<u>**Qualitatives Wachstum:**</u> Wachstum bei gleichzeitiger Förderung qualitativer Ziele (Beachtung des Umweltschutzes)

- Alternativenergien
- Recycling (siehe nächste Seite)
- verkehrspolitische Maßnahmen

Umweltschutz: Recycling und Entsorgung

Kreislaufwirtschaftsgesetz

- **Zweck des Gesetzes** (§ 1): Förderung der Kreislaufwirtschaft zur Schonung der natürlichen Ressourcen und Sicherung der umweltverträglichen Beseitigung von Abfällen
- **Geltungsbereich** (§ 2):
  - Vermeidung von Abfällen
  - Verwertung von Abfällen
  - Beseitigung von Abfällen
- **Grundsätze der Kreislaufwirtschaft** (§ 6 f.):
  - Vermeidung von Abfällen geht vor Verwertung
  - Verwertung von Abfällen geht vor Beseitigung
- **Ziel „Kreislaufwirtschaft":** „Wiederverwertungsgesellschaft" statt „Durchlaufwirtschaft" („Wegwerfgesellschaft")

Entsorgung i. w. S. (Abfallverwertung)
→ **Veräußerung** (z. B. Metallabfälle an Stahlwerk)
→ **Rückführung** in eigenen Produktionsprozess
→ **Beseitigung** ohne wesentl. Umweltbelastung

Recycling → Veräußerung, Rückführung

= **„Wieder-in-Kreislauf-Bringen"**
= möglichst lückenlose Rückführung von Materialien, Produkten und Abfällen als Güter oder Wertstoffe in Prod.- und Verbrauchsprozess (möglichst wenig Umweltbelastung)

Entsorgung i. e. S.: Beseitigung von Abfällen

Formen des Recyclings

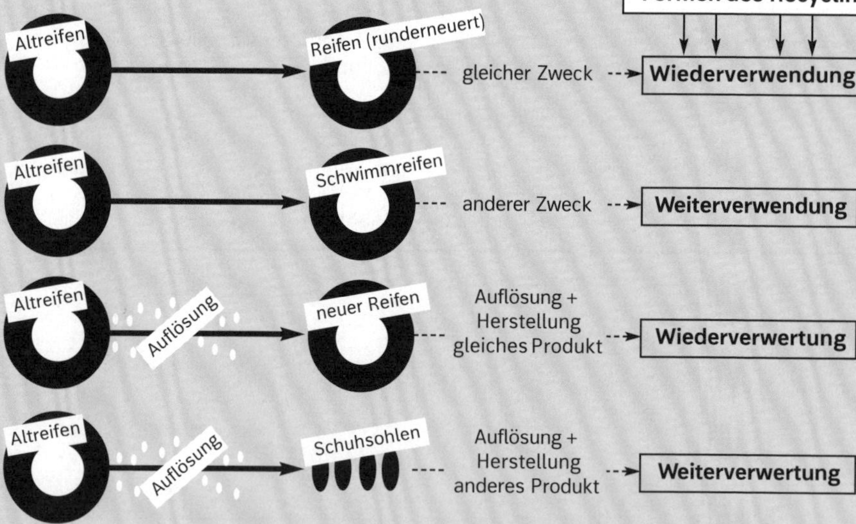

Aufgaben (Teil 1)

1. Nennen Sie vier Grundprobleme der modernen Industriegesellschaft.
2. Was versteht man unter quantitativem und qualitativem Wachstum?
3. Nennen Sie Grenzen des quantitativen Wachstums. Zwei Beispiele.
4. Welche Gefahren sind mit quantitativem Wachstum verbunden? Zwei Gesichtspunkte.
5. Welchen wirtschaftspolitischen Zielkonflikt versucht das qualitative Wachstumsziel zu beseitigen bzw. zu mildern?
6. Erklären Sie im Zusammenhang mit dem Umweltschutz die Begriffe

   a) Alternativenergien,

   b) Recycling,

   c) verkehrspolitische Alternativen.
7. Nennen Sie fünf Maßnahmen, die die Gefahren des quantitativen Wachstums mindern.
8. Wie wirken Umweltschutzmaßnahmen auf das quantitative Wachstum?

Stofftelegramm

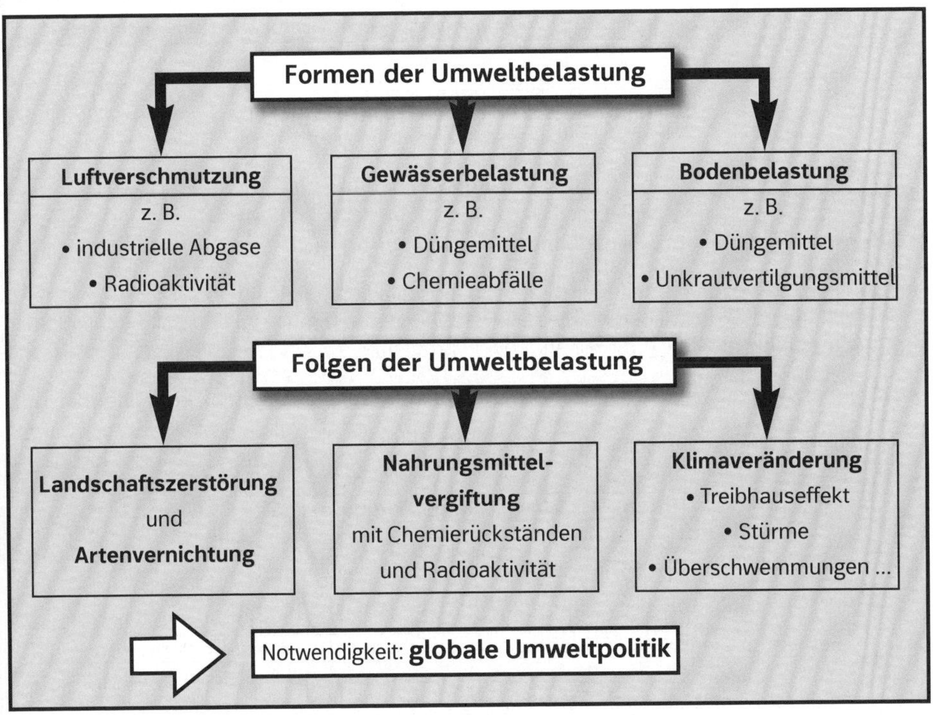

Ökonomie
= Wirtschaftswissenschaft

Ökonomie und Ökologie

Ökologie
= Wissenschaft von den Beziehungen der Lebenden zu ihrer Umwelt (Umweltschutz)

Problembereiche der Umweltpolitik (Stichworte)

Steigender Energiebedarf →ökologische Folgen:

- Luftverschmutzung
  → Zerstörung Ozonschicht
  → Treibhauseffekt
  → Orkane, Hochwasser ...
- Kernenergie (radioaktive Abfälle)
- begrenzte Rohstoffvorräte
- ökologische Schäden durch Ausbeutung der Vorräte (z. B. Regenwaldvernichtung)

Verkehr:
hoher Energieverbrauch
→ Luftverschmutzung
→ Naturzerstörung (Straßenbau)

Dritte Welt:
Unterernährung durch Armut, Überbevölkerung, Klima, Überschuldung

Landwirtschaft:

- Rodungen zwecks landwirtschaftlicher Nutzung
- Düngung, Pflanzenschutzmittel
  → Bodenbelastung
  → Gewässerbelastung
- Bodenverdichtung durch den Einsatz schwerer Maschinen
  → Sickerprobleme
  → Überschwemmungen
  → Waldsterben ...

Hinweis: Zu folgenden Ausführungen siehe auch Baßeler, Ulrich u. a.: Grundlagen und Probleme der Volkswirtschaft. 19. Auflage. Stuttgart: Schäffer-Poeschel Verlag 2010.

Ursachen der Umweltbelastung

Bevölkerungswachstum

- **Intensive Bodennutzung, Ausdehnung der Anbauflächen:**

  → Erosion, Versalzung, Düngereinsatz, Schädlingsbekämpfungsmittel
  → Erhöhung der industriellen Produktion → steigender Verbrauch von Energie, Rohstoffen
  → mehr Abfälle + Schadstoffe → Entsorgungsprobleme

- **Zunahme städtischer Ballungszentren (insbesondere auch in Entwicklungsländern):**

  → steigende Umweltverschmutzung

Intensives Wachstum der Weltwirtschaft

- s. o.
- starke Zunahme des Verkehrs

Fehlender Zwang und fehlende Anreize zu umweltbewusstem Verhalten

Versagen des Preismechanismus bei „Umweltgütern“

Umweltpolitische Ziele

Alle Maßnahmen zur Umwelterhaltung und Umweltverbesserung

- Beseitigung von Umweltschäden
- Minimierung von Umweltrisiken
- Abwehr von Schäden für Mensch + Umwelt
- **Schutz künftiger Generationen**

„Nachhaltigkeit“

= Handeln mit Blick in die Zukunft

→ künftigen Generationen lebenswerte Umwelt sichern

Das „magische Dreieck“ der Nachhaltigkeit (Agenda 21)

Alle Nationen sollen langfristige Konzepte erstellen,
die folgenden Gesichtspunkte beachten:

Magisches Dreieck: Ökologie – Ökonomie – Soziales

Ökologisches Gleichgewicht

- umweltfreundliche Produkte
- Recycling
- Verpackungen reduzieren
- Abfallverwertung, -vermeidung
- Energie einsparen

Ökonomische Sicherheit

- Arbeitsplatzsicherung
- verantwortungsvoller Umgang mit Energie + Rohstoffen

Soziale Gerechtigkeit

- Gleichheitsgrundsatz (z. B. Mann/Frau) beachten
- leistungsgerechte Bezahlung
- Angebot von Ausbildungsplätzen ...

Prinzipien der Umweltpolitik

Verursacherprinzip
(= umweltpolitische Leitlinie)

- Der Umweltschädiger soll die externen Kosten (= Kosten der Allgemeinheit) tragen.
  ‡ Aus **externen Kosten** werden **interne Kosten** (= **Internalisierung** der Kosten).
- Probleme:
  - Identifizierung der Verursacher
  - Feststellung des Umfangs der Umweltbelastung
  - Kontrollprobleme

Kooperationsprinzip

- Mitwirkung aller Betroffenen (Kooperation)
- **Selbstbindungsabkommen:**

  Verpflichtung zum Unterlassen von umweltschädigenden Aktivitäten (z. B. Verzicht auf Verwendung von FCKW)
- **Selbstverpflichtungsabkommen:**

  Bereitschaft zur Durchführung umweltfreundlicher Aktivitäten

Vorsorgeprinzip

- „Vorbeugen ist besser als Heilen.“
- Umweltgefahren vorneweg vermeiden
- **Nachhaltigkeit** (zukünftigen Generationen intakte Umwelt hinterlassen)

Gemeinlastprinzip

- nur im Ausnahmefall (wenn andere Prinzipien nicht greifen)
- Anstelle des Verursachers verringert die öffentliche Hand Umweltbelastungen durch den Einsatz öffentlicher Mittel.

Instrumente nach Eingriffsart

marktkonforme (marktbezogene) Instrumente

Beispiel: hohe Lkw-Abgabe → Bahn günstiger

marktkonträre (ordnungsrechtliche) Instrumente

Beispiel: quantitative Lkw-Verkehrsbeschränkung

Instrumente der Umweltpolitik

- Instrumente sollen optimalen Zustand der Umwelt erreichen.
- Zielerreichung durch **Internalisierung:**

Externe Kosten (= Kosten der Allgemeinheit) sollen zu **internen Kosten** (= Kosten des Verursachers) werden (= „internalisieren“).

❶

Internalisierung durch Verhandlungen

- Verhandlungen zwischen Schädigern und Geschädigten
- Schadenersatzzahlung des Schädigers an den Geschädigten bzw. Geschädigter kompensiert Schädiger für die Unterlassung der Schädigung

❷

Internalisierung durch Umwelthaftungsrecht

Umweltschädiger haften für die von ihnen verursachten Schäden.

❸

Internalisierung durch Ökosteuern und Subventionen

- Belastung der Verursacher negativer externer Effekte mit **Ökosteuer** (= Umweltsteuer):
  → Besteuerung der umweltkritischen **Endprodukte** (z. B. phosphathaltige Waschmittel) und/oder
  → Besteuerung von **Produktionsmitteln** (z. B. Energie) und/oder
  → Besteuerung von **Schadstoffemissionen**
- Förderung der Verursacher positiver externer Effekte mit **Subventionen** (= **negative Ökosteuer**)
- In **Deutschland** seit 1999 ökologische Steuerreform: Verteuerung des Energieverbrauchs (= Produktionsmittelsteuer auf Strom + Mineralöl)
  → Langfristiges Ziel der ökologischen Steuerreform: Energieeinsparungen im Produktionsprozess (Preise für energieintensiv erstellte Produkte steigen → Nachfrage sinkt → Produktionsprozesse werden energiesparender)
  → Weiteres Ziel: Der umweltfreundliche Produktionsfaktor Arbeit soll billiger werden und umweltschädliche Produktionsfaktoren ersetzen.

❹

Umweltauflagen

- Der Verursacher soll gezwungen werden, die Umweltbelastungen zu verringern.
- **Verbote:** umweltschädigendes Verhalten wird völlig unterbunden, z. B. DDT-Verbot
- **Gebote:** Umweltbelastungen in Grenzen (Grenzwerte) erlaubt, z. B. höchstzulässige Schadstoffmengen
- **Vorteile:** schnell wirksam, relativ erfolgreich, praktikabel • **Nachteil:** evtl. Wettbewerbsverzerrungen

❺

Umweltzertifikate (= Emissionslizenzen)

Der Staat legt die Höchstmenge an Emissionen in einem bestimmten Gebiet (z. B. EU) fest.
→ Stückelung dieser Höchstmenge → Verbriefung in börsenmäßig handelbaren Emissionszertifikaten
→ Verteilung oder Verkauf der Zertifikate an die potenziellen Emittenten („Schmutzfinken")

Beispiel: Unternehmung A kauft zehn Zertifikate (jedes Zertifikat verbrieft eine bestimmte Schadstoffemission). Will A mehr Schadstoffe emittieren (ohne den Klimaschutz entsprechend zu verbessern), als sie an Zertifikaten besitzt, muss sie weitere Zertifikate zukaufen.

Produziert A umweltschonend (z. B. im Gegenwert acht Zertifikate), kann A Zertifikate verkaufen.

Seit 2005 in der **EU** praktiziert (Zertifikate zur Emission von Kohlendioxid).

Umweltpolitische Aktivitäten in der EU

Ziele der Umweltpolitik laut EG-Vertrag
- Erhaltung + Schutz + Verbesserung der Umwelt
- Schutz der menschlichen Gesundheit
- umsichtige Verwendung natürlicher Ressourcen
- internationale Umweltmaßnahmen fördern

Grundsätze umweltpolitischer Tätigkeit
- Vorsorgeprinzip
- Bekämpfung der Belastung an der Quelle
- Verursachungsprinzip

Weitere Aktivitäten
- Wasserschutz (Kontrolle der Einleitungen)
- Schutz der Luft (Grenzwerte, z. B. Kohlenmonoxid)
- Produzentenverantwortung bei Abfallentsorgung
- Umweltverträglichkeitsprüfung (z. B. Kraftwerke)
- Öko-Audit (externe Gutachter erstellen Zertifikate)

Grundprobleme in der EU
- Wachstumsorientierung kontra Umweltschutz
- Umweltentscheidungen oft nur einstimmig möglich

Kyoto-Protokoll

- Die größten Industriestaaten verpflichteten sich 1997 in Kyoto (Japan), ihre Kohlendioxid-Emissionen von 2008 bis 2012 um mindestens 5 % unter das Niveau von 1990 zu senken.
- USA + Australien fühlen sich hieran nicht gebunden.
- **Generell:** zunehmend internationale **Klimakonferenzen** und **Klimaprotokolle**

Paris-Abkommen

Ende 2015 beschlossen, seit dem 4. November 2016 in Kraft:

internationaler Klimavertrag

Ziel: Erderwärmung auf deutlich unter 2 °C begrenzen, wenn möglich sogar auf nur 1,5 °C (rechtlich nicht verbindlich, beruht auf Freiwilligkeit)

Besonderheit: Sogar die größten Klimasünder China, Brasilien, Indien und die USA haben das Abkommen ratifiziert.

Klimagipfel Madrid

- endet ohne konkrete Ergebnisse
- zentrale Entscheidungen vertagt
- Minimalkompromiss
- Abschlussdokument mit gemeinsamer Abschlusserklärung von 200 Staaten

Ergebnisse:

- Es wurde anerkannt, dass die Länder ihre nationalen Klimaschutzziele anheben müssen, um den weltweiten Temperaturanstieg auf 1,5 °C zu begrenzen (bereits im Pariser Abkommen beschlossen).
- Die Klimaneutralität soll bis 2050 erreicht werden.

Disharmonie:

- Kein Land will Pläne zur Einsparung von Treibhausgasen vorlegen, obwohl die Weltgemeinschaft die Erderwärmung auf 1,5 bis 2 °C begrenzen wollte. Tatsächlich läuft die globale Erwärmung auf 3 °C hinaus.
- Einrichtung eines internationalen Fonds, um bereits eingetretene klimabedingte Schäden und Verluste zu meistern; Verschiebung des Themas ohne Einigung auf den Glasgower Gipfel 2020

- Brasilien, Australien und die USA bremsen die Verhandlungen.
- Die USA verlassen das Pariser Klimaabkommen 2020.

Aufgaben (Teil 2)

9. Nennen Sie drei Formen der Umweltbelastung.
10. Nennen Sie drei Folgen der Umweltbelastung.
11. Unterscheiden Sie die Begriffe „Ökonomie“ und „Ökologie“.
12. Nennen Sie stichwortartig vier Problembereiche der Umweltpolitik.
13. Nennen Sie drei Ursachen der Umweltbelastung.
14. Nennen Sie vier Ziele der Umweltpolitik.
15. Erklären Sie den Begriff „Nachhaltigkeit“.
16. Nennen Sie die vier Prinzipien der Umweltpolitik.
17. Nennen Sie fünf Instrumente der Umweltpolitik.
18. Erklären Sie kurz die Begriffe:
    - externe Kosten
    - interne Kosten
    - Internalisierung

19. Welche Verpflichtung beinhaltet das Kyoto-Protokoll?

20. Welche Verpflichtungen beinhaltet das Paris-Abkommen?

26.2 Beschäftigungs- und Arbeitsmarktpolitik[1]

Stofftelegramm

Beschäftigung →
- Grad der Kapazitätsauslastung einer Volkswirtschaft
- Messung insbesondere anhand der **Arbeitslosenquote**

$$\text{Arbeitslosenquote} = \frac{\text{registrierte Arbeitslose} \cdot 100}{\text{zivile Erwerbstätige} + \text{registrierte Arbeitslose}}$$

oder

$$\text{Arbeitslosenquote} = \frac{\text{registrierte Arbeitslose} \cdot 100}{\text{alle zivilen Erwerbspersonen}}$$

- sozialversicherungspflichtig Beschäftigte
- Auszubildende
- geringfügig Beschäftigte
- Beamte
- Selbstständige
- mithelfende Familienangehörige

Beschäftigungsstand der Volkswirtschaft

Vollbeschäftigung →
- Arbeitslosenquote bis ca. 4 % („Sockelarbeitslosigkeit“)
- volle Auslastung der Produktionskapazitäten

Unterbeschäftigung →
- Arbeitslosenquote über 4 %
- nur teilweise Auslastung der Produktionskapazitäten

Überbeschäftigung →
- offene Stellen > Arbeitslose
- Überstunden, Sonderschichten, Überbeanspruchungen ...

Arten, Ursachen, Bekämpfung und Probleme der Arbeitslosigkeit

- **Saisonale Arbeitslosigkeit:**

  Folge saisonaler Produktionsschwankungen (z. B. Landwirtschaft, Bauwirtschaft); kaum bekämpfbar

- **Strukturelle Arbeitslosigkeit (= „Mismatch-Arbeitslosigkeit"):**

  Arbeitslosigkeit in bestimmten Regionen, Branchen oder Berufen durch strukturellen Wandel auf diesen Teilarbeitsmärkten (z. B. Landwirtschaft, Stahlbranche, Uhrenindustrie)

  „Mismatch-Arbeitslosigkeit": Arbeitsangebot und Arbeitsnachfrage weichen in regionaler oder qualifikatorischer Hinsicht voneinander ab → auf dem gesamten Arbeitsmarkt existieren gleichzeitig Arbeitslosigkeit und offene Stellen.

  Gründe für regionales Mismatch: familiäre Bindungen, fehlende Transparenz, fehlende Wohnungen, unterschiedliche Schulsysteme

  Gründe für qualifikatorisches Mismatch: Qualifikative Ansprüche der Arbeitsstellen stimmen nicht mit den Qualifikationen der Arbeitslosen überein (z. B. Facharbeitermangel).

- **Technologische Arbeitslosigkeit:**

  Arbeitslosigkeit durch Rationalisierung (Maschinen ersetzen Menschen)

- **Konjunkturelle Arbeitslosigkeit:**

  Durch gesamtwirtschaftlichen Beschäftigungsrückgang (sinkende Nachfrage) hervorgerufene Arbeitslosigkeit (Rezessions- bzw. Depressionsphase)

- **Friktionelle Arbeitslosigkeit:**

  Sie tritt auf, wenn Arbeitskräfte kündigen bzw. entlassen werden und kurzfristig bis zum Antritt der neuen Stelle nicht beschäftigt sind („Sucharbeitslosigkeit" bzw. „Fluktuationsarbeitslosigkeit"). Ebenso wie die saisonale Arbeitslosigkeit zählt sie zur sog. **„Sockelarbeitslosigkeit"**, die auch in Zeiten guter Konjunktur nicht unterschritten werden kann.

Bekämpfung der Arbeitslosigkeit (Arbeitsmarktpolitik):

- Möglichkeiten für Arbeitslose schaffen, sich selbstständig zu machen (Existenzgründungszuschüsse)
- Personal-Service-Agenturen errichten, die Arbeitslose in Zeitarbeit beschäftigen
- Arbeitszeitverkürzungen
- Senkung der Arbeitskosten
- Maßnahmen zur Steigerung der Nachfrage (Lohn-, Gehaltserhöhungen, Steuersenkungen ...)
- staatliche Beschäftigungsprogramme (Straßenbau ...)
- Investitionszulagen an Unternehmen
- Senkung der Unternehmenssteuern
- Verhinderung der Abwanderung deutscher Unternehmen ins Ausland
- Förderung der Berufsbildung

Probleme der Arbeitslosigkeit:

- materielle, psychische, soziale Probleme
- Probleme der Finanzierung (Arbeitslosengelder)

Lohnpolitik der Tarifparteien:

- **expansive Lohnpolitik:** Gewerkschaften fordern Lohnerhöhungen, die über der Erhöhung der Arbeitsproduktivität + Inflationsrate liegen.
- **produktivitätsorientierte Lohnpolitik:** Gewerkschaften fordern Lohnerhöhungen entsprechend dem Anstieg der Arbeitsproduktivität.

[1] *„Sternchenthema": Abiturrelevanz alternativ zu Kapitel 26.3 prüfen.*

26.3 Sozial- und Verteilungspolitik[1]

Stofftelegramm

Funktionelle Einkommensverteilung

Fragestellung: Welchen **Produktionsfaktoren** sind die Einkommen zugeflossen? →

- Arbeitseinkommen
- Bodeneinkommen (Miete, Pacht)
- Kapitaleinkommen (Zins)
- Unternehmereinkommen (Gewinn oder Verlust = Restgröße = Residualeinkommen)

Personelle Einkommensverteilung

Fragestellung: Welchen **Personengruppen** sind die Einkommen zugeflossen? →

- Arbeitnehmer (Löhne, Zinsen, Mieteinnahmen)
- Beamte (Löhne, Zinsen, Mieteinnahmen)
- Selbstständige (Gewinne, Löhne, Zinsen, Mieteinnahmen)
- Rentner (Renten, Gewinne, Zinsen, Mieteinnahmen)

Ursache unterschiedlicher Einkommens- und Vermögensverteilung

Ungleichheiten durch

Leistungsfähigkeit | Marktmacht | Vermögensbasis (Erbe ...)

- **„Gerechte" Einkommens- und Vermögensverteilung:** subjektiv!

  Stichworte: Leistungsfähigkeit, Unternehmerrisiko, Kinderzahl ...

- **Instrumente der Verteilungspolitik:**
  - Steuerpolitik (Einkommensteuerprogression, Erbschafts-, Vermögenssteuer ...)
  - Sozialpolitik (Sozialversicherungsbeiträge in Abhängigkeit vom Einkommen ...)
  - Bildungspolitik (BAföG ...)

System der sozialen Sicherung in Deutschland

Eigenvorsorge (Individualprinzip)
= eigenverantwortliche Vorsorge für Notfälle

kollektive Vorsorge (Sozialprinzip)
= staatliche Zwangsversicherung

G e s e t z l i c h e S o z i a l v e r s i c h e r u n g

- **Krankenversicherung**
- **Rentenversicherung**
- **Arbeitslosenversicherung**
- **Unfallversicherung**
- **Pflegeversicherung**

[1] *„Sternchenthema": Abiturrelevanz alternativ zu Kapitel 26.2 prüfen.*

Aktuelle Probleme der sozialen Sicherung

Rentenversicherung

- Altersquotient (Rentner/-innen : Erwerbsfähige) steigt (Gesellschaft altert).
- Weniger Beitragszahler, mehr Rentenbezieher durch:
  - längere Ausbildung
  - späteren Eintritt ins Erwerbsleben
  - Zunahme von Teilzeitarbeit
  - Trend zur Selbstständigkeit (immer mehr freie Mitarbeiter/-innen, Telearbeitsplätze ...)
  - Verringerung der Erwerbsquote der über 50-Jährigen
  - steigende durchschnittl. Rentenbezugsdauer (höhere Lebenserwartung)
  - Verkürzung der Lebensarbeitszeit
  - sinkende Beitragseinnahmen in Wirtschaftsflauten

→ Immer weniger Beschäftigte müssen für immer mehr Rentner/-innen aufkommen.

→ Sozialausgaben übersteigen Beitragseinnahmen.

Folgen:

- Leistungseinschränkungen bzw.
- Beitragserhöhungen bzw.
- Verlagerung auf private Altersvorsorge

Krankenversicherung

- Hohe Ausgabensteigerungen im Gesundheitswesen:

  steigende
  - Krankenhauskosten
  - Kosten für Medikamente
  - Kosten für Ärzte
- sinkende Beitragseinnahmen in Wirtschaftsflauten

Arbeitslosenversicherung

- steigende Arbeitslosigkeit → Ausgaben für Arbeitslosengelder steigen

Pflegeversicherung

- steigende Zahl der Pflegebedürftigen aufgrund höherer Lebenserwartung
- zunehmende Entstehung von Ein-Personen-Haushalten (→ weniger Pflege durch Familienangehörige)

Unfallversicherung

- Finanzierung durch Beiträge der Arbeitgeber
- Beiträge abhängig v. a. von der Unfallgefahr im jeweiligen Betrieb

  → Einnahmen decken Ausgaben.

Wichtig: Evtl. zusätzlich private Vorsorgemaßnahmen treffen! (s. u.)

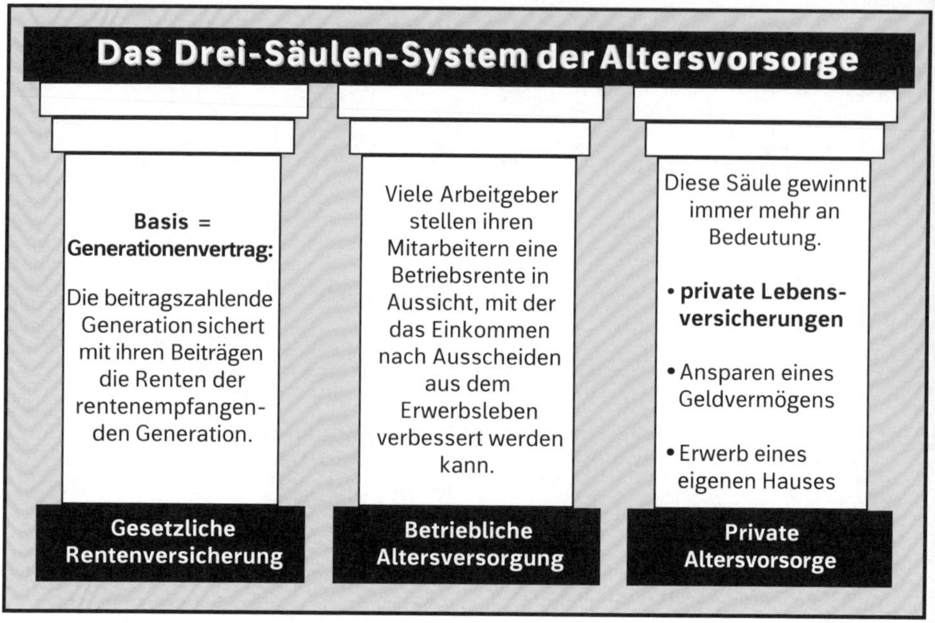

26.4 Abituraufgaben

Abituraufgaben 2011 (Aufgabe 5)

M1: Auszug aus dem Koalitionsvertrag zwischen CDU, CSU und FDP

Wir wollen nachhaltiges Wachstum, um Wohlstand und soziale Gerechtigkeit zu sichern. [...] Nachhaltiges Wachstum schafft Arbeit [...].

In der jetzigen Situation gilt es, den Einbruch des wirtschaftlichen Wachstums so schnell wie möglich zu überwinden [...].

Wir streben an, die paritätisch [= zu gleichen Teilen von Arbeitgebern und -nehmern] finanzierten Lohnzusatzkosten (Sozialversicherungsbeiträge) unter 40 % vom Lohn zu halten. Wir werden dafür sorgen, dass sich Arbeit lohnt, dass den Bürgern mehr Netto vom Bruttoeinkommen bleibt. [...]

Das Prinzip der Nachhaltigkeit prägt unsere Politik. Wir wollen gute Lebensbedingungen für kommende Generationen. Der Klimaschutz ist weltweit die herausragende umweltpolitische Herausforderung unserer Zeit. [...]

Quelle: Wachstum. Bildung. Zusammenhalt. Der Koalitionsvertrag zwischen CDU, CSU und FDP. 17. Legislaturperiode, 26.10.2009. In: www.csu.de/common/_migrated/csucontent/091026_koalitionsvertrag_02.pdf [23.03.2021], S. 5, 6, 9, 10, 25.

M2: Auszug aus dem Gesetz zur Beschleunigung des Wirtschaftswachstums

A. Problem und Ziel

[...] In dieser sehr ernsten [...] wirtschaftlichen Gesamtsituation gilt es, [...] neue Impulse für einen stabilen und dynamischen Aufschwung zu setzen. Nur durch nachhaltiges Wachstum können die Folgen der Krise überwunden werden. Eine Steuerpolitik, die sich in diesem Sinne als Wachstumspolitik versteht, schafft Vertrauen und Zuversicht und stärkt durch wirksame und zielgerichtete steuerliche Entlastungen die produktiven Kräfte unserer Gesellschaft.

Zur Sicherung der Technologieführerschaft Deutschlands soll der weitere Ausbau der erneuerbaren Energien gefördert werden. [...]

Quelle: Gesetzentwurf der Fraktionen der CDU/CSU und FDP. Deutscher Bundestag Drucksache 17/15, 17. Wahlperiode, 09.11.2009. In: http://dipbt.bundestag.de/dip21/btd/17/000/1700015.pdf [23.03.2021], S. 1.

1. Nennen Sie drei wirtschaftspolitische Ziele des „magischen Sechsecks“, die Bestandteil des Koalitionsvertrages **(M1)** sind, und definieren Sie die jeweiligen Größen, mit denen die Erreichung dieser Ziele gemessen wird bzw. gemessen werden könnte.

2. Im Koalitionsvertrag **(M1)** wird bei zwei wirtschaftspolitischen Zielen, die zum „magischen Viereck“ gehören, von einer Zielharmonie ausgegangen.

   Begründen Sie anhand dieser beiden Ziele,

   - auf welcher Überlegung der unterstellte Zusammenhang beruht,
   - warum dieser Zusammenhang häufig nicht im erhofften Ausmaß zutrifft (zwei Argumente).

3. Bei der Wachstumsförderung und Konjunkturstabilisierung werden das nachfrage- und das angebotsorientierte Konzept unterschieden.

   Stellen Sie die Grundauffassungen der beiden Konzeptionen hinsichtlich folgender Kriterien gegenüber:

   - Funktionsweise marktwirtschaftlicher Systeme
   - Hauptursache für Wirtschaftskrisen
   - Wirtschaftspolitische Rolle des Staates

4. Wählen Sie aus der Koalitionsvereinbarung **(M1)** und dem Wachstumsbeschleunigungsgesetz **(M2)** insgesamt vier Vorhaben aus und ordnen Sie diese der nachfrage- bzw. angebotsorientierten Wirtschaftspolitik zu.

   Begründen Sie Ihre Entscheidungen, indem Sie die erhoffte Wirkungsweise der Maßnahmen erläutern.

   Fertigen Sie dazu eine Lösungstabelle nach folgendem Muster an:

Vorhaben	Art der wirtschaftspolitischen Konzeption	Begründung/Wirkungsweise

5. Aufgrund mehrerer Konjunkturprogramme und deren Finanzierung über „Deficit-Spending" ist die Staatsverschuldung auf Rekordhöhe gestiegen.

5.1 Begründen Sie mit zwei Argumenten, warum die Rückführung der Staatsschulden in der Praxis nur selten gelingt.

5.2 Erläutern Sie zwei negative Folgen einer hohen Staatsverschuldung.

5.3 Trotz der enormen Staatsverschuldung möchte die Regierung die Einkommensteuer für die Bezieher mittlerer Einkommen senken. In diesem Zusammenhang wird behauptet, eine solche Steuersenkung finanziere sich letztlich selbst und führe daher nicht zu einer weiteren Erhöhung der Staatsverschuldung.

Erläutern Sie den bei dieser Annahme unterstellten Zusammenhang zwischen Steuersatz und Steueraufkommen und nehmen Sie kritisch dazu Stellung.

6. Im Rahmen des Wachstumsbeschleunigungsgesetzes wurden unter anderem Maßnahmen im Bereich des Umweltschutzes beschlossen. Davon ist auch die Ökosteuer betroffen.

6.1 Erläutern Sie Absicht und Wirkungsweise der Ökosteuer.

6.2 Zur Erhaltung der Wettbewerbsfähigkeit von reinen Biokraftstoffen wurde die Ökosteuer auf Biodiesel gesenkt.

- Erläutern Sie, welche Anpassungsprozesse und Folgen sich durch diese Maßnahme auf dem Biodieselmarkt ergeben.

- Skizzieren Sie diese in einem Preis-Mengen-Diagramm mit normal verlaufenden Angebots- und Nachfragekurven.

6.3 Als Folge der Veränderungen auf dem Biodieselmarkt kommt es zu Reaktionen der Verbraucher, die bisher herkömmlichen Dieselkraftstoff getankt haben.

Erläutern Sie die sich daraus ergebenden Anpassungsprozesse und Folgen auf dem Biodieselmarkt.

Abituraufgaben 2012 (Aufgabe 5, teilweise)

3. Im Herbst 2010 ist die Zahl der Arbeitslosen in Deutschland auf annähernd drei Millionen gesunken. Das war der niedrigste Stand seit 18 Jahren.

3.1 [...]

3.2 Stagnierende Reallöhne, mehr befristete Arbeitsverträge, ein gewachsener Niedriglohnsektor und mehr als eine Million Leiharbeiter werden als Gründe für das deutsche „Jobwunder" genannt.

- Erläutern Sie, weshalb sich „mehr befristete Arbeitsverträge" positiv auf die Beschäftigung auswirken können.
- Begründen Sie, auf welche wirtschaftspolitische Konzeption die für das „Jobwunder" genannten Ursachen hindeuten.

3.3 [...]

Abituraufgaben 2013 (Aufgabe 5, verändert)

1. Im Zusammenhang mit der Staatsschuldenkrise einiger Euroländer beschloss das Europaparlament im September 2011 eine Reform des EU-Stabilitätspakts.
   Dadurch sollen die Regierungen zum Schuldenabbau und zu stärkerer Haushaltsdisziplin gezwungen werden.

1.1 Beschreiben Sie je ein Problem, das sich für diese Länder aus der hohen Staatsverschuldung und der geforderten Haushaltskonsolidierung ergeben kann.

1.2 [...]

1.2.1 [...]

1.2.2 Trotz der auch in Deutschland hohen Staatsverschuldung wird von Politikern eine Entlastung der Bezieher „kleiner und mittlerer Einkommen" bei der Einkommensteuer gefordert. Dabei wird argumentiert, eine solche Maßnahme widerspräche mittelfristig nicht der Haushaltskonsolidierung.

Prüfen Sie diese Argumentation kritisch.

2. Die Einkommensteuer ist ein wichtiges Instrument der Einkommensumverteilung. Der zurzeit gültige Einkommensteuertarif ist in M2 abgebildet.

M2: Einkommensteuertarif 2012

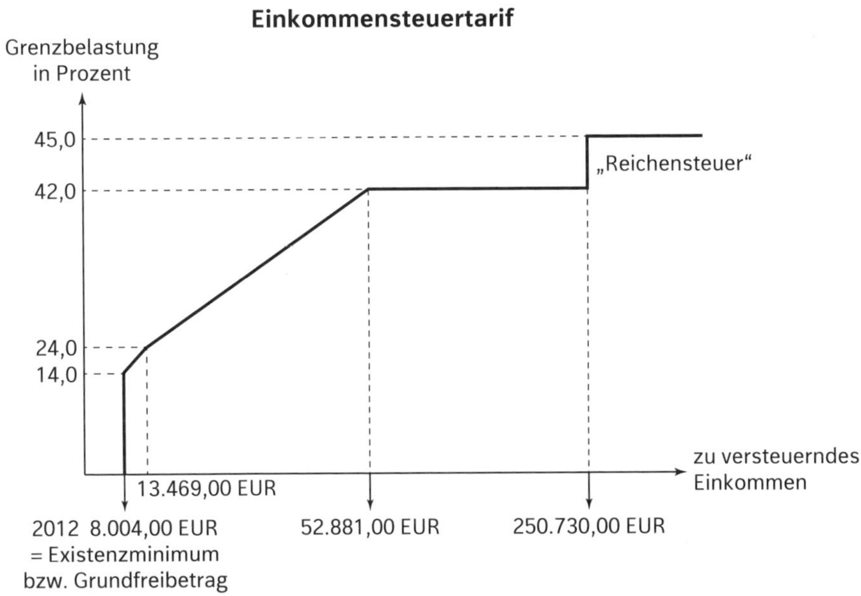

2.1 Erläutern Sie die Umverteilungswirkung des Einkommensteuertarifs. Prüfen Sie dabei auch, inwieweit der Einkommensteuertarif die Ziele

- der Bedarfsgerechtigkeit und
- der Leistungsgerechtigkeit

berücksichtigt.

3. Für die Bewältigung der verteilungs- und sozialpolitischen Herausforderungen gilt ein angemessenes Wirtschaftswachstum als eine wichtige Voraussetzung.
Wachstumskritiker weisen aber in diesem Zusammenhang auf den Konflikt mit dem Ziel „Erhalt einer lebenswerten Umwelt“ hin.

3.1 Beschreiben Sie diesen Zielkonflikt.

3.2 Ein wichtiges Ziel der Umweltpolitik ist die Einschränkung des Ausstoßes von Klimagasen wie CO_2. Als marktbezogene Instrumente kommen die Ökosteuer und der Handel mit Emissionsrechten infrage.

3.2.1 Die deutsche Industrie rechnet für die kommenden Jahre mit einer weiteren Belastung durch eine Ökosteuer.

- Veranschaulichen Sie die Auswirkung einer Ökosteuererhebung auf Preis und Menge für den Fall eines

  - elastischen und
  - unelastischen

  Nachfrageverhaltens (vgl. **Anlage**).

- Erläutern Sie Ihr Ergebnis und beurteilen Sie die Wirkung einer Ökosteuer im Hinblick auf die umweltpolitische Zielsetzung.

3.2.2 Die dritte Phase des europäischen Emissionshandels beginnt im Jahr 2013. Es ist geplant, das Gesamtvolumen der Emissionsrechte bis zum Jahr 2020 um jährlich 1,74 % zu reduzieren.

- Erläutern Sie, was unter einem Emissionsrecht zu verstehen ist, und zeigen Sie einen grundsätzlichen umweltpolitischen Vorteil des Emissionsrechtehandels gegenüber der Erhebung einer Ökosteuer auf.

- Angenommen, die Nachfrage nach Emissionsrechten bleibt bei einer Neuzuteilung unverändert.
  Skizzieren Sie für diesen Fall in einem Koordinatensystem die sich durch die geplante Reduzierung ergebende Veränderung des Ausgabepreises. Erläutern Sie den Anpassungsprozess.

Anlage

Skizze für die Darstellung eines elastischen Nachfrageverhaltens im relevanten Bereich

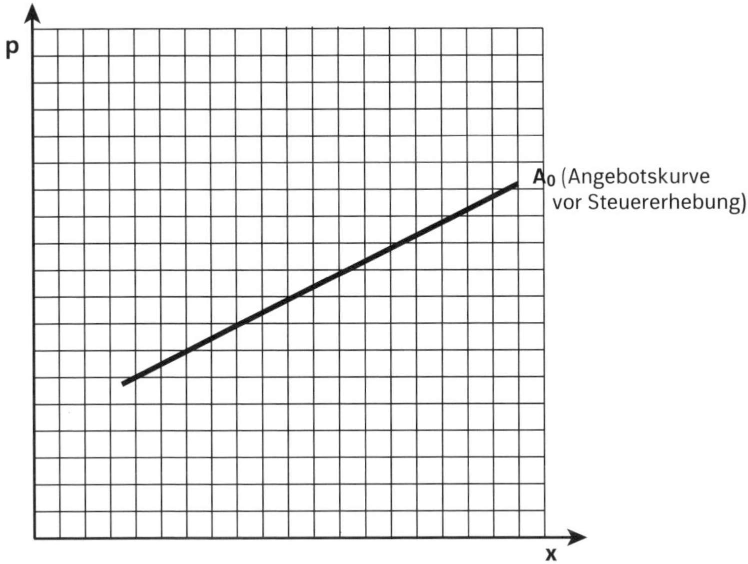

Skizze für die Darstellung eines unelastischen Nachfrageverhaltens im relevanten Bereich

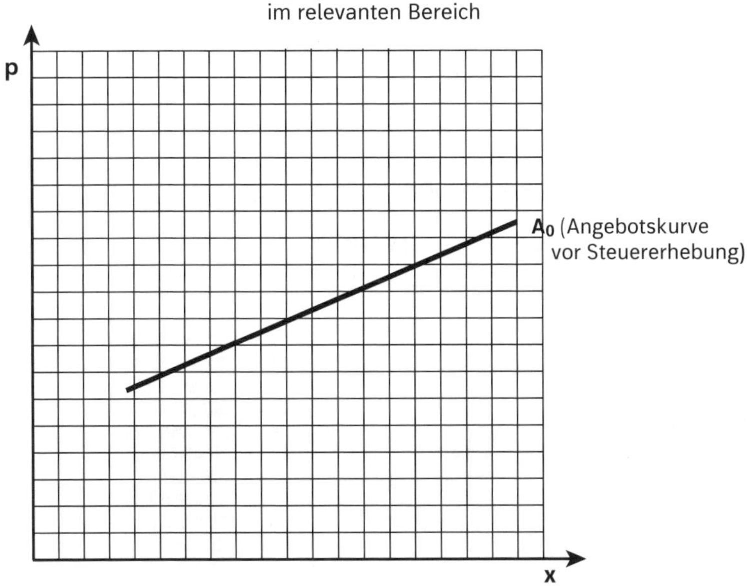

Abituraufgaben 2015 (Aufgabe 5, verändert)

1. Im Rahmen der Koalitionsverhandlungen im November 2013 einigten sich CDU, CSU und SPD auf die Einführung eines gesetzlichen Mindestlohnes. Dieses Vorhaben wurde vor dem Hintergrund der aktuellen Lage auf dem deutschen Arbeitsmarkt sehr kontrovers diskutiert.

1.1 Berechnen Sie auf der Grundlage der Pressemeldung der Bundesagentur für Arbeit (**Material 1**) und der Statistik der Arbeitsagentur (**Material 2**) die Arbeitslosenquote für November 2013.

Material 1: Informationen zum Arbeitsmarkt November 2013

Im November ist die Zahl der Arbeitslosen in Deutschland knapp gestiegen, die Zahl der unterbeschäftigten Menschen wurde bezogen auf das Vorjahr weniger und die Nachfrage nach Arbeitskräften hat sich stabilisiert.

Quelle: Vgl. Bundesagentur für Arbeit: Der Arbeitsmarkt im November: Leichter Anstieg der Arbeitslosigkeit, 28.11.2013. In: www.presseportal.de/pm/6776/2608943 [23.03.2021].

Material 2: Statistik der Arbeitsagentur

Merkmal	Personen
abhängige zivile Erwerbspersonen	38.520.201
selbstständige und mithelfende Familienangehörige	4.640.430

Quelle: Vgl. Bundesagentur für Arbeit: Dokumentation „Bezugsgröße 2013“, 21.05.2013. In: https://statistik.arbeitsagentur.de/Statischer-Content/Grundlagen/Definitionen/Berechnung-Arbeitslosenquote/Dokumentation/Generische-Publikationen/Dokumentation-der-Bezugsgroesse-2013.pdf [23.03.2021], S. 2.

1.2 Begründen Sie, welche Formen der Arbeitslosigkeit in Deutschland in **Material 3** erkennbar sind.

Material 3: Arbeitslosigkeit in Deutschland

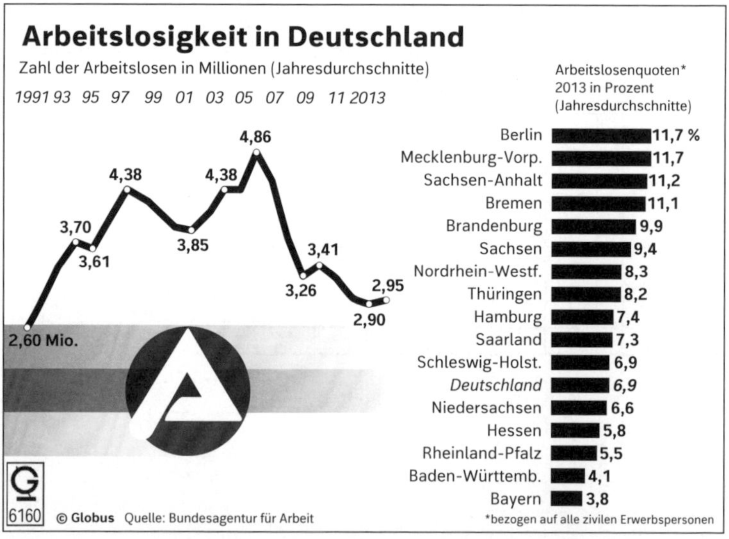

1.3 Im November 2013 meldete die Bundesagentur für Arbeit 431.000 offene Arbeitsstellen.

Erklären Sie, wie es dazu kommen konnte, obwohl zum selben Zeitpunkt Millionen Menschen arbeitslos gemeldet waren (zwei Aspekte).

1.4 Im Koalitionsvertrag findet sich folgende Vereinbarung:

Material 4: Mindestlohn

Gute Arbeit muss sich einerseits lohnen und existenzsichernd sein. Andererseits müssen Produktivität und Lohnhöhe korrespondieren, damit sozialversicherungspflichtige Beschäftigung erhalten bleibt. Diese Balance stellen traditionell die Sozialpartner über ausgehandelte Tarifverträge her. Sinkende Tarifbindung hat jedoch zunehmend zu weißen Flecken in der Tariflandschaft geführt. [...] Zum 1. Januar 2015 wird ein flächendeckender gesetzlicher Mindestlohn von 8,50 Euro brutto je Zeitstunde für das ganze Bundesgebiet gesetzlich eingeführt. [...] Tarifliche Abweichungen sind [...] möglich [...] für maximal zwei Jahre bis 31. Dezember 2016 durch Tarifverträge [...].

Quelle: Deutschlands Zukunft gestalten. Koalitionsvertrag zwischen CDU, CSU und SPD. 18. Legislaturperiode, 16.12.2013. In: www.cdu.de/sites/default/files/media/dokumente/koalitionsvertrag.pdf [23.03.2021], S. 48 f.

1.4.1 Erläutern Sie mit zwei Argumenten, wie die Große Koalition im Koalitionsvertrag (**Material 4**) die Einführung des Mindestlohns rechtfertigt.

1.4.2
- Begründen Sie, ob es sich bei einem Mindestlohn um einen marktkonformen oder marktkonträren Staatseingriff handelt.
- Stellen Sie die Auswirkungen eines Mindestlohns auf den Arbeitsmarkt skizzenhaft in einem entsprechenden Koordinatensystem dar.

1.4.3 Die Einführung eines Mindestlohns hat Auswirkungen auf das Erreichen der Ziele des „magischen Sechsecks“.

Erläutern Sie in diesem Zusammenhang zwei Zielkonflikte.

2. Neben den Herausforderungen zur Gestaltung des Arbeitsmarktes sieht die Große Koalition weiteren Handlungsbedarf auf dem Gebiet der Umweltpolitik. Der 2005 von der EU eingeführte Handel mit Luftverschmutzungsrechten soll nach den Ausführungen im Koalitionsvertrag fortgeführt, aber nur bedingt ausgebaut werden:

Material 5: Emissionshandel

Die Koalition will einen wirksamen Emissionshandel auf europäischer Ebene. Dabei muss die Reduzierung der emittierten Treibhausgasmengen zentrales Ziel des Emissionshandels bleiben. Korrekturen sollten grundsätzlich nur erfolgen, wenn die Ziele zur Minderung der Treibhausgase nicht erreicht werden. Bei der von der EU-Kommission geplanten Herausnahme von 900 Millionen Zertifikaten aus dem Handel (backloading) muss sichergestellt werden, dass es sich um einen einmaligen Eingriff in das System handelt, die Zertifikate nicht dauerhaft dem Markt entzogen werden und nachteilige Auswirkungen auf die Wettbewerbsfähigkeit der betroffenen Branchen [...] ausgeschlossen werden.

Quelle: Deutschlands Zukunft gestalten. Koalitionsvertrag zwischen CDU, CSU und SPD. 18. Legislaturperiode, 16.12.2013. In: www.cdu.de/sites/default/files/media/dokumente/koalitionsvertrag.pdf [23.03.2021], S. 37.

2.1 Erklären Sie, inwiefern mit dem Handel von Luftverschmutzungsrechten das umweltpolitische Verursacherprinzip und das umweltpolitische Vorsorgeprinzip umgesetzt werden sollen.

2.2 Erläutern Sie, welches Ziel die EU-Kommission mit der Reduzierung der Zertifikate verfolgt und warum die Große Koalition dadurch „nachteilige Auswirkungen auf die Wettbewerbsfähigkeit" befürchtet.

3. Ein Staat plant, den Ausstoß von CO_2 durch die Einführung eines Emissionshandels zu verringern.

Nehmen Sie an, der Staat habe hierfür den maximal zulässigen CO_2-Ausstoß auf 400.000 Tonnen pro Jahr festgelegt und gibt im Rahmen der Erstzuteilung eine entsprechende Anzahl an Emissionsrechten aus. Die Nachfrage der Unternehmen nach Emissionsrechten bei der Erstzuteilung entspricht einer normal verlaufenden Nachfragefunktion mit der Funktionsgleichung:

$x(p) = 600.000 - 10.000\ p$

p = Preis pro Tonne CO_2-Ausstoß in Geldeinheiten (GE)
x = Emissionsrechte in Tonnen CO_2-Ausstoß

3.1 Stellen Sie tabellarisch die beschriebene Situation nach folgendem Muster dar:

Preis	Angebot	Nachfrage	Absatz

Verwenden Sie hierbei Preise von 0 GE bis 60 GE (in 10er-Schritten).

Ermitteln Sie den sich ergebenden Preis für die Emissionsrechte bei der Erstzuteilung.

3.2 Erläutern Sie für diesen Fall den Verlauf der Angebotskurve für Emissionsrechte.

3.3
- Schlagen Sie eine weitere marktkonforme umweltpolitische Maßnahme zur Reduktion des CO_2-Ausstoßes vor.
- Beschreiben Sie deren Auswirkung mithilfe einer Wirkungskette.

27 Außenwirtschaft und Globalisierung

27.1 Bedeutung des Außenhandels – Zahlungsbilanz

Stofftelegramm

Bedeutung der Außenwirtschaft für Deutschland

- Deutschland ist stark exportorientiert und rohstoffabhängig.
- hohe Exporte → positive Wirkung auf den Lebensstandard und Beschäftigungsstand
- Warenein- und -ausfuhr = wichtigster Teil der außenwirtschaftlichen Beziehungen

Zahlungsbilanz (vgl. Deutsche Bundesbank)

Zahlungsbilanz = Aufzeichnung aller wirtschaftlichen Transaktionen zwischen In- und Ausländern in einer Periode

Die Systematik der Zahlungsbilanz (vereinfacht)	
Leistungsbilanz (LB)	**Kapitalbilanz (KB)**
• **Handelsbilanz (Außenhandel):** Warenex- und -importe • **Dienstleistungsbilanz:** Reisen, Transporte, Finanzdienstleistungen ... • **Erwerbs- und Vermögenseinkommen** • **laufende Übertragungen:** Zahlungen an internat. Organisationen (EG ...), Gastarbeiterüberweisungen ...	• **Direktinvestitionen** • **Wertpapieranlagen** • **Kreditverkehr**
	Vermögensübertragungen
	Saldo der statistisch nicht aufgliederbaren Transaktionen
	Veränderung der Währungsreserven

Unausgeglichene Zahlungsbilanz: Gemeint ist i. d. R. die Leistungsbilanz, wobei gilt:

Saldo Leistungsbilanz = zusammengefasster Saldo aus den restlichen vier Bereichen.

Die Zahlungsbilanz ist insgesamt aufgrund von Buchung/Gegenbuchung **immer ausgeglichen.**

Aktive Handelsbilanz (= Handelsbilanzüberschuss): ⟶ Warenexportüberschuss

Passive Handelsbilanz (= Handelsbilanzdefizit): ⟶ Warenimportüberschuss

Das Zahlungsbilanzschema der Deutschen Bundesbank

Wichtige Posten der Zahlungsbilanz (Deutschland) in Mrd. Euro

Position

I. **Leistungsbilanz**
   1. Außenhandel
      Ausfuhr
      Einfuhr
      Saldo

      Ergänzungen zum Warenhandel
   2. Dienstleistungen (Saldo)
   3. Erwerbs- und Vermögenseinkommen (Saldo)
   4. laufende Übertragungen (Saldo)

   Saldo der Leistungsbilanz

II. Saldo der **Vermögensübertragungen**

III. **Kapitalbilanz**

IV. Saldo der statistisch nicht aufgliederbaren Transaktionen (**Restposten**)

Saldo I = Saldo II + Saldo III + Saldo IV

27.2 Gründe, Vor- und Nachteile des Außenhandels

Stofftelegramm

Gründe für Ex- und Importe
- Produktionskostenunterschiede (absolute Kostenvorteile)
- Klimaabhängigkeit (Südfrüchte, Kakao ...), Qualitätsunterschiede
- geologische Bedingungen (Erdöl, Eisenerze ...)
- Geschmackspräferenzen (Urlaub, französische Weine ...)
- Marktaufnahmefähigkeit Inland evtl. begrenzt, also Exporte

Vorteile des Außenhandels
- Exporte bewirken bessere Beschäftigungslage
- Verbesserung Lebensstandard durch internat. Arbeitsteilung
- Verbesserung der internationalen Beziehungen
- Stärkung des Wettbewerbs (Auslandskonkurrenz beflügelt – breitere Auswahl an preiswerten Qualitätswaren)
- bei z. B. Missernten Rückgriff auf Auslandswaren möglich

Nachteile des Außenhandels
- wirtschaftliche und politische Abhängigkeit vom Ausland
- evtl. Risiko der importierten Inflation

Außenhandel und absoluter Kostenvorteil

Jedes Land soll die Güter herstellen, die absolut kostengünstiger als die Güter aus dem Ausland sind, und dann mit dem Ausland Handel treiben (Spezialisierung durch Arbeitsteilung).

Beispiel zwei Länder

Deutschland

Produktion: 20 h für 1 Hose
10 h für 1 Fernseher
Absoluter Kostenvorteil:
Deutschland – Fernseher

Produktionsmenge ohne Handel bei 1.200 Stunden:
- 30 Hosen (600 h)
- 60 Fernseher (600 h)

Produktionsmenge mit Handel bei 1.200 Stunden (Spezialisierung):
- 0 Hosen (0 h)
- 120 Fernseher (1.200 h)

Italien

Produktion: 15 h für 1 Hose
20 h für 1 Fernseher
Absoluter Kostenvorteil:
Italien – Hose

Produktionsmenge ohne Handel bei 1.200 Stunden:
- 40 Hosen (600 h)
- 30 Fernseher (600 h)

Produktionsmenge mit Handel bei 1.200 Stunden (Spezialisierung):
- 80 Hosen (1.200 h)
- 0 Fernseher (0 h)

Ergebnis
Durch die Spezialisierung der Länder auf das Gut mit den geringeren Kosten können zehn Hosen und 30 Fernseher mehr produziert werden.

Außenhandel und komparativer (relativer) Kostenvorteil

Erklärung des Zustandekommens des Außenhandels zwischen zwei Ländern und der daraus entstehenden Außenhandelsgewinne. Von zentraler Bedeutung ist hierbei die Existenz unterschiedlicher Arbeitsproduktivitäten und daraus resultierender unterschiedlicher Opportunitätskosten (Kosten entgangener Gewinne).

Beispiel zwei Länder

Deutschland

Produktionsmenge ohne Handel
10 Bäcker · 20 Brote/Tag = 200 Brote
10 Fischer · 20 Fische/Tag = 200 Fische

Absoluter Kostenvorteil: Brote und Fische
Relativer Kostenvorteil: Brote

Produktionsmenge mit Handel
20 Bäcker · 20 Brote/Tag = 400 Brote

Italien

Produktionsmenge ohne Handel
30 Bäcker · 4 Brote/Tag = 120 Brote
10 Fischer · 12 Fische/Tag = 120 Fische

Absoluter Kostenvorteil: s. Deutschland
Relativer Kostenvorteil: Fische

Produktionsmenge mit Handel
40 Fischer · 12 Fische/Tag = 480 Fische

Ergebnis
- Ohne Handel beide Länder zusammen: 320 Brote und 320 Fische
- Mit Handel beide Länder zusammen: 400 Brote und 480 Fische

Das heißt, mit Handel 80 Brote und 160 Fische mehr.

Problem
Die komparativen Vorteile eines Landes werden durch tarifäre und nicht tarifäre Handelshemmnisse (vgl. Kapitel 27.4.4) behindert bzw. begrenzt.

27.3 System freier Wechselkurse

Stofftelegramm

Wechselkurs

- Austauschverhältnis zwischen zwei Währungen
- Die Menge ausländischer Währungseinheiten, die man für 1,00 EUR erhält. (Wie viele ausländische Währungseinheiten erhält man für 1,00 EUR?)
- Beispiel: **USD-Kurs 1,50 → Kursgleichung: 1,00 EUR = 1,50 USD**

Aufwertung = Außenwerterhöhung einer Währung = steigender Wechselkurs

- Beispiel: Aufwertung des Euro gegenüber dem US-Dollar: USD-Kurs vor Aufwertung: 1,50 – nach Aufwertung: 1,60
- Folgen:
  1. US-Produkte werden für Euroländer billiger: **Importe steigen**
  2. Eurolandprodukte für US-Bürger teurer: **Exporte sinken**

Abwertung = Außenwertsenkung einer Währung = sinkender Wechselkurs

- Beispiel: Abwertung des Euro gegenüber dem US-Dollar: USD-Kurs vor Abwertung: 1,60 – nach Abwertung: 1,50
- Folgen:
  1. US-Produkte werden für Euroländer teurer: **Importe sinken**
  2. Eurolandprodukte für US-Bürger billiger: **Exporte steigen**

Geldmenge steigt! Evtl. Inflationsgefahr!

Freie (flexible) Wechselkurse (= Floating)

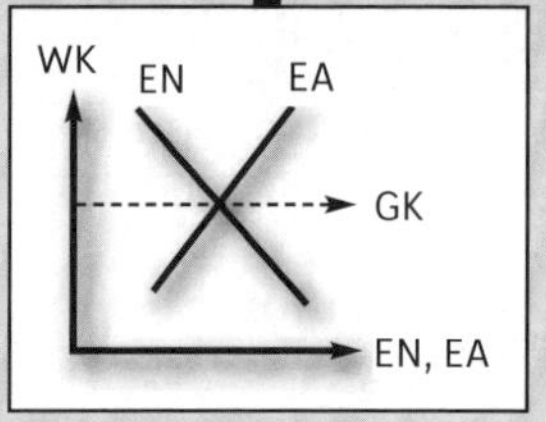

WK = Wechselkurs (z. B. 1,00 EUR = x USD)
EN = Nachfrage nach Euro
EA = Angebot an Euro
GK = Gleichgewichtskurs

Merkmal: völlig freie Wechselkursbildung

Problem: unkalkulierbare Wechselkursschwankungen (Risiko: Spekulationen)

Beispiel: Eurowährungen floaten gegenüber dem US-Dollar.

Importe steigen: → USD-Nachfrage steigt

↓

EA steigt

↓

WK sinkt

↓

Abwertung Euro

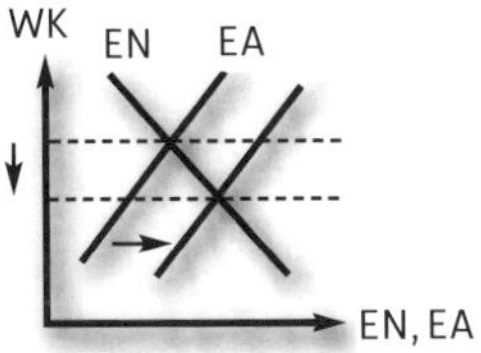

Importe sinken: → USD-Nachfrage sinkt

↓

EA sinkt

↓

WK steigt

↓

Aufwertung Euro

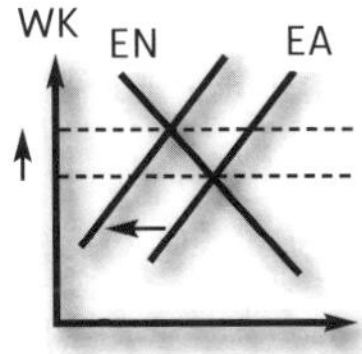

Exporte steigen: →

EN steigt

↓

WK steigt

↓

Aufwertung Euro

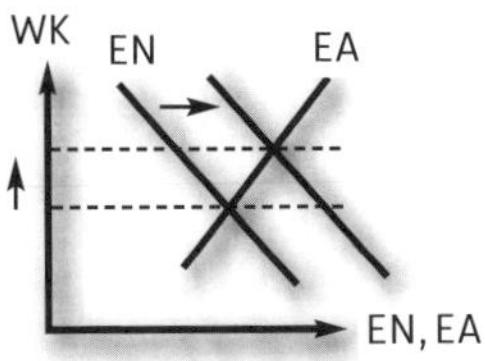

Exporte sinken: →

EN sinkt

↓

WK sinkt

↓

Aufwertung Euro

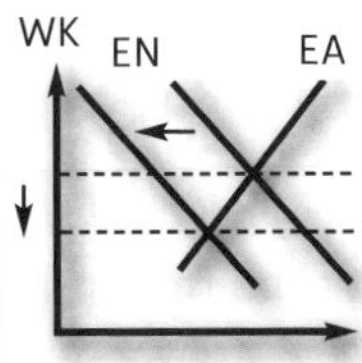

Vorteile flexibler Wechselkurse:

- Importpreise bleiben im Wesentlichen konstant. Begründung: Preise Ausland steigen – Importe Inland sinken – Euroangebot sinkt – Wechselkurs steigt (Aufwertung Euro) – Preise Auslandswaren für Inländer sinken praktisch wieder.
- Tendenz zum Ausgleich von Handelsüberschüssen und -defiziten (= wirtschaftspolitisches Ziel) = **Wechselkursmechanismus**
- keine inflatorische Wirkung von Außenhandelsüberschüssen (keine importierte Inflation)
- keine großen Gold- und Devisenreserven notwendig, da keine Eingriffe in Devisenmarkt

Nachteile flexibler Wechselkurse: unkalkulierbare Wechselkursschwankungen (Risiken!)

Aufgaben

1. Nennen Sie fünf Gründe, die für den Außenhandel sprechen.
2. Nennen Sie Vor- und Nachteile des Außenhandels.
3. Erklären Sie die Begriffe „Wechselkurs“, „Aufwertung“ und „Abwertung“.
4. Wie wirkt eine a) Aufwertung,
   b) Abwertung einer Währung auf Im- und Exporte? Begründung.
5. Erklären Sie den Begriff „Floating“.
6. Was versteht man unter Gleichgewichtskurs?
7. Welche Im- bzw. Exportänderungen bewirken bei flexiblen Wechselkursen eine
   a) Abwertung,
   b) Aufwertung der Inlandswährung?
8. Nennen Sie die Vor- und Nachteile flexibler Wechselkurse.

9. Begründen Sie, welchen Einfluss folgende Änderungen jeweils auf den Wechselkurs haben:

   a) Importerhöhungen c) Exporterhöhungen

   b) Importsenkungen d) Exportsenkungen

10. Welche Wirkungen hat ein a) hoher,

    b) niedriger Dollarkurs

    auf den Außenhandel Deutschlands?

11. Nennen Sie – abgesehen von Wechselkursänderungen – Gründe für

    a) Importsteigerungen,

    b) Exportsteigerungen eines Landes.

12. Nennen Sie Gründe für a) steigendes Euroangebot,

    b) steigende Euronachfrage.

13. Der Dollarkurs steigt. Welche Bedeutung hat dies für einen

    a) deutschen Exporteur,

    b) Reisenden in die USA?

14. Mit welchen Maßnahmen kann die Notenbank einem

    a) Steigen,

    b) Sinken des Dollarkurses entgegenwirken?

15. a) Welche Nachteile hat eine Aufwertung der Inlandswährung?

    b) Können sich aus einer Aufwertung für die Inlandswirtschaft auch Vorteile ergeben? Begründung.

16. Beurteilen Sie folgende Aussage: „Die Aufwertung des Euro dämpfte die Inflationsrate."

17. Erklären Sie kurz die Begriffe „weiche und harte Währungen".

18. Welchen Einfluss können a) sinkende,

    b) steigende Wechselkurse

    auf eine momentan aktive Leistungsbilanz haben?

19. Welchen Einfluss können a) sinkende,

    b) steigende Wechselkurse

    auf eine momentane Hochkonjunktur mit hoher Inflation haben?

20. Aussage: „Die Europäische Zentralbank verkaufte massiv Dollar." Warum?

27.4 Instrumente der Außenwirtschaftspolitik

27.4.1 Zollpolitik (= preispolitische Maßnahmen)

Stofftelegramm

Zölle: Abgaben des Staates beim grenzüberschreitenden Warenverkehr (**marktkonform**)

Zollarten:
- Importzölle, Exportzölle
- Finanzzölle (zur Erhöhung der Staatseinnahmen), Schutzzölle (Schutz vor ausländischer Konkurrenz)

Ziel Konjunkturbelebung:
- Importzölle erhöhen → Importpreise steigen → Importe sinken → Inlandsnachfrage steigt
- Exportzölle senken → Exportpreise sinken → Exporte steigen

Ziel Konjunkturdrosselung: Importzölle senken, Exportzölle erhöhen (Wirkungen analog)

Kritik an Zollpolitik: Wettbewerbsverzerrung durch Abschirmung ausländischer Konkurrenz bei Importzöllen; Widerspruch zur Liberalisierung des Außenhandels

MERKE: Innerhalb der EU sind diese Maßnahmen nicht mehr aktuell!

27.4.2 Kontingentpolitik (= mengenpolitische Maßnahmen)

Stofftelegramm

Kontingentierung: mengenmäßige staatl. Import- bzw. Exportbeschränkung (**marktkonträr**)

Ziel Konjunkturbelebung:
- Importkontingente einführen
- Importverbote
- Exportkontingente aufheben

→ Schutz der inländischen Wirtschaft

Ziel Konjunkturdrosselung:
- Importkontingente aufheben
- Exportkontingente einführen
- Exportverbote

→ Versorgungssicherung der inländ. Wirtschaft mit Rohstoffen ...

Kritik: völlige Wettbewerbsverzerrung; Widerspruch zur Liberalisierung des Außenhandels

27.4.3 Subventionspolitik

Stofftelegramm

z. B.: Exportsubventionen einführen bzw. verringern

27.4.4 Tarifäre und nicht tarifäre Handelshemmnisse

Stofftelegramm

Tarifäre Handelshemmnisse: direkte Maßnahmen der Außenhandelsbeschränkungen, z. B. Importzölle, Exportsubventionen, Mindestpreise
(Vgl. Kapitel 27.4.1 „Zollpolitik" und 27.4.3 „Subventionspolitik".)

Nicht tarifäre Handelshemmnisse: durch z. B. hohe Standards (DIN-Norm)
- Ziele:
  - Schutz der eigenen Industrie (ausländische Unternehmen können die Norm nicht bieten)
  - Schutz der Verbraucher vor minderwertiger Ware
- Weitere Formen:
  - Importquoten
  - freiwillige Exportbeschränkungen
  - Kennzeichnungsvorschriften (Made in ...)

(Vgl. Kapitel 27.4.2 „Kontingentpolitik".)

27.5 Abituraufgaben

Abituraufgaben 2014 (Aufgabe 5, verändert)

1. [...]

1.2 Als Ursache für Außenhandel werden unter anderem unterschiedliche Produktionskosten in den beteiligten Ländern genannt. Gehen Sie für eine modellhafte Betrachtung von folgenden Annahmen aus:

Inland	Ausland
Dem Inland stehen 135 Arbeitseinheiten (AE) zur Verfügung. Damit können höchstens entweder • 27 ME Weizen oder • 36 ME Leinen hergestellt werden.	Dem Ausland stehen 135 Arbeitseinheiten (AE) zur Verfügung. Damit können höchstens entweder • 24 ME Weizen oder • 15 ME Leinen hergestellt werden.

ME = Mengeneinheiten

1.2.1 Ermitteln Sie, wie viele Arbeitseinheiten im Inland und im Ausland jeweils aufgewendet werden müssen, um eine Einheit
- Weizen,
- Leinen

zu produzieren.

1.2.2 Begründen Sie anhand des Ergebnisses von 1.2.1, welches Land bei welchem Produkt einen

- absoluten,
- komparativen

Kostenvorteil bzw. Kostennachteil hat.

1.2.3 Die Länder nehmen entsprechend der Theorie der komparativen Kosten Handelsbeziehungen miteinander auf.

Ermitteln Sie für diesen Fall das Versorgungsniveau für Weizen und Leinen in beiden Ländern nach Aufnahme des Außenhandels und interpretieren Sie das Ergebnis.

Es gelten folgende Annahmen:

- Vor Aufnahme des Außenhandels lag folgende Güterversorgung in ME vor:

	Inland	**Ausland**	**Gesamt**
Weizen	9	8	17
Leinen	24	10	34

- Das Inland tauscht die gesamte über das bisherige Versorgungsniveau hinausgehende Gütermenge seines Exportgutes im Verhältnis 1 : 1 gegen das Importgut.

1.2.4 Erläutern Sie zwei Kritikpunkte an der Theorie der komparativen Kosten.

2. Die nachfolgende Tabelle zeigt die Entwicklung des Wechselkurses des Euro (EUR) gegenüber dem Schweizer Franken (CHF) in den letzten Jahren:

2007	**2008**	**2009**	**2010**	**2011**	**2012**
1,6539	1,4936	1,4878	1,2489	1,2174	1,2075

Quelle: Vgl. boerse.de Finanzportal AG: EUR/CHF (Euro/Schweizer Franken) Jahres-Schlusskurse. In: www.boerse.de/historische-kurse/EUR-CHF/EU0009654078 [23.03.2021].

2.1 Zeigen Sie die Folgen, die sich aus der Entwicklung des Wechselkurses im Zeitraum 2007 bis 2012 ergeben haben für

- deutsche Unternehmen, die ihre Produkte in die Schweiz exportieren,
- deutsche Touristen, die traditionell ihren Skiurlaub in der Schweiz verbringen,
- Schweizer Unternehmen, die in Euro zu zahlende Anteile an deutschen Unternehmen erwerben.

2.2 Im September 2011 hat die Nationalbank der Schweiz einen Mindestkurs für den Euro-Franken-Kurs von 1,20 CHF pro Euro festgelegt.

Quelle: Vgl. Schweizerische Nationalbank: Nationalbank legt Mindestkurs von 1.20 Franken pro Euro fest, 06.09.2011. In: www.snb.ch/de/mmr/reference/pre_20110906/source/pre_20110906.de.pdf [23.03.2021].

Nachstehende Tabelle zeigt die Entwicklung der Wechselkurse vor und nach der Entscheidung der Schweizerischen Nationalbank (SNB):

2011												2012			
Jan.	Feb.	Mrz.	Apr.	Mai	Jun.	Jul.	Aug.	Sep.	Okt.	Nov.	Dez.	Jan.	Feb.	Mrz.	Apr.
1,2928	1,2824	1,3015	1,2801	1,2292	1,2193	1,1306	1,1592	1,2155	1,215	1,2281	1,2174	1,204	1,2051	1,2035	1,2013

Quelle: Vgl. boerse.de Finanzportal AG: EUR/CHF (Euro/Schweizer Franken) Monats-Schlusskurse 2011 und 2012. In: www.boerse.de/historische-kurse/EUR-CHF/EU0009654078 [23.03.2021].

2.2.1 Erläutern Sie, was die SNB veranlasst haben könnte, auf diese Weise in den Devisenmarkt einzugreifen.

2.2.2
- Skizzieren Sie in <u>einem</u> Preis-Mengen-Diagramm für den Devisenmarkt aus deutscher Sicht, wie sich
  - eine Kapitalflucht vieler Euro-Besitzer in den Schweizer Franken und der darauf folgende
  - Devisenkauf der SNB

  auf den Wechselkurs auswirken.
- Beschreiben Sie die skizzierten Auswirkungen.

Bearbeitungshinweis:
y-Achse: CHF/EUR; x-Achse: Menge EUR

3. Die chinesische Regierung unterstützt die heimische Solarindustrie mit Subventionen, sodass europäische Unternehmen unter starken Konkurrenzdruck geraten. Deshalb droht Europa China mit Strafzöllen auf Solarprodukte. Das soll europäische Unternehmen unterstützen und Arbeitsplätze sichern.

Die beschriebene Entwicklung auf dem Solarzellenmarkt soll anhand des folgenden Modells analysiert werden:

Im Inland wurden bisher Solarzellen nur für den heimischen Markt produziert. Importe fanden nicht statt. Der Marktpreis für eine Solarzelle lag bei 3.000,00 EUR und die Absatzmenge bei 2 Mio. Stück.
Diese Ausgangssituation ist in den **Anlagen 1 und 2** dargestellt.

3.1 Das Inland hat sich mittlerweile bei sonst gleichen Bedingungen für Importe geöffnet. Der Weltmarktpreis liegt bei 2.000,00 EUR. Der bei diesem Preis entstehende Nachfrageüberhang im Inland wird durch Importe gedeckt.

- Stellen Sie die veränderte Marktsituation in **Anlage 1 zu 3.1** dar und kennzeichnen Sie die neue Konsumenten- und Produzentenrente.
- Beschreiben Sie die Veränderungen. Berücksichtigen Sie dabei auch die Folgen für die inländischen Anbieter und für die Produzenten- und Konsumentenrente im Inland (Anmerkung: Ein rechnerischer Nachweis der Renten ist nicht erforderlich.).

3.2 Das Inland möchte sich zum Schutz der einheimischen Industrie gegen die hohen Importe wehren und erhebt einen Importzoll in Höhe von 500,00 EUR je Solarzelle.

- Stellen Sie die veränderte Marktsituation in **Anlage 2 zu 3.2** dar und kennzeichnen Sie die neue Konsumenten- und Produzentenrente.
- Beschreiben Sie die Veränderungen. Berücksichtigen Sie dabei auch die Folgen für die inländischen Anbieter und für die Produzenten- und Konsumentenrente im Inland (Anmerkung: Ein rechnerischer Nachweis der Renten ist nicht erforderlich.).

3.3 Erläutern Sie zwei weitere protektionistische Maßnahmen, die dem Schutz der inländischen Solarindustrie dienen können.

Anlage 1 zu 3.1

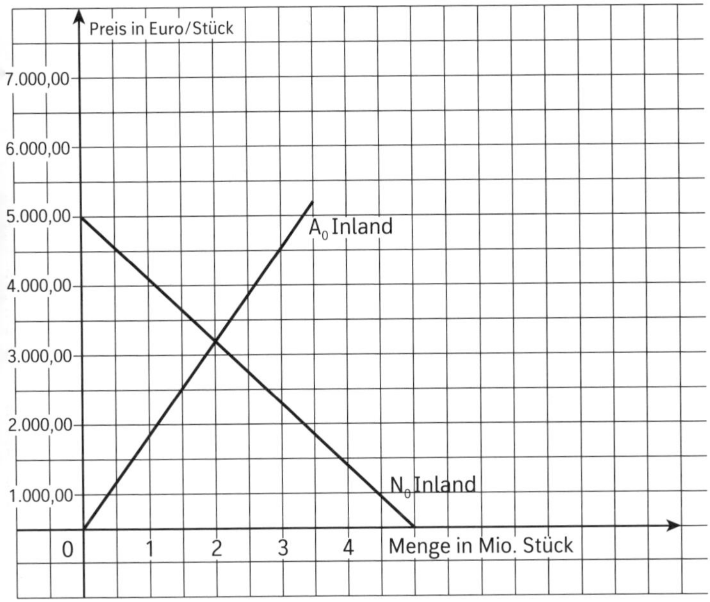

Anlage 2 zu 3.2

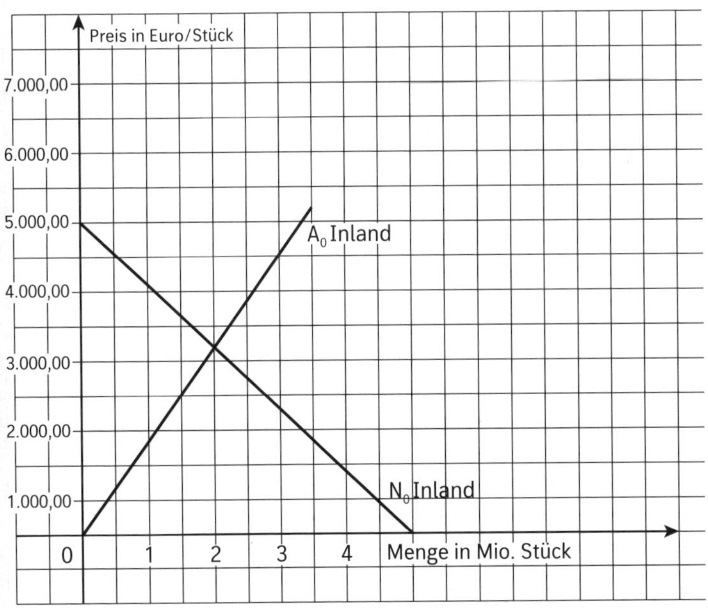

28 Die Europäische Integration

Stofftelegramm

Binnenmarkt → **keine Grenzen für ...**

Menschen	Waren	Dienstleistungen	Kapital
Schengener Abkommen!			
• keine Grenzkontrollen • Aufenthalts- und Niederlassungsfreiheit • freie Arbeitsplatzwahl • gegenseitige Anerkennung von Diplomen und Zeugnissen	• keine Grenzkontrollen • Harmonisierung technischer Normen • Harmonisierung der Mehrwert- und Verbrauchssteuern	• Liberalisierung des Güterverkehrs • freier Markt für Banken, Versicherungen ... • Liberalisierung des Fernmeldewesens	freier Geldverkehr + freier Kapitalverkehr + freier Zahlungsverkehr

Die Entwicklung zum **Binnenmarkt** führte nicht gleichzeitig zur Angleichung der **Wirtschaftspolitik.**

Maastricht-Vertrag: Verpflichtung der EG-Staaten, ihre nationale Wirtschaftspolitik zu koordinieren. Letzteres ist entscheidend für eine **Wirtschafts- u. Währungsunion (WWU).**

Wirtschafts- und Währungsunion

= **Binnenmarkt** (s. o.)

\+

- Abstimmung der Wirtschaftspolitik
- unabhängige **europ. Zentralbank** mit einheitlicher Geldpolitik (Hauptziel: Geldwertstabilität)
- einheitliche Währung

27 Mitgliedsländer der EU (Stand: Januar 2021):

- Deutschland
- Österreich
- Frankreich
- Italien
- Estland
- Polen
- Ungarn
- Zypern (griech. Teil)
- Kroatien
- Spanien
- Portugal
- Griechenland
- Belgien
- Niederlande

- Lettland
- Tschechien
- Slowenien
- Rumänien
- Luxemburg
- Schweden
- Finnland
- Dänemark
- Irland
- Litauen
- Slowakei
- Malta
- Bulgarien

19 Eurostaaten (Stand: Januar 2021):

- Deutschland
- Frankreich
- Italien
- Slowenien (2007)
- Estland (2011)
- Spanien
- Niederlande
- Belgien
- Malta (2008)
- Lettland (2014)
- Litauen (2015)
- Österreich
- Finnland
- Portugal
- Zypern (2008)
- Irland
- Luxemburg
- Griechenland (2001)
- Slowakei (2009)

Übersicht zur Europäischen Integration:

Der Weg zur Europäischen Wirtschafts- und Währungsunion (EWWU = WWU)

1951 — EGKS

Montanunion = Europ. Gemeinschaft für Kohle und Stahl **(EGKS)**

Mitglieder: Deutschland, Frankreich, Italien, Belgien, Luxemburg, Niederlande

Ziele:
- Bildung eines gemeinsamen Marktes für Kohle und Stahl
- Grundstein legen zur Errichtung einer wirtschaftl. Gemeinschaft

1957 — EWG

- Europäische Wirtschaftsgemeinschaft **(EWG)** (Mitglieder: s. o.)
- Europäische Atomgemeinschaft **(EURATOM)** (Mitglieder: s. o.)

EWG:
- Beschluss, auf Europ. **Binnenmarkt** hinzuarbeiten
- **Ausdehnung** der **gemeinsamen Politik** im Bereich Kohle/Stahl auf weitere Bereiche der **Wirtschaft,** z. B. Landwirtschaft, Fischerei, Verkehr, Wettbewerbsrecht, Außenhandel

1967 — EG

Zusammenlegung von EWG + EURATOM + EGKS
= **Europäische Gemeinschaft (EG)**

1968 — Zollunion

Zollunion vollendet

Ab jetzt: zollfreier Im-und Export von einem EWG-Staat in einen anderen **(Freihandel)**

1979 — **EWS**

Europäisches Währungssystem (EWS)

Relativ feste Wechselkurse unter den Partnerländern …

Erste Direktwahl zum Europäischen Parlament

1987 — **Eur. Akte**

Einheitliche Europäische Akte

- Schaffung von Voraussetzungen für Vollendung des Europ. **Binnenmarktes**
- Intensivierung der politischen Zusammenarbeit
- inzwischen zwölf Mitgliedstaaten

1992 — **Maastricht**

Maastrichter Vertrag

- Beschluss EG-Länder: Gründung der Europäischen Union (**EU**)
- Europäische Gemeinschaften = „Europäische Union" (**EU**)
- **Plan zur Errichtung einer** Wirtschafts- und Währungsunion (**EWWU**) – (s. u.)

1993 — **EU**

Beginn des **Europäischen Binnenmarktes** (**s. o.**) sowie der **EU**

Die drei Säulen der EU

Europäische Gemeinschaften (**EG**) inkl. **EWWU**	Gemeinsame Außen- und Sicherheitspolitik	Zusammenarbeit bei Innen- und Rechtspolitik

1994 — **EWI**

Europäisches Währungsinstitut (EWI)

Vorläufer der Europ. Zentralbank: Beginn 2. Stufe von Maastricht

1998 — **Wer?**

Entscheidung über EWWU-Beginn und Teilnehmer

2004 — **Neue EU'ler**

EU-Osterweiterung

2016 — **Brexit**

In einer Volksabstimmung stimmt die Mehrheit für den Austritt Großbritanniens aus der EU. Der Austritt erfolgte im Januar 2020, Großbritannien blieb bis Ende 2020 im Binnenmarkt. Seit 2021 gehört Großbritannien nicht mehr zur EU.

Der Stufenplan von Maastricht zur Errichtung der Europ. Währungsunion (WWU)

1. Stufe: 1990–93

- Liberalisierung des Kapitalverkehrs
- Realisierung des Europ. Binnenmarktes

2. Stufe: 1994–98

- Annäherung (**Konvergenz**) in der Wirtschafts-, Finanz- und Geldpolitik
- Jedes Land muss bestimmte Konvergenzkriterien erfüllen zwecks Aufnahme in die WWU:

Konvergenzkriterien

stabiles Preisniveau	gesunde Staatsfinanzen	stabile Wechselkurse	nicht zu hohes Zinsniveau
Inflationsrate max. **1,5 %** über Durchschnitt der drei stabilsten Länder	jährliche **Neuverschuldung** max. **3 %** des Bruttoinlandsprodukts (BIP) **Staatsschulden** insgesamt max. **60 %** des BIP	**EWS-Teilnahme** seit mindestens zwei Jahren ohne große Kursschwankungen	durchschnittl. lfr. **Zinssatz** im Jahr vor der Prüfung max. **2 %** über dem Satz der drei preisstabilsten Länder

- **Europäischer Stabilitäts- und Wachstumspakt:**

1996 verständigte sich der ECOFIN-Rat (Rat der Wirtschafts- und Finanzminister), einen „Stabilitäts- und Wachstumspakt" zu beschließen.

Bestimmungen:
- Verpflichtung der EU-Mitglieder zu **solider Haushaltspolitik**
- Mittelfristig: **ausgeglichener Haushalt** bzw. Haushaltsüberschuss
- **Annäherung** an das Haushaltsziel: jährliche Defizitsenkung um mindestens 0,5 % des Bruttoinlandsprodukts (BIP)
- Vorlage von **Stabilitäts- und Konvergenzprogrammen**
- **Frühwarnsystem** soll Defizit > 3 % des BIP verhindern; höhere Defizite nur ausnahmsweise erlaubt (z. B. starker Abschwung)
- **Sanktionen** bei Verfehlung der Bestimmungen

- Errichtung des **Europäischen Währungsinstituts (EWI)**
- Ausschluss der Finanzierung öffentlicher Haushalte durch Notenbanken
- Überführung der nationalen **Notenbanken** in die **Unabhängigkeit**
- **Entscheidung** über **Beginn** der WWU und die **Teilnehmer**
- Errichtung des **Europäischen Systems der Zentralbanken** (ESZB)

3. Stufe: 1999–02

- **Start** der Währungsunion am **01.01.1999**
- Festlegung der **Wechselkurse** der Teilnehmerwährungen
- einheitliche Geldpolitik durch das Europäische Zentralbanksystem **(ESZB)**
- Noten-, Münzausgabe in **Euro**, seit 2002 Ersatz nationaler Geldzeichen

seit Februar 2014

Einheitlicher Zahlungsverkehr in Europa: SEPA

Vorteile einer Europäischen Währungsunion

- Keine **Wechselkursschwankungen** innerhalb der Währungsunion:
  - Wegfall des Wechselkursrisikos fördert den Außenhandel (mehr Planungssicherheit für die Wirtschaft).
  - keine Wechselkursspekulationen mehr mit negativen Auswirkungen auf den innergemeinschaftlichen Handel
- **Transaktionskosten** (Währungsumtauschkosten, Versicherungskosten ...) entfallen.
- verbesserte Preisvergleiche **(Preistransparenz)** möglich
- **größeres Angebot** von Waren und Dienstleistungen, größere Finanzierungsmöglichkeiten ...
- Belebung des innergemeinschaftlichen Handels ... Folge: evtl. **Wachstumsschub**
- Entstehung eines **starken Währungsblocks** als Gegenstück zum Yen und US-Dollar
- **Stabilität** der Gemeinschaftswährung evtl. höher als durchschnittliche Stabilität der EU-Mitgliedsstaaten
- Verstärkung des **Zusammengehörigkeitsgefühls** durch gemeinsame Währung (europäische Identität = positiv für die Völkerverständigung)
- Einhaltung von **Stabilitätskriterien** (Konvergenzkriterien) führte zu positiven Wirkungen bereits im Vorfeld der Währungsunion, aber auch danach (Sanktionen gegen Länder, die die Stabilitätskriterien nicht erfüllen). Folge: Schaffung einer europäischen **Stabilitätsgemeinschaft**
- Konkurrenzvergrößerung bei Unternehmen und Gewerkschaften führt zu **Preis- und Lohndisziplin**
- Fortsetzung des europäischen **Einigungsprozesses;** Vorarbeiten für politische + soziale Integration
- Verhinderung nationaler Alleingänge und **Rivalitäten** in Europa
- Stärkung der **Wettbewerbsfähigkeit** gegenüber anderen Regionen der Welt
- Strenge + glaubwürdige **Antiinflationspolitik** der **EZB** führt zu Preisstabilität und langfristig niedrigen Zinsen. Die Zinsen sinken zudem aufgrund der wegfallenden Wechselkursgebühren sowie größerer Liquidität eines europäischen Finanzeinheitsmarktes. Folge: Investitionen + Wachstum werden gefördert.

Nachteile (Probleme) einer Europäischen Währungsunion

- Nicht alle EU-Staaten wurden aufgrund mangelnder Konvergenz von Anfang an in die Währungsunion aufgenommen → Start mit nur kleinerer Gruppierung → Gefahr: Spaltung Europas in **„Ins“** und **„Outs“** (Europa mit mehreren Geschwindigkeiten)
- Währungsunion evtl. **verfrüht** (Währungsunion ohne vorherige Schaffung einer politischen Union)
- Währungsunion evtl. zum **falschen Zeitpunkt:** In Zeiten einer **Konjunkturflaute** (hohe Arbeitslosenzahlen) bewirkt das Anstreben der Konvergenzkriterien eine Verschärfung der Situation. (Der Staat sollte in dieser Phase die Wirtschaft ankurbeln durch erhöhte Staatsinvestitionen, Steuersenkungen ... Das Gegenteil wird zwecks Erfüllung der Konvergenzkriterien momentan getan → man ist also weit entfernt von einer „antizyklischen Fiskalpolitik“.) Einige Wirtschaftswissenschaftler sind der Ansicht, die ehemals **schwache Konjunktur** resultiere zu einem Gutteil aus den europaweiten Ausgabenkürzungen zwecks Erfüllung des 3 %-Kriteriums von Maastricht.

  Stichwort: **„Wir sparen ... und machen damit den Aufschwung kaputt.“**
- Billiges **Arbeitskräfteangebot** aus anderen EU-Ländern drückt evtl. Löhne und Gehälter in Deutschland.
- Finanzpolitisches **Fehlverhalten** eines Mitgliedslandes wirkt evtl. negativ auf andere Länder.

Aufgaben

1. Was versteht man unter einem Binnenmarkt?
2. Wodurch unterscheidet sich der Binnenmarkt von einer Wirtschafts- und Währungsunion?
3. Nennen Sie kurz die einzelnen Stationen auf dem Weg zur Europäischen Union (EU).
4. Welche wesentlichen wirtschaftspolitischen Punkte beinhaltet der Maastrichter Vertrag?
5. Welche wesentlichen Inhalte hat der Dreistufenplan von Maastricht?
6. Was versteht man unter „Konvergenz"?
7. Nennen Sie die im Maastricht-Vertrag fixierten Konvergenzkriterien.
8. „Bedeutender als die einmalige Konvergenz ist die nachhaltige Konvergenz."

   a) Erklären Sie diese Aussage.

   b) Wie wird erreicht, dass sich die EWWU-Staaten um nachhaltige Konvergenz bemühen?
9. Welche wirtschaftspolitischen Chancen und Risiken könnten aus der Errichtung einer Europäischen Wirtschafts- und Währungsunion (EWWS) resultieren?
10. Nennen Sie Vor- und Nachteile einer an Konvergenzkriterien orientierten Wirtschafts- und Finanzpolitik des Staates.
11. Erklären Sie die Aussage:

    „Wir sparen für die Konvergenz und machen den Aufschwung kaputt."
12. Nennen Sie kurz die Bestimmungen des Europäischen Stabilitäts- und Wachstumspakts.
13. Verfolgen Sie die aktuelle Entwicklung in der Tagespresse.

29 „Formelsammlung“

29.1 Wichtiges in Kürze

Kosten- und Leistungsrechnung

Kosten: Begriff der KLR. Betrieblich bedingter Werteverzehr in einer Periode.
Kurz: betriebliche Aufwendungen

Leistungen: Begriff der KLR. Betrieblich bedingter Wertezufluss in einer Periode.
Kurz: betriebliche Erträge

Neutrale (unternehmensbezogene) Aufwendungen: betriebsfremde, periodenfremde, außerordentl. Aufwendungen, Verluste aus Anlageabgängen

Neutrale Aufwendungen	**Zweckaufwand** (= kostengleicher Aufwand)	
	Grundkosten (= aufwandsgleiche Kosten)	**Zusatzkosten**

Kalkulatorische Kosten:
- kalkulatorische Abschreibungen
- kalkulatorische Zinsen
- kalkulatorischer Unternehmerlohn
- (• kalkulatorische Wagnisse)

Gemeinkostenzuschlagsätze:

Materialeinzelkosten	= 100 %	Herstellkosten	= 100 %
Materialgemeinkosten	= x % (MGKZ)	Verwaltungsgemeinkosten	= x % (VwGKZ)
Fertigungseinzelkosten	= 100 %	Herstellkosten	= 100 %
Fertigungsgemeinkosten	= x % (FGKZ)	Vertriebsgemeinkosten	= x % (VwGKZ)

Gesamtkalkulation

	MEK
+	MGK
+	FEK
+	FGK
+	SEKF
=	HK
+	VwGK
+	VtGK
+	SEKV
=	Selbstkosten

Stückkalkulation (Kostenträgerstückrechn.)

	MEK
+	MGK
+	FEK
+	FGK
+	SEKF
=	Herstellkosten
+	VwGK
+	VtGK
+	SEKV
=	Selbstkosten
+	Gewinn
=	Barverkaufspreis
+	Kundenskonti
=	Zielverkaufspreis
+	Kundenrabatt
=	Nettoverkaufspreis

Abkürzungen:

HK = Herstellkosten
MEK = Materialeinzelkosten
MGK = Materialgemeinkosten
FEK = Fertigungseinzelkosten
FGK = Fertigungsgemeinkosten
VwGK = Verwaltungsgemeinkosten
VtGK = Vertriebsgemeinkosten

Überdeckung: verrechnete Normalgemeinkosten > Ist-Gemeinkosten
Unterdeckung: verrechnete Normalgemeinkosten < Ist-Gemeinkosten

<u>Abstimmung im Kostenträgerzeitblatt:</u>

Umsatzergebnis + Überdeckung = Betriebsergebnis
Umsatzergebnis – Unterdeckung = Betriebsergebnis

$$\text{Beschäft.grad (x \%)} = \frac{\text{tatsächl. Produktion} \cdot 100}{\text{Kapazität}}$$

Umsatzformel (Erlösformel)

Umsatz = Preis · Produktionsmenge

$U = p \cdot x$

Gesamtkostenformel

Kosten = variable Kosten + Fixkosten

$K = K_v + K_f$

$K = k_v \cdot x + K_f$

Gewinnformel

Gewinn = Umsatz – Kosten

$\text{Gewinn} = p \cdot x - (k_v \cdot x + K_f)$

Nutzenschwelle (Gewinnschwelle)

Umsatz = Kosten

$p \cdot x = k_v \cdot x + K_f$

Gewinnmaximum → an der **Kapazitätsgrenze**

Deckungsbeitragsrechnung

Stückbetrachtung

Preis → · Stück =
– variable Stückkosten → · Stück =
= Deckungsbeitrag je Stück → · Stück =

Gesamtbetrachtung

Umsatzerlöse
– variable Kosten
= Deckungsbeitrag insgesamt

Schema einer Deckungsbeitragsrechnung →

Umsatzerlöse
– variable Kosten
= Deckungsbeitrag
– Fixkosten
= Betriebsergebnis

Prozesskostenrechnung

leistungsmengeninduzierte Teilprozesse (lmi-Teilprozesse)
↓
Kosten proportional zur Anzahl der Kostentreiber
Analog: **variable Kosten**

leistungsmengenneutrale Teilprozesse (lmn-Teilprozesse)
↓
Kosten unabhängig von der Leistungsmenge
Analog: **fixe Kosten**

$$\textbf{Teilprozesskostensatz} = \frac{\textbf{Teilprozesskosten}}{\textbf{Teilprozessmenge}}$$

$$\textbf{Umlagesatz} = \frac{\textbf{lmn-Prozesskosten}}{\textbf{Summe lmi-Prozesskosten}} \cdot \textbf{Teilprozesskostensatz}$$

Gesamtprozesskostensatz
=
Teilprozesskostensatz
+
Umlagesatz

Rechtsformen und Finanzierung

Gewinnverteilung bei OHG und KG

Gesetzliche Regelung → **§ 121 HGB**

Jeder Gesellschafter erhält zunächst: **4 % seines Kapitalanteils**

Ist Gewinn hierdurch noch nicht verbraucht: **Restgewinnverteilung nach Köpfen**

Gesamtgewinn < 4 % der Kapitalanteile: **Verteilung zu niedrigerem Satz**

Verlustverteilung: nach Köpfen

Das Bezugsrecht bei der AG

$$\text{Bezugsverhältnis} = \frac{\text{altes Grundkapital}}{\text{Kapitalerhöhung}}$$

$$\text{Bezugsrecht} = \frac{Ka - Kn}{\frac{a}{n} + 1}$$

Mittelkurs = Ka – Bezugsrecht

Bezugsrecht = Ka – Mittelkurs

Kurs ex Bezugsrecht = Ka – Börsenkurs des Bezugsrechts

Schema: Verwendung des Jahresüberschusses

Jahresüberschuss (JÜ)
– Verlustvortrag (VV)

= Basis für gesetzliche Rücklage
– Einstellung in **gesetzliche Rücklage**

= korrigierter Jahresüberschuss/-fehlbetrag
– Einstellung in **andere Gewinnrücklagen**
+ Gewinnvortrag (vom Vorjahr)

= **Bilanzgewinn**
– Einstellung weiterer Beträge in **andere Gewinnrücklagen** durch Hauptvers.

= verfügbar für Dividende
– **Dividende**

= **Gewinnvortrag**

Der Bilanzkurs

Grundkapital = 100 %
Eigenkapital = x %

$$\text{Bilanzkurs (x \%)} = \frac{\text{Eigenkapital} \cdot 100}{\text{Grundkapital}}$$

Die Zinseszinsformel

$$K_n = K_0 \cdot \left(1 + \frac{p}{100}\right)^n$$

$$K_n = K_0 \cdot q^n$$

Die Barwertformel

$$K_0 = K_n : \left(1 + \frac{p}{100}\right)^n$$

$$K_0 = K_n \cdot \frac{1}{q}^n$$

Bewertung und Kennzahlen

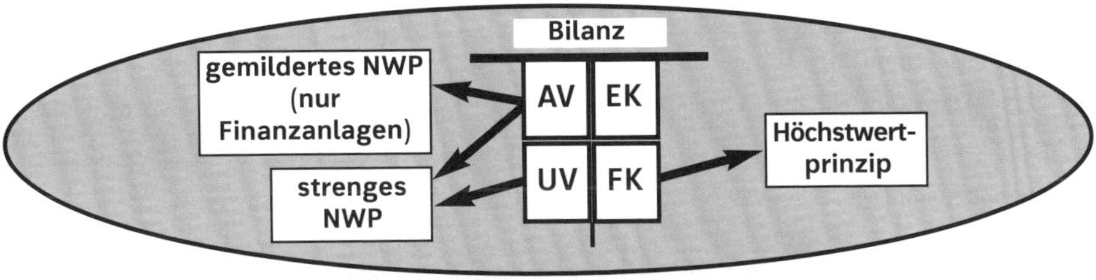

Die Herstellungskosten nach BilMoG

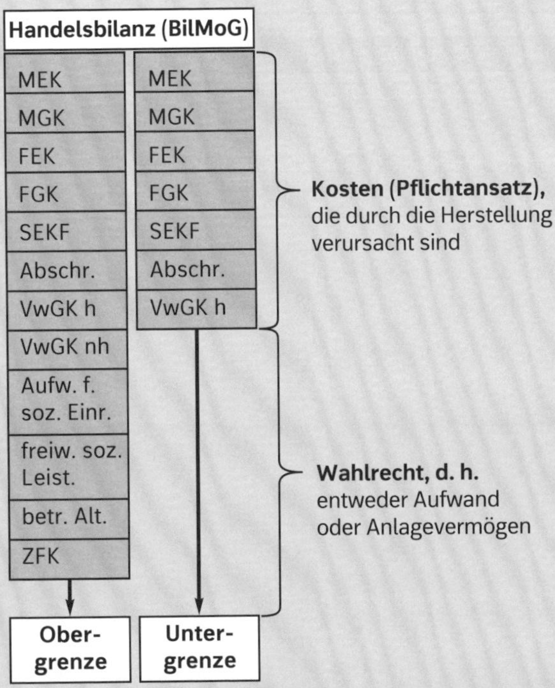

Abschr.	=	Abschreibungen verursacht durch die Herstellung
Aufw. f. soz. Einr.	=	Aufwendungen für soziale Einrichtungen
freiw. soz. Leist.	=	freiwillige soziale Leistungen
betr. Alt.	=	betriebliche Altersvorsorge
ZFK	=	Zinsen Fremdkapital, welche für die Finanzierung der Herstellung anfallen
h	=	herstellungsbezogen
nh	=	nicht herstellungsbezogen

*Hinweis: Bei der Ermittlung der Herstellungskosten ergeben sich eine Ober- und Untergrenze. Beim Wertansatz in der Bilanz ist die Ober- bzw. Untergrenze mit dem Marktpreis zu vergleichen **(str. NWP)**.*

Bilanzkennzahlen

Finanzierung (Kapitalstruktur)

$$\text{Grad der finanziellen Unabhängigkeit (Eigenkap.quote)} = \frac{\text{EK} \cdot 100}{\text{Gesamtkapital}}$$

$$\text{Verschuldungsgrad} = \frac{\text{FK}}{\text{Eigenkapital}}$$

$$\text{Fremdkapitalquote} = \frac{\text{FK} \cdot 100}{\text{Gesamtkapital}}$$

$$\text{Selbstfinanzierungsgrad} = \frac{\text{Gew.rückl.}}{\text{gez. Kapital}}$$

Investierung (Anlagendeckung)

$$\text{Deckungsgrad I} = \frac{\text{EK} \cdot 100}{\text{AV}}$$

$$\text{Deckungsgrad II} = \frac{(\text{EK} + \text{lfr. FK}) \cdot 100}{\text{AV}}$$

Liquidität (Zahlungsbereitschaft)

$$\text{Liquidität 1. Grades} = \frac{\text{flüssige Mittel} \cdot 100}{\text{kfr. Verbindlichkeiten}}$$

$$\text{Liquidität 2. Grades (einzugsbedingte Liquidität)} = \frac{(\text{flüssige Mittel} + \text{Forderungen}) \cdot 100}{\text{kfr. Verbindlichkeiten}}$$

Erfolgskennzahlen

Anteil der „Ergebnisse“ am Jahresergebnis

	Ergebnis aus gewöhnlicher Geschäftstätigkeit
+	**Ergebnis aus außergewöhnlicher Geschäftstätigkeit**
=	**Jahresüberschuss**

Bereinigung des Jahresergebnisses (i. d. R. nicht verlangt)

	Jahresüberschuss (JÜ)
+	**außerordentliche Aufwendungen**
–	**außerordentliche Erträge**
=	**korrigierter Jahresüberschuss**

Bei Einzelunternehmen und Personengesellschaften:

./. kalkulatorischer Unternehmerlohn

Ertragsstrukturanalyse (Rentabilität)

$$\text{Eigenkapitalrentabilität} = \frac{\text{JÜ} \cdot 100}{\text{durchschn. Eigenkapital}}$$

$$\text{Gesamtkapitalrentabilität} = \frac{(\text{JÜ} + \text{Zinsaufw.}) \cdot 100}{\text{durchschn. Gesamtkapital}}$$

$$\text{Umsatzrentabilität} = \frac{\text{JÜ} \cdot 100}{\text{Umsatzerlöse}}$$

Cashflow

=

Jahresüberschuss

+ Abschreibungen auf Anlagen
+ Zuführung zu lfr. Rückstellungen
– Auflösung lfr. Rückstellungen

Cashflow

=

momentan **verfügbarer Betrag** für Dividendenzahlungen, Investitionen, Schuldtilgung ...

Cashflow

=

Maßstab für Ertragskraft, Selbstfinanzierungskraft, Kreditwürdigkeit, Expansionsfähigkeit

EBIT = Jahresüberschuss + Steueraufwand –Steuererträge + außerordentlicher Aufwand –außerordentliche Erträge + Zinsaufwand –Zinserträge

Außerordentliche Aufwendungen und Erträge, Zinsaufwendungen, -erträge, Steueraufwendungen und -erträge werden ignoriert. Begründung: Diese Positionen sind nicht durch die eigentliche betriebliche Tätigkeit entstanden.
→ Bereinigung des Gewinns notwendig

Anhand des EBIT können **Bilanzanalysten** zum Beispiel den betrieblichen Gewinn verschiedener Geschäftsjahre oder Unternehmensbereiche direkt **vergleichen**, ohne dass die Resultate durch schwankende Steuersätze, Zinsaufwendungen oder sonstige außerordentliche Faktoren verzerrt werden.

Volkswirtschaftslehre

Preiselastizität der Nachfrage

$$\textbf{Direkte Preiselastizität der Nachfrage} = \frac{\text{prozentuale Mengenänderung}}{\text{prozentuale Preisänderung}} = \frac{dx \cdot p}{dp \cdot x}$$

Elastische Nachfrage	
Preis steigt → Umsatz sinkt	
Preis sinkt → Umsatz steigt	

Unelastische Nachfrage	
Preis steigt → Umsatz steigt	
Preis sinkt → Umsatz sinkt	

$$\textbf{Indirekte Preiselastizität der Nachfrage (Kreuzpreiselastizität)} = \frac{\text{prozentuale Mengenänderung bei Gut A}}{\text{prozentuale Preisänderung bei Gut B}} = \frac{dx_A \cdot p_B}{dp_B \cdot x_A}$$

Konjunktur

→ $$\textbf{Arbeitslosenquote} = \frac{\textbf{Arbeitslose} \cdot 100}{\textbf{(abhängige) Erwerbspersonen}}$$

Geldmengenbegriffe (M1, M2, M3) der Europäischen Zentralbank (EZB)

Bestandteile			
Bargeldumlauf + täglich fällige Einlagen (Giralgeld)	= M1	= M2	= M3
Einlagen mit vereinbarter Laufzeit bis zu zwei Jahren Einlagen mit vereinb. Kündigungsfrist bis zu drei Monaten		= M2	= M3
von den Monetären Finanzinstituten (MFIs) ausgegebene Geldmengensubstitute (Repogeschäfte, Geldmarktfondsanteile, Schuldverschreibungen mit Laufzeit bis zwei Jahre)			= M3

Geldmengenziel (Referenzwert) 2003: M3-Wachstum max. ca. 4,5 %

Preissteigerungsrate in % / Kaufkraftverlust in %

Preis Jahr 01:	**100,00 EUR**
Preis Jahr 02:	**110,00 EUR**
Preissteigerung:	**10,00 EUR**

Preissteigerungsrate in %: Preis Jahr 01 (100,00 EUR) ≙ 100 %; Preissteigerung (10,00 EUR) ≙ x %

Kaufkraftverlust in %: Preis Jahr 02 (110,00 EUR) ≙ 100 %; Preissteigerung (10,00 EUR) ≙ x %

(Fishersche) Verkehrsgleichung (= Quantitätsgleichung des Geldes)

$$M \cdot U = H \cdot P$$

Maximale Geldschöpfung bei vollständigem Bargeldrückfluss

$$\textbf{Geldschöpfung} = \frac{\textbf{Überschussreserve}_1 \text{ (Ü1)}}{\textbf{Reservesatz (R)}}$$

29.2 Tabelle mit Auf-, Abzinsungs- und Annuitätenfaktoren

Aufzinsungs-, Abzinsungs- und Annuitätenfaktoren

für Zinssätze (p) von 5 % bis 10 %
und Laufzeiten (n) von 1–10 Jahren

$q = 1 + p : 100$

Aufzinsungsfaktor: q^n

Abzinsungsfaktor: $\frac{1}{q^n}$

Annuitätenfaktor: $\frac{q^n (q-1)}{(q^n-1)}$

n \ 5 %	q^n	$\frac{1}{q^n}$	$\frac{q^n (q-1)}{(q^n-1)}$
1	1,050000	0,952381	1,050000
2	1,102500	0,907029	0,537805
3	1,157625	0,863838	0,367209
4	1,215506	0,822702	0,282012
5	1,276282	0,783526	0,230975
6	1,340096	0,746215	0,197017
7	1,407100	0,710681	0,172820
8	1,477455	0,676839	0,154722
9	1,551328	0,644609	0,140690
10	1,628895	0,613913	0,129505

n \ 6 %	q^n	$\frac{1}{q^n}$	$\frac{q^n (q-1)}{(q^n-1)}$
1	1,060000	0,943396	1,060000
2	1,123600	0,889996	0,545437
3	1,191016	0,839619	0,374110
4	1,262477	0,792094	0,288591
5	1,338226	0,747258	0,237396
6	1,418519	0,704961	0,203363
7	1,503630	0,665057	0,179135
8	1,593848	0,627412	0,161036
9	1,689479	0,591898	0,147022
10	1,790848	0,558395	0,135868

n \ 7 %	q^n	$\frac{1}{q^n}$	$\frac{q^n (q-1)}{(q^n-1)}$
1	1,070000	0,934579	1,070000
2	1,144900	0,873439	0,553092
3	1,225043	0,816298	0,381052
4	1,310796	0,762895	0,295228
5	1,402552	0,712986	0,243891
6	1,500730	0,666342	0,209796
7	1,605781	0,622750	0,185553
8	1,718186	0,582009	0,167468
9	1,838459	0,543934	0,153486
10	1,967151	0,508349	0,142378

n \ 8 %	q^n	$\frac{1}{q^n}$	$\frac{q^n (q-1)}{(q^n-1)}$
1	1,080000	0,925926	1,080000
2	1,166400	0,857339	0,560769
3	1,259712	0,793832	0,388034
4	1,360489	0,735030	0,301921
5	1,469328	0,680583	0,250456
6	1,586874	0,630170	0,216315
7	1,713824	0,583490	0,192072
8	1,850930	0,540269	0,174015
9	1,999005	0,500249	0,160080
10	2,158925	0,463193	0,149029

n \ 9 %	q^n	$\frac{1}{q^n}$	$\frac{q^n (q-1)}{(q^n-1)}$
1	1,090000	0,917431	1,090000
2	1,188100	0,841680	0,568469
3	1,295029	0,772183	0,395055
4	1,411582	0,708425	0,308669
5	1,538624	0,649931	0,257092
6	1,677100	0,596267	0,222920
7	1,828039	0,547034	0,198691
8	1,992563	0,501866	0,180674
9	2,171893	0,460428	0,166799
10	2,367364	0,422411	0,155820

n \ 10 %	q^n	$\frac{1}{q^n}$	$\frac{q^n (q-1)}{(q^n-1)}$
1	1,100000	0,909091	1,100000
2	1,210000	0,826446	0,576190
3	1,331000	0,751315	0,402115
4	1,464100	0,683013	0,315471
5	1,610510	0,620921	0,263797
6	1,771561	0,564474	0,229607
7	1,948717	0,513158	0,205405
8	2,143589	0,466507	0,187444
9	2,357948	0,424098	0,173641
10	2,593742	0,385543	0,162745

30 Abituraufgaben 2018

Aufgabe 1: Vollkostenrechnung in Form der Zuschlagskalkulation (Kostenstellenrechnung, BAB, Kostenträgerstückrechnung), Kosten- und Erlösfunktionen, Deckungsbeitragsrechnung

Die Basi KG mit Hauptsitz in Singen ist ein mittelständischer Hersteller von Sitzpolstern. In den letzten drei Jahrzehnten wurden besonders hochwertige und langlebige Produkte entwickelt, die sehr erfolgreich an die Automobil- und die Möbelindustrie geliefert werden. Seit wenigen Jahren werden auch Polster für den Innenausbau von Flugzeugen gefertigt.

1. Das Hauptwerk in Singen ist auf die Herstellung von Polstern für die Möbelindustrie ausgerichtet. Für eine Bestandsaufnahme der aktuellen Kostensituation wird von der Abteilung Rechnungswesen für das Jahr 2017 ein Betriebsabrechnungsbogen erstellt, bei dem noch einige Werte ergänzt werden müssen.

1.1 Vervollständigen Sie den Betriebsabrechnungsbogen (**Anlage**) für das Jahr 2017 und berücksichtigen Sie dabei folgende Angaben:

Die Raumkosten werden nach den in den Kostenstellen genutzten Flächen umgelegt. Die kalkulatorischen Abschreibungen werden entsprechend den Anschaffungskosten des in der jeweiligen Kostenstelle vorhandenen Anlagevermögens verteilt. Der kalkulatorische Unternehmerlohn wird gemäß dem angegebenen Schlüssel verteilt.

	Material	Fertigung	Verwaltung	Vertrieb
Fläche	190 m^2	1.860 m^2	270 m^2	405 m^2
Anschaffungskosten des Anlagevermögens	850.000,00 EUR	3.700.000,00 EUR	420.000,00 EUR	740.000,00 EUR
Verteilungsschlüssel Unternehmerlohn	2	6	4	5

1.2 Erläutern Sie, welche unterschiedlichen Verteilungsmethoden bei der Zuordnung der Gemeinkostenarten Gehälter und kalkulatorischer Unternehmerlohn auf die einzelnen Kostenstellen gewählt wurden.

1.3 Der Leiter des Rechnungswesens hat die Gemeinkostensummen des vorliegenden Betriebsabrechnungsbogens (**Anlage**) mit den Normalgemeinkosten 2017 verglichen und dabei folgende Kostenabweichungen ermittelt:

	Kostenüberdeckung	Kostenunterdeckung
Material		50.000,00 EUR
Fertigung	80.000,00 EUR	
Verwaltung	38.550,00 EUR	
Vertrieb		11.675,00 EUR

1.3.1 Der Leiter der Kostenstelle Material begründet die in seinem Bereich aufgetretene Kostenunterdeckung mit im Jahresverlauf gestiegenen Preisen für das Fertigungsmaterial.

Nehmen Sie zu dieser Aussage Stellung.

1.3.2 Ermitteln Sie die im Jahr 2017 im Hauptwerk Singen verwendeten Normalgemeinkostenzuschlagssätze.
Der Verbrauch von Fertigungsmaterial betrug 5.400.000,00 EUR. Die Fertigungslöhne beliefen sich auf 1.437.500,00 EUR.

1.4 Die Sächsische Polstermöbel AG in Dresden fragt an, ob die Basi KG ein Spezialpolster für Ledersessel zu einem Stückpreis von 90,00 EUR liefern kann. Die Basi KG bietet ihren Kunden 3 % Skonto an, ein weiterer Preisnachlass wird nicht gewährt. Das Angebot wird auf Basis der Normalgemeinkostenzuschlagssätze 2017 kalkuliert.

Des Weiteren werden folgende Kalkulationsdaten zugrunde gelegt:

- Fertigungslöhne pro Polster 11,00 EUR
- Sondereinzelkosten der Fertigung pro Polster 2,88 EUR

Ermitteln Sie, wie viel das Fertigungsmaterial pro Polster maximal kosten darf, damit die Basi KG ihr Gewinnziel von 20 % erreicht.

Hinweis: Falls Sie Aufgabe 1.3.2 nicht lösen konnten, gehen Sie von folgenden Normalgemeinkostenzuschlagssätzen aus: MGKZ 20 %, FGKZ 260 %, VwGKZ 9 %, VtGKZ 16 %.

2. Die Basi KG liefert seit 2012 für einen europäischen Flugzeughersteller hochwertige Sitzpolster. Aufgrund der besonderen Qualitätsanforderungen der Luftfahrtindustrie wurde dafür ein eigenes Werk am Standort Konstanz errichtet. Die Geschäftsleitung rechnet für das Jahr 2018 mit einer erhöhten Nachfrage. Deshalb wurde die Kostensituation am Standort Konstanz einer aktuellen Analyse unterzogen. Diese ergab die nachfolgenden Werte:

Monat	Produzierte Menge	Gesamtkosten
Januar 2018	2.000 Stück	540.000,00 EUR
Februar 2018	2.100 Stück	552.000,00 EUR

Der Verkaufspreis beträgt 280,00 EUR pro Stück. Kosten- und Erlösverlauf sind linear.

2.1 Ermitteln Sie die variablen Stückkosten und die monatlichen Fixkosten.

2.2 Aufgrund der guten Auftragslage erwartet die Geschäftsführung der Basi KG vom Zweigwerk Konstanz, dass nicht nur die Gewinnschwelle deutlich übertroffen werden kann, sondern auch eine Umsatzrendite in Höhe von 12,5 % erzielt wird.

2.2.1 Ermitteln Sie, um wie viel Prozent die Produktionsmenge im Februar 2018 über der Gewinnschwelle lag.

2.2.2 Weisen Sie rechnerisch nach, bei welcher monatlichen Stückzahl das Renditeziel der Geschäftsführung erreicht wird.

3. Die hochwertigen Produkte der Basi KG werden auch im Automobilbereich eingesetzt. Mehrere Hersteller verwenden die Polster für ihre Oberklassemodelle. Am Standort Radolfzell werden vier verschiedene Polstertypen produziert, für die monatlich eine auftragsbezogene Produktionsplanung vorgenommen wird. Für den April 2018 liegen folgende Daten vor:

	Typ 1	Typ 2	Typ 3	Typ 4
Verkaufspreis pro Stück	380,00 EUR	500,00 EUR	550,00 EUR	700,00 EUR
variable Stückkosten	170,00 EUR	230,00 EUR	300,00 EUR	340,00 EUR
geplante Stückzahl	600	800	540	300
Produktionszeit in Minuten	30	45	50	75

Die monatliche Fertigungskapazität liegt bei 1.725 Stunden. Aufgrund eines unerwartet hohen Krankheitsstandes verringert sich die Fertigungskapazität im April 2018 auf 80 %. Der Vertriebsleiter schlägt daher vor, die Produktion bei allen vier Typen gleichmäßig um 20 % zu reduzieren, während der Controller für eine gewinnoptimale Produktionsplanung plädiert.

3.1 Weisen Sie rechnerisch nach, um welchen Betrag sich das Betriebsergebnis gegenüber dem gewinnoptimalen Vorschlag des Controllers reduziert, wenn sich der Vertriebsleiter durchsetzen kann.

3.2 Erläutern Sie einen Grund, warum sich die Geschäftsführung der Basi KG letztendlich für den Vorschlag des Vertriebsleiters entscheidet.

Anlage zu Teilaufgabe 1: Betriebsabrechnungsbogen der Basi KG 2017

		Kostenstellen			
Gemeinkosten-arten	Betrag	Material	Fertigung	Verwaltung	Vertrieb
Hilfs- und Betriebsstoffe					
Gehälter lt. Gehaltsliste	1.948.000,00 EUR	229.000,00 EUR	875.000,00 EUR	388.000,00 EUR	456.000,00 EUR
Raumkosten	545.000,00 EUR				
kalkulatorische Abschreibungen	856.500,00 EUR				
kalkulatorischer Unternehmerlohn	510.000,00 EUR				
sonstige Gemein-kosten	2.068.500,00 EUR	55.500,00 EUR	944.000,00 EUR	342.000,00 EUR	727.000,00 EUR
Summe der Gemeinkosten	6.775.000,00 EUR	698.000,00 EUR	3.370.000,00 EUR	1.055.000,00 EUR	1.652.000,00 EUR

Aufgabe 2: Personengesellschaften im Vergleich (rechtliche Grundlagen), offene Selbstfinanzierung bei der KG, statische und dynamische Investitionsrechnung

Paul Ebner und Franziska Klein haben sich während des Studiums kennengelernt. Im Jahr 2013 gründeten sie ihr Unternehmen Synapsis OHG. Das Unternehmen produziert und verkauft sehr erfolgreich digitale Bauteile, unter anderem für Industrieroboter. Zurzeit beschäftigt die Synapsis OHG 20 Mitarbeiter.

Das Unternehmen benötigt zur Finanzierung des weiteren Wachstums zusätzliches Eigenkapital. Ebner und Klein nehmen das Angebot von Franziskas Bruder Oskar Weber an, sich mit 400.000,00 EUR zu beteiligen.

Im Gesellschaftsvertrag vom 25.11.2016 treffen die Gesellschafter unter anderem folgende Vereinbarungen:

- Die bisherige OHG wird ab dem 01.01.2017 als Synapsis KG fortgeführt.
- Oskar Weber erbringt als Kommanditist seine Einlage in zwei betragsgleichen Raten, welche zum 01.01.2017 und zum Jahresende 2017 fällig sind.
- Paul Ebner und Franziska Klein führen als Komplementäre die Geschäfte.
- Die Gesellschaft wird von den beiden Komplementären gemeinschaftlich vertreten.
- Das Geschäftsjahr entspricht dem Kalenderjahr.
- Darüber hinaus gelten die gesetzlichen Bestimmungen.

Die Handelsregistereintragung der Synapsis KG erfolgt am 05.01.2017.

1. Erläutern Sie, zu welchem Zeitpunkt die KG entsteht.

2. Franziska Klein kauft am 30.01.2017 ohne Rücksprache mit den anderen Gesellschaftern für die Synapsis KG Notebooks im Wert von 10.000,00 EUR. Paul Ebner ist damit nicht einverstanden.

   Begründen Sie unter Angabe der gesetzlichen Grundlage, ob der Lieferant einen Anspruch auf Bezahlung der Notebooks durch die KG hat.

3. Die KG ist daran interessiert, ihren Absatz langfristig zu sichern. Daher strebt Paul Ebner nach Absprache mit Franziska Klein eine Beteiligung der KG an einem finnischen Industrieroboterhersteller über 500.000,00 EUR an. Oskar Weber spricht sich gegen dieses Vorhaben aus. Ebner und Klein erwerben die Beteiligung trotz des Widerspruchs.

   Beurteilen Sie die Rechtslage.

4. Das HGB lässt bei den Personengesellschaften eine vertragliche Regelung zur Gewinn- und Verlustverteilung zu.

   Erläutern Sie anhand von zwei Argumenten, weshalb bei einer KG eine vertragliche Regelung sinnvoll ist.

5. Im Jahresabschluss zum 31.12.2017 wird ein Gewinn von 278.000,00 EUR ermittelt. Folgende Angaben stehen zur Verfügung:

	Paul Ebner	Franziska Klein	Oskar Weber
gesamter Gewinnanteil	115.000,00 EUR	115.000,00 EUR	48.000,00 EUR
Privatentnahmen	40.000,00 EUR	20.000,00 EUR	–
monatlich ausgezahlte Tätigkeitsvergütung	5.000,00 EUR	5.000,00 EUR	–

Oskar Weber hat bis zum Jahresende 90 % seiner gesamten Kapitaleinlage geleistet.

5.1 • Ermitteln Sie, in welcher Höhe die einzelnen Komplementäre maximal zur offenen Selbstfinanzierung der Synapsis KG im Jahr 2017 beitragen können.
• Berechnen Sie den Gewinnanteil, auf den Oskar Weber einen Auszahlungsanspruch hat.

5.2 Erläutern Sie zwei Vorteile der offenen Selbstfinanzierung für die Synapsis KG.

5.3 Gehen Sie davon aus, dass die KG im Jahr 2017 einen Verlust erzielt hätte, an dem sich Oskar Weber laut Gesellschaftsvertrag mit 10.000,00 EUR beteiligen müsste.

Erläutern Sie am Beispiel des Kommanditisten Weber den Unterschied zwischen Verlustbeteiligung und Haftung.

6. Franziska Klein hat am 10.10.2017 gekündigt und möchte die Synapsis KG zum nächstmöglichen Termin verlassen.

Begründen Sie, zu welchem Termin sie frühestens ausscheiden kann.

7. Zur Produktion von Steuerungssystemen für Industrieroboter soll eine neue Maschine angeschafft werden. Zwei Maschinen stehen dafür zur Auswahl. Die Investitionsentscheidung soll rechnerisch vorbereitet werden.

Die Anschaffungskosten der Maschine Uno betragen 275.000,00 EUR, die jährlichen Fixkosten liegen bei 197.370,00 EUR, die variablen Stückkosten betragen 24,00 EUR.

Für die Maschine Duo liegen folgende Informationen vor:

Maschine Duo	
Anschaffungskosten	252.000,00 EUR
geplante Nutzungsdauer	4 Jahre
Restwert (geschätzt)	14.000,00 EUR
Kapazität pro Jahr	13.000 Stück
sonstige fixe Betriebskosten pro Jahr	90.000,00 EUR
variable Stückkosten	28,00 EUR

Die Synapsis KG verwendet einen Kalkulationszinssatz in Höhe von 7 %. Die geplante Absatzmenge liegt bei 8.500 Stück.

7.1 Ermitteln Sie die jährlichen Gesamtkosten für die Maschine Duo auf der Basis der geplanten Absatzmenge.

7.2 Berechnen Sie die kritische Produktionsmenge. Schlagen Sie auf dieser Basis der Geschäftsleitung für den vorliegenden Fall begründet eine der beiden Maschinen zur Anschaffung vor.

7.3 Für die Maschine Uno wurde ein Kapitalwert von 113.378,00 EUR ermittelt.

Bei Einsatz der Maschine Duo können voraussichtlich folgende Einzahlungsüberschüsse (jeweils am Jahresende) erzielt werden:

Jahr	1	2	3	4
Einzahlungsüberschuss	98.000,00 EUR	95.500,00 EUR	110.800,00 EUR	128.600,00 EUR

Es wird ein Liquidationserlös in Höhe des Restwertes erwartet. Der Differenzbetrag von 23.000,00 EUR, der sich aus den unterschiedlichen Anschaffungskosten der Maschinen ergibt, wird in eine Finanzanlage zum Kalkulationszinssatz investiert.

Berechnen Sie den Kapitalwert für die Maschine Duo und interpretieren Sie Ihr Ergebnis bezüglich beider Investitionsalternativen. Alle Berechnungen sind auf volle Euro zu runden (**Anlage**).

Anlage

Aufzinsungs-, Abzinsungs- und Annuitätenfaktoren

für Zinssätze (p) von 5 % bis 10 %
und Laufzeiten (n) von 1–10 Jahren

$q = 1 + p / 100$

Aufzinsungsfaktor: q^n

Annuitätenfaktor: $\frac{q^n (q-1)}{(q^n-1)}$

Abzinsungsfaktor: $\frac{1}{q^n}$

n \ 5 %	q^n	$\frac{1}{q^n}$	$\frac{q^n (q-1)}{(q^n-1)}$
1	1,050000	0,952381	1,050000
2	1,102500	0,907029	0,537805
3	1,157625	0,863838	0,367209
4	1,215506	0,822702	0,282012
5	1,276282	0,783526	0,230975
6	1,340096	0,746215	0,197017
7	1,407100	0,710681	0,172820
8	1,477455	0,676839	0,154722
9	1,551328	0,644609	0,140690
10	1,628895	0,613913	0,129505

n \ 6 %	q^n	$\frac{1}{q^n}$	$\frac{q^n (q-1)}{(q^n-1)}$
1	1,060000	0,943396	1,060000
2	1,123600	0,889996	0,545437
3	1,191016	0,839619	0,374110
4	1,262477	0,792094	0,288591
5	1,338226	0,747258	0,237396
6	1,418519	0,704961	0,203363
7	1,503630	0,665057	0,179135
8	1,593848	0,627412	0,161036
9	1,689479	0,591898	0,147022
10	1,790848	0,558395	0,135868

n \ 7 %	q^n	$\frac{1}{q^n}$	$\frac{q^n (q-1)}{(q^n-1)}$
1	1,070000	0,934579	1,070000
2	1,144900	0,873439	0,553092
3	1,225043	0,816298	0,381052
4	1,310796	0,762895	0,295228
5	1,402552	0,712986	0,243891
6	1,500730	0,666342	0,209796
7	1,605781	0,622750	0,185553
8	1,718186	0,582009	0,167468
9	1,838459	0,543934	0,153486
10	1,967151	0,508349	0,142378

n \ 8 %	q^n	$\frac{1}{q^n}$	$\frac{q^n (q-1)}{(q^n-1)}$
1	1,080000	0,925926	1,080000
2	1,166400	0,857339	0,560769
3	1,259712	0,793832	0,388034
4	1,360489	0,735030	0,301921
5	1,469328	0,680583	0,250456
6	1,586874	0,630170	0,216315
7	1,713824	0,583490	0,192072
8	1,850930	0,540269	0,174015
9	1,999005	0,500249	0,160080
10	2,158925	0,463193	0,149029

n \ 9 %	q^n	$\frac{1}{q^n}$	$\frac{q^n (q-1)}{(q^n-1)}$
1	1,090000	0,917431	1,090000
2	1,188100	0,841680	0,568469
3	1,295029	0,772183	0,395055
4	1,411582	0,708425	0,308669
5	1,538624	0,649931	0,257092
6	1,677100	0,596267	0,222920
7	1,828039	0,547034	0,198691
8	1,992563	0,501866	0,180674
9	2,171893	0,460428	0,166799
10	2,367364	0,422411	0,155820

n \ 10 %	q^n	$\frac{1}{q^n}$	$\frac{q^n (q-1)}{(q^n-1)}$
1	1,100000	0,909091	1,100000
2	1,210000	0,826446	0,576190
3	1,331000	0,751315	0,402115
4	1,464100	0,683013	0,315471
5	1,610510	0,620921	0,263797
6	1,771561	0,564474	0,229607
7	1,948717	0,513158	0,205405
8	2,143589	0,466507	0,187444
9	2,357948	0,424098	0,173641
10	2,593742	0,385543	0,162745

Aufgabe 3: Kapitalgesellschaften im Vergleich (rechtliche Grundlagen), Beteiligungsfinanzierung bei der AG

Die AirTec OHG ist ein mittelständisches Unternehmen mit Sitz in Nürtingen. Die Unternehmung wurde von Andreas Abel und Markus Merk im Jahr 2010 gegründet und beschäftigt aktuell 135 Mitarbeiter. Das Unternehmen produziert erfolgreich Drohnen zur Geländevermessung sowie für die Filmproduktion.

Die beiden Gesellschafter der AirTec OHG möchten eine leistungsstarke Drohne für das Transportwesen entwickeln. Für den Aufbau dieses neuen Geschäftsbereichs soll eine neue Fertigungshalle errichtet und die Mitarbeiterzahl verdoppelt werden. Um die erforderlichen finanziellen Mittel zu beschaffen, erwägen die Gesellschafter Abel und Merk, die OHG in eine Kapitalgesellschaft umzuwandeln.

1. Erläutern Sie anhand von zwei Kriterien, weshalb sich die Gesellschafter bei der Gründung ihres Unternehmens ursprünglich für eine OHG und nicht für eine Kapitalgesellschaft entschieden haben könnten.

2. Um sich für eine geeignete Unternehmensform entscheiden zu können, benötigen die Gesellschafter der AirTec OHG weitere Informationen.

   Vergleichen Sie allgemein die Rechtsformen der GmbH und der AG anhand folgender Merkmale:

   - Mindestkapital
   - Bezeichnung und Bestellung des leitenden Organs
   - Bildung eines Aufsichtsrats

3. Die OHG-Gesellschafter entscheiden sich für die Gründung einer Aktiengesellschaft. Das neue Unternehmen firmiert unter AirTec AG. Das Grundkapital der AG beträgt 20 Mio. EUR und ist in Aktien mit einem Nennwert von 5,00 EUR aufgeteilt.

3.1 Bestimmen Sie unter Angabe der gesetzlichen Grundlagen, aus wie vielen Personen der Vorstand und der Aufsichtsrat im vorliegenden Fall mindestens bestehen müssen.

3.2 Das vereinbarte Grundkapital wird von den bisherigen OHG-Gesellschaftern Abel und Merk sowie dem Großaktionär Boll und der Venture Bank AG aufgebracht. Abel und Merk bringen zu gleichen Teilen die bisherige OHG im Wert von insgesamt 8 Mio. EUR ein und erhalten Aktien zum Nennwert. Boll übernimmt eine Bareinlage von 3 Mio. EUR und bringt ein Grundstück im Wert von 1 Mio. EUR ein. Die Venture Bank AG übernimmt den Rest des Grundkapitals durch eine Bareinlage. Die beiden neuen Gesellschafter übernehmen ihre Aktien mit einem Agio von 1,00 EUR je Aktie.

Erläutern Sie, in welcher Höhe die Einlagen mindestens geleistet werden müssen, damit die AirTec AG zur Eintragung ins Handelsregister angemeldet werden kann.

3.3 Begründen Sie, warum die beiden neuen Aktionäre bereit sein könnten, die Aktien mit einem Agio zu übernehmen (zwei Aspekte).

3.4 Die Gründer der AG hatten sich vor dem Hintergrund eines möglichen Börsenganges über die Ausgabe von Inhaber- oder Namensaktien unterhalten.

Unterscheiden Sie die beiden Aktienarten und erläutern Sie zwei Vorteile der Namensaktien aus Sicht der AG.

3.5 Bezüglich eines möglichen Börsenganges bestehen noch Bedenken bei Abel und Merk.

Erläutern Sie zwei Gründe, die gegen einen Börsengang sprechen könnten.

4. Die Bedenken von Abel und Merk bezüglich des Börsengangs konnten ausgeräumt werden. Die AirTec AG ist mittlerweile seit drei Jahren an der Börse notiert. Das bei der Gründung von der Venture Bank AG übernommene Aktienpaket befindet sich seither in Streubesitz. Das gezeichnete Kapital der AirTec AG beträgt unverändert 20 Mio. EUR. Für die Erschließung neuer Absatzmärkte in Fernost rechnet der Vorstand der AirTec AG mit einem zusätzlichen Kapitalbedarf in Höhe von 8,5 Mio. EUR.

Der Kapitalbedarf soll durch eine ordentliche Kapitalerhöhung aufgebracht werden. Der Vorstand schlägt auf der Hauptversammlung eine Erhöhung des Grundkapitals um 25 % vor. Der Ausgabekurs der jungen Aktien mit einem Nennwert von 5,00 EUR wird auf 9,00 EUR je Aktie festgelegt. Der Kurs der alten Aktie liegt bei 13,00 EUR.

4.1 Erläutern Sie, welchen Spielraum die AirTec AG bei der Festlegung des Emissionskurses für die jungen Aktien hat.

4.2 Weisen Sie rechnerisch nach, ob der zusätzliche Kapitalbedarf durch die Kapitalerhöhung gedeckt werden kann.

4.3 Markus Merks Anteil am Grundkapital blieb bis zur Kapitalerhöhung unverändert bei 4 Mio. EUR. Die Ausgabe der jungen Aktien möchte Merk dazu nutzen, die Sperrminorität zu erreichen.

Bestimmen Sie den Betrag, den Merk aufbringen müsste, um sein Vorhaben zu realisieren. Gehen Sie davon aus, dass das Bezugsrecht zu seinem rechnerischen Wert an der Börse gehandelt wird; weitere Kosten bleiben unberücksichtigt.

4.4 Erläutern Sie die Absicht, die Merk mit der Erlangung der Sperrminorität verfolgt.

Aufgabe 4: Preisbildung und Verhaltensweisen bei Unternehmen mit Marktmacht (Monopol, Polypol auf dem unvollkommenen Markt)

Die Mountainworld GmbH ist einer von vielen Anbietern von Produkten für ambitionierte Outdoor-Fans. Sie produziert unter anderem hochwertige Berg- und Wanderstiefel, die bislang nur über den Facheinzelhandel verkauft werden.

1. Die Mountainworld GmbH wird zu Beginn der kommenden Sommersaison das Bergstiefel-Modell BergfeXTrail16 in ihr Sortiment aufnehmen. Für das Einführungsjahr geht das Unternehmen von folgenden Daten aus:

- Gesamtkostenfunktion: $K(x) = 2.000.000 + 60x$
- Kapazitätsgrenze: 110.000 Paar

Der Zusammenhang zwischen Preis und Absatz ist in **Anlage 1** dargestellt.

1.1 Beschreiben Sie anhand von drei Kriterien, weshalb es sich beim Markt für Berg- und Wanderstiefel um einen unvollkommenen Markt handelt.

1.2
- Ermitteln Sie in **Anlage 1** grafisch die gewinnmaximale Preis-Mengen-Kombination.
- Berechnen Sie den maximalen Gewinn.

1.3 Der Markt für Berg- und Wanderstiefel ist hart umkämpft. Die Mountainworld GmbH möchte deshalb ihren monopolistischen Preisspielraum erweitern.

Beschreiben Sie zwei Maßnahmen, wie die Mountainworld GmbH dieses Ziel erreichen kann.

1.4 In **Anlage 2** sind die Erlöse der Mountainworld GmbH dargestellt.

Ermitteln und kennzeichnen Sie in **Anlage 2** grafisch den maximalen Gewinn.

1.5 Die Geschäftsleitung der Mountainworld GmbH entscheidet sich in der Einführungsphase des BergfeXTrail16 für einen Preis von 160,00 EUR.

- Kennzeichnen Sie die Konsumentenrente bei diesem Preis in **Anlage 1** und berechnen Sie diese.
- Erläutern Sie die ökonomische Bedeutung Ihres Ergebnisses.

2. Die Mountainworld GmbH produziert in einem Zweigwerk Jacken für Expeditionen. Durch die Entwicklung eines neuartigen Materials ist es gelungen, eine leichte, robuste, isolierende und absolut wasserdichte Jacke auf den Markt zu bringen. Das Material wurde durch ein Patent geschützt. Zunächst soll diese Jacke ausschließlich über Bergschulen an Expeditionsteilnehmer vertrieben werden. Die Geschäftsleitung geht aufgrund früherer Erfahrungen bei der Einführung von Marktneuheiten von folgender monatlicher Preis-Absatz-Funktion aus:

$$x(p) = 800 - 0{,}5p$$

p = Preis in Euro je Jacke
x = Anzahl der verkauften Jacken pro Monat in Stück

Die Fixkosten belaufen sich auf 30.000,00 EUR je Monat, die variablen Stückkosten betragen 400,00 EUR. Die Kapazitätsgrenze liegt bei 600 Jacken je Monat.

2.1 Die Mountainworld GmbH möchte im Einführungsjahr der Jacken den Erlös maximieren.

- Weisen Sie rechnerisch nach, mit welchem Preis dieses Ziel erreicht werden kann und welche Menge unter dieser Voraussetzung abgesetzt wird.
- Berechnen Sie, auf wie viel Gewinn die Geschäftsleitung dadurch maximal verzichtet.

2.2 Einem Mitglied der Geschäftsleitung erscheint der entgangene Gewinn zu hoch.

Führen Sie drei Argumente an, mit denen sich der Gewinnverzicht rechtfertigen lässt.

2.3 Die Einführung der neuen Jacke verlief erfolgreich und für die nächsten Jahre ist mit steigenden Verkaufszahlen zu rechnen. Die Mountainworld GmbH erwägt deshalb den Kauf einer neuen Produktionsmaschine, wodurch die Fixkosten steigen und die variablen Kosten sinken würden.

Begründen Sie mithilfe einer Skizze, wie sich die Veränderung der Kosten auf die gewinnmaximale Preis-Mengen-Kombination auswirkt.

Anlage 1 zu Teilaufgaben 1.2 und 1.5

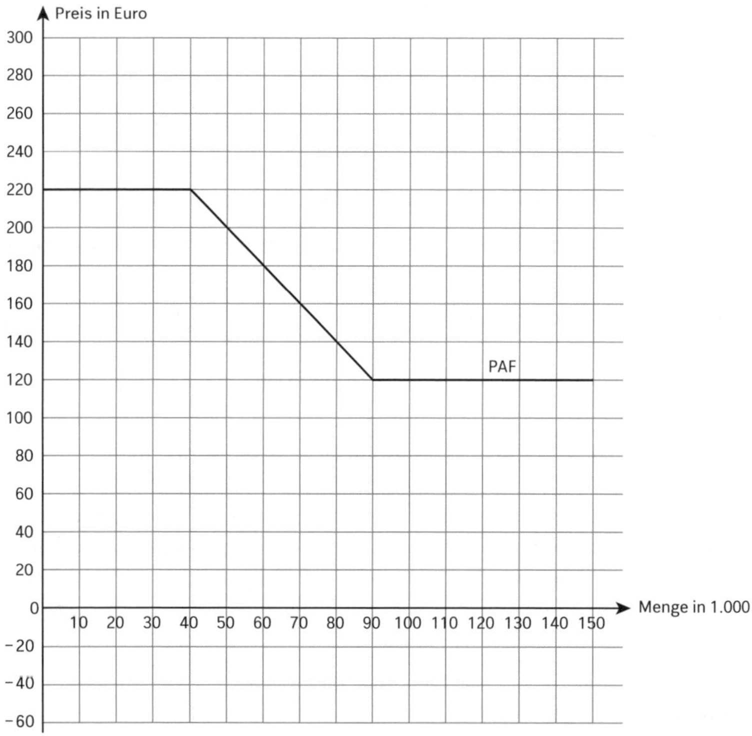

Anlage 2 zu Teilaufgabe 1.4

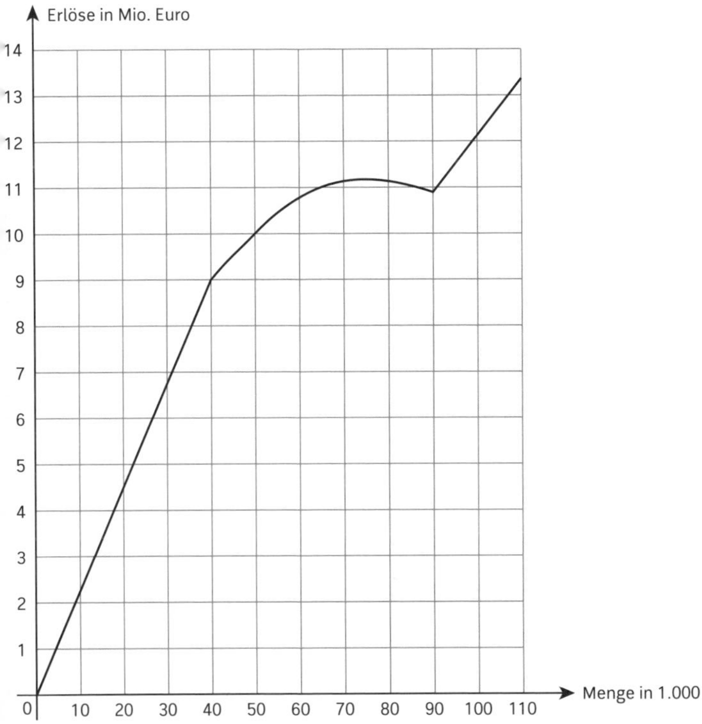

Aufgabe 5 (verändert): Binnenwert des Geldes und Geldwertmessung in Verbindung mit den Grundsätzen der Geldpolitik der Europäischen Zentralbank

1. Ein wichtiger Indikator für die Messung von Geldwertschwankungen ist der Verbraucherpreisindex. Für die Monate Januar und Februar der Jahre 2016 und 2017 liegen für Deutschland folgende Daten vor:

Verbraucherpreisindex (VPI) für Deutschland

Jahr	Monat	VPI (2010 = 100)
2016	Jan	106,1
	Feb	106,5

Jahr	Monat	VPI (2010 = 100)
2017	Jan	108,1
	Feb	108,8

Quelle: Vgl. Statistisches Bundesamt: Preise. Verbraucherpreisindizes für Deutschland – Monatsbericht. Dezember 2018, 16.01.2019. In: www.statistischebibliothek.de/mir/servlets/MCRFileNodeServlet/DEHeft_derivate_00042176/MB-17-7_2170700.pdf [23.03.2021], S. 12.

1.1
- Berechnen Sie auf zwei Nachkommastellen die Preisveränderungen von Januar 2016 auf Januar 2017 und von Februar 2016 auf Februar 2017 in Prozent.
- Beurteilen Sie Ihre Ergebnisse vor dem Hintergrund der von der EZB angestrebten Geldwertstabilität.

1.2 Verbraucherpreisindex und Kaufkraft stehen in einem engen Zusammenhang.

Berechnen Sie die prozentuale Veränderung der Kaufkraft von Februar 2016 bis Februar 2017 (Rundung auf zwei Nachkommastellen) und erläutern Sie die Aussagekraft des ermittelten Wertes.

1.3 Bei der Berechnung des Verbraucherpreisindex für Deutschland sind der zugrunde liegende Warenkorb und das Wägungsschema von Bedeutung.

1.3.1 Die Zusammensetzung des Warenkorbes wird regelmäßig überarbeitet.

Begründen Sie die Notwendigkeit dieser Maßnahme.

1.3.2 **Wägungsschema (Angaben in Promille)**

	Verbraucherpreisindex insgesamt	**1.000**
01	Nahrungsmittel und alkoholfreie Getränke	102,71
02	Alkoholische Getränke und Tabakwaren	37,59
03	Bekleidung und Schuhe	44,93
04	Wohnung, Wasser, Strom, Gas und andere Brennstoffe	317,29
05	Möbel, Leuchten, Geräte u. a. Haushaltszubehör	49,78
06	Gesundheitspflege	44,44
07	Verkehr	134,73
08	Nachrichtenübermittlung	30,10
09	Freizeit, Unterhaltung und Kultur	114,92
10	Bildungswesen	8,80
11	Beherbergungs- und Gaststättendienstleistungen	44,67
12	Andere Waren und Dienstleistungen	70,04

Quelle: © Statistisches Bundesamt (Destatis), 2020

- Erklären Sie, welche Bedeutung der Wert 134,73 bei der Warengruppe „07 Verkehr" hat.
- Angenommen, für die Warengruppe „07 Verkehr" beträgt die Preissteigerung 8 %, für die Warengruppe „01 Nahrungsmittel und alkoholfreie Getränke" beträgt sie 5 %. Bei der Warengruppe „09 Freizeit, Unterhaltung und Kultur" liegt ein Preisrückgang um 9 % vor. In allen anderen Warengruppen gibt es keine Preisveränderungen.

  Berechnen Sie die Preisniveauänderung (Rundung auf zwei Nachkommastellen).

1.4 Begründen Sie, warum der Verbraucherpreisindex allein keine Aussage zum Lebensstandard der Bevölkerung zulässt (zwei Aspekte).

1.5 Hohe Preissteigerungsraten werden häufig auf eine „importierte Inflation" zurückgeführt.

Erklären Sie zwei Ursachen dieser Inflationsart.

1.6 Erläutern Sie je zwei Gründe, warum sowohl eine Inflation als auch eine Deflation verhindert werden sollte. Nehmen Sie dabei die Sichtweise der privaten Haushalte ein.

2. Der EZB-Rat hat den Leitzins auf 0 % gesenkt. Zeitgleich wird die Einlagenfazilität auf –0,40 % gesenkt.

Quelle: Vgl. Europäische Zentralbank: Pressemitteilung – Geldpolitische Beschlüsse, 10.03.2016. In: www.ecb.europa.eu/press/pr/date/2016/html/pr160310.de.html [23.03.2021].

2.1 Erklären Sie die Bedeutung des Leitzinses.

2.2 Beschreiben Sie jeweils eine beabsichtigte Folge der unter 2. aufgeführten Maßnahmen der EZB auf die nachfolgenden Wirtschaftssubjekte:

- produzierendes Gewerbe und Handwerk
- private Haushalte, die ihr Geld anlegen wollen

2.3 Begründen Sie anhand von drei Argumenten, warum die Leitzinspolitik der EZB nicht die beabsichtigte Wirkung zeigen könnte.

2.4 Die EZB kauft zusätzlich in großem Umfang Staatsanleihen an. Diese Maßnahme sorgte in Wirtschaft und Politik für Diskussion.

Erläutern Sie zwei Kritikpunkte.

31 Abituraufgaben 2019

Aufgabe 1: Beliebige Unternehmensform mit Vollkostenrechnung in Form der Zuschlagskalkulation (Kostenstellenrechnung, BAB, Kostenträgerstückrechnung); Deckungsbeitragsrechnung

Die CarTech OHG mit Hauptsitz in Weingarten ist ein Zulieferbetrieb für die Automobilindustrie. Aufgrund der neuen technologischen Entwicklungen im Automobilbau hat sich die CarTech OHG auf die Produktion von Sensoren spezialisiert. Das Unternehmen wurde vor drei Jahren von dem Ingenieur für Elektrotechnik Frank Lay und dem Diplom-Kaufmann Manuel Miller gegründet. Zur Stärkung der Eigenkapitalbasis wird das Unternehmen Anfang 2019 in eine Kommanditgesellschaft umgewandelt und Katja Wagner als Kommanditistin aufgenommen. Der Gesellschaftsvertrag der CarTech KG wird am 10.01.2019 notariell beurkundet, die Eintragung in das Handelsregister erfolgt drei Wochen später.

Bezüglich der Geschäftsführung und Vertretung gelten die gesetzlichen Bestimmungen. Über die Kapitalverhältnisse der CarTech KG gibt folgende Tabelle Auskunft:

Gesellschafter	Kapitalanteile
Komplementär Frank Lay	500.000,00 EUR
Komplementär Manuel Miller	250.000,00 EUR
Kommanditistin Katja Wagner	250.000,00 EUR
75 % der Kommanditeinlage werden bei Gründung der KG eingezahlt, der Restbetrag ist zum 31.12.2019 fällig.	

1. Erläutern Sie zwei Gründe, die aus der Sicht von Frank Lay und Manuel Miller für die Aufnahme eines Teilhafters und nicht für die Aufnahme eines weiteren Vollhafters gesprochen haben könnten.

2. Zur Erweiterung des Produktionsstandortes in Weingarten beabsichtigen die beiden Komplementäre den Kauf eines Grundstücks zu einem Preis von 820.000,00 EUR. Katja Wagner findet den Grundstückspreis zu hoch und widerspricht dem Vorhaben. Die beiden Komplementäre entscheiden sich trotzdem für den Kauf des Grundstücks; Manuel Miller schließt den Vertrag am 01.03.2019 ab.

   Prüfen Sie die Rechtslage.

3. Nach den Unstimmigkeiten bezüglich des Grundstückskaufs möchte Katja Wagner regelmäßig Informationen zum Geschäftsverlauf erhalten. Sie verlangt daher, zeitnah anhand von Quartalsabschlüssen unterrichtet zu werden.

   Begründen Sie, ob Katja Wagner dazu berechtigt ist.

4. Am 15.03.2019 wendet sich die Bauunternehmung Schmid & Zwießler GmbH mit einer seit dem 20.12.2018 bestehenden Forderung in Höhe von 65.000,00 EUR an Katja Wagner und verlangt von ihr die Begleichung der noch offenen Rechnung. Gegenstand

dieser Rechnung waren Baumaßnahmen für die CarTech OHG, die im Herbst 2018 abgeschlossen worden waren. Katja Wagner verweigert die Zahlung der vorgelegten Rechnung.

Beurteilen Sie die Rechtslage unter Angabe der gesetzlichen Grundlagen.

5. Die aktuelle Kostensituation der CarTech KG soll analysiert werden. Dazu liegen folgende Informationen aus der Kosten- und Leistungsrechnung vor:

	Material	Fertigung	Verwaltung	Vertrieb
Istgemeinkosten im Februar 2019	26.000,00 EUR	248.000,00 EUR	56.200,00 EUR	94.200,00 EUR
Normalgemeinkostenzuschlagssätze	8 %	180 %	8 %	12 %

- Verbrauch von Fertigungsmaterial (Februar 2019): 300.000,00 EUR
- Fertigungslöhne (Februar 2019): 140.000,00 EUR

5.1 Ermitteln Sie im Rahmen einer Gesamtkalkulation die Selbstkosten für den Monat Februar 2019 und berechnen Sie die Kostenüberdeckung bzw. Kostenunterdeckung in den einzelnen Kostenstellen.

5.2 Der Leiter der Kostenstelle Vertrieb soll gegenüber der Geschäftsleitung die Kostenabweichung in seiner Abteilung erklären.

Erläutern Sie für zwei Gemeinkostenarten je eine Ursache, die zu der vorliegenden Kostenabweichung geführt haben könnte.

5.3 Im Monat Februar 2019 wurde ein Betriebsergebnis in Höhe von 135.600,00 EUR erzielt. Berechnen Sie die Leistungen des Monats Februar 2019.

5.4 Die CarTech KG hat ein neues Sensorsystem entwickelt, welches einem großen Automobilhersteller angeboten wird. Erste Gespräche ergaben, dass ein Listenverkaufspreis für das neue Sensorsystem in Höhe von 275,00 EUR erzielt werden kann. Der Kunde fordert aufgrund der großen Abnahmemenge einen Rabatt in Höhe von 10 %. Des Weiteren werden 2 % Skonto eingeräumt.

Die CarTech KG geht für ein Sensorsystem von folgender Kostensituation aus:

- Fertigungsmaterial 65,00 EUR
- Fertigungslöhne 35,00 EUR
- Fertigungslizenz 6,80 EUR

Ermitteln Sie den Gewinn in Euro und in Prozent, den die CarTech KG mit dem Sensorsystem realisieren kann.

6. Die CarTech KG produziert im Zweigwerk Baienfurt zwei Rückfahrkameramodelle für Wohnmobile. Für das zweite Quartal 2019 erwartet die Unternehmensleitung folgende Erlös- und Kostensituation:

Modell	Kamera „Deluxe“	Kamera „Standard“
Absatzmenge	6.000 Stück	11.000 Stück
Kapazität	6.800 Stück	12.500 Stück
Nettoverkaufserlös je Stück	290,00 EUR	145,00 EUR
Variable Kosten je Stück	180,00 EUR	99,50 EUR
Fixkosten	975.500,00 EUR	

6.1 Berechnen Sie das voraussichtliche Betriebsergebnis für das zweite Quartal 2019 mithilfe der Deckungsbeitragsrechnung.

6.2 Ein französischer Wohnmobilhersteller ist an einer Lieferung von 1.000 Stück der Kamera „Standard“ interessiert. Das Unternehmen ist allerdings nicht bereit, mehr als 118,00 EUR je Kamera zu bezahlen.

- Prüfen Sie anhand von zwei Aspekten, ob die CarTech KG den Zusatzauftrag annehmen sollte.
- Ermitteln Sie, welche prozentuale Veränderung das Betriebsergebnis durch die Annahme des Zusatzauftrags aufweisen würde.

Aufgabe 2: GmbH (rechtliche Grundlagen); Darlehensfinanzierung mit Kreditsicherheiten; Vergleich Leasing – Kredit auch anhand der Barwerte

Die beiden Ingenieure Richard Schwab und Hans Bader haben ein Verfahren entwickelt, mit dem eine qualitativ verbesserte Pulverbeschichtung von Stahlrohren durchgeführt werden kann. Unter Anwendung der neuen Technologie möchten sie Stahlrohre produzieren, die vor allem in der Möbelindustrie Verwendung finden. Dazu gründen sie ein Unternehmen, an dem sich beide mit einer Bareinlage von jeweils 150.000,00 EUR beteiligen.

Schwab und Bader entscheiden sich für die Rechtsform der GmbH und wollen unter Linus GmbH mit Sitz in Heidelberg firmieren. Der Gesellschaftsvertrag enthält keine von den gesetzlichen Regelungen abweichenden Bestimmungen. Schwab und Bader bestellen die Juristin Gerda Müller und den Kaufmann Gerhard Köster zu Geschäftsführern der GmbH.

1. Erläutern Sie zwei Gründe, weshalb sich Schwab und Bader für die Rechtsform der GmbH entschieden haben könnten.

2. Am 17.01.2018 beauftragen die Gesellschafter eine Notarin, die Gesellschaft zur Handelsregistereintragung anzumelden. Zu diesem Zeitpunkt hat Schwab den Nennbetrag seines Geschäftsanteils voll eingezahlt, Bader hat eine Einzahlung in Höhe von 25.000,00 EUR geleistet.

2.1 Prüfen Sie unter Angabe der gesetzlichen Grundlagen, ob die Voraussetzungen zur Handelsregistereintragung erfüllt sind.

2.2 Die Linus GmbH ist inzwischen im Handelsregister eingetragen. Am 28.03.2018 kauft Köster ohne Rücksprache mit Müller Computer im Wert von 6.000,00 EUR.

Begründen Sie unter Angabe der gesetzlichen Grundlage, ob der Kaufvertrag für die Linus GmbH bindend ist.

2.3 Am 01.08.2018 ändern die Gesellschafter Schwab und Bader den Gesellschaftsvertrag, indem sie folgende Ergänzung vornehmen:

„Bei Vertragsabschlüssen, die im Einzelfall eine Größenordnung von 50.000,00 EUR überschreiten, müssen die Geschäftsführer die Einwilligung der Gesellschafterversammlung einholen."

Am 07.09.2018 kaufen Köster und Müller einen Lieferwagen im Wert von 60.000,00 EUR. Die Gesellschafter Schwab und Bader verweisen auf ein günstigeres Angebot.

Beurteilen Sie die Rechtslage.

3. Aufgrund der sehr positiven Geschäftsentwicklung beschließen Köster und Müller in Übereinstimmung mit Schwab und Bader, dass eine Erweiterungsinvestition mit einem Kapitalbedarf von 120.000,00 EUR für eine weitere Produktionsanlage getätigt werden soll.

Die Hausbank der Linus GmbH, die Kurpfälzer Vereinsbank, beleiht Grundstücke mit 60 %, Maschinen mit 40 %, den Fuhrpark mit 50 % und Vorräte mit 30 %. Zum jetzigen Zeitpunkt stehen folgende Vermögenswerte der Linus GmbH für die Beleihung zur Verfügung:

Technische Anlagen und Maschinen	100.000,00 EUR
Fuhrpark	60.000,00 EUR
Vorräte	30.000,00 EUR

Die neue Produktionsanlage kann ebenfalls zur Kreditsicherung verwendet werden.

3.1 Weisen Sie rechnerisch nach, ob die Vermögenswerte als Sicherheit für eine Kreditfinanzierung der geplanten Investition ausreichen.

3.2 Beschreiben Sie die Kreditsicherheit, die die Bank für technische Anlagen und Maschinen verwendet.

3.3 Die Kurpfälzer Vereinsbank bietet verschiedene Darlehensformen an.

Erläutern Sie jeweils einen Vorteil des Fest-, Abzahlungs- und Annuitätendarlehens für den Kreditnehmer.

3.4 Die Kurpfälzer Vereinsbank unterbreitet der Linus GmbH ein Angebot für ein Festdarlehen zu folgenden Konditionen:

- Laufzeit: 6 Jahre
- nominaler Zinssatz: 4,5 % p. a.
- Auszahlung: 96 %

Ermitteln Sie die Effektivverzinsung (Rundung auf zwei Nachkommastellen).

4. Zu Beginn des Jahres 2019 wird die Erweiterungsinvestition realisiert. Die Produktionsanlage wird speziell nach den Vorgaben der Ingenieure Bader und Schwab gefertigt. Die Anschaffungskosten betragen 120.000,00 EUR; die Anlage hat eine betriebsgewöhnliche Nutzungsdauer von sechs Jahren und wird linear abgeschrieben. Für die Finanzierung liegen der Linus GmbH zwei Angebote vor:

Kreditangebot der Badischen Investitionsbank	**Leasingangebot der BW-Leasing AG**
• Darlehen in Höhe von 120.000,00 EUR • Zinssatz 5 % p. a. • Auszahlung zu 100 % • Tilgung in fünf gleichen Jahresraten • Zins- und Tilgungsverrechnung am Jahresende	• unkündbare Grundmietzeit 3 Jahre • jährliche Leasingrate: während der Grundmietzeit 25 %, nach der Grundmietzeit 20 % der Anschaffungskosten • Leasingrate zahlbar am Jahresende

4.1 Begründen Sie anhand von zwei Aspekten, welche Leasingart vorliegt.

4.2 Die Geschäftsführer Köster und Müller möchten die Liquiditätsbelastung der beiden Finanzierungsalternativen unter Berücksichtigung von Gewinnsteuern und anhand der Barwerte vergleichen.

Entscheiden Sie sich mithilfe der Barwertsummen für die vorteilhaftere Finanzierungsalternative.

Berücksichtigen Sie einen Gewinnsteuersatz von 30 % und einen Kalkulationszinssatz von 6 %. Berechnungen sind auf volle Euro zu runden (**Anlagen 1 und 2**).

4.3 Begründen Sie, weshalb die Geschäftsführer Köster und Müller, unabhängig vom Ergebnis des Barwertvergleichs, die Leasingvariante bevorzugen könnten.

Anlage 1

Aufzinsungs-, Abzinsungs- und Annuitätenfaktoren

für Zinssätze (p) von 5 % bis 10 % $q = 1 + p / 100$
und Laufzeiten (n) von 1–10 Jahren

Aufzinsungsfaktor: q^n

Abzinsungsfaktor: $\frac{1}{q^n}$

Annuitätenfaktor: $\frac{q^n(q-1)}{(q^n-1)}$

n \ 5 %	q^n	$\frac{1}{q^n}$	$\frac{q^n(q-1)}{(q^n-1)}$
1	1,050000	0,952381	1,050000
2	1,102500	0,907029	0,537805
3	1,157625	0,863838	0,367209
4	1,215506	0,822702	0,282012
5	1,276282	0,783526	0,230975
6	1,340096	0,746215	0,197017
7	1,407100	0,710681	0,172820
8	1,477455	0,676839	0,154722
9	1,551328	0,644609	0,140690
10	1,628895	0,613913	0,129505

n \ 6 %	q^n	$\frac{1}{q^n}$	$\frac{q^n(q-1)}{(q^n-1)}$
1	1,060000	0,943396	1,060000
2	1,123600	0,889996	0,545437
3	1,191016	0,839619	0,374110
4	1,262477	0,792094	0,288591
5	1,338226	0,747258	0,237396
6	1,418519	0,704961	0,203363
7	1,503630	0.665057	0,179135
8	1,593848	0,627412	0,161036
9	1,689479	0,591898	0,147022
10	1,790848	0,558395	0,135868

n \ 7 %	q^n	$\frac{1}{q^n}$	$\frac{q^n(q-1)}{(q^n-1)}$
1	1,070000	0,934579	1,070000
2	1,144900	0,873439	0,553092
3	1,225043	0,816298	0,381052
4	1,310796	0,762895	0,295228
5	1,402552	0,712986	0,243891
6	1,500730	0,666342	0,209796
7	1,605781	0,622750	0,185553
8	1,718186	0,582009	0,167468
9	1,838459	0,543934	0,153486
10	1,967151	0,508349	0,142378

n \ 8 %	q^n	$\frac{1}{q^n}$	$\frac{q^n(q-1)}{(q^n-1)}$
1	1,080000	0,925926	1,080000
2	1,166400	0,857339	0,560769
3	1,259712	0,793832	0,388034
4	1,360489	0,735030	0,301921
5	1,469328	0,680583	0,250456
6	1,586874	0,630170	0,216315
7	1,713824	0,583490	0,192072
8	1,850930	0,540269	0,174015
9	1,999005	0,500249	0,160080
10	2,158925	0,463193	0,149029

n \ 9 %	q^n	$\frac{1}{q^n}$	$\frac{q^n(q-1)}{(q^n-1)}$
1	1,090000	0,917431	1,090000
2	1,188100	0,841680	0,568469
3	1,295029	0,772183	0,395055
4	1,411582	0,708425	0,308669
5	1,538624	0,649931	0,257092
6	1,677100	0,596267	0,222920
7	1,828039	0,547034	0,198691
8	1,992563	0,501866	0,180674
9	2,171893	0,460428	0,166799
10	2,367364	0,422411	0,155820

n \ 10 %	q^n	$\frac{1}{q^n}$	$\frac{q^n(q-1)}{(q^n-1)}$
1	1,100000	0,909091	1,100000
2	1,210000	0,826446	0,576190
3	1,331000	0,751315	0,402115
4	1,464100	0,683013	0,315471
5	1,610510	0,620921	0,263797
6	1,771561	0,564474	0,229607
7	1,948717	0,513158	0,205405
8	2,143589	0,466507	0,187444
9	2,357948	0,424098	0,173641
10	2,593742	0,385543	0,162745

Anlage 2 zu Teilaufgabe 4.2

Darlehen (in Euro)

Jahr	Darlehen am Jahresanfang	Zinsen	Tilgung	Ab-schreibung	Liquiditäts-belastung vor Steuern	Gesamt-aufwand	Steuer-minderung	Liquiditäts-belastung nach Steuern	Barwert
1									
2									
3									
4									
5									
6									
Σ									

Leasing (in Euro)

Jahr	Liquiditätsbelastung vor Steuern	Gesamtaufwand	Steuerminderung	Liquiditätsbelastung nach Steuern	Barwert
1					
2					
3					
4					
5					
6					
Σ					

Aufgabe 3: AG: Jahresabschluss, Bewertung nach HGB; Analyse des Jahresabschlusses

Die FloorCover AG in Ulm ist ein weltweit tätiger Hersteller von Produktsystemen, Maschinen und Werkzeugen für die Bodenbearbeitung. Das börsennotierte Unternehmen beschäftigt knapp 1.000 Mitarbeiter und verfügt über eine sehr innovative Produktpalette. Im Vorstand und Aufsichtsrat ist man sich seit mehreren Jahren einig, dass im Rahmen der gesetzlichen Möglichkeiten stets ein möglichst hoher Jahresüberschuss ausgewiesen werden soll.

1. Begründen Sie, inwiefern das Ziel, stets einen hohen Jahresüberschuss auszuweisen, den Interessen der Aktionäre und der Gläubiger der FloorCover AG gerecht wird.

2. Erläutern Sie, ob die FloorCover AG über ihre Bilanzierungs- und Bewertungsmethoden informieren muss, die zu einem hohen Jahresüberschuss führen.

3. Für die Erstellung des Jahresabschlusses zum 31.12.2018 sind noch folgende Bewertungen vorzunehmen:

3.1 Die Inventur zum 31.12.2018 ergab für die neu ins Sortiment aufgenommenen Kleinwalzen einen Lagerbestand von 200 Stück. Aus der Kosten- und Leistungsrechnung liegen folgende Zahlen vor:

Fertigungsmaterial pro Stück	925,00 EUR
Fertigungslöhne pro Stück	460,00 EUR
Sondereinzelkosten des Vertriebs pro Stück	60,00 EUR
Angemessene Teile der Materialgemeinkosten	10 %
Angemessene Teile der Fertigungsgemeinkosten	180 %
Vertriebsgemeinkosten	13 %
Allgemeine Verwaltungsgemeinkosten	15 %

Ermitteln und begründen Sie den Bilanzansatz des Lagerbestands an Kleinwalzen zum 31.12.2018.

3.2 Die FloorCover AG hält zur langfristigen Geldanlage Aktien eines großen deutschen Softwareherstellers in ihrem Depot. Zu Beginn des Geschäftsjahres 2018 wurden 2.000 Aktien zu einem Börsenkurs von 82,10 EUR erworben. Beim Kauf fielen Spesen in Höhe von 0,5 % des Kaufpreises an. Der Aktienkurs am 31.12.2018 beträgt 72,50 EUR. Der Vorstand der FloorCover AG geht davon aus, dass der Aktienkurs des Softwareherstellers im Jahr 2019 wieder deutlich steigen wird.

Ermitteln und begründen Sie den Bilanzansatz des Aktienpakets zum 31.12.2018.

3.3 Die FloorCover AG muss zum 31.12.2018 eine Neubewertung eines Grundstücks vornehmen. Es war fünf Jahre zuvor zu Anschaffungskosten in Höhe von 450.000,00 EUR gekauft worden, weil man eine Lagerhalle errichten wollte. Nachdem die Stadtverwaltung für die Fläche keine Baugenehmigung erteilt hatte, war das Grundstück im Geschäftsjahr 2014 außerplanmäßig abgeschrieben worden und wird seither mit 270.000,00 EUR bilanziert.

Im Geschäftsjahr 2018 wurde das Grundstück im Rahmen einer städtebaulichen Neukonzeption als Gewerbegebiet ausgewiesen und hat laut einem Sachverständigengutachten einen aktuellen Verkehrswert von 600.000,00 EUR.

- Ermitteln und begründen Sie den Bilanzansatz des Grundstücks zum 31.12.2018.
- Weisen Sie rechnerisch nach, welchen Einfluss die Bewertung des Grundstücks auf den Jahresüberschuss 2018 hat.

3.4 Für die Finanzierung neuer Produktionsanlagen wurde am 02.05.2018 ein Festdarlehen in Höhe von 500.000,00 CHF mit einer vierjährigen Laufzeit bei der Kantonalbank St. Gallen aufgenommen. Am 02.05.2018 entsprach die Darlehenssumme einem Betrag von 424.628,45 EUR. Der Devisenkassamittelkurs notierte am 31.12.2018 bei 1,1450 CHF/EUR.

- Ermitteln und begründen Sie den Bilanzansatz des Darlehens zum 31.12.2018.
- Begründen Sie, ob ein anderer Bilanzansatz zu wählen wäre, wenn das Darlehen lediglich eine Laufzeit von einem Jahr hätte.

4. Für das geplante Unternehmenswachstum sieht der Vorstand der FloorCover AG für 2019 weiteren Finanzierungsbedarf. Daher sind Gespräche mit möglichen Kreditgebern vorzubereiten.

4.1 Ermitteln Sie anhand der vorliegenden Strukturbilanzen (**Anlage**) folgende Kennzahlen für die Geschäftsjahre 2017 und 2018:

- Eigenkapitalquote
- Anlagendeckungsgrad II
- Liquidität 2. Grades

4.2 Beurteilen Sie anhand der ermittelten Werte, ob die FloorCover AG als kreditwürdig angesehen werden kann.

4.3 In der Vergangenheit fielen bei Kreditgesprächen immer wieder kritische Bemerkungen zur Liquidität 2. Grades der FloorCover AG.

Begründen Sie mithilfe von zwei Argumenten, warum diese Kennzahl nur beschränkte Aussagekraft zur Beurteilung der Liquiditätslage der FloorCoverAG hat.

4.4 Im anstehenden Kreditgespräch möchte die FloorCover AG ihre Ertragssituation mithilfe der Eigenkapitalrentabilität nachweisen. Diese beträgt in der Branche durchschnittlich 11,2 %.

Berechnen Sie die Eigenkapitalrentabilität für das Geschäftsjahr 2018 bei einem Jahresüberschuss von 7.740.000,00 EUR und beurteilen Sie das Ergebnis.

Anlage

Strukturbilanzen der FloorCover AG für die Geschäftsjahre 2017 und 2018 (in Mio. Euro)

Aktiva	2018	2017	Passiva	2018	2017
A. Anlagevermögen			**A. Eigenkapital**		
I. Sachanlagen	85,5	75,5	I. gezeichnetes Kapital	20,0	15,0
II. Finanzanlagen	24,5	24,5	II. Kapitalrücklage	18,9	13,9
			III. Gewinnrücklagen	15,3	12,0
			IV. Gewinnvortrag	5,8	2,3
Summe	110,0	100,0	Summe	60,0	43,2
B. Umlaufvermögen			**B. Langfr. Fremdkapital**		
I. Vorräte	12,4	6,0	1. Pensionsrückstellungen	5,4	5,2
II. Forderungen a. LL.	17,5	10,6	2. Verbindlichkeiten geg. Kreditinstituten	50,1	36,6
III. Kasse, Bank	10,1	3,4			
Summe	40,0	20,0	Summe	55,5	41,8
			C. Kurzfr. Fremdkapital		
			1. sonst. Rückstellungen	2,3	1,9
			2. Verbindlichkeiten geg. Kreditinstituten	11,5	9,8
			3. Verbindlichk. a. LL.	20,7	23,3
			Summe	34,5	35,0
	150,0	120,0		150,0	120,0

Aufgabe 4: Geldtheorie und Geldpolitik; Verhalten der Marktteilnehmer unter Wettbewerbsbedingungen (Nachfrage und Angebot am Gütermarkt, verändert)

1. Seit längerer Zeit liegt der von der EZB festgelegte Leitzins bei 0 %.

1.1 Erläutern Sie, welche Art der Geldpolitik die EZB seit Jahren betreibt.

1.2 Stellen Sie mithilfe der Fisherschen Verkehrsgleichung dar, unter welchen Voraussetzungen sich durch diese Geldpolitik der EZB die Inflation erhöhen lässt.

1.3 Zeigen Sie Gründe auf, weshalb die EZB nicht sicher davon ausgehen kann, dass ihr geldpolitisches Ziel erreicht wird.

1.4 Analysieren Sie das Ziel der EZB, die Inflation zu beeinflussen.

1.5 Neben der Zentralbank schöpfen auch Geschäftsbanken Geld. Nehmen Sie an, die Geschäftsbank A erhält von der Zentralbank einen Kredit in Höhe von 1 Million EUR.

Gehen Sie im Weiteren von folgenden Annahmen aus:
Der Bar- und Mindestreservesatz beträgt insgesamt 10 %. Alle Geschäftsbanken schöpfen ihre Kreditvergabemöglichkeiten voll aus. Jeder angebotene Kredit wird von den

Bankkunden in Anspruch genommen, in voller Höhe bar abgehoben und vollständig auf ein Konto bei einer anderen Geschäftsbank eingezahlt.

1.5.1 Begründen Sie, in welcher Höhe die drei ersten am Geldschöpfungsprozess beteiligten Geschäftsbanken (A, B und C) jeweils Kredite vergeben können.

1.5.2 Weisen Sie rechnerisch nach, in welcher Höhe das gesamte Geschäftsbankensystem Kredite vergeben kann.

2. Immer mehr Menschen wollen Cappuccino und Latte Macchiato auch zu Hause genießen. Da sind Vollautomaten mit One-Touch-Funktion praktisch. Sie brühen Espresso aus frisch gemahlenen Bohnen und der Milchschaum fließt direkt in die Tasse.

2.1 Marktuntersuchungen haben ergeben, dass sich das Nachfrageverhalten nach Kaffeevollautomaten von Privatkunden und Geschäftskunden unterscheidet.

Käufergruppe 1 (Privatkunden): $x_1 = 80 - 0{,}1p$
Käufergruppe 2 (Geschäftskunden): $x_2 = 50 - 0{,}05p$

p = Preis in Euro je Kaffeevollautomat
x = Anzahl der Kaffeevollautomaten pro Monat

Stellen Sie die Gesamtnachfrage nach Kaffeevollautomaten in einem Koordinatensystem **(Anlage 1)** dar.

2.2 Erklären Sie die ökonomische Bedeutung des Verlaufs der in 2.1 ermittelten Gesamtnachfrage.

3. Bereits im 19. Jahrhundert galt Brasilien als Heimat der Kaffeebarone. Die Kaffeefarmen Fazenda Matheus und Fazenda Feliz bauen im Vale do Café (Tal des Kaffees) die hochwertige Kaffeebohne „Arabica“ an.

Die in **Anlage 2** abgebildete Tabelle gibt Auskunft über die Kostensituation der beiden Kaffeefarmen. Für beide Kaffeefarmen liegt die Kapazitätsgrenze bei 800 Tonnen Rohkaffee pro Jahr. Der Marktpreis der Kaffeebohne „Arabica“ beträgt aktuell 2.500,00 USD je Tonne (t).

3.1 Begründen Sie anhand der **Anlage 2** für beide Kaffeefarmen, welche Art des Kostenverlaufs vorliegt.

3.2 Berechnen Sie den maximalen Jahresgewinn der Fazenda Matheus.

3.3 **Anlage 3** stellt die Kostensituation der Fazenda Feliz grafisch dar.

Kennzeichnen Sie in **Anlage 3** deren gewinnmaximale Produktionsmenge sowie die langfristige Preisuntergrenze. Beschriften Sie hierzu die dargestellten Funktionen.

3.4 Aufgrund politischer Unruhen droht ein Preisverfall auf dem Markt für Kaffeebohnen der Sorte „Arabica“.

Begründen Sie, wie sich ein sinkender Preis unter sonst gleichen Bedingungen auf die gewinnmaximale Produktionsmenge der Fazenda Feliz auswirkt.

Anlage 1 zu Teilaufgabe 2.1

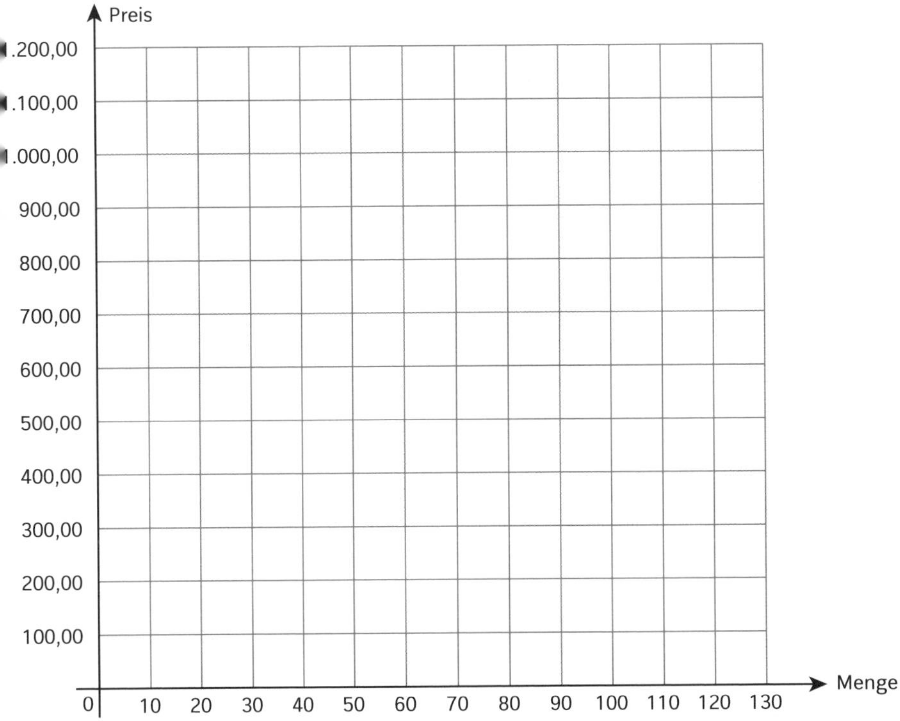

Anlage 2 zu Teilaufgabe 3.1

	Kaffeefarm 1: Fazenda Matheus			Kaffeefarm 2: Fazenda Feliz		
Produktions-menge (t)	**Gesamt-kosten**	**Variable Kosten**	**Stück-kosten**	**Gesamt-kosten**	**Variable Kosten**	**Stück-kosten**
0	200.000	0	–	300.000	0	–
100	410.000	210.000	4.100	448.000	148.000	4.480
200	620.000	420.000	3.100	524.000	224.000	2.620
300	830.000	630.000	2.767	576.000	276.000	1.920
400	1.040.000	840.000	2.600	652.000	352.000	1.630
500	1.250.000	1.050.000	2.500	800.000	500.000	1.600
600	1.460.000	1.260.000	2.433	1.068.000	768.000	1.780
700	1.670.000	1.470.000	2.386	1.504.000	1.204.000	2.149
800	1.880.000	1.680.000	2.350	2.156.000	1.856.000	2.695

alle Beträge jeweils in US-Dollar

Anlage 3 zu Teilaufgabe 3.3

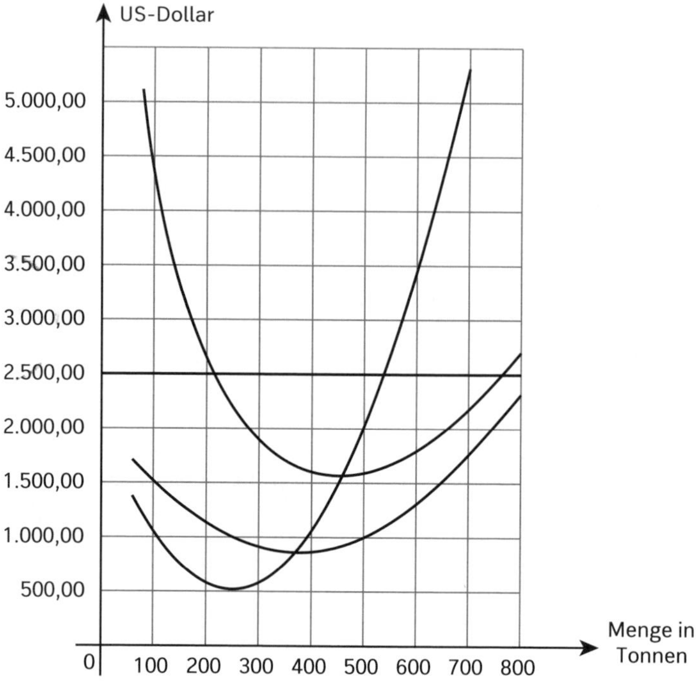

Auswahl zur Beschriftung der Funktionen:

K' = Grenzkosten
k = Stückkosten
k_v = variable Stückkosten
E' = Grenzerlös

Aufgabe 5: Notwendigkeit, Ziele und Konzeptionen der Wirtschaftspolitik in Verbindung mit Wachstums- und Konjunkturpolitik; Preisbildung und Verhaltensweisen bei Unternehmen mit Marktmacht (verändert)

1. [...]

1.1 Konjunkturindikatoren lassen sich nach ihrem Zeitbezug im Verhältnis zum konjunkturellen Verlauf in Früh-, Gegenwarts- und Spätindikatoren unterscheiden.

Ordnen Sie diesen drei Arten von Konjunkturindikatoren je einen Indikator zu. Begründen Sie Ihre Zuordnung.

1.2 Stellen Sie den idealtypischen Konjunkturverlauf grafisch dar und kennzeichnen Sie die einzelnen Konjunkturphasen.

1.3 Untersuchen Sie, inwieweit die deutsche Wirtschaft bei einem Anstieg des BIP von ca. 2 % das Wachstumsziel des Stabilitätsgesetzes erreicht hat.

2. 2009 verabschiedete die Bundesregierung ein Konjunkturpaket, das u. a. Ausgaben für Investitionen vorsah in Schulen, Verkehr, öffentlichen Gebäuden, sowie eine Abwrackprämie beim Neukauf eines Pkw, wenn der alte Pkw verschrottet wurde.

2.1 Begründen Sie, an welchem wirtschaftspolitischen Konzept sich die Wirtschaftspolitik der Bundesrepublik Deutschland orientiert hat.

2.2 Erläutern Sie die antizyklische Fiskalpolitik. Gehen Sie dabei auch auf zwei Kritikpunkte ein.

3. Für die Wettbewerbsfähigkeit Deutschlands sind laut Koalitionsvertrag zwischen CDU/CSU und SPD aus dem Jahr 2018 von großer Bedeutung: Investitionen in die Infrastruktur, Schlüsseltechnologien, Forschung und Entwicklung und Mitarbeiterqualifikationen sowie eine schlanke öffentliche Verwaltung und Digitalisierung.

Begründen Sie, an welchem wirtschaftspolitischen Konzept sich der Koalitionsvertrag orientiert.

4. Udo Kraft beabsichtigt, ein Fitnessstudio zu eröffnen. Bei der Erstellung seines Businessplanes stellt er Überlegungen hinsichtlich seiner Standortwahl an. Es kommen zwei Standorte in die engere Auswahl. Für die beiden Standorte liegen folgende Angaben vor:

	Standort 1: Innenstadtlage	**Standort 2: ländlicher Raum**
Anzahl der Wettbewerber	12	keine im Umkreis von 60 km
Kostenfunktion (monatlich)	$K(x) = 10.000 + 20x$	$K(x) = 5.000 + 10x$
Preis-Absatz-Funktion	siehe **Anlage**	siehe **Anlage** $x(p) = 1.400 - 20p$
Aufnahmekapazität	800 Kunden	1.000 Kunden

p = monatlicher Beitrag in Euro
x = Anzahl der Kunden

4.1 Vergleichen Sie die Marktmacht, die Udo Kraft mit seinem Fitnessstudio an den beiden Standorten jeweils hätte.

4.2 Angenommen, der Monatsbeitrag beträgt 60,00 EUR. Vergleichen Sie, ohne rechnerischen Nachweis, das Nachfrageverhalten an den beiden Standorten, wenn der aktuelle Monatsbeitrag erhöht wird.

4.3 Situation 1: Udo Kraft entscheidet sich für die Innenstadtlage.

4.3.1 Udo Kraft plant, die Aufnahmekapazität des Fitnessstudios voll auszulasten.

Berechnen Sie das dabei maximal mögliche monatliche Ergebnis.

4.3.2 Ermitteln Sie grafisch in der **Anlage** die gewinnmaximale Preis-Mengen-Kombination und berechnen Sie den maximalen Gewinn.

4.4 Situation 2: Udo Kraft entscheidet sich für den ländlichen Raum.

4.4.1 Berechnen Sie die gewinnmaximale Preis-Mengen-Kombination sowie die dazugehörige Kapazitätsauslastung in Prozent.

4.4.2 Udo Kraft erwägt eine Preisdifferenzierung, um seine Auslastung zu erhöhen.

Unterbreiten Sie, ohne rechnerischen Nachweis, einen begründeten Vorschlag.

Anlage zu Teilaufgabe 4

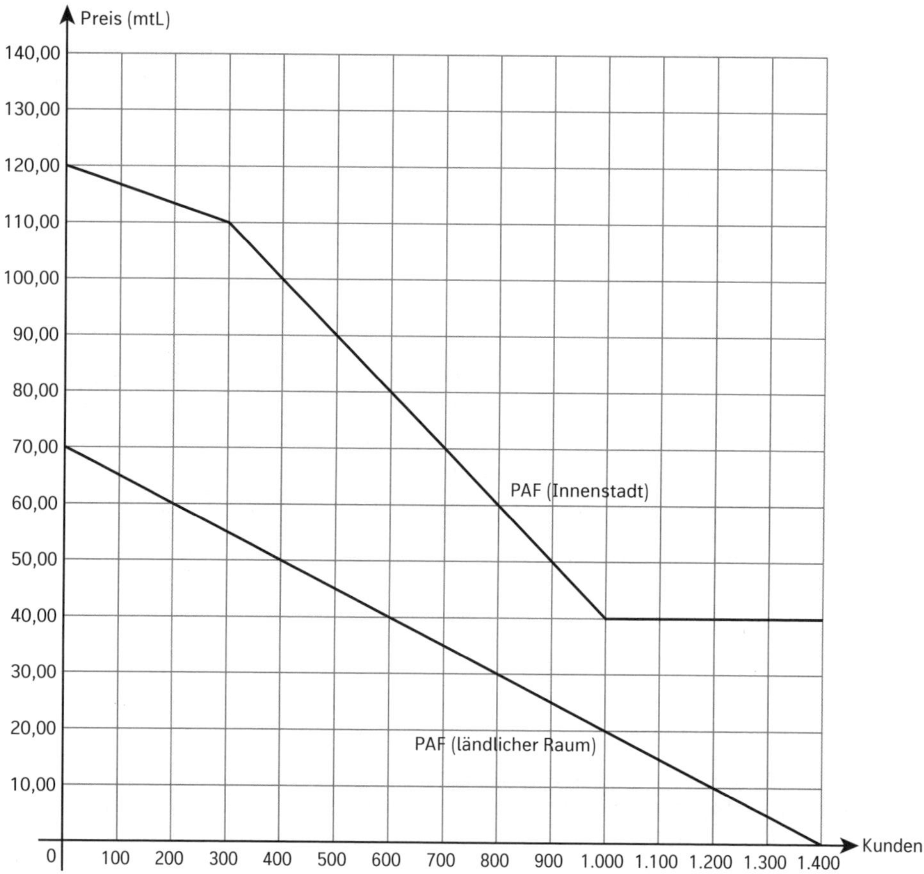

32 Abituraufgaben 2020

Aufgabe 1: Vollkostenrechnung in Form der Zuschlagskalkulation (Kostenstellenrechnung, BAB, Kostenträgerstückrechnung); Kosten- und Erlösfunktionen; Deckungsbeitragsrechnung

Die robdro KG mit Sitz in Mannheim produziert seit einigen Jahren Drohnen für verschiedene Einsatzarten im zivilen Bereich. In einem boomenden Markt herrscht für die robdro KG, insbesondere durch die starke Konkurrenz aus Fernost, sowohl Kostendruck als auch die Notwendigkeit, Produkte und Fertigungsabläufe einem ständigen Verbesserungsprozess zu unterziehen.

1. Im Hauptwerk Mannheim werden besonders leistungsstarke Drohnen produziert, die für die optische Überwachung im gewerblichen Bereich entwickelt wurden. Um die Effizienz der Produktion bei steigenden Stückzahlen zu gewährleisten, erstellt die robdro KG jährlich zur Verteilung ihrer Gemeinkosten einen Betriebsabrechnungsbogen (**Anlage**).

1.1 In einer Sitzung mit der Unternehmensleitung werden die Kostenstellenleiter über die Zahlen aus dem Betriebsabrechnungsbogen 2019 unterrichtet. Es ergeben sich daraus die nachfolgenden Fragen.

1.1.1 Die Raumkosten wurden gemäß der genutzten Fläche verteilt. Weisen Sie die Flächen der einzelnen Kostenstellen rechnerisch nach, wenn die Gesamtfläche des Hauptwerks Mannheim 3.600 Quadratmeter beträgt.

1.1.2 Der Leiter der Kostenstelle Vertrieb ist über den ihm zugerechneten Anteil am kalkulatorischen Unternehmerlohn überrascht.

Ermitteln Sie den hier vorliegenden Verteilungsschlüssel und begründen Sie die vorgenommene Verteilung.

1.2 Ermitteln Sie im Rahmen einer Gesamtkalkulation die Istgemeinkostenzuschlagssätze für das Jahr 2019 (**Anlage**).

1.3 Der Leiter der Kostenstelle Fertigung weist darauf hin, dass er im Jahr 2020 einige Bereiche der Produktion von manueller auf automatisierte Fertigung umstellen wird. Er verlangt daher eine entsprechende Anpassung des Normalgemeinkostenzuschlagssatzes für seine Kostenstelle.

Begründen Sie diese Forderung.

1.4 Die robdro KG möchte Anfang 2020 ein neu entwickeltes Modell mit hochauflösender Kamera und besonders langer Akkulaufzeit unter der Bezeichnung DSX 4K auf den Markt bringen. Dafür ist der Listenverkaufspreis zu kalkulieren. Die Geschäftsleitung beschließt, ungeachtet der Produktionsumstellung, die Istzuschlagssätze des Jahres 2019 zugrunde zu legen.

Des Weiteren liegen folgende Angaben vor:

• Fertigungsmaterial pro Stück	2.250,00 EUR
• Fertigungslöhne pro Stück	2.600,00 EUR
• Sondereinzelkosten der Fertigung	580,00 EUR

- Sondereinzelkosten des Vertriebs 466,00 EUR
- Gewinnzuschlagssatz 28 %
- Kundenskonto 3 %
- Kundenrabatt 36 %

Ermitteln Sie den Listenverkaufspreis für die Drohne DSX 4K.

2. Im Zweigwerk Walldorf produziert die robdro KG ausschließlich die Transportdrohne LDR 250. Die Geschäftsleitung möchte die Kostensituation genauer analysieren. Dazu liegen ihr folgende Informationen vor:

Im Jahr 2018 wurden 100 Drohnen mit Gesamtkosten in Höhe von 2.200.000,00 EUR hergestellt. Im Jahr 2019 fielen bei einer Kapazitätsauslastung von 80 % Gesamtkosten in Höhe von 2.440.000,00 EUR an. Das Zweigwerk Walldorf wäre mit 150 Drohnen voll ausgelastet. Dank einer verbesserten Effizienz haben sich die variablen Stückkosten und die Fixkosten im Jahr 2019 gegenüber dem Vorjahr nicht verändert. Der Verkaufspreis in Höhe von 24.500,00 EUR pro Drohne blieb in beiden Jahren unverändert.
Es ist von einem linearen Kosten- und Erlösverlauf auszugehen.

2.1 Bestimmen Sie die jährliche Produktionsmenge, bei der die Gewinnschwelle erreicht wird.

2.2 Für das Jahr 2020 geht die Geschäftsleitung von deutlichen Kostenerhöhungen aus; die variablen Stückkosten steigen voraussichtlich um 5 %, bei den Fixkosten wird sogar mit einem Anstieg von 10 % gerechnet.
Während die Geschäftsleitung als Reaktion auf die gestiegenen Kosten eine Preiserhöhung erwägt, möchte der Vertriebsleiter den Verkaufspreis unverändert belassen. Er geht davon aus, auf diese Weise den Marktanteil bei den Transportdrohnen so weit erhöhen zu können, dass die Kapazität im Zweigwerk Walldorf vollständig ausgelastet ist.

Vergleichen Sie die prozentuale Umsatz- und Gewinnveränderung gegenüber 2019, wenn sich der Vertriebsleiter gegenüber der Geschäftsleitung durchsetzen kann.

Begründen Sie das Ergebnis dieses Vergleichs.

3. Im Zweigwerk Ladenburg fertigt die robdro KG Drohnen der gehobenen Preisklasse für den Freizeitbereich.

Für den Mai 2020 liegen folgende Daten vor:

	XR 3	XR 5	XR 7
Geplante Stückzahl	600	400	300
Fertigungszeit in Stunden pro Stück	2	2,5	5
Verkaufspreis in Euro pro Stück	270	420	720
Fertigungsmaterial in Euro pro Stück	35	45	55
Sonstige variable Kosten in Euro pro Stück	14	30	45

Die Fertigungslöhne betragen 36,00 EUR pro Stunde. Die monatlichen Fixkosten belaufen sich auf 193.025,00 EUR.
Aufgrund unvorhergesehener Kündigungen im Fertigungsbereich stehen im Mai 2020 nur 3.000 anstatt 3.800 Arbeitsstunden zur Verfügung.

3.1 Erstellen Sie das optimale Produktionsprogramm für den Monat Mai 2020.

3.2 Die Geschäftsleitung wirft dem Leiter des Zweigwerks Ladenburg vor, für die Kündigungen verantwortlich zu sein und dadurch ein geringeres Betriebsergebnis im Monat Mai verschuldet zu haben.

Ermitteln Sie, um wie viel Prozent das Betriebsergebnis im Monat Mai 2020 durch die Kündigungen geringer ausgefallen ist.

Anlage zu Teilaufgabe 1: Betriebsabrechnungsbogen der robdro KG 2019

		Kostenstellen			
Gemeinkostenarten	Betrag	Material	Fertigung	Verwaltung	Vertrieb
Hilfs- und Betriebsstoffe	1.169.000,00 EUR	12.500,00 EUR	879.000,00 EUR	21.500,00 EUR	256.000,00 EUR
Gehälter	2.995.000,00 EUR	50.000,00 EUR	1.620.000,00 EUR	547.000,00 EUR	778.000,00 EUR
Fremdinstandhaltung	812.800,00 EUR	4.500,00 EUR	736.000,00 EUR	11.700,00 EUR	60.600,00 EUR
Raumkosten	324.000,00 EUR	27.000,00 EUR	180.000,00 EUR	72.000,00 EUR	45.000,00 EUR
Versicherungen	301.700,00 EUR	30.500,00 EUR	231.000,00 EUR	15.000,00 EUR	25.200,00 EUR
Kalkulatorische Abschreibungen	2.509.900,00 EUR	30.600,00 EUR	2.210.000,00 EUR	89.300,00 EUR	180.000,00 EUR
Kalkulatorischer Unternehmerlohn	528.000,00 EUR	16.000,00 EUR	240.000,00 EUR	80.000,00 EUR	192.000,00 EUR
Sonstige Gemeinkosten	1.649.600,00 EUR	8.900,00 EUR	1.254.000,00 EUR	198.500,00 EUR	188.200,00 EUR
Summe der Gemeinkosten	10.290.000,00 EUR	180.000,00 EUR	7.350.000,00 EUR	1.035.000,00 EUR	1.725.000,00 EUR

Weitere Kosten im Jahr 2019:

- Verbrauch von Fertigungsmaterial 1.500.000,00 EUR
- Fertigungslöhne 2.100.000,00 EUR
- Sondereinzelkosten der Fertigung 370.000,00 EUR
- Sondereinzelkosten des Vertriebs 240.000,00 EUR

Aufgabe 2: Personengesellschaften im Vergleich (rechtliche Grundlagen); offene Selbstfinanzierung bei der KG; statische und dynamische Investitionsrechnung

Michael Huber und Cornelia Lienert haben vor einigen Jahren das Unternehmen BioFair OHG gegründet, um vom wachsenden Markt ökologisch hergestellter und fair gehandelter Lebensmittel zu profitieren. Das Unternehmen kauft Rohstoffe, die diese beiden Kriterien erfüllen. Die Rohstoffe werden in der eigenen Produktion zu hochwertigen Lebensmitteln verarbeitet. Am 01.01.2019 beträgt Michael Hubers Anteil am Eigenkapital 220.000,00 EUR; Cornelia Lienerts Anteil beläuft sich auf 240.000,00 EUR. Hinsichtlich Geschäftsführung und Vertretung gelten die gesetzlichen Regelungen.

1. Am 15.02.2019 schließt Michael Huber ohne vorherige Absprache mit Cornelia Lienert einen Kaufvertrag über eine Entsaftungsanlage im Wert von 29.000,00 EUR ab. Nachdem die fällige Rechnung von der OHG nicht beglichen wurde, wendet sich der Lieferant am 28.03.2019 direkt an Cornelia Lienert und verlangt von ihr die Bezahlung.

   Beurteilen Sie unter Angabe der gesetzlichen Grundlagen, ob Cornelia Lienert die Rechnung begleichen muss.

2. Um ein weiteres Unternehmenswachstum finanzieren zu können, soll ein zusätzlicher Gesellschafter aufgenommen werden. Die beiden potenziellen Investoren Martin Roloff und Lutz Wagner wären bereit, sich mit jeweils 50.000,00 EUR am Unternehmen zu beteiligen. Martin Roloff möchte OHG-Gesellschafter werden; Lutz Wagner wäre bereit, die Position eines Kommanditisten in einer KG zu übernehmen.

   Beschreiben Sie die Position eines OHG-Gesellschafters und eines Kommanditisten hinsichtlich der Merkmale Geschäftsführung und Kontrollrecht.

3. Cornelia Lienert und Michael Huber entscheiden, ihr Unternehmen zum 01.04.2019 in eine KG umzuwandeln. Die beiden bisherigen OHG-Gesellschafter werden Komplementäre der BioFair KG, Lutz Wagner wird als Kommanditist aufgenommen und leistet seine Kapitaleinlage in Höhe von 50.000,00 EUR vollständig.
   Am 03.04.2019 erfolgt die Handelsregistereintragung.

   Zum Ende des verkürzten Geschäftsjahres 2019 liegt für die BioFair KG folgende Gewinnverteilungstabelle (Werte in Euro) vor:

Gesellschafter	Kapital-anteil	Tätigkeits-vergütung	Verzinsung	Restgewinn	Gesamt-gewinn
Huber	220.000,00	72.000,00	8.250,00	16.000,00	96.250,00
Lienert	240.000,00	72.000,00	9.000,00	16.000,00	97.000,00
Wagner	50.000,00	–	1.875,00	4.000,00	5.875,00
Summe	510.000,00	144.000,00	19.125,00	36.000,00	199.125,00

3.1 Erläutern Sie, welche Regelungen der Gesellschaftsvertrag der BioFair KG zur Gewinnverteilung enthält.

3.2 Lutz Wagner überlässt seinen Gewinnanteil der KG als Darlehen. Die Vollhafter entnehmen lediglich ihre Tätigkeitsvergütung.

Ermitteln Sie die Kapitalanteile der einzelnen Gesellschafter am Ende des ersten Geschäftsjahres sowie deren Beitrag zur offenen Selbstfinanzierung der BioFair KG.

4. Das eingebrachte Kapital des Kommanditisten Lutz Wagner soll dafür verwendet werden, die Erweiterung der Produktionskapazität zu finanzieren. Michael Huber übernimmt hierfür die betriebswirtschaftliche Analyse. Es stehen zwei Maschinen mit gleicher Kapazität zur Auswahl.

Für die Maschine Typ 1 stehen folgende Informationen zur Verfügung:

Anschaffungswert	50.000,00 EUR
Nutzungsdauer	6 Jahre
Restwert	2.000,00 EUR
Kapazität pro Jahr	20.000 Stück
Variable Kosten pro Stück	5,50 EUR
Sonstige fixe Kosten pro Jahr	10.440,00 EUR

Die BioFair KG geht von einer absetzbaren Menge von 16.000 Stück pro Jahr aus. Das Unternehmen verwendet einen Kalkulationszinssatz von 6 %. Gehen Sie davon aus, dass die Maschine nach Ablauf der Nutzungsdauer zum Restwert verkauft werden kann.

4.1 Ermitteln Sie die jährlichen Gesamtkosten für die Maschine Typ 1 bei der geplanten Absatzmenge.

4.2 Die Kostenanalyse für die Maschine Typ 2 hat ergeben, dass sich die fixen Kosten auf 12.500,00 EUR pro Jahr belaufen; die variablen Stückkosten betragen 6,00 EUR.

Begründen Sie mithilfe der kritischen Produktionsmenge, für welche der beiden Maschinen sich die BioFair KG entscheiden sollte.

4.3 Gehen Sie davon aus, dass die BioFair KG die Maschine des Typs 1 bevorzugt. Als weitere Entscheidungshilfe für die Beurteilung der Investition wird die Kapitalwertmethode herangezogen.

Mit Ausnahme der kalkulatorischen Kosten sind alle Kosten auszahlungswirksam. Das Produkt kann zu einem Preis von 7,00 EUR verkauft werden. Gehen Sie davon aus, dass sich die Ein- und Auszahlungen während des betrachteten Zeitraums nicht ändern und jeweils am Jahresende erfolgen.

4.3.1 Ermitteln Sie den Kapitalwert der Investition und interpretieren Sie Ihr Ergebnis. Alle Ergebnisse sind auf volle Euro zu runden (**Anlage**).

4.3.2 Im Vorfeld der Investitionsentscheidung stand die Höhe des Kalkulationszinssatzes zur Diskussion.

- Beurteilen Sie die Auswirkung eines höheren als des gewählten Kalkulationszinssatzes auf die Entscheidung auf der Basis der Kapitalwertmethode (keine Berechnung).
- Erläutern Sie zwei Einflussfaktoren, die bei der Festlegung des Kalkulationszinssatzes relevant sein können.

4.4 Die BioFair KG hat die Investitionsentscheidung auf der Basis der Kostenvergleichsrechnung und der Kapitalwertmethode getroffen.

Erläutern Sie für die beiden genannten Verfahren je einen Kritikpunkt.

Anlage

Aufzinsungs-, Abzinsungs- und Annuitätenfaktoren

für Zinssätze (p) von 5 % bis 10 % und Laufzeiten (n) von 1–10 Jahren

$q = 1 + p / 100$

Aufzinsungsfaktor: q^n

Abzinsungsfaktor: $\frac{1}{q^n}$

Annuitätenfaktor: $\frac{q^n (q-1)}{(q^n - 1)}$

n \ 5 %	q^n	$\frac{1}{q^n}$	$\frac{q^n (q-1)}{(q^n-1)}$
1	1,050000	0,952381	1,050000
2	1,102500	0,907029	0,537805
3	1,157625	0,863838	0,367209
4	1,215506	0,822702	0,282012
5	1,276282	0,783526	0,230975
6	1,340096	0,746215	0,197017
7	1,407100	0,710681	0,172820
8	1,477455	0,676839	0,154722
9	1.551328	0,644609	0,140690
10	1,628895	0,613913	0,129505

n \ 6 %	q^n	$\frac{1}{q^n}$	$\frac{q^n (q-1)}{(q^n-1)}$
1	1,060000	0,943396	1,060000
2	1,123600	0,889996	0,545437
3	1,191016	0,839619	0,374110
4	1,262477	0,792094	0,288591
5	1,338226	0,747258	0,237396
6	1,418519	0,704961	0.203363
7	1,503630	0,665057	0.179135
8	1,593848	0,627412	0,161036
9	1,689479	0,591898	0,147022
10	1,790848	0,558395	0,135868

n \ 7 %	q^n	$\frac{1}{q^n}$	$\frac{q^n (q-1)}{(q^n-1)}$
1	1,070000	0,934579	1,070000
2	1,144900	0,873439	0,553092
3	1,225043	0,816298	0,381052
4	1,310796	0,762895	0,295228
5	1,402552	0,712986	0,243891
6	1,500730	0,666342	0,209796
7	1,605781	0,622750	0,185553
8	1,718186	0,582009	0,167468
9	1,838459	0,543934	0,153486
10	1,967151	0,508349	0,142378

n \ 8 %	q^n	$\frac{1}{q^n}$	$\frac{q^n (q-1)}{(q^n-1)}$
1	1,080000	0,925926	1,080000
2	1,166400	0,857339	0,560769
3	1,259712	0,793832	0,388034
4	1,360489	0,735030	0,301921
5	1,469328	0,680583	0,250456
6	1,586874	0,630170	0,216315
7	1,713824	0,583490	0,192072
8	1,850930	0,540269	0,174015
9	1,999005	0,500249	0,160080
10	2,158925	0,463193	0,149029

n \ 9 %	q^n	$\frac{1}{q^n}$	$\frac{q^n (q-1)}{(q^n-1)}$
1	1,090000	0,917431	1,090000
2	1,188100	0,841680	0,568469
3	1,295029	0,772183	0,395055
4	1,411582	0,708425	0,308669
5	1,538624	0,649931	0,257092
6	1,677100	0,596267	0,222920
7	1,828039	0,547034	0,198691
8	1,992563	0,501866	0,180674
9	2,171893	0,460428	0,166799
10	2,367364	0,422411	0,155820

n \ 10 %	q^n	$\frac{1}{q^n}$	$\frac{q^n (q-1)}{(q^n-1)}$
1	1,100000	0,909091	1,100000
2	1,210000	0,826446	0,576190
3	1,331000	0,751315	0,402115
4	1,464100	0,683013	0,315471
5	1,610510	0,620921	0,263797
6	1,771561	0,564474	0,229607
7	1,948717	0,513158	0,205405
8	2,143589	0,466507	0,187444
9	2,357948	0,424098	0,173641
10	2,593742	0,385543	0,162745

Aufgabe 3: AG: Jahresabschluss; Bewertung nach HGB; Gewinnverwendung; Finanzierung aus Abschreibungsgegenwerten

Seit einigen Jahren hat sich der Lebensmittelhersteller Novafood AG mit Sitz in Konstanz auf die Herstellung hochwertiger veganer Lebensmittel spezialisiert. Aufgrund der Unternehmensgröße gilt die Novafood AG als mittelgroße Kapitalgesellschaft im Sinne des § 267 HGB. Der stetig wachsende Markt sowie die hohe Qualität der Produkte bescherten dem Unternehmen in den letzten Jahren steigende Gewinne, sorgen aber auch für einen hohen Investitionsbedarf.

1. Um die Eigenkapitalbasis zu stärken, zieht der Vorstand einen Börsengang der Novafood AG in Erwägung.

   Nennen Sie unter Angabe der rechtlichen Grundlagen die zusätzlichen Pflichten bei der Aufstellung des Jahresabschlusses, die ein Börsengang der Novafood AG mit sich bringen würde.

2. Für den Jahresabschluss zum 31.12.2019, bei dem zur Wahrung der Bilanzkontinuität ein geringer Jahresüberschuss ausgewiesen werden soll, sind noch die nachfolgenden Bewertungsfragen zu klären.

2.1 Die Entwicklungsabteilung der Novafood AG hat ein neues Verfahren entwickelt, um veganen Produkten Geschmack und Konsistenz von Fleischgerichten zu verleihen. Vor der eigentlichen Entwicklung der entsprechenden Produkte hatte das Forschungslabor die Grundlagen für die Herstellung erarbeitet, dabei fielen Kosten in Höhe von 65.000,00 EUR an. Die anschließende Entwicklung der patentierten Produkte bis zur Marktreife im September 2019 verursachte Kosten in Höhe von 150.000,00 EUR. Der Marktzyklus der Produkte wird auf fünf Jahre geschätzt.

Begründen Sie den Wertansatz des Patents in der Bilanz zum 31.12.2019.

2.2 Anfang 2019 kaufte die Novafood AG einen kleinen Lkw zur Auslieferung ihrer Produkte. Bis zur Betriebsbereitschaft des Lkw am 24.04.2019 fielen folgende Positionen an:

Listenpreis	88.000,00 EUR zzgl. 19 % USt.
Rabatt	10 % auf den Listenpreis
Zulassungsgebühr	200,00 EUR
Kfz-Versicherungsprämie für 2019	1.600,00 EUR
Anhängerkupplung	2.380,00 EUR inkl. 19 % USt.
Erste Tankfüllung	476,00 EUR inkl. 19 % USt.
Kfz-Steuer für 2019	300,00 EUR
Einbau eines Kühlaggregats	2.600,00 EUR zzgl. 19 % USt.

Die betriebsgewöhnliche Nutzungsdauer beträgt neun Jahre.

Ermitteln und begründen Sie den Bilanzansatz des Fahrzeugs zum 31.12.2019.

2.3 Da sich ein größeres Investitionsvorhaben verzögert, hat der Vorstand der Novafood AG im November 2019 die freie Liquidität zur vorübergehenden spekulativen Anlage am Aktienmarkt genutzt. Es wurden 5.000 Aktien des Softwareherstellers Simtech AG zu einem Kurs von 16,50 EUR je Aktie gekauft. Bis zum 31.12.2019 ist der Kurs auf 15,30 EUR je Aktie gefallen. Der Vorstand der Novafood AG hält diesen Rückgang allerdings für vorübergehend. Börsenspesen bleiben unberücksichtigt.

Ermitteln und begründen Sie den Bilanzansatz der Aktien zum 31.12.2019.

2.4 Die Novafood AG kaufte im November 2019 eine Verarbeitungsmaschine bei einem Hersteller aus der Schweiz zum Kaufpreis von 280.000,00 CHF. Am Tag der Rechnungsstellung lautete der Devisenkassamittelkurs an der Devisenbörse Frankfurt 1,1257 CHF/EUR. Zum 31.12.2019 betrug der Devisenkassamittelkurs 1,1488 CHF/EUR. Die Rechnung ist zu 80 % bis zum 01.02.2020 fällig, der restliche Betrag wurde vom Lieferanten als zinsfreies Darlehen mit Fälligkeit 01.02.2021 eingeräumt.

Ermitteln und begründen Sie den Bilanzansatz der Verbindlichkeit zum 31.12.2019.

2.5 Im Vorstand wurde diskutiert, ob abweichend von den vergangenen Geschäftsjahren für 2019 ein hoher Jahresüberschuss ausgewiesen werden sollte.

Begründen Sie ohne rechnerischen Nachweis, welchen Einfluss diese Vorgehensweise bei den vorliegenden Bewertungsfällen (Teilaufgaben 2.1 bis 2.4) auf den Jahresüberschuss 2019 gehabt hätte.

3. Der Vorstand der Novafood AG entscheidet sich letztendlich gegen einen Börsengang. Das Eigenkapital soll durch offene Selbstfinanzierung aus dem Jahresüberschuss 2019 erhöht werden. Der Vorstand schöpft seine gesetzlichen Möglichkeiten zur offenen Selbstfinanzierung vollständig aus. Die Aktionäre haben sich bereit erklärt, eine Dividende in Höhe von 0,20 EUR je Aktie zu akzeptieren. Der übersteigende Betrag ist in den Gewinnvortrag einzustellen.

Eigenkapitalpositionen der Novafood AG zum 31.12.2019	
gezeichnetes Kapital	5.000.000,00 EUR
Kapitalrücklage	300.000,00 EUR
gesetzliche Rücklage	180.000,00 EUR
andere Gewinnrücklagen	2.100.000,00 EUR
Gewinnvortrag aus 2018	80.000,00 EUR
Jahresüberschuss	1.420.000,00 EUR

Die Aktien haben einen Nennwert von 5,00 EUR je Aktie.

3.1 Führen Sie eine vollständige Gewinnverwendung durch und berechnen Sie die Höhe der offenen Selbstfinanzierung.

3.2 Stellen Sie die Eigenkapitalpositionen nach vollständiger Gewinnverwendung dar.

4. Die Novafood AG möchte einen Teil ihrer künftigen Investitionen mittels einer Finanzierung aus Abschreibungen vornehmen. In der Bilanz zum 31.12.2019 weist die Novafood AG ein Anlagevermögen mit Anschaffungskosten in Höhe von 12.200.000,00 EUR aus. Der durchschnittliche Abschreibungssatz beträgt 15 %. Die Novafood AG rechnet in ihrer Kosten- und Leistungsrechnung pauschal mit Wiederbeschaffungszuschlägen für das Anlagevermögen in Höhe von 30 %.

4.1 Erläutern Sie, wie die Finanzierung aus Abschreibungen grundsätzlich erfolgt.

4.2
- Berechnen Sie die in diesem Zusammenhang bei der Novafood AG angefallenen Scheingewinne.
- Beurteilen Sie deren Höhe im Verhältnis zur vorgenommenen offenen Selbstfinanzierung des Jahres 2019 (Teilaufgabe 3.1).

Aufgabe 4: Binnenwert des Geldes und Geldwertmessung; Preisbildung und Verhaltensweisen bei Unternehmen mit Marktmacht (Monopol, Oligopol)

1. Der Verbraucherpreisindex wird in regelmäßigen Abständen einer Überarbeitung unterzogen und auf ein neues Basisjahr umgestellt. Mit dem Berichtsmonat Januar 2019 erfolgte die Umstellung vom Basisjahr 2010 auf das Basisjahr 2015.

1.1 Begründen Sie, weshalb der Verbraucherpreisindex regelmäßig überarbeitet wird.

1.2 Der Verbraucherpreisindex beträgt für Januar 2019 nach der Überarbeitung 103,4. Erläutern Sie diesen Wert in Bezug auf Preisentwicklung und Kaufkraft.

1.3 Für die Berechnung des Verbraucherpreisindex wird ein Warenkorb zugrunde gelegt. Die nachfolgende Grafik zeigt die Gewichtung der zwölf Warengruppen im Warenkorb.

Gewichtung im Verbraucherpreisindex
Wägungsschema zum Basisjahr 2015 in %

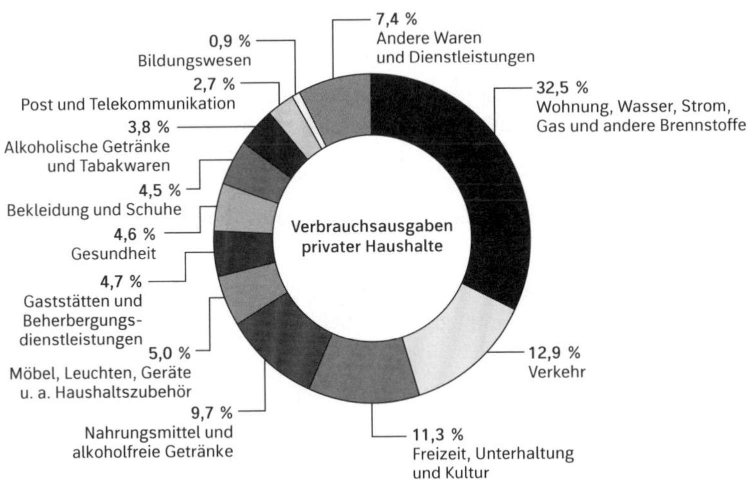

© Statistisches Bundesamt (Destatis), 2019

Nehmen Sie an, die Preise für „Nahrungsmittel und alkoholfreie Getränke" würden sich im Jahr 2019 um 20 % und die Preise für „Wohnung, Wasser, Strom, Gas und andere Brennstoffe" um 30 % erhöhen. Die Preise in den anderen Warengruppen verändern sich nicht.

Ermitteln Sie die Inflationsrate für das Jahr 2019.

1.4 Ein Verbraucher hat mithilfe eines Inflationsrechners die Inflationsrate für seinen Haushalt ermittelt. Dabei stellt er fest, dass diese erheblich von der veröffentlichten Inflationsrate abweicht.

Erläutern Sie eine Ursache für diese Abweichung.

1.5 Beschreiben Sie drei Möglichkeiten, wie private Haushalte durch eine Inflation beeinflusst werden können.

1.6 Die Verbraucherpreise erhöhten sich in Deutschland im Jahr 2018 um 1,8 %. Im selben Zeitraum lagen die Nominallöhne um 3,1 % über dem Vorjahreswert.

Beurteilen Sie diese Entwicklung mit rechnerischem Nachweis aus Sicht der Arbeitnehmer (Rundung auf zwei Nachkommastellen).

2. Die HealthyDrinks GmbH hat ein einzigartiges Getränk entwickelt, das die Konzentrationsfähigkeit verbessern soll. Dieses Getränk wird ausschließlich über den eigenen Onlineshop vertrieben. Die monatliche Kapazität beträgt 1 Million Dosen.

2.1 Für die Einführungsphase des Getränks liegen folgende Angaben vor:
Bei der Herstellung entstehen monatlich fixe Kosten von 300.000,00 EUR und variable Stückkosten von 1,00 EUR. Laut einer Umfrage könnten bei einem Stückpreis von 4,00 EUR monatlich 200.000 Dosen und bei einem Stückpreis von 1,00 EUR monatlich 800.000 Dosen verkauft werden. Die Nachfragekurve verläuft linear.

Die Geschäftsleitung hat sich nicht für den gewinnmaximierenden Preis von 3,00 EUR entschieden, sondern für einen Preis von 2,00 EUR.

2.1.1 Erläutern Sie, welche Überlegungen zu der preispolitischen Entscheidung der Geschäftsleitung geführt haben könnten (zwei Aspekte).

2.1.2 Berechnen Sie den monatlich entgangenen Gewinn.

2.1.3 Ermitteln Sie mithilfe der Grafik (**Anlage 1**) den in der Einführungsphase erzielten Stückgewinn.

2.2 Nach der Einführungsphase hat der Mitbewerber CleanFoods GmbH ein vergleichbares Getränk erfolgreich auf den Markt gebracht. Beide Anbieter überlegen, ob sie ihre Werbeaktivitäten erhöhen sollen.

Die zusätzlichen monatlichen Werbekosten würden bei beiden Anbietern jeweils 100.000,00 EUR betragen. Wenn beide Anbieter mehr werben, verändern sich die Verkaufszahlen nicht, weil die Kunden dann ihrer Marke treu bleiben. Wenn jedoch nur ein Anbieter die Werbemaßnahmen erhöht, kann dem Mitbewerber die Hälfte seines Gewinns abgeschöpft werden.

2.2.1 Ermitteln Sie die Gewinne für die Strategiekombinationen ①, ② und ③ und tragen Sie diese in die Gewinnmatrix (**Anlage 2**) ein.

2.2.2
- Begründen Sie, ob die HealthyDrinks GmbH die Werbeaktivitäten ausweiten sollte.
- Stellen Sie dar, weshalb es sich im vorliegenden Fall um eine Dilemmasituation handelt.

2.3 Zeigen Sie für die beiden Marktformen in den Aufgaben 2.1 und 2.2 jeweils auf, welche Größen die HealthyDrinks GmbH bei ihren Entscheidungen

- selbst beeinflussen kann bzw.
- berücksichtigen muss.

Anlage 1 zu Teilaufgabe 2.1.3

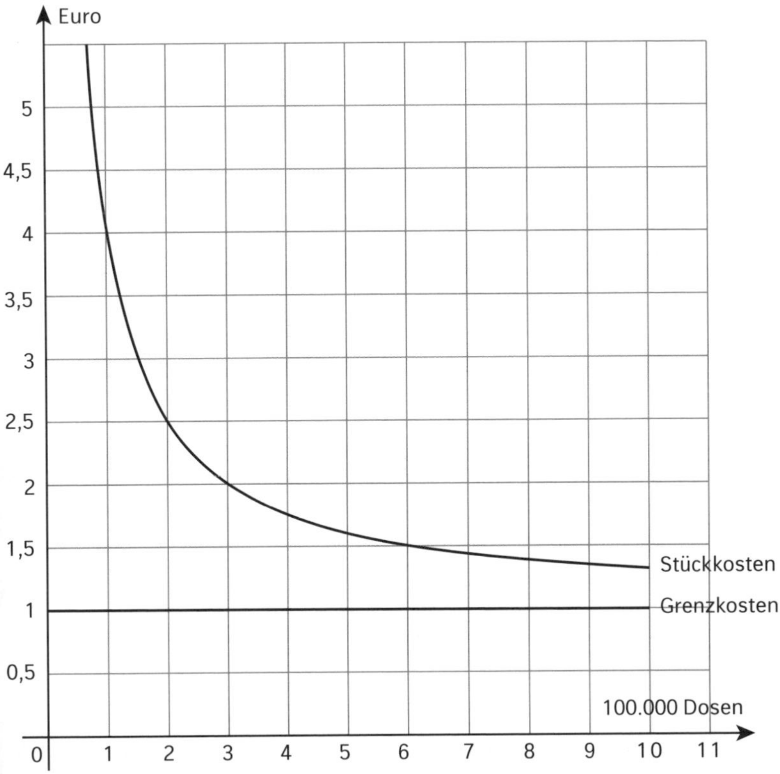

Anlage 2 zu Teilaufgabe 2.2.1

Monatlicher Gewinn		HealthyDrinks GmbH	
		Werbung erhöhen	Werbung nicht erhöhen
CleanFoods GmbH	Werbung erhöhen	①	③
	Werbung nicht erhöhen	②	④ 800.000,00 EUR / 400.000,00 EUR

Hinweis zu Strategiekombination ④: Wenn beide Unternehmen ihre Werbeausgaben nicht erhöhen, erzielt die HealthyDrinks GmbH einen monatlichen Gewinn von 800.000,00 EUR und die CleanFoods GmbH einen Gewinn von 400.000,00 EUR.

Aufgabe 5: Notwendigkeit, Ziele und Konzeptionen der Wirtschaftspolitik in Verbindung mit Wachstums- und Konjunkturpolitik; Außenwirtschaft (verändert)

1. Medien berichteten 2018, die EU-Kommission habe die italienische Regierung wegen der Ausweitung der massiven Staatsverschuldung gerügt. Die Regierung habe im Wahlkampf höhere Renten, Mindesteinkommen und Steuererleichterungen versprochen.

1.1 Beschreiben Sie, unter welchen Bedingungen die Kriterien des Stabilitäts- und Wachstumspaktes als erfüllt gelten.

1.2 Erläutern Sie zwei Folgen, die sich aus einer hohen Staatsverschuldung für ein Land ergeben können.

1.3 Der ehemalige Professor für Volkswirtschaftslehre am Massachusetts Institute of Technology (MIT) und Nobelpreisträger Franco Modigliani forderte in einem Artikel für das Handelsblatt, dass angebotsorientierte und nachfrageorientierte Wirtschaftspolitik zusammenwirken müssen.

1.3.1 Vergleichen Sie das Konzept der angebotsorientierten und nachfrageorientierten Wirtschaftspolitik hinsichtlich der Merkmale

- Funktionsweise des marktwirtschaftlichen Systems,
- wirtschaftspolitische Rolle des Staates.

1.3.2 Überprüfen Sie, inwiefern die italienische Regierung in ihrem Wahlprogramm den Ansatz von Modigliani berücksichtigt.

1.4 Beurteilen Sie die Auswirkungen der im Wahlkampf versprochenen Maßnahmen „Mindesteinkommen“ und „Steuererleichterungen auf Unternehmen“ für

- die Konjunktur und
- die Staatsverschuldung Italiens.

2. Die Außenhandelspolitik der US-Regierung sorgte im Jahr 2019 weltweit für Schlagzeilen. So wurden für ausländische Hersteller von Arzneimitteln komplexe und zeitaufwendige Zulassungsverfahren für den US-Markt erlassen. Zudem wurden weitere Strafzölle auf Importe aus China erhoben.

2.1 Grenzen Sie bezugnehmend auf die Information tarifäre und nichttarifäre Handelshemmnisse voneinander ab.

2.2 Beschreiben Sie aus der Sicht der USA drei wirtschaftliche Argumente, welche zu der US-Außenhandelspolitik geführt haben könnten.

2.3 Die Wirkungen von Importzöllen sollen anhand eines Modells untersucht werden: Ein Gut wird auf dem Weltmarkt zu einem Preis von 300 GE gehandelt.
Der Inlandsmarkt ist für dieses Gut geöffnet (Freihandel). Ausländische Anbieter bieten das Gut zum Weltmarktpreis im Inland in jeder beliebigen Menge an. Die nachfolgende Grafik stellt die Marktsituation im Inland dar.

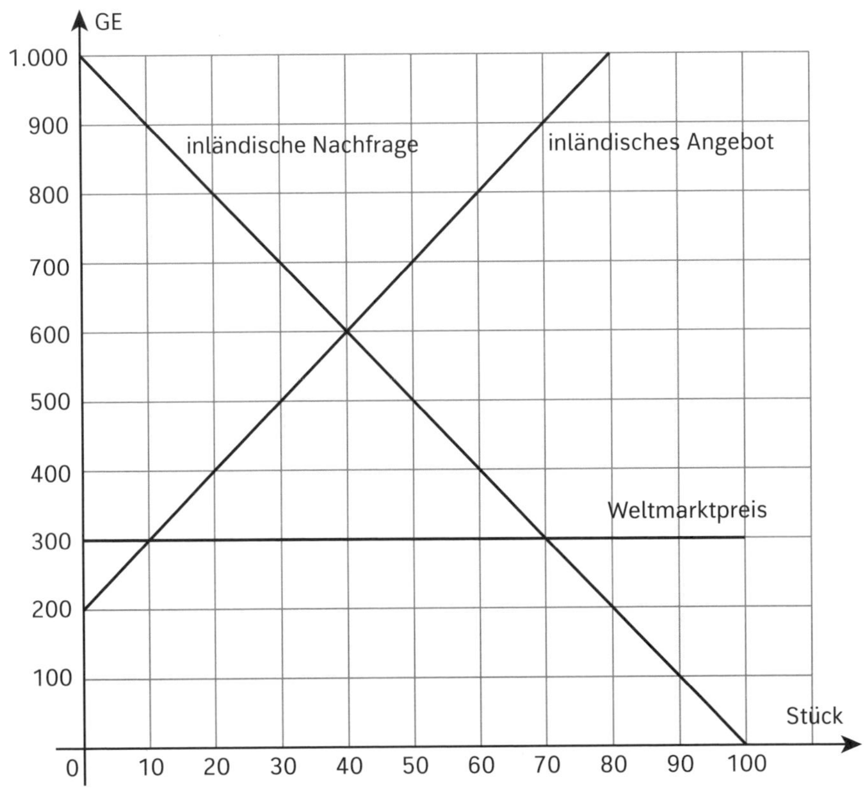

2.3.1 Die Regierung des Inlandes erhebt auf das Gut einen Importzoll von 100 GE je Stück. Die übrigen relevanten Größen verändern sich nicht.

Ermitteln Sie die nachfolgenden Größen, welche sich im Inland nach Erhebung des Importzolles einstellen:

(1) Preis des Gutes im Inland
(2) verkaufte Menge des Gutes durch inländische Anbieter
(3) Zolleinnahmen des Inlandes
(4) Konsumentenrente im Inland

2.3.2 Beurteilen Sie die Auswirkungen des Importzolles auf die inländischen Anbieter, die inländischen Nachfrager sowie die ausländischen Anbieter.

2.4 Erläutern Sie anhand von zwei Aspekten, weshalb die Erkenntnisse aus der Modellbetrachtung in Teilaufgabe 2.3.2 nicht ohne Weiteres auf die Wirklichkeit übertragen werden können.

33 Abituraufgaben 2021

Aufgabe 1: Beliebige Unternehmensform mit Vollkostenrechnung in Form der Zuschlagskalkulation (Kostenstellenrechnung, BAB, Kostenträgerstückrechnung); Deckungsbeitragsrechnung

Die Schmieder & Mirbach KG mit Sitz in Kirchheim unter Teck ist ein Hersteller chemischer Erzeugnisse im Bereich privater Haushalte. Gesellschafter des Unternehmens sind der Komplementär Werner Schmieder mit einem Kapitalanteil von 150.000,00 EUR und die Kommanditistin Christine Mirbach mit einem Kapitalanteil von 480.000,00 EUR. Dank einer zunehmend ökologisch orientierten Produktpalette, die von vielen Haushalten verstärkt nachgefragt wird, konnte die KG in den letzten Jahren hohe Wachstumsraten erzielen. Die notwendigen Investitionen erfordern aus Sicht von Werner Schmieder eine deutliche Aufstockung des Eigenkapitals, zu seiner Entlastung soll außerdem die Geschäftsführung erweitert werden. Im Zuge der anstehenden Veränderungen beschließen die Gesellschafter, die KG in eine GmbH umzuwandeln.
Für die neu zu gründende GmbH kann Petra Klein als neue Gesellschafterin gewonnen werden, außerdem wird die Betriebswirtin Anette Steimle als zweite Geschäftsführerin eingestellt.
Der Entwurf des Gesellschaftsvertrags der GmbH sieht unter anderem folgende Bestimmungen vor:

§ 1 Firma: HaChem GmbH

§ 2 Sitz der Gesellschaft: Kirchheim unter Teck

§ 3 Geschäftsbeginn: 02.01.2020

§ 4 Stammkapital: Das Stammkapital der Gesellschaft beträgt 900.000,00 EUR.

§ 5 Nennbeträge der Geschäftsanteile:
- Christine Mirbach: 480.000,00 EUR
- Petra Klein: 270.000,00 EUR
- Werner Schmieder: 150.000,00 EUR

Die Gesellschafter Mirbach und Schmieder leisten ihre Einlage durch vollständige Übertragung ihrer Anteile an der Schmieder & Mirbach KG. Gesellschafterin Klein leistet ihre Einlage als Bareinlage, diese ist in Höhe von 50.000,00 EUR bei Gründung zu leisten, die restliche Zahlung erfolgt zum 30.06.2020.

§ 6 Gegenstand des Unternehmens ist die Produktion und der Vertrieb chemischer Erzeugnisse für den Einsatzbereich in privaten Haushalten.

§ 7 Geschäftsführung: Zu den Geschäftsführern der GmbH werden bestellt:
- Werner Schmieder, zuständig für Beschaffung, Produktion und Finanzen
- Anette Steimle, zuständig für Marketing und Vertrieb

Die Geschäftsführer erhalten Einzelvertretungsbefugnis, die im Handelsregister eingetragen wird. Bei Rechtsgeschäften mit einem Volumen von mehr als 100.000,00 EUR ist grundsätzlich eine Zustimmung beider Geschäftsführer notwendig.

1. Begründen Sie mit zwei Argumenten, warum Werner Schmieder ein besonderes Interesse an der vorgenommenen Änderung der Rechtsform hat.

2. Begründen Sie unter Angabe der gesetzlichen Grundlage, ob die GmbH mit dem vorliegenden Gesellschaftsvertrag am 02.01.2020 zur Eintragung ins Handelsregister angemeldet werden kann.

3. Anette Steimle besucht im November 2020 eine Messe für chemische Erzeugnisse. Dort unterbreitet man ihr ein Angebot für die Beschaffung einer neuen Produktionsanlage im Wert von 120.000,00 EUR. Da Frau Steimle vom eingeräumten Messerabatt profitieren möchte, unterschreibt sie den Kaufvertrag. Als Werner Schmieder davon erfährt, ist er gegen die Anschaffung und zweifelt die Rechtswirksamkeit des Kaufvertrags an.

   Beurteilen Sie die Rechtslage.

4. Der Markt für Haushaltschemie ist sehr stark von Wettbewerbsdruck geprägt, der die Gewinnmargen belastet. Daher schlägt Anette Steimle vor, § 6 des Gesellschaftsvertrags zu ändern und den Gegenstand des Unternehmens um Produkte aus dem weniger umkämpften Bereich der Agrarchemie zu erweitern. Christine Mirbach und Werner Schmieder sind von der Idee zur Diversifikation begeistert, während Petra Klein den Plan aufgrund des zusätzlichen Investitionsbedarfs ablehnt.

   Begründen Sie unter Angabe der gesetzlichen Grundlage, ob die Gesellschafter Werner Schmieder und Christine Mirbach das Sortiment gegen den Widerstand von Petra Klein um Produkte aus dem Bereich der Agrarchemie erweitern dürfen.

5. Die HaChem GmbH bringt zu Beginn des Jahres 2021 ein neues Pflegemittel für Alcantara auf den Markt, welches die Reinigungsergebnisse deutlich verbessern soll. Zur Ermittlung des Listenverkaufspreises sollen zunächst die Gemeinkostenzuschlagssätze aktualisiert werden. Hierzu ist ein Betriebsabrechnungsbogen für das Jahr 2020 zu erstellen.

   Zur Verteilung der Gemeinkosten auf die Kostenstellen liegen folgende Daten vor:

	Material	Fertigung	Verwaltung	Vertrieb
Raumnutzung in qm	125	780	97	198
Energieverbrauch in kWh	10.000	350.000	20.000	50.000
sonstige Gemeinkosten in Euro	25.200,00	735.800,00	149.720,00	218.080,00

5.1 Vervollständigen Sie den Betriebsabrechnungsbogen 2020 (**Anlage**) und ermitteln Sie die Gemeinkostensummen für die einzelnen Kostenstellen.

5.2 Erstellen Sie die Gesamtkalkulation der HaChem GmbH für das Jahr 2020 und ermitteln Sie den Material- und den Fertigungsgemeinkostenzuschlagssatz. Berücksichtigen Sie dabei neben der **Anlage** die folgenden Daten:

- Verbrauch von Fertigungsmaterial 270.000,00 EUR
- Sondereinzelkosten der Fertigung 11.600,00 EUR
- Sondereinzelkosten des Vertriebs 25.000,00 EUR
- Verwaltungsgemeinkostenzuschlagssatz 10 %
- Vertriebsgemeinkostenzuschlagssatz 15%

5.3 Das neue Pflegemittel wird in Verkaufseinheiten von 80 Flaschen zu je 500 ml an den Handel geliefert.
Für eine Verkaufseinheit fallen an:

- Fertigungsmaterial 20,00 EUR
- Fertigungslöhne 50,00 EUR
- Sondereinzelkosten der Fertigung 12,00 EUR
- Vertriebslizenz 14,50 EUR

Die HaChem GmbH kalkuliert grundsätzlich mit einem Gewinnzuschlagssatz in Höhe von 20 %. Dem Handel wird ein Rabatt von 40 % eingeräumt, bei Rechnungsbegleichung innerhalb von zwei Wochen werden 2 % Skontoabzug gewährt.

Ermitteln Sie den Listenverkaufspreis einer Flasche des neuen Pflegemittels.

(Hinweis: Konnten die Zuschlagssätze in Teilaufgabe 5.2 nicht ermittelt werden, so gehen Sie von folgenden Werten aus: MGKZ = 7 %, FGKZ = 202 %.)

6. Die HaChem GmbH stellt im Zweigwerk Weinsberg unterschiedliche Arten von Klebstoffen (Klebestifte, Flüssigkleber, Holzleim) her. Die drei Produkte müssen zwei Maschinen durchlaufen. Im Monat Mai 2021 werden die Maschinenkapazitäten durch aufwendige Wartungsmaßnahmen reduziert. Die Fertigungskapazität der Maschine I beträgt 240 Stunden, auf der Maschine II kann 280 Stunden produziert werden.
Für die drei Produkte liegen im Monat Mai folgende Zahlen vor:

	Klebestift	**Flüssigkleber**	**Holzleim**
maximale Absatzmenge (in Stück) davon vertraglich vereinbarte Absatzmenge (in Stück)	2.000 1.200	3.800 2.000	4.000 1.600
Verkaufspreis in Euro pro Stück	4,12	4,80	5,29
variable Stückkosten in Euro	1,72	2,55	3,05
Fertigungszeit Maschine I in Min.	2	1,5	1
Fertigungszeit Maschine II in Min.	1,6	2,5	1,4

6.1 Ermitteln Sie das gewinnmaximale Produktionsprogramm, wenn zunächst die vertraglichen Liefervereinbarungen alle erfüllt werden und die dann noch vorhandene Restkapazität optimal genutzt werden soll.

6.2 Weisen Sie rechnerisch nach, wie hoch die Fixkosten im Monat Mai maximal ausfallen dürfen, wenn das Zweigwerk das in der Stückkalkulation verwendete Gewinnziel von 20 % der HaChem GmbH trotz der bestehenden Einschränkungen der Maschinenzeiten erreichen soll.

Anlage zu Teilaufgabe 5.1: Betriebsabrechnungsbogen 2020

		Kostenstellen			
Gemeinkostenarten	**Betrag**	**Material**	**Fertigung**	**Verwaltung**	**Vertrieb**
Raumkosten	48.000,00 EUR				
Energiekosten	94.600,00 EUR				
sonstige Gemeinkosten	1.128.800,00 EUR				
Summe der Gemeinkosten					

Aufgabe 2: Vergleich Kapital- und Personengesellschaften (rechtliche Grundlagen); Selbstfinanzierung bei KG und AG

Die Brüder Ludwig und Wilhelm Böhm führen in zweiter Generation die Odenwälder Fahrradwerke Böhm OHG. Aufgrund der hohen Nachfrage nach E-Bikes drängen die Töchter Anna Schwarz und Lisa Müller darauf, dieses Geschäftsfeld stärker auszubauen. Außerdem möchten sie zukünftig mehr Verantwortung übernehmen. Da sich die beiden Brüder jedoch nicht vollständig aus dem Unternehmen zurückziehen möchten, entscheidet man sich für die Umwandlung der OHG in eine Kommanditgesellschaft.

Der folgende Entwurf für den Gesellschaftsvertrag (Auszug) wird am 22.12.2017 vorgelegt:

§ 1 Firma, Sitz und Gegenstand des Unternehmens

(1) Das Unternehmen wird unter der Firma Odenwälder Fahrradwerke Böhm KG geführt.
(2) Sitz der Gesellschaft ist Heidelberg.
(3) Gegenstand des Unternehmens ist der Bau und Vertrieb von Fahrrädern.

§ 2 Geschäftsbeginn, Geschäftsjahr, Gesellschafter und Einlagen

(1) Geschäftsbeginn ist der 02.01.2018.
(2) Das Geschäftsjahr ist das Kalenderjahr.
(3) Komplementärinnen sind Anna Schwarz und Lisa Müller. Kommanditisten sind Ludwig Böhm und Wilhelm Böhm.
(4) Anna Schwarz und Lisa Müller beteiligen sich mit einer Bareinlage in Höhe von jeweils 100.000,00 EUR; die Hälfte wird zu Geschäftsbeginn geleistet, der Rest ist zum 31.12.2018 fällig.
(5) Ludwig Böhm und Wilhelm Böhm bringen das bisherige Unternehmen ein. Ihre Kapitalanteile betragen jeweils 400.000,00 EUR.

§ 3 Geschäftsführung und Vertretung

Es gelten die gesetzlichen Bestimmungen.

§ 4 Gewinn- und Verlustverteilung

(1) Die Komplementärinnen erhalten eine monatliche Tätigkeitsvergütung von jeweils 8.000,00 EUR. Die Tätigkeitsvergütung wird zu Monatsbeginn ausgezahlt.

(2) Die Verzinsung der Kapitalanteile beträgt 5 %.

(3) Ein möglicher Restgewinn wird im Verhältnis 3 : 3 : 2 : 2 auf die Gesellschafter Anna Schwarz, Lisa Müller, Ludwig Böhm und Wilhelm Böhm verteilt, ebenso ein Verlust.

....

1. • Prüfen Sie unter Angabe der gesetzlichen Grundlagen, ob die geplante Firmierung zulässig ist (zwei Aspekte).
   • Führen Sie ein betriebswirtschaftliches Argument an, das für die gewählte Firmierung spricht.

2. Der Gesellschaftsvertrag wird am 28.12.2017 entsprechend den Plänen der Gesellschafter abgeschlossen. Die KG wird am 02.01.2018 ins Handelsregister eingetragen.

2.1 Am 15.02.2018 wendet sich der Geschäftsführer der Michel GmbH an die Odenwälder Fahrradwerke Böhm KG und fordert die Begleichung einer fälligen Rechnung für Fahrradreifen über 28.750,00 EUR aus dem Jahr 2017. Da der Rechnungsausgleich nicht erfolgt, wendet sich die GmbH mit der Forderung an die Komplementärin Müller persönlich.

Begründen Sie, ob Lisa Müller die Rechnung begleichen muss.

2.2 Anna Schwarz schließt ohne Rücksprache mit den übrigen Gesellschaftern einen Kaufvertrag über den Monatsbedarf an Aluminium zur Herstellung der Fahrradrahmen ab. Ludwig Böhm ist mit dem Vertragsabschluss nicht einverstanden.

Beurteilen Sie die Rechtslage.

2.3 Wilhelm Böhm benötigt zur Finanzierung eines neuen Pkw für private Zwecke einen Betrag von 50.000,00 EUR. Diesen Betrag möchte er zulasten seines Kapitalanteils entnehmen.

Beurteilen Sie dieses Vorhaben.

3. Im Geschäftsjahr 2018 wird ein Gewinn in Höhe von 360.000,00 EUR erwirtschaftet. Die Verteilung des Gewinns auf die Gesellschafter ist der nachfolgenden Tabelle (Werte in Euro) zu entnehmen.

Gesellschafter	Kapitalanteil	Tätigkeitsvergütung	Zinsen	Restgewinnanteil	Gesamtgewinn
Anna Schwarz	100.000,00[1]	96.000,00	3.750,00	36.525,00	136.275,00
Lisa Müller	100.000,00[1]	96.000,00	2.500,00	36.525,00	135.025,00
Ludwig Böhm	400.000,00	-	20.000,00	24.350,00	44.350,00
Wilhelm Böhm	400.000.00	-	20.000,00	24.350,00	44.350,00
Summen	1.000.000,00	192.000,00	46.250,00	121.750,00	360.000.00

[1] *davon 50.000,00 EUR zu Geschäftsbeginn geleistet*

3.1 Weisen Sie auf Basis der Kapitalverzinsung rechnerisch nach, wann Anna Schwarz und Lisa Müller ihren ausstehenden Kapitalanteil jeweils erbracht haben.

3.2 Ermitteln Sie, mit welchem Betrag die vier Gesellschafter jeweils zur offenen Selbstfinanzierung der KG im Jahr 2018 beitragen können. Gehen Sie davon aus, dass während des Jahres keine Privatentnahmen vorgenommen wurden.

4. Der Markt für E-Bikes wächst stark; zeitgleich entwickelt sich eine zunehmende Nachfrage nach E-Rollern. Um das Unternehmen der Marktentwicklung anzupassen, erwägen die Gesellschafter die Umwandlung der KG in eine Kapitalgesellschaft.

Erläutern Sie zwei Gründe, die aus Sicht der Gesellschafter für die Umwandlung in eine AG anstelle einer GmbH ausschlaggebend sein könnten.

5. Die Gesellschafter der KG beschließen die Umwandlung in eine Aktiengesellschaft. Zum 02.01.2020 wird diese als OFB AG ins Handelsregister eingetragen. In diesem Zusammenhang wird ein größeres Aktienpaket am Kapitalmarkt platziert.

Vereinfachte Bilanz der OFB AG zum 31.12.2020 (Werte in Euro):

Aktiva	Bilanz der OFB AG		Passiva
A. Anlagevermögen	8.500.000,00	A. Eigenkapital	
B. Umlaufvermögen	3.500.000,00	I. Gez. Kapital	4.000.000,00
		II. Kapitalrücklage	350.000,00
		V. Jahresüberschuss	1.330.000,00
		B. Rückstellungen	100.000,00
		C. Verbindlichkeiten	6.220.000,00
	12.000.000,00		12.000.000,00

Das gezeichnete Kapital ist in 320.000 Stückaktien aufgeteilt.

Um weitere Investitionen tätigen zu können, beschließen Vorstand und Aufsichtsrat im Rahmen ihrer gesetzlichen Möglichkeiten eine maximale offene Selbstfinanzierung. Die Hauptversammlung soll im März 2021 erstmals über die Verwendung des Bilanzgewinns entscheiden.

5.1
- Ermitteln Sie den Bilanzgewinn, den Vorstand und Aufsichtsrat der Hauptversammlung anbieten werden.
- Berechnen Sie die höchstmögliche Dividende, die Vorstand und Aufsichtsrat den Aktionären vorschlagen können.

5.2 Um die anstehenden Investitionen zu unterstützen, beschließt die Hauptversammlung, auf 25 % der vorgeschlagenen Dividende zugunsten einer weiteren Rücklagenbildung zu verzichten.

5.2.1 Stellen Sie die Eigenkapitalpositionen nach vollständiger Gewinnverwendung und Dividendenausschüttung dar.

5.2.2 Ermitteln Sie die Höhe der offenen Selbstfinanzierung.

5.3 Erläutern Sie einen Interessenkonflikt, der im Rahmen der Hauptversammlung bezüglich der Gewinnverwendung entstanden sein könnte.

Aufgabe 3: Außenfinanzierung in Form von Darlehensaufnahme mit Kreditsicherheiten; statische und dynamische Investitionsrechnung

Die Innovative Batteries GmbH ist ein in Ulm ansässiges Unternehmen, das sich auf die Entwicklung und Produktion von Batterien für E-Bikes und E-Scooter spezialisiert hat. Das Unternehmen hat sich mit einer zukunftsorientierten Standortwahl eine gute Zusammenarbeit mit den ortsansässigen Forschungsinstitutionen ermöglicht und sich dadurch einen Wettbewerbsvorteil als Zulieferer im Elektromobilitätsbereich verschafft.

1. Im Jahr 2020 konnte die Innovative Batteries GmbH 20.000 E-Scooter-Batterien absetzen. Aufgrund der anhaltend hohen Nachfrage soll die bestehende Produktionsanlage durch eine neue ersetzt werden, um auch weiterhin zu den führenden Herstellern der Branche zu gehören. Dem Unternehmen liegen zwei Angebote für Anlagen mit gleicher Kapazität vor. Die geplante Produktionsmenge beträgt 30.000 Stück pro Jahr.

Für die Anlage A liegen für die geplante Produktionsmenge folgende Daten vor:

Anschaffungskosten	1.850.000,00 EUR
Geplante Nutzungsdauer	6 Jahre
Restwert nach Ablauf der Nutzungsdauer	50.000,00 EUR
Fertigungslöhne pro Jahr	200.000,00 EUR
Fertigungsmaterial pro Jahr	400.000,00 EUR
Gehälter pro Jahr	144.500,00 EUR
Sonstige variable Kosten pro Jahr	300.000,00 EUR
Sonstige fixe Kosten pro Jahr	220.000,00 EUR
Abschreibungsmethode	linear
Kalkulationszinssatz	6 %

Die alternative Anlage B verursacht pro Jahr 651.500,00 EUR Fixkosten sowie variable Stückkosten in Höhe von 34,00 EUR.

Vor der Investitionsentscheidung verlangt die Geschäftsleitung eine Überprüfung der Vorteilhaftigkeit der Investition.

1.1 Vergleichen Sie für beide Anlagen die jährlichen Gesamtkosten auf Basis der geplanten Produktionsmenge und treffen Sie eine Entscheidung.

1.2 Ermitteln Sie die kritische Produktionsmenge und interpretieren Sie Ihr Ergebnis.

1.3 Erläutern Sie zwei Kritikpunkte an der Kostenvergleichsrechnung als Verfahren zur Beurteilung von Investitionsentscheidungen.

1.4 Die Geschäftsleitung bevorzugt die Anlage A. Sie fordert, als weitere Entscheidungshilfe die Kapitalwertmethode heranzuziehen.

Ermitteln Sie für die Anlage A den Kapitalwert und interpretieren Sie Ihr Ergebnis.

Berücksichtigen Sie bei Ihren Berechnungen die nachfolgenden vereinfachenden Annahmen:

- Die geplante Produktionsmenge von 30.000 Stück pro Jahr kann vollständig zum Stückpreis von 58,60 EUR abgesetzt werden.
- Mit Ausnahme der kalkulatorischen Abschreibung sind alle Kosten auszahlungswirksam.
- Die Anlage kann am Ende der Nutzungsdauer zum Restwert verkauft werden.
- Die Ein- und Auszahlungen bleiben während des betrachteten Zeitraums konstant und erfolgen jeweils am Jahresende.
- Alle Ergebnisse sind auf volle Euro zu runden (**Anlage 1**).

1.5 Ein Mitglied der Geschäftsleitung möchte die Amortisationsrechnung als weitere Entscheidungsgrundlage heranziehen.

Erläutern Sie, welche zusätzliche Information die Amortisationsrechnung liefert.

2. Neben der Erneuerung der Produktionsanlage ist auch in der Forschungs- und Entwicklungsabteilung eine Investition erforderlich. Auf dem bestehenden Betriebsgelände soll das Forschungslabor erweitert und mit entsprechender Ausstattung versehen werden. Hierfür ist ein Investitionsbetrag in Höhe von 1.632.000,00 EUR vorgesehen. Die beiden Hausbanken unterbreiten die nachfolgend dargestellten Kreditangebote.

Angebot 1: Festdarlehen
Nominalzins 4 %
Laufzeit 5 Jahre
Auszahlung 96 %

Angebot 2: Abzahlungsdarlehen
Nominalzins 5 %
Laufzeit 5 Jahre
Auszahlung 100 %

Die Zahlungen aus beiden Darlehensalternativen erfolgen am Jahresende.

2.1 Neben der Fremdfinanzierung der geplanten Investition stand auch eine Eigenfinanzierung zur Diskussion.

Erläutern Sie zwei Argumente, die für eine Eigenfinanzierung statt einer Fremdfinanzierung sprechen würden.

2.2 Berechnen Sie für das Festdarlehen (Angebot 1) die notwendige Darlehenssumme sowie die Effektivverzinsung.

2.3 • Ermitteln Sie für beide Darlehensarten die Liquiditäts- und Aufwandsbelastung für die einzelnen Jahre und insgesamt. Ein Disagio ist gleichmäßig auf die Laufzeit des Darlehens zu verteilen **(Anlage 2).**

• Die Geschäftsführung entscheidet sich für das Angebot 1.
Erläutern Sie einen Grund, der zu dieser Entscheidung geführt haben könnte.

2.4 Die Geschäftsführung der GmbH bietet die neu anzuschaffende Ausstattung des Forschungslabors als Kreditsicherheit an. Die Bank hingegen verlangt zusätzlich eine Bürgschaft der geschäftsführenden Gesellschafter der GmbH.

• Erläutern Sie die Art und Entstehung der von der Geschäftsführung angebotenen Kreditsicherheit.
• Begründen Sie, weshalb die Bank zusätzlich eine Bürgschaft verlangt (zwei Aspekte).

Anlage 1

Aufzinsungs-, Abzinsungs- und Annuitätenfaktoren

für Zinssätze (p) von 5 % bis 10 % $q = 1 + p / 100$
und Laufzeiten (n) von 1–10 Jahren

Aufzinsungsfaktor: q^n

Abzinsungsfaktor: $\frac{1}{q^n}$

Annuitätenfaktor: $\frac{q^n (q - 1)}{(q^n - 1)}$

n \ 5 %	q^n	$\frac{1}{q^n}$	$\frac{q^n (q-1)}{(q^n-1)}$
1	1,050000	0,952381	1,050000
2	1,102500	0,907029	0,537805
3	1,157625	0,863838	0,367209
4	1,215506	0,822702	0,282012
5	1,276282	0,783526	0,230975
6	1,340096	0,746215	0,197017
7	1,407100	0,710681	0,172820
8	1,477455	0,676839	0,154722
9	1,551328	0,644609	0,140690
10	1,628895	0,613913	0,129505

n \ 6 %	q^n	$\frac{1}{q^n}$	$\frac{q^n (q-1)}{(q^n-1)}$
1	1,060000	0,943396	1,060000
2	1,123600	0,889996	0,545437
3	1,191016	0,839619	0,374110
4	1,262477	0,792094	0,288591
5	1,338226	0,747258	0,237396
6	1,418519	0,704961	0,203363
7	1,503630	0,665057	0,179135
8	1,593848	0,627412	0,161036
9	1,689479	0,591898	0,147022
10	1,790848	0,558395	0,135868

n \ 7 %	q^n	$\frac{1}{q^n}$	$\frac{q^n (q-1)}{(q^n-1)}$
1	1,070000	0,934579	1,070000
2	1,144900	0,873439	0,553092
3	1,225043	0,816298	0,381052
4	1,310796	0,762895	0,295228
5	1,402552	0,712986	0,243891
6	1,500730	0,666342	0,209796
7	1,605781	0,622750	0,185553
8	1,718186	0,582009	0,167468
9	1,838459	0,543934	0,153486
10	1,967151	0,508349	0,142378

n \ 8 %	q^n	$\frac{1}{q^n}$	$\frac{q^n (q-1)}{(q^n-1)}$
1	1,080000	0,925926	1,080000
2	1,166400	0,857339	0,560769
3	1,259712	0,793832	0,388034
4	1,360489	0,735030	0,301921
5	1,469328	0,680583	0,250456
6	1,586874	0,630170	0,216315
7	1,713824	0,583490	0,192072
8	1,850930	0,540269	0,174015
9	1,999005	0,500249	0,160080
10	2,158925	0,463193	0,149029

n \ 9 %	q^n	$\frac{1}{q^n}$	$\frac{q^n (q-1)}{(q^n-1)}$
1	1,090000	0,917431	1,090000
2	1,188100	0,841680	0,568469
3	1,295029	0,772183	0,395055
4	1,411582	0,708425	0,308669
5	1,538624	0,649931	0,257092
6	1,677100	0,596267	0,222920
7	1,828039	0,547034	0,198691
8	1,992563	0,501866	0,180674
9	2,171893	0,460428	0,166799
10	2,367364	0,422411	0,155820

n \ 10 %	q^n	$\frac{1}{q^n}$	$\frac{q^n (q-1)}{(q^n-1)}$
1	1,100000	0,909091	1,100000
2	1,210000	0,826446	0,576190
3	1,331000	0,751315	0,402115
4	1,464100	0,683013	0,315471
5	1,610510	0,620921	0,263797
6	1,771561	0,564474	0,229607
7	1,948717	0,513158	0,205405
8	2,143589	0,466507	0,187444
9	2,357948	0,424098	0,173641
10	2,593742	0,385543	0,162745

Anlage 2 zu Teilaufgabe 2.3

Angebot 1: Festdarlehen (in Euro)

Jahr	Darlehen Jahresanfang	Zinsen	Tilgung	Disagio	Liquiditäts-belastung	Gesamt-aufwand
1						
2						
3						
4						
5						
Σ						

Angebot 2: Abzahlungsdarlehen (in Euro)

Jahr	Darlehen Jahresanfang	Zinsen	Tilgung	Liquiditäts-belastung	Gesamtaufwand
1					
2					
3					
4					
5					
Σ					

Aufgabe 4: Preisbildung und Verhaltensweisen auf verschiedenen Arten von Märkten; Spannungsverhältnis zwischen Ökonomie und Ökologie – Umweltpolitik in Verbindung mit staatlichen Eingriffen in die Preisbildung (verändert)

1. Die Millermeat Ltd. aus Sydney ist weltweit das einzige Unternehmen, welches Fleisch vom Roten Riesenkänguru anbietet. Die Geschäftsführung steht vor der Frage, welcher Preis für eine Tonne (t) Fleisch verlangt werden soll.

Die variablen Stückkosten betragen 2.000,00 Australische Dollar (AUD) je Tonne, die Fixkosten belaufen sich monatlich auf 100.000,00 AUD.

Die Preis-Absatz-Funktion (PAF) ist bekannt: $x(p) = 1.000 - 0{,}1\ p$

p = Preis für eine Tonne in Australischen Dollar (AUD)
x = monatliche Menge in t

Gehen Sie von den Bedingungen des vollkommenen Marktes aus.

1.1 Erklären Sie die Bedeutung der Preisabsatzfunktion für die Festlegung des Preises.

1.2 Berechnen Sie den gewinnmaximierenden Preis.

1.3 Weisen Sie Ihr Ergebnis aus der Teilaufgabe 1.2 nach, indem Sie die gewinnmaximierende Preis-Mengen-Kombination grafisch ermitteln.

(x-Achse: 11 cm; 1 cm = 100 Tonnen; y-Achse: 11 cm; 1 cm = 1.000,00 AUD je t)

1.4 Die Geschäftsführung der Millermeat Ltd. strebt einen monatlichen Gewinn von 1.800.000,00 AUD an. Überprüfen Sie, ob dieses Ziel erreicht werden kann.

1.5 Die Millermeat Ltd. plant eine Modernisierung der Produktion. Als Folge würden sich die Fixkosten erhöhen, die variablen Stückkosten dagegen sinken.

1.5.1 Begründen Sie, wie sich diese Veränderungen der Kostenstruktur auf die gewinnmaximale Menge sowie auf den gewinnmaximalen Preis auswirken. Gehen Sie von einer unveränderten Preis-Absatz-Funktion (PAF) aus.

1.5.2 Erläutern Sie die Vorteilhaftigkeit der geplanten Modernisierung aus Sicht der Konsumenten und aus Sicht der Millermeat Ltd. (jeweils zwei Aspekte).

2. Die Bildung von Monopolen wird in marktwirtschaftlichen Systemen kritisch gesehen, da damit gesamtwirtschaftliche Nachteile verbunden sein können.

Erläutern Sie den negativen Einfluss von Monopolen auf die Preisbildung, die Marktversorgung und den technischen Fortschritt.

3. Australien ist führender Exporteur von Kohle weltweit. 2019 wüteten wochenlang Wald- und Buschbrände. Trotzdem hält die Regierung an der lukrativen Kohleindustrie fest.

Quelle: Vgl. SZ.de/AP/gal/dit/cat: Australischer Premier lehnt strengere Klimapolitik ab, 23.12.2019. In: www.sueddeutsche.de/politik/australien-feuer-morrison-klimapolitik-1.4734402 [10.06.2021].

- Beschreiben Sie anhand dieser Situation das Spannungsverhältnis zwischen Ökonomie und Ökologie.
- Stellen Sie anhand eines Beispiels dar, wie zwischen ökonomischen und ökologischen Zielen auch Harmonie herrschen kann.

4. Experten fordern seit Jahren: „CO_2 braucht einen Preis."

In diesem Zusammenhang werden die beiden Maßnahmen „Handel mit CO_2-Emissionszertifikaten" und „CO_2-Steuer" diskutiert.

4.1 Vergleichen Sie in einer Tabelle die beiden Maßnahmen hinsichtlich ihres bürokratischen Aufwands bei der Umsetzung und ihrer Wirksamkeit bei der CO_2-Reduktion.

4.2 Erläutern Sie, welches Prinzip der Umweltpolitik der Bepreisung der CO_2-Emissionen zugrunde liegt.

Aufgabe 5: Wirtschaftspolitische Konzeptionen zur Wachstumsförderung und Konjunkturstabilisierung; Geldpolitik der Europäischen Zentralbank (verändert)

1. Im September 2019 senkte der EZB-Rat die Einlagefazilität auf –0,50 %. Die Spitzenrefinanzierungsfazilität und der Zinssatz für die Hauptrefinanzierungsgeschäfte blieben bei 0,25 % bzw. 0,00 %. Der Präsident der EZB, Mario Draghi, begründete die Zinspolitik mit dem Inflationsziel von unter, aber nahe 2 %.

Quelle: Vgl. Europäische Zentralbank: Pressekonferenz, 12.09.2019. In: www.ecb.europa.eu/press/pressconf/2019/html/ecb.is190912~658eb51d68.de.html [10.06.2021].

1.1 Grenzen Sie die von Mario Draghi angesprochene Einlagefazilität von der Spitzenrefinanzierungsfazilität ab.

1.2 Der Zinssatz für die Einlagefazilität wurde auf –0,50 % gesenkt.

Begründen Sie anhand einer Wirkungskette, welches Ziel die EZB laut Mario Draghi mit dieser Entscheidung verfolgt.

1.3 Erklären Sie, weshalb die EZB nicht sicher davon ausgehen kann, ihr angestrebtes Ziel durch die Senkung des Zinssatzes für die Einlagefazilität zu erreichen (zwei Aspekte).

1.4 Die Niedrigzinspolitik der EZB wird im Euroraum kontrovers diskutiert.

Erläutern Sie zwei Kritikpunkte.

2. Nehmen Sie an, die Zentralbank eines Landes beschließt, den Geschäftsbanken Liquidität in Höhe von 24 Mrd. Geldeinheiten (GE) zur Verfügung zu stellen.

2.1 Die Zentralbank verwendet den Zinstender nach dem amerikanischen Verfahren. Folgende Gebote der Geschäftsbanken in Mrd. GE gehen ein:

Geschäftsbank	Gebote in Mrd. GE	Gebotener Zinssatz in %
A	9,7	1,50
B	7,2	1,60
C	10,2	1,65
D	5,4	1,60
E	7,5	1,70

Geben Sie an, welcher Betrag zu welchem Zinssatz den einzelnen Geschäftsbanken zugeteilt wird.

2.2 Berechnen Sie, wie viele liquide Mittel jede Geschäftsbank erhält, wenn die Zentralbank stattdessen das Mengentenderverfahren einsetzt.

3. Im Sommer 2019 nimmt in der deutschen Politik und Wirtschaft die Debatte Fahrt auf, ob die Bundesregierung ein Konjunkturprogramm aufsetzen sollte, das unter anderem „massive staatliche Investitionen in Straßen und Schienen“ und eine „reduzierte Steuerbelastung der Privathaushalte“ beinhalten würde.

3.1 Begründen Sie, inwieweit die genannten wirtschaftspolitischen Maßnahmen der nachfrageorientierten Wirtschaftspolitik zugeordnet werden können.

3.2 Erläutern Sie, mit welchen Argumenten eine nachfrageorientierte Wirtschaftspolitik kritisiert werden könnte (drei Aspekte).

4. Der amerikanische Präsident hat am 19. Juni 2019 dem Ökonomen Arthur Laffer die Freiheitsmedaille, die höchste zivile Auszeichnung der Vereinigten Staaten, verliehen. Trump bezeichnete ihn dabei als „Vater der angebotsorientierten Wirtschaftspolitik“, der mit seiner Theorie der Laffer-Kurve „beispiellose Reformen“ angestoßen habe.

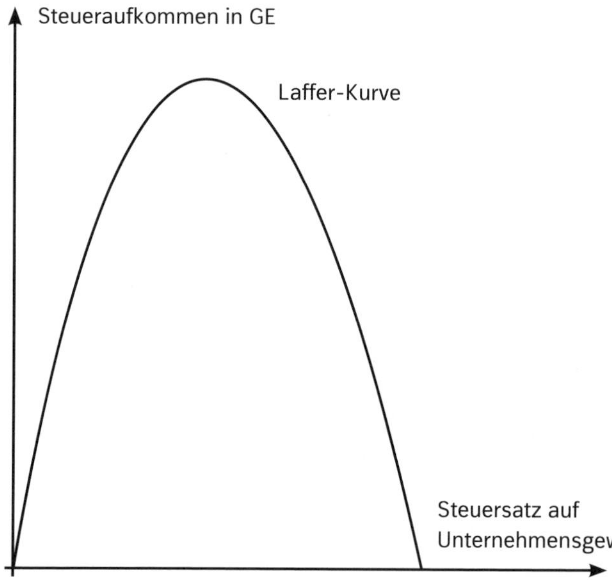

4.1 Beschreiben Sie den in der Grafik dargestellten Zusammenhang.

4.2 Begründen Sie, weshalb die Laffer-Kurve für die angebotsorientierte Wirtschaftspolitik von Bedeutung ist.

4.3 Stellen Sie zwei weitere Grundannahmen der angebotsorientieren Wirtschaftspolitik dar.

4.4 Erläutern Sie zwei Kritikpunkte, welche die Gegner der angebotsorientierten Wirtschaftspolitik vorbringen.

Bildquellenverzeichnis

fotolia.com, New York: andris_torms 250.1; beboy 239.2, 239.4; DragonImages 116.1, 116.2; Isselée, Eric 250.3; th3fisa 250.2.

iStockphoto.com, Calgary: Rixipix 250.4.

Picture-Alliance GmbH, Frankfurt/M.: dpa-infografik 299.1, 374.1.

stock.adobe.com, Dublin: Alexander 137.1, 137.3, 137.5; beermedia 137.4; Hoppe, Sven 137.2; olly 239.1; pkchai 96.1, 96.3, 96.5, 96.7, 239.3; sebra 96.2, 96.4, 96.6, 96.8.

© Statistisches Bundesamt (Destatis), Wiesbaden: 312.1, 344.1, 439.1.